初 版

サムエルソン

経済学

Samuelson

Economics

ポール・A・サムエルソン
Paul Anthony Samuelson

森岡 洋 訳
MORIOKA HIROSHI

学文社

original Title

FIRST EDITION

BY PAUL A. Samuelson

序文

　本書を、主として、経済学の講義を 1 セメスターあるいは 2 セメスターを超えて決して履修しようとしないが、一般教育の一部として経済学に関心のある学生への教科書として書いた。本書は、20 世紀中期のアメリカという文明国の経済制度と経済問題を、理解することを目指している。国民所得は本書の全体を一つにまとめる中心的テーマになっている。

　読者が経済学をこれまでに学んだことがあるのを前提としていない。「短く簡潔に書くことは長い時間をかけてゆっくり読ませる」という原則を尊重して、それぞれの論題をゆっくりとまた十分に説明する。数学の方程式も記号も使っていない。現在幾何学図がよく使われているが、この幾何学図よりも、図表によって補足説明を行う算数による例をもっと大いに使っている。

　理解力があるけれども、経済学を勉強したことがない人の要望を考慮して、著者は普通の教科書での多くの論題を容赦なくはずし、さらに大いに強調しなければならないが、"価値と分配"理論について一般によく行う"限界"分析も減らした。このことによって、過去わずか 6 年以内に新しく手に入った経済制度についての大量の数量に関する資料を、大いに示すスペースを確保できた。このように一部省略することによって、政府の影響と社会の影響を大いに強調することも可能になった。労働問題、企業組織、および個人の資金調達とその運用を論じるために、一部修正を加えた事例分析も行った。

　本書では、(1)戦後の経済世界を理解するために重要な経済の問題、そして(2)人々が最も関心持っていると思われる問題の両方を論じるので、最終的に本書での論議の対象は、これら二つの種類の問題のどちらかに片寄らず、中間のものになっているように思われる。だが幾分筆者が驚いていることであるが、これらの二つの種類の問題は、現実には、ほぼ完全に一致することが分かった。専門外の人の直観はほぼ誤っていない。専門外の人の関心を高めまた専門外の人の好奇心を掻き立てる問題(公債、失業、インフレーション、社会保障、等々)は、戦後の最も重要な経済の問題でもある。専門外の人が退屈であると感じている議論の対象（為替手形、時間と場所の効用、1913 年以前のアメリカの銀行制度、等）は政治経済学(political economy)の観点から普通あまり重要でない。

　今日においては、物理学の専門外の人は、物理学を勉強しようとする最初の年に、落下物体についての初歩の実験と熱量測定を理解できなくなり、にっちもさっちもいかなくなるよりも、原子エネルギーと原子核構造を学ぶ方が有意義であり、原子エネルギーと原子核構造を学ぶつもりでいる。同様に、経済学の教師は、経済政策全般についての実際興味深くまた重要な問題を、最初の年の教育課程から除くべきでない。

　次の二つの具体的例は、将来の初級の経済学の教科書の方向を示唆するのに役立つかもしれない。経済開発委員会(The Committee for Economic Development)は、経済政策のためのきわめて重要な研究を開始している中道の経済関係者の集団である。この委員会のリーダ

一達にはスチュードベーカー自動車会社(the Studebaker Automobile Company)の社長、サタデー・イブニング・ポスト(*the Saturday Evening Post*)の発行者、ニューイングランド出身の共和党上院議員、およびその他の公共心に富む経済関係者がいる。すべての知的な国民は、この集団が出版している、現実に、国際貿易から戦後復興に及ぶ重要な報告書を、興味深く、本気になって読むことができるに違いない。しかし、今日の経済学の教科書は、数章を独占的競争と国民所得について書き加えているとは言え、ほぼ第 1 次大戦の時代に主張された基本原理に基づき書かれており、最良の教科書でさえ、今日の国際貿易から戦後復興の問題を理解するのに役立つであろうか。

さらに、次の第 2 番目の例を取り上げてみる。多分、現在のアメリカの人々には、今後、『連邦議会への大統領経済報告書』(*the President's Economic Report to Congress*)を、本気になって読むよりももっと重要な国民としての義務はないであろう。国民がこの義務をうまく果たすのに、将来の経済学の教科書が役立つように求めることは、求めすぎであろうか。

過去数年にわたり、数千人の民間人と軍人の（大部分が工学と経営学を学ぼうとしている）MIT の学生は、入学後、貯蓄と投資および所得決定のようないくつかの論題についての経済学の初級課程を学ぶことが必修になっている。この教育に携わっている 24 人以上の教員の非公式な意見によれば、所得決定の入門分析は、入門の“価値と分配の理論”よりもやさしくまたおもしろいとのことである。この理由により、本書の第 2 部で所得決定を論じた後に、第 3 部で価値と分配の理論という項目を論じる。

明らかに、本書での取組方法では、論議の的になっている問題を除くことができないし、除くことができるとしても除こうとも思わない。本書での取組方法によって行おうとしていることは、一つの考えを一方的に教え込むこと、また一つの考えを鼓舞することを避けることである。重要なことは、読者が自分自身の意見を得ることができまた自分自身の意見の正しさを主張できる分析道具と、ほとんど同じ様に重要なことであるが、読者が意見の最も異なる人々の見解を理解できる分析道具を、読者に与えることである。著者はもし本書によって読者に分析への洞察力を与えることに成功するならば、洞察力を得た読者は、どのような長さの著作の中にも、著者自身のいくらか片寄った個人的見解を必ず見つけるに違いないという事実を、著者はあまり気にしていない。

本書は 1 年の講義に対する教材として十分利用できる。（マサチューセッツ工科大学(Massachusetts Institute of Technology)での著者の講義のような）1 セメスターの講義計画表の内容も本書に示している。第 1 部を単独で総合社会科学入門課程での経済の教科書として使うことができる。第 2 部を、中級の貨幣と金融課程ならびに景気循環課程全体を含む単独の 1 科目として使い、雇用理論についての入門の教科書で長い間感じていた不十分さを解消するのに役立てることができる。

それぞれの章において、一つの項目の内容を理解できるように計画しており、それぞれの章には分析の要約と議論のための質問を用意してある。学習内容が長くなりそうな章では、その章を A、B、等に区切っている。いくつかの章では、学ぶべき内容をその章の付録の中

に入れてある。このような付録での内容は、必ずしもあまり難しくなく、また時間が足りなければ普通省略できる。第6章の付録の会計の基本原則は、経済学の入門課程を理解するために、有益な部分であると読者が分かることを希望している。

　著者は、本書の原稿をこれまで何回か書くまた書き直すという思いもよらない楽しい仕事を行っていたときに、学術的事柄について（感謝の意を示すことができないほど）多くの方々から教えていただいた。著者の MIT の同僚達には、専門知識を本当に多く教えていただき、また適確な批判を行っていただいた。特に、ロバート・L・ビショップ(Robert L. Bishop)教授、ラルフ・E・フリーマン(Ralph E. Freeman)教授、ダグラス・V・ブラウン(Douglass V. Brown)教授、チャールズ・A・マイヤーズ(Charles A. Myers)教授、およびリチャード・M・ビッセル・ジュニア(Richard M. Bissel, Jr.)教授、さらにジョン・G・ターンブル(John G. Turnbull)博士、アサー・G・アッシュブルック・ジュニア(Arthur G. Ashbrook, Jr.)博士、およびジョン・T・ホイーラー(John T. Wheeler)博士にお世話いただいたことに深く感謝している。他の大学、政府、および企業での多数の経済の専門家、特にダニエル・C・バンダーミュレン(Daniel C. Vandermeulen)クレアモント男子大学(the Claremont Men's College)教授、ジョージ・N・ハルム(George N. Halm)タフツ大学(Tufts College)およびフレェッチャー法律外交大学院(the Fletcher School of Law and Diplomacy)教授には、特に助けていただいた。多くの方々に良い助言をいただいたにもかかわらず、この助言をしばしば受け入れなかったことによる本書の不適切な個所への責任は、本書の著者にあり、これらお世話いただいた方々にあるのではないことを付け加えておかなければならない。

　最後に、ルシー・C・マゼル(Lucy C. Maisel)夫人、エリザベス・メッツェラー(Elizabeth Metzelaar)夫人、エセル・ドアウナー(Ethel Downer)嬢、ヘレン・サハギン(Helen Sahagian)嬢、オリーブ・ギブソン(Olive Gibson)夫人、およびエリナー・クレメンス(Eleanor Clemence)夫人に編集を助けていただき、また秘書の仕事をしていただいたことに深く感謝している。

ポール.A. サムエルソン
ケンブリッジ、マサチューセッツ
1948年4月

まえがき

　中世において、詩人のチョーサー(Chaucer)は、仕事をしている 3 人の男を見て、これらの 3 人に何をしているのかと尋ねた。最初の男は「私はお金を稼いでいる、十分に良いお金を稼いでいる」と返事をした。第 2 の男は「私は石とガラスを組み合わせて手の込んだ模様を作っている」と言った。第 3 の男は「私は大聖堂を建設している」と誇らしげに言った。私は、本書の初版を書いていたとき、これらの三つのすべてを行っているとは知らずに、これらの三つのすべてを行っていた。私はこのような大きな目標をいくらか意図して本書を書き始めたのは事実でない。

　以前に述べたように、私が断れない（本学の学部長が重要な友人でないとしても、おそらく断ることができなかった）一つの提案を持って学部長が私の所にやって来たとき、この 1948 年出版の経済学の入門書を書くことをはじめて思い立った。学部長は、「ポール、技術者である 800 人の MIT の学生が経済学の 1 年の課程を履修しなければならない。だが、これらの学生は経済学の課程を好きになれない。私達は良いと言われるすべての経済学の教科書を使ってみた。私達は学内で使用する講義用の教科書さえ書いてみた。それでも、学生は経済学を好きになっていない。」と言った。

　さらに学部長は「1 セメスターか 2 セメスターの講義の義務を減らそう、その代わりに学生に興味があり、また内容の充実した本を書いてくれ。できるだけ時間をかけてくれ。あなたが望む本学での職務を何でも除こう。研究と教育のあなたの経歴からすれば、あなたの本が歴史に残る教科書になると確信している。」と言った。

　さて、おだてられると良い教科書を書かない訳にはいかない。私は軍役を終えたばかりなので、私にはアイデアとエネルギーがあふれていた。（私がハーバード(Harvard)大学で使ったフランク・タウシッグ(Frank Taussig)の教科書のような）使用可能なすばらしい現代のいくつかの入門の教科書でさえ、ひどく時代遅れになっていた。私はまたとない良い機会を得たと心底感じた。経済学の初心者が、大恐慌とハイパーインフレーションについてのマクロ経済学を勉強するとおもしろいに違いないと思った。（"マクロ経済学"(macroeconomics)という用語はまだ辞書に書かれていなかった。マクロ経済学という用語は本書の初版の索引にもなかった。）（競争がどのようにお茶、コーヒー、レモン、クリーム、および塩の相対価格(the relative price)を決定するかという）需要と供給についてのミクロ経済学(the microeconomics)でさえ、1890 年の経済学の水準からまだあまり進歩していなかった。

　このようにして、私は本書を書くことに決めた。このとき書いていなければ後では書けなかったかもしれない。当初 3 ヶ月かかるであろうと思ったことを、私は 1945 年－1948 年の大部分をかけた。私は、うすうす気づいていたが、ある日、詩人のバイロン(Byron)のようなベストセラーの著者として、成功を得ていることを知った。しかし思ってもいなかったことは、本書の著作権による保護が続かなかったことである。著作権を得ている本書の翻訳書と

著作権を得ていない本書の翻訳書が数多くの言語で現れ、外国での販売部数が国内での販売部数をはるかに上回った。私は金銭よりも本書の学術的影響の方を重用視した。私は連邦議会で著作権保護について意見を求められたとき、経済学の専門機関と非営利の関係機関のために著作権を放棄した。

　著作権を侵害することは最も良くないと、私は本当に感じた。このため、本書出版後 50 年間の内のここ 40 年間において、いくつかの他の教科書が私の本の競争相手になるか、私の本以上に売れ始めたとき、これらの教科書の中に、この記念すべき本書の初版の著作権に触れない数冊の良い本を、私は始めて見つけて嬉しかった。以前に、著者Xが著者Yを盗作と著作権侵害であると訴えたとき、憤慨した裁判官は「いずれにしても、これらの本のすべてはサムエルソンの本のものまねであると思われる。」と短く宣告して、訴訟を取り下げさせた。なお、現代の多くの教科書の中に、きわめて多数の経済学の研究者が研究した多くの新しいことがあるのを、私は強調しなければならない。

　いずれにしても、科学は多くの人々によって得られた、また、どのような人も反論できる公の知識である。私が最初からあえて希望していたとおり、本書と競争するのに最も成功した著者達は、しばしば私の友達でありまたかなり多数の大切に育てた学生であった。

　今では私が思っているように、経済学が学生には興味深くまたおもしろい学科であり、さらに有益な学科であることは明らかである。だが、経済学が有益なのは競争的市場メカニズムに大きく頼っている西側諸国での学生だけに言えるのでない。サムエルソンとノードハウス(Nordhaus)による本書の第 16 版の新たなロシア語の翻訳本への序文を準備するように求められたちょうど先月に、私は「現代の主流派経済学の入門書は、スイス、アメリカ、あるいはその他の半資本主義的混合経済の大学の学生よりも、ロシアあるいは新興の市場経済の国にとってはるかに価値があるだろう。私達の子供達が、言わば母親のミルクによって栄養を吸収しなければならないものを、ロシアあるいは新興の国では、あなた方は（私達の生活方法へと変えるためにではなく、あなた方自身の文化的目標と望んでいる生活水準を、合理的によく選択して、最もうまく実現できるようにするためには）大学の勉強によって学び取らなければならない。」と書いた。

　一冊の古い古典的著書は、当然、その著書が書かれた時代に、深く考察したことによって学術作品としての地位を得ている。もちろん生活関連の科学は分析方法が同じままではない。しかし、私が研究室の棚の上で黄色くなった本書の数頁をランダムにめくるとき、問題対応への熱気と正しさが本書になお多く残っているのを見つけて、嬉しくまた驚かずにはいられない。

　このような熱気と正しさがなお多く残っていることは、著者が得ることができ、また望むことができるただ一つの不滅の名誉である。このことは、本書にも当てはまる。

ポール・A・サムエルソン
ケンブリッジ、マサチューセッツ。1997 年、10 月

訳者まえがき

　1945 年当時の経済学の教科書は大部分価格理論と分配理論を中心とした今日で言うミクロ経済学であった。MIT の学生はこのミクロ経済学には興味を持てなかった。学生は 1930 年代の世界大恐慌の発生の原因とその恐慌への対策、また第 2 次世界大戦中の戦時経済から大戦後の平和経済へのスムーズな転換に関心を持っていたようである。そこで、P.A.サムエルソンは、このような問題への対策を提案していた J.M.ケインズの 1936 年出版の『雇用、利子および貨幣の一般理論』とはどのような経済学であるかを、この『経済学』初版において、学生に理解できる形で、書こうとした。なお、この J.M.ケインズの書物を、1945 年当時において経済学者でも理解することが困難であった。また、この J.M.ケインズの書物は、不況への対策をあまり具体的に書いていない理論を中心にするものであったので、P.A.サムエルソンは、不況への対策を財政政策と金融政策によってどのように行うべきかも、この『経済学』初版で具体的に書いている。P.A.サムエルソンによるこの書物においての J.M.ケインズの『雇用、利子および貨幣の一般理論』についての説明が、後に、世界中で、他の経済学者の著書で書かれたり、大学の講義でも行われるようになった。P.A.サムエルソンのこの『経済学』初版の第 1 番目の特徴は、J.M.ケインズの経済学を学生が理解できるような形で、P.A.サムエルソンの見解に従い書いていることである。

　P.A.サムエルソンの『経済学』初版の第 2 番目の特徴は、この書物が書かれた当時のアメリカの経済状況をよく説明していることである。近年では、経済学の教科書は、マクロ経済学とミクロ経済学の二つから構成されており、現実の経済の分析をほとんど行っていない理論だけの本になっている。だが、P.A.サムエルソンのこの書物は、この書物が書かれた当時のアメリカ経済の現状をよく説明しているのである。P.A.サムエルソンの『経済学』は初版以後、何回も版を改め出版され、それぞれの版ではその版が出版された当時のアメリカ経済の状況をよく説明している。この初版によって、この本が出版された 1948 年当時のアメリカの経済の状況や課題をよく知ることができるのである。

　戦後アメリカ経済は、戦時の軍需が減少すると、1930 年代の大恐慌に再び陥いるのではないかと多くの人々によって心配されていた。だが、戦後大恐慌は発生せず、好況は持続した。P.A.サムエルソンのこの書物によると、戦時中多くのアメリカ国民は、軍需産業での労働で多額の所得を得たが、統制経済のため消費を自由に行えず、特に自動車のような耐久消費財や住宅に使うことができず、多額の貯蓄をした。戦後この貯蓄を人々はそのまま保持するのではなく、戦時中購入できなかった自動車や住宅を大量に購入した。このことは、軍需から民需への大幅な転換を引き起こし、大規模な戦後の消費ブームを発生させた。このことで、戦後大恐慌が再び発生しなかったのである。この事実を、日本の現在の不況からの脱却を図るためにも、注目しなければならない。

　また、戦争遂行のためにアメリカでは大量の国債が発行され、戦後、その償還が問題にな

っていた。だが、P.A.サムエルソンのこの書物を読むと、P.A.サムエルソンはこの国債の累積をあまり深刻なものと受け止めず、国債は人々の資産でもあるので、消費を促すとともに、国債の累積の問題は将来の経済成長によって解決されるであろうと楽観的に考えていた。

しかし、P.A.サムエルソンは、大恐慌の原因になった、アメリカの第1次世界大戦後の高関税による保護貿易政策を近隣窮乏化政策であるとして強く非難している。保護貿易政策は結局他国も同じ政策を採択するので、アメリカにとって利益にならないのである。P.A.サムエルソンは、アメリカの好況を維持するためには、保護貿易政策を行ってはならず、国内での財政政策と金融政策を使うべきであると主張している。さらに、近隣窮乏化政策とは逆に、アメリカは、第2次世界大戦後の世界経済の復興と発展のために、積極的な役割を果たすべきであるとして、P.A.サムエルソンは、ヨーロッパ復興のためのマーシャルプランや、世界貿易の回復と推進のための世界銀行と IMF の設立に期待している。このような P.A.サムエルソンの主張は、保護主義に動こうとしている現在のアメリカの経済政策を判断するのにも役に立つ。

さらに、この書物で P.A.サムエルソンは、1948 年当時のアメリカの不平等の状況を説明し、社会保障の必要性を主張したり、女性や黒人などの社会的弱者への保護の必要性を述べている。また、P.A.サムエルソンは、労働問題においてアメリカの労働組合の歴史や労働者を守る労働法の推移などを示し、1947 年に成立したタフト・ハートレー法を、拡大してきた労働者の権利を奪う悪法であるとして、この法律を非難している。P.A.サムエルソンのこの書物を読むと、P.A.サムエルソンは、単に経済学の優れた理論家であるだけでなく、アメリカ経済の現状を変革しようとする社会改革者であることも知ることができる。

なお、本書作成への切っ掛けとなったのは、訳者が三重短期大学で教員をしていたとき、ゼミの 4 年制大学進学希望者と一緒に、本書の原書を読んだことである。その中で服部泰貴君は熱心であった。さらに、ゼミの森田博さんとは、原書をまる一冊一緒に読み続けるだけでなく、翻訳への多くの意見をいただいた。本書の出版へと進めることができたのは、森田さんのお陰である。

神戸大学の夏目隆名誉教授には、各章の翻訳文に何回も目を通していただいた。三重短期大学の岡本祐次名誉教授には最終原稿を丁寧に見ていただき、適切な修正をしていただいた。英語の難解な箇所について、三重短期大学の村井美代子教授に教えていただいた。三重大学の名島利喜教授には企業形態の合名会社とパートナーシップの違いについて教えていただいた。太田松男さんには会計学の用語について修正していただいた。名古屋女子大学の白井靖敏元教授には出版への助言をいただいた。原書の出版社である McGraw Hill との連絡に際し、竹内耕三弁理士にお世話していただいた。学文社の田中千鶴子社長には採算の合わないご無理な出版を決断していただいた。その他多くの方々の助けによって、本書の出版に漕ぎ着けることができ、これらの方々に深く感謝する次第である。

森岡　洋

目次

第 2 部　国民所得の決定と国民所得の変動

の影響。地方財政の財政的に望ましい状態からの逸脱。"ポンプへの呼び水の注入"との取り違え。長期財政政策。長期停滞か。投資の予想。個人貯蓄と法人貯蓄の予想。停滞は悪魔であるのか。長期好景気、長期黒字財政政策および公債の償還。

銀行以外が保有する連邦債の償還。銀行保有の連邦債の償還。連邦債と消費性向。連邦債の償還と利子。公債とそのいくつかの問題点。外国債対内国債。借入れと異なる時点への経済的負担の移転。"私達のすべては私達自身に対し内国債の返済の義務がある"。公債の管理と金融政策。利子支払の本当の間接的負担。公債の数量的問題。有益な財政政策対無駄な財政政策。完全雇用についてのきわめて重大な問題点。1946年雇用法。

モデルI：民間企業、完全雇用。モデルII：完全雇用への財政の赤字ー支出経路。モデルIII：完全雇用への減税経路。モデルIV：完全雇用への均衡予算経路。

第3部：国民生産物の構成要素と価格決定

需要表と需要曲線。弾力的需要と非弾力的需要。供給表。需要と供給の均衡。
需要あるいは供給の変化による影響。よくある誤った主張。需要と供給の法則は何にも影響を受けない法則であるのか。法律によって固定された価格。
ケース1：費用一定。ケース2：費用逓増と収穫逓減。ケース3：完全に非弾力的供給と経済レント。ケース4：後方上昇供給曲線。ケース5：起こりうる例外、費用逓減。ケース6：供給のシフト。

消費者選択の理論。価格と所得の変化の需要への影響。需要の交差関係。ある財の数量の同じ財の価格への反応。価値のパラドックス。消費者余剰。

1セメスターの課程に学習すべき内容

第1章　序論

第2章　すべての経済社会にとって最も重要な問題
　A. 経済組織のいくつかの問題
　B. どのような社会も受け入れなければならない技術的選択
　C. どのような経済にも重要な人口原理：過去と将来の人口動向

第3章　"混合"資本主義企業体制の機能
　A. 自由企業制度では基本的経済問題をどのように解決するのか
　B. 現代社会の資本主義的特徴
　C. 交換、分業および貨幣

第4章　個人の所得と家族の所得

第5章　個人の所得と家族の所得：異なる職業での収入（前章と連続）

第6章　企業組織と所得
　A. 企業組織のいくつかの形態
　B. 現代の株式会社
　付録：会計の基本原則

第19章　需要と供給による価格決定
　A. 市場価格の決定
　B. 需要と供給の適用

第21章　完全競争と不完全競争の下での企業の費用と均衡
　A. 企業にとっての最大利潤という均衡状態
　B. 利潤最大化原理の完全競争といくつかの形態の独占的競争への適用

第7章　政府の経済的役割：歳出、規制および財源調達

第8章　政府の経済的役割：連邦の課税と地方財政

第 1 部　基本的経済概念と国民所得

第1章　序論

誰がために鐘は鳴る

　ハーバード法科大学院(the Harvard Law School)の院長は、入学生に次のような挨拶をよく行ったものである。「あなたの右の人も、左の人もよく見ておいて下さい。なぜなら来年あなた方の内の誰か1人はここにいないからです。」ほぼ同じことは、経済システム(the economic system)がうまく機能しているとしても、すべての人々に経済システムに関心を持ってもらうことについても言うことができる。

　次の大恐慌がやってくるとき、あるいはもしやってくれば、私達の内の誰にも（所得も今後の希望もなく）完全に失業する可能性がある。つまり、たとえ私達の必ずしもすべてが失業することはないにしても、私達の一部のみしか雇用されず、出世への望みがなく、また現在得ているわずかなものでさえ維持できる保証もなく、面白くなく将来性もない仕事において、労働時間を減らされ、賃金も引き下げられて、働いているかもしれない。この失業という現代の疫病に対する予防接種はなく、この疫病に対する免疫も高まっていない。この疫病には階層や地位と関係なくかかる。全工場が操業停止となり、あらゆる産業で生産と雇用が縮小しているときには、復員軍人への優遇措置も、やり手の活力に満ちた話術も、修士あるいは博士の学位も、職を得る保証にならない。

　それゆえ、筆者の完全に個人的見解であるが、現代経済学の次の最も重要な問題を、つまり一方で失業、生産能力の過剰、および不況のそれぞれの原因を、他方で好況、完全雇用、高い生活水準のそれぞれの原因を、究明することが望まれる。さらに、民主主義的政治をうまく実現することが、安定した高い雇用と生活をうまく維持できることと深く結びついている（20 世紀の歴史から明確に読みとける）事実も、同様に重要である。独裁政治の広い範囲での出現とその結果勃発した第 2 次世界大戦は、これらの重要な経済問題に適切に対応することに対し、世界が失敗したことにかなりの程度原因があることを、多く言う必要はない。

豊かさのまっただ中での貧困

　現代経済学は、景気循環のめまぐるしい上昇と下降によって、国々が繰り返し苦しめられるのはどうしてなのかを、特に解明しようとしている。科学と産業革命が、私達のすさまじい機械の発明、電子機器の発明および技術の発明を進展させたよりももっと以前の古い時代においては、しばしば周期的に飢饉が発生した。婚姻数の統計数値はパンの価格とは逆方向に変化していた。何千あるいは何百万人もの人々が、容易に気づくことができる洪水、干ばつ、あるいはその他の自然災害の結果よく死んだ。すべての人々はこれら災害の原因を知っていたが、誰もそれらの災害にあまり対処できなかった。

　今日では、これらの過去の災害とちょうど反対の状況になっている。今や私達は、大量の

財を生産する方法を知っているのに、はっきりしない原因によって周期的に不況に陥っている。不況時にパンは安くなるが、現在の婚姻数は食料費よりむしろ雇用機会の影響を受ける。世界のある地域での穀物の不作によって生じる飢饉を、今ではどこか他の地域からの出荷品でもって救済できる。現代の不況においては、私達があまりにもわずかしか生産できないためではなく、見たところあまりにも多く生産できるために、人々は飢える。火星からやってきた人あるいは 19 世紀から眠り続けてきたリップ・バン・ウィンクル(Rip Van Winkle)が、もし 1930 年代の世界に戻るならば、次のいくつかのことに気づき、どうしてなのか理解に苦しんだことであろう。このような人は、誰もが気が狂っていると思ったことであろう。つまり、多くの家族は肉を食べることができないで済ませているのに、多くの子豚は、殺されて土を掘って埋められた。私達は新しく効率の高い工場を所有しているのに、工場は生産しないままであった。私達にはあまりにも多くの熟練労働者と勤労意欲の高い労働者がいるのに、失業が広がった。誰もが、貯蓄しそして貨幣を保蔵しようとした、だがその結果ますます貧しくなった。

　火星からやってきた人は、次のことを観察して、一層驚いたことであろう。つまり、歴史の中で最も破壊がすさまじく、人々の血が流れた第 2 次世界大戦の勃発が、アメリカの景気の状態をさらに低下させるのではなく、むしろ全く逆の結果を得た。以前には決してなかったたほど景気が良くなった。物価を、下支えしなければならないのではなく、上昇しないように抑えなければならなかった。家族や企業の貯蓄は増加した。物不足にもかかわらず、アメリカ国民の生活水準は以前のどの水準をも超えた。

経済状況の記述と分析

　国民所得(national income)の変動を記述し、分析し、変動の原因を説明し、国民所得のいくつかの変動を相互に関連づけることは、現代経済学の最も重要な課題である。景気の活況(boom)と沈滞(slump)、インフレーション(inflation)とデフレーション(deflation)は、それぞれ両方とも、私達の関心事である。現代経済学のこの最も重要な課題は難しくそして複雑な課題である。人間の行動と社会の動きの複雑さのために、私達は、現代経済学について、いくつかの自然科学でのような厳密さを得ることを期待できない。私達は、化学者あるいは生物学者が行っているように、他の条件を一定にした対照実験(the controlled experiments)を行えない。私達は、天文学者のように、“観測することで”大いに満足しなければならない。さらに、観察した経済事象と統計データは、運悪く、空の惑星の軌道のように正確に、また規則的に動かない。だが、幸運なことに、私達の答えは小数点数桁まで正確である必要がない。そのように正確にではなく、原因と結果の正しい一般的*方向*さえ確定できるならば、私達はとてつもなく前進していることになる。

　自然と社会についての知識および理解は、これらの知識および理解それ自体のために時間をかけるだけの価値がある。惑星の軌道と原子の奇妙な運動を知ることは面白いのとちょうど同じ様に、銀行がどのようにして貨幣を創造するか、インフレーションがどのように

変動するか、需要と供給がどのように価格の決定に導くかを知ることは、時間をかける価値がある。自然と社会について知識を得そして理解を得ることは、このこと自体に加えて（そして大部分の人々にとってはずっと重要である）次のような希望を生み出す。物理学での発見は、技術者が有用な技術の改善を行うのに役立つかもしれない。生理学の研究は医療の進歩を促すかもしれない。さらに、経済の出来事がどのようにして起こるかを冷静に分析することは、いくつかのきわめて不愉快な経済の出来事が起こらないようにする方法を、社会が考え出すことを可能にするかもしれない。

経済政策

　経済の出来事を冷静に分析することは、私達に経済政策という重要な問題に目を向けさせる。経済を理解することは、最終的に、次のような経済の調整と改善に役立つに違いない。つまり、景気循環をどのようにすれば緩和できるか。経済の発展をどのようにすれば推し進めることができるか。どのようにすれば生活水準を一層平等にできるか。

　経済分析をするときにはいつでも、私達は上述の政策問題を解決しようとしている。しかし、経済学を学ぼうとする学生は、政策問題の解決に成功するためには、最初に、好むと好まざろうと、ありのままに物を見ることができる客観的で偏見のない能力を養わなければならない。経済学を学ぼうとする学生は、経済問題がすべての人々の感情と結びついているという事実を、知っておかなければならない。人々は根深い悪感情を持つときにはいつでも、血圧は上がり、声はかん高くなる。これらの悪感情の多くは、許すことができない経済的利益が薄くおおい隠されて、正当化されていることに対してである。病気の根絶に情熱を持って取り組もうとする医者は、患者の症状を正確に診断できるように勉強しなければならない。だが、このように病気の根絶に取り組んでいる医者の細菌学は、人類を伝染病によって滅ぼそうとしている気の狂った科学者の細菌学と異なるはずがない。客観的にものを見ることができない願望思考は、良くない思考であり、願望をほとんど実現できない。

　同様に、与えられた経済状況について、本当の現実を知り、この本当の現実を他のものと切り離すことはどんなに難しくても、ただ一つだけ本当の現実が存在する。経済学の理論についても、共和党員のための経済学の一つの理論があるわけでなく、民主党員のための経済学の一つの理論があるわけでもない。労働者のための経済学の一つの理論があるわけでなく、使用者のための経済学の一つの理論があるわけでもない。後の数章で述べるように、思慮深い研究者達の間では、国民所得と完全雇用を決定する諸力についての分析の大枠に関して、ますます見解が一致しつつあるように思われる。

　だが、経済学者達の間の理論での見解の一致は、*政策領域*でも常に意見が一致することを必ずしも意味しない。ある経済学者は、いかなる犠牲を払ってでも、完全雇用を目指すかもしれない。別の経済学者は、完全雇用を最も重要であると位置づけないかもしれない。さらに別の経済学者は、この完全雇用の問題が今後数年で自然に回復するであろうという見解であるかもしれない。それぞれの国民は、倫理的問題を自分自身で決定しなければならない。

1 人の経済学の専門家は、他のすべての人々と同じ様に、倫理問題の決定においてたった 1 票だけの権利があるにすぎない。

常識と意味のなさ

　経済学はやさしい学科ではない。実際、経済学は、例えば、数学のように頭脳を使う必要はない。しかし、数学には複雑さがあるにもかかわらず明確さがある、それゆえ大部分人々は、理解しようとして十分一生懸命に勉強すれば、他の普通の人達が解いてきたのとちょうど同じ様に、2 次方程式のようなものを解くことができると思っている。

　経済学は最初あまり明瞭でないように思える。価格、賃金、利子率、株式と債券、銀行と信用、租税と歳出のような領域は、すべて複雑な領域である。これらの領域でのすべての論争点には、二つ（あるいはそれ以上）の立場からの答があるように思え、しばしばその正しい答は、あなた方を引き止めて長々と主張する最後の人の答だけのように思える。

　今日では、長年にわたり懸命に勉強しないと、誰も化学のような難しい学科を理解できない。このことは結構なことでもあり、都合の悪いことでもある。通りを歩いていたり、新聞を読んでいる普通の人が、自分自身がこのような学科の最高権威者であると考えることは、恐らくありえない（このことは全く結構なことである）。他方で、新入生は、最初、かなり長い時間を必要とするあらゆる基礎知識を、よく勉強しなければならない。

　しかし、子供の頃から、すべての人々は経済についてある程度知っている。このことは人々が、経済を理解するのを助けることになるし、理解するのを誤らせることにもなる。多くの知識を当然のこととして受け入れているので、理解するのを助ける。だが、表面的に本当らしく見えることを、何も批判せずに真実であると受け入れることは、人間には自然であり、またありがちであるので、人々が理解するのを誤らせる。学生と同年代のすべての人々は、自然に知るよりも多分もっと多く、貨幣についてよく知っている。例えば、これらのすべての人々は、小さな 10 セント硬貨よりも大きな 5 セント硬貨を、あるいは 1 ドル紙幣よりも 10 セント硬貨あるいはピカピカ光る 25 セント硬貨を好む子供を当然笑う。またこれらのすべての人々は、サインをしておらず金額も未記入のままの、滞在している芸術家の小切手帳を盗むために、この芸術家を殺害したバスク(Basque)地方の農民を笑う。

　さらに、わずかばかりの知識は危険なものであるかもしれない。1 人の労働組合の指導者は、いくつかの労働協約を交渉しうまく結んだので、自分が賃金の経済学の専門家であると思うかもしれない。"従業員への給与を支払ってきた"実業家は、価格統制(price control)について、自分の見解が最も重要であると思うかもしれない。銀行の会計帳簿の決算をできる銀行家は、貨幣の創造について知らなければならないすべてのことを知っている、と思うかもしれない。そして景気循環(the business cycle)を研究してきた経済の専門家は、株式市場の動きを正確に予測できると思い違いをするかもしれない。

　また、"キャピタル"(capital)のように、日常よく使う言葉が 10 あるいはそれ以上の意味がある領域においては特に、私達は"言葉の誤った使用"に気をつけなければならない。ま

た、同一の物に二つの異なる名前を知らず知らずに使っているので、逆に、同じ言葉を全く異なる事象に使っているので、一層の混乱と曖昧さが加わらなくても、言葉という領域は十分に複雑である。ロビンソン(Robinson)が不況の原因を過剰貯蓄(oversaving)であると主張するので、ジョーンズ(Jones)は、ロビンソンをうそつきと呼び、「過少消費(under-consumption)が現実には不況の原因である」と主張している。シワルツ(Schwartz)はこの議論に加わり、「あなた方の両方が間違っている。本当の問題は過少投資(underinvestment)である。」と主張するかもしれない。これらの人達は、一晩中議論し続けるかもしれない。だが議論を止めて実際自分達の言葉を検討すると、これらの人達は、事実に関して自分達の意見に全く違いがなく、ただ言葉の使い方の違いにのみ夢中になっているにすぎないことに、気づくかもしれない。

　同様に、私達は同一の物を示す異なる言葉によって異なる反応をするので、言葉は人々に影響を与えるかもしれない。例えば、住宅供給への政府プログラム(a government program to ration housing)に賛成する人は、このプログラムを"社会計画"(social planning)のプログラムと呼ぶであろう、他方このプログラムに好意的でない反対の人は、同じ活動を"全体主義的な官僚的統制"(totalitarian bureaucratic regimentation)と呼ぶであろう。誰が、前者の言葉に反対し、後者の言葉を認めるのであろうか。だが、これら二つの言葉は同じ物について言っている。人々は*語義論(semantics)*（言語とその意味することの研究）の専門家である必要はなく、科学的議論のためには、可能な所ではどこでも、人々の感情に影響を与えるこのような専門用語を、私達は避けなければならないことを知っておくだけでよい。

理論対現実

　経済の世界は極端に複雑である。さらに、科学の研究室での実験の特徴である他の条件を一定にした対照実験を行える状態の下で、経済の観察を行うことは通常可能ではない。ペニシリンの肺炎への効果を確定したい生理学者は、一つの集団にペニシリンの注射を打ち、もう一つの集団にこの注射を打たないという事実だけが異なる二つの実験対象の集団を使うことによって、"他の条件を一定に"できるかもしれない。経済学者はこのような恵まれた状況には置かれていない。経済学者は、もしガソリン税の燃料消費への影響を確定しようとするならば、この税が課せられた同じ年に、パイプラインが初めて設置されてガソリン輸送が改善された事実によって、分析が難しくなるかもしれない。それにも関らず、経済学者は（たとえ心理的な影響だけになるとしても）"他の条件を一定にして"、このガソリン税の影響を他のものと切り離して分析しなければならない。さもなければ、経済学者は、ガソリンへの課税の経済的影響も、ガソリン輸送の改善の経済的効果も、これら二つを一緒にした経済的影響も知ることができない。対照実験が可能でないときに、原因を分析する難しさを、次のように占う野蛮な占い師の混同した状態の例によってうまく示すことができる。つまり、敵を殺すには魔力と少量のヒ素の二つとも必要である、あるいはこの占い師が春に緑の占いの儀式の服を着た後にのみ、木々も同じ緑の色になる、という例である[1]。このように

他の条件を一定にするのがむずかしい制約とともに、その他の多くの制約のために、私達の数量的な経済知識は完全なものからほど遠い。このことは私達が利用可能な大量の正確な統計情報を持っていないことを意味していない。私達は大量の正確な統計情報を持っているのである。政府、同業者団体および営利企業は、大量の国勢調査のデータ、市場情報および金銭面での統計を収集してきた。

たとえ私達が多くのまた良いデータを持っているとしても、（すべての科学と同様に）無数の細かなものを集めて*単純なものにすること*、つまり*抽象化する(abstract)*ことはやはり必要である。いかなる知力をもってしても、一群の関連のない事実の意味を理解できない。すべての分析は抽象化することと深く関係している。現実の世界をありのままに見ようとするのでなく、*理念化する(idealize)*こと、*細かなものを除くこと*、一群の事実を関連づける簡単ないくつかの仮説といくつかの類型(patterns)を設定すること、いくつかの適切な問題を提起することが常に必要である。物理学であろうと、生物学であろうと、社会科学であろうと、すべての理論は、現実を過度に単純なものにするので、現実を歪めている。しかし、理論がよい理論であるならば、さまざまな実証データから理論によって得ることができる解明と理解は、理論によって失うものを大いに上回る。

それゆえ、もし以上のことを正しく理解するならば、理論と観察、演繹と帰納は相容れないものではない。男と同様に、ただ二つの種類の理論のみがある。つまり良い理論と良くない理論である。そして良い理論であるかどうかのテストは、観察する現実を解明するのに役に立つかどうかである。理論の論理的優美さと精緻な美しさは意味がない。それゆえ、研究者が、「理論として申し分ないが、現実への適用においてそうでない」と言うとき、現実には「理論として必ずしも良くない」と言っているか、あるいは、つまらないと言っているのである。

全体と部分

経済学で最初に学ぶことは、物事がしばしば思われているようなものでないということである。任意に選んだ次のいくつかの例によって、このことを示すことができる。

1. たとえすべての農夫が、一生懸命に働きそして自然を利用して大豊作を生み出すとしても、総農業所得は*下落するかもしれない*。

2. 仕事を探すのに大きな能力を持つか、あるいは他の者よりも低い賃金で働くことを望む*1人の人*は、このことによって自分自身の失業問題を解決できるかもしれない、だがすべての人達はこのようにしても自分達の失業問題を必ずしも解決できない。

3. 一つの産業での一層高い価格は、その産業内のそれぞれの企業に利益をもたらすかもしれない、しかし売ったり買ったりするすべて全産業の商品の価格が同じ比率で上昇する

---

1) 論理として、この混同は、ときどき*時間的前後関係を因果関係と同一視する誤謬*（*the post hoc, ergo propter hoc fallacy*）と呼ばれている。

ならば、どの企業も業績が少しも良くならないであろう。

4．たとえ他の国々が輸入する商品に課す関税を引き下げることを拒否するとしても、アメリカ合衆国が関税を引き下げることは、アメリカ合衆国の利益になるかもしれない。

5．一つの営利企業(a business firm)が、*総原価*(*full costs*)よりもはるかに少ない収入しか得られないある一つの事業に着手するとしても、この企業に利益をもたらすかもしれない。

6．不況時にもっと貯蓄しようとする個人の試みは、社会の貯蓄*総額*を少なくするかもしれない。

7．1人の個人あるいは一つの営利企業にとって賢明な行動であっても、このような行動は、時々一つの国あるいは一つの州にとって*馬鹿げている*かもしれない。

本書を読み進むにつれて、読者は、上で一見矛盾をはらんでいるように見えるいくつかのパラドックスを理解できるようになる。あなた方は、説明を読むやいなや、それぞれのパラドックスの原因が明らかになり、これらのパラドックスの原因に、どうしてこれまで気づかなかったのかと、誰もが不思議に思うであろう。このようなパラドックスの原因への理解も経済学の特徴となっている。パラドックスには魔術も隠れたトリックもない。論証を慎重に進めるやいなや、実際正しいものは何でも完全に正しく見えてくるであろう。

ここでは、上の多くのパラドックスは、論理学者が"合成の誤謬"(fallacy of composition)と呼ぶただ一つの次の混同あるいは誤りによって生じていると言うだけで十分である。つまり、各個人にとって正しいことが、すべての人々にとって必ずしも正しくない。逆に、すべての人々にとって正しいことが、それぞれの個人にとって全く正しくないかもしれないという混同と誤りによってである。個人は、特に自分自身の利益が危うくなっている領域については、経済的出来事に関して、自分自身への直接的影響のみを見る傾向がある。馬車産業で失業している労働者は、新たな仕事が自動車産業で生み出されていることに気づきそうである、と私達には思えない。しかし、私達は馬車産業の失業している労働者に気づくようにさせなければならない。読者は、この合成の誤謬について、その他いくつかの例をあげてみるべきである。例えば、パレードを見るためにつま先で立つこと、肉配給券を偽造すること、一つの企業が自社の商品の価格を引き上げるために生産量を削減すること、等がある。

簡単な調査によれば、経済学者は、どれか一つの集団あるいは誰か1人の個人が置かれている状況よりも、全体としての経済の動きに関心を持っている。個々の経済主体への対策よりも社会への政策および国家政策が経済学者にとって実現しなければならない目標である。よくあることであるが、社会全体に対し行わなければならないことは、単独の個人に対し行わなければならないことでない。それゆえ、最初に、経済学の初級コースでは、1人の個人に、どのように企業あるいは銀行を経営するべきか、どのように自分のお金を賢明に使うべきか、あるいは株式市場によってどのようにすれば早くお金を稼ぐことができるか、をあえて教えようとしないと知っておくと良い。しかし、経済学によって、一般に個人のこのような多くの行動の背後にある有益な基本的状況を、説明できると期待してよい。

確かに経済学者は、実業家、消費者および投資家がどのように行動しまた考えているかを、

大いに知らなければならない。（天文学者が跡を辿っている惑星の楕円の軌道を、惑星は動いていることを知る必要がないのと同様に）経済学者が、実業家、消費者および投資家の行動を記述するさいに有益であると見つけているのと同じ言葉と方法を、実業家、消費者および投資家も、自分達の決定をするときに、使わねばならないことを意味していない。私達の多くが言葉の意味を知らずに一生言葉を話しているのとちょうど同じ様に、多くの実業家達は、自分達の行動を体系的に経済分析できることを知って驚くであろう。実業家達は、このことを知っていないとしても、必ずしも軽く見られる必要はない。野球のピッチャーが空気力学の法則を知っても役に立たない。実際、私達は、シャツのボタンをどのようにかけるかに意識過剰になるならば、ボタンをかけるのが一層難しくなるのを知っている。

鏡を通して

　ここでは初めに、経済学を理解し難いさらにもう一つの原因を、経済の議論を通して説明できると指摘することは最も良い。かなりの完全雇用が実現しているときには、ある重要な経済原理が当てはまる。かなりの失業が存在するときには、多くのことがちょうど反対になる。私達は、このとき、右が左に見え、左が右に見え、上が下に見え、そして黒が白に見える逆さまの不思議の国に移る。

　数学者は、ユークリッド幾何学(Euclidian geometry)に加えて、非ユークリド幾何学(non-Euclidian geometries)があると言う。（地球の球面上では赤道と直角な二つの“平行”線は、極地で交わるのとちょうど同じ様に）この非ユークリッドの世界においては、二つの平行線は交わるかもしれない。一つの種類の世界で正しいことは、他の種類の世界では誤りであるかもしれない。同様に、失業という現代の領域に対して、古い古典派経済学つまりユークリッド経済学(Euclidian economics)の結論は、少しも正しくないかもしれない。

　完全雇用が存在するときに正しいことと、失業が存在するときに正しいことの間のこの違いを、次の三つの例によって示すことができる。なお、これら三つの例のすべてを後の章で十分に説明するので、ここでは理解できなくてもよい。

　1.　人々は、金を地球の内部から採掘し、ケンタッキー州フォートノックス(Fort. Knox)の金貯蔵庫の中の床にただ戻すにすぎない。この奇妙な行動がどれほど良くてどれほど悪いかは、完全雇用が存在しているかそれとも存在していないかによって大いに異なる。

　2.　国々は、商品を輸出するが、他の国々から商品を輸入しないという最も良くない方法によって、自国の生活水準を引き上げようとする。このように商品を喜んで手放そうとすることは、完全雇用の世界では全くばかげているであろう、しかし失業の世界ではいくらか意味がある。

　3.　節約と極端な倹約は、戦時中あるいは好況期には、個人的美徳でありかつ社会的美徳でもあるかもしれない。他方不況期では、これらの個人的美徳は、私達の災難を強めそして愚の骨頂を示す自滅的な社会的悪徳であるかもしれない。

　学生は国民所得決定の分析を十分に修得した後では、自信をもって一見難しい領域に進

むことは困難でない。またこのように修得した後では、古い経済学での完全雇用という真理の重要な核心部分を、誤って適用しないようにできる。さらに、後に本書で示すように、もし現代経済学がうまく課題を解決し、広くひろがっている失業が民主主義社会からほぼなくなるならば、現代経済学の重要性は薄れ、その後（関心が完全利用されている資源の*賢明な配分である*）伝統的経済学が現実に（ほぼ初めて）地位を回復するであろう。

　これから述べる本書の主題を前もって示しておくことは役に立つであろう。ここの第1部では私達は国民所得あるいは国民生産物の理解のために必要な事実、制度および分析方法を論じる。第2部では好況と不況の原因を（つまり、貯蓄と投資の過程が相互に作用し合って、世界中で貨幣の購買力、所得および雇用のそれぞれの水準をどのように決定するかを）分析する。第3部では、財とサービスの面から、また異なる労働者と資産所有者の間での国民所得の分配の面から、国民所得の構成状態を決定する競争と独占の諸力について論じる。

議論のための質問

1.　あなたは次の不況のときにどのように暮らしていると予想しますか。

2.　無摩擦系(frictionless system)が成立しないのに、物理学者はなぜよくこの無摩擦系につて述べるのですか。このことを適切であるとする何らかの理由がありますか。

3.　次の言葉の意味を感覚的に述べなさい。画一的管理、計画(planning)、高利貸、独占者(monopolist)、賭け、投機、アメリカの人々の生活様式(American way of life)、自由企業(free enterprise)、カルテル(cartels)、節約、貨幣保蔵(hording)。

4.　合成の誤謬の一つの例をあげなさい。

5.　完全雇用が存在しているときには正しいが、失業が存在しているときには誤りである経済原則の一つの例を挙げなさい。

第2章 すべての経済社会にとって最も重要な問題

　どのような社会についても根底において、経済活動を可能にする2、3の共通の条件が常にある。経済活動の背後にあるいくつかの基本的問題は、ホーマー(Homer)やシーザー(Caesar)の時代の経済において重要であったのと同様に、私達の現在の経済においても重要である。さらに、経済活動の背後にあるいくつかの基本的問題は今後の"すばらしい新しい世界"においても重要であり続けるであろう。

　本章では、経済活動を可能にするいくつかの共通の条件とは何であるかを示す。つまり、(A)すべての社会は*経済組織の三つの基本的問題*にどのように対処しなければならないか。(B) 限られた量の経済資源の下で、生産技術に関する知識は、多数の財とサービスの間での社会にとって実現可能な選択の範囲をどのように定めるか、さらに、財とサービスのこれらの*生産可能性*は、費用の変化と収穫逓減の法則(the law of diminishing returns)によってどのように影響を受けるか。(C)最後に、*どの経済にとってもきわめて重要な人口原理、つまり人間の人数に関する原理*を示す。

　上の論題は本章の三つの部分を構成している。民間企業と公営企業という私達の混合体制の経済的特徴を、第3章で述べる。

A. 経済組織のいくつかの問題

　完全な集産的共産主義国家(a totally collectivized communistic state)であろうと、南洋諸島の部族であろうと、資本主義での工業国であろうと、スイスのロビンソン一家(a Swiss Family Robinson)あるいはロビンソン・クルーソー(Robinson Crusoe)であろうと、場合によっては、ミツバチの群であろうと、どのような社会も次の三つのきわめて重要な経済問題に何らかの方法で対処しなければならない。

　1. どのような(*What*)商品を、どれだけの量、生産するべきか。つまり、多くの異なる財とサービスの内のどれを、さらにどれだけの量を、生産するべきか。

　2. どのようにして(*How*)これらの財とサービスを生産するべきか。つまり、誰が、どのような資源によって、どのような技術的方法で、これらの財とサービスを生産するべきか。

　3. 誰のために(*For whom*)これらの財とサービスを生産するべきか。つまり、誰が供給される財とサービスを獲得しそしてその便益を享受するべきか。言い換えると、総国民生産物を異なる個人と家族の間にどのように分配するべきか。

　これら三つの問題 [1)] は、すべての経済にとって根本的に重要でありまた共通でもある。原

---

1)　一部の経済学者は次の4番目の重要な問題を挙げようとする。いつ(*When*)財を消費するべきか、つ

始文明社会(a primitive civilization)においては、慣習(custom)が行動のすべての面を支配しているかもしれない。何を、どのようにして、そして誰のためにを、物事を行う伝統的方法に従って決定するかもしれない。他の文化に属する構成員には、この伝統的方法によって実現される行動は、異様でまた道理にかなっていないように思われるかもしれない。しかし原始社会のある部族あるいは親族の構成員は、現在行っている行動に驚くほど慣れ親しんでいるので、もしそのような行動への理由を尋ねられるならば、驚き、そして多分気分を悪くするかもしれない。例えば、いくつかの部族は、富を蓄積するのではなく、*ポトラッチ(the potlatch)*（財力を誇示する儀式）で富を分け与えることを望ましいと考える。しかし研究によって、一つの文化の社会において正しい行動が、他の文化の社会においてしばしば最大の犯罪であることを知っている人類学者は、ポトラッチでの行動が競争して富を得ようとする行動とかけ離れていても、驚かないであろう。

ミツバチの群においては、異常に複雑な協力的分業に関する問題であっても、このようなすべての問題は、いわゆる"生物的本能"によって自然に解決されている。

ミツバチの群とは反対の極端なケースとして、私達は、独断的法令(arbitrary decree)と命令(fiat)によって実際何を、どのようにして生産するべきか、そして誰のために、経済活動を営むべきかを決定する絶大な権力を持つ、善意に満ちたあるいは悪意のある独裁者を思い浮かべることができる。あるいは私達は、この独裁者とは異なる次のような法令に基づく組織をすでに持っているかもしれない。つまり、民主主義的投票により作成する法令に基づく組織、あるいは経済的決定の多様さと複雑さのためにもっとあり得ることであるが、選出した立法府あるいは計画当局が作成する法令に基づく組織を、すでに持っているかもしれない。

最後に、第3章で詳しく説明するように、いわゆる"資本主義的自由企業経済"(capitalistic free-enterprise economy)においては、価格システム(a system of price)、つまり市場システム(a system of markets)、つまり利潤と損失の制度(a system of profits and losses)は、生産方法と財の費用をどのように定めるべきかを主として[2]決定し、さらに最終的に、異なる人々が、（提供したサービスと供給した資産の見返りに、あるいは政府の法律により）財とサービスを買うことができる自分達の分け前として、総国民生産物あるいは国民所得の内のどれだけを得ることができるかを決定する。

経済学の境界と限界

経済学(economics)という学科は、上述の三つの問題に答えるのに必要な手段の一部を与え

まり、私達は、資源を将来の消費を増加させる資本財の生産に向けるために、どれだけの現在の消費を手放すべきか。しかし、この第4番目の問題を、どのような財とサービス（現在の消費財対資本財）を生産するべきかを決定する問題の下での、特殊なケースとして扱うことができる。

2) 100 パーセント純粋な自動調整的企業制度(automatic enterprise system)は決して存在したことはなかった。資本主義制度においてさえ、政府は価格システムの機能を調整するのに重要な役割を演じている。

ることができる。経済学者以外の多くの専門家も、これら三つの問題と関係する有意義な事実を示し、さらに有意義な分析を行うのに役立つことができる。例えば、心理学（心理的行動についての研究）、社会学（集団行動についての研究）、人類学（民族と文化についての研究）、および生理学（臓器がどのように機能しているのかについての生物学的研究）でさえ、人々が、財とサービスについて、*何を望んでいるか*を明らかにできるかもしれない。つまり、これらの学科は、*人々がなぜときどき栄養のある食物を好み、ときどき好まないのか*、また、人々が妻、あるいは赤ちゃん、等々を持つだけでなく、なぜピカピカ輝く自動車も手に入れることが必要であるという気分にしばしばなるのか、を明らかにするかもしれない。

さらに、物理学および工学のような経済でない学科も、*どのように財を生産するべきか*という第 2 の問題への多くの原則を与える。一定の資源の*投入物*が、どのように財とサービスという生産物に*変換される*かを決定する正確な技術面の法則を論じることは、経済学者の課題ではない。すべての多くの科学で広く行われている分業によって、経済学者は、しばしば心理的好みと社会制度を与えられたものとして受け入れなければならないのとちょうど同じ様に、技術に関する多くの基本原理を与えられたものとして受け入れている。だが、実際この技術の領域においては、経済学者の関心は物理学者の関心と同じではない。熱力学の第 1 法則によれば、あらゆる過程においてエネルギーは生み出されることも失われることもないと主張されているけれども、経済学者は、ある一つの過程がもう一つの過程よりも効率的であるとみなすかもしれない。さらに、もし第 2 の過程が第 1 の過程よりも安価なエネルギー源を利用しているならば、第 1 の過程がこの第 2 の過程よりも大きな比率の有益な仕事（熱力学の第 2 法則によって一層無駄の少ない熱とエネルギーの消失）を行っているという物理学に基づく事実を、経済学者は無視することを選ぶかもしれない。私達はまた、一線を退いた技術者達（1930 年代初期の一時期の専門技術者の運動集団）が、しばしばすべての価値をエルグ(ergs)、つまりエネルギー単位に単純化しようとした試みから発生した混乱した考え方に、陥らないように用心しなければならない。

私達は、個人間での富と所得の望ましい分配という第 3 番目の問題に移るとき、科学の領域をまったく離れる。*蓼食う虫も好き好き*である。つまり（科学的に）好みを議論することはできない。同じ事は倫理についても当てはまる。社会的*目的*(social ends)を明確にすることは、哲学者、神学者、政治家および世論に委ねなければならない。

本節で述べたことを次のように要約する。

経済学は、この世の必ずしもすべての事実を、分析の対象にできない。経済学は、いくつかの事実を、他の科学の領域での研究者によって確証されているものとして、受け入れなければならない。経済学は、社会の制度的枠組、個人の好み、個人が達成しようとする目的（これらのすべて）を、与えられたものとして受け入れなければならない。これらのこと、またもっと多くのこともである。なぜなら、経済学は、資源の特質と数量、および資源の組合せと生産物への変換についての技術面での事実さえ、与えられたものとして受け入れなければならないからである。

このとき、経済学は、上述の枠組内で生じる経過を述べ、分析し、そして理解するという実証的課題に向き合うことができる。このこと以上に、経済学 (そしてここでは経済学は"政治経済学" (political economy)になる) は、社会が定めた*目的*(ends)を達成するために手段(means)を使うさいに、効率を評価し、そして改善すると期待できる。

　幸運にも、いくつかの社会的目的は、社会でかなり受け入れられている。大部分の西側の人々は、(1)個人の選択と行動についてのある程度の自由、(2)生活水準の改善と高い生活水準、(3)何らかの強くまたやむを得ない理由がある場合にのみ、好ましくない不平等を容認するにすぎない階級間での所得の公平な分配、を望むと明言している[3]。

　それゆえ、本書の序論において、現代経済学の中心問題であるとみなした完全雇用(full employment)を、 (過去、現在、あるいは将来の) どのような経済も実現しなければならない次の二つの広い視点の目標(goals)を考慮に入れて、検討しなければならないことは当然である。人々と機械を、例えば、単に穴を掘りその後この穴を元に戻すような、古くからのどのような仕事に使っても、必ずしも十分価値があることでない。このようなことでなく、二つの広い視点の目標は、(1)資源の*有益*であるかあるいは賢明な使用、つまり一層良い、一層大きな、そして一層安定した生産と消費の水準であり、さらに(2)生産された生産物の個人間での公平な分配である。

　この観点から、失業は、資源のきわめて賢明でない使用 (実際完全な浪費) を示し、さらに所得分配においてすでに最も不利な状況に置かれている人々にきわめて厳しく被害を与えるので、失業はまさにきわめて重大な不幸な出来事であるとみなされる。虫垂は身体の必ずしも最も重要な器官でなく、親知らずの歯はほぼ最も重要でない器官である。それにもかかわらず、これらの器官にはきわめて注意を必要とする。同様に、もし、完全雇用が、私達の世代において最も"上手く実現されていない"、それゆえ行動を必要とする社会的議題の中で最も重要であるという事実がなければ、完全雇用はきわめて重要な問題とみなされないであろう。失業の問題が解決するとき、独占的取引慣行(monopolistic trade practices)、超過企業利潤(excess corporate profits)、国家間の貿易障壁、あるいは労働者の誤った配置によって生み出される誤った何を、どのようにして、そして誰のためにという他の問題が、解決しなければならないプログラムの中で最も重要になるであろう。

　失業と低所得の問題に対する解決の失敗は、老齢者の生活保障、労働力の地域間調整、あるいは公衆衛生と個人の健康のような、失業と低所得以外のほとんどすべての他の経済問題も悪化させるので、失業と低所得に対する問題を解決することは特に重要である。完全雇

---

3)　注意深い読者は、これらの複数の社会的目的の一部のいくつかが相容れないことに気づくであろう。例えば、人は、細く長く生きようとするか、それとも、大部分の人々が 1 世紀かけて稼ぐよりももっと多く 1 年で稼ぐために、"自分に"特許権を与えられる発明を実現しようとするかは、自由であるのか。自由と平等は一部対立するかもしれない。基本的に、"機会の均等"はあいまいな言葉である。異なる資産額と異なる能力を持つ人々に等しく機会を与えるということは、どのようなことを意味するのか。さらに、宝くじあるいは馬券は機会の均等を与えるが、きわめてまずい所得分配をもたらす。

用を達成しても、確かに新たないくつかの問題が発生するであろう、しかし、これらの新たな問題は資本主義経済に内在する問題であり、これらの新たな問題にもしっかりと対応しなければならない。

稀少性の法則

　もし資源が無限にあるならば、もしどのような生産物も無限の量を生産できるならば、あるいは、もし人間の満足が十分に満たされているならば、何を、どのように、そして誰のために生産するべきかは、問題にならないであろう。このとき、どのような特定の生産物も、あまりにも多く生産されすぎても問題にならないであろう。労働と原材料をうまく組み合わせていなくても問題でない。すべての人が望むだけ得ることができているので、財と所得が異なる個人と家族の間でどのように分配されているかも問題でない。いかなる*経済財*(*economic goods*)もない、つまり、稀少な財は少しも存在しない、それゆえ、経済学の研究の必要性も、"生産資源の効率的利用"の必要性も少しもない。すべての財は、水あるいは空気のように、*自由財*(*free goods*)である。

　現実の世界では、小さな子供達でさえ成長するにつれて、"両方とも"が"どちらか"の選択への許される答でないことを知るようになる。発展途上国あるいは数世紀前と比較すると、現代の工業社会は実際きわめて裕福に見える。しかし、工業国の中でも最も裕福な合衆国でさえ、少数の最も裕福な人々が享受しているのと同じ心地よい生活水準を、すべての人々に実現させるためには、現在よりも何百倍も高い生産力がなければならないであろう。一層高い生産水準は、常に、一層高い消費水準をもたらすように思われる。人々はスチーム暖房、屋内のガスや水道の設備、教育、映画、本、自動車、旅行、（いくつもの種類の）音楽、流行の服、等々を望みまた"必要としている"ように思われる。生理学者は人々が1日数セントの穀物の薄いお粥で十分栄養を摂取できると言うかもしれない、しかしこのように言うことは、人々の身体の物質が 1 ドル以下の価値しかないという情報とほとんど同じ様に、無味乾燥な情報を人々に与える。家族の生活を支えているどのような人も、生活必需品、つまり絶対必要なものが、生命を維持するために必要な食物、衣服および住居への生理的最低限を、大きく超えていることを知っている。

　1929 年の株式市場の暴落の後発生した大恐慌の間、大衆受けする経済評論家達は、消費するよりも、もっと多く生産できる方法を知っている経済制度となった新たな科学の時代に私達が入り込んだと言い、これらの経済評論家達の間で"稀少性の法則"(the law of scarcity)の放棄を宣言することがはやった。この稀少性の法則の放棄は全く誤りであった。だが、大恐慌の間、私達が消費しているよりも経済制度がもっと多く生産できることを、この生産の超過をどのようにすれば調整できるかを誰も全く知らないことを、さらに*技術的失業*(*technological unemployment*)の問題を軽く無視できないことを、このような大衆受けする経済評論家達が指摘したことはまったく正しかった。もし失業さえ一掃できるならば、最低限の"（物的）欲望を満たすことが"、地球の比較的生産性の高い地域で実現できることを、

これらの経済評論家達が指摘したことも正しかった。さらに、これらの経済評論家達は、資源をたとえ最高の効率で使用しても、平均的生活水準が、例えば、豪華な生活関連の雑誌の宣伝によって示されているような、"アメリカ風生活様式"(American way of life)と私達が呼びたい高い生活水準と比較すると、全く大した水準でないことにも気づいていたに違いない。その後の戦時期に、このことを私達は確認するのに役立った。1929 年の完全雇用所得(full-employment income)をすべての男、婦人、そして子供の間で平等に分け合っても、1週間での 1 人当たり平均所得がたった 15 ドルにしかならないことを、第 4 章で示す。今日においてさえ、この数値は 25 ドルを超えないであろう。原子核を分裂させて内部エネルギーを取り出す原子力の利用も、私達を "至福(bliss)" の状態の近くに連れて行かないであろう。取り組まなければならない重要な課題が少なくなることはありえない。解決しなければならない課題が次から次へと出てくる。(満たされることは現実にありえないが) 仮にいつか消費に必要な物が満たされても、良い生活をするのに役立つレジャー、レクリエーションおよびその他別のものが、常にまだ満たされないで残っている。

　今日において、人々は私達の経済に適用できる "長期停滞"(secular stagnation)という言葉を聞いており、後の数章でかなり詳しくこの概念を論ずる。しかしこの長期停滞という言葉が何を意味していようとも、この言葉は私達の*潜在生産力(productive potentialities)*の成長が止まっていることも、人間および社会の欲求と必要とするものが飽和状態になっていることも意味していない。それにもかかわらず、裕福な国々は、失業を避けるためにもし強力な対策を行わなければ、ラクダが針の穴を通り抜けるのと同じ様に、失業を避けることは、難しくなる可能性がある。しかしこれ以上のことは後で述べる。

B． どのような社会も受け入れなければならない技術的選択

生産可能性曲線つまり変換曲線

　私達は、異なる商品を生産するために利用可能な総資源が限られているため、比較的稀少な商品の間での選択を必要とする基本的な経済的事実を論じてきた。このことを、簡単な算数による例と幾何学的図によって、数量で示すことができる。図とグラフは、経済学の多くの分野で重要な視覚による説明方法であることが分かっている、それゆえ、最初、図とグラフへの理解を少し深めることによって、後に何倍も恩恵を受け取ることになる。

　多くの限られた数の人々がおり、技術に関する限られた知識があり、工場と道具が限られており、大量の限られた土地、水力および天然資源がある経済を考えてみよう。経済機構は、何をそしてどのようにして生産するべきかを決定するときに、これらの資源を、何千もの異なる生産可能な商品の間に、実際どのように配分すべきかを決定しなければならない。つまり、経済機構は、どれだけの土地を小麦の耕作かそれとも牧畜に使うべきか、いくつの工場

がヘアピンを生産するべきか、どれだけの人数の熟練労働者を機械工場で働かせるべきか、等を決定しなければならない。

　何をそしてどのようにして生産するべきかの決定の問題は、論じることさえ複雑であり、ましてや決定することは複雑すぎる。それゆえ、この決定の問題を単純化（理想化(idealize)、抽象化）して、生産しようとするただ二つの異なる財、あるいは2種類の財のみが存在すると仮定してみよう。理解しやすくするために、よく知られている二つの組合せ、バターと大砲を、つまり、民需品の生産と軍需品の生産の間での戦時の選択の問題を実例で示すために、広く使っている二つの商品を考えてみよう。戦争にうんざりしている人々は、パンとブドウ酒のような、他のどのような二つの商品に置き換えてもよい。あるいはもしこれらの人々が禁酒主義者であるならば、パンとヒヤシンスに、あるいは平凡な人々に対しては、食物と衣服の二つの商品に置き換えてもよい。

　今、たとえすべての資源を民需品の生産に、つまりバターの生産に投入するとしても、どんなに多くても、1年に生産できるある最大量がある。正確な量は、問題になっている経済での資源の量と質、それとともに資源を使う技術面での効率によって決定される。そこで、500万ポンドのバターは、現在の技術で生産できる最大量であると仮定してみよう。

　もう一方の極端なケースとして、社会の資源の 100 パーセントを大砲の生産に向けると仮定してみよう [4]。たとえバターを少しも生産しようとしないとしても、大砲のある最大数だけを、例えばある種類の 15,000 門の大砲だけを生産できるにすぎない。

表1　バターと大砲の生産でのいくつかの選択の可能性

	A	B	C	D	E	F
バター、100 万ポンド‥‥‥	0	1	2	3	4	5
大砲、1,000 門‥‥‥‥‥	15	14	12	9	5	0

　これらは極端な可能性である。中間にさらに別の可能性がある。もしいくらかのバターを手放そうとするならば、幾門かの大砲を得ることができる。逆に、もし幾門かの大砲を手放そうとするならば、いくらかのバターを得ることができる。いくつかの可能性の一覧表を、表1で示している。F はすべてバターを生産し、逆に大砲を少しも生産しない極端な状態であり、A はすべての資源を大砲に投入している反対の極端な状態である。中間の E、D、Cおよび B では順に、一層多くの大砲を得るためにバターを一層多く手放している。物理的に変換するのではなく、資源を一つの利用からもう一つの利用に転換することによって、バターを大砲に"変換でき"る。

　私達の数値表を、説明を必要としない図1によっても示すことができる。

4)　もちろん、いくらかの民需品がなければ社会が存続できないので、この大砲だけの生産は現実にはありえないかもしれない。しかし私達は、仮定による方法が現実を示していなくてもよい(the subjunctive mood not the indicative)という可能性を考慮に入れる。

図1　いくつかの選択による生産可能性

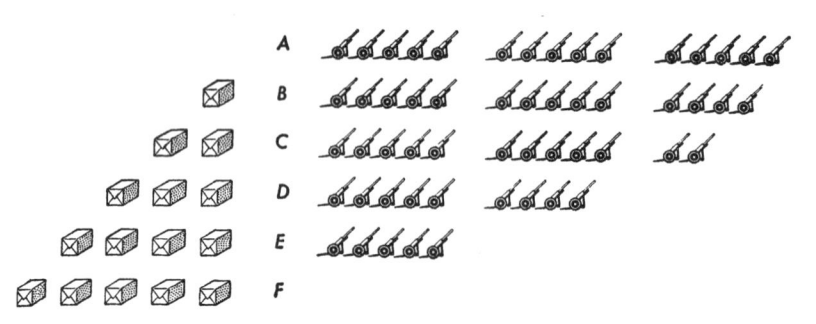

バター（100万ポンド）　　　　　　　　　　　　　　大砲（1000門）

表1の生産可能性表(production possibility schedule)つまり生産物変換表(production-trans-formation schedule)を、横軸でバターの量を測りそして縦軸で大砲の数を測ることによって、図2のように示すと、一層明確になる。

図2　バターから大砲への変換の可能性

それぞれの点は、完全雇用において、異なる量のバター
を生産する時に、獲得可能な大砲の最大数を示している。

　学生は、もちろん、表1の数値表からこの図2に直接移ることができる。Fでは右に5単位のバターをとり、そこから上に0単位の大砲をとる。Eでは右に4単位のバターをとり、そこから5単位の大砲へと上がる。そして最後にAでは右に0単位のバターをとり、そこから15単位の大砲へと上がる。

　図3においてのように、100万ポンドの端数のバターあるいは1,000門の端数の大砲も含めて、図2の六つの点の中間のすべての点を描き入れることができる。

　今私達が得ている曲線は、完全雇用経済では、一つの財を生産するためには常にもう一つの財をいくらか手放さなければならない基本的事実を示している。もちろん、このことは、

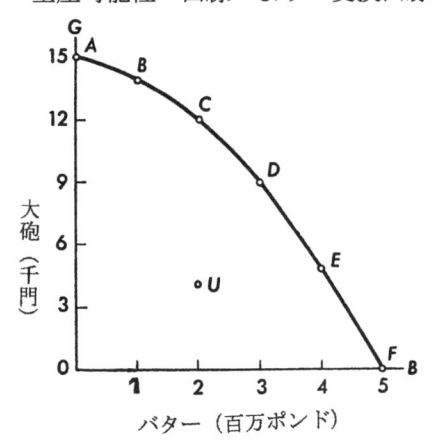

図3 "生産可能性"曲線つまり"変換曲線"

この図3は、所与の技術状態と所与の総資源を仮定すると、社会が"バター"を手放して"大砲"をどれだけ手に入れることができるかの選択を示している。U のようなこの曲線の内部のどの点も、資源を知っている最善の方法で完全に利用していないことを示している。

出所：表1。1本の滑らかな曲線は図2の数個の点を通っている。

少なくとも、いくらの資源をある財からもう一つの財へと転用できることを仮定している。例えば、鋼鉄は、大砲に使え、また農業機械を仲介にしてバターの生産にも使える。

*資源の転用(substitution)*は完全雇用経済での生産の原則である。しかしもし資源が広く未利用であるならばどうなのか。つまり、仕事に就けない人々がいるならば、遊休の土地、遊休の工場があるならば、どうなのか。このとき、私達の経済法則がまったく異なるものになるかもしれない、とこれまで注意するように言ってきた。そして次のことはこのような一つの例である。

失業において、私達は、変換曲線(transformation curve)上に、つまり生産可能性曲線(production-possibility curve)上にいなく、この曲線の*内部*のどこかにいる。例えば、200万ポンドのバターと 4,000 門の大砲だけを生産している U にいる。もし資源が未利用の状態にあるならば、資源を活用することによって、私達は一層多くのバターと一層多くの大砲を得ることができる。私達は U から D あるいは E に移動でき、このことによって、一層多くのバターと一層多くの大砲を得ることができる。

この図3は、合衆国、ドイツ、ロシアの3ヶ国の重要な戦時の歴史の経緯の違いを明らかにする。1940 年以後、合衆国は、失業という生産資源の未利用の部分を大部分なくすことによって、"民主主義国の兵器工場"になることができ、同時に国民にこれまでよりも高い生活水準を享受させることができた。ヒットラー(Hitler)によるドイツの戦争遂行のための活動は、何らかの公表が行われるよりもかなり前の、1933 年に始まった。ヒットラーのこ

の活動は、ヒトラーが、権力を平和裏に獲得するために必要であった選挙に、勝つことができるようにさせた十分深刻な失業の期間から始まった。しかし労働者の失業と工場の遊休をなくすことによって可能になった生産物の増加のすべては、一層高い民間消費でなく軍需品にほぼ完全に利用された。戦争以前に失業のなかったロシアの人々は、すでに生産可能性曲線上にあった。ロシアの人々は、民需品から軍需品へと生産を転換する以外に選択の余地はなく、この結果物不足の状態になった。

費用逓増

　バターの生産が増加するにつれて右下方に（つまり北西から南東に）傾斜している変換曲線は、完全雇用での商品の間の変換(substitution)と選択についての事実をまとめている。しかも、この変換曲線は、バターの生産が増加するにつれて一層強く傾斜していくので、さらに重要な次の一つの経済原理を図で説明している。つまり、*私達は、一つの財を一層多く望むにつれて、普通この財に対し一層多くの費用を支払わなければならない。つまり、一つの財を一層多く望むにつれて、私達はますます多くの別の財を手放さなければならない。*

　逆に進み、バターを手放しそして大砲を手に入れることを考えると、読者はバターの犠牲で測った大砲の費用も絶えず増加し続けることを確認するに違いない。それゆえ、バターと大砲の関係は完全に対称的である。

　次のように考えると、上の一般的結果の正しさを強めることができる。最初の数門の大砲を、どっちみちバターに役にたたない種類の資源によって生産できる。もしもっと多くの大砲を望むならば、バターの生産のためにかなり有益な資源を使わなければならない。さらに、私達は、もしすべて大砲を得ようと強く望むならば、バターの生産にはきわめて効率的である農場と農民を使う準備をし、そして、大砲生産の部門ではほんのわずかしか生産できないけれども、これらの農場と農民を大砲の生産に転用しなければならない。このため、費用逓増が予想される[5]。

大量生産の経済：費用逓減

　図 3 とその説明はまさに最初から費用逓増が始まることを仮定している。現実には、最初、費用逓増が始まる前に、費用逓増を上回るに違いない逆の動きが存在するであろう。こ

---

5)　たとえ資源を、同質の土地と同質の労働のような同質の 2 種類に分けることができるとしても、大砲とバターの生産に同じ比率でこれら二つの資源を必要としない事実からも、費用逓増はやはり生じる。バターは多くの土地を必要とし、大砲は比較的多くの労働を必要とする。バターを手放し、代わりに大砲を生産するにつれて、バターの生産からは、土地の放出と比較して労働の放出があまりにも少ないので、費用逓増の法則が作用し始める。この結果は、大砲の生産において、土地 1 単位当たりの労働量が不足するためである（状況が逆になるが、このことはバターの生産においても当てはまる）。後の節では、生産要素の比率の変化によって、豊富な固定的生産要素が不足するようになり、生産要素の比率の変化が収穫逓減の要因になることを示す。この生産要素の比率の変化が他の財で測った一つの財の収穫逓減を生じさせることも示す。

の逆の動きは、*規模が大きくなるにつれて、多くの生産工程で効率が上がるという*広く知られている技術面での事実である。私達の現代工業のきわめて高い生産性に寄与しているこのような"大量生産の経済"(economies of mass production)への要因になっているものには、次のようなものがある。(1)人間と動物以外の動力源（水力と風力、蒸気、電気、タービンと内燃機関、原子力）の使用、(2)自動調整メカニズム（旋盤、ジグ、サーボ機構）、(3)規格化され、交換可能な部品の使用、(4)複雑な工程の単純な反復作業への分割、(5)職務の専門化と分業および多くのその他の技術に関する要因である。自動車生産の流れ作業および現代の紡績と紡織の歴史的発展は、これらの様々な要因の代表的なものである。

　少し考えてみると、かなり手の込んだ生産組織を作りあげることが有益になるほど、十分多数の単位を生産する場合にのみ、これらの大量生産の経済、あるいは省力化は、それぞれ十分に役割を果たすことがただちに明らかになる。もし2、3門の大砲のみを生産しようとするならば、手作業によって十分うまくこれらの大砲を生産できるかもしれない。しかし、何千門も生産するほど資源を利用できるならば、2、3門よりももっと多くの単位を生産しようするときには、繰り返す必要がないかなり手の込んだ初期の準備を行うことは有益になる。上で示した単純化した図3と異なり、例えば、私達は、最初の大砲1単位を得るために2単位のバターを手放さなければならない、しかしさらにもう1単位の大砲を得るためには、大量生産による効率のために、1単位のバターを手放すだけでよいかもしれない。このことは費用逓増でなく費用逓減(decreasing costs)のケースである。

　それゆえ、最初費用逓増は発生しないかもしれない。しかしやがて、最大規模で最も効率的な規模の大砲工場が建設されてしまい、一層の規模の経済(economics of scale)を実現できないときには、費用逓増の法則(the law of increasing costs)が再び本来の力を出し始めるかもしれない。このため、もし細かな所まで注意するならば、*ある点を越える*と、費用逓増の法則が作用することになりそうである、と私達は言わなければならない。

　実際、戦時と戦後期においての、アメリカ経済による巨額の生産の実現が、遊休資源を活用し、また人々を残業と交替制(multiple shifts)で働かせたことによるだけでなく、かなりの程度、述べてきた大規模生産の経済(the economies of large-scale production)によるものでもあったように思われる。

収穫逓減という有名な法則

　一つのよく知られている技術的経済関係（いわゆる"収穫逓減の法則"）は、費用逓増のこれまでの議論の根拠になっている。この収穫逓減の法則の正しさを、次の二つの学派の学者達が主張している。つまり、推測的見地に基づき演繹的にこの法則を証明したと考えている理論家達と、この法則を一般的に観察される技術的事実とみなす経験主義者達(the empiricists)である。

　収穫逓減の法則は、私達がある一つの投入物、あるいは一つの種類の投入物をますます多く加えるときに得る追加的*生産物*の量と関係している。例えば、労働と土地という二つの生

産要素を組み合わせて食物を生産できると仮定してみよう。もし 100 エーカーの土地に 1 人の 1 年の労働(1 man-year of labor)を投入するならば、収穫時に数千ブッシェルものトーモロコシを得るかもしれない。しかし、同じ区画の土地に、たとえ私達がさらにもう 1 人の 1 年の労働を加えても、多分同じように多くの追加的トーモロコシを得ることができないであろう。同じ土地に 3 人目の 1 年の労働を加えることは、生産量の増加がさらに一層少なくなるであろう。

表 2 は収穫逓減の法則の算数による実例を与えている。

表 2　100 エーカーの土地に労働を次々と 1 単位ずつ加えるとき、生産量で測った収穫がどのように減少するかを示している。

1 年の労働の人数	生産量ブッシェル	労働の追加的 1 単位による追加的生産量
0	0	
		2,000
1	2,000	
		1,000
2	3,000	
		500
3	3,500	
		300
4	3,800	
		100
5	3,900	

なぜ収穫逓減が始まるのか。もちろん、主として、一層多くの労働者を加えていくならば、それぞれの労働者は一緒に生産に寄与できるますます少ないエーカー数の狭い土地しか得なくなるからである。土地という固定的生産要素は、労働という可変的投入物と比較すると減少する。私達は、もしこの土地に一層多くの労働を投入すると、土を丹念に耕すことによってさらにいくらかトーモロコシを増やすとができる。しかし、トーモロコシの追加的量はますます少なくなるであろう。

私達は収穫逓減の法則を次のように要約できる。

> *他の固定的投入物と比べて、ある投入物を増やすことは、生産物を増加させるであろう。しかし一つの点を越えると*[6]、*同じ量の追加的投入物から得る追加的生産物はますます少なくなるであろう。この追加的収穫の低下は、"可変的生産要素を新たに一定量" ずつ増やしていくことが、ますます少ない量の固定的生産要素と一緒になって、生産に寄与しなければならない事実の結果によってある。*

---

6)　最初、大量生産による効率の上昇という収穫逓減と反対の動きが、収穫逓減への動きを上回るかもしれない。しかし、やがて収穫逓減が上回るであろう。

C. どのような経済にも重要な人口原理：過去と将来の人口動向

マルサスの人口論(the Malthusian theory of population)

人口の領域において、収穫逓減の法則は意義深く、また興味深く適用されている。1800 年頃、若いイギリスの聖職者であるトーマス・ロバート・マルサス(Thomas Robert Malthus)は、朝食で、「すべての点で日に日に、人類は暮らし向きがますます良くなっている」という父の見解によく反論した。最終的に子供のマルサスは、この問題にあまりにも熱中し、自分の見解についての本を書いた。彼の有名な『人口の原理』(*Essay on the Principle of Population*)（初版、1798 年）は、すぐにベストセラーになり、数版を重ね、1 世紀の間（有名な生物進化論の提唱者であるチャールズ・ダーウイン(Charles Darwin)を含めて）世界中の人々の考え方に影響を与えた。この本は今日でも強い影響を与え続けている。マルサスの見解は、直接には収穫逓減の法則に基づいており、今日でも　重要であり続けている。

マルサスは、最初、資源が豊富なアメリカの植民地あるいはその他の地域では、人口が、25 年ごとかそこらで、2 倍になる傾向があるというベンジャミン・フランクリン(Benjamin Franklin)およびその他の人々の観察結果を受け入れた。この 25 年で 2 倍の人口の "複利(compound interest rate)での" 増加率を維持するためには、乳幼児の死亡を除くと、1 家族当たりただ平均 4 人から 5 人の子供を必要とするにすぎないので、この観察結果は思うほど驚くべきことではない。それゆえ、マルサスは、*食糧供給によって抑制されることがなければ*、（*幾何級数で増加する*）人口の一般的動向を受け入れた。現在では、想像力を働かせる人であれば誰でも、幾何級数がどれほど急速に増加するか（1、2、4、8、16、32、64、128、256、512、1,024・・・がやがてあまりにも大きくなり、これから生まれてくるすべての子供達には世界中で立っている場所もなくなること）が分かるはずである [7]。

マルサスの父親は、このすべてのことについて、「どうしてそうなのだ」とだけよく言った。その後この説明のために、子のマルサスは収穫逓減の法則という悪魔を外に出して、次のように言った。人口が 2 倍になりさらに 2 倍になるにつれて、正確に地球の大きさは、そのたびに半分になっていき、最終的にあまりにも小さくなり、食糧と生活に必要なものが、生存のために必要な水準以下に低下するであろう。収穫逓減の法則のために、食糧は幾何級数的増加率の人口に追いついて行けなくなる。

だが、マルサスは人口が今後もこのような比率で増加するであろう、とは言わなかったことに注意しよう。この増加は抑制されない場合での人口の*趨勢*にすぎなかった。マルサスは、あらゆる時代のすべての国々において、いくつかの抑制因子が人口増加を押さえるように

---

7) 6 パーセントの複利の利子では、お金は 12 年ごとに 2 倍になる。先住民が、マンハッタン島(the island of Manhattan)と引き換えに受け取った 24 ドルを、もし複利の利子で預金していたならば、この金額は今日ではこの島の全不動産の金額と少なくとも同じになっていたと、私達は計算することができる。

作用していると論じることが、自分の主張の重要な部分であると考えていた。マルサスは、自分の著書の初版において、死亡率を増やすように作用する次の*積極的抑制(positive* checks)を重要視した。つまり伝染病、飢饉、戦争、等である。後にマルサスは、この憂鬱な見解を重要視するのではなく、出生率に影響を及ぼす*予防的抑制(preventive* checks)によって人類に希望を与えようとした。産児制限運動(the birth-control movement)はしばしば新マルサス主義(Neo-Malthusianism)と呼ばれているけれども、19 世紀初期の聖職者であったマルサス自身は、家族の生活を支えることができるまで、早婚を思慮深く遅らせる*道徳的抑制(moral restraint)*だけを主張した。実際、子のマルサスは、父親の考えを十分受け入れ、生存のための闘いを、神の賢明な教えを具体的に示しているものであるとみなした。そして私達は、子のマルサスが、自分の娘とたっぷり時間をとる朝食の間中、収穫逓減が貧しい人々をどうしてひ弱にしたり怠け者にしたりしないか、さらに"道徳による独身"(virtuous celibacy)の利益がいかに大きいか、と論じていたのを想像できる。

　収穫逓減のこのよく知られている適用は、単純な理論がいかに重大な影響を与えるかを実例で示している。マルサスは、19 世紀の間の思想をかなり変え、19 世紀のイギリスの救貧法(poor laws)への一つの基本的見解を与えた。なお、このイギリスの救貧法についてマルサスは、貧しさはなまけの結果であり、このため失業をできる限りここちよくない状態にしておかなければならないという見解を示した。さらにマルサスは、労働者の賃金のどのような増加も、労働者を再生産するにすぎなく、労働者は再びかろうじて生活の必要を満たすにすぎなくなってしまうので、労働組合が労働者の福利を改善できないという主張を支持した。

　『人口の原理』のその後のいくつかの版において、マルサスは多くの国々についての多数の統計を掲載していたにもかかわらず、今日では、マルサスの学説は単純すぎていたとみなされている。収穫逓減の議論において、マルサスは、『人口の原理』出版の次の世紀において、生産物変換曲線を*外側*に*移動*させ、多くの人々に一層良い生活水準を可能にすることになる産業革命(the industrial revolution)という奇跡を、少しも予想していなかった。同時にマルサスは、医学の進歩が人間の寿命を延ばしており、人口への積極的抑制の力を弱めていることに気づかなかった。マルサスは、1870 年以後合衆国を含めた大部分の西側諸国で、子供達の実際の人数によって計測する家族の子供*出生数(family fertility)*が、家族の子供*出産能力(family fecundity)*、つまり生物学的再生産能力(biological reproductive capacity)よりも、かなり下回り始めていることにも気づかなかった。普通の学生は、現代の国々において、今後の問題が過剰人口の問題であるよりも、むしろ過少人口の問題であることを知るためには、自分自身の家族の人数と祖父母あるいは両親の家族の人数の違いを考えるだけでよい。それにもかかわらず、人口数と食糧供給の間のバランスが、人口のきわめて重要な決定要因となっているインド、中国および地球のその他の地域での人口の動きを理解するためには、マルサスの学説の真理の基本的なことは、今なお重要である。

　表 3 は、1800 年以後世界の人口が 2 倍以上になっており、他方アメリカ大陸の人口がほ

ぼ 10 倍に増加したことを示している。この人口増加は、多分主として、医学の進歩の結果と産業革命によって可能になった生活水準の改善の結果により、実現した死亡率の低下によって可能になった。平均寿命は 1800 年の 18 歳から現在の約 68 歳に高くなった[8]。また生活水準は以前のどの世紀の水準よりもはるかに上回っている。さらにこの表は、人口が食糧供給によって抑制されている世界の地域は、世界人口に占める比率が低下してきたことを示している。しかしこのことは今後も続くのであろうか。

表 3　世界の推定人口と人口の分布

世界の地域	人口、万人	
	1800 年	1939 年
ヨーロッパ・・・・・・・・・・・・・・・・・・・・・・・・・・・・・・・	18,800	54,200
北アメリカ、南アメリカおよび中央アメリカ・・・・・・・	2,900	27,300
アジア、アフリカおよびオセアニア・・・・・・・・・・・・・	70,200	126,500
世界・・・・・・・・・・・・・・・・・・・・・・・・・・・・・・・・・・・	91,900	208,000

出所：W. S. Thompson, *Plenty of People*, Jacques Cattell, Lancaster, Pa., 1944.

アメリカとヨーロッパは人口の減少(depopulation)に直面している

　第 1 次世界大戦の終わり頃でも、人々は過剰人口というマルサス主義者の呪いの言葉(the Malthusian curse)をなお恐れていた。これらの人々は、『世界は過剰人口に直面している』(*The World Faces Over-population*)あるいは『立ち席のみ』(*Standing Room Only!*)のような、警告を発するタイトルの本を書いた。しかしこれらの本が印刷を終えたがまだインクが乾ききっていない同じ時期に、西ヨーロッパと合衆国は人口のきわめて大きな変化に直面していた。

　1 世代後の今になって初めて、この大きな人口の変化が知られ初めている。今日では振り子はもう一つの極端へと振れており、『親であることの終焉』(*The Twilight of Parenthood*)また『人々のいないイギリス』(*England Without People*)のような大げさなタイトルの本がベストセラーになっている。

　私達は、これらの本のタイトルの調子のこの突然の変化を、どのようにすれば説明できるのか。イギリス、フランス、スウェーデン、ドイツおよび合衆国においては、出生数は死亡数をもはや上回っていないのか。さらに人口の起こりそうな低下をなぜ人々は心配するのか。

　この答を見つけることは難しくない。1870 年以後、出生率は西ヨーロッパの大部分の文明国で（フランスではもっと以前から）低下し始めた。第 1 次世界大戦以後、とりわけ 1930 年代の世界大恐慌(the Great Depression)以後、出生率の低下は著しくなった。出生率の下方

8)　L. I. Dublin and A.J. Lotka, *Length of Life*, The Ronald Press Company, New York, 1936.

への転換という驚くべき状況は、出生率の長期的動向とは関係がない次の二つの要因によってしばらくの間気づかれなかった。つまり、第1に、医学という奇跡は、特に中年および老年になる前の死因となっていた伝染病との関係において、死亡率を引き下げてきた[9]。

　人々が出生率の下方への重大な転換局面を知りそこなったことを説明する第2の、一層重要な要因は、*合衆国と西ヨーロッパでは、出産年齢グループのきわめて多数の女性（および男性）が一時的にいたため、粗出生率(crude birth rates)が粗死亡率(crude death rate)を*上回っていたにすぎないという事実から発生している[10]。あまりにも多くの女性が出産可能な母親としての年齢であると、出生数は心配しないでよいほど多いように見える。しかし母親1人当たりの子供の人数はあまりにも少なくなっているので、一時的に増加している若い大人の人数が少なくなり元に戻る将来において、イギリス、フランス、スウェーデン、ドイツおよび多分合衆国の人口は、低下するであろう。少なくとも、もし家族の心理と社会的行動に根本的変化がなければ、この人口の減少は避けられない。

図4　総人口の内のそれぞれの年齢構成での人口比率

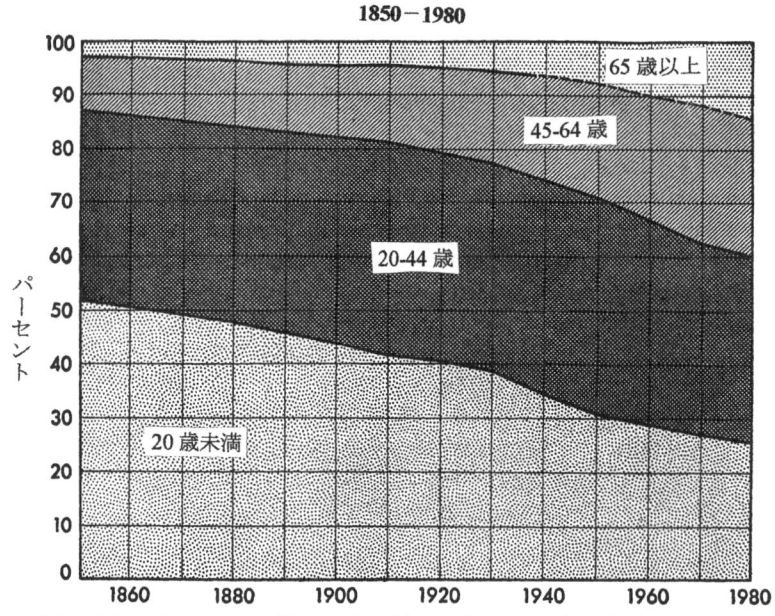

この図は近年の人口での子供の比率の低下と大人の比率の上昇を明確に示している。この図は年老いた人々の比率の上昇も示している。

　　出所：*The Problems of a Changing Population*,　National Resources Committee,1938.

---

9)　医学が今後一層進歩する見込みであるにもかかわらず、50歳前の死亡率がきわめて低い水準になってしまうと、一層の死亡率改善への余地がほとんどなくなるので、この第1の要因は長期の人口動向には必ずしもそれほど重要でない。さらに、人口の純再生産率の議論においてこれから示すように、年老いた人々をもっと長く生き続けるようにさせることは、人口動向に一時的に影響を及ぼすにすぎない。

10)　これらの年齢のグループは、現在の大人の両親と祖父母の過去の高い出産力のために増加している。

図 4 は、私達の人口が、一層多くの年老いた人々へと、さらに子供達と当然若い大人の一層低い比率へと、ますます移っていくことを示している。この人口の動向によって、老齢者の社会保障の財源に関して今後発生する問題を、後の章で論じる。

純再生産率

　人口動向に関する本当の状態は、次のように少し算術的工夫をすることによって私達には明らかになった。粗出生数と粗死亡数に注意を集中する代わりに、ある人は、1,000 人の新しく生まれた女の赤ちゃんが、自分の寿命を終えるまでに何人の女の赤ちゃんを生むであろうか、と問いかけるすばらしい方法を考えついた。生まれる女の赤ちゃんの総数が正確に 1,000 人であるならば、私達は*人口の純再生産率*(the net reproduction rate)が 1.0 であると言い、人口が長期にわたりちょうど維持される。

　もし 1,000 人の女の赤ちゃんから、生涯を通じて、ただ 900 人の女の赤ちゃんしか生まれないならば、純再生産率は 0.9 にすぎない（それゆえ最終的に人口は世代ごとに 10 パーセントの比率で減少し始める）。他方において、1,000 人のそれぞれの女性が自分達の後に 2,000 人の娘を生んで残す（これらの 2,000 人の娘が自分達の後に 4,000 人の娘を生んで残す、等々）ならば、純再生産率は 2.0 に等しく、人口は最終的に世代ごとに 100 パーセントの比率で増加する。

　もし一つの集団についての必要な統計データが利用可能であるならば、この集団の純再生産率の正確な計算はあまり難しくはない。保険会社が、集計した過去の死亡データから、私達は最初の 1,000 人の女性の内のどれだけの部分が 15 歳、20 歳、25 歳、・・・、および 50 歳になお生きていそうであるかを知る。これらのそれぞれの年齢の女性のほぼ確かな出産数についてのデータ（この国が集計することをしばしば怠ってきたデータ）から、自分達の女性集団が、生涯にいったい何人の赤ちゃんを生みそうであるかを、私達は計算できる。これらの赤ちゃんの人数の半分少し以下は女の赤ちゃんであり、そしてこれらの女の赤ちゃんの人数を 1,000 人で割った比率は純再生産率である [11]。

　近年の純再生産率についての実態調査の結果は次のようになる。合衆国(1939 年－1941 年)1.01、スウェーデン(1941 年)0.84、ドイツ(1936 年)0.93、フランス(1939 年)0.9、イタリア(1935－1937 年)1.13、ソビエト連邦(1935 年)1.4 あるいはそれ以上、イギリス(1944 年) 0.99、日本(1937 年)1.44 である。

　純再生産率がイギリス、フランス、ドイツ、スウェーデン、およびその他多くの国々で 1 未満に低下し始めていると述べることによって、私達の年代での人口の重大な下方への転換局面を短く言うことができる。合衆国はちょうどほぼ 1 に保たれている、しかし、もし私

---

11)　それぞれの年齢の女性 1 人当たり出産率が上昇するか、あるいは幼少期と出産年齢を終える前に死亡する女性が少なくなる場合のみ、純再生産率は上昇することができる。年老いた人々を生存させること、あるいは同じ人数の赤ちゃんを若い年齢で生むことは、短期においてのみ人口を増加させる、しかし、人口が最終的に減少するかどうかにはいかなる影響も与えない。

達のいなかの地域と南部の地域では純再生産率がなお高いという事実がなければ、私達は、人口の増加どころか、人口を現状に維持するのに必要な水準未満になっていたことであろう。東ヨーロッパとロシアでは今でも純再生産率はきわめて高い。インドと東アジアの国々では、出生率は高い傾向にある、だが、成人まで、また出産年齢の期間を終えるまで生存している女児が少ないので、純再生産率が 1 を大きく超えていない。

　経済学の教科書は人口の基本的動向の背後にある要因を分析する書物ではない。ある意味で、人口の基本的動向は経済と関係がない。なぜなら、すべての人が知っているように、貧しい人々は平均して裕福な人々よりも多くの子供を持っている。ハーバード大学とバサー大学(Vassar College)の学生は自分達と同じ人数の子供を産んでいない。ミシガン州立大学とオバーリン大学(Oberlin University)の学生も、高等学校しか行っていない大部分の都市の住民も、自分達と同じ人数の子供を産んでいない [12]。

　他方で、景気循環の上昇と下降は婚姻数と出産数に影響を与えている。近年の戦時中と戦後の赤ちゃんの出生数の多さの必ずしもすべては、戦争と選抜徴兵法(the Selective Service Act)によってもたらされていない。かなりの程度、近年の赤ちゃんの出生数の多さは、不況のために多くの結婚と出産が遅れ、この遅れを回復しようとしていることを示している。好況の出生数への同じような影響は、スウェーデンのような中立国、イギリス、ナチスドイツ、そして、あまり影響が大きくないが、フランスとノルウェーのような占領された国々でも見られる。

　統計の専門家は、最近の赤ちゃんの出生数の多さが人口の将来の維持に対し十分満足のいく説明になっていない、と警告している。*大部分のこのような赤ちゃんの出生数の増加は、第 1 子と第 2 子によるものであったと思われる。*大部分のこれらの赤ちゃんは、いずれにしても生まれていたのであり、もしそうでなければ、早く生まれただけにすぎないので、最近の赤ちゃんの出生数の多さは、人口の将来の維持を少しも確かなものにしていない。もしかなりの数の家族が、第 3 子、第 4 子および第 5 子とさらに生み続けないならば、純再生産率は 1 未満に低下するであろう。1 家族当たり 2 人の子供は、若い年齢で死ぬ、決して結婚しない、あるいは結婚しても子供がいない人々を埋め合わせるには十分でないので、両親が「1 人の男の子と 1 人の女の子が良い」と思っている社会は、最終的に絶滅することを運命づけられることになる。政府はこの状況を何とか改善しようと努力している。例えば、カナ

---

12)　大部分の権威者は、この純再生産率の低下を、生物学的要因によってよりもむしろ社会的要因によって説明できると考えている。例えば、出生率の高いフランス系カナダ人は、フランスでは最も出生率の低いいなかの地域の出身であった。南部から北部に移住している黒人と同様に、2 世のイタリア人とユダヤ人の都市での居住者は、出生率が大きく減少していることが明らかになっている。最も高い純再生産率の人々の一部は、アパラチア山脈(the Appalachian Plateau)の南部山岳地域での白人の人々の中にいる。皮肉にも（すべての人々の中で）最も純再生産率の高い人々を、アメリカの先住民の中で見つけることができ、このことは私達がいつかこの国を先住民に返還するかもしれない、と暗に示している。

ダは子供の人数によって決定する家族手当の支給制度(a system of family allowance payments)を導入している。政府の強力な人口政策がまだ必ずしも十分に実施されていないけれども、次の数十年の内に、私達は疑いなく政府によるかなり強力な人口政策を見ることになるであろう。

　表 4 は、いくつかの国々の将来の人口についての、現在の最も確かな推定値を示している。純再生産率が 1 に低下するまでには長い時間がかかるソビエト連邦については、人口の推定値が多いことに注目しよう。他方、フランスとイギリスについては著しく少ない数値に注目しよう。

表4　異なる国々についての将来の 1970 年での推定人口

（すべてのデータは万人で）

国	1940 年	1970 年
合衆国・・・・・・・・・・・・・・・・・・	13,200	16,000
イングランドとウエールズ・・・・	4,100	3,700
フランス・・・・・・・・・・・・・・・・	4,100	3,700
ソビエト連邦・・・・・・・・・・・・・	17,400	25,100
スウェーデン・・・・・・・・・・・・・	630	580
イタリア・・・・・・・・・・・・・・・・	4,400	4,900
ヨーロッパとソビエト連邦・・・・	57,200	66,800

　出所：合衆国を除いたすべてのデータを Frank W.Notestein,*The Future Population of Europe and the Soviet Union : Population Projections 1940-1970*, League of Nations, 1944、から得ている。合衆国の推定値を Warren S.Thompson, *Estimates of Future Population of the U.S. 1940-2000*, National Resource Planning Board,1943 を参照し、また戦時の出来事を考慮して得ている。すべてのデータを 10 万人で四捨五入して 100 万人で得ている。

　軍事戦略家は、軍事力の観点から、これらの将来の人口の数値に関心を持っているかもしれない。私達は、将来の人口のこれら数値が、乳母車を生産している工場の製品への需要よりも車椅子工場の製品への需要に、社会保障を必要とする私達の年老いた人々の人数に、私達の経済での投資の水準と増加に、そして完全雇用を維持できる私達の可能性に、それぞれ与える影響を本書で後に論じる [13)]。

13)　興味ある読者は次の本を参照できる。T. R. Malthus, *Essay on the Principle of Population,* J. Johnson, 1798.（ロバート・マルサス著、高野岩三郎・大内兵衛訳『初版人口の原理』岩波書店、1950 年。）R. R. Kuczynski, *The Balance of Births and Deaths*, Vol. 1, The Macmillan Company, New York, 1928.この本は将来の過少人口への転換の要因について、短く読みやすく説明した本である。W. S. Thompson, *Plenty of People*, Jacques Cattell, Lancaster, Pa., 1944.この本は近年の広く読まれている概説書である。

要約

A. 経済組織のいくつかの問題

1. すべての経済組織は次の三つの基本的経済問題を何とかして解決しなければならない。つまり、すべての可能な財とサービスの内、*何を*そしてどれだけ生産するべきか。これらの財を生産するために経済資源を*どのようにして*使うべきか。*誰のために*財を生産するべきか。つまり、異なる個人と階級の間での所得分配はどのようであるべきか。

2. 異なる社会は、これらの問題に異なる方法によって（慣習、本能、法令と裁判所の判決によって、さらに私達自身の制度においては部分的に価格と市場システムによって）対応している。経済学以外の心理学と社会学、自然科学と工学、倫理学および神学のような学科も、これらのそれぞれの問題と深く関係している。

3. これらの基本的経済問題は、すべての経済生活についての次の基本的事実のために重要である。つまり、資源と技術が限られているので、生活水準は限度を定められている。経済財はいくらでもあるのでなく稀少である。社会は、すべての必要としているものと望んでいるものが、必ずしも満たされていないので、これらの経済財の間で選択しなければならない。

B. どのような社会も受け入れなければならない技術的選択

4. 資源と技術が与えられた状態の下で、1国が、バターと大砲のような二つの財の間での受け入れなければならない生産量の選択を、生産可能性曲線あるいは生産可能性表によって簡単に示すことができる。この曲線あるいは表は、資源をバターの生産から大砲の生産に移すことによって、バターをどれだけ大砲に変換できるかを示している。

5. 普通、一つの財を一層多く得ようとすることは（もう一つの財の犠牲により測って）費用逓増となるであろう。しかし最初、大量生産の経済によりこの費用逓増の動きとは逆方向の動きになるかもしれない。

6. 収穫逓減の法則は、私達が（資本のような）固定的投入物にますます多くの（労働のような）可変的投入物を加えていくとき、一つの点を過ぎると、追加的生産物の量が低下することを示している。この法則は（可変的投入物にとって一緒に生産に役立つ固定的投入物の量がますます少なくなる）実際まさに投入物の比率が原因となって生じている。

C. どのような経済にも重要な人口原理

7. マルサスの人口論は収穫逓減の法則に基づいている。マルサスは次のように考えた。人口は（もし抑制されないならば）1世代ごとに2倍になるかあるいはその程度で、幾何級数的比率で増加する傾向がある。しかし、人口増加に伴いそれぞれの人は、労働と一緒になって生産に役立つ資源を一層わずかしか得ることができなくなる。それゆえ収穫逓減のた

めに、所得は低下し、人々は餓死したり、伝染病にかかるであろう。

8. マルサスが著書を出版後 1 世紀半の間に、人口はすべてのところで急激に増加した。しかし、人類が科学技術と医学の進歩にあまりにも成功したので、死亡率の減少は人口増加の最も大きな要因であった。

9. 1870 年以後、出生率は低下し始めた。今日において、西ヨーロッパ諸国と合衆国は人口の重大な転換期にある。つまり、もし社会の考え方が変わることがなければ、また、純再生産率が 1.0 あるいはそれ以上に上昇することがなければ、これらのそれぞれの国々は近い将来かあるいは遠い将来に最終的に人口の減少に直面するであろう。

議論のための質問

1. あなたは、次章を見なくても、私達の価格システムが需要と供給によってどのように経済組織の三つの問題を解決するかを、前もって言うことができますか。

2. 「能力に応じて働き、必要に応じて与えられる」という社会主義の基本原則(the social creed)を批判するか、さもなければ擁護しなさい。誰のためにという第 3 の問題についてのあなたの考えはどのようですか。

3. 社会は、軍需品と民需品の間で選択するのではなく、*現在の消費*と*将来のための資本財の生産*の間で選択するかもしれない。この消費と資本財の生産の間での選択を示す*推測による生産可能性曲線*を描きなさい。

4. もし（人口、土地等の）すべての生産資源の量が増加するならば、変換曲線に何が起こるであろうか。もし科学においての発明が所与の生産資源の生産性を高めるならば、変換曲線に何が起こるであろうか。もし生産資源の生産性の改善が、バターの生産においてだけであり、大砲の生産においてないならば、変換曲線に何が起こるであろうか。

5. もし土地が次々と増加するが、労働は一定に維持されているならば、収穫逓減の法則が成立するであろうか。図を描き、またなぜかを言いなさい。

6. あなたの祖父母の家族の人数は何人でしたか。あなたの両親の家族の人数は何人でしたか。あなた自身の家族は今後何人になると思いますか。

7. 「人口増加の圧力は、一般に思われているようには戦争を勃発させていない。丹念な研究は原因と結果がちょうど逆であると示している。膨張しようと望んでいる国々は、国が軍事的に強くなることができるように、また膨張への口実を得ることができるように、自国の国民に人口数を増やすように説得している。このような例はイタリア、ドイツおよび日本である。」議論しなさい。

第3章 "混合" 資本主義企業体制の機能

混合企業体制(mixed enterprise system)

　20 世紀の（ソビエトロシアを除いた）工業国家において見いだすことができる経済社会の特徴に、これから大部分注意を向ける。これらの大部分の国々では、過去数世紀において、"自由民間企業"(free private enterprise)あるいは"競争的資本主義"(competitive capitalism)と漠然と呼ばれるものが封建的状態または工業化以前の状態に大いに取って代わるにつれて、経済活動への政府による直接統制はますます少なくなる傾向があった。だが、この傾向が*自由放任(laissez faire)*（つまり企業への政府の完全な不介入）の状態に近づくよりもずっと前に、潮流は逆の方向に向きを変え始めた。

　19 世紀のある時から、考察の対象になっているほとんどすべての国々において、政府の経済的役割が絶えず増加してきた。この重要であり、すべての国々でかなり広がっているこの進展に対して、その根底にある要因を正確に説明する課題は、歴史家に委ねよう。ここでは、私達の経済制度は、公的機関と民間機関の両方が経済の管理を行っている混合自由企業経済体制(a mixed free-enterprise economic system)である、と言えば十分である。

　本章の最初の A では、すべての社会が解決しなければならない私達が見てきた経済組織の三つの問題に、私達の混合体制においてはどのように取り組んでいるかを示す。本章の後半の二つの B と C では、現在の経済制度のいくつかの基本的特徴を述べる。

A.　自由企業制度では基本的経済問題をどのように解決するのか

混乱ではなく経済的秩序

　さて注目すべき事実は、政府が経済活動を（関税法、純正食品法(pure-food laws)、公益事業と鉄道の規制、最低賃金法、公正労働慣行法(fair-labor practice acts)、社会保障、価格最高限度(price ceiling)と価格最低限度(price floors)、公共事業、国防、国税と地方税、警察による保護と法律に基づく救済、都市区画条例、公営水道事業あるいは公営ガス事業、等によって）大いに管理しているのでなく、管理が増加した戦時においてさえ、必ずしもあまり多く管理していないことである。何万もの商品が、中央の命令も基本計画もなしに、何百万人もの人々自身のほぼ意思によって、これら何百万人もの人々によって生産されている。

　自由民間企業制度においては、いかなる個人もいかなる組織も、第 2 章で論じた三つの経済問題に意識して関わっていない。このことに私達は実際注目すべきである。良く知られている経済の例によって説明するために、ニューヨーク市を考えてみよう。多数の商品のこの市への流入とこの市からの流出が絶えずなければ、1 週間でこの市の人々は餓死寸前になるであろう。これら商品には生活のために必要な種類と量のさまざまな食料よりも多くの食

料が含まれている。ニューヨーク市の周辺地域から、48 州から、さらに世界の遠い国々から、商品は目的地としてのニューヨーク市に何日も何ヶ月もかけて運ばれてくる。これらすべてのことは、何らかの管理を行う機関によるいかなる強制も、中央からの命令もなしに行われている。

700 万人もの市民が、この都市の存続がかかっている複雑な経済過程の崩壊という大変な恐怖の中で生活しているのではなく、安心して夜寝ることができるのはどうしてなのか。

このことだけでも（このこと以外はどのようであっても、また市場と価格による競争システム(a competitive system)はどのように不完全にしか機能していなくても）、この競争システムは、混乱と無秩序の制度でないという証明を確かに行っている。競争システムには一定の秩序と組織だったものがある。競争システムは機能している。競争システムは役割を果たしている。この競争システムは、何千もの方程式を使って何千もの未知数を解かなければならないという、考えられる最も複雑な問題の内の一つを、知識がなくても解いている。誰かがこの競争システムを立案したのではなかった。管理できなくなった象のトプシー(Topsy)と同じ様に、競争システムは大きくなったにすぎず、また人間の気質と同じ様に、競争システムは変化している。しかし少なくとも、競争システムは、すべての社会組織が克服しなければならない最初の試練にうまく対応できている、つまり、競争システムは生き残ることができている。

これらのことについてここでは、なるほど、そうね、と言うだけで十分である。価格システム(a price system)の特質と役割をもっと分析する十分な機会を、本書では後に残してある。最初ここでは、経済制度(the economic system)を混乱とみなす極端な見解から離れて、これとは反対の極端な見解に進み、経済制度を完全なもの、つまり神の摂理による調和を備えたものとみなす人々に、少し考え直してもらえれば十分である。

現代経済学あるいは現代政治経済学の開始となる歴史に残る本である『諸国民の富』(The Wealth of Nations)の著者であり、賢明なスコットランド人である有名なアダム・スミス(Adam Smith)は、経済制度の中に、"見えざる手"(invisible hand)の神秘的原理と呼ぶ秩序があることを知って、大いに興奮した。つまり、アダム・スミスは、自分自身の利益だけを追い求めるそれぞれの個人が、あたかも見えざる手によって、すべての人々にとっての最善の利益を実現するように導く秩序、それゆえ政府による自由な競争へのどのような干渉も、有害であることがほとんど確かである秩序があることを知って、あまりにも興奮した。この単純な主張は、特にしばしば私達の指導的な人々の一部が、大学の経済学の講義を 30 年後も覚えているすべてのことであるので、この単純な主張は、過去 1 世紀半の間多くの良い影響とほぼ同じだけ多くの悪い影響も与えてきた。実際、完全競争への多くの賛美は的外れである。これまでに論じてきたように、私達の経済制度は政府と民間企業の混合体制である。後で論じるように、私達の経済制度は独占(monopoly)と競争の混合体制でもある。私達の制度は黒でも白でもなく、灰色であり、また水玉模様でもある。

かつて、バーナード・ショー(Bernard Shaw)がキリスト教の教義について述べたのと同じ

ことを、社会で受け入れられている主張に不信感を持つ冷笑家(a cynic)は、自由競争について次のように言っている。つまり、自由競争についての唯一の問題は、自由競争が実行に移されたことがなかったことである。自由競争の黄金時代は決して存在しなかったし、競争は経済学者が考えている意味において今必ずしも完全でもない。多分、競争は、大部分、大規模生産と技術、消費者の好み、さらに企業組織のそれぞれの基本的特質のために、日毎にますます完全競争でなくなりつつある。

　このことは、1890 年代に増加し始めた巨大企業(the big business)、企業の吸収合併(mergers)、トラスト(trusts)およびカルテル(cartels)への動きを、不可避的なものとして私達が受け入れなければならないことを意味していない。私達は、状況を思い通りに変えることができる船長であると自分達自身をみなすことはできない、しかし少なくとも一部を変えることができる一等航海士になろうとすることはできる。反トラスト法(antitrust legislation)の強力で賢明な運用は、この独占への動きを押さえるかもしれない。しかしこれから見るように、完全競争あるいは純粋競争(pure competition)の実現ために必要である企業の小さな原子状態を全面的に創出できると期待することは、犬が月に吠えるようなもので、意味がない。この小さな原子状態を全面的に創出することは容易でない、しかし私達の不完全競争の組織をもっとうまく機能するように促すことはできる。だが、本書の第 2 部での貯蓄と投資の分析において今後十分に述べるように、不完全競争の組織をもっとうまく機能するように促すだけでは、失業あるいは購買力の問題を解決できないであろう。

価格システム

　個人も組織もメカニズムを意識することのない自動価格メカニズム(automatic price mechanism)は、いったいどのように機能しているのか。競争的利潤損失制度(a competitive profit-and-loss system)を大ざっぱに述べることは簡単である。*すべてのものには、つまりそれぞれの財とサービスには、一つの価格がある。*異なる種類の人間の労働にさえ、普通 "*賃金率*" と呼ばれる価格がある。

　すべての者は、売るものと引き換えに貨幣を受け取り、その後欲しいものを買うためにこの貨幣を使う。どのような一つの財、例えば自動車を人々が一層多く欲しがるならば、この財への多数の新たな注文が出されるであろう。このことはこの財の価格を引き上げ、この財を一層多く生産させるであろう。逆に、お茶のような財が、人々が望むよりももっと多く供給されるならば、この財の価格は競争の結果下がるであろう。この一層低い価格では、人々は一層多くのお茶を飲もうとし、他方、生産者はもはやあまり多く生産しようとしないであろう。このようにして、需要と供給の均衡が回復する。

　消費財市場について当てはまることは、労働、土地および資本財のような*生産要素市場*についても当てはまる。ガラス吹工よりも溶接工が必要とされるならば、仕事への機会は、溶接工の方が有利になるであろう。溶接工の価格、つまり溶接工の 1 時間当たり賃金は上昇する傾向となり、他方ガラス吹工の賃金は低下する傾向となる。他の事情を一定とすれば、こ

のことは必要とされている仕事へと労働者を移動させる。同様に、もしプエリトルコの砂糖生産者が自国の低地の利用に対し最も高い価格をつけるならば、この低地の多くは砂糖きびの耕作に向けられるであろう。同様に、工作機械の生産も需要と供給によって決定される。例えば、シカゴとニューヨークの間の貨幣資金(money capital funds)の動きでさえ、まさにこれら二つの都市の金融センターで支配的な相対的利子率(the relative interest rates)あるいは有価証券の価格によって決まるであろう。

言い換えれば、私達は、価格と生産量の均衡状態(an equilibrium system)への試行錯誤、つまり連続的接近という巨大システムを持っている。すべてのところで供給が需要に一致し、価格が費用に一致するときには、私達の三つの経済問題は同時に解決される。

*誰*のために物を生産するべきかは、生産用役に対する市場での需要と供給によって決定される。つまり、このことは（他のすべての人々との関係において、また全体との関係において）すべての人々の所得を形成することになる賃金率、地代(land rents)および資本利潤(capital profits)によって決定される。この結果生じる所得分配の特徴は、幾分根拠なく定められた資産所有権の分布によって、かなり決定されることである。

*どのようにして*物を生産するべきかは、異なる生産者間の競争によって決定される。どのような時にも、物的効率(physical efficiency)と費用効率(cost efficiency)の両方によって、最も安価な方法は一層費用のかかる方法にとって代わる。生産者が価格競争に打ち勝ちそして利潤を最大にできる唯一の方法は、最も効率的方法を選ぶことによって費用を最小にすることである。例えば、穀物からのエチルアルコールの価格よりも石油の価格の方が低いという一定の関係にあるならば、合成ゴムはエチルアルコールよりもむしろ石油によって生産されるであろう。あるいはもし石炭の価格が水力発電かそれとも火力発電かの決定のために重要な水準よりも低いならば、電力は水力よりも蒸気によって発電される。

*どのような物*を生産するべきかは（2年ごとの選挙での投票によってではなく、この商品を買い、あの商品を買わないという消費者の毎日の決定による）消費者の投票によって決定される。もちろん、消費者が企業の金銭登録機の中へ支払うお金は、最終的に消費者が毎週所得として受け取る給料、地代および配当金を与える。それゆえ、この循環は一つの完結型循環(a complete circle)である。

競争システムは人と関係していない(impersonal)のであるが、必ずしも完全に人と関係していないのではない。消費を行っている家族は、家族と営利企業の両者をつなぐ価格によってのみ、次の二つの場所において、営利企業と向き合っている。一つの場所は消費者が次の多数の異なる小売店から何千もの少額の商品を買う広く拡散した場所である。つまり食料品店、ドラッグストアーおよびデパート。映画館、ガソリンスタンドおよび電力会社。郵便局、不動産賃貸会社、鉄道、および保険会社がそれである。

もうひとつの場所においては、関係は常に平和的であるとは限らない。一家の生活を支える所得の稼ぎ手にとって、賃金は他の別の価格と明らかに同じではない。この賃金によって贅沢と心地よさの間の違い、心地よさと欠乏の間の違いが生まれる。大会社は、もし必要な

らば、労働争議において 1 週間あるいは 1 ヶ月間操業を停止できるが、他方労働者は交渉力において劣っていると感じており、このため労働組合による団体交渉に頼るかもしれない。労働者は、この団体交渉を行うことによって、時には交渉力を一層失うかもしれないけれども、その他の時には交渉力を回復するのに役立てるかもしれない。

　最低費用へと向かわせる競争についての上での説明は、きわめて単純化しすぎたものである。競争システムは上で述べたように機能しているとしても、（すべての人は上述の競争システムが事実とは大きくかけ離れているのを知っており）人々は、競争システムを次の理由により理想的なものであると考えることができない。まず第 1 に、商品は最も多くの投票を行う、つまり最大額のドルを支払う所に行くからである。ジョン・D・ロックフェラー(John D. Rockefeller)の犬は、貧しい子供がくる病にかからないために必要な牛乳を与えられる。なぜか。需要と供給がうまく機能していないからか。機能していないことはない。需要と供給は、最も多くお金を支払うことができる人々に商品を届けており、実現しようとしていることを実現しているからである。

　さらに、競争システムが理想的でないさらにもうひとつ別の例をあげるために、自動機械の発明が労働の競争価格を下落させ、このことによって貧しい人々の所得を減らすに違いないと想定してみよう。人々はこのような所得の減少を必ずしも正当化できない。さらに、石油会社が 1 年に 100 万ドル支払う用意のある 500 平方マイルの牧場を、1 人の男が相続した事実によるこの男のきわめて大きな所得も、人々は必ずしも正当化できない。

競争の不完全さ

　これまでに言ったように、上述の説明と同じ様に重大な価格システムの実態面での一つの欠陥は、現実の世界では、競争が完全競争(perfect competition)からほど遠い事実にある。企業は今後いつ消費者の嗜好が変化するかを知らない。それゆえ、企業はある領域では過剰に生産し、別の領域では生産不足になる。企業が現実を知ることによって状況を把握できる時までに、状況は再び変化している。天気と同じように、企業は、状況の変化をあまり予測できないので、しばしばこのような失敗を避けることができない。しかし（例えば、1929 年においてのようなまさしく過剰な建設によって、あるいはすでに過剰な食料品店事業へ次々に参入することによって）一群の独立の競争者が犯す失敗の一部は、計画によって特徴づけられている経済では少なくなるであろう。（もちろん、誤りを犯しやすい官僚は、一連の計画において、自分達自身の誤りを犯すかもしれないし、個人の自由という新たな問題も発生するであろう。）また、競争システムでは、多くの生産者は他の生産者の生産方法を全く知らない、このため費用は最小に低下しない。生産者は生産高を高く維持するだけでなく、生産の知識が広がらないようにすることによっても、競争という戦いにときどき勝つことができる。

　完全競争からのさらに一層大きな乖離はいくつかの*独占という要因*(*monopoly elements*)によっても生じる。独占という要因は不適切な価格設定、不当な利潤の獲得、不適切で無駄の

多い資源配分という結果になる。独占者は、法律にしばしば違反する大きな口髭をはやし、葉巻をくわえた、太った、欲深い男ではない。もしこのような男が独占者ならば、私達はこの男を刑務所に入れることができるであろう。*独占者は、売ったり買ったりする物の価格に、十分大きな影響を与えることができる重要なすべての人である。*独占者は、全収穫物のごくわずかな部分を個人で生産しているおそらく何百万人もの農夫を除いた、ほとんどすべての実業家をある程度意味している。すべての経済活動は競争の要素と独占の要素の混合物である。完全競争でなく、不完全競争、あるいは独占的競争(monopolistic competition)が支配的形態である。

　もちろん、私達が後で見るように、実業家は必ずしも思い通りに自社の価格を設定できないし、さらに利潤も必ずしも思い通りに獲得でききない。実業家は自分自身の商品と代替可能な商品の価格を考慮に入れなければならない。実業家は、たとえ特有の品質があり、その品質を示す商標を付けた石炭を生産しているとしても、他の石炭、石油とガス、および家屋の断熱材にそれぞれ設定されている価格を、計算に入れなければならない。しかし後で知るように、実業家は、完全競争市場での農夫の様に、何も売れなくなることを恐れて、現行の市場価格を超えて自社の価格を引き上げれない状況にはない。普通の実業家は、自社の価格の決定を、組織化された競り売市場(an organized auction market)に完全に委ねなければならないのではなく、自社の価格を設定できるという事実は、普通の実業家が価格へのいくらかの支配力を持っており、経済学者の見解による完全競争者でないことを示している。私達が後に見るように、普通の実業家は、自社が定める価格で、取引を後に再び行おうとするさらにもう一つの事実は、普通の実業家が完全競争の農産物生産者と同じでない明確な証拠である。

　実業家は競争を好むしまた競争を嫌う。実業家は、競争が自社の市場を拡大することを可能にするときには、競争を好む。しかし反対に競争が実業家にとって不利な状況になるときには、実業家は競争を“ごまかし”(chiseling)、“不公正”(unfair)、あるいは“破滅”(ruinous)と呼ぶ最初の人である。ある時には、実業家は、競争相手を追い出し、その後独占を作り出すために、競争メカニズムを利用しようとする。別の時には、実業家は、活発な競争の影響を少なくするために、同業者組合を形成しようとする。もちろん、市場が自分の労働にどのような値段を付けるかによって暮らしが決定される労働者は、競争が賃金を抑える恐れのある時には、競争への反対の声を張りあげる最初の人でもある。

　独占になるいくつかの重要な要因は、大規模生産の経済と深く関係している。このことは技術変化がある動態的世界で特に当てはまる。多数の生産者による原子的競争(atomistic competition)は、多くの領域で現実に効率的でなく、また持続できないであろう。商標、特許および広告はしばしばさらに別の独占の要因になっている。それゆえ、法律によって人為的に完全競争を作り出そうとすることは、不可能であろう。しかし私達は、もっと許容でき、機能する競争システムを作り出すためには、独占的競争という経済状態を作り、この経済状態を規制し、そしてこの経済状態に影響を及ぼすのが良いと思う。

本書の第 3 部で需要と供給についてのもっと詳しい微視的考察に戻る。この微視的考察の後、価格システムの機能を一層正確に評価できるであろう。私達はすでに競争的価格システムと計画システムという二つの両極端についての誤りを避けることができるほど十分見てきた。競争的価格システムは経済を組織する一つの方法である、しかしただ一つの方法ではない。さらに、一部の社会主義者が、自分達の新しい社会の管理方法として、価格メカニズム(a price mechanism)を使い続けようと計画をしていることは興味深い。

政府の経済的役割

私達の経済は、純粋な価格経済ではなく、生産と消費をうまく実現するために、政府の管理の要素が市場の要素と混じり合っている混合体制であると以前に言った。政府の経済的役割は現在きわめて重要であり、今後ますます重要になると思われるので、第 7 章と第 8 章ではこの政府の経済的役割を論じる。

政府の管理の効果についての大雑把な要点をここでは簡単に示す。民主主義国の人々は、完全に自由な市場システムによって与えられる、何を、どのようにして、そして誰のためにという三つの問題への答には満足していない。このような完全に自由な市場システムは、一定数の人々が所得の不足のために餓死すること、さらに一部の人々が不十分な所得しか受け取ることができず、逆に一部の人々があまりにも多くの所得を受け取ること、を決定するかもしれない。このため、政府は、政府自体の支出によって、一部の人々の実質所得あるいは貨幣所得を補うために介入する。例えば、政府は、国民に病院への入院のための補助金を支給するかもしれない、あるいは国民の内の貧しい人々には、失業しているかあるいは老齢の時期に、毎月給付金を支給するかもしれない。

このこと以上に、政府は、もしなければ社会生活が可能であると考えることができなく、また財とサービスの性質によっては、民間企業にうまく委ねることができない一定の不可欠な公共サービス(collective services)を提供する。これらの公共サービスには、国防の維持、国内法の整備と秩序の維持および司法が含まれる。一般に、政府は貨幣を支出するさいに、多額の支出を行うどのような他の人々あるいは企業ともちょうど同じ様に行動している。政府は、一定の目的のために、市場において資源にドルで十分な代金を支払うことによって、資源をこの目的へと向ける。これらの資源を社会が必要とするよりもまさしく個人が必要としているかのように、これら資源の供給において価格システムは機能する。

もし政府がすべての支出に対して紙幣を発行するかあるいは限度のない借入れによって資金調達をするならば、すべての話はほぼここで終わりである。現実には大部分の政府支出は徴収した租税によって代金が支払われる。*政府の強権*(coercion)という重要なことが入ってくるのはこの租税の徴収においてである。もちろん大多数の国民は租税負担(the tax burden)を課せられる。他方、それぞれの国民は政府が提供する公共サービスによる便益を多数の人々と一緒に得る。しかし、この便益の獲得と租税の支払いの間には、個々の国民がタバコの自動販売機に 25 セント硬貨を入れてタバコを買うか、あるいは普通の買い物をすると

きに実現するのと同じ密接な関係はない。私は、公共サービスの便益を得ることを選んでいても選んでいなくても、租税を支払わなくてはならない。だが、私は、もしラッキータバコ(Luckies)を吸うことを望んでいなければ、ラッキータバコを買う必要がなく、またナイロン靴下を履くことを望んでいないならば、ナイロン靴下を買う必要がない。

さらに、政府による強権の第2の重要な形態は、次のような政府提出の法律を議会で可決する一般的慣行と関係している。つまり、あなたはあへんを吸ってはいけない、あなたは誤った重さで物を売ってはいけない、あなたは児童労働を雇用してはいけない、あなたは家に放火をしてはいけない、あなたは食べ物に最高統制価格(the ceiling price)以上を請求してはいけない、等々である。この一連の規則は民間企業が活動する枠組みを与える。この一連の規則は民間企業が活動する領域も変える。政府支出と課税とともに、政府の法令は、国の経済的命運を決定するさいに価格システムそれ自体よりもおそらく重要でないことはない。（遺伝と環境のどちらが一層重要であるかを議論することは意味がないのと同様に）公的企業と民間企業のどちらが一層重要であるかを決定しようとすることは、意味がない。もしどちらかがなければ、私達の経済社会は全く異なる社会になるであろう。

最後に、本書の第2部で見るように、失業あるいはインフレーションとなる、深刻でかつ長期的変動の最も重要ないくつかの原因の内の一つを弱めることは、政府の役割の一部である。特に私達自身の社会のような裕福な社会では、民間企業が、利益を得てあるいは有益に、新たな実物資本財(real capital goods)に投資できるよりも、社会全体としての個人は、もっと多くの額、場合によってはもっと少ない額を貯蓄しようとするかもしれない。このことがデフレーションあるいはインフレーションを発生させ、経済の長期成長率を歪めることを、私達は後に知るであろう。明らかに政府は、民間企業が一定水準の高い雇用と生産性の引上げを維持できるように、財政と金融の権限を十分に使おうとしなければならない。

B． 現代社会の資本主義的特徴

現代の経済社会には次の三つのきわめて重要な特徴がある。

1. 現代の進んだ工業技術は次の巨額の資本の使用に基づくものである。つまり、精巧な機械設備、大規模工場とその機械装置、加工原材料と未加工原材料の蓄えと在庫。この資本あるいは"富"が主として誰か（資本家）の私有財産であるので、私達の経済は"資本主義"(capitalism)という名前を付けられている。

2. 今日の経済制度は、ほとんど信じがたいほど手の込んだ*特化(specialization)*と複雑な*分業(division of labor)*によって特徴づけられている。

3. 最後に、私達の経済制度は*貨幣*を大いに利用する制度である。貨幣の流通は私達の制度の存続に必要な血液である。貨幣は価値の測定手段(the measuring rod)にもなっている。

これらすべての特徴は（互いにまた以前に述べた価格メカニズムと）密接に関係している。例えば、複雑な分業は、貨幣が貿易と交換をきわめて容易にすることによって可能になることを、私達は後に理解するであろう。貨幣と資本は、銀行組織(banking system)の信用活動を通じて、また有価証券が売却されることによって貨幣と交換されるか、あるいは逆の交換も行われる組織的資本市場(the organized capital market)を通じて、関係している。もちろん価格メカニズムと貨幣の間の関係は、直接の関係でありまた明白な関係である。

資本と時間

最初に、資本の重要な経済的役割を簡単に説明しよう。もし人々がやせた土地で道具を使わずに仕事をしなければならないならば、生産性と消費は実際きわめて低い。しかし時間の経過とともに徐々に、私達の経済制度は、生産のための道具、工場と建物、加工中の財の途方もないストックを、それぞれ同時に蓄積できるようになってきた。もちろん、それぞれのこのような資本財は国民生産物を増加させる。しかしもっと重要なことであるが、資本財は、耐用期間を通じて、最初に資本財を作るためにかかる費用よりも、あるいは資本財が使えなくなる後この資本財を更新するためにかかる費用よりも、もっと多くの国民生産物を増加させる。資本財は必要なすべての"減価償却"費(depreciation costs)を上回る*純生産性*(net productivity)を得る。

それゆえ、人々は、生産の間接的方法を使うことによって、簡単な直接的方法を改善できることをきわめて早くから知った。経済制度の内部にいる私達は、現代の生産過程がどれほど迂回的(roundabout)であるかに気づいていない。外部の観察者は、私達の経済制度においてはほとんど誰も*完成財*(*finished* goods)を生産していない事実に驚くであろう。ほとんどすべての者は、最終消費(final consumption)が遠い将来の目標である準備段階の仕事をしている。農夫は豚を太らせるために時間を使っており、トラック運転手は豚を市場に運ぶために時間を使っており、精肉出荷業者は豚の消費という最終段階へとさらに進めるために時間を使っている。鉄鋼労働者は銑鉄を製造しており、この銑鉄の一部は家を建築するためのハンマーになる。他の一部は銑鉄製造の溶鉱炉の一部になり、この溶鉱炉は次に、一層多くのハンマーと、一層多くの銑鉄の溶鉱炉、等を作るために使われる銑鉄を製造する。

このため、経済過程は、フレンチホルンのパイプの中の空気のように、あるいは生物学上の経過である卵－鶏－卵－鶏－卵の連続のように、ぐるぐる循環して進む。

それぞれの人が行わなければならないすべてのことは、自分自身の仕事をするだけであり、自分の生産物が最終的にどこに行くか、あるいは自分の活動によって価値を付け加える原料がどこから来るかについて、それぞれの人は、気にかけることでないので、生産の迂回的性質に注意を向けていない。一旦すべての循環経路が確立されそして活動が同じ速度で進行すると、実際、経済制度の外部にいる観察者は、経済制度の複雑さに気づかないかもしれない。このような定常状態においては、毎日は前の日と同じように見え、毎日の作業は同じ日にできる生産物を生産しているように見えるであろう。

しかし、このことは目の錯覚である。最初、生産過程を動かし始めるには時間が必要であった。どのような生産物もそれぞれの新しい生産過程から生産する前に、長期間、人的資源と非人的資源を投入しなければならなかった。このことは、フレンチホルンの音が鳴り始める前に、しばらくの間、ある人がこのフレンチホルンに息を吹き込んで、空気圧を高めなければならなかったのと同様である。この人が空気を絶えず吹き込み続け、一定の音を得るとき、徐々に定常状態に到達する。最後に、この人は、たとえ空気を吹き込むのをやめても、しばらくの間、音が響かなくなる罰を受けない。同様に経済の世界においても、資本を更新するのをやめても、しばらくの間、資本を更新しないでいることができる、さらに「資本を使い減らして」いても、しばらくの間、生産物を減らさないままにしておくことを期待できるのである。

　もの事を開始し、その後同じ速さで進行させるためには、時間がかかるという事実は重要である。この事実は、なぜ社会が直接的過程をもっと生産的な間接的過程に必ずしもすべて自動的に置き換えないのか、また、なぜ社会がすべての間接的過程をさらに一層間接的な過程に必ずしも置き換えないのかを説明している。社会は、このように置き換えることによる利益を、資源を現在の生産から、いくらか時間の経過の後にのみ成果を得る生産への使用に向けることによって、*現在の消費財をなしで済ま*さなければならない初期の不利益と、比較するからである。

　人々が貯蓄しようとすればするほど（現在の消費を控えそして将来の消費を待とうとすればするほど）、社会は資源を新資本形成(new capital formation)に向けることができる[1]。他方で、人々は、将来を軽視するほど、どのような時でも"貯蓄を取り崩そう"（将来を犠牲にして現在の快楽を得よう）とするかもしれない。どのようにして行うのか。資本を更新しそして維持するという果てしなく続く作業から、現在の消費財を一層多く生産する作業に、資源を移すことによってである。次の中国の古い諺がある。「次の日の夜明け以後のことを考えることができない人は、昼たくさんのうまいブドウ酒を飲もうとし、夕暮れにも頭痛をやわらげるために新しいブドウ酒をたくさん飲もうとする、しかし残りの多くの日は雨水だけを飲まなければならない。」

　私達は次のように要約できる。つまり、大部分の経済活動は将来に向けられている。さらに、大部分の現在の経済での消費は過去の努力の結果である。*現在の消費に対して過去に報いるためには、将来のために生産することが、現在の生産活動の最も重要な役割である*。また、進歩した社会では、現在の生産活動のいくらかの部分は、新資本形成、あるいは純資本形成に向けられ、そしてこの資本形成のために、現在の消費が将来の生産を増加させるために犠牲にされる。

---

1)　現代の貨幣経済(monetary economy)では、ときどき、多くの人々が貯蓄をしようとすればするほど、資本財がより少なく生産されること、そして、逆説的であるが、多くの人々が消費に支出すればするほど、実業家が新工場と新設備を作ろうとする誘因は大きくなることを、私達は後で見る。

固定資本と流動資本

　洞窟生活をしている男でさえ、狩猟用の原始的な斧の形態でいくらかの資本を使った。この男の洞窟の住居も、自分で掘ったものであろうと、発見あるいは戦利品によって所有したものであろうと、資本と富の一つの形態であった。これら斧と住居の二つの資本の品目は工場の生産設備と住宅よりもかなり前の資本の品目である。これら二つの品目は"固定資本"(fixed capital)と呼ばれる項目に入る。

　原始人が動物を家畜化しそして植物を栽培する段階に到達した時、新しい形態の資本が出現した。つまり生産過程中の財、つまり、いわゆる"流動資本"(circulating capital)である。春の 1 粒の小麦は、秋のコップ 1 杯の小麦の粒、さらに冬の 1 塊のパンに先立つ物である。同じ親から同時に生まれたピーピーなく幾匹かの子豚は、見て明らかなように、1 塊の豚肉、ハム、塩漬の豚肉およびラードになる。

　"固定資本と流動資本"という名前を必ずしもあまり明確に決めることができない。機関車は固定資本を示し、他方畑の作物は流動資本を示すので、確かに場所の固定は二つの資本を区別する基準ではない。境界線の近くにあるケースでの厳密な区別は、どちらかと言えば細かな区別と個人の判断による区別を必要とする。1 本のりんごの木は固定資本とみなされるが、1 本のトーモロコシは流動資本とみなされる。乳牛は固定資本とみなされるが、去勢した肉牛は流動資本とみなされる。この固定資本と流動資本の区別は、リンゴの木が乳牛と機関車と同様に長期間にわたり経済的用益(economic services)を与えるのに対し、1 本のトーモロコシ、あるいは去勢した肉牛、あるいは織物工場の原綿が経済的用益を一度だけあるいは短期間だけ与えるという事実にある。普通経済的用益を与えるさいに、流動資本は形が変わるが、固定資本は形がそのまま留まっているように見える。

　しかし、注意深い観察者には、乳牛と機関車は、現実には*価値が低下していき*、これらの経済的に有益な期間が終わる日にますます近づいていくことは明らかである。

　正確にはどのくらい長いのが"長期"であるのか。どのくらい短いのが"短期"であるのか。明らかに、人々はこのような問題に限りなく細かな区分をすることができるであろう。だが、現代の会計関係者は、当然のことながら、このような細かな区別を根気強く行っていない。私達が後に見るように、現代の会計士は次の大雑把なルールを使っているにすぎない。つまり、1 年以内に現金化されるどのような資産も流動資本(working capital)の部分と考えている。他方、現金化されるのに 1 年を超える必要があるどのような資産も、固定資本(fixed capital)の部分であると考えている。

資本と所得

　資本は、その特質として、ある瞬間に存在している物である。資本を、いわば、経済の瞬間の閃光写真、つまりある瞬間の時点での静止画によって示すことができる。資本のさまざまな品目（機械、家、倉庫の在庫品）を、所与の時点、たとえば1949 年 1 月 1 日現在での貸借対照表によって示すことができる。

他方において、所得はその特質として一定の期間にわたるフローである。つまり、1週間あるいは1年間に受け取ったドルでのフローであり、1日あるいは1ヶ月間に生産した財のフローであり、一定の期間にわたり享受した満足のフローである。所得の大きさを記録するためには、映画の撮影機が必要である。

　少なくとも二つの異なる静止画の間の変化を記録しなければならない。後で見るように、静的貸借対照表(the static balance sheet)を、一定の期間のフローを記録する損益計算書(a profit and loss statement)（所得計算書(an income statement)）によって補足する会計士は、このすべてのことを知っている。

　資本と所得は次元が異なり、同じ基準で比較できない。船の長さが船の速さよりも大きいと言うことができないのと同様に、1区画の土地の地代所得(the rent income)が土地の資本価値(capital value)よりも大きいあるいは小さい、と言うことができない。1/4マイルの長さの1隻の船は分速1/2マイル、時速30マイル、秒速1/120マイルを実現する。船の長さを距離で計測し、もう一方の船の速度を単位時間当たりの距離によって計測するので、船の長さと速度を比較することはできない。

　同様に、1ヶ月に100ドル、つまり1年に1,200ドルの地代所得を稼ぐ1エーカーの土地は、30,000ドルの資本価値があるかもしれない。この土地の資本価値はこの土地の所得のフローの金額を上回ると早合点して結論を下す前に、この土地の地代所得は、1世紀の間では、120,000ドルの金額に等しいことを読者に思い浮かべてもらおう [2]。人々は、ドルの次元である資本価値を、*単位時間当たりのドル*の次元である所得に決して加えることができない。

　しかし、市場は資本と所得を関係づける。このように関係づける因子(the factor)は*利子率*(*interest rate*)である。例えば、角の土地か、あるいは決して老いず、金の卵を産まなくならないガチョウによる1年に1,200ドルの所得の永続的源泉を、固定資本額(a fixed capital sum)（例えば30,000ドル）でいつでも購入できるかもしれない。この固定資本額を、このような"恒常所得"(a permanent income)の"資本化価値"(capitalized value)と呼ぶ。

　同じことをもう一方の観点から見ると、30,000ドルの資本額は、利子を取って貸すか、あるいは有価証券に投資することによって、1年に1,200ドルの恒常所得を稼ぐかもしれない。4分の1世紀後に、このような収入は30,000ドル（25×1,200ドル）になっているであろう、さらに、投資家はすでにこの収入の30,000ドルを使っていても、やはり元の30,000ドルの資本額を*保有している*であろう。

　所得と資本を関係づける魔法の因子(a magic factor)が存在するに違いない。この魔法の因子は利子率に他ならない。次の三つの公式の内のどの一つも正しい。

　　　1. 1年間の所得 ＝ （1年の）利子率 × 資本価値

---

　2) 所得は1世紀にわたり一定のままでない、あるいは地代が普通1ヶ月で支払われ、1年で支払われることがないと指摘することは、論点をただ混乱させるだけである。このような指摘は、オードリお嬢さんが、75マイルを1時間で運転して逮捕された時、"ただ15分間だけスピード違反をしていたのを知っていたので、ただ笑いとばした"彼女の対応と同じように不適切である。

つまり

$$I = i \times C$$

2.　（1年の）利子率 ＝1年間の所得 ÷ 資本価値

つまり

$$i = \frac{I}{C}$$

3.　資本価値 ＝1年間の所得 ÷ （1年の）利子率

つまり

$$C = \frac{I}{i}$$

正確に同じ関係に対する上の三つの異なる式の意味を、実例で示してみよう。

1.　1人の未亡人は 30,000 ドルを持っている。1人の投資助言者はこの未亡人に自分のお金で 1 年に 4 パーセント稼ぐことができると教える。この未亡人は毎年どれだけの所得を受け取るのであろうか。

明らかに、$C = 30,000$ ドルと $i = 0.04$ である、それゆえ

$$I = 0.04 \times 30,000ドル = 1,200ドル$$

答　彼女の 1 年間の所得は 1,200 ドルである。

2.　ヴェルヴェット・ブラウン(Velvet Brown)さんは P・J・ブラウン氏から離婚を認められている。ブラウン氏は彼女に 30,000 ドルの市場価値がある角の土地を譲渡している。この土地によるあらゆる費用を上回る収入は 1,200 ドルである。（中世において、土地を 25 年間の地代に等しい金額で売ることができたので、土地は "25 年の購入"(25-year　purchase) とよく呼ばれた。）彼女はこの投資物件によってどれだけの利子率つまり利回り(yield)を得るか。

明らかに、C と I は既知数であり、i は次の式によって得られる未知数である。

$$i = \frac{1,200ドル}{30,000ドル} = \frac{4}{100}$$

答　1 年間に得られる利子率は 4 パーセントである。

3.　一つの保険会社は、オックスフォード大学(Oxford University)に保険証券によって今後ずっと 1 年に 1,200 ドルを支払うことを申し出ている。今後ずっと続くと予想される利子率は 4 パーセントである。オックスフォード大学はこのような保険証券(a policy)にいくらの代金を支払うべきか。

ここで I と i は既知数であり、他方所得の資本化価値(the capitalized value of the income)は未知数であるので、次の式によって与えられる。

$$C = \frac{1,200ドル}{0.04} = 30,000ドル$$

答　この保険証券は 30,000 ドルで売られるはずである。

もし利子率が 3 パーセントに低下するかあるいは 10 パーセントに上昇するならば、上の
いくつかの例をどのように修正しなければならないかを、読者は自分で解いてみるべきで
ある。読者は、C と I のドルの二つの金額を 2 倍にしても（半分にしても）利子率を変えな
いことを、確かめるべきである。

　これら三つの公式の内、第 1 番目の公式は、債券、株式、あるいはモーゲジ証券という投
資物件(mortgage investment)を買う普通の投資家に最も重要である。

　資本市場を理解し、そしてその特徴を記述しようとする経済学者は、第 2 の公式に特に関
心を持っている。この第 2 の公式を、利子率が何を意味するかを明らかにする公式であると
みなすことができる。しかし、この第 2 の公式の重要さはこのことよりも大きい。*なぜか。*
資本市場での競争は、すべての（等しく安全な）投資対象の資産に、同じ利子率を稼ぐよう
*にさせるからである。*もし土地に支出する 30,000 ドルが、金の卵を産むガチョウに支出す
る 30,000 ドルよりも小さな利回りしかもたらさないならば、（最終的に土地とガチョウが、
価格と所得ついて、それぞれ同じ利回りを得るように調整されるまで）土地は売られるが購
入されず、ガチョウは購入されるが売られないであろう。現実社会において、二つの有価証
券は等しく安全でない、このため、ある有価証券がきわめて低い利子率しか得ず、他方他の
いくつかの有価証券が、大きなリスクに対するプレミアムつまり補償としての役割を果た
すことができるように、きわめて高い利回りを得なければならない、と注意を与えることは
ほとんど必要ないに違いない。

　第 3 の公式は、異なる所得を生み出す不動産、年金、商標が重要である事業(a trade-mark
business)ののれん(the good will)、医学教育あるいは法律教育、等々の経済的価値を評価し
ようとする積極的投資家には、最も関心がある。これらの投資家には利子率は*割引因子(a*
*discount factor)*の役割を果たしているように見える。これら投資家は、1 区画の土地からの
地代収入がずっと継続的に入ってくる、と見積もっているものと仮定しよう。十分に長い年
数の間待つことによって、この土地からの地代収入は無限大になるであろう。しかし、これ
らの投資家はこの土地に無限大の価格を支払わない。もし利子率が 4 パーセントであるな
らば、これら投資家は 1 年の所得の 25 倍の価格でこの土地を買おうとする（つまり "25 年
の購入"）にすぎない。このことは、所得が将来長い期間にわたり発生するとしても、これ
ら投資家は将来の所得を割り引かなければならないからである。貨幣を 4 パーセントの利
子率で投資できる限り、次の年に私に支払われる 1 ドルは、今日私に支払われる 1 ドルよ
りも少ない価値しかない。次の年に支払われるこの 1 ドルは約 96 セントの価値しかない。
今日から 2 年後に私に支払われる 1 ドルは今日では約 96 セントよりももっと少ない価値し
かない。もし利子率が 4 パーセントであると、今から 18 年後に徴収される 1 ドルの地代は、
今日では約 50 セントの価値しかない。戦時公債(war bonds)の複利の平均利子率が 1 年 2.9
パーセントであるならば、戦時公債のすべての保有者は、今から 10 年後に 100 ドルになる
割引戦時公債を今日では 75 ドルで買えることを知っている。

　抜け目なく資産の評価を行う人にとって、1 区画の土地は、1 年ごとの分割払金(yearly

installment)として将来にわたり支払われる地代のドルでの金額にすぎない。この分割払金の金額の*現在価値*を得るためには、将来との時間的隔たりに対して、1 年ごとのこれらの分割払金を利子による割引因子(an interest factor)によって割り引かなければならない[1]。この資産の最終的*総現在価値*は、これら毎年の地代を利子による割引因子で割り引いた部分の合計に等しい。上の第 3 番目の公式は、すべてのめんどうな作業を避け、恒常所得とこの資本化価値の間の簡単で正確な関係を示している[3]。

　債券のような、大部分の有価証券は恒常所得を与えるのではなく、有限の年数の所得を与えるにすぎない。それゆえ、利子率を半分にすることは有価証券の価格を必ずしも 2 倍にしない。しかしやはり、債券の価格と債券の利回りは反対の方向に動く傾向がある。もし投資家がニューヨーク・セントラル鉄道(New York Central)の社債の価格を 105 ドルから 110 ドルにせり上げるならば、この債券の利回りは低下するであろう。後に、このことの重要さを貨幣と利子の関係において示す。

利子と資本の実質純生産性

　資本と利子のドルでの関係の背後で、一定の基本的な実物的関係が存在する。資本財は、財とサービスの生産に貢献する。資本財はこれまでに述べた生産性(productivity)を得るだけではない。さらに、資本財は、その耐用年数の間、この資本財を生産するために必要である資源よりも、大きな生産性の累積的増加(cumulative productivity)を得るに違いない。言い換えれば、資本財は（更新費用を上回る）実質純生産性(a real net productivity)を得る（そしてこの実質純生産性をパーセントで示すときには、この実質純生産性は利子率の実物的側面になる）。

　私達が、土地あるいは労働を固定して、すべての資本財の数量を相対的に増やすとき、収穫逓減の法則が始まる。資本を増やすのを止めるか、あるいはいくらかの技術改良が現れ、資本の利回り(interest yield)を引き上げるまで、利子率つまり資本の純生産性は 10 パーセントから 5 パーセント、1 パーセントへと低下するかもしれない。

　一つの国は、もし高い生活水準を享受しようとするならば、人的資源(manpower)、天然資

---

3)　数学の得意な学生は、所得が永続的でありそして利子率が異時点間にわたり一定である場合に限り、このように割り引くことが第 3 番目の公式と同じ関係になることを証明できる。上の例での土地は、将来にわたって支払われる一連の所得のドルの金額である。つまり、今後 1 年目の 1,200 ドルの分割払金、今後 2 年目の 1,200 ドルの分割払金、・・・、今後 100 年目の 1,200 ドルの分割払金、等々の金額である。もし 4 パーセントで割り引くならば、1 年目の分割払金は 1,200 ドル/1.04 の今日の現在価値になり、2 年目の分割払金は 1,200 ドル/$(1.04)^2$ の現在価値になり、・・・、100 年目の分割払金は 1,200 ドル/$(1.04)^{100}$ の現在価値になる。算数によってかあるいは高等学校の代数学の等比数列によって、現在価値の総額を計算せよ、そうすると最終的合計が 30,000 ドル、つまり 1,200 ドル÷0.04 の*総資本化現在価値*(a *total present capitalized* value)になることを確かめよ。幸運にも投資家には代数学ではなく誰にでも理解できる知識だけでよい。債券と複利の利子の表を使うと、このような数学の技術を必要としない。

源およびノウハウに加えて、最良の資本設備を大量に必要とする。私達自身の工業社会は
この点についてきわめて幸運である。私達の道具は新しい道具を作るのにきわめて効率的
である、このため、生産水準があまりにも低いので、生活水準を引き上げることができる資
本形成に、生産資源を少しも回すことができなくて、苦しい状態から抜け出すことができな
い発展途上国の状況を、私達は忘れがちである。

　未発達の社会での資本不足を、有名な人類学者の次の話によってうまく実例で示すこと
ができる。この人類学者は、未発達の社会の一つの村を通って旅をしているときに、悲しみ
にくれ、意気消沈した重苦しい雰囲気を感じた。この人類学者は、誰かが死んだのかと問い
かけるとすぐに、「誰かが死んだのではない、縫い針を失った」という返事を受け取った。

資本と私的所有

　物的資本財(physical capital goods)は、生産性を増加させるに役だつので、どのような経済
においても重要である。このことは、私達の制度と同様に、ソビエト連邦(Soviet Union)のよ
うな、共産主義制度(a communistic system)についても当てはまる。しかし一つの重要な違い
がある。一般に、私達の資本主義制度においては、民間の個人が生産手段(the tools of
production)を所有している。

　私達の制度では例外であること（生産手段の政府による所有）は、生産的資産(productive
property)が集団で所有されている社会主義国では原則になっている。このような政府所有の
実物資本財からの収益は政府に発生し、直接個人には発生しない。このため社会主義国の政
府は、このような所得をどのように個人間に分配するべきかを決定する。共産主義の政府は、
資源を新たな資本形成にどの程度急いで投資するべきかも決定する。つまり、共産主義の政
府は、もし*将来*の消費を引き上げようとするならば、必要である工場、設備および財の生産
のためのストックの総量を増加させるために、*現在*の消費をどれだけ切り詰めなければな
らないかも決定する。

　私達の制度では、個々の資本家は、供給する資本財によって利子、配当金および利潤、あ
るいは賃貸料と特許権使用料を得る。すべての区画の土地とすべての設備には誰かに直接
所属する権利証書(a deed)、つまり"所有権の証書"(title of ownership)がある（あるいはこの
土地あるいは設備は、もし株式会社の所有物であるならば、この株式会社を"所有している"
個々の株主に間接的に所属する）。さらに、それぞれの種類の資本財には貨幣表示での市場
価値(a money market value)がある。それゆえ、資本財の所有と関係するそれぞれの権利証書
つまり所有権の証書にも市場価値がある。ジェネラル・エレクトリック(General Electric)の
普通株の１株はある確かな価格をつけられ、ニューヨーク・セントラル鉄道の社債は別の価
格をつけられ、家のモーゲジ証券(a mortgage)はある金額で評価され、土地付きの家への権
利証書は不動産市場(the real-estate market)においてある定められる水準に評価される、等々
である。

　明らかなことであるが、国の総資本を調査するさいに、私達は二重計算の誤りを避けなけ

ればならない。大通りに 10,000 ドルの家を所有し、マットレスの下にその家の 10,000 ドルの不動産権利証書も持っているとしても、誰も自分の総資産が 20,000 ドルであると申告するほどばかでない。電気トースターを製造している小さな株式会社を所有している 3 人の兄弟は、この会社の 100 万ドルの株券を、この株式会社が所有している 100 万ドルの価値の（工場、機械、電線、等々の）資本財に加えることができる、と思い違いを全くしないであろう。

　これらのケースはあまりにも単純であるので混乱が生じることはない。しかし、軽率な統計調査官は、もっと複雑なケースには注意しなければならない。もし AT&T（American Telephone and Telegraph Company）がニューイングランド・テレホン・アンド・テレグラム・カンパニー(the New England Telephone and Telegraph Company)の株式を所有している持株会社(a holding company)であるならば、国勢調査官は同じ評価額を 2 度数えてはならない。同様に、国民資本(the national capital)の計算において、私達はすべての家の評価額とともにすべての住宅モーゲジ証券(residential mortgages)の評価額も計算に入れるべきでない。

　このことをここではこれ以上議論する必要はない。"資本"という日常用語には多くの異なる意味があると指摘すれば十分である。資本は資本財を示しているかもしれない。資本は債券、株式、有価証券、あるいは権利証書、つまり所得を生み出す資本財への権利を示すすべての証書、を示しているのかもしれない。しばしば日常の言葉では、資本はまとまった金額と考えられている。私達は、「ジョーンズ(Jones)さんは、100,000 ドルの資本を必要とし、銀行から資金調達することを希望している。」と言う。もちろん、現実に、ジョーンズさんが銀行からこの金額を借りるときには、流動的現金資産(a liquid cash asset)の形態で、この金額を保有し続けない。彼は、現金資産を工作機械のような有形資本資産(tangible capital asset)か、あるいは重要な特許権のような無形資本資産(intangible capital asset)に変える。

　政府がかなりの国有の実物資本(the national real capital)、例えばフーバー・ダム(Hoover Dam)を所有していることに注意するべきである。さらに、RFC（復興金融公社(Reconstruction Finance Corporation)）と国防工場公社(the Defense Plant Corporation)のような政府機関は、民間企業に対する貸付金の重要な出資元である。

　また、法律によって定められた個人の所有権は、ある程度までであり、限られている。1 人の個人が自分の財産の内のどれだけを自分の相続人に残すことができ、どれだけを相続税(inheritance tax)および遺産税(estate tax)によって公庫に納めなければならないかを、社会は決定している。社会は、（電灯会社とガス会社のような）公益事業会社の所有者がどれだけの利益を得ることができるか、またどのように事業を運営しなければならないかを決めている。

　1 人の男の自宅でさえ自分のお城ではない。この男は都市区画法に従わなければならず、またもし必要であるならば、鉄道プロジェクトあるいはスラム一掃プロジェクトのために土地を売却しなければならない。十分に興味深いことに、社会での経済活動による所得(economic income)の 3 分の 2 は、資本に組み入れられれない。奴隷制度は廃止されたので、

人間の収入稼得能力を資産に計上することは法律によって禁じられている。人々は自分自身を売ることさえ自由にできない。

C.　交換、分業および貨幣

　今、現代の経済の三つの特徴の内の第 2 番目に目を向ける。もし生産が今でも自給自足の農家か、自給自足の地域で行われているならば、現代の生活水準を達成している大量生産の経済を、私達は実現できないであろう。役割の*特化*は、それぞれの人とそれぞれの地域が、技術と資源のどのような特有の違いも、最も有利に利用できるようにする。原始的経済(a primitive economy)においてさえ、すべての人々が普通の方法ですべてのことを行うよりも、次のような分業を行う方が良いことを、人々は知っている。つまり、肥えた人々は魚釣をする、痩せた人々は狩猟をする、そして利口な人々は薬を作る。

　特化は、能力の個人間の何らかの違いに基づいている他に、この違いを強め、さらにこの違いを生みだす。狩猟は、人を痩せらせ、獲物にこっそりと近づくことを得意にさせる。帽子の製造に必ずしも特に適した資源のない地域は、このような場合に、この地域でこの職業にとって有益な技術とノウハウを発展させるかもしれない。

　最後に、たとえ技能に生まれつきの違いと獲得した違いの両方がなくても、この特化を行うだけによって、前章で言及した大規模生産の経済を実現するほど十分大きな量の活動になるならば、特化はときどき利益をもたらす[4]。アメリカ先住民の一卵性の双子は、（2 人の間で弓と矢の内のどちらを作るかを決めるために、たとえくじを引かなければならないとしても）1 人がすべての弓を作り、もう 1 人がすべての矢を作る方が良いと分かるかもしれない。なぜならこのように特化することによってのみ、それぞれ 2 人は、改善された技術を導入することが正しくなる十分大きな量の、それぞれの品目を作ることができるからである。

　特化による生産性の上昇を実例で説明する古くからよく知られている例を、ピンの生産によって示す。1 人の男は、1 日に、せいぜい、2、3 ダースの不完全なピンを作ることができるにすぎない。しかし、簡単な反復作業を行うことができるように、小さな集団を役割によって幾人かのさらに小さな集団に分割するとき、元の小さな集団は、同じ期間に、何万本もの申し分のないピンを生産できる[5]。さらに、特化によって可能になった役割の単純化は、

---

　4)　アダム・スミスは、有名な自分の著書で、市場の規模が、つまり売ることができる量が、特化と分業を制限しているのを認めた。

　5)　肉解体処理での特化の進展を記述している次の文章は、しばしば引用されてきた。つまり、「分業がきわめて巧妙にかつ細かく行われている肉解体作業以上の作業を、見つけることは不可能である。動物の品定めをし、その後 1 枚の地図のように皮を剥ぐ。作業員は 30 以上の専門と、1 時間 16 セン

機械化と労働節約的資本の利用に適している。同時にこの役割の単純化は、もしすべての人が何でも１人で行わなければならないならば、必要である道具の無駄な重複を避け、また一つの作業からもう一つの作業に移るときに失われる時間も少なくする。自動車組立作業の現代のコンベアーシステムは、特化による効率を実例で示している。第２次世界大戦の数十年後に、私達は現代の工業を大変革できる電気自動制御装置という技術の発展を見るかもしれない。

　しかし、明らかに、特化あるいは分業は一つの重要な問題（*相互依存の問題*）をもたらす。アメーバあるいはゾウリムシのような単細胞の形態の下等生物は、とりたてて効率的でない。しかしこのような下等生物はたった１個の細胞だけで生存でき、たった１個の細胞だけで生きようとする。人間のような高等動物においては、ひとたび心臓の細胞が活力を失うと、すべての細胞は死ぬ。すべてがうまく機能しているときには、細胞の機能の極端な特化は、きわめて効率的である、しかし極端な相互依存という費用を支払っている。

　現代の経済社会において、この特化あるいは分業の過程は最大限実現されている。どの１人の製造者も、自分が消費する多くの商品の内のわずかな商品さえ作っていない。中世の時代において、職人は一つの品物を作り、この品物を多くの他の品物と交換した。今日において、１人の労働者はただ一つの商品でさえ生産していない。１人の労働者は靴の舌革を作るだけかもしれず、あるいはシボレー(the Chevrolet)の流れ作業での 999 番ボルトを締めるだけかもしれない。このような作業は１人の労働者の一生の仕事であるかもしれない。この作業を行うのと引換えに、この１人の労働者は世界中から商品を買うのに十分な所得を受け取る。だがこの労働者は、他の世界に完全に依存する形で、目に見えない費用を支払わされている。

　オーストリアの一つの銀行が倒産し、このことによって、スタンダードオイル(Standard

　　トから 50 セントまでの 20 段階以上の賃金によって分類されている。50 セントの男は、皮の最も繊細な部分にナイフを使う人（解体主任(floorman)）か、あるいは背骨を切り裂くのに斧を使う人（背骨割り人(splitter)）だけである。これらの男よりも未熟練な男は、18 セント、18.5 セント、20 セント、21 セント、22.5 セント、24 セント、等々の賃金のどこに入っていても、牛の一つの部位を用意されており、また一つの仕事を割り当てられている。皮の作業をするだけでも、九つの異なる仕事があり、8 段階の異なる賃金が支払われている。20 セントの男は尻尾の皮を剥ぐ、22.5 セントの男は上質の皮を得られない尻尾以外のもう一つの部位の皮を剥ぎ、そして 40 セントの男はその他の部位のもっと上質の皮を剥ぐ、しかし 50 セントの男ほど"うまく"皮を剥げない。技能は解体作業をうまく行えるように専門化されている。」

　　「1870 年代の 10 年間に、冷蔵貨車の導入および調理をできる状態にした牛の精肉(dressed beef)が販売されるようになった後、分業はこの産業で進んだ。市場がこのような革命的発明によって広がるより前には、精肉業者は地域で需要される肉のみを供給していたので、肉解体の仕事仲間は少人数であった。しかし屠殺する牛の数が毎日 1,000 頭あるいはそれ以上に増加したとき、仕事仲間、つまり作業員の人数は増加した。そして、最も有能な作業員は最も難しい仕事に就いた。」J. R. Commons, "Labor condition in meat packing and the percent strike," *Quarterly Journal of Economics*, Vol. XIX, 1904, pp. 3,6 から。

Oil)の空の油缶の中に水を入れて運びそして幼児にピルズベリー(Pillsbury)の小麦袋を着せているフィジー(Fiji)の原住民は、生活ができなくなった（それ以上に、飢え死にさえするかもしれない）。戦争という望ましくない影響による輸送の崩壊と交換の経済組織の崩壊は、現代の経済生活が危険を伴う交換にいかに依存しているかを明らかにしている。このため、もし可能ならば、私達は生活がもっと単純でもっと貧しかった時代に戻りたいと思うであろうか。そのように思わないで、私達は分業の長所を維持しそして崩壊を防ぐ政策を実現しようとするに違いない。

物々交換対貨幣の使用

　もし分業が存在するならば交換が必要になるが、思い浮かべることができる交換の最も簡単な方法は、*物々交換(barter)*、つまり一つの種類の財ともう一つの種類の財との交換である。原始文明の社会においては、食べ物が武器と交換される、あるいは家の建築への助けが畑の除草への助けと交換されることは珍しいことではない。最も進んだ工業経済においてさえ、もし貨幣という分かりにくい部分を取り除き、交換を最も重要な部分だけにすると、個人間あるいは国家間での取引が、現実には結局物々交換（物的な生産によってではなく交換によって、一つの財をもう一つの財に変換する）になっていることが分かる。

　物々交換は、すべての人がさまざまな仕事をしなければならず、このため何に対しても熟達者でない状態を大きく上回り、生活を改善している。さらに物々交換は、ある一つの財のいくらかを得るのと引換えにもう一つの財のいくらかを手放すことによって、それぞれ 2 人の生活が良くなることを突然知った最初の 2 人の類人猿からの恩恵を大いに受けている。だが、高度に複雑な分業は（貨幣の使用(the use of money)という）第 2 の大きな改善なしには実現可能でないので、単純な物々交換はきわめて不便な状況の下で営まれる。

　大部分の原始文明の社会を除くすべての社会において、人々は一つの財をもう一つの他の財と直接交換せず、貨幣を得るために一つの財を売り、その後この貨幣を自分達が欲しいいくつかの財を買うために使う。一見したところ、このことは、1 回の取引を 2 回の取引に置き換えるので、問題を単純化するよりも複雑化しているように見える。例えば、もし私は 50 株のデュポン(dePont)の化学株を持っているが、この株を手放し 100 株の GM（ゼネラルモーターズ）株を持つことを望むならば、デュポン株を売って貨幣を得るのに仲介手数料を支払い、さらにこの貨幣を GM 株と交換するのにさらに別の仲介手数料を支払うよりも、一つの株を別の株と直接交換することはもっと簡単ではないのか。

　現実には、これら 2 社の株の直接の交換の逆は正しい。2 回の取引は 1 回の取引よりも簡単である。普通、デュポン株を買おうとしている人々が常におり、また（ある価格で）GM株を売ろうとしているかなりの人々が常にいる。しかし、GM 株を売りそしてデュポン株を買うことを切望している自分自身とちょうど反対の望みを持っている 1 人を見つけることができるのは、珍しい偶然の一致である。このような偶然の一致は、競馬の勝ち馬を 2 頭連続して見つける可能性と同様に、起こりそうにない。たとえ異例なことがたまに起こるとし

ても（たまにこのことが起こるに違いないけれども）、交換の数量と条件に関して2人の関係者の希望が一致する保証はない。

　古くから経済について言われてきたことを述べると次のようになる。物々交換では2人の望みが一致する取引が実現しないけれども、1人の望みが満たされる取引は実現しそうである。実際、1人の空腹な仕立屋が、十分な小麦を持つが1本のズボンには大雑把な要求しかしない1人の農夫をたまたま見つけない限り、仕立屋と農夫のどちらも取引を行うことができない。

物品貨幣、紙幣および銀行貨幣

　私達は、もし推測に基づき、また論理に基づき歴史の経過を思い起こすならば、当然物々交換の時代の後、物品貨幣(commodity money)の時代を迎えることになる。歴史を振り返ると、次のさまざまな物品がいつのころからか交換手段(a medium of exchange)としての役割を果たしてきた。つまり、牛 (cattle)（この牛の単語から"金銭上の"(pecuniary)というラテン語の形容詞が生まれ、また"資本"(capital)と"動産"(chattel)という言葉も生まれた）、タバコ、なめし皮と生皮、毛皮、オリーブオイル、ビールあるいは蒸留酒、奴隷あるいは妻、銅、鉄、金、銀、指輪、ダイヤモンド、貝殻玉のネックレスあるいは貝殻、巨大な岩とランドマーク、および紙巻タバコ、等である。

　上のそれぞれの物品貨幣にはいくつかの長所と短所がある。牛を小銭に分けることができない、しかし牛を保有している間に、このような貨幣は再生産によって増えそうであり、このことは「貨幣は貨幣を生み出さない」というアリストテレス(Aristotle)の見解と矛盾する。ブドウ酒は持ち続けることによって良くなるかもしれないけれども、妻とビールは良くならない。オリーブオイルは人々が望むだけ小さく分けることができるすばらしい液体通貨(liquid currency)になる。鉄は錆びるし、価値があまりにも低いので、人々が財布ではなく手押し車を必要とする。ダイヤモンドの価値は重さに比例するのではなく、表面積によって変化する。それゆえ、数個に分割するならば、ダイヤモンドは価値が減少する。世界で蓄えられているいくつかの貴金属のストックの（採鉱による）毎年の増加あるいは（歯あるいは宝石への使用による）毎年の減少は、比率としてわずかである。それゆえ、これら貴金属の物質の総量と総価値は大きく変動しない。銀は光沢がある、しかし空気に触れると光沢を失う。金は、魅力的な光沢を保ち続けるが、卑金属を混ぜて合金にしなければ、きわめて軟らかい。しかし、金特有のきわめて大きな重さは、偽造と他の金属の混入の発見を容易にする。さらに大部分の歴史の経過を通じて、1オンス当たりの金の稀少価値はあまりにも大きいので、小さな金額の購入物を得るためには、ほんの数枚の金貨を必要とするだけである。

　大部分の種類の貨幣は、かつて、それ自体いくらかの価値があるか、あるいはそれ自体使われていた。例えば、貝殻玉はまさに装飾のために使われたし、紙幣(paper money)は大量の金属に対する倉庫の保管証あるいは造幣局の引替証として始まった。だが、貨幣の素材の本来の有用さは、貨幣としてさほど重要でない。物品貨幣の時代は紙幣の時代に道を譲ること

になる。貨幣の材料、つまりこの貨幣の素材は、小さな板の札、貝殻あるいは紙の証書が代表的なものである。*物品としてではなく貨幣としての貨幣は、貨幣それ自体を得るためにではなく、貨幣で買うことができる物を得るために欲しがられる。*私達は貨幣を使いきろうとせず、むしろ使い切らずに貨幣を使うことを望む。貨幣を保有しながら貨幣を使うことを選ぶときには、貨幣の価値(value of money)は私達が後に貨幣を使って物が買えるという事実によって生まれている。

　貨幣は人為的申し合わせ、社会的申し合わせでもある。どのような理由であれ、もしある素材が貨幣として使われ始めると、すべての人々は、たとえ禁酒主義者であっても、あるいは菜食主義者であっても、あるいは貨幣の素材の有用性を信じない人々であっても、貨幣のその素材の価値を高く評価し始める。人々は、物をこの一定の素材と引換に売ったり買ったりできるやいなや、この素材によって喜んで売ったり買ったりしようとする。逆説的であるが、貨幣は受け入れられているので受け入れられるのである。

　紙幣（1 ドル紙幣、5 ドル紙幣、10 ドル紙幣、等々）には交換手段として多くの便利さがあるので、紙幣の使用は、小額紙幣を除いて、大いに広がった。紙幣は容易に運べるし、また貯められる。紙幣の表記の金額よりもっと多くのゼロあるいはもっと少ないゼロを印刷することによって、大きな金額あるいは小さな金額を、小さな大きさの軽く、移動可能な紙幣の中に具体的に記入できる。小数点の使用によって、紙幣の金額を望むだけ小さくできる。巧妙に印刷することによって、貨幣の金額を容易に見分けることができ、さらに偽造紙幣を見つけることができ、さらに粗悪な紙幣になるのを防ぐことができる。民間の個人が自由に紙幣を無制限に発行できないという事実は、貨幣を稀少にしている、つまり、自由財でなく経済財にしている。

　現代の通貨は、供給量に限度が定められているので、金であるか、銀であるか、それとも政府による保証(government backing)であるかに関係なく価値を持つ（つまり物を買うことができる）。公衆は、通貨が、いわゆる“銀証券”(silver certificates)であるか、連邦準備券(Federal reserve notes)の形態であるか、あるいは銅貨であるか、銀貨であるか、あるいは白銅貨の形態であるかどうかを確認しないし、また気にもかけない（そして確認する必要も気にかける必要もない）。それぞれの形態の貨幣を固定比率でどのような他の形態の貨幣とも交換できる限り、最良の貨幣と最悪の貨幣は良さが同じである [6]。

---

6) 1 世紀前、銀行券と硬貨について、それぞれの貨幣を額目価格で相互に交換することは通例であるよりも例外であった。それぞれの貨幣は毎日変化する異なる価格になっており、店主は、毎日貨幣の価格表を作成する必要があった。さらに利潤を得るために貨幣を売ったり買ったりして、貨幣を交換すること自体が職業にさえなった。3 世紀の間、悪貨がしばしば次のようにして良貨を流通から締め出す傾向にあることが知られていた。つまり、(1)価格が上がる金属で作られた硬貨は鋳つぶされ、金属の塊で売られる傾向にあった。(2)個人は価格が下がりつつある種類の貨幣を渡し、他方価格が上がりつつある種類の貨幣を保有しようとする。悪貨が良貨を駆逐する傾向は“グレシャムの法則”(Gresham's Law)として知られている。しかし、逆のことが真実であるインフレの期間もあった。つまり、この期間では商品の売り手は、商品の買い手が悪貨を自分に渡すのを拒絶したので、良貨は悪貨

紙幣の時代はその後も続くが、最後に銀行貨幣(bank money)、つまり銀行の要求払預金(bank checking deposits)の時代もある。今日では、取引回数では当てはまらないとしても、取引金額において、すべての取引の内の少なくとも 10 分の 9 は、都市と地方の銀行間で決済される小切手によって行われている。ある幹部役員は、所得税と社会保障税が雇用者によってすでに源泉徴収された後、給料が銀行預金口座に直接振り込まれる。この幹部役員の家賃あるいは歯医者の請求書は、妻が彼に自由にサインすることを許していないかもしれない小切手によって支払われる。それゆえ、昼食、タバコ、およびバスの運賃への手持の小額の現金を別とすれば、この幹部役員は 1 年間ほとんど現金も使わないかもしれない。

価格比率と貨幣価格

　物々交換であろうと貨幣による取引であろうと、すべての取引において、それぞれの人は何かを手放しそして交換に何かを受け取る。もし 5 個のりんごが 25 個のクルミと交換されるならば、クルミで測ったりんごの価格は 25 対 5、つまり簡潔に言えば、5 対 1 である。りんごで測ったクルミの価格は 5 対 25、つまり 1 対 5、つまり 1/5、つまり小数によって示すと 0.2 である。同様に、もし 5 個のりんごが 25 セントで売れるならば、貨幣で測ったりんごの価格は 5 セントである。1 セント銅貨がりんご 5 分の 1 個つまり 0.2 個の値段であると言うことは、同様に正しい、しかし普通あまりこのようには言わず、またこのように言うことになじんでもいない。

　すべての価格は実際分数の分子と分母を関係づけている価格比率(a price ratio)である。それぞれの価格はこれら分子と分母の二つの数量を計測する方法によって決まる。例えば、卵には 1 個 5 セント、1 ダース 60 セント、あるいは 1 グロス 7.20 ドルの値段がそれぞれ付けられている。同様に私達は卵が 1/20 ドルで売られている、"加速の良い逃走シーンの自動車"(get-away automobiles)が "1,500 ドル"で売られている、そして散髪が "75 セント"の代金である、と言うことができる。

　私達は、もし物々交換に完全に頼るならば、きわめて多数の（商品の数によって数学的に作ることができる組合せの数と同じ数の）価格比率を覚えておかなければならない。例えば、異なる 5 人のテニスの総当たり戦において、行わなければならない 10 の異なる試合があるのとちょうど同じ様に、わずか 5 個の異なる財について覚えておかなければならない 10 の異なる価格比率がある。1,000 の商品については、覚えておかなければならないほぼ 500,000 の価格比率がある [7]。

　　を流通から締め出した。リチャード・A・レスター(Richard A. Lester)がプリンストン大学(Princeton University)の次の研究論文で明らかにしているように、良貨による悪貨の駆逐は、特に第 2 次世界大戦の期間の北アフリカにおいて事実であった。R. A. Lester, "International Aspects of Wartime Monetary Experience," in *International Finance*, No.3,Princeton University Press, Princeton, N. J., August, 1944.

7)　初等代数学によれば、n の異なる対象から選ぶことができる組合せの数は全部でちょうど $n(n-1)/2$ である、つまり約 $0.5n^2$ である。

少しじっくりと考えると、これら価格比率の内の多くが、ずっと少数の価格比率によって推測できるので、不必要であると分かる。例えば、クルミで測ったりんごの価格は 5 でありそしてクルミで測ったみかんの価格は 10 であるならば、りんごで測ったみかんの価格はいくらであるかを言う必要はない。なぜなら、10 個のクルミが 5 個のクルミの 2 倍であるので、2 個のりんごで 1 個のみかんの代金を支払えるに違いないことをすでに知っているからである。

　同じ物に対して等しいいくつかの物は、互いに等しいという基本公理を使うことによって、ある一つの財で測ったすべての財の価格比率を知るやいなや、割ることによって*どのような二つの財*の間の価格比率も容易に得ることができると、読者は確信できる。5 個の商品について、10 ではなく、四つの価格比率だけを覚えておく必要がある。六つの価格比率は、他の価格比率から計算できるので、過剰である。1,000 個の商品については、500,000 ではなく、999 の価格比率だけが必要である[8]。

交換手段あるいは計算単位(a unit of account)としての貨幣

　貨幣には次の二つの異なる役割がある。つまり、交換手段(a medium of exchange)としての役割と価値の尺度単位(a standard unit)としての役割である。これら二つの役割の区別を完全清算方式(perfect clearing system)によって実例で示すことができる。この方式においては、すべての取引の正確な記録が記帳され、それぞれの人が掛けで売っている金額は、掛けで買って支払義務を負っている金額と、記帳してある残高によって、後に最終的に清算される。このような完全清算方式においては、交換手段を少しも必要としない。しかし、1 枚のチューインガムと 1 台の自動車のような異なる商品の品目を、どのように比較して、評価するべきかを私達に知らせる価値の共通の尺度(a common denominator)は、やはり確かに必要である。かつて、貨幣の単位として、"マキュート"(macute)と呼ばれるものを使っていたアフリカの一つの部族が現実にいた。このマキュートは貝殻でもなく商品でもなかった。このマキュ

---

8)　このことは、すべての価格比率に適用できる一般原則の一つの実例にすぎない。異なる国々の貨幣を相互に交換できる為替相場(the exchange rate)を調べようとするとき、同じ原則を適用できるのが分かる。もし 4 ドルが 1 イギリスポンド(British pound sterling)になり、そして 1/50 ドルが 1 イタリアリラ(Italian lira)に等しくなるならば、1 ポンドのリラの相場は正確に（4 ÷ 1/50 つまり 200 に等しく）決定される。連合国の軍事当局は、第 2 次世界大戦中にイタリアを初めて占領したとき、この経済の一般原則を見落とし、これら 3 国間で互いに独立な関係の為替相場を定めた。その結果は、人々が次のように予想できることであった。つまり、このとき通貨 *A* を使うことによって、人々は通貨 *B* を買うことができ、その後この通貨 *B* を一定金額の通貨 *C* と交換できた。（この通貨 *C* の金額によって通貨 *A* の最初の金額よりももっと大きな金額を買うことができた）。このことは実際起こったことである。*鞘取仲買人(arbitragers)*（つまり、利益を得ることができると確信する物に投機する人々）は、1 回転ごとに利益を得て、何回転も買い続けた。もちろん、軍事当局はこのことと関係して損害を被った。最後に、連合国の軍事当局は何が起こっているかに気づき、最初に行っておくべきであったこと（他の二つの国の為替相場との適切な関係において、第 3 番目の国の為替相場を設定すること）を行った。

ートは有形の物体でなく、交換手段でもなく、*計算の貨幣*にすぎなかった。最近までパラグアイの貨幣単位は、アルゼンチンの以前に廃止されて、長い間使われていなかった硬貨の単位に基づいていた。

　同様に、ギニー(guineas)硬貨はもはや使われていないけれども、ロンドンのファッション性の高い店では "ギニー" によって価格を表示している。これらの店がギニーで値段をあえて表示することは、今でもファッション性を高めるけれども、ギニーという貨幣はもはや存在しないので、私は現実には 21 シリング支払って 1 ギニーの帽子を買っている。私達の貨幣について十進法の制度を採用したことを、アメリカの人々はフランクリン(Franklin)とジェファーソン(Jefferson)に感謝しなければならない。ファージング(farthing)、ペニー(penny)、シリング(shilling)、半クラウン(half-crown)、等のような異なる種類のイギリスの小額硬貨が、計算の複雑さの問題を引き起こしていることを思い浮かべてみよう。このことは、アラビア数字でなくローマ数字の場合、数値をいくつもの数字で示さなければならないのとほぼ同様に、都合が悪い。

　もちろん、1 人の子どもが教えられてきたどのような計算方法も、この子供には最もやさしく思われ、また一つの計算の習慣を持った国の人々が自分達自身の計算方法を最善のものであると思うことは当然である。しかし、特定の国の人々が私達の計算方法を習得するよりも、私達が特定の国の人々の計算方法を習得する方がやさしいかどうかが、最善の計算方法への本当のテストである。10 進法の方法はこのような争いでの明らかな勝利者である。実際、論理的であるためには、私達は、1、2、5、10、の数字の並び、あるいはおそらく 1、2.5、5、10 の数字の並びを常に繰り返すような、多分 1 セント硬貨、2 セント硬貨、5 セント硬貨、50 セント硬貨、1 ドル紙幣、2 ドル紙幣、5 ドル紙幣、10 ドル紙幣、20 ドル紙幣、等々を発行するのがよい。

　初等教育においては、私達は、りんごをみかんに加えることも、また異質な次元のものの数量を足して一つにすることも、決してできないと教えられている。経済学によれば、すべての価値ある物を同一単位で計算できるようにするのは、貨幣価格(money prices)の役割である。私達はりんごをみかんに加えることができない。しかし、もしりんごの数をりんご 1 個の価格と掛けるならば、ドルでの金額を得る。もしみかんとその価格についても同じことをするならば、再びドルでの金額を得る。このため、もちろんこれら二つのドルでの金額を加え合わせることができる。見たところ、パンと花を同一単位で計ることはできない、しかし経済的観点から、貨幣はパンと花を同一単位で比較できるものに変える。

貨幣と時間

　貨幣の使用についての分析を、次の二つの貨幣の重要な役割を挙げることによって要約できる。つまり、(1)*交換手段*と(2)*計算の尺度単位*つまり価値の共通の尺度としての役割を、である。しかし貨幣のこの問題から離れる前に、貨幣のこれらのそれぞれの役割が時間の経過とどのように結びついているかを示しておくのがよいであろう。

最初に、(1)交換手段と(2)計算の尺度単位の役割より重要さが低いが、人々は自分の富の一部を現金の形で保有することを選ぶかもしれない。このケースにおいては、貨幣は現在の購買力を将来に持ち越す手段である。ミダス王(King Midas)のような気の狂った守銭奴は、常に現金保蔵の形で富を保有しようとするかもしれない。しかし普通の時代には、人々は、もし貯蓄を利子の付く貯蓄口座(a saving account)に入れておくか、あるいは貯蓄を債券あるいは株式に投資するならば、貯蓄によって収益を得ることができる。それゆえ、貨幣が"価値の貯蔵"(store of value)としての役割を果たすことは普通ない。しかし不確実性と確信のなさが全面的に広がるか、あるいは沈滞した金融状況により大部分の投資物件が正の利子率を稼げない異常な時代には、人々は、異常なほど"流動性"(liquidity)への望みを増やし、このように価値の貯蔵として貨幣の保蔵をよく行おうとする。言うまでもなく、利子率が近年において低下しているので、このような行動はますます重要になっている。

　また貨幣の使用は、金融取引での異時点間の*計算の尺度単位(standard unit of reckoning)*として役立ち、常に重要な役割を果たす。1人の男が 10,000 ドルを 5 年間借りる時、もちろん現在貨幣を得て、将来貨幣を返済することに同意している。しかしすべての価格がその間 2 倍になる、つまり同じ事を言うもう一つの方法であるが、貨幣の価値が半分になると仮定しよう。貸し手が実質購買力を借り手に与えたよりもはるかに少なく受け取るに違いないことは、公正さを欠くことでないのか。

　明らかに、物価が異時点間においてきわめて不安定であり、極端なインフレーションあるいはデフレーションが発生するとき、貨幣は、（異時点間において）"後に払い戻される物への計算の尺度"(standard of deferred payment)としての役割を、うまく果たさない。インフレーションは、債権者に損害を与えて債務者を有利にする。他方、物価が下落するデフレーションにおいては、（もし債権者が取り立てることができるならば）債務者は損害を受け、逆に債権者は利益を得る。

　以上によって、貨幣が異なる時点の間で二つのきわめて重要な役割を果たす事項ついての議論を終える。第 2 部において、銀行と政府が物価と生産の変動にどのように対処しているかを理解するために、銀行と政府による貨幣操作と信用操作を詳細に調べる。

要約

　本章ではすべての人々が知らず知らずの内に気づいている事実を述べているけれども、本章は経済学のすべての領域の中で最も難しい数章の内の一つである。私達は、自分達自身の経済制度のあまりにも近くにいるので、この制度がどのように機能しているかをよく理解できていない。

1. 私達の混合民間企業体制においては、競争市場での需要と供給を通じて作動している

価格メカニズムは、経済組織の三つの基本的問題を解決できるように機能している。この体制は必ずしも完全ではないが、機能している。

2. 私達の体制は少なくとも次の二つの意味において、つまり、政府の行動が民間の進取の精神に修正を加え、そして独占的要素が競争による活動に制限を加えている、という意味において混合体制である。

3. 現代の経済社会の次の三つのきわめて重要な面を強調しなければならない。つまり、私的に所有されている資本の大規模な使用、役割の極端な特化と分業、貨幣が果たすいくつかの役割を使っての貨幣の全面的利用である。考察と分析への関心が現代社会のこれら三つの重要な面に向けられて以来、私達はこれら三つの面のすべてをかなり理解できるようになっている。

議論のための質問

1. 第 2 次世界大戦の期間に、消費者のドルによる砂糖への需要が消費者の砂糖の消費を決定しましたか。なぜ決定しなかったのですか。何が消費者の砂糖の消費を決定したのですか。

2. 労働に対する需要と供給は、セールスマンが"口達者であることによって"、セールスマンに有能な外科医の 10 倍の所得を分配するように機能することがありますか。別の時代には、労働に対する需要と供給は、外科医に会計士の 10 倍の所得を与えるように機能することがありますか。

3. あなたは、"職人としての職業意識"(an instinct of craftsmanship)と"社会的責任感"が、いつか"利潤動機"に取って代わることがあると思いますか。

4. 政府が自動価格システムの機能を修正するいくつかのケースを挙げなさい。また独占の要素が価格システムの機能を変えるいくつかのケースも挙げなさい。

5. 中国は、外国からお金を借りることができないと仮定して、もし今後 2、3 世代の内に効率的な工業国になることを望むならば、何を実行しなければならないですか。

6. 次の組合せの内どちらが固定資本であり、どちらが流動資本ですか。ペンとインク、安全かみそりとその刃、弓と矢、コーヒーカップと受け皿、懐中電灯の本体と電球と電池。固定資本と流動資本の二つの間において、境界線を引くのが難しいケースを考えてみなさい。

7. 年 2.9 パーセントの利子で、今から 10 年後に 25 ドルの現金で償還される割引戦勝公債は、今日 18.75 ドルの値段がついている。もし利子率が 2 倍になるならば、この戦勝公債は 18.75 ドルよりも値段が上がるであろうか、それとも下がるであろうか。なぜですか。もし利子率が 1 パーセントに下がるならばこの戦勝公債の値段はいくらですか。

8.　次の文の中の正しくない言葉に線を引いて消しなさい。「利子率が上がる時、債券価格は（上がる、下がる）。20 年債の価格は 5 年債の価格よりも（大きく、小さく）変化するであろう。」

9.　「1862 年に、リンカーン(Lincoln)は奴隷を解放した。リンカーンは、ペンを少し走らせるだけで、南部が何年もかけて蓄積してきた資本のかなりの部分を破壊した。」コメントを与えなさい。

10.　氷の塊はよい貨幣の素材になりますか。なぜならないのですか。ラジウムはどうですか。もしすべてのドル紙幣が発行日以後 1 ヶ月経過する毎に額面金額より 10 パーセント価値が低下するならば、人々の支出習慣はどのように変化しますか。

11.　紙幣あるいは硬貨ではなく、銀行小切手(bank checks)を使ういくつかの長所は何ですか。銀行小切手のいくつかの短所も挙げなさい。

12.　1947 年の終わりに、ロシアは旧ルーブル紙幣を回収し、そして旧 10 ルーブル紙幣が新 1 ルーブル紙幣と交換される新紙幣を発行した。このようなロシアの行動は貨幣の形態で富を保有しようとする人々にどのように影響を与えますか。

第4章　個人の所得と家族の所得

　人々は、所得の重要さをはっきりと知るためには、経済法則について何も知る必要はない。「身なりを見れば人は分かる」という表現は、「所得を知れば人は分かる」という表現であるならば、もっと適切であろう。つまり、ある人の正体を最も明らかにするためにただ一つのことだけを知ることができるとすれば、この人の所得を知ることである。所得を知ることによって、この人の政治への見解、好みと教育、年齢、そして平均余命についてさえ大まかに推測できる。このこと以上に、たとえ家族が聖人のような人達から構成されているとしても、毎週、毎月、そして毎年、一定のお金がこの家族の手に入らなければ、この家族は病気になる。この家族の身体の維持だけでなく身体の維持以上のことも（生存するを、生活するに変えることも）、うまく行えなくなるに違いない。つまり、食べ物、暖かさ、住居は言うまでもなく、教育、旅行、健康、レクリエーションをうまく得られず、慈善活動もうまく行えなくなる。

　アメリカの人々の生活水準と家族の所得水準は全世界で最も高いとよく言われる。しかし、平均のアメリカの人々の所得が現実にはいかに低いか、あるいは最も高い所得と最も低い所得の間の格差がいかに大きいか、あるいは時間の経過に伴う所得水準の変動が実際いかに大きいかについては、ほんのわずかな人々しか、あいまいな知識以上のものを持ち合わせていない。

合衆国での所得分配

　実際、学生へのどのような調査からも、学生は自分達の家族の所得が現実にいくらなのかを、あまり知らないことが明らかになっている。普通、学生達は自分達の父親の収入がいくらであるかについて、幾分過大に思っていることも明らかになっている。また社会活動を行っている有名な婦人の「婦人達は国民所得の 70 パーセントを使っている、さらに私達は近いうちに残りも手に入れることを希望している」という最近の（全く正しいとされている）主張にもかかわらず、驚くほど多くの妻達は夫の給料の金額を知らない。さらに家計簿をつけたくない一部の人々、また収入がきわめて変動するので、現実にどれだけ稼いでいるか分かっていない一部の人々がいる。中西部の市で、生まれて以来プロテスタントの白人の人々に、産児制限の方法について最近調査を行った調査官が、男女間の個人情報よりも、金銭的データを得ることの方がもっと困難であるとしばしば十分気づいているように、たとえ所得が家族内で知られているケースであっても、人々は所得を外部の人に明らかにすることには当然口が重い。

　統計についての情報がない場合には、アメリカの人々の生活水準を、自動車のビュイック(Buick)とステーションワゴン(a station wagon)を 1 台ずつ持ち、さらに快適な生活を送るのに役立つその他の全ての物を持ち、空調のついている家の中で、楽しそうなアメリカの家族

を描いている雑誌の 1 頁全体の広告によって、人々は、想像しようとすることは理解できる。もちろん、現実には、この種の生活は、95 パーセントのアメリカの公衆には手の届く範囲をはるかに超えており、また大学生という選ばれた集団の大部分の実家の所得をもずっと超えている。

アメリカの繁栄が絶頂にあり、現状への満足が最も高かった 1929 年において、合衆国での 1 人当たり所得の大きさは、1 年当たり約 750 ドルであった、つまり 1 週間当たり 15 ドルよりすこし少なかった。このような平均値を、合衆国のすべての所得が、すべての成人の男、婦人および子供の間で、平等に分配されていると見なして導き出しているので、このような平均値はあまり大きな意味がない。もちろん、現実の生活において、これから分かるように、所得は少しも平等に分配されていない。さらに、所得をこのように平等に分配しようとするとき、総所得は変わらないままであるという保証はない。

講義の受講生が、あるいは一国全体の構成員が 1 枚のカードに家族の所得を記入するならば、これらのカードを異なる所得階層(income classes)に分類できる。つまり、一部のカードを 0 ドルから 500 ドルの階層に分類する、一部のカードを 500 ドルから 1,000 ドルの階層に分類する、等である。このようにして、私達は所得について *統計の度数分布* を得る。一方の端に生活が上手くいっていないきわめて貧しい人々がおり、もう一方の端に大成功しているきわめて裕福な人々がいる。その中間に大多数の人々がいる。

表 1 はこの問題についての最も信頼のできる統計をまとめている [1]。欄(1)は所得の級間隔を示している。欄(2)はそれぞれの所得階層での家族と個人の数を示している。欄(3)は、当該の級間隔の上側境界値より低い所得を得る家族数の、総家族数に対するパーセントを示している。欄(4)は、当該の階級以下の貧しいすべての人々の所得の、総所得に対するパーセントを示している。

貧しい人々と裕福な人々が、所得の中央の人々の周りで、一様に分布していると考えることは大きな誤りである。さらに「あなたの近くに常に貧しい人々がいるであろう」という聖書の言葉は、貧しい人々の数が途方もなく多いことを示していない。エイブラハム・リンカーン(Abraham Lincoln)は、この事実を「神は普通の人々を愛してきたに違いない、なぜなら神はきわめて多数の普通の人々を創られたからである。」という彼の言葉によって、もっと正確に示した。だが合衆国の所得分配を大まかに見ると、所得ピラミッド(the income pyramid)の先端がいかに尖っているか、また、この所得ピラミッドの底面がいかに広いかが分かる。「最高の所得階層に入る余地が常にある」という見解は確かに事実である、しかし最高の所得階層に到達するのが容易でなく、困難であるので、最高の所得階層である。もしそれぞれの 1 段が 1,000 ドルの所得を示す子供のおもちゃの積木によってこのような所得

1)　いくつかの政府機関が、次の二つの歴史的に意義のある研究書の作成において協力した。*Consumer Incomes in the United States, Their Distribution in 1935-36*, National Resources Committee, U.S. Government Printing Office, Washington, D.C.,1938、および *Consumer Expenditures in the United States, Estimates for 1935-36,ibid.,*1939.

表1　アメリカの家族と個人の所得分配　1935年－1936年

所得階層	家族と個人の数	示した所得階層以下の家族と個人の数の総数に対するパーセント	示した所得階層以下の家族と個人に属する所得の総所得に対するパーセント
(1)	(2)	(3)	(4)
ドル 0 － 500	6,710,911	17.01	3.48
500 － 1,000	11,648,038	46.54	18.23
1,000 － 1,500	8,734,423	68.68	36.27
1,500 － 2,000	5,185,926	81.82	51.25
2,000 － 3,000	4,434,085	93.06	69.10
3,000 － 4,000	1,354,078	96.49	76.86
4,000 － 5,000	464,191	97.66	80.31
5,000 － 7,500	380,266	98.62	84.10
7,500 － 10,000	215,642	99.17	87.22
10,000 － 20,000	220,605	99.73	92.15
20,000 － 50,000	91,707	99.96	96.61
50,000 － 100,000	13,041	99.99	98.14
100,000 ドル以上	5,387	100.00	100.0
総所得 59,258,628,000 ドル	総家族、等 39,458,300	･･････････････････	･･････････････････

出所：*Consumer Incomes in the United States*, National Resources Committtee,p.6、表2から作成

ピラミッドを作るならば、先端はエッフル塔(the Eiffel Tower)よりもはるかに高い、しかし私達のほとんどすべては地面から1ヤード以内にいる。

　さらに、家族と個人の所得を上位半分と下位半分に分ける中央の所得つまり"中位数"の所得は、*かなり低い所得*となっており、大部分の人々はこの"中位数"の所得の近くにいる。このことについての最良の統計を、前述の 1935 年－1936 年の研究書から得ることができる。この期間においては、大恐慌という最悪のことが発生した。2 人の成人と数人の子供というアメリカの平均的家族について、中位数の所得は約 1,100 ドルにすぎなかった。このような中位数の所得は、1929 年あるいは 1935 年－1936 年において、1 家族当たりの平均所得よりもはるかに少なかった。このことは、主として、不平等な所得分配が中位数よりも上にいる家族にかなり多くの所得を与えているためである。

　第 2 次大戦前の年において、アメリカの典型的な家族が受け取った所得水準はいかにかわいそうなほどわずかであったかを見てみよう。社会福祉関係者(social-service workers)は次の三つの一定額の最低生活費を慎重に計算した。

　1.　生存ぎりぎり(bare subsistence)－映画を見ない、ほとんど肉を食べない、歯の治療をしない、新聞を購読しない、ほとんど衣服を買わない、等。

　2.　最低限の健康と最低限の人並みの生活(minimum health and decency)－時々映画を見る、

あるいは時々レクリエーションに支出する、ときどき安い肉を食べる、いくらかの病気と歯の治療を行う、等。

3. 最低限の快適さ(minimum comfort) － つつましいが十分栄養のある食事をとり、ときどき休暇をとる、いくらかのタバコを吸う、いく冊かの本を読む、等。

これらの三つの最低生活費の内の第1番目の費用を、1935年－1936年価格で900ドルであるとおおざっぱに計算できる。今、もし表1を再整理した1935年－1936年の現実の統計を調べるならば、40パーセントの人々はこの第1番目の最低生活費の水準の所得にさえ到達していなかったようであり、また60パーセントの人々は第2番目の最低生活費のために必要な1,250ドル以下しか稼いでいなかったようである。都会で生活するよりも田舎で生活する方が費用は少ないという事実を考慮しても、私達は、前大統領のルーズベルト(Roosevelt)の"下位3分の1"の人々への気遣いが、いかに正しかったかが分かる。

同じ表から、30パーセントの人々のみが、第3番目の最低限の快適さの生活費のために必要な、1,500ドルの水準を上回る所得を得ていると分かる。もし大衆雑誌の広告で描かれている典型的なアメリカの家族に戻るならば、その広告の生活からステーションワゴンとミンクのコートを除いた後でさえ、控え目に見積もっても、1935年－1936年において、この広告のような生活をするために必要な最低限である5,000ドルの所得を、2パーセントの人々が得ているにすぎないのを、私達はやはり分かる。ましてや、ニューヨーク市の5番街のまさに東で借金をしないで生活するために本当に必要な、『フォーチュン』(*Fortune*)誌が以前に計算した1年当たり15,000ドルも稼いでいるアメリカの家族数については、少なく言えば言うほどうまく言い当てることができる。

所得の不平等

所得が、普通人々が思っているよりも少ないこと、また十分な水準よりも少ないことについて上で簡単に述べたことを、私達の社会において広がっている所得の不平等の程度を詳細に考察することによって、今補足しなければならない。

1935年－1936年の所得分配の表を、等しい級間隔で記入しなかったことに注意しよう。最初それぞれの所得階層は500ドルの級間隔であった、しかしもっと所得の高い級間隔は最初の数百倍の範囲になっている。このことを何気なく行ったのではない。すべての級間隔を等しくして、1/4インチの幅を1,000ドルという適度な大きさにすることは、最高所得と最低所得の間が*途方もなく大きな範囲*になり、100ヤード競争ができるほど十分に長い表を必要とする。このことが、図において所得の目盛を、常に対数目盛によってかあるいはある他の数学的方法によって、常に縮小しなければならない理由なのである。

不平等を記述する第2の方法は、総所得の内の何パーセントが下位5パーセントの人々の手に入るか、何パーセントの所得が下位50パーセントの人々の手に入るか、何パーセントの所得が下位95パーセントの人々の手に入るか、等を確かめることである。このようなデータを表1のデータから容易に導き出すことができる。

もし所得が完全に平等に分配されているならば、下位 5 パーセントの人々は総所得の内のちょうど 5 パーセントを受け取る。下位 95 パーセントの人々は総所得の内の 95 パーセントを受け取る。上位 5 パーセントの人々も 5 パーセントだけの所得を得るにすぎない。このことを表 2 によって示している。いわゆる "ローレンツ曲線" (Lorenz curve)は、横軸に人々の総数の内のパーセンをとり、他方縦軸に総所得の内のパーセントをとることによって、これらのデータを図で示している。所得の平等分配についてのデータから、図 1 で示している直線の対角線である完全平等線を得る。

表 2　所得分配の完全平等

人々の数のパーセント・・・・・・・	0	5	10	25	50	75	95	100
受け取る所得のパーセント・・・	0	5	10	25	50	75	95	100

　完全平等のケースについてはここまでにする。もう一方の極端なケースとして、すべての所得を得ている 1 人を除いて、すべての者（例えば 100 人の内の 99 人）がいかなる所得も得ない完全不平等という仮説のケースを得る。このことを表 3 で示している。

表 3　所得分配の完全不平等

人々の数のパーセント・・・・・・・	0	5	10	50	90	95	100
所得のパーセント・・・・・・・・・・	0	0	0	0	0	0	100

　なぜか。下位 0 パーセント、下位 5 パーセント、および下位 99 パーセントの人々は所得を少しも得ないからである。しかし下位 100 パーセントの人々、つまりすべての人々は、もちろんすべての所得を得る。ローレンツ図での最も下の曲線はこの完全不平等のケースを示している。

　例えば、1935 年－1936 年の所得分配のケースのように、どのような現実の所得分配も、もちろんこれらの両極端なケースの中間にある。学生は、表 1 の欄(3)と欄(4)から、表 4 の数値が表 1 の数値をほぼ示しているのを確かめることができる。この表 4 によるローレンツ曲線を、中間にある曲線によって示しており、斜線の入った領域は、完全平等からの乖離、つまり所得分配の不平等の程度を示している。

表 4　現実の所得分配の不平等、1935 年－1936 年

人々の数のパーセント・・・・・・・	0	10	25	50	75	100
所得のパーセント・・・・・・・・・・	0	1.7	6.8	20.5	43.1	100

　所得の不平等の程度を計測するさらにその他のいくつかの方法がある。これらいくつかの方法の内で最も興味深い一つの方法を次に述べるが、詳しく論じない。イタリア人であ

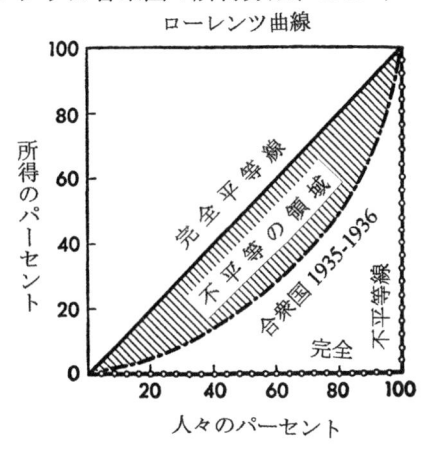

図1 アメリカ合衆国の所得分配、1935年−1936年

ローレンツ曲線

出所：**National Resource Committee,1935-1936 study.**

りスイスの大学の経済学の教授であったヴィルフレド・パレート(Vilfredo Pareto)は、幾分正確さを疑ってよいが、ファシズム(fascism)イデオロギーの提唱者としばしば呼ばれた。パレートは、"パレート"図と呼ばれる対数表示の図[2]を使うことによって、多くの異なる国々および多くの異なる時期の所得曲線の"上側の裾"(upper tail)が、ほとんど同じ傾斜の直線になって下降していることを発見した*[2]。パレートは、このことが基本的自然法則(a fundamental natural law)であると信じるようになった。このパレートの法則(Pareto's Law)によって、パレートは（*社会的および政治的制度と関係なく、また課税とも関係なく*）*所得が同じ様に分配される必然的傾向がある*とした。だが過去50年間において、多くの経済学者は、きわめて詳細な研究によりパレートの法則の普遍性、およびこの法則の必然性を疑ってきた[3]。

貧困の減少

カール・マルクス(Karl Marx)とフリーリッヒ・エンゲルス(Friedrich Engels)が、"1948年に""「世界の労働者団結せよ、あなた方は抑圧されている状態以外に失うものは何もない」という行動方針を書いている有名な『共産党宣言』(*Communist Manifesto*)を出版してから、今ほぼ1世紀である。産業資本主義(industrial capitalism)の将来についてのマルクスの多数の予言は、この100年間、この上なく正しいことが分かった、しかし最もよく知られている予言の内の一つは全く間違っていることも分かった。歴史と統計についての詳しい研究は、「貧

---

2) Vilfredo Pareto, *Cours d'économie politique*, Tome 2, Livre 3, Chap. Ⅰ, Lausanne, 1897.パレートの法則への英語での批判的見解を F. R. Macaulay, *Income in the United States – Its Amount and Distribution*, pp. 341−425, National Bureau of Economic Research, New York,1922、は示している。

3) 戦後すぐの時期のイギリスでは、課税後24,000ドル以上の所得を得る人々がたった45人だけになるほど、累進課税(progressive taxation)が進展した。

しい人々が一層貧しくなっている」という見解を、支持できないことを明らかにしている。西ヨーロッパと北アメリカでは、食料消費、衣服、住居によって計測しても、寿命の長さによって計測しても、最低生活水準は明らかに絶えず改善してきた。このことは簡単に示している統計から明らかである。このことは、住民の 3 分の 2 がひどい栄養不足の状態にある遅れた発展途上国との比較からも明らかである。

それほど遠い昔においてでないが、経済史家は、産業革命の弊害と、不健康な状態を生み出す都市での一般大衆にはびこる貧困の状態を、よく詳しく論じた。実際、ディケンズ(Dickens)は、小説で、19 世紀初期の工場での児童労働の状態、1 日の労働時間の長さ、および安全と衛生の状態を、良いと少しも認めていなかった。昼食だけでなく朝食そして時々夕食の短い中休みしかない 1 週間 84 時間の労働は、普通の状態であった。企業は、6 歳の少年あるいは少女の健康に、あるいはこの子供達が 12 歳を超えてなお生存できるように配慮しなかったので、かなりの労働を 6 歳の少年あるいは少女から得ていた。たとえ 1 人の男が機械で 2 本の指を失っても、8 本の指がまだ残っているではないか、というようなものであった。

工業の工場の町についての以前の歴史家によるぞっとする過去の説明は事実であるけれども、状況が産業革命前の時代よりも一層悪くなったと考える点において、これらの歴史家は誤っていた。労働者が自分の家の中で糸を紡ぐかあるいは布を織るために、羊毛あるいは毛織物用の糸が労働者に渡された産業革命前の"問屋前貸制度"(putting-out system)つまり"問屋制家内工業"(domestic system)は、労働搾取工場(sweatshop)という最悪の状態を家庭の中に持ち込んでいた。労働者は眠たいのをこらえて、週 168 時間働かねばならなかった。一家の生活を支える主な稼ぎ手だけでなく、家族全員が、生きるために単調な仕事を続けなければならなかった。これらの理由のために、労働組合は、大いに弊害がある工場よりももっと強く、この問屋制家内工業に常に反対してきた。

さらに、貧困は観察者に自然に分かる工業都市においてほど田舎では決して明らかでない。恰幅が良い自作農民(stout yeoman)と幸福そうな小作農民(happy peasantry)が住む健康的で楽しげな田舎の牧歌的光景は、世界の大部分の地域では幻想である。実際今日において、ニューヨークのヘルズキッチン(Hell's Kitchen)とイーストサイド、ボストンの南の端と北の端、シカゴの"屠殺所(the Yards)の裏"と黒人居住地域のどこも、私達の次の田舎の問題地域の貧困と不潔さほど深刻でない。つまり、アメリカ深南部地方(the deep South)のタバコロード(the Tobacco Road)、アパラチア山脈南部の山地、アメリカ中西部の二つの乾燥大草原地帯、ペンシルベニアの鉱山のゴーストタウン、および上部ミシガン半島(the upper Michigan peninsula)の森林伐採跡の地域である。

それゆえ、現代の歴史家は、現在の産業の状況が良くなくても、現在の産業が、商業的企業(commercial enterprise)および農業の封建制度(agrarian feudalism)という以前の時代を上回って、大きく改善していると強調している。私達がどれだけ改善したかを、かなりの人数の人々が今でも思い出すことができる一つの時代を記述している次の引用文によって、実例

で示すことができる。

　19 世紀の中頃、イギリスのノーフォーク(Norfolk)のマルシャム(Marsham)教区に、トーマス・エドワーズ(Thomas Edwards)とメアリー・エドワーズ(Mary Edwards)という名前の貧しい夫婦が住んでいた。メアリー・エドワーズが最後の男の赤ちゃんを出産したのは 1850 年 10 月 5 日であった。私が生まれた当時、私の父は若い雄牛飼育の牧夫であり、1 週間に 7 日働き、朝明るくなる前に家を離れ、夕方暗くなるまで家に戻らなかった。私の父は、この当時、冬の数ヶ月間、仕事から戻る前に、自分の子供達がいつもすでに寝かしつけられていたので、日曜日のしばらくの間を除いて、子供達と決して会って話をすることはなかった。この当時、私の父の賃金は 1 週間 7 シリング(約 1.40 ドル)に減少していた、このため、もし私の母が手織織機で布を織ることによって夫の賃金にわずかばかり上乗せできていなかったならば、家族は本当に餓死していたことであろう。母は、手織織機の所に 24 時間の内 16 時間おり、このような長い労働時間にもかかわらず、1 週間に平均 4 シリング(80 セント)以上稼いでおらず、しかも、しばしば 4 シリングよりも少ない金額しか稼げなかったことを、私は知っている。

　子供が生まれた小さな家は、父、母、それと 6 人の子供達が寝なければならなかった二つの寝室があるにすぎない、みすぼらしい家であった。この当時の私の家族は目も当てられない貧乏な状態であった。母が生まれたばかりの赤ちゃんとベッドで横になっているとき、母の唯一の食べ物はタマネギのお粥であった。粗食のために、あるいはより正確に言うと、食べ物の不足による栄養不足のために、母は赤ちゃんに 1 週間しか母乳を飲ませることができなかった。赤ちゃん誕生の 1 週間後、この赤ちゃんにはきわめて質の悪い脱脂ミルクに漬けたパンを食べさせなければならなかった。私の母は再び歩けるようになるやいなや、再び織機のところに行かなければならなかった。・・・・食べ物は、飢饉のため品不足のとき、手に入れることができないほど価格が大きく上昇した。・・・・比例してそれほど高く価格が上昇しなかった唯一の品物は肉であるが、肉は貧しい家庭にはほとんど手に入らなかった食料の品目であった。時たま手に入る唯一の例外の肉は、約 1.5 ポンドの重さがある小さな一塊の豚肉であり、9 人の家族が 1 週間まくばって食べることができるようにしなければならなかった。クリミア戦争の期間、肉は 1 年にせいぜい 1、2 回私の家族には手に入ったにすぎない。・・・

　私の家族を現実に起こりうる餓死から守るために、私の父は、毎夜毎夜、雇い主の畑から 2、3 本カブラを引き抜いてきた。私の父は、姉と私の小さなブーツを、できる限りよく手入れしていた。土曜日の夜、私の母が姉と私の衣服を洗濯し、繕うことができるように、私達は早く寝た、このことによって私達は日曜日に清潔で、こぎれいな衣服を着ることができた。私達はこの当時、着替えの服を持っていなかった。この衣服の洗濯と繕いのために、私の母は、土曜日、夜中まで起きていなければならなかった、しかし、私達が日曜学校(Sunday School)に間に合って行けるように、粗末な朝食を準備するために日曜日の朝早く起きていた。

　この日曜学校は私がこれまでに受けた唯一の学校教育であった [4]。

図2は、合衆国の大部分の歴史において、1人当たり実質国民生産物の増加がきわめて大きかったことを示している。

図2　アメリカの1人当たり生産物の成長の歴史

1800-1945

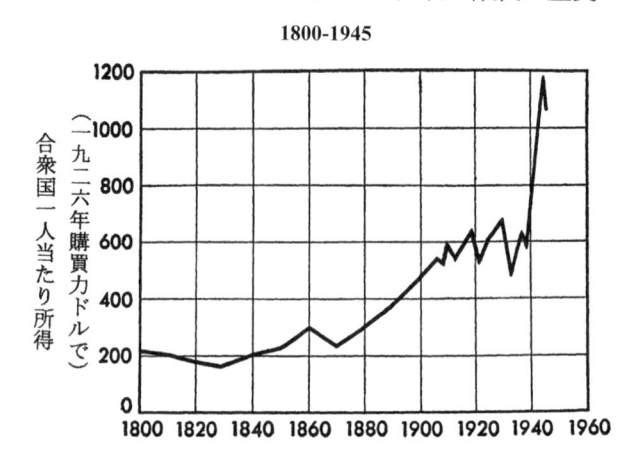

　この図は、生活費と人口の水準の変化について調整を行った後の、アメリカの生産物の成長を示している。
　出所：全国産業協議委員会(National Industrial Conference Board)、および、大部分の最近の数年については、商務省(the Department of Commerce)が提供したデータに基づく推定値。

　たとえ貧しい人々が一層貧しくなっていないとしても、お金持の人々は一層お金持になっているのか。ここでは、この答は必ずしも簡単ではない。多分半世紀の間マルクスは正しかった。次のような人々は莫大な富を地球の資源から手に入れた。つまり、（毛皮）アスター(Astor)、（鉄道）バンダービルト(Vanderbilt)、グールド(Gould)、モーガン(Morgan)、ドゥルー(Drew)、ハリマン(Harriman)、さらに（鉱業、金属および石油）カーネギー(Carnegie)、メロン(Mellon)、ロックフェラー、ローズ(Rhodes)、ハースト(Hearst)。20世紀の"金融資本主義"(finance capitalism)において、能力、幸運あるいは積極的行動によって、大富豪階級(the millionaire class)に入ることができた人々の富は増加した。

　合衆国では1929年まで、またイギリスではちょうど第1次世界大戦まで、お金持の人々は確かに一層お金持になっていった。しかし株式市場での大暴落の後、倒産と不況は裕福な人々がアメリカで築いた多額の資産に大きな被害を与えた。重い所得税と相続税は、裕福な人々が自由に使える所得をさらに減らした。他のすべての人々と同様に、お金持の人々は、大不況の底の後の数年間所得を増やした、しかし1929年以前の期間の目がくらむ高さにま

　4）　コーリン・クラーク(Colin Clark)が、*National Income and Outlay*, pp.202-264,Macmillan & Co.,Ltd., London,1938、で引用しているジョージ・エドワーズ(George Edwards)(1850年－1934年)の自伝から。

でまだ回復できなかった。これから分かるように、比較的裕福な階層内にはいくらかの興味深い変化があった。

戦時の好況と所得

　高い水準の総需要と雇用を得ることの重要さを、穏やかな不況の 1935 年－1936 年の期間と戦時期の好況の 1945 年の所得データを比較することによって、明確に示すことができる。これら二つの時期の間の 10 年間の生活費の 30 パーセントの増加を考慮しても、表 5 によってすべての経済階層は不況がなくなることによっていかに多く恩恵を得ているかが分かる。特に、かなり運が悪く（1945 年の購買力で）2,000 ドル未満しか得ていない人口のパーセントは半分になった。さらに 1 家族当たりの中央値の所得は約 1,100 ドルから約 2,400 ドルに増加した。

表 5　1935 年－1936 年の所得と比較した 1945 年の所得

	個人と家族数の全体に対するパーセント	
所得	1945 年	1935 年－1936 年
1,000　ドル、未満	18	47
2,000　　　未満	41	82
3,500　　　未満	74	95
5,000　　　未満	88	98
10,000　　　以上	1.3	0.3

出所：*Census sample*, 1945; National Resources Committee, 1935-1936.

いわゆる "階級闘争"

　カール・マルクス(1818 年－1883 年)は、*経済決定論(economic determination)* つまり *唯物論的決定論(materialistic determination)* という歴史学説によって、*社会の階級構造(the class composition)* をきわめて重要視した。この学説によれば、仕事が人を形成し、さらに人の経済的利害関係がその人の政治的意見を決定する。給料の高い経済学の大学教授は資本主義を擁護する教科書を書く。広告料によって間接的に生活を支えられている新聞の編集者は、当然保守的見解を示す。

　マルクスは、"俗流政治経済学者"(vulgar political economist)であることをよく否定したけれども、大英博物館の図書室でアダム・スミス(1723 年－1790 年)とデービッド・リカード(David Ricard)(1772 年－1823 年)の古典派経済学の著書を深く掘り下げて研究することに、自分の生涯のかなりの部分を費やした。アダム・スミスとデービッド・リカードと同様に、カール・マルクスも人々の所得の発生の源泉を重要視するようになった。マルクスにとって重要なことは、人々が富んでいるかそれとも貧しいかだけでなく、人々の所得が土地から発生しているのか、資本から発生しているのか、それとも労働から発生しているのかということであった。

封建時代においては、土地所有者は経済的支配階級を形成した。産業革命はブルジョアジー(the bourgeoisie)（企業家－資本家に対するさげすんだ言葉）を"支配階級"にさせた。資本主義がますます独占の状態になるにつれて、恐慌と帝国主義諸国間の戦争がますます激しくなるにつれて、下層中産階級(the lower middle class)がプロレタリアート(the proletariat)（労働者階級）に没落するにつれて、生産手段の所有者がますます労働者を搾取するにつれて、そして失業者という"産業予備軍"(reserve army)が増加するにつれて、マルクスは、"資本主義の内部矛盾"が最終的にプロレタリアートに権力をもたらす"流血の革命"になるであろうと確信した。

マルクスは次のように考えた。つまり、短い期間"プロレタリアート独裁"(a dictatorship of proletariat)が必要であるかもしれない。しかし"階級のない"つまり"一つの階級の"社会がしっかりと実現されるやいなや、階級闘争はきっぱりと終わり、国家と独裁は"徐々になくなる"であろう。「使用のための生産であり、利潤のための生産でない」、それぞれの人人が「自分の能力に応じて働くことによって社会に貢献し」そして「自分の必要に応じて受け取り」、さらに「すべての価値が労働だけによって決定される」ユートピア(utopia)が実現されるであろう。

このマルクスの主張は、単純化されすぎた学説による単純すぎる説明である。マルクス主義者達自身もこの学説の細部について、またこの学説の基本的なことについてさえ同じ見解でない。大多数の非マルクス主義の学者は、この学説を文字通りそのまま受け入れるのではなく、判断して部分的に受け入れるのであれば、普通、マルクスの歴史への経済的解釈に関し一部正しさを認めている。

社会の*革命的改善*(*revolutionary* improvement)よりむしろ*漸進的改善*(*evolutionary* improvement)が将来のアメリカにおいて実現しそうであるかどうか、またロシアの経験が共産主義の賢明さよりも馬鹿さを示していないかどうかについてのような問題に、経済学者は判断を下せると期待できない。しかし、最近の世論調査によれば、アメリカの人々の 10 人中 9 人が、自分自身を"中流"階級の一員であると思っており、そしてプロレタリアートに組み入れられることに抵抗していることが、明らかになっていることは興味深い。自分自身をプロレタリアートと呼ぶ一部の個人は、明らかにかわいそうなほど貧しいかあるいは政府の救済を受けており、また自分自身をこのように呼ぶ多くの人々は、労働組合の構成員であった。

さらに、AFL（アメリカ労働総同盟(American Federation of Labor)）は、戦闘的な CIO（産業別組合会議(Congress of Industrial Organizations)）との競争関係になる最近まで、革命的変革あるいは政治権力を求めるのではなく、長い間指導者であったサミュエル・ゴンパーズ(Samuel Gompers)が定めた非政治的な"現実的労働組合主義"(business unionism)の戦術を大いに推し進めた。イギリスの労働組合は、政治に積極的に関与し、労働党が政権を獲得したことによって、イギリスの人々が、スウエーデンの人々と同様に、修正社会主義(modified socialism)のプログラムを推し進めることができたことを除いて、アメリカの労働組合が推

し進めたことと同じことを、イギリスの労働組合も推し進めた。保守主義者が時代の要請の変化に対応することに失敗し、また自由主義運動、改良主義運動、民主主義運動の歴史がほとんどなく、軍事的敗北あるいは不況によって混乱していた国々において、共産主義革命が発生してきたことは恐らく重要である。

労働からの所得と資産からの所得

上述の論争の的になっている政治問題から離れて、個人と家族の所得についてのいくつかの異なる経済的源泉を考えてみよう。世界的なウールワース(Woolworth)の女性の相続人であるバーバラ・ハットン(Barbara Hutton)の所得と、地方の安物雑貨店の店員の所得は、金額が異なる。2人の所得は同じ小売業から間接的に発生しているけれども、明らかに、所得の種類が異なる。この店員は*個人の努力つまり労働*に対して所得が支払われている。つまり、1日中店で立っていること、レジからお金を盗まれないようにすること、そして信頼できるお客に対応することに対してである。

ハットンさんは*資産*によって所得を受け取っている。彼女の総資産の目録には、取り立てて言うほどの土地と生産のための機械は書かれていないかもしれない。しかし、彼女の金庫の中のどこかに、私達は比較的きれいに印刷された何枚かの次の書類を見つけると予想するに違いない。つまり、株券か、債券か、モーゲージ証券(mortgages)か、権利証書(deeds)か、あるいは年金保険証書(annuity policies)の形態での有価証券であり、これらの有価証券には、資産と所得への請求権あるいは法的権利が記載されている。

経験と想像力の乏しい医者は、問題のこれら2人の女性を診察するとき、体格、IQあるいは気質について、ほとんど優劣を見つけることができないかもしれない。しかし、それぞれ2人はそれぞれの両親によって腕と足を同じように与えられているけれども、1人は金庫の中に資産をあまり十分に与えられなかった。私達の慣習法と成文法の下では、個人資産のどのような所有者も、(納税だけを条件として)望む誰にでも、個人資産を与えるか、遺贈するか、あるいは売る権利を持っており、このためほとんどの人は、たとえハットンの父が「他人よりも身内」と思っているとしても、ハットンの父を批判しないであろう。しかしすべての人々は、数人の個人がこのように大きな富の蓄積と大きな権利を1人占めにし、さらに相続によってこれらの富の蓄積と権利を永続させる経済社会の機能を大いに疑いの目で見ているであろう。

個人の労働からの所得と資産からの所得の間の区別は、連邦所得税法(the Federal Income Tax Statute)によって長い間受け入れられてきた。1943年まで、税額控除(extra credit)は、不労所得(unearned income)とは異なり、勤労所得(earned income)について認められてきた。つまり、財産所得ではなく労働所得に対して税額控除が認められてきた。疑いなく、このことは、私達の民主主義社会では、財産権が、どのように重要であっても、人権と人間にとって基本的に必要なものほど重要でない、と一般に受け入れられている倫理的見解を示している。

このことは必ずしも常に事実であったわけではない。トーマス・ジェファーソン(Thomas

Jefferson)は、独立宣言を起草したとき、この独立宣言を"生命、自由および幸福の追求(the pursuit of happiness)"と読まそうとするのではなく"生命、自由および財産(property)"と読まそうとして批判された、なお、財産権は"自然権"(natural right)と考えられていた。もし無産階級(the unpropertied classes)が投票権を与えられるならば、この階級の人々の人数の多さと経済的利益の追求によって、この階級が権力を握りその結果財産権を弱めるであろうと広く恐れていたことを表す文書を、きわめて有能な憲法作成者達が書いていたのを、今日ではすべての歴史家は知っている。1世紀前のジャクソン大統領の時代(the Jacksonian era)の後まで、富裕階級の擁護者は階級間の格差を減らすことを始めなかった。

ところで、次のような巧妙な例を挙げることによって、不労所得を意図的に擁護することは容易である。一方において、最も好きなこと、また生まれつきうまく行えることをして、1年に 10 万ドル受け取るオペラ歌手のケースを考えてみよう。他方で、亡くなった夫が、節約と節制、禁欲と忍耐によって、妻に最低限の安楽な生活をちょうど可能にする財産を蓄えることができた、1 人の未亡人を考えてみよう。生活を他人に頼っている婦人のわずかばかりの財産所得よりも、歌手の"勤労"所得を社会的にもっと擁護できるかどうか議論することを、読者にこのまま残しておく。

さて、所得の種類を区別して、それをさらに分類する問題にしばらく目を向けよう。古い考えの経済学者は、土地、労働および資本と分類して研究することを好んだ。この結果、この経済学者は資産所得(property income)を土地と資本によるものに、つまり地代(rent)と利子に分けた。しかし、マーシャル・フィールド家(the Marshall Field)の富が資本保有によって発生しているのに対し、アスター家の富がニューヨークの不動産への投資によって発生していることは、今日において私達にはあまり重要であると思われない[5]。

資産所得の受取者のもっと重要な分類は、(1)政府債あるいは民間債、モーゲージ証券、優先株(preferred stocks)、および生命保険年金契約からの固定利子を得るか、あるいは不動産からの比較的固定的所得を得る比較的固定的な所得受取者であるか、それとも(2)企業の経営状態が良いかあるいは悪いかによって決まる投資からの変動の大きな利潤を受け取る所得受取者であるかによって決まる。(2)の所得受取者は残余金請求者(residual claimants)である。

3 番目に大きな種類の所得として、私達は賃金(wages)と（技能と努力による収入である）給料(salaries)を得る。勤労所得という分類内で、私達は次のいくつかの異なる階層に区分できる。つまり、未熟練労働者(the unskilled laborer)、半熟練労働者(the semiskilled laborer)あるいは熟練労働者(skilled laborer)、ホワイトカラーあるいは事務労働者(clerical laborer)、企業の役員(the business executive)あるいは管理者(manager)、および知的専門職従事者(the profess-

---

5) また、"レント"(rent)は古い世代の経済学者達には特別の意味を持っていたことに注目することは重要である。古い世代の経済学者達には、レントはあなたが下宿の主人に支払った金額を意味するのでなく、"最初からあり、不変の、そして不滅の自然の創造物"である土地からの収益の部分を意味していた。また、私達は地代(land rent)を土地の（資本化）価値から生ずる利子つまり資本収益(capital return)とみなすことができることも知っておくべきである。

sional man)である。本章の残りはこれら3種類の所得と関係している。

利子率低下の10年間においての金利生活者階級

　上述の固定的所得受取者は、いわゆる*金利生活者*(the rentier)（"同性愛者"(gay)と同韻語である）階級を形成している。これら金利生活者は、債券の利札を切りとって生活しているか、あるいはモーゲージ証券およびその他の形態の有価証券の利子によって生活している。インフレーションによる生活費の上昇に対し、金利生活者はその補償として一層多くの所得を得ないので、インフレーションは金利生活者のグループに損害を与える。逆に、不況がこの国を襲い、物価が下落するときには、もし債券が支払不能にならなく、また優先株の配当が無配にならないならば、*金利生活者*階級は利益を得る。

　さらに、これまでの10年間、利子率はずっと下落してきた。1925年に100万ドル持って退職した1人の男は、自分の金融資産によって、5パーセントあるいは6パーセントの収益を当てにできたかもしれない。この収益は、この男に、町といなかの家を維持し、お手伝いさん、運転手、料理人および庭師という使用人を十分に雇える、1年に50,000ドルあるいは60,000ドルの所得を与えたであろう。しかし徐々に、この男の金融資産の内の高利回りの債券は満期になったであろう、つまり償還されたであろう。だがこの男は、この高利回りの満期の債券を、同様に高利回りの有価証券と取り換えることはできなかったであろう。この男の損失はアメリカ産業の儲けであった。鉄道、公益事業および製造業のそれぞれの会社は、この10年間ずっと、債券発行による負債を一層低い利子率の債券に借り換えることによって、自社の固定費を減らすことができた。

　この退職した大富豪は、株式市場の大暴落によるキャピタル・ロス(capital loss)を避けることができていたとしても、1940年代には彼の金融資産からの収益が平均3パーセントあれば運がよかった。このことは、この男に30,000ドルあるいはそれ以下の所得しか与えないことになり、さらに大きく増えた連邦所得税がこの所得の中から10,000ドルを徴収したであろう。それゆえ、この男には生活するために約20,000ドルだけしか残っていない。この20,000ドルは平均的家族が稼ぐ金額の6倍であるが、二つの大きな家を維持し、さらに今日では多すぎる使用人を雇うには、確かに十分ではない。

　この退職した男が、自分の100万ドルの約3分の1を遺産税と相続税によって州と連邦政府に納めなければならないと思うとき、自分のお金で年金を購入しようとしても驚くべきことでない。このとき、この男が毎年受け取る年金の金額は当然この男の年齢と平均余命によって決まる。毎年の年金の支給は、利子に加えて（徐々に減少する金額の）元の資金の一部を食い潰すことと関係しているので、年金はこの男にきわめて大きな支出を可能にする金額を与える。実際、もしこの男の平均余命が約10年であるならば、この男は1年当たり約4倍の貨幣、つまり1年当たり約120,000ドルを受け取ることができるであろう、さらにこの年金の金額の大部分は、利子所得よりもむしろ元の資金の食い潰しと関係しているので、非課税である。もちろん、この男は、死ぬとき、自分の相続人に渡すものは何も残っ

ていないであろう。

　上の例は、大富豪に言及しているので、どちらかと言えば現実的でない。しかし同じことは、これほど大きくない資産を持つ人々にもある程度当てはまる。利子率が低下しているので、どのような戸主にも、自分の老年期に備えまた家族を養うために十分な貯蓄を残すことは（あるいは、資金をそっくり残して、この資金の利子収入によってともかく自分の老後に備えまた家族を養うことは）、ますます難しくなっている。

　私達は、老後の生活を多分維持できなかったむかしの時代の状況に戻りつつある。詩人ポープ(Pope)の父は、引退してイタリアで住もうとしたとき、その後の家族全員の支出を賄う金貨の入った金庫を持って行った。もちろん、このような金庫にいくらでも金貨を入れることはできなかった。しかしその後、金融市場の発展によって、裕福な人は、自分のケーキを食べても、手元にこのケーキをそのまま残すことが可能になった。つまり、裕福な人は、自分達の資金による利子所得によって、いつまでも生活できるようになった。実際、一部の人々は多額の財産を持っていたので、いわば、自分達の財産からの所得によって生活でき、さらに複利の利子によって自分の財産を増やすことさえできた。財産を持っている人はさらに財産を得るのである。

　今日において利子率は 3 パーセントであるので、利子収入によって財産を増やすことはあまり容易でない。大雑把な経験則によって、複利の利子でお金が 2 倍になるためには、どのくらいの期間が必要であるかを見つけるには、72 を利子率で割ると良い。今日では、人々は、6 パーセントで 12 年待たなければならないのではなく、利子率が 3 パーセントであるので、4 分の 1 世紀も待たなければならない。それゆえ、すべての国民は、自分の生涯設計を行うとき、自分の貯蓄がまずまずの利回りしか稼げないという事実を計算にいれなければならない。ほとんどの人々は、自分の元の資金を減らすことなしに、引退生活をできると期待できない。また、男は、自分よりも若い妻と結婚し、さらに女は男よりも平均して長く生きるので、自分の妻の扶養を考えるときには、同じ問題に直面するに違いない。

　19 世紀に、ニューイングランドの小さな町への 1 人の訪問者は、ある時他人に害を与えるように見えない人が、その町の他のすべての人々によって、社会ののけ者とみなされているのを目にした。この訪問者がこの男の一体何が悪いのかをこの町の人々にしつこく尋ねた後、この町の人々は、この訪問者に 「この男は自分の蓄えをすべて使ってしまった。」、と恐る恐る小声で言った。このような町の人々の態度は、いやおうなしに時代遅れになりつつある。そして多分、自分自身が退職した両親の世話にもはや責任があると考えない新しい時代は、同時に、家族に相続財産を残しそして与えることがもはやできない新しい時代でもあるという、因果応報の状況になっているのである。

　だが、上で述べた悲観的状況を控えめに考える必要がある次の二つの重要な点に、注目しなければならない。第 1 に、「*金利生活者階級が徐々に安楽死するかあるいは消滅する*」と予言し気分を暗くさせる予言者は、予言が当たったと満足するべきでなく、予言がはずれたと悲しむべきでもない。一部、政府の "*金融緩和政策*" (easy-money policy)の結果（さらにこ

の政策の背後にあるもっと重要な世界大恐慌の結果)、投資したそれぞれの 1 ドルによって得る利回りは低下してきている。このことは全く正しい。しかし、アメリカの人々が貯蓄として貯めることができてきたドルの金額は、利回りの低下以上に増加している。これらの大部分の貯蓄は戦時公債の形態によってである。いずれにせよ、戦前の数年においてさえ、*金利生活者*階級に入る総利子所得は低下していなかった。戦後期については、この総利子所得は、1 年当たり 50 億ドルの戦前の数値と比較して、約 100 億ドルもある、つまり戦前の金額の約 2 倍になっている。

憂うつな状況を控えめに考える必要がある第 2 の重要な点は、過去 10 年内において、大部分の人々に適用され、生活のほぼすべての範囲に及ぶ社会保障制度(social security systems)が、設立されてきた事実と関係している。個人の貯蓄と利子収入が、これまで過去において大部分の人々の老年期への備えを可能にしてきたよりも、この社会保障制度はもっと十分に老年期への備えを可能にするであろう。資本主義制度への最も厳しい批判の内の一つは、大多数の国民が (たとえ働いている期間に努力しても実際その後) 自分の老年期に対し十分に備えることができないことであるのを、本書での後の社会保障についての議論において、私達は確かに知るであろう。"揺りかごから墓場まで"(cradle-to-grave)の保障は、広く受け入れられている。もし民間経済だけでこの保障をうまく提供できないならば、人々はこの保障を政策として政府から獲得することを強く求めるであろう。

憂うつな状況を、控えめに考えることが必要ないくつかの点があるにもかかわらず、この利子率の低下の重要さを強調することは必要である。1 年間あるいは 10 年間ではなく、私達は一生の残りの期間、低い利回りに直面するかもしれない。私達が購入する優良債券は、6 パーセントの利回りを生み出さないであろう。私達の新保険証券は、わずか 2.5 パーセントのみの収益を保証するにすぎないであろう。私達の大学および研究機関は、もし有価証券という金融資産の利回りの低下を相殺しようとするならば、新たな種類の寄付の基金を見つけるか、あるいは寄付の基金を増やさなければならないであろう。

農民の所得

現実の経済の世界は、教科書の著者達が考えているようには単純ではない。すべての人々は、自分達の所得が労働によるものかそれとも資産によるものかの二つの分類の内の、どちらか一つに必ずしも属さない。普通に働いている人は、AT&T を 1 株か 2 株持っているかもしれず、戦時公債によって生ずるいくらかの利子を得ているかもしれない。ボストンのある旧家の子供は、ときどき風景画を描くことによって、債券の利札を切り取ることにより得る収入を補填しているかもしれない。

資産による部分と労働による部分の両方の源泉を持つ特に重要な種類の所得は、農業からの所得である。田舎で、植民地時代には 95 パーセントの人々が生活していたのに比べて、今日においてはただ 40 パーセント余りの人々しか生活していないけれど、約 3,000 万人の人々が今なお生活を農業に依存しており、このため、就業人数に関して、農業は私達の最大

の産業になっている。今でも農業地帯の支配的形態である家族により営まれる典型的な農場について、農夫自身、自分の所得の内のどれだけの部分が労働者としての役割から発生しているのか、どれだけの部分が道具と機械を提供する資本家としての役割から発生しているのか、最後にどれだけの部分が土地所有者としての役割から発生しているのかを、あなたに言うことができない。実際、この農夫は、自分の総所得の内のどれだけが自分自身の労働から発生しているのか、またどれだけが、不規則であるが重要である自分の妻や子供達の助けによって発生しているのかも、あなたに言うことができない。

　雇用されている農業労働者には、自分の所得の異なる源泉を確定するような問題はない。農業労働者は自分の重労働以外に提供するものをほとんど持ち合わせていない。この農業労働者にいくらか面倒なことを生じさせる唯一の問題は、現金所得に加えて自分への（部屋と食事の）"現物給付"(keep)が、どれだけの金銭的価値があるかを知ることである。戦前には、農業労働者は、すべての労働者の中で、最低の賃金を得ている労働者の内の 1 人であった。250 万人の農業労働者の内 5 分の 2 は、現物給付を含めて 1 年に 250 ドル以下しか受け取っていなかった。そして 5 分の 1 のみが 500 ドル以上を受け取っていた、と推計されている。戦時期において、農業労働者の徴兵と農業収入の増加によって、農業での賃金は上昇した。1947 年までに、農業での賃金は、第 1 次世界大戦前の平均と比較するとほぼ 4 倍に増加した、しかしそれでも平均すると食事付きで 1 ヶ月 100 ドルよりも少なかった。この賃金は、一時的でなく元に戻らないことがはっきりしていても、1 日の労働時間の長さと要求されている労働のきつさを考慮すると、やはり胸がつまるほど低い賃金である。

　土地も道具も所有しておらず、1 年間地主による農地と道具の貸付と地主の店(company store)による前貸しの商品によって生活している南部の白人と黒人の *分益小作人(sharecropper)* は、もっと複雑なケースである。普通の年には、この分益小作人は、綿花の収穫物が、収穫物で納める小作料と地主の店で借りていた商品の借用書の金額を全部返済できる十分な現金をもたらすならば、運が良い。しばしば、この分益小作人は、ただ 1 つの作物（綿花）が食べられることも容易に盗まれることもないので、この作物にすべてを賭けることから離れないでいる。収穫の 1 週間後、この分益小作人は再び借金をし、再びうんざりするほど長い 1 年間の単調な仕事に従事する。作物が高値で売れる例外の年においては、この分益小作人は過去の負債を返済し、さらにいくらかお金を残しておくことができるほど、十分に高い利潤を得ることができる。それゆえ、この分益小作人はある意味で資本家である。しかし疑いなくこの分益小作人は、この状況を喜んで変え、かなり安定した賃金を得たいと思っている。このことを、二つの戦時期および繁栄の 1920 年代の間での、南部の黒人と貧しい白人の北部の都市への流入は明らかにしている。

　借地小作人(the tenant farmer) は、合衆国のすべての地域でよく見られるもう一つの中間のケースとなっている。普通、借地小作人は、固定価格かあるいはある取り決めた分配の原則に基づいて、土地を借りる。借地小作人は農場で生活し、すべての労働を提供し、時々、農機具と家畜を半分所有し、そして普通 1 年の利益を 50－50 で分け合う。最もうまくいくと、

借地小作は若い農夫が自分の農場の所有者へと出世できる踏み台になる。しかし農業が、例えば両大戦間のように、長年の間不況であるときには、自作農達でさえ多額の抵当が流れることによって自分の所有物を失うかもしれず、借地小作人達の出世への動きも一般には逆に下へと落ちるかもしれない。第1次世界大戦後の、土地ブームによる農場を抵当に入れての多額の借金は、両大戦間の農業においての最も大きないくつかの重荷の内の一つとなった。農場の不動産価格が第2次世界大戦中とその後の期間にも高騰しているけれども、農民がこの農地を抵当に入れての借金という難しい状況を今回は避けようとするかどうかは、後になってみないと分からない。

農業は常に浮き沈みの激しい産業である。農民は、天候異変によって影響を受けるだけでなく、市況にも左右される、このため、綿花の豊作は不作よりも収入が少なくなるかもしれない。景気の不況の間、農業での雇用と生産は減少しない。この間、人々が農場に戻るかあるいは留まるので、また農民が、作物の価格の低下に直面して、自分の所得を維持しようと必死に努力するので、農業での雇用と生産は増加さえするかもしれない。もちろん、このすべてのことは明らかに作物の価格を一層低下させる。

農業所得の不安定さとは別に、工業所得と比較して農業所得が不利になる長期的趨勢にますますなっている。このような状況では、人々は人口の田舎から都市への移動を予想するであろう。実際、私達の歴史の大部分の期間、このような人口移動があった。だが、田舎での高い出生率と都市での時々発生する不況のために、都市への人口移入は、工業所得と農業所得の間である程度の均衡が実現するほど、決して十分に急速ではなかった。

さらに、農業に従事している異なる地域の人々の裕福さの水準の間にも、大きな格差がある。耕作が機械化されているアイオワの肥えた農地は、最悪の不景気以外の大部分の期間、農地の所有者に満足のいく所得を今後も生み出すであろう。農民はそこでは GM のビュイックを運転しそして村の住民はフォード(Fords)を運転している。比較的裕福な農家は、合衆国の総収穫金額の内の 2 分の 1 以上を生産しているけれども、農業に従事している人々の総数の内の 10 分の 1 以下にすぎない。大部分の残りの人々は"限界"農場(marginal farms)で生活しており、戦時の好況という特別の期間以外はかろうじて食いつないでいるにすぎない。農業所得を助成する連邦法を成立させようとする農業の圧力団体による試みは、ニューディール(the New Deal)以前にも成功していた。このことは、農業票の数の多さを考えると、驚くべきことではない。しかし、しばしば、まさしく今日においても、これらの農業所得助成プログラムは、最も助けを必要としている農民でなく、農業の圧力団体を牛耳る今日でも比較的裕福な農民を助けている。

このような農業所得助成プログラムの法律は、あれやこれやの形態で、*農業生産物の数量を一層少なくし*、このことにより*農業生産物の価格を引き上げる*ことによって、普通、農業所得を引き上げることに成功している。農民は、あれやこれやの方法で、お金を支払われて、生産量を制限している。1933 年の世界大恐慌の期間に、かなりの数の子豚が土の中に埋められて大騒ぎになった。しかし、この子豚の騒動は、農民の要求による AAA（1936 年に違

憲と宣告された農業調整法(Agricultural Adjustment Act))、土壌保全と農産物価格安定緩衝在庫プログラム(the soil conservation and ever normal granary programs)、および政府の農産物価格支持融資政策(the policy of guaranteeing prices of government crop loans)に基づき実施された*作付面積の割当(restrictive acreage quotas)*により、決して現実に飼育されなかった豚の頭数と現実に生産されなかった穀物の数量ほど、とりたてて重要でなかった。

　これらのさまざまな農業所得助成プログラムを、農業者のパリティー(farm parity)への要求によって、まとめて言うことができる。1910年－1914年の期間は、農民にとって黄金時代、つまり農民が望む正常な状態とみなされている。連邦議会はこの期間に広く実現していた価格と所得の関係を回復させることを承認した。あいにく、異なる人々は、例えば最近の本のタイトル『パリティー、パリティー、パリティー』[6]に"さらにもう一つパリティー"を付け加えて示すほど、"パリティー"という用語をさまざまな意味によって定義している。パリティーは、最低の水準として、農産物の価格の1910年－1914年水準への回復を意味する。これより高い水準として、パリティーは、農産物の価格を現在の工業製品の価格と同じだけ、1910年－1914年の水準よりも高くすることを意味する。パリティーについてのさらにもっと高い解釈は、農民が1910年－1914年での*実質購買力の所得を実現*できるようにすることである。最終的水準として、パリティーへの支持者は、すべての他の目標を超えて、今日の一層大きくなった国民所得の中から、栄光の第1次大戦前の期間に農民が受け取ったのと同じ相対的分け前を望もうとする。

　農業は、単に1つの営利事業であるだけでなく、生活の一つの方法でもある。このことは、農業を営利企業についての第6章ではなく、ここで議論している理由である。同じ理由によって、経済学者は、アメリカの人々が農民を助けるために生産－調整プログラムを作成することが誤りである、と言うことができない。しかし経済学者は経済学によって、(1)この生産－調整プログラムがなぜまたどのように機能するのか（後の第3部の需要と供給についてのいくつかの節で述べる）、(2)消費者への課税以外のどのような手段を、貧しい農民を助けるために使うことができるか、そして(3)貧しい農民を助ける問題への唯一の満足のいく解決策はどの方向にあるか、を私達に明らかにすることができる。本書での後の議論を前もって行わなくても、ここで、*農民への解決策が完全雇用および工業での好況と密接に結びついている*、と気づくことができる。幸か不幸か、この逆のことを言うことはできない。

労働からの賃金所得 [7]

　大部分の家族は仕事によって自分達の所得を得ている。労働力人口である6,000万人余り

6)　J. D. Black, *Parity, Parity, Parity*, Harvard University Press, Cambridge, 1942.
7)　社会保障制度の機関は、1つの副産物として大量の興味ある統計データを保有している。著者は W. S. Woytinsky, *Earnings and Social Security in the United States*, Social Science Research Council, New York, 1943 において示されているこのような統計データに基づく分析を大いに利用している。

の人々の内、100 人つき多分 80 人は誰か他の人に雇用されている。残りの 20 人は小規模な自営業者である。つまり、農場か、自営の企業か、あるいは医療、法律および歯科医療のような知的専門職で働いている自営業者である。もちろん、企業についての第 6 章で後に見るように、大部分の自営業のグループの人々は、1 人だけで働いているかあるいはせいぜい 1 人か 2 人の従業員を使っているにすぎない。

　週給あるいは月給の給料支払小切手（いわゆる "手取給料" (take-home)）は、家族の裕福さをかなり的確に示す指標である。現実に、多くの家族は、自ら選んだかあるいは必要にせまられて、収入として 1 枚以上の給料支払小切手を受け取っている。家族の主な稼ぎ手（普通男）8 人につき、家族の補助的稼ぎ手が 2 人おり、1 人は女性である。（このことは成人女性、若者、老齢者を大量に労働市場に動員した戦争よりも前から当てはまっていた。）もちろんこれらの家族の補助的稼ぎ手のすべては、必ずしも、1 年中働くことを望んでいるとは限らない。これら補助的稼ぎ手以外の他の家族の者も、定職を手に入れることを望んでいるが、手に入れることができておらず、同じことは一家の主な稼ぎ手についても同様に当てはまる。

　労働市場について注目すべき事実は、異なる仕事の間での賃金の大きな格差である。これらの賃金のいくらかの格差を私達は当然のことと思っている。工場の職長(foreman)は労働者よりも、会計士は溝掘作業員よりも、服装デザイナーはコックよりも賃金を多く受け取っている。しかし、賃金格差の形態の一部は変わりつつある。溝掘作業員は今日では銀行の窓口係(a bank teller)と同じだけの、ウエイトレスは学校の教師と同じだけの賃金を得ているかもしれず、自動車会社の労働者は牧師の 2 倍以上の賃金を得ているかもしれない。賃金格差の一部は、根拠がなく、また会社ごとに違いがある。例えば、ある生命保険会社では電話交換手は書類整理係よりも多く給料を受け取ることができるが、他の生命保険会社では給料の状況は反対であるかもしれない。

　経済の領域について、これまで経験によって得た知識があまりない 1 人の知的な人が、閉館した（象牙を壁に飾った）図書館で腰をおろし、これらの賃金格差の要因を考え始めたと想定しよう。この人の最初の結論は次のようになるかもしれない。つまり、汚く、骨の折れる、魅力のない仕事をする人は、確かに最高の賃金を要求するに違いない。人々をこのような仕事に容易に引き入れることができないので、賃金はこのような仕事では高くなくてはならない。逆に、容易で、楽しい仕事はあまりにも多くの人々を引き付けるので、このような仕事での賃金は低くなるに違いない。賃金が低くても、このような仕事それ自体にはあまりにも多くの "心理所得"(psychic income)があるので、人々はこのような仕事を手にいれ続けようとする。

　この知的な人が実社会に出て自分の理論を検証すると分かるように、この最初の結論は全く誤っている。自分の仕事をいつも楽しんでいる技術の確かな外科医は、スコップで掘るたびに不平を言っている溝掘作業員の賃金の 50 倍を受け取っている。この知的な人は、ほとんどすべての仕事で、このような自分の理論と矛盾する賃金格差が同じ様にあると分か

るであろう。*最良の仕事が最良の給料も得ているのである。*エンパイアー・ステイト・ビル (the Empire State building)の 100 階の窓拭職人が、もっと下の階の同じ窓拭職人よりも、2 倍の賃金を受けとっているかもしれない、しかし、この 100 階の窓拭職人の生涯収入は、それでも多分それほど大した金額でないことは正しい。

この知的な人は、多くの仕事で大きな苦痛が高い賃金によって償われているように思われない、という自分の理論と逆の発見をして研究に急いで戻った後、賃金格差について考えた次の第 2 の結論を示そうとするかもしれない。つまり、人々は異なっているということである。必ずしもすべての人は、（少なくとも良い溝掘作業員になれるほど数多く）良い外科医になれない。さらに、人々は 1 人の男が溝掘作業員として今後すばらしい能力が約束されているかどうかを、6 ヶ月後にはっきり言うことができるに違いないのに対し、専門家としての医者を育てるには 15 年もかかるのである。

人々のこれらの賃金の格差は、肉体によるものであり、知能によるものであり、気質によるものであり、あるいは品行によるものでさえあるのかもしれない。これらの格差は遺伝子による生物学上の遺伝、あるいは社会的環境および経済的環境と関係があるかもしれない。これらの格差は（男でるかあるいは女であるかのように）先天的であるかもしれず、（教育を受けた強みのように）後天的であるかもしれない。これらの賃金格差は労働組合の組合員証を保有しているかそれとも保有していないかのような人為的制度と関係しているかもしれず、また話をするときに"エイチ(h)"という音を発音しない、あるいは"r"を付けて"oil"と発音する、逆に r を付けずに"girl"と発音する個人の癖とさえ関係しているかもしれない。

この知的な観察者は今、少なくともこの賃金格差の答への糸口になるものを持って、現実の社会に戻ることができている。しかしほんの糸口にすぎない。なぜならば、身長あるいは腰回りの大きさのようなたいていの肉体的特徴、および知能指数あるいは音感のようなたいていの知的特徴が、所得分配の格差ほどには人々の間で異なっていないことを、この観察者は後に発見するからである。普通、これらの肉体的特徴と知的特徴を計測している科学者は、どのように分析しても、これらの特徴が、図 3 で示しているように、大部分の人々が

図 3　異なる能力を持つ人々の数　　　　図 4　個人の間での所得分布

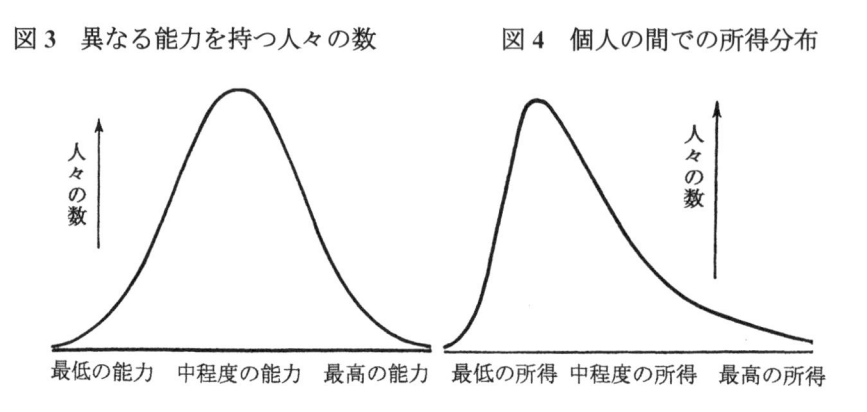

中央におり、少数の人々が両端にいるような形で、"正規"分布していることを発見している。他方、所得は（資産からの所得だけでなく、労働からの所得でさえ）、図 4 のように、最も高い所得を得ている人々の方向にきわめて長い裾を持つ形で、歪んで分布している。

人々はこれらのきわめて重要な問題を、分析し続けることができる。多分ここでは、異なる職業に従事する異なる集団の収入に関する事実を大まかに見ることは、分析方法としてきわめて科学的であり、また有益である。さらに、ここでロシアの共産主義経済での賃金の不平等についての最近の詳細な研究[8]が、最高の賃金の労働者と最低の賃金の労働者の間での、私達自身の社会と驚くほど似ている不平等と格差を明らかにしたことに言及することも、同様に科学的で、有益である。もちろん、ロシアでは、不平等な財産所得によって一層の不平等は発生していなかった。ここで、所得格差がなにか*必然的*でありまた*不可避的*であると、パレートと同じ様に軽率に結論を下すことに対して、警告を与えることは多分適切である。私達の自由競争社会の枠組みの中での、教育の抜本的改革はすでに不平等をかなり改善している。さらに、所得が最高である人ほど誰もよく知らないけれども、累進所得課税(progress income taxation)という私達の制度は、高い賃金の人々と低い賃金の人々の間の、税引き所得の格差と（もっと重要であるが）"家族扶養所得"(the keep-at-home)の格差を、すでに大きく減らしている。また、この所得の不平等の改善には、アメリカの人々の生活の今後も変わることのない特徴になる十分な徴候がある。

少数集団の境遇

所得の不平等についてのいかなる議論も、経済的少数集団(economic minorities)の境遇について述べなければ完全でない。現実に、私達すべてがなんらかの少数集団に属しているので、この境遇はすべての人々に関係している。当然、スミス家の人々にも関係している。

もちろん、経済的に最も重要な少数集団は、黒人、女性および年老いた人々である。観察を綿密に行う有能な幾人かの調査者は、同じ種類と量の仕事に対し、男性には一層高い賃金を支払っているという点において、あからさまな性差別が一般に行われていないと繰り返し主張してきた。同様に、これらの調査者は、同じ仕事に対する不平等な賃金の支払いという点において、人種差別が広く行われていないと主張もしてきた。

これら調査者の主張を、すべての知識人が、男性と女性の間で、また異なる人種の間で広がっているのを知っている経済的不平等と、さらに表 6 で示している経済的不平等と、私達はどのようにすれば矛盾がないようにできるのか。この二つの相反することへの解決の答は、*女性が男性と同じ仕事に就くことを認めず、また高い給料が支払われている多くの仕事に黒人を就かせない*というきわめて陰険で巧妙な形で、普通差別が行われている事実の中に一部ある。

---

8)　Abram Bergson, *The Structure of Soviet Wages*, Harvard University Press, Cambridge, 1944.（A・ベルグソン著、越智元治訳『ソビエト賃金構造論』実業之日本社、1950 年。）

表6　1940年の男性と女性また黒人と白人の1人当たり収入の比較

	男性	女性
白人・・・・・・・・・・・・	1,401 ドル	734 ドル
黒人・・・・・・・・・・・	663 ドル	396 ドル

出所：W. S. Woytinsky, *Earnings and Social Security in the United States*, Social Science Research Council, New York, 1943. データは社会保障の対象となっている職業とのみ関係している。

　疑いもなく、このことは差別のかなりの原因を説明している。さらに、他の有能な幾人かの調査者は次のように主張している。全く同じ仕事に就いている女性と黒人がしばしば低い賃金を受け取っている。小学校の女性教師は、*生活費が低くまた教える能力があまり高くないという理由によって*、男性教師よりも低い賃金をしばしば受け取っている。黒人と白人の皿洗いの人が並んで一緒に働いている所では、黒人の皿洗いの人の方が低い賃金を受け取ることはありえないことではない。ジェネラル・エレクトリックの工場では、職務評価(job-evaluation)の専門家は、すべての工場の仕事を次の二つの部分に分けている。つまり、女性の仕事と男性の仕事である。男性の最低の賃金は、女性の賃金が最高になる所からほぼ始まる。だが、経営者と労働組合の両方とも、公表していないけれども、男性の賃金と女性の賃金の境界となる多くの仕事で、女性の生産性が男性の生産性よりもよりも高いことが事実であるとしばしば認めている。

　ところで、男性と女性の間には肉体的違いならびに気質の違いがあることは否定できない。例えば、女性はレスリングのヘビー級選手権を勝ち取ることも、100ヤード競争の記録をつくることもできない。他方において、女性は平均寿命の点でも、多分、継続的に、骨の折れる努力をできる点でも、男性よりも優れた性である。有色人種と白色人種の間では、膚の色に、また毛がまっすぐかそれともちぢれているかに違いがあることも同様に明らかである。

　人種の間また性の間の生物学的違いならびに環境による違いについて、ある人の見解（またこの問題を最も研究している科学者の見解）が、普通の人々の見解とたとえどのように大きく異なっているとしても、どちらの性もどのような人種も、同じ様にうまく行えるが、行うことを妨げられている多数の仕事が存在することは、どのような調査者にも全く明らかである。このことは、通常の仕事への参入障壁が低くなった好況の戦時においての事実によって、明らかになっている。

　同様に、高齢の労働者は、通常の期間では、私達の社会において不利な立場に置かれているのに気づいている。労働者は、長年の働き盛りの期間が 40 歳からまだ先にもあるのに、40 歳までに廃物の山に捨てられるかもしれない。高齢の労働者が最初に解雇されることは事実ではない。普通、高齢の労働者の経験あるいは先任権(seniority)は、高齢の労働者を守るのに役立っている。しかし高齢の労働者はいったん解雇されると、再雇用はきわめて難しい。逆説的であるが、高齢の労働者を支援するために企業が取り入れている（退職年金制度

(retirement pension schemes)、等の）人道主義的措置は、企業が、高齢者を雇用すると費用が高くなるので、高齢者を雇用することを拒絶するいくつかの理由の内の一つになっている。

　戦争による深刻な人手不足から、さらに次の 2、3 の有益な教訓を得た。女性、黒人および高齢の労働者は、戦前に可能であると考えられていたよりももっと良い仕事をやりこなすことができ、もっとたくさんお金を稼げることが明らかになっている。連邦および州公正雇用慣行委員会(the Federal and state Fair Employment Practice Commissions)が経験により知ったことは、法律を作ることによって偏見を一夜になくせるということでなく、もし人々が偏見を取り除く改善を常に本当に望むならば、改善が着実に実現されるということである。差別へのすべての責任を、偏見を持った雇用者だけに負わすことはできない。組織化された労働者は、特に AFL の多くの労働組合は、黒人への差別待遇を認めるジム・クロウ法(Jim Crow legislation)[9]を支持したことに対して、多くの責任を負わなければならず、また批判を受け入れなければならないのである。

　女性の地位は着実に改善されている。実際、女性が、ホワイトカラーの仕事とサービス産業全体に入り込んでいることは明白であり、これらの仕事や産業では、景気循環の上昇と下降にほとんど左右されることなく、また男性が大部分を占める経済での重工業の資本財部門よりも長期的に好調な傾向にある。しかし戦時期を除いて、黒人の不平等の問題は、改善されていることからほど遠く、一層悪化している徴候さえある。好況期には、黒人は最後に雇用される。不況がやってくると、黒人は最初に解雇されそして救済事業にすがることになる。仕事が少なくなると、白人は普通黒人に譲り渡していた家事労働の領域にさえ押し寄せる。

　繰り返しになるが、私達は完全雇用を実現する課題に取り組まなければならない。なぜなら、少数集団（黒人、ユダヤ人、カトリック教徒、“移動農業労働者”(Okie)）に対する散発的な小さな非難が、民主主義制度を揺るがす大きな力へと勢いを増すのは、レイオフ(lay-offs)と経済の不安定の結果だからである。

要約

　実質所得の平均水準が継続的に増加することは、最も重要ないくつかの経済的課題の内の一つである。所得が平均値の近くで不平等に分配されている程度の問題も、政治学と経済学の両方にとって同様に重要である。

　所得分配に関する事実を、所得額によって分類したそれぞれの所得階層の相対的家族数

---

9)　H. R. Northrop, *Organized Labor and the Negro*, Harper & Brothers, New York, 1944 を参照せよ。Gunnar Myrdal, *et al.*, *An American Dilemma*, Vols. I and Ⅱ, Harper & Brothers, New York, 1944 も参照せよ。

についての統計によって示すことができる。さらに、私達は（農民、金利生活者、等の）異なる経済階級の所得も、異なる社会集団および人種集団の所得も調査できる。異なる経済階級および異なる社会集団と人種集団のいずれにとっても、国民生産物が大きいことと成長していることが最も重要であることは、疑いなく明かである。

議論のための質問

1. 教室の学生全員に、自分自身の家族の所得の推定値を、1枚の小さな紙に書かせなさい。これらの推定値から、所得分配を示す度数分布表を作成しなさい。中位数の所得はいくらですか。平均所得はいくらですか。

2. あなたがたの社会で、子供のいない夫婦がここちよく生活するためには、どれだけのお金が必要であると、あなたは思いますか。そのお金はどのように使われると思いますか。

3. あなたの両親は、両親のそれぞれの両親よりも暮らしがよくなりましたか。このことから資本主義の長所と短所をどのように思いますか。

4. 「それぞれの異なる経済集団間と経済階級間には一致するきわめて多くの利益関係がある。しかしこれらの集団間と階級間には対立する利害関係もある。」このことについて論じなさい。いくつかの実例を挙げなさい。

5. 所得を発生源によっていくつかの種類に大まかに分類しなさい。過去数年間に、それぞれの種類の所得に何が起こってきましたか。これらのことが起こってきたことに対するいくつかの理由は何ですか。

6. 能力と生活への必要さが異なる人々に対し、所得がどの程度不平等であってもかまわないかに関して、あなた自身の倫理的見解をかなり明確に述べなさい。あなたは自分自身の見解をどうして正当化しますか。あなたの倫理的見解に、19世紀のアメリカの人々は同意しますか。現在のロシアの人々は同意しますか。南太平洋の人々は同意しますか。

第5章　個人の所得と家族の所得
－異なる職業での収入－

労働市場の最下層

　最下層から開始して、一生懸命働いて上に昇っていくことは、古くからのアメリカの文化である。それゆえ、家事労働者(domestic servants)の経済状況を最初に調べることは適切である。家事労働者について、ほとんど記録は残されておらず、またきわめて多くの家庭が関係しているので、この家事労働者についての経済的事実を必ずしもすべて把握できない。主としてこのような理由のために、この職業は今でも社会保障関係の法律の適用対象でない。多分この職業が社会保障関係の法律の適用対象になるときには、使用者が、いかなる記録も書き入れず、ただ1ヶ月ごとに1枚印紙を買い、お手伝いさん帳(the maid' book)に張り付けるだけの、イギリスと同じ様な印紙制度(a stamp system)をアメリカは取り入れることになるであろう。

　しかし、大いに腹をたててきており、また、ひどく苦しめられてきた郊外の家政婦達に注目することによって、アメリカ最大の労働搾取工場(sweatshop)をアメリカの家庭内で見つけることができることを、かなり明らかにする十分な事実を手に入れることができる。工場の女性労働者は、1週間5日で1日8時間を、1週間20ドルで、つまり1年間1,000ドルで働かされるならば、ぶつぶつ不平を言う。だが、コネチカットとミシガンのような典型的な裕福な州においてさえ、家事労働者の3分の2は、第2次大戦前に1年に500ドル以下しか収入を得ていなかった。3分の1は1年に250ドル以下しか収入を得ていなかったのである。この戦前の期間には、夜、屋敷を離れて住んでいた通いの家事労働者は、もし1日12時間の労働時間内に夕食の皿洗いを終えているならば、運がよかった。もし家事労働者が運悪く屋敷内に住み込んでいたならば、睡眠時間のみが自分自身の時間であり、木曜日の晩と2週間に1度日曜日に、屋敷を離れることができると運がよかった。家事労働者は、家族と一緒に食事をし、家族の内の1人になるという"お手伝いさん"に与えられる古き良きアメリカ人の特典(the old Yankee privilege)を、ずっと前に失っていたので、居心地のよい家庭とよく言われていた多くの心地良さは家事労働者にはなかった。最後に、少しも重要でないことはないが、家事労働者が働いている家庭の者と結婚できる見込みにめぐり会える機会は、常に最低になっていた。家事労働者は、若い勤労女性の宿泊施設である"エレナ"クラブ(Eleanor club)の管理人がこのようなことを自分に言ってくれるのを、もはや必要としなくなっていた。1945年までには賃金は改善していた、しかし家事労働者の4分の3はやはり現金所得を1年に500ドル以下しか稼げなかったのである。

　戦争によって婦人達は、商店、事務所、工場および美容院で仕事に就く機会を得たとき、その後自分の意思で他の家庭での家事労働に決して戻ろうとしなかったことは驚くに当た

らない。さらに、もしかなり高い水準の雇用機会が今後も数年間維持されるならば、中流階級の家族は新たな状況に対応せざるを得ない。もし一つの家族が自分達自身の所得のかなりの部分を進んで手渡そうとしないならば、他の人々の子供達を育てるのに、自分の生涯を捧げようとするかなり知的な人を、見つけることはできないであろう。忠告！大きな家を売りそして電気洗濯機を買いなさい。

　伝言配達人、エレベーター運転係、携帯品預かり係の女性、ウエーター助手、および安物均一店の店員のようないくつかの将来性のない仕事は、所得階層として前述の家事労働の階層よりもわずかに高い。これらの仕事には比較的わずかな経験、職業訓練、あるいは能力しか必要とせず、このため賃金は低い。数年後に結婚することを希望している女性にとって、高等学校を中退してこのような仕事に就く経済的損失は、関連する社会的損失ほども大きくないかもしれない。しかし少年が、2、3 ドルのために、また将来への可能性がない状況から生れる独立心のために、自分に一層高い技術と一層良い報酬の仕事を与えることができる学校教育を中途で終えることは、全く経済的にばかげた行為に他ならない。5 年後も、この少年は最初よりも暮らし向きがほとんど良くなっておらず、また賃金はもはやこの少年には十分に与えられているものでなく、まずまずのものにさえ思われない。

　このことは、すべての人々が高い賃金を支払われる最高位の仕事を望むかあるいは獲得しなければならないこと、あるいはすべての人々が、できる限り高いランクの大学を卒業できるように行動しなければならないことを意味しない。誰かが、木を切るまた水を汲むという単純な仕事をしなければならない。しかし、特殊な戦時期の状況から明らかになったように、(1)高度な職業訓練によって恩恵を得ることができるすべての人々が、高度な職業訓練を受けるという事実によって、もし単純な仕事に就こうとする労働者の供給を抑えるならば、また(2)もし労働者に対する一般的需要が、高度な職業訓練を必要とする仕事以外で、一層よい就業機会を提供するほど十分に活気があるならば、単純な仕事の労働者は、この単純な仕事で、標準以下の低賃金(substandard wages)よりももっと良い賃金を得ることが可能になる。熟練を要する仕事での収入は、この時必ずしも下落しない。たとえこれらの熟練を要する仕事での収入が低下するとしても、収入の均等化後、平均的な人は一層生産的に働いているので、すべての労働者の総収入はおそらく一層高くなるであろう。

　最後に、情熱的な学生は、一層良い教育を受けるべきであるという主張を広めることが、貧しい家族に大きな効果があると考えてはいけない。これらの貧しい家族は、所得が少ないために、少しでも多くの所得を本当に必要としている。普通の家族の所得がまずまずの大きさとなり、職業教育あるいは大学教育を学生がパートタイムの仕事をしながら無理なく受けることができるようになって始めて、教育による改善を最も必要としている家族が、一層良い教育を受けるべきであるという主張を広めることは、大きな効果を得ることができるであろう。

未熟練労働者と半熟練労働者

労働者階級において、工場での比較的*未熟練*(*unskilled*)あるいは*半熟練*(*semiskilled*)の仕事は多分これまでに述べた階層に近い。第1次世界大戦前の時代以後、未熟練あるいは半熟練の階層以外の経済的集団では、未熟練あるいは半熟練の階層の収入と同じ様な著しい収入の改善が見られていない。ヘンリー・フォード(Henry Ford)が、1914年に1日8時間の労働に5ドルの賃金を支払う経営方針を示したとき、この経営方針は革命的であると考えられた。今日において、フォードの1時間当たり2ドルの賃金、つまり1日16ドルの賃金は平均を上回っている、しかしフォードでのこの賃金は並外れて高いものではない。衣服業のような競争の激しい産業では、最悪の形態であっても、特徴的であった労働搾取工場は、全く過去のものになっている。

次の二つの要因は、工場労働者の状況の改善を説明するのに役立つ。第1の、そして圧倒的に重要な要因は、*技術の改善と大規模生産から生じる労働の生産性と効率の絶えざる上昇*である。この結果、効率的なアメリカの工場で働いている労働者に支払われる1ドルは、イギリスとドイツの労働者に支払われている0.60ドルの2倍の価値があるかもしれず、中国の肉体労働者に支払われている0.10ドルの10倍以上の価値があるかもしれない。

第2の、しかし決して軽視できない要因は、*労働組合による団体交渉* (*trade-union collective bargaining*) *と政府による法律制定が進展*したことである。1933年以後、自動車、繊維および電機のような分野において、ますます多くの未熟練労働者と半熟練労働者は、労働組合に加入している。労働組合は、生産性の増加を執拗に（ときどきあまりにも執拗に）、経営者と労働者の間で分け合えるように求めてきた。本書の後の議論において、何回もこの労働関係の領域に戻るつもりである。

工場労働者は、普通次の二つの方法の内の一つによって、賃金を支払われる。つまり、*時間給*(*the hour rates*)によってかあるいは*出来高給*(the piece rats)によってである。公正労働基準法(the Fair Labor Standards Act)のいくつかの条項によれば、1時間の賃金は、州間取引に従事している工場については、40セントより低くてはいけない。もちろん現実の1時間の賃金は、この40セントよりずっと高いかもしれない。1947年現在では、平均標準時間給は瀝青炭鉱業で約1.70ドル、自動車製造業で1.45ドル、北部の繊維工業で1ドル、南部の繊維工業で0.90ドル、鉄鋼業で1.47ドル、そして紳士服工業で1.10ドルであった。

工業の賃金率の地域別の一般的な傾向を、次の引用文によってうまく要約できる。

1時間当たりと1週間当たりの両方の賃金のかなりの格差は、アメリカのいくつかの主な異なる地域間だけでなく、同じ地域内のいくつかの州間でも見られる。最も高い賃金は極西部(the Far West)で見られ、最も低い賃金は南部で見られる。東部と中西部の間での賃金の格差はあまりない。大きな地域社会では賃金は、小さな地域社会よりも高い傾向にあり、また大企業では賃金は一般に小企業を上回っている[1]。

1 週間 40 時間あるいは 1 日 8 時間を越える労働については、標準賃金の 1.5 倍を企業が支払うことが慣例である。例えば労働者は、戦時期に 1 週間に 48 時間仕事をしたとき、40 ＋ 8 ではなく、40 ＋ 12、つまり 52 時間の賃金を、つまり 30 パーセント増しの賃金を支払われた。戦後 40 時間の労働に戻ったことは、ちょうどこの 30 パーセント増しの部分だけ労働者の手取り所得(take-home incomes)を引き下げた。このことを避けるために、組織労働者は、1 時間当たりの標準賃金を 30 パーセント引き上げることを要求した。鉄鋼と自動車での 1945 年－1946 年のストライキの後、労働者と経営者はこの要求の約 2 分の 1 で妥結した。

　労働者は、出来高払賃金で仕事に従事しているときには、何単位の生産物を加工できるかによって賃金を支払われる。つまり、1 時間に 10,000 個の棒状キャンディーを紙で包んでいる女性は、7,500 個の棒状キャンディーしか紙で包んでいない女性の 3 分の 1 多く賃金を受け取る、等々である。このような賃金の支払方法によれば、一層一生懸命に、また一層良い技術を持って働く人々が一層多くの賃金を受け取るので、この支払方法には公平さがある。この出来高払いの方法は、労働者に生産を増やすように促すので、雇用者を喜ばせる。他方において、労働者はこの賃金の支払方法によれば疲労を伴う能率向上になると主張する。

　さらに、この出来高払賃金は、公正な出来高払賃金に関する終わりのない議論を生み出す。労働者が一層よい機械を与えられるときには、労働者の生産性は努力しなくても一層上昇し、この労働者の収入は古い出来高払賃金ではうんと高くなるかもしれない。このため、雇用者は、当然この出来高払賃金を引き下げようとする。雇用者は、労働者の作業時間を計測するために、ストップウオッチを手に持つ動作時間の能率向上への専門家(a time-and-motion efficiency engineer)（フレデリク・テーラー(Frederick Taylor)の科学的管理(scientific management)への現代の信奉者）を送り込んで、新たな公正な出来高払賃金を設定するかもしれない。逆に、しばしば労働者は、苦しいと感じて、作業を遅らせようとしたり、新しい仕事の難しさを誇張しようとする。労働者は、生産物の出来高数を増やすための報奨金(the incentive pay)をごまかしであると思っている。しかも、労働者は、自分達の作業スピードを引き上げるときにはいつでも、一層一生懸命働かされ、作業をうまくできなかった多くの仕事仲間が解雇されたにもかかわらず、すぐに出来高払賃金を引き下げられ、以前よりも多く賃金を得ることなく終わる、と思っている。

　労働組合と未組織労働者が、自分達のきわめて精力的な仕事仲間に、あまりにも一生懸命働かないようにさせること、また、しばしば労力と疲労を驚くほど引き下げ、さらに生産性の驚異的な上昇になるはずの動作時間の能率向上への専門家の提案を拒絶することは、当然の帰結である。それゆえ、労働組合が経営者に労働者に十分に賃金を支払うように要求し、その結果、経営者に労働者をもっと効率的に使うようにさせた後発生する効率の増加の一

---

1)　M. Ada Beney, *Differentials in Industrial Wages and Hours in the United States*, p.1, National Industrial Conference Board, Inc., New York, 1938.

部は、労働組合による“水増し雇用”の戦術(featherbedding tactics)によって失われるかもしれない。

技能を持つ職人

　以前、肉体労働者の階層の収入の頂点にいたが、現在、前述の工場労働者階層の収入の上昇によって、大きく地位を脅かされているのは、配管工、大工、レンガ積み職人、工作機械工および植字工のような技能を持つ職人 (the skilled craftsman)である。多くの場合において、これらの仕事は、一人前の職人達(journeymen)によって、工業化以前の時代から絶えることのなく行われてきた。産業別よりもむしろ、年季奉公(apprenticeship)と職業訓練に関する手の込んだ規則があるのを特徴とする、技能(craft)あるいは技術別による組合組織は、中世のギルド制度(guild system)を大いに思い出させる。それゆえ、最初に成功し、今も継続しているアメリカの労働組合運動組織（19世紀末期のAFLという労働組合運動組織）は、このようなきわめて専門化した技能を必要とする職業と深く関係していたことを知っても少しも驚かない。

　1時間当たり賃金は、これらの多くの職業では今でも高いけれども、鉄鋼と自動車のような大規模に機械化された産業での賃金を、もはやあまり上回っているように思われない。技能を持つ職人の経済的地位の絶対的低下ではないが、相対的低下の理由は、発明と技術の発達の急速な進展が、大量生産工業への効果と比べて、職人の生産性と職業全体の中で占める職人の立場を引き上げてこなかった事実にある。実際、労働節約的発明と労働単純化の発明は、葉巻タバコ生産工、ガラス吹き工、および無声映画の映画館での楽器演奏者のような高い技能を必要とする仕事をほぼ完全になくしてしまった。他方において、植字工は、ライノタイプ(the linotype)の発明という嵐のような脅威に対し、この新技術を低賃金の女性のタイピストに譲るよりもむしろ、この新技術を受け入れることによって、切り抜けることができた。

　これらの多くの技能を必要とする職業では、仕事を得る見込みが、特定の季節に大いに限られていることと不確かであるために、上で述べた高い1時間当たり賃金は一部思い違いである。これらの職業の内で、冬の長期の解雇が *1時間当たり賃金ではなく1年の収入を*きわめて低くさせる建設業に、注目すべきである。雇用と収入を安定化させるというこの重要な問題を、私達は後で論じなくてはならない。

ホワイトカラー階層

　収入について言えば、“ホワイトカラー”階層(white-collar class)と呼ばれる事務員、セールスマン、速記者、会計係、郵便配達人、銀行の窓口係、およびのその他の構成員は、肉体労働者の集団のかなりの部分よりも良いと言うことができない。読み書きの能力と高等学校の教育が現在ほど普及していなかったかなり前の時代には、多分これらホワイトカラー階層の構成員は、肉体労働者の集団のかなりの部分よりも収入が良かった。これらのホワイト

カラーの領域ではかなりの数の女性がいることと、高等学校卒業生が商業学校で数ヶ月教育を受けただけで、これらの大部分の仕事に就くことができるという事実は、このような職業での収入が、生活費の増加と工場での賃金の上方への動きと同じ様に、上がることができていないことを説明している。

　カール・マルクスの予言と異なり、いわゆる"プチブル"(petty bourgeoisie)というホワイトカラー階層の構成員は、労働者階級に下がることに抵抗し、労働組合の組織化にはほとんど貢献してこなかった。それどころか、ヨーロッパでのファシズム台頭の目撃者は、ホワイトカラー労働者の不平分子が、没落した小規模企業家および商店主の不平分子と一緒になって、ファシズムへの扇動と宣伝に大いに協力した、としばしば言ってきた。

　このホワイトカラー階層内の比較的うまく成功した構成員は、すべてのアメリカの子供が将来実現したいと憧れているものを手に入れている。つまり、これらの成功した構成員は、ホワイトカラー階層を越えて、企業経営者(business managers)および企業の役員(executives)という特別階級の中に入ることを認められている。この特別階級は私達の産業社会の実質的上流階級(the real aristocracy)になっている。次章で見るように、企業の役員は、一般には、管理する企業の資本のかなりの部分をまず所有していない。つまり、企業の役員は、平常時には政府といかなる関係も持っていないが、官僚である。私達の時代は基本的には官僚政治の時代であるとかなり説得力を持って主張されているので、この官僚という言葉は批難あるいは貶しの言葉として使われていない。

　繁栄の 1920 年代の 10 年間、(グリニッチ・ビレッジ(Greenwich Village)に人々から離れて住んでいたかあるいはパリに移り住んでいた文化人は、実業家を大いに嫌いまた軽蔑していたにもかかわらず) 実業家の名声は史上最高になっていた。しかもシンクレア・ルイス(Sinclair Lewis)の小説『低俗な実業家』(Babbitt)と H・L・メンケン(Mencken)の『馬鹿げたアメリカ人』(Boobus Americanus)による実業家への嘲笑にもかかわらず、実業家のやり手主義(go-getter philosophy)は広く受け入れられた。宗教でさえ良い事業であると奨励されそして会計用語で教えが広められた。ホワイトハウスの中のカルビン・クーリッジ(Calvin Coolidge)と財務長官のアンドルー・メロン(Andrew Mellon)と同じ様に、実業家は自分達が属する階級が支配階級(the dominant class)であるとはっきりと感じとった。

　カルビン・クーリッジが悪行にふけり、その結果、不運なハーバート・フーバー(Herbert Hoover)が罰を受けたことは、今や歴史に残る事実になっている。気まぐれな公衆は、失業を恐れ、不況に憤慨して、神殿から自分達が崇拝していた古い神像を放り出した。釣り糸が切れたことさえある悪霊のせいにするに違いない野蛮人と同様に、アメリカの人々は、大恐慌を生じさせた悪徳実業家狩りを大々的に始めた。あたかも誠実な会社であれば、不正を行う人々によって倒産に追い込まれることがなかったかのように、また無知と間抜けは、不正実な行為よりもうんと重大でないかのようにである。

　実業家は名声があった以前の地位に決して戻れなかった。実業家は、10 年間かなりの損失を出して自信がぐらつき、政府と労働者によって嫌がらせを受け、存在するのを忘れてい

た独占禁止法違反で裁判所によって厳しく責められ、第 2 次大戦前に憂うつであったことは、ほとんど驚くに当たらない。しかし失業した人々と同様に、実業家も、危機的状況の間、困窮し、助けを求めたい気分になった。だが、実業家は、強さが戻るとともに、卑屈さと物をはっきり言わないことはなくなりつつある。エリック・ジョンストン(Eric Johnston) （アメリカ商工会議所の前会頭で現在映画産業の大物）、ポール・ホフマン(Paul Hoffman) （スチュードベーカー社の社長）、ラルフ・フランダース(Ralph Flanders)、ビアズリー・ラムル(Beardsley Ruml) （R・H・マーシーズデパート(R. H. Marcy's department store)）のような人々、さらに経済開発委員会(the Committee for Economic Development)のその他の実業家達は、大いに現実的でまた人道主義的経営哲学をはっきりと表明している。

　ソ連の人民委員と同様に、大株式会社の役員は、自分自身の所得によって想像するよりもはるかに大きな経済的権限を行使しているけれども、この役員の収入がわずかであると簡単に片付けることは誤りである。毎年 SEC （証券取引委員会(Securities and Exchange Commission)） は、株式会社に自社の幹部従業員に支払う金額を一覧表で示すように要請している。普通この一覧表では上位に、メトロ・ゴールドウィン・メイヤー映画(Metro-Goldwyn-Mayer movies)のルイス・B・メイヤー(Louis B. Mayer)、IBM(International Business Machines)のトーマス・J・ワトソン(Thomas J. Watson)、レバー兄弟石鹸会社(The Lever Brothers soap company)のチャールズ・ラックマン(Charles Luckman)、GM のアルフレッド・P・スローン(Alfred P. Sloan)、ベスレヘム・スチール(Bethlehem Steel)のE・G・グレース(E. G. Grace)、および映画会社の多数の役員がいる。これらの有名人と一緒に、普通、ビング・クロスビー(Bing Crosby)、ジンジャー・ロジャース(Ginger Rogers)、フレド・マクマレイ(Fred MacMurray)、ケアリー・グラント(Cary Grant)、グリア・ガースン(Greer Garson)およびボブ・ホープ(Bob Hope)のようなハリウッドのスターが混じっている。

　最高位の役員の報酬の一部は、ボーナス、退職年金(retirement pensions)および株券の形で支払われている。特に、ボーナスは企業業績の改善によって大きく増える、それゆえ、大会社の最高位の役員がどれだけの収入を得ると期待できるかを正確に言うことは難しい。ゴルフの点数で言えば、パーは１日に約1,000 ドル弱つまり１年に約300,000 ドルに定められているかもしれない。もちろん、ほとんどの最高位の役員はパーで回れると期待できない。しかし好況時と戦時中には、少数の最高位の役員は"バーディー"さらに"イーグル"の収入さえ獲得する。

　もちろん、これらのきわめて高い給料は、すべての株式会社の幹部役員について当てはまるのではなく、巨大企業の最高位の役員についてのみ当てはまるにすぎない。社内の地位を上りつめてきた鉄道会社の社長は、普通１年に 60,000 ドルつまり１週間に 1,200 ドル以上をめったに受け取っていない。この給料は合衆国大統領に支払われる１年 75,000 ドルよりもかなり少なく、合衆国の上院議員が６年間の任期に受け取る給料より多くなく、またアイゼンハワー(Eisenhower)元帥とマッカーサー(MacArthur)元帥が戦争中にともに受け取った給料よりも多くない。

実際、（6,000万ドルから2億ドルの資産の）かなりの規模の会社についての詳しい研究論文[2]は、以下のことを明らかにしている。1941年においての業績が好調な状況では、最高位の役員が195,000ドルを、序列2位の役員が122,000ドルを、3位の役員が100,000ドルを得ていた。また、10位の役員が44,000ドルだけを、20位の役員が28,000ドルだけを得ていた。中規模の金払いの良い会社では、最高位の役員が75,000ドルだけを、5位の役員が33,000ドルだけを、10位の役員が25,000ドルだけを、そして12位の役員が16,000ドルだけを受け取っていたにすぎない。

　500万ドルから5,000万ドルの資産を保有する比較的小さな会社では、給料は金払いの良い会社について、序列の最高位の役員で75,000ドル、第5位の役員で25,000ドル、そして14位の役員で11,000ドルであった。普通の金払いの良さにすぎない小さな会社では、最高位の役員は50,000ドルを受け取っていたが、14位の役員は8,000ドルに下がっている。

　会社の金払いの良さの違いを別にして、中規模の大会社での中堅役員が1年に税引き前の約25,000ドルを得ており、他方、小さな会社での同じ様な役員が、1年に約12,000ドルを受け取っていると言うことによって、この研究論文の内容をまとめることができる。述べた全ての数字は連邦個人所得税を*引く前*である。このような税はかなりの金額であり、*役員の可処分所得(disposable income)*を得るためには、このような税を引かなければならない[3]。

　一部の人達はこれら役員の給料の金額が低いと思っているかもしれない。一部の人達はこれらの金額を適切であると思っているかもしれない。前大統領のフランクリン・デラノ・ルーズベルト(Franklin Delano Roosevelt)は、これら役員の給料が高いと思っていたようである。不況という緊急事態の間さらに戦時中、ルーズベルトはこれらの役員の給料を押さえようとした。彼による大統領令(executive order)は、給料についての戦時の最高額を、税引き*前*の年67,000ドルに、あるいは税引き後の年25,000ドルの可処分所得に定めた、しかし、後にこの大統領令は連邦議会によって取り消された。取り消された多くの理由の内の一つは、財産所得を得ている人々が同じ様な上限を定められていない、それゆえ、この大統領令が差別的命令であるという事実によってであった。だが、この大統領令の取消によって、ルーズベルトの意図とは全く反対の結果になったようでる。事情はどうであろうと、ニューヨークの社会生活と上流社会に対する1人以上の洞察力の鋭い観察者は、かなりの富裕階級の構成員間の次の劇的変化に言及している。つまり、財産所得を得ている人々は、役員として勤労所得を得ている人々に比べて、収入が低くなっている。財産所得を得ているほとんどの人々は、3パーセントの利子で30,000ドルを得るために必要な100万ドルの財産を所有していない、だが役員として勤労所得を得ている多数の人々は、この30,000ドルの金額を超

---

2)　John C. Baker, "Payments to Senior Corporation Executives," *Quarterly Journal of Economics*, Vol.LIX, February, 1945, pp. 170-185. R. A. Gordon, *Business Leadership in the Large Corporation*, The Brookings Institution, Washington, D.C., 1945 の第 XII 章での議論も見よ。この文献にはこれら以外のもっと多くの参照事項が掲載されている。

3)　1941年以後、役員の給料と生活費は両方とも上昇し続けている

える給料を得ている。

知的専門職の所得

　さまざまな知的専門職(professions)は、すべて、かなりの教育と職業訓練を必要とすることを除いて、あまり共通なものがない。医者は、3 年ないし 4 年の大学での教育に加えて、4 年の医学部での教育と 1 年あるいはそれ以上の病院での研修を必要とする。このことは、医者が馬車で往診に行くとき、新入りの見習生は、この医者と一緒に行くだけで医者になれた時代とは大きく異なっている。程度としては小さいが、同様なことは医者以外の次の知的専門職でも見られる。つまり、法律、歯科治療、獣医、会計、工業技術、教育、看護、調剤、等々である。福音書を読む聖職者と同様に、整体治療士と整骨士もすべて十分な教育と職業訓練が必要である。

　知的専門職の間では、それぞれの構成員が自営であるかそれとも賃金を得て他の人々に雇われているかの程度は異なっている。5 人の医者の内約 4 人は"開業している"、しかし 10 人の弁護士の内 7 人のみが開業している。他方で、技師は個人のコンサルタントとして出発したけれども、今日においてはほぼ完全に誰か他の人による常雇いである。同じ常雇いであることは、正看護師(registered nurses)の約 4 分の 3、公認会計士(the certified public accountants)のほぼ半分、そして実際すべての教師に当てはまる。他方で、歯医者、魚の目やたこの足治療士、整体治療士および整骨士は 95 パーセント自営である。

　次の一つの点については、知的専門職従事者はすべてよく似ている。知的専門職従事者はすべて、仕事に対して十分な収入を受け取っていないと思っている。誰も生涯を通じて満足いくだけの報酬を決して得ていないので、このことは理解できる。奇妙なことに、それぞれの知的専門職の代表者（知性を備えた学部長、編集長、知的専門職集団の代表者達）はすべて、他の知的専門職の方がもっと多くの収入を受け取っている、あるいはある過去の黄金時代において、自分達自身の知的専門職が現在よりももっと多く収入を得ていたと本当に思っている。ハロルド・F・クラーク(Harold F. Clark)は、生涯収入についての著書[4]で、医者が弁護士、技師および配管工よりも少ない収入しか得ていないと思っていること、歯医者が収入の競争において遅れをとっていると思っていること、等を示す多数の面白い引用の文章を掲載している。

　もし次の重要な側面がなければ、つまりそれぞれの知的専門職従事者が、自分達の職業での人数を制限することによって競争を弱めようとする動きがなければ、上述のような従事者の主張は全く笑いを誘うだけにすぎない。アメリカ医師会(the American Medical Association)のような威厳のある団体は、競争を弱めるように問題提起したり、このような観点から誠実さに欠ける訴えを行っているのではない。むしろ、アメリカ医師会は、医療の質の最低

---

4)　H. F. Clark, *et al.*, *Life Earnings in Selected Occupations in the United States*, Harper & Brothers, New York, 1937.

水準を引き上げる、つまりこれ自体望ましいことである、と世論への訴えを行っている。しかし、この訴えは、論理的に極端な点に至るならば、ただ1人の最良の医者だけが医療という職業に残る*行き過ぎ*に到達するまで、どのような数にも医療従事者数を減らすことができる口実を与えることになる。

　戦争という緊急事態以前には、報告を聞いてもらえなかった*有能な調査者*の見解によると、アメリカの人々の医療への要求を、現在いる医者の人数では必ずしも十分に満たすことができないとのことである。実情を熟知しているほとんどの大学の学部長は、クラークの次の主張にほとんど異議を唱えないであろう。

　熟練労働者と未熟練労働者の中には、医者という職業に従事している人の平均的な能力と等しい能力を持つ多分 200 万人ないし 300 万人の人々がいる、と推定できる十分な根拠がある。・・・例えば、技師という職業の平均給料は、未熟練労働者の平均所得の約 5.5 倍であり、また熟練を必要とする職業の平均所得の 3 倍である。このような平均所得の大きな格差を、平均所得についての情報不足と、技師という職業に就く機会が十分でないこと以外に、説明できないように思われる。・・・知的専門職の集団は、多数の人々が参入するのを大いに嫌うけれども、社会的厚生の立場からは、このような職業への参入を増やす以外に、いかなる他の選択肢はないように思われる。もし所得のデータが参入を増やす検証のためのいくらか適切な手段であるなら、この国は、これら知的専門職のすべての集団について、かなりもっと多くの人々を必要としている[5]。

　次の二つの異なる見解は明らかに異なっているに違いない。一つの見解はハーバード大学のコナント総長(President Conant)が主張するものである。コナント総長は、多くの学生への奨学金によって、家族の所得と関係なく、最も優秀な人々を知的専門職に就かせようとした。しかしコナント総長は、知的専門職従事者の人数を少なくして、水準を高く維持することにやはり賛成している。第 2 の集団の改革者は、すべての所得層からの人材の確保にはコナント総長と同じ立場である、しかし人数を増やすことも必要であると主張している。これら第 2 の集団の改革者は、従事者の能力の平均が下がるかもしれないことを認めている、しかし、この質の低下の程度ははっきりしていないとみなしている。これらの第 2 の集団の改革者は、この質の低下はあるとしても、最上位の人々の質がなお同じままであり、さらにこれに加えて、たとえ天才でも研究の専門家でなくても、きわめて役に立つ実務の従事者(practitioners)がいることになると主張している。

　戦時中にはじめて、高等教育の学費が貧しい学生に障害でなくなったことは、幾分皮肉である。陸軍と海軍は、退役軍人の授業料と生活費を支払うために、1 学年 1,000 ドルまで、さらに（経済状況に応じて）1,000 ドルを超えて、資金支援をする復員兵援護法(G. I. Bill of Rights)によって、高等教育の学費への改革活動を実現してきた。このことは、1 人の賢明で

---

5) *Ibid.*, pp.16, 24.

ありまた現実主義的批評家に、「必ずしも全ての者が徴兵されなかったことは、あまりにも都合の悪いことである。なぜなら、私達はすべて退役軍人になることが望ましいからである。退役軍人になると、人々が病気をしても失業をしても、国によって保障されるので、問題でなくなるからである。」と言わせた多くの例の内のまさに一つである。

さて、知的専門職の収入についての事実を述べてみよう。表1は、多くの異なる職業の所得を比較したデータを示している。欄(2)は算出した年収の中央値を示している。（中央値の人は、自分の数値より上に半分の人々がおり、自分の数値より下に半分の人々がいるちょうど中央の人を意味する。）欄(3)は平均年収を示している。運の良い少数の人々の極端に大きな収入が、すべての構成員の間に等しく分けられて平均値を高めるので、平均値の年収は中央値の年収を上回る。欄(4)は生涯収入の（割引）現在価値(the present (discounted) value of life time earnings))を示している。例えば、平均的な医者は27歳から69歳まで、つまり全期間で42年間働くと仮定しよう。1年4,850ドルで42年間では約203,700ドルの総生涯収入になる。しかし、今から10年後の1ドルは今日の1ドルほどの価値がない。実際、もし利子率が政府戦勝債(government victory bonds)と同じ様に2.9パーセントであるならば、今から10年後に支払われる1ドルは今日においては0.75ドルの価値しかない。表1において、クラークが使っているような4パーセントの利子では、利子によってもっと多く引かなけれ

表1　いくつかの選んだ職業についての所得のデータ、1920年－1936年

職業 (1)	中央値の 年収 (2)	平均年収 (3)	生涯収入の(割 引)現在価値 (4)	職業に従事する 年齢の範囲、年 (5)
医者・・・・・・・・・・・・・・・	4,250 ドル	4,850 ドル	108,000 ドル	27 － 69
弁護士・・・・・・・・・・・・・	3,600	4,730	105,000	
歯科医・・・・・・・・・・・・・	3,760	4,170	95,400	24 － 69
技師・・・・・・・・・・・・・・	3,700	4,410	95,300	22 － 65
建築士・・・・・・・・・・・・	3,190	3,820	82,500	22 － 65
大学教員・・・・・・・・・・・	2,470	3,050	69,300	25 － 69
社会福祉士・・・・・・・・・	1,517	1,650	51,000	30 － 65
ジャーナリスト・・・・・・	1,600	2,120	41,500	23 － 69
聖職者・・・・・・・・・・・・	1,780	1,980	41,000	25 － 69
図書館員・・・・・・・・・・	・・・・・・・・・	2,020	35,000	23 － 69
小・中・高等学校教員	1,220	1,350	29,700	20 － 69
熟練労働者・・・・・・・・・	・・・・・・・・・	1,430	28,600	18 － 62
看護師・・・・・・・・・・・・	・・・・・・・・・	1,310	23,300	21 － 51
未熟練労働者・・・・・・・・	・・・・・・・・・	795	15,200	18 － 62
農夫・・・・・・・・・・・・・・	・・・・・・・・・	580	12,500	51
農業労働者・・・・・・・・・	・・・・・・・・・	485	10,400	51

出所：H. F. Clark, *et al.*, *Life Earnings in Selected Occupations in the United States*, p.5, and later chapters, Harper & Brothers, New York, 1937.

ばならない、つまり"割り引か"なければならない。今、医者になるべきかなるべきでないかを真剣に考えている若い学生には、自分の職業での収入の一部は 10 年以上後にあるいは極端な場合 40 年後にさえなる。このことを欄(4)の生涯*収入*の（割引）現在価値によって示している。欄(5)は当該の職業にとどまる人々の年齢の範囲を示している。

多数の興味深い関係が、数個の表から明らかになる。"社会的地位が高い"すべての知的専門職(the genteel professions)の内、聖職という職業は、従事者が比較的高い生活費を負担しなければならないけれども、群を抜いて最も低い給料しか支払われていない。明らかに、誰も聖職の生活での金銭的報酬のために聖職に就いておらず、また驚くべき数の聖職者がこの職業から離れて、他の職業に就いている。十分な年金支給への準備をしている宗派は、普通ではなく例外であるので、聖職者が社会保障法による老齢退職年金の適用対象になっていないことは、特に不幸である。すべての調査者は、75 年前あるいは 40 年前と比較すると、今日において聖職を目指す大学生の比率がきわめて大きく低下していると述べている。

正確さがきわめておおまかである（と認めたのはクラークが初めてである）表 1 の算定値を補足するために、主として独立の開業者を対象にした、多数の知的専門職の収入についての商務省によるいくつかの比較的詳しいアンケート調査の結果を、私達は幸運にも得ている[6]。大部分のこれらの調査による記録を、戦時の好況がすでに実感され始めていたちょうど 1941 年まで得ることができる。すべてのケースについて、知的専門職の人の純所得(net income) を得るために、総所得つまり現金収入からこの職業の人が仕事をすることにより発生するすべての経費（家賃、助手の給料、資料代、等々）を差し引いている。

表 2　これまで述べた知的専門職の内の給料を得ていない開業者
の平均純所得と中央値の純所得、1929 年－1941 年での選んだ年

知的専門職 の集団	純所得					
	1929 年		1933 年		1941 年	
	中央値	平均値	中央値	平均値	中央値	平均値
公認会計士····	········	7,300 ドル	·········	4,200 ドル	·········	·········
弁護士·········	········	5,500	········	3,900	3,000 ドル	4,800 ドル
医者·········	········	5,200	········	2,900	3,800	5,000
歯医者········	3,700 ドル	4,300	1,900 ドル	2,200	3,300	3,800
整骨士········	3,100	3,600	1,500	1,900	·········	·········
獣医·········	········	········	········	········	2,300	2,700
整体治療士····	2,100	2,500	1,100	1,300	·········	·········
足病治療士····	········	········	1,200	1,500	·········	·········
看護師········	········	1,200	········	········	1,200	1,200

出所: *Survey of Current Business*, May, 1944, p.15. 全てのデータを 100 ドルで四捨五入している。

6)　結果は、*Survey of Current Business*, 1943and1944 での "Incomes in Selected Professions"というタイトルの 6 本の論文で報告されている。最後の論文(May, 1944, pp.15-19)では有益な要約を掲載している。

中央値の所得と平均値の所得の両方を、1929 年の好況の年、1933 年の不況の年、および
データを入手可能な最も新しい 1941 年について表 2 で示している。公認会計士は、最も優
秀な会計士いう特別のサンプルであり、普通の医者の階層あるいは序列よりもむしろ大学
の外科医と比較するべきものであるので、公認会計士を比較しないようにしよう。このため、
弁護士と医者は収入が最も高いように思われる。実際に最も後の 1941 年において、医者の
収入は弁護士の収入を上回り始めた。歯医者は、上述の二つのグループよりもかなり低い、
しかし獣医と正看護師(registered nurses)よりもかなり高い。

　この表 2 にはないもっと詳細な 1 年ごとの数値は、すべての知的専門職が不況によって
強く影響を受けることを明確に示している。収入が最低限にまで下がったコンサルタント
の技師を除くと、多分多くの人々が不況時に歯の治療を遅らせようと考えるので、歯医者は
景気循環によって最も強く影響を受ける。医者は、歯医者と同様に、おそらく不況の間治療
費を集金できず、間接的諸経費も削減できないので、歯科医の次に不況の影響を強く受ける。
他方で、正看護師は、取り立てて言うほどの固定経費がなく、また主として現金を受け取っ
て働いているので、景気循環の期間、収入が比較的安定している。しかし、正看護師につい
て、不況では 1 ヶ月の内かなりの日数が仕事のない日であることを、クラークと同じ様に考
慮するならば、正看護師の収入は不況では 50 パーセント低下すると計算できる。このため、
不況では正看護師の収入は安定しているととても言えない。

　規模の異なる都市の間では、知的専門職の収入にはどのような違いがあるのであろうか
か。商務省の調査によって与えられている回答は、次のようである。つまり、すべての知的
専門職について、約 25 万人あるいは 50 万人の人口の都市になるまで、一層大きな町へと
また一層大きな都市へと移ると、収入は増加する。だがこれ以上大きな都市に移ると、収入
は弁護士を除くすべての知的専門職において低下しているように思われる。おそらく、最も
裁判に勝てる会社の顧問弁護士を、主要大都市の中心地で見つけることができるので、弁護
士の平均収入は約 25 万人あるいは 50 万人を超える大都市でも上昇し続ける。しかし十分
に興味深いことに、弁護士の（もっと重要な尺度である）中央値の収入は、他の知的専門職
のケースと同様に、このような大都市では低下している。

　また、この国では地域により知的専門職の所得が異なる特徴がある。太平洋岸諸州では、
すべての知的専門職のケースにおいて収入は他の地域を上回っている。普通中西部の諸州
が次に来ている。相変わらず南部と山岳部諸州はほぼ最低であり、またニューイングランド
もこの国の平均より低いように思われる。このことから得られる教訓は、西海岸の最大の都
市に行くのではなく、西海岸の適度な大きさの市に行くことであるように思われる。しかし、
かなりたくさんの人々は戦時中もっぱら最大の都市に行った。それゆえ、あなたは、家族を
自動車に乗せて他の地域に引っ越す前に、収入についての最近の統計を確かめたほうが良
い。

　これらの収入の平均値を、今平均値の周りでの散らばりを示すデータによって補足しな
ければならない。知的専門職に従事するすべての人々の所得の特徴は、所得がかなり不平等

であることである。最高所得と最低所得の間の格差は、弁護士のケースにおいて最も著しい。付合いの広い経験豊かな弁護士がきわめて高い収入を得ていることは知られているので、この収入の格差は常識による予想と一致する。不平等が最小なのは看護師のケースに当てはまる。このことも、看護師の経験と能力に違いがあっても、看護師へ支払う料金があまり異ならないという通常の観察と一致する。

　1941 年現在の知的専門職での所得の不平等の大きさを図で示すために、私達は古くから利用しているローレンツ曲線を使う。太い対角線が完全平等を示していることを思い出そう。それゆえ、看護師の曲線はこの対角線に最も近い。全ての内で最も不平等な弁護士の曲線は、当然この対角線から最も離れている。医者の収入の格差は比較的大きいので、医者の曲線は弁護士の曲線の近くに来る。歯医者の仕事は、一般的に言って、かなり決まり切った仕事であるので、歯医者の曲線は看護師の曲線に近い、つまり歯医者の所得の不平等は比較的わずかである。

図 1　いくつか選んだ知的専門職についての所得の不平等

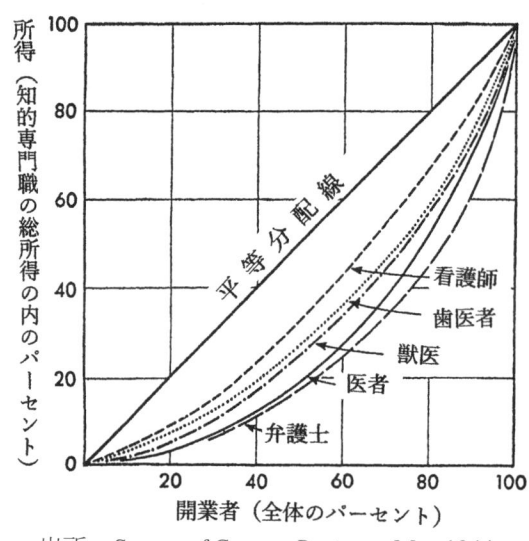

出所：*Survey of Current Business*, May,1944.

　この不平等の図を具体的なドルでの金額に示し直してよう。歯医者の所得の中央値は 3,300 ドルであるので、歯医者の半数はこの中央値よりも少ない金額しか得ておらずまた半数はこの中央値以上を得ている。歯医者の 20 パーセントは 1 年に 6,000 ドル以上を得ている。さらに 3 パーセントのみが 1 年に 10,000 ドル以上稼いでいる。これら高所得の歯医者の大部分は（歯並びの矯正、抜歯、口腔外科の）専門家である、しかしこれら少数の高所得の歯医者は、人付き合いの良い理髪師のような "愛想の良い歯医者" であるかもしれない。

　病院での治療の増加により、正看護師と正規の教育を受けていない准看護師(practical nurses)の両方による家庭での付添いの看護は減少している。この家庭での付添いの看護師の

収入は、病院での正規雇用の看護師の（食料と住居の）生活費を勘定に入れると、病院での正規雇用の看護師(general staff nurses)の収入と比べてほとんどひけをとらない、しかし公衆衛生の仕事に従事している看護師の収入よりも少ない。言い換えれば、政府（州、地方、連邦）は良い雇用者である。どこにも所属せずに働くことを考えている看護師は、家庭での付添いの看護師の 20 人の内の 1 人のみが、1 年に 2,000 ドル以上稼ぐと期待でき、さらに、もっと少数の家庭での付添い看護師のみが、お金持ちの中年過ぎの夫を獲得すると期待できることを、知っておかなければならない。

　すべての開業医の内、1941 年には約 4 分の 1 は 4,000 ドル以下しか収入を得なかった。5 分の 1 より少し多くの開業医は 7,000 ドル以上の収入を得、そして 8 人に 1 人の開業医は 10,000 ドルを超える収入を得た。十分興味深いことに、給料を得て働いている医者は開業医よりも 1 年に平均で約 500 ドル以上多く収入を得ていた。一部給料で一部開業の医者は開業医よりも 1 年に平均でほぼ 1,000 ドル以上多く収入を得ていた。さらに、完全に給料の医者はこれまで 2,000 ドル以下の水準に収入がめったに下がらなかった。これら完全に給料の医者の収入は中央値の近くに比較的多く集まった。病院での治療と医療保険などによる医療社会化制度(socialized medicine)への移行の動きを見る中で、最も十分に収入を得ている医者は、普通、どこかの診療所かあるいは病院に所属し、これらの医療施設から自分達の所得の少なくとも一部を受け取っている分類の中に入っていることに、注目することは重要である。

　知的専門職の独立の開業者について終える前に、これら知的専門職に従事するすべての人々が、年齢と経験を積み重ねるにつれて、収入が上昇する好ましい獲得した能力を持っていることに、注目しなければならない。溝掘り人は 25 歳で自分の全盛期が過ぎてしまう、しかし医者あるいは弁護士は中年過ぎまで経済的には良くなり続ける。表 3 の欄(2)は収入が最高になる年齢を示している。欄(3)は最高収入の 10 パーセント以内にいる年齢の期間、つまり "収入の全盛期間(prime earing period)" と呼ばれるものを示している。

表 3　年齢の増加による知的専門職での収入の増加

知的専門職 (1)	最高収入の年齢 (2)	収入の全盛期間 (3)
医者・・・・・・・・・・	50 歳代前半	35 － 54
弁護士・・・・・・・・・	40 歳代後半	45 － 59
歯医者・・・・・・・・・	ほぼ 40 歳	35 － 49
獣医・・・・・・・・・・	30 歳代後半	35 － 39

出所：*Survey of Current Business*, May, 1944, p.16.

　一般的に言って、弁護士は高齢において最も収入が良いように思われる。（実際、50 歳の近くで最高の収入となった後、収入がほとんど低下しない長い高止まりが続く。）医者の収入は 50 歳半ばまで十分に高いままである、だがその後急速に低下する。おそらく医者の職

務のきつさが主な理由である。歯医者は 40 歳代のまさしく初期に最高に達するように思われる。しかし、若い獣医が年長の獣医よりも収入が良いので、獣医の収入はきわめて奇妙な動きになっているのが分かる。多分、このことは誤って理解されやすい。この獣医の分野で近年、教育を必要とする専門領域が実際大きく変わったため、（農業での仕事よりも収入の多いペットの仕事を行っている多くの）若い獣医は、一層多く収入を受け取っている。このような大きな変化はおそらく今後繰り返し発生しないであろう。それゆえ、やがて、十分に経験を積んだ年長の獣医がもっと正常な形で収入を得ることになるであろう。

ところで、多くの人々が思っているように、医者は、仕事を始めたばかりの若い年齢の時期に、収入が良くないのは事実でない。医者は、教育を実質的に終えるやいなや、収入が大部分の労働者の収入を大きく超える。もっとも、これまで示したすべての統計には現実に起こっている事実を示していない欠点がある。ここまで示した統計は現実に*仕事に従事している*人に関するものである。これまでの統計は、知的専門職への*教育を受けた*必ずしもすべての人々に関するものではない。例えば、このような統計は、どれだけの数の弁護士が低い収入に失望して、弁護士の仕事をやめて他の仕事に義父と一緒に就いているかを示していない。

教職にごく簡単に目を向けてみよう。2 年の師範学校よりも大学の学士号の方が小学校教育のための必要資格にますますなりつつある。都会での高等学校教育については、修士号が必要資格になりつつある。大学の分野においては、大きな大学のみが哲学博士号を持っていない人を採用している一般的傾向に、強く反対できる。

すべての段階の学校での教員の給料の引上げについては、ほとんど上がらないままであり、生活費の上昇、また教職以外の分野での賃金の上昇よりも明らかに遅れている傾向がある。このことは、教育分野に入る人々の質と量が低下する可能性があることを意味している。このことは、第 1 次大戦中において、1920 年代において、および近年の戦時中において、事実であった。大学の段階では、企業と政府による高い給料の提示競争が最も優秀な人々を大学から流出させる恐れがある自然科学と（十分に驚くべきことに、経済学のような）その他の分野で、状況は最も深刻である。

比較的新しい知的専門職である技師という職業(engineering)を簡単に調べて、知的専門職の所得についての議論を終える。今日においてさえ、技師(engineers)と呼ばれている多くの年長の人々は、正式の決められた期間の大学教育を受けているのはごくまれである。1940 年の国勢調査によれば、約 25 万人の人々が技師に分類された。土木技師は最も大きな一つの集団（約 90,000 人）であり、機械技師はほぼ同じ大きさの集団であり、これらに次ぐのが（約 50,000 人から 60,000 人の間の）電気技師の集団であった。化学技師という比較的新しい部門は、鉱山技師および金属技師の部門と数に関して（約 10,000 人で）ほぼ同じであった、しかし前者の化学技師の人数は後者の鉱山技師および金属技師の人数と比べて増加していた。

今後本書で、建設活動がなぜ不況時に大きく減少するかを理解し、また建設活動の重要な

地位の長期的低下についてのいくらかの傾向さえ理解するであろう。この建設活動の不況期の減少は（1933 年 3 月に土木技師のほぼ 40 パーセントが土木技師という正規の仕事で雇用されなかった）大恐慌において、土木技師が体験したかなり厳しい期間を説明する。この不況期の減少はきわめて多くの土木技師がなぜ政府によって雇用されることを望むかを説明するのにも役立つ。さらに、この不況期の減少は、民間会社で仕事をする土木技師でさえ、大部分の自分達の仕事が、間接的に政府のお金と深く結びついている（橋、ダム、等の）公共土木事業と関係していることに、しばしば気づくのを説明することになる。

大学は行くだけの価値があるのか

　この問題への答を、わずかな程度であるが、経済学によって明らかにできる。4 年間の大学生活の社会的また文化的価値を、正確なドルの金額で評価できない。もしある知的専門職教育を受けた職業による収入を、知的専門職教育を受けなかった職業による収入と比較してその差をとり、この差の数値からさらに知的専門職教育の費用を引くならば、この知的専門職教育による純粋な経済的利益について、かなり一般的評価額を得ることができるに違いない。

　それぞれの知的専門職教育の価値を求めるためには、高等学校卒業の学年の多数の生徒を考えよう。冷静な会計士は、占い師が使う水晶玉を使って、将来をしっかりと見つめ、それぞれの知的専門職教育の将来の全費用についての、*高等学校卒業時点*での現在価値を示す会計表を作成する。これらの費用の数値を表 4 の欄(2)に示している。例えば、医学教育を受けることを望んでいるが少しの資産もない少年は、医学教育の授業料を支払い、さらに、就学している間所得を得ることができないのを賄うために、高等学校を卒業する日に、16,000 ドルを借りなければならないであろう。大学の学士号だけを望んでいる少年は、心配しないで勉強するためには、銀行で 6,000 ドルを借りなければならないであろう。高等学校を卒業後進学しない少年は、ドルを少しも必要としないと想定している。それぞれの知的専門職教育あるいは大学教育それ自体による費用の増加を計算するためにも、同じ様な方法に従わなければならない。

　知的専門職教育による費用の増加を何と比較するのか。この知的専門職によって得る*生涯収入の割引現在価値*とであるか。いいえ、そうでなく、私達は、この教育による費用の増加を、知的専門職教育を受けずに得る生涯収入を上回る、この知的専門職による生涯収入の増加の割引現在価値と比較しなければならない。欄(3)は、非知的専門職の労働による生涯収入を、かなり上回る知的専門職による生涯収入の増加の割引現在価値の平均のおおまかな計算値を示している。この計算値をこの知的専門職教育による費用の増加の割引現在価値の平均と比較しなければならない。

　欄(4)は、知的専門職教育が価値あるものかどうかを示している。この欄(4)は、欄(3)と欄(2)の間の差を、つまり、知的専門職に就こうとする平均的個人の代数学による利益あるいは損失を示している。大学教育について例外が発生するけれども、私達が予想するように、

大部分の知的専門職に就くことはきわめて有利である。大学生活による非金銭的利益が金銭的計算値を減らすかどうかは、問題になっている個人次第であろう。もちろん、すべての職業の決定において、楽しさ、先任権、そして雇用の継続という有利な点も、十分考慮しなければならない。

表4　知的専門職教育の費用と価値についての金額の実例

知的専門職教育の種類 (1)	費用* (2)	価値† (3)	利益‡ (4)
高等学校のみ・・・・・・・・	0	0	0
大学の学士号・・・・・・・・	6,000 ドル	25,000 ドル	+19,000 ドル
修士号・・・・・・・・・・・・	8,000	25,000	+17,000
工学修士号・・・・・・・・・	7,000	55,000	+48,000
哲学博士号・・・・・・・・・	13,000	40,000	+27,000
医学教育・・・・・・・・・・	16,000	70,000	+54,000
法律教育・・・・・・・・・・	11,000	70,000	+59,000
歯学学士・・・・・・・・・・	12,000	55,000	+43,000

出所：これらの三つの計算値を得るために、クラーク前掲書、ワルシ(J. R. Walsh, "The Capital Concept Applied to Man," *Quarterly Journal of Economics*, 1935, pp.225-285.)および商務省前掲書の数値を参考にした。金額の計算結果はきわめておおざっぱであり、あまり重要視すべきでない。

*本、授業料、食事付の部屋、レクリエーションへの支出、さらに進学により得られない収入を含めて、高等学校卒業の日を基準時点として4パーセントの利子で割り引いている。

†（中央値の）生涯収入の割引現在価値引く進学しない高等学校卒業生の同じ年数の期間の収入の割引現在価値。

‡価値と費用の現在価値間の代数学による差の内、どれだけが教育そのものによるものであり、どれだけが教育を除いた能力あるいはその他の要因によるものであるかを、確信して言うことができない。多分、同じ様ないくつかの知的専門職についての金額も、きわめて正確に比較できる。

なぜ競争はどのような知的専門職からも利益と損失をなくしてしまわないのか。例えば、なぜもっと多くの人々が医者あるいは歯医者になろうとしないのか。実際、医者は歯医者よりも収入が良くまた社会的地位が高いのに、なぜもっと多くの人々が歯医者でなく医者になろうとしないのか。たとえ競争が糸巻に適切な価格を定めなくても、社会的損失は破滅的大損害にならない。しかし、この知的専門職では生活費を稼ぐという最も重要な点について、私達は競争が完全に機能している状況から程遠いことを知っている。次のいくつかの明確な理由が思い浮かぶ。

1.　多くの家族は、自分達の子供達への、賢明な計画を作成するために必要な知識を持っていないからである。幾分かは、この知識の欠如を、職業指導と今後の事実に関する情報を提供することよってなくすことができる。だが、幾分かは、この必要な知識の欠如は、知的専門職の選択が今後半世紀にもわたる決定と深く関係している事実から発生している。誰

も、このような長い期間にわたるどのような予測も、確信をもって行うことができない。

　2.　自分達の子供への投資は、金銭、幸福、国家への貢献による見返りがきわめて大きいけれども、多くの家族は自分達の子供に投資できる必要な資金を持ち合わせていないからである。もし人々が馬あるいは奴隷のようなものであるならば、また、1人の人間が合法的に自分自身を売ることができるならば、抜け目のない投機家は見込みのある若い人々に投資し、その後これら若い人々と収益を分け合うかもしれない。しかし、当然のことであるが、私達の法律はこの投資を認めていない。もちろん、もし貧しい家族の学生が誰かからお金を借り、その後の収入によって返済できるならば、同じ望ましい結果を幾分か実現できる。実際、しばしば半慈善基金 (a semiphilanthropic basis) によって、このようにお金を借りることは　かなり実現されている。この半慈善基金は、学生に大学での教育を終えることができるようにさせるために、何にもまして重要である。しかし、この半慈善基金は、この基金がなければ大学に行けない人々を必ずしも多く大学に行けるようにさせていない。実現されている程度はもっと少ないが、同じことは学生への奨学金(undergraduate scholarships)についても当てはまる。半慈善基金や学生への奨学金は全学費をめったに賄っておらず、また貧しい少年や少女をまれにしか大学に行けるようにさせていない。

　3.　大学の医学部と歯学部への入学願書数の統計[7]は、かなりの数の人々がこのような専門教育を*是非*受けたいことを示している重要な証拠になっている。法学部の学生と異なり、医学部の学生が授業料を支払うとき、大学は授業料だけでは自分達への大部分の教育費用を必ずしも賄えない。大学の医学部は、寄付と財産収入(endowment earnings)が限られているので、もっと多くの学生が授業料を支払おうとしても、これら多くの学生を新たに受け入れることができない。この事実に加えて、医者になることができる基準を引き上げて仲間の数を制限しようとする医者という専門職に従事する人々による当然の要求は、次の三つの基準によって判断すると適切である人数よりも、アメリカにあまりにも少ない人数の教育を受けた医者しか獲得できるようにさせていないからである。つまり、(1)国民の医療への必要さ、(2)医者の収入、(3) 医者になることを切望している、あるいはもし経済的条件が医者になることを不可能にしないならば、医者になることを切望するに違いないこの国での能力のある若い人々の人数である。

　それゆえ、大学の授業料と設備の整備の両方に対して、連邦あるいは州による教育への大規模な補助を支持する主張を行うことができる。さらに、政府は、2パーセントかあるいはそれ以下の利子でお金を借りることができるので、教育の現在価値の計算において前述の 4 パーセントの利子を使うことは、教育への一層大きな機会を提供することによって得ることができる国家の利益を過小評価する。復員兵援護法(the G.I. Bill of Right)を上回る連邦教育プログラム(a Federal education program)は、特に州と地方のレベルでのアメリカの教

---

7)　S. Kuznets and Milton Friedman, "Incomes from Independent Professional Practice," 1929-1936, *Bull.* 72-73, pp.15-17, National Bureau of Economic Research, Inc., New York, 1939 を参照せよ。

育への助成というこれまでの政策を一層強化するであろう。

　最後に、それぞれの人は、これまでに述べた大学教育の価値の計算方法を自分自身のケースに適用する前に、次の二つの重要な留意事項があることを心に留めておかなければならない。(1)例えば、ハーバード・ビジネス・スクール(a Harvard Business School)の修士の学位を持つ人々が、この学位を持っていない人々よりも数パーセント多く収入を得るという事実は、このような学位を得ている者は*誰*でも、同じ様に収入が大きくなることを必ずしも保証していない。多分ハーバードの学生は、富、人々を動かす力および能力に関してすでに選ばれた集団である。これらの学生の収入の増加の内、どれだけがこの学位によるものであったかを、誰も言うことはできない。同じ様な点はすべての知的専門職に当てはまる。(2)一つの知的専門職を選ぼうとしている 1 人の個人は、収入の平均値だけでなく収入の金額の格差にも関心を持っている。たとえ二つの知的専門職に従事する人々が等しい平均収入を得るとしても、一つの知的専門職では収入の最高値と最低値の間で一層大きな格差があるならば、どちらの知的専門職を 1 人の個人が選ぼうとするか。このことは人によって異なる。確実性を高く評価する一部の人々は、歯医者の平均収入が低くても、生存ぎりぎりの賃金しか稼げない可能性は、歯医者が医者よりも小さいので、医者よりも歯医者を選ぼうとする。しかし、歯医者はきわめて高い収入という大成功を実現する可能性も医者より小さい。他の人々は、特に自分と自分の家族が収入の最上位になれる可能性と機会が増えることをしばしば好むので、大成功を実現できる機会を手に入れることを好む。弁護士と映画俳優のような知的専門職においての、最上位の人々に約束される少人数であるが思いがけなく大きな収入は、どのような適切な確率計算によっても正しいとされる金額をはるかに越える大きな収入を望む人々に、魅力を生じさせることは確かである。「私は他の人とは異なっている」と感じることは、人間の性格のきわめて魅力的な特徴の内の一つである。だが悲しいことに、芸術家を夢みている人々、音楽家を夢見ている人々、および発明家を夢みている人々に関しては、途方もない社会的損失ときわめて大きな悲しみという結果になる。夢の楽園というこれら分野については、多くの人々が職の頂点に就こうとするが、ほんの少数の人々が実現できるに過ぎないのである。

経済的階級の形成と機会

　アメリカは、能力のある人が誰でも出世できる成功への機会のある国であると常に考えられてきた。ホレイショ・アルジャー・ジュニア(Horatio Alger, Jr)が書いた、一生懸命働き出世して最上位になり、その後社長の娘と結婚した（あるいはこの逆のケースの）“貧しいが誇り高い”ヒーローの少年の成功伝説は、疑いなく誇張である。しかしこの成功伝説には、貴族主義的伝統が残り、初等教育より上の無料の公立学校教育が決して確立されることのなかった、以前のヨーロッパの国々の状況と比較すると、真実味があった。

　例えば、“古くからある学校とのつながり”と、もっと重要なことであるが、オックスフォードのアクセントは、最近までイギリスでは政治および社会での出世にほとんど不可欠

であった。返済の必要のない奨学金制度があっても、低い階級と中流階級の人々のほとんどは、このオックスフォードのアクセントというハードルを越えることができなかった。これに反してここアメリカでは、国務省以外のほとんどの人々は、"一流大学進学のための私立高等学校"のアクセントの特徴をどのようにして見分けるかを全く知らないのであり、話し言葉の違いは、社会的違いによるよりも地理的違いによるものである。アメリカの速記者は、聞いた言葉では、名門の家の出の娘かどうかをほとんど区別できない。

さらに、私達の文明は、どちらかと言えば、成功が金銭によって判断される物質文明(a materialistic civilization)である。物質文明の社会においては、"お金がものをいう"ので、上流社会の外部の者には、この社会に入り込むことは、伝統を大いに重要視する社会よりも容易である。バンダービルト家の人達(the Vanderbilt)のような1世代でにわか成金になった人達でも、次の世代では社会的に名声のある人達になっている。

それにもかかわらず、成功している実業家、つまり、株式会社の取締役(directors)と執行役員(officers)の出身の家の階級(the social origins)について綿密に行ったアンケート調査から、いくつかの驚くべき事実が明らかになっている。典型的なアメリカ企業の役員(business executive)は、農家あるいは労働者の家の出身ではなく、これら企業の役員の父親も実業家であるか、あるいはおそらくいくつかの知的専門職の内の一つに従事していた。表5では、タウシッグとジョスリン(Joslyn)が調査した多数の標本による実業家の出身の家の階級についての集計結果をまとめて示している。比較のために、大富豪(millionaires)の出身の階級と『人名録』(Who's Who)に掲載された人々の出身の家の階級も示している。

表5 アメリカ企業のリーダー、大富豪、『人名録』に掲載されていた人々の、父の職業についてのパーセントでの分布

父の職業	アメリカ企業のリーダー、1928年	1925年に生きていたアメリカの大富豪	1912年の『人名録』に掲載されていた人々
実業家・・・・・・・・・・・・	60.0	75.0	35.3
知的専門職従事者・・	13.4	10.5	34.3
農夫・・・・・・・・・・・・	12.4	7.3	23.4
労働者・・・・・・・・・・・	12.5	1.6	6.7
その他の職業・・・・・・	1.7	5.6	0.3
合計・・・・・・・・・・・・	100.0	100.0	100.0

出所：F. W. Taussig and C. S. Joslyn, *American Business Leaders*, Chap.XII, The Macmillan Company, New York, 1932.

実業界においては、私達は相続する財産が成功への重要な要因であると予想するので、大富豪が裕福な実業家の家庭の出身であることを知っても驚かない。しかし実業家の子供が成功する実業家になる確率[8]は、労働者の子供よりも100倍大きく、また農夫の子供よりも20倍大きいと知って、驚かずにはいられない。さらに、この傾向は、教育を受けた実業家

である若い世代について、もっと顕著である。

このことは、アメリカの経済社会がカースト的家族制度(caste lines)によって硬直化していることを意味するのか。タウシッグとジョスリンはこのようであるとは確信していない。彼らはアメリカ社会について次の二つの正反対の説明が可能であると指摘している。つまり、(1)過去において、アメリカ社会は流動性が高かった。つまり、能力のあるすべての人々が最上位に上がり、当然あまり能力のない人々が底辺に取り残された。(2)経済的階級間での移動に対し、強く、また多分高くなっている障壁が存在している。

タウシッグとジョスリンは、どちらかと言えば、第 1 番目の見解を受け入れる傾向があり、「あなた方は有能な人を下に留めておくことができない」と思っている。大部分の社会学者はこのタウシッグとジョスリンの見解に同意しようとしない。大部分の社会学者は、あまり恵まれていない家庭の子供達についての、きわめて数多くの容認できない心理的、社会的、経済的および教育上の不利な立場を強調しようとする。大部分の社会学者は、同一の能力があるにもかかわらず、必ずしも常に同一の結果を獲得できていないことを、

> 「きわめて数多くの花が、人気のない所で咲いて赤らむが、見られ
> ることも、香りの良さを楽しまれることもないままになっている。」

と述べて、強調しようとする。

どちらの見解が正しいとしても、政策への意図は同じである。人間は国の社会資本の最も重要な一つの形態である（私達が過去においてあまりにもわずかしか投資してこなかった社会資本の一つの形態でもある）。才能は、どこにあろうとも、見つけ出して、育てる価値がある。

要約

年間収入と生涯収入は、多くの職業の間でも、またいくつかの知的専門職の間でもかなり異なる。しかし、年間収入と生涯収入にはいくらかの規則性と持続性があり、これらの規則性と持続性にいくつかのパターンを見つけることができる。またこれらの年間収入と生涯収入の格差を経済分析によって一部説明できる。

私達は、アメリカ社会での、収入の形態の変化の問題と経済的成功の階段を上下に動く個人の移動の問題に、特に関心を持ってきた、だが経済的および社会的階級の固定化の動きに

---

8) 読者は、この確率についての説明が表5とどうして矛盾しないかを、理解できるに違いない。つまり、労働者の子供の数は実業家の子供の数の 20 倍以上であるからである。

ついてはまだほとんど状況を把握していない。

議論のための質問

1.　あなたの近くにあるいくつかの営利会社を取り上げなさい。これらの会社は異なる種類の仕事にほぼどれだけの給料を支払っていますか。

2.　あなたはどのような職業に就こうとしていますか。その職業の経済的に有利な点と不利な点は何ですか。その職業の収入以外の点についてはどうですか。

3.　あなたは大学卒業(*a*) 3 ヶ月後に、(*b*)5 年後に、(*c*)15 年後に、(*d*)30 年後に、どれだけの収入を得ていると予想しますか。

4.　表 1、表 2 および表 3 で示している統計的事実について、自分の見解を述べなさい。

5.　アメリカは今でも"成功の機会のある国"ですか。異なるいくつかの知的専門職で成功するためには、遺伝、環境、"コネ"、熱意、役にたつこと(utility)、教育、財産はどれほど重要ですか。

6.　表 5 はあなたに何を思い起こさせますか。あなたはこのような結果をどのように説明しますか。あなたは、表 5 からもっと明確な結論を引き出すことができるためには、どのような新しいデータを望みますか。

第6章　企業組織と所得

　私達の文明は企業文明(a business civilization)である。ともかくこの企業文明を理解するためには、私達は最初に営利企業(business enterprise)の組織と機能を理解しなければならない。本章の初めの A は、主として詳しい事例研究によって、現代の株式会社についての分析へと徐々に話を進めていく。後半の B では株式会社、特に現代の大規模株式会社あるいは"巨大"株式会社の財務構造について述べる。付録において、簡単な入門の会計の基本原則を示す、なお、もしこの会計の基本原則を理解していないならば、企業の経営状態を現実に理解できない。

A.　企業組織のいくつかの形態

営利企業の数

　第2次世界大戦直後の時期には、アメリカには約300万の営利事業体(business units)があり、ごくわずかな一部を除いて、これらの事業体のすべては1人の個人が所有しているきわめて小さな企業であった。大部分の企業は、今日活動しているが明日には消滅しているかもしれず、一つの企業の平均寿命は約6年半に過ぎない。かなりの企業は倒産して終わる。その内の多くの企業は、企業家が希望を打ち砕かれ、また高い授業料を払ったことを後悔して、自発的に閉鎖になる。だがその他の企業は"自営の"所有者が最終的に良い、安定した仕事を手に入れるかあるいは新しい分野に挑戦し始めて、喜ばしい終末になる。

　かなりの古い企業が消滅するのと同じ速さで、他のかなりの企業が誕生している。営利会社(business concerns)の現在の数は、ここ何十年かの間、企業の誕生が企業の消滅を何度となく上回った積み重ねの結果増加した。アメリカ経済が現在成長しているので、企業の誕生が企業の消滅を普通上回り、企業数の一層の安定的増加を予想することができる。実際、戦中から戦後への移行の数年間において、新たな企業の誕生が増加している。このことは、一部、あまりにも多くの帰還兵が、自分自身の資金によってか友人の資金によって、あるいは帰還兵への貸付による政府資金によって、新たな事業(ventures)を始めることを望んでいるからである。さらに、この企業数の大幅な増加は、戦時に、物不足と規制によって、特に小売業とサービス業において、新たな企業の設立が抑えられていた事実によってでもある。

　戦争により、特に多くの企業が破産する結果、企業数が著しく減るであろうと予想されていた。だが現実には、この戦時の企業数の減少はごくわずかであり、しかも、　この減少は、かなりの程度、新たな企業の誕生が戦時中少なかったことによって生じた。破産と操業の停止は戦時中には驚くほど低い水準であった。数週間、ほとんど1社の倒産も合衆国全体で記録されなかったこともあったが、このことは、コロンブス(Columbus)が初めて陸地を発見し

て以後、私達の歴史においてこれまでにほとんど起こったことがなかった。

1946 年 1 月以前の 2 年間に、約 700,000 の新たな企業が誕生し、300,000 の企業だけが活動を停止した。この結果この期間に約 400,000 の純増となった（企業の総数は 325 万をわずかに上回るようになった）。この要因はあきらかである。つまり、戦争の終結、民需品の供給の増加、事業への楽観論、および企業家になりたい人々による戦時の貯蓄の積立てである。戦前の水準と比較して、企業数のかなりの増加は、戦後の最初の期間、ラジオと電気器具販売店、自動車部品店、家具店、酒店、金物店および農機具店において目につくようになった。過度の企業数の増加と投資の拡大が続いているので、小企業の倒産数と損失額は疑いなく増加するであろう。

大企業、小企業および極小規模企業

きわめて小さな、存続期間の短い、自己所有の "個人企業(individual proprietorship)" は、数において、アメリカ企業の圧倒的多数の支配的形態である。しかし、企業資産のドルでの評価額(dollar value)、政治力と経済力、給料支払額および雇用のそれぞれの点から、ほぼ数百の "巨大株式会社(giant corporations)" は現代のアメリカ経済において重要な支配的地位を占めている。

私達の経済での "極小規模企業(infinitesimal business)" の役割を簡単に見てみよう。合衆国にはほぼ 400,000 人の食料品店所有者がおり、これらの所有者はすべて食料品店によって生計を立てようとしている。また、ほぼ 25 万のガソリンスタンドがあり、50,000 店以上のドラッグストアーがある。さらに極小規模企業は、すべての業種の小売店とサービス店にわたっている [1]。

1) 合衆国での 1,000 の営利企業(business establishments)の内、ほぼ
170 は小売食料品店であり、
90 は飲食店であり、
90 は不動産、保険、あるいは金融分野であり、
70 はガソリンスタンドであり、
60 は運送あるいはタクシー業者であり、
60 は建築請負業者、等であり、
60 は美容院および理髪店であり、
45 は様々な種類の卸売業者であり、
35 は自動車販売業者、自動車修理業者、あるいは個人経営の自動車修理店であり、
35 は衣服店、あるいは雑貨店であり、
30 はクリーニング店、等であり、
20 は靴修理店、あるいは靴磨店、等であり、
15 は食品製造業者であり、
15 はドラッグストアーであり、
15 は印刷所、あるいは製本工場(publishing plants)、等である。
これまでに言及したすべてのデータは、商務省と国勢調査(Census) の資料からのものである。さら

これらの極小規模のベンチャー企業の内のいくつかは大いに成功している。だが、大部分のこれらのベンチャー企業の所有者が、誰か他の人に雇用されてより少ない努力とリスクで働くよりも、自社の所有者として活動することによって、はるかに多い収入を必ずしも稼いではいない、と言うことはやはり正しい。例えば、食料品事業では2、3のチェーン・ストアは全体の約35パーセントを販売しており、すべての小さな独立店にはチェーン・ストアの販売高の残りしか残されていない。これらの独立の食料品店の大部分は、毎日30ドル以下の売上高しか実現していない“パパ・ママ”店(Ma and Pa stores)である。これらの独立店は、2,000ドルの初期資金(initial capital)しか持っていない人々によって、しばしば始められている。（もしこの食料品店の所有者が、自分の努力にかなうちょうど最低の賃金を得ようとするなら、1日100ドルの売上高を実現することが必要である。この規模の食料品店にとって、2,000ドルの初期資金は必要な初期資金の半分以下である。）努力へのきわめて小さな報酬は、これら独立の食料品店のまさに開店から運命づけられている。これら食料品店の所有者が初期資金を使い尽すとき、これらの食料品店は終末を迎える。3分の1から2分の1のすべての小売店が2年以内になぜ店を閉めるかを実例で示すのに、これらの食料品店は役に立つ。

　もちろん、分野が異なれば必要とされる初期資金額は異なる。新式のガソリンスタンドを建設するめには、約40,000ドルの費用がかかる。しかし石油会社からガソリンスタンドを借りると、初期資金の必要額を約3,000ドルから5,000ドルに引き下げることができる。このガソリンスタンドの分野においては、40パーセントだけが、損益分岐となるために必要な1年10,000ドルの売上高を実現しているにすぎない。（すべての売上高の4分の3はガソリンによるものである、だがこのガソリンの利益率は潤滑油の交換およびその他のサービスによる利益率よりもずっと低い。）ガソリンスタンド経営者が、資本収益および個人の賃金の合計として、得ると期待できる最大限度の利益は、売上高に対するせいぜい10パーセントであるにすぎない。

　多くの品目の在庫ストックが棚に3年から5年あり、また1年の売上高の在庫ストックとの平均比率が1よりも小さいかもしれないドラッグストアー、金物店、あるいは宝石店よりも、（八百屋のように）売上高の在庫ストックとの比率が高い業種は、明らかに初期資金は少なくてよい。

　事業を開始するために必要な資金とは別に、自営業には途方もない量の個人の労力が必要になる。普通、農業労働者が1週間に約58時間働くのと比べて、自営の農夫は60時間か

に、本章全体にわたって全国産業協議委員会(The National Industrial Conference Board)、国家資源計画局(The National Resource Planning Board)、R. A. Gordon, *Business Leadership in the Large Corporation*, Brookings Institution, Washington, D.C.,1945、（R・A・ゴードン著、平井泰太郎・森昭夫訳『ビジネス・リーダーシップ－アメリカ大会社の生態』東洋経済新報社、1954年）、*T.N.E.C. Report*, 臨時全国経済調査委員会(Temporary National Economic Committee), 1938-1940、W. L. Crum, *Corporate Size and Earning Power*, Harvard University Press, Cambridge, 1939 からのデータに基づいている。

ら 70 時間働く。同様に、他のいくつかの分野での自営の人々も、賃金労働者よりも 1 週間に少なくとも 8 時間以上多く仕事をすると調査されている。日曜日に田舎へ自動車で行く誰もが、農夫と家族全員の労力によっても、家計の収支をほとんど赤字にならないようにできない、自営のあくせく働くかなりの人々を見て、気の毒に思わずにはいられない。

それにもかかわらず、人々は常に自営を始めようと望む。これらの人々の企業は成功するベンチャー企業であるかもしれない。たとえ 1 年に 2,000 ドル以上の報酬を得ることに決して成功しなくても、これらの人々には、自分の企業の計画を作ることに、また小規模な企業家が毎日行わなければならない様々な仕事を行うことに、何か魅力的なものがあるのかもしれない。

企業経営の面からは、大企業と極小規模企業はほとんど昼と夜ほど異なる。小企業(small business)という種類はこれら二つの企業の中間にあり、この小企業は、普通、例えば、200 人未満の労働者を雇用し、さらに 1 年に 100 万ドル未満の売上高を得ている法人企業(corporate enterprise)を意味する。例えば連邦議員あるいは新聞の論説委員が、小企業に同情するとき、また例えばある税法の撤廃を支持するとき、これらの人々が関心を向けるのは、普通、極小規模企業に対してよりも、むしろかなりの規模の小企業に対してである。

個人事業

私達は、一つの特定のベンチャー企業が、小さな最初の出発の企業からかなりの規模の株式会社(corporation)にまで成長するような、ある一つのベンチャー企業の歴史を辿ることによって、企業組織の主な形態（個人事業(the single proprietorship)、パートナーシップ[*3](the partnership)、株式会社）を知ることができる。本章の後半の B の部分で、私達は巨大株式会社の問題とこの巨大株式会社の現代においての経済的役割の問題を調べる。

あなたが練歯磨を生産する事業を始める決定をすると仮定しよう。あなたは、化学の授業で良い調合剤を発見していたかもしれず、場合によっては『ブリタニカ百科事典』(*the cyclopedia Britannica*)あるいは『合衆国薬局方』 (*the U.S. Pharmacopoeia*) という出版物によって、古い調合方法をただ見つけただけかもしれない。個人事業主(a single proprietor)になるには、あなたは誰の許可を得る必要もない。あなたはある朝目を覚まし、「今日、私は事業を始める」と言うだけである。そうすればあなたは個人事業主である。

あなたは、望むどれだけの人数の労働者も雇うことができ、どれだけの資金も借りることができる。1 日あるいは 1 ヶ月の終わりに、すべての費用を支払った後、利益として残るものは何でも自分のものであり、あなたは好きなように使うことができる。あなたはレジに行き、800 ドルを取り出し、あなたの妻が毛皮のコートあるいは 1 台のチッペンデール(Chippendale)様式の家具を買うために、この 800 ドルをあなたの妻に与えても、制止する者はいつでも 1 人もいない。あなたは事業からのすべての利益に対し、1 人の個人として所得税を支払わなければならないだけである。

事業での損失も、すべてあなた自身の負担になる。もしあなたが売上高によって負担しな

ければならない費用を支払えないならば、債権者はあなたに次の個人資産を完全に処分して負債を支払うように求めることができる。つまり、子供の教育のために残している戦時公債、古くからの農場、そして残りの全資産である。法律によれば、個人事業主は事業によって被ったすべての負債に対し、"無限責任(unlimited liability)"を負う。債権者は、小さな最小限度を上回る個人事業主のすべての資産を、負債を支払ってもらうために法律によって差し押さえることができる[2]。

事業の拡大と短期資金の必要性

　安物雑貨のチェーン店が、あなたのチューブ入り練歯磨製品の価格の低さにひきつけられて、自店の商標で売るために、この練歯磨製品へ大量の注文をあなたに出すことになったので、あなたの事業がとてもうまくいっていると想定してみよう。あなたは今予想していたよりも多く儲けているけれども、これまでよりも現金がかなり不足していると気づく。なぜか。あなたは、労働者と原材料の供給者には、労働と原材料を受け取りしだい代金を支払わなければならないのに対し、あなたの販売品に対しては前金で支払ってもらえないからである。しばらくの間、あなたはお金を支払っているが、そのお金と引き換えに何も得ていない。つまり、あなたが帳簿に記入している販売品への注文による将来の受取りの確かさを除いて、また（未完成の練歯磨、空のチューブ、等の）いくつかの種類の"仕掛品"(goods in process)を除いて、あなたは何も得ていないからである。

　ある程度、"運転資金"(working capital)の不足を、あなたは、供給された原材料の代金を、月末まであるいはもっと長くまで支払わないことによって軽減できる。しかし、あなたへの原材料の供給者は、あなたが未払いの付けをためるのを許すのには限度がある。さらに、あなたがいわゆる"買掛金勘定"の負債(accounts payable liabilities)を増やすことは、資金を調達するのに費用がかかる方法である。なぜなら、供給された原材料に30日以内で代金を支払うならば、この原材料への代金の支払いはしばしば2パーセントの割引になるからである。あなたは、このような割引を利用しないときには、現実にきわめて高い利子率を支払っていることになるので、適正な利子率でお金を借る方が有利であろう。

　このような個人事業主はどこでお金を借りるのか。個人金融会社(a personal finance company)は、少額の個人貸付に対しあなたに1ヶ月約3パーセント、つまり1年約40パーセントの利子を多分請求する。さらにこのような金融会社は、未返済の場合には、合法的に「差し押さえることができる」、つまり「債権差押え通知を出して債務者の債権を差し押さえることができる」定職で賃金を得ている人にお金を貸すことを望む。あなたが、もし抵当に入れていない家を所有しているならば、この家を抵当に入れて、年4、5、あるいは6パーセントの利子率で借入金を、調達できるであろう。このようにしてお金を借りることは、あなた

　2)　破産した個人事業主あるいは共同経営者が保有し続けることを許される家具と財産の最低額に関しての法律は、州ごとに異なり、経済学の教科書ではこの法律に関して詳しく述べることができない。

の家族の将来の生活を明らかにリスクにさらすに違いない、しかし多分あなたは、自分の事業の将来に十分成功への確信を持っているならば、このリスクを受け入れるであろう。

　なぜ地方の銀行家に年 6 パーセントかあるいはそれよりも低い商業貸付(a commercial loan)を求めることができないのか、と誰かが当然問いかけるであろう。この答は、普通、商業銀行が、審査に合格できない不確かな企業に、"ベンチャー・キャピタル"(venture capital)を供給しようとしないからである。あなたは、売上代金が入ってくるとすぐに、いつもしつこくせがむ債権者の支払請求に応ずるために、小切手を振り出さなければならなかったので、口座がある商業銀行の副頭取は、あなたの当座預金残高を見て、残高がゼロの近くに常になっているのを当然知っている。普通、商業銀行は、最も資金が不足する時期を乗り切るために使われそしてその年の内に清算される 3 ヶ月の貸付を行おうとする。今から 3 ヶ月後、事業の拡大によって現在よりも多くのお金が入るので、3 ヶ月後に借入れを継続するために、借入れの更新を申し込むつもりはない、とあなたは厚かましく言っても意味がない。

　銀行は、数年の期間の"中長期事業資金貸付(term loans)"に反対する古くからの偏見をたとえ持たなくなるとしても、あなたの企業と同じような企業に、資金を良心的に供給することはありえない。あなたの企業の将来がどんなに確かでまたすばらしいものであるとあなたは思っていても、銀行家にはあなたは、大部分の人達が好況の期間でも破産を運命づけられており、またほとんどすべての人達が、最初の大不況がやってくるときに、確かに倒産してしまう企業家を夢見ている多数の人達の内の 1 人にすぎない。銀行は、実際預金者が預けた全預金額を守るために、例えば、4 パーセントの利子に加えて、多分 10 パーセントあるいはそれ以上のリスク・プレミアム(risk premium)をあなたに追加的に課さなければならないであろう [3]。そうしなければ、銀行は、不成功に終わったベンチャー企業の損失を成功したベンチャー企業によって補填できない。

　あなたには銀行から借入金を得る多分ただ一つの可能性がある。もしあなたが退役軍人であるならば、復員兵援護法の一つの条項は、政府が、あなたの事業の成功の可能性を審査した後、あなたの銀行の貸付金の 2 分の 1 を、2,000 ドルまで"保証"できることを定めている。銀行家は、リスクが減るので、あなたに定めた 4 パーセントでお金を普通喜んで貸す。なお、この政府保証付きの銀行によるすべての資金供与は、贈与ではなく、退役軍人が自分の個人資産によって返済しなければならない借入金であることを強調しなければならない。さらに、1 人の退役軍人は、ばかげたベンチャー事業に借入金を使い果すならば、将来借入金を利用できない。

　資金を借りようとするあなたのその場しのぎの試みにもかかわらず、あなたの企業は、規

---

3)　ドイツでは大いに利用されてきたが、合衆国あるいはイギリスでは利用されてこなかったもう一つの方法は、銀行があなたの企業の所有権の一部を買い、そして思いがけなく大きな利潤をあなたの企業と分け合うことである。このような所有権への関与は、銀行の経営責任と不可避的に結びつき、また銀行業者による企業の独占的支配としばしば結びつく。このような理由やその他の理由のために、このような所有権への関与の行動を、アメリカの銀行については法律で禁止している。

模の拡大による資金繰りの悪化の状況にやはり苦しんでいる。あなたは一層多くの借入資金を調達するすべての可能性を利用し尽くしている。あなたには共同出資者(a partner)を探し出す以外にできることは何もない。

パートナーシップ

　どのような2人あるいはそれ以上の人々も、集まり、パートナーシップを設立できる。それぞれの当事者は、ある比率の労働と資本を提供し、ある一定比率の利益を分け合い、そしてもちろんどのような損失あるいは負債についてもある一定比率を負担し合うことに、必ず同意することになる。純然たる口頭の取決めでもこのパートナーシップを設立できる、しかしパートナーシップについて何らかの正式の契約書を弁護士が作成するならば、この取決めは、もっと商習慣に従うことになり、誤解を少なくするのに役立つ。

　この練歯磨会社のケースにおいて、あなたの義理の弟は、21,000ドルの資金を提供する見返りに、あなたの企業の半分の所有権を与えられると仮定しよう。あなたと同様に、彼は、この会社のために働き、例えば、あなたが1年に7,000ドルの給料を受け取るのに対して、4,000ドルの給料を受け取ることになっている。あなたは全利益あるいは全損失の3分の2を受け取るあるいは負担することになっており、他方義理の弟はこれら全利益あるいは全損失の3分の1を受け取るあるいは負担することになっている。

　あなたの共同出資者は手持の現金で21,000ドルを出資している。あなたは何をこのベンチャー企業に提供しているのか。まず第1に、あなたは、もちろん、すでに配送したがまだ代金が未回収の自社の製品に対するかなりの売掛金(accounts receivable)とともに、今後供給することになっている何バレルもの練歯磨の半製品を所有している。このようなものはあまり大きな金額でないように思われる。

　実際に、あなたがこのパートナーシップに持ち込んでいるものは無形であるが価値のある資産である。利益を得ることができる販売品の受注、ノウハウ、つまり"のれん"(good will)と呼ばれるものである。要するに、あなたは、例えば、1年に総費用を上回る9,000ドルの潜在的利益獲得力を提供している。あなたは共同出資者に1年に4,000ドルの仕事（私達が推測するに、この4,000ドルは共同出資者が他のところで稼ぐ金額にほぼ等しい）を得るようにさせており、さらにその上に、この共同出資者は、21,000ドルの出資への報酬として、毎年9,000ドルの利益の内の3分の1を手に入れることになっている。

　利子率を使っての所得流列(an income stream)の資本化についての以前の第3章での議論から、このような義理の弟の1年3,000ドルの所得は、（もしこの3,000ドルの所得が確実でまた永続的であるならば）5パーセントの利子では約60,000ドル（3,000ドル÷0.05）の価値になることは明らかである。リスク要因を除くと、あなたの義理の弟は、投資によって今後毎年約14パーセントの収益を受け取ることになるので、21,000ドルによって良い買い物をしている。それゆえ、明らかに、利益の内のあなたの3分の2の分け前は、あなたが提供している（資本化"超過収益力"(capitalized excess earning power)として定義する）42,000ド

ル以上ののれんによって納得のいく説明になる[4]。

企業成長のいくつかの要因

このようにして、その後あなた方の企業の事業はうまくいき、成長し続けている。毎年2人の共同出資者は、会社から自分達の給料と利益の約5分の1だけを取り出し、利益の残りを会社に再投資することに同意している。

あなた方2人が、自分達の会社から少しであるがともかくいくらかの利益を取り出すことを決定している唯一の理由は、あなた方の両方が連邦個人所得税(federal personal income taxes)を支払うために現金を必要とするからであり、この連邦個人所得税は、あなた方の給料にだけでなく、パートナーシップの利益のあなた方それぞれの取り分にも課税される。政府は、業務に関与しないが分け前を得る匿名社員(a silent partner)であり、あなたが受け取る所得のすべての追加的1ドルにつき約35セント、そしてあなたの共同出資者のわずかに低い所得のすべての追加的1ドルにつき約30セントの分け前を得る。

この企業の事業は次の理由によって成長してきた。(1)あなた方が会社の商標名を広告し、この商標名が一層知られるようになった結果、また、あなた方が一層多くのセールスマンを送り出した結果、練歯磨への一層多くの注文が入るようになってきた。(2)一層多くの練歯磨を生産するにつれて、大規模生産の経済が実現され、その結果あなた方は自分達の商品の価格を引き下げることができている。(3) 新たな成長要因が"垂直的統合"(vertical integration)によって発生している。つまり、あなた方は、安価な原材料の供給源を確保するために、一つの化学工場を買収することを決定した、またこのことに加えて、あなた方は自社の製品の卸売業者になっている、それゆえ、ただ一つの"生産という段階"だけではなく三つの段階を運営している。(4)さらに、この会社は"水平的統合"(horizontal integration)によっても成長し始めている。あなた方は、いくつかの地域で、同じ様な練歯磨を生産しているいくつかの競争相手を買収することによって、利益を得る機会をものにしている。(5)あなた方は、同じ建物内に新たな生産ラインを導入することが、工場の間接費用(the overhead expenses)を分散させるのに役立つと思っていたので、また、あなた方のセールスマンが、販売訪問するとき、わずかな種類の商品の注文を得るのとちょうど同じ営業努力で、多く種類の商品の注文をうまく得ることができると思っていたので、石鹸と口紅のような練歯磨との新たな"補完的製品" (complementary products)を増やした。(6)最後に、あなた方はきわめて良い品質の練歯磨を生産しているので、あなた方の事業は何かしりすぼみの状態になるどころか、現実に成長さえできている。

---

4) のれんと資本化収益力(capitalized earning power)の問題を本章の会計学についての付録においてさらに論じる。

資金の新たな必要と資金源

　この企業は、速く成長すればするほど、資金繰りが一層悪化し、業績が良いにもかかわらず、再び具合の悪い状況になっている。この企業に持ち込まれた 21,000 ドルの新たな出資金(equity capital)は、長い間現金のままでなかった。この出資金は、すぐに一部、仕掛品および事務用消耗品のような、流動資本資産(circulating capital assets)に変えられた。一部この出資金は、この会社が最も返済を迫られている負債、特に費用が高くかかり、すぐに返済しないと値引きされなくなる買掛金(accounts payable)という負債を返済するために使われた。

　残りは、政府の余剰物資局(Surplus Property Administration)が売りに出した工場の建物と設備購入への頭金として使われた。戦時の化学工場として以前に使われていたこの建物は、ある化学会社のために政府の費用で建設された。この化学会社は、政府の"請負業者"(agent)としてこの工場を運営し、その後この工場の当初の建設費用から数年の使用によって価値が低下した減価償却を差し引いた価格で、この工場を買い取る最優先権(the first option)を与えられた。しかし、この化学会社はこの最優先権に応じないことを決定した、そこであなた方のパートナーシップは入札をして、この工場を購入できた。あなた方は、現金が不足しているにもかかわらず、工場の敷地に支払ってきた高い地代と戦後の建物建設の高い費用を考えると、この工場は、見逃すことができないあまりにも良い掘り出し物であった。

　あなた方は、この工場の購入価格と頭金の間の差を、この資産を抵当に入れた借入れによって資金調達した。この抵当による借入金(the mortgage money)を、近くの生命保険会社が融資した。あなた方は、今後返済する元金に 1 年 3.5 パーセントの利子を付けて、この借入金を 20 年の期間にわたる分割払いで毎年返す、つまり返済することになった。借入金を返済できない場合には、抵当権の保有者は、もちろん抵当権を流す権利を持っている、つまり工場の建物の所有権を受け取り、この所有権を売り、その代金を得る権利を持っている。この工場購入の頭金は工場価格の約 4 分の 1 になっていたので、またこの工場の価格はそもそも掘出し物の価格であったので、また保険会社は貸付金の元金の一部をおそらく今後毎年取り戻すはずであるので、この保険会社が引き受けるリスクは必ずしも大きくない。この保険会社が損失を出すかもしれないただ一つのケースは、契約を行った最初の数年内に不動産価格の破滅的暴落が発生するケースである。

　利益を事業に継続的に再投資するにもかかわらず、この企業の成長はあなた方にさらに資金が必要になるであろう。しかし今、あなた方への高い評価が確立してきたので、いわば、借入れのいくつかの新たな方法があなた方に利用できるようになっている。あなた方の銀行家は、資金繰りが厳しいクリスマス前の期間をあなた方に乗り切らせるお金を、喜んで貸すであろう。商業信用会社(the Commercial Credit Corporation)のような産業金融会社(an industrial finance company)は、あなた方の安全であるが、今のところ集金されていない"売掛金"（この言葉によって、あなた方が売りそして発送したが、まだ代金を支払われていない商品に対し、あなた方に支払う義務がある金額を意味する）を担保に、あなた方にお金を貸すであろう。最後に、あなた方への貸付金はベンチャー・キャピタルであるので、あなた方にお

金を貸すことに用心深かったあなた方の銀行は、連邦政府のRFC（復興金融公社）が貸付金に保証を与えることに同意するや否や、5年の"事業貸出"を喜んで行うようになっている。あるいは、たとえ銀行がこれまで通り貸付を行おうとしなくても、RFCは、もしあなた方の活動が国益になり、またリスクが低いと判断すれば、単独であなた方にお金を貸すことができる。

　結局それでも、あなた方は、あらゆる種類の借入れによって資金調達できるよりも、もっと多くの資金を必要としていると想定してみよう。幾人かの新たな人々にこの企業の利益と損失を分け合わせることによって、一層多くの"出資"金(equity capital)を得なければならない必要性が生じ、やっかいなことになっている。実際、あなた方はたとえお金を借りることができるいくつかの金融機関をさらに見つけることができるとしても、このようにしてお金を借りるのは賢明でない。あなた方は、狭い範囲の出資金によって、すでにあまりにも多くの負債と固定費(fixed charges)を増加させている。ものごとがうまくいっている限り、あなた方に5パーセントの費用しかからない資金によって、10パーセントの利益を得ることはすばらしい。しかし損失が発生するならば、この損失は、利益を得ることができるが、損失に責任を負う所有者(the residual owners)である2人の共同出資者にきわめて重く降りかかるであろう。

パートナーシップの形態の短所

　所有者による自己資金 (ownership capital)を一層多く得る一つの可能性は、新たな共同出資者の加入を認めることである。もしあなたの妻の実家が大家族でなければ、あなたはもちろん、もっと遠い親戚まで共同出資者を見つけに行くかもしれない。あなた方が加入を認めることができる共同出資者の数には限度がない。証券仲買業と銀行の分野では100人以上の共同出資者を含むパートナーシップもある。しかし、1人の新たな共同出資者が加入を認められるたびに、あるいは1人の共同出資者が死ぬかまたは退出するたびに、全く新たなパートナーシップを設立しなければならない。

　さらに、共同出資者の数が増加するにつれて、今までの議論において目にすることがなかった問題も現れる。それぞれの共同出資者は、パートナーシップが被ったすべての負債に対して、個人の全財産の範囲で*無限*に責任を負う。もし1人の共同出資者がパートナーシップの1パーセントを所有しており、この会社が倒産するならば、この共同出資者は請求金額の1パーセントを支払うことを要求され、その他の共同出資者は請求金額の99パーセントを支払うことを要求される。これらその他の共同出資者が自分達への請求金額を少しも支払えないならば、この1パーセント出資の共同出資者は、自分のすばらしい銅版画を競売で売るか、あるいは自分の家を売却するかを意味するとしても、請求金額のすべてを支払うことを求められるかもしれない。

　*無限責任*というこの特徴は、なぜパートナーシップが小さな、同じ様な種類の、個人企業(personal enterprises)に限定される傾向にあるかを明らかにしている。無限責任が共同出資者

の個人資産を危険な状態に追い込む問題になるとき、人々は自分達でほとんど管理できない面倒なベンチャー企業に、自分達の資金を投資することを普通きわめて嫌がる。このため、それぞれの共同出資者は、パートナーシップの法律に含まれる"共同代理"(mutual agency)の原則によって、パートナーシップ全体に関与する1人の代理人(agent)として行動できる、大きな権限を持っている。

　営まれてきた半分以上の事業が個人事業とパートナーシップによって運営されている私達の経済の唯一の部門に、農業と小売業がなぜなっているかを、この無限責任は説明している。投資銀行(investment banking)の分野において、J・P・モルガン・アンド・カンパニー(J.P. Morgan & Company)のような会社は、モルガンのヨットとホイットニー(Whitney)の温室の個人資産のどちらも、会社を経済的に十分に支えることができるという安心感を自社の債権者が持つことができるように、堂々と「法人にならない」とよく広告を出した。だが、このような会社でさえ、モルガン・スタンレー・アンド・カンパニー.株式会社(Morgan, Stanley, and Company, Inc.)とJ・P・モルガン株式会社(J.P. Morgan, Inc.)のような株式会社名に変わっている。

　（無限責任に加えて）さらに次の二つの短所がパートナーシップを特徴づけているとしばしば言われている。第1に、大部分の教科書が私達に教えているほど重要でないけれども、誰か新たな出資者が加入するたびに、あるいは出資者の誰かが死ぬたびに、新たなパートナーシップを設立する必要がある。このような再組織化のめんどうくささとやっかいさは、投資銀行の分野でよく知られているけれども、この再組織化によるめんどうくささとやっかいさはどちらかと言えば重要でない。

　出資者のどの1人でも、現在の取決めに不満足であると思い、出資金を引き揚げたいときにはいつでも、パートナーシップを解散させることができる事実から発生する現実の短所はもっと重要である[5]。さらに、パートナーシップに関する法律によれば、どのような出資者も、他の共同出資者達の同意がなければ、自分の共同所有権の持ち分を新たな出資者に売ることができない。もし同意を得ることができなければ、ある共同出資者がこのパートナーシップへの出資金の持ち分を清算して現金化することはきわめてめんどうであることも避けられない。

---

5)　小説家であるウィリアム・デイーン・ハウエルズ(William Dean Howells)の有名な本のタイトルの人物であり、自分の力で出世した架空の実業界の大物であるサイラス・ラペム(Silas Lapham)が、共同出資者に対し「あなたは私の出資金の持ち分を買い取りなさい、さもなければ私があなたの出資金の持ち分を買い取るつもりだ」と、最後の別れ話を突きつけたのを読者は思い出すであろう。企業の成功に貢献した実質的な知力と活力は、私の知力と活力であり、また提示している買取金額は共同出資者の元の投資額を上回っているというサイラスの二つの悪意のある言い分は、賢明なラペム夫人によって完全に悪意を見抜かれた。ラペム夫人は、もし最もお金を必要としている時に共同出資者のお金がなければ、この企業は決して成功できなかったであろうし、またサイラスの売ろうという提案は、共同出資者がこの企業のすべてを買い取れないという判断を前提にしている、と指摘した。

B. 現代の株式会社

　この時点において（あるいはずっと以前にさえ）、あなた方は多分パートナーシップを解散して株式会社を設立しようと決定するだろう。普通、あなた方は住みそして仕事をしている州で、株式会社を設立しようとする。しかし、たとえ株式会社がどのような規模であっても、株式会社を誘致するために、株式会社を管理する法令が他の州よりもずっとゆるい、デラウェア(Delaware)あるいはニュージャージーのようなある一部の州に、あなた方は、名前だけの本社を置くことを望むかもしれない。

　数世紀前には、株式会社の設立認可状(corporation charters)は、政府によってまずほとんど与えられず、王と立法府による特例法によってのみ与えられた。イギリス議会とアメリカ連邦議会は、公益事業の企業あるいは鉄道会社が、特別の事業を行いまた特別の役割を果たすので、株式会社を設立するのを寛大に認めるようになった。東インド会社(the East India Company)はこのようにして認可状を与えられた株式会社であった。アメリカでも外国でも、初期の鉄道会社は、立法府から株式会社の設立許可状を取得するために、自社の軌道の路盤を造成するのと同じほど多額の金額を、しばしば支払わなければならなかった。徐々に、19世紀中に、この株式会社認可の方法は適切でないように思われ始め、アメリカ連邦議会からもイギリス議会からも特別の投票による承認を得る必要がなくなり、ほぼどのような目的に対しても、株式会社を設立する特典をほとんどどのような人にも与える一般株式会社設立法(general incorporation laws)を、議会が承認することは普通になった。

　今日においては、弁護士は、きわめてわずかの手数料で、株式会社設立に必要な書類を作成し、その申請書の中に、あなた方が望む可能な限り広い権限と目的を、書き入れる。申請書を提出すると自動的に、またわずかな費用で、州は株式会社設立を承認するであろう。

　あなた方の練歯磨会社のケースにおいて、株式会社設立の手順はどのように進むかを見てみよう。あなた方は、株式会社の普通株(common stock)を 20,000 株発行し、その内の 6,600 株をあなたの手元に残し、3,300 株をあなたの共同出資者に渡し、100 株をあなたの妻に渡す、そしてその他の 10,000 株を他の外部者に売ることを決定する。それぞれの株券に 10 ドルの初期の表示価格を表記できるけれども、あなた方の弁護士は、"額面価格"(par value)が少しも特別の意味を持っていないので、発行する株を"無額面株"(no-par-value shares)にするように、あなた方に助言を与えてきた。

　公衆に売られる 10,000 株は地域の投資銀行を通じて売りに出される。投資銀行は単に有価証券の取引業者にすぎず、どのような商人とも同じ様に、投資銀行の利益は買入価格と販売価格の間の差から発生する。あなた方の会社はとても小さな企業であるので、投資銀行は、有価証券を売る費用が特に高くなりそうであると主張して、あなた方に対し有利な条件で取引を行うことができる。例えば、この株式仲介業者は、あなた方から 1 株 10 ドルの価格で買い、その後 1 株 12.50 ドルの価格で転売する計画を立てるかもしれない。もしあなた方

の会社が大会社であるならば、異なる投資銀行団(investment banking syndicates)の間での激しい付け値競争によって、あなた方は、この 12.50 ドルの転売価格に対して、投資銀行に 12.40 ドルほど、場合によっては 12.45 ドルも要求できたかもしれない。

　大会社に対しては、投資銀行家は多分さらに 10,000 株の新たな発行を全て一括引受けすることに同意していたであろう。このことは、投資銀行家がある定められた価格で 10,000 株のすべてを買い取ることを確約することを意味する。このとき、もし投資銀行家が提示する価格で市場が投資銀行家からこれらすべての株を必ずしも買わないならば、あなた方の大会社ではなく、投資銀行家がこの損失を負担しなければならない。しかし、この投資銀行家は、多分、あなた方の会社をあまりにも小さく、また実績が乏しい企業とみなしているので、一括引受けのリスクを受け入れることを正しいとみなさない。この結果、この投資銀行家が全株を売ることが不可能であるならば、あなた方は株式が売れただけの少ない資金で済まさなければならない。

　幸運にも、すべてのことがうまく行き、この投資銀行家は売った有価証券によって、あなた方に現金で 100,000 ドルを支払っている。パートナーシップのケースと異なり、あなた方は、投資銀行家が株を売った人々にも、またこれらの人々がさらに誰か他の人々に自分の株を転売するかもしれない事実にも、関心を持つ必要はない。所有者が株券を紛失する万一の場合に備えて、配当の小切手あるいは株主総会の通知をどこに送ったらよいかを知るためだけに、あなた方は株券の所有者の名前を会社に登録する。株式会社において、普通、それぞれの 1 株の所有者は、1 票の投票権と、全株式数に対する比率に従って利益の中から分け前を得る。10 株を所有しているある株主は、10 票の投票権があり、これに比例した一層大きな配当金を受け取る。

　10,000 株の外部の所有者は、この会社に 100,000 ドルの現金を払い込んでいる。あなたとあなたの共同出資者はどのような形で出資しているのか。明らかに現金でなく、むしろ次の等しい金額の収益資産(earning assets)によってである、つまり、工場、設備、仕掛品、および、おそらく私達がすでに見てきたように、この会社の商標、特許、ノウハウ、等々によって生み出される企業の予想"超過収益力"の資本化価値であるのれんによってである。

　1929 年以前の古き良き時代においては、あなた方とあなた方の投資銀行家は、のれんをあなた方が望むできるだけ高い金額で評価し、おそらく 10,000 株ではなく 20,000 株を自分達の持ち分にしたかもしれない。この行為は"株を水増しする"(watering the stock)と呼ばれてきた。しかし今日では、あなた方は新株発行計画を SEC（証券取引委員会）に届け出なければならない。SEC は、新株発行を認める前に、公衆が"裏付けのない水増し株"にかなりの現金を支払わされていないことを、確認しなければならない。さらに、SEC は、その計画には正しくない表示も意図的に広めた偽りもないこと、また株を売り歩くセールスマンが助言と確かな会計情報を与えることだけに努めていることを、確認しなければならない。しかし、SEC は株の価格については判断をしようとしたり、株の価値を確認しようとしない。

株式会社の形態の長所と短所

株式会社はパートナーシップによってあなた方を困らせた大部分の問題を解決している。株式会社は多額の資金を集めるほぼ完璧な仕組である。最も重要なことは、すべての株主が今有限責任を負っていることである。投資家は、1株に12.50ドルを支払った後、個人の資産を危険にさらす心配をする必要はない。たとえ、比較的悪い経営状態が最悪の状態になって企業が破産するとしても、それぞれの株主が損害を受ける最大限度は、最初の1株当たり12.50ドルである。それぞれの株主は、これ以上負担を求められることはあり得ない。

株式会社が州によって認可される擬制的法人(fictitious legal person)であるという事実は第2番目に重要である。株式会社は"自然権"によってではなく、州の意思(the pleasure)によってだけで存在している。株式会社は、その所有者とは別のものとして、裁判所で訴えられるかもしれないし、また訴えることもできる。株式会社のどのような執行役員も、パートナーシップの共同出資者と異なり、法的権限を執行役員以外の所有者のための代理人として行動することに、また利益の配分と負債の負担のような金銭的問題を執行役員以外の所有者に委ねることに、厳格に制限されている。さらに、株式の所有権が転売と遺産相続によって何回変わるかに関係なく、また10,000人の異なる株主がいるかどうかに関係なく、株式会社は"永久に受け継がれることができる"、つまり永久に存続できる。株主のどのような集団も、他のどのような集団にも保有株を売るようにも、持ち続けるようにも強制できず、さらに全員一致でなく過半数だけが、企業の合法的事業のすべての議論に決定を下すために必要である。普通、株主は、あまりにも人数が多く、すべての決定への会議に出席することができない。民主主義国での有権者が自分達のために働いてくれる立法府の代表者を選ぶのとほぼ同じ方法で、株主は、年次総会と次の年次総会の間、自分達を代表する12人あるいはその程度の人数によって構成される取締役会(a board of directors)を選ぶことを望む。しかし、すぐに分かるように、大きな株式会社を本当に民主主義的に運営する問題は、ほとんど実現しがたい問題である。

近年、株式会社にとってますます大きな問題になっている一つの短所がある。連邦政府、および多くの州は、法人所得に課税し、さらに法人の活動を規制している。例えば、戦時中、規模が小さくて利益の多い株式会社は、超過利潤課税(excess-profit taxation)によって政府に所得の80パーセントほども納めなければならなかった。今日でも、このような株式会社はほぼ38パーセント税を納めなければならない。これらの法人税(corporate taxes)は、株主が分配されるすべての配当金に対し後に支払わなければならない個人所得税に、さらに加えたものとなっている。

株式会社へのこのような課税は、小さな株式会社が、有限責任と資金調達がきわめて容易であることへの見返りとして、支払わなければならない高い代償であると、多数の賢明な企業家は実感し始めている。このような賢明な企業家は、パートナーシップの形態で事業を継続することを決定している。しかし、パートナーシップの形態で事業を継続しようとする企業家の決定は、株式会社の形態の企業に与える租税*優遇*の存在によって複雑になる。すべて

の*未分配法人利潤*(undistributed corporate profits)が*個人所得税*を逃れており、支払われる配当金のみが*個人所得税法*によって課税されるところに、私達の現在の法律には一つの抜け穴がある。個人所得のすべてのドルに約85パーセント課税されるきわめて裕福な人は、心の中では「パートナーシップに投資し、その後利益が事業に再投資されようと私に分配されようと、すべての利益の内の85パーセントが課税されるよりも、利益をほとんど分配しない株式会社に投資する方が良いであろう。もちろん、株式会社は自社の利益に38パーセント税金を納めなければならず、しかも利益が配当金として私に配られる金額に、私はさらに85パーセントの税金を納めなければならない。しかしもしこの利益が配当金としてあまり配られないならば、私の実効税率(effective tax rate)は85パーセントでなく38パーセントである。」と思っている。

　この裕福な人は、納税という不幸な日をいくらか先延ばしにしているにすぎない。なぜなら、この人は将来自分の配当金を受け取ろうとするとき、この配当金は課税の対象になるからである。だが、第3章で示したように、複利の世界では、時は金なりである、このため、税金対策専門の弁護士は、自分の顧客に対し、不幸な日を先に延ばす合法的対策を提案することによって、生活費を稼いでいる。他方、"ひどく損害を受けているが"そのまま放置されている人は、38パーセントの法人税(corporate tax)を間接的にすでに支払っている上に、自分の配当金受取額に個人所得として多分30パーセント課税される比較的貧しい株主である。このことはときどき"二重課税"(double taxation)と呼ばれている[6]。

　課税の問題を政府の財政についての後の二つの章で議論するのが適切であり、ここではこれ以上議論しない。

株式会社はどのようにして資金を調達できるのか

　ここでの例の株式会社は、新製品、大量生産の経済、広告による販売促進、等々に加えて、垂直的統合と水平的統合の結果、拡大し続けていると仮定しよう。この株式会社には、約束手形あるいはモーゲージ証券による借入れ、あるいは掛買いによる原材料の購入に加えて、どのような新たな形態の資金調達が利用可能であるのか。

　社債　まず第1に株式会社は社債(bonds)を発行できる。社債は、きれいな紙に印刷され、そして、市場で転売しやすいように、100ドルあるいはその他の額面価格で発行されている特殊な種類の約束手形(promissory notes)にほかならない。社債は、満期になるまでの数年の間、6ヶ月ごとに一定金額のドルを支払うことを約束している有価証券である。満期の時に、

6)　株式会社の形態の下での二重課税という不利益を避けるために使われるもう一つの抜け穴は、ある株式会社を互いに親密な関係で所有している者達が、大部分の利益を高い給料の形で自分達自身および自分達と深い関係の者達の手に入るように、投票で決定することである。財務省は、経費を膨らませることによって、税を逃れようとするこのような方法を調査しようとしている。しかし給料を与えられている1人のまたいとこが、実際に、1年に15,000ドルの価値があるかどうか知ることは常に難しい。

借入れを行っている会社は額面価格で社債の元金を全額返済することを約束している。（しばしば、この会社は社債所有者に以前に同意していた金額を支払うことによって、満期日の2、3年前に社債を回収する権利を持っている。）社債の利子収入を表す6ヶ月ごとに支払われるドルによる分割払込金は、普通"利札による支払い"(coupon payments)と呼ばれる、なぜなら社債の所有者は、6ヶ月ごとに社債の決められた小さな角の部分を切り離し、この小さな角の利札を郵送して、利子の支払いを受け取るからである。

　普通、会社は、利益を稼いでいるかどうかに関係なく、決められた時に利札と元金に対しお金を支払わなければならない。さもなければ、この会社は社債への債務不履行になり、他のすべての債務者と同様に訴訟される可能性がある。（ときどき、会社は貸手に一層の保証を与えることができるように、社債にこの会社の工場あるいは設備への抵当権も付けている。）もちろん、パートナーシップも社債を利用することによってお金を借りることができない特別の理由は少しもない。しかし、普通、パートナーシップは、多くの貸手に出資に関心を持たせることができるほど、十分によく知られていない。このことについて言えば、小さな株式会社も社債を発行することによってほとんど資金を調達できない。

　普通株　社債の発行と普通株(common stock)の発行は、資金調達をする全く反対の方法であることは明らかである。普通株の株主は、"出資"金を供給している。普通株の株主は、すべての利益を分け合い、事業決定の管理に参加する、しかしすべての損失も負担し合わなければならない。普通株の株主は、社債の保有者に支払い義務がある定額の負債をすべて支払うまで、少しの配当金も受け取ることができないので、普通株の株主の株は比較的危険な投資対象物である。債券保有者は、名目上比較的低いが、比較的安定した所得を得る。言うまでもなく、もし株式会社が破産しないかあるいは破産の危険がないならば、債券保有者は普通事業の決定に関与しない。

　優先株　いわゆる"優先株"(preferred stocks)は社債と普通株の中間にある。（優先株発行の企業がそれぞれの年にどれだけ利益を得ていても）優先株に資金を出す買手は、優先株から得ることのできる利回りが(例えば、1株の額面価格に対し明記している4パーセントに)限られることで、優先株は社債に似ている。しかし、優先株の買手の法的請求権が、社債保有者の法的請求権よりも劣り、普通株の株主の法的請求権よりも優るので、普通株の株主が配当金を得るよりも、優先株の買手が一定の配当金を得ることの方がもっと確かである。

　もし練歯磨会社が社債の利子に1年に2,000ドルを支払う義務があり、さらに4パーセントの配当の50,000ドルの金額の優先株を発行しているならば、この会社の（全税引き後の）純利益が約2,000ドル＋2,000ドルになるまで、普通株の株主はいかなる配当金も受け取れない。もしこの会社の純利益が5,000ドルであるならば、普通株の株主には1,000ドルのみが、つまり200,000ドルの資本投資(capital investment)に対し約0.5パーセントの収益のみが手に入るに過ぎない。この会社が業績のよい年になり40,000ドルの利益を得るならば、36,000ドルも普通株の株主の手に入るであろう。

　しばしば"累積的"優先株(cumulative preferred stock)は、"非累積的"優先株(noncumulative preferred stock)よりももっと多く発行されている。前者の累積的という用語は、もし株式会社が、5年間の不況の間利益が十分でなく、1株100ドルの優先株への4パーセントの配当金を少しも支払うことができないならば、好況期が再びやって来るときには、普通株の株主が配当金を受け取り始める前に、この株式会社は未払いの優先株への配当金の累積額20ドル(4×5ドル)を、優先株の株主に支払わなければならないことを意味する。しばしば優先株は"任意償還可能"(callable)あるいは"転換可能"(convertible)でもある。第1番目の用語は、前もって定められたある価格で、例えば103ドルで、会社は自社の発行優先株を満期前に買い戻すことができることを意味する。第2番目の用語は、優先株のそれぞれの株券を、ある取り決められた比率で、普通株の株券に変えることができる優先株の株主に与えられる権利を言っている[7]。

異なる有価証券のそれぞれの長所

投資家の観点からは、社債、優先株、普通株と、明らかに順番にリスクが増加して行き、安全が減少して行く。(だが高い収益を得る機会が増加することによって順番に埋め合わされる)。例えば、今日では、"優良"社債(a gilt-edge bond)は約3パーセントの利回りを、優良優先株は約4パーセントの利回りを、そして優良普通株は8パーセントと10パーセントの間のどこかの利回りを、それぞれ得ることができる。

読者は、これら三つの形態の有価証券についての理解を点検するために、なぜ普通株がインフレーションの時期には他の二つの有価証券よりも良い投資対象であるかを確かめるべきである。

社債が完全に安全な投資対象であるという印象を、読者が持つことは誤りである。それどころか、不況の間に多くの会社は破産し、これらの会社の社債は、債務不履行になり、貨幣で数セントだけ払い戻されるにすぎない。しばしば破産した会社は、株主を完全に締め出すために別の組織を作ろうとする。裁判所は"管財人"(a receiver)つまりこの破産した会社を運営する財産の管理者を指名するかもしれず、このことにより社債保有者は元の投資の一部にすぎない社債を(場合によって株券さえ)与えられるかもしれない。さらに、ある社債保有者は、他の発行済み社債の保有者を上回る優先請求権(prior claims)を得ることができる、そしてこの優先請求権は、社債がいわゆる"第1"抵当によってか、"第2"抵当によってか、単に"第3"抵当によってか、それともそれ以下の抵当によって払戻しを保証されているかどうかにより決定される。多くの鉄道への投資家は優先請求権によっても払戻しを得る可能性がほとんどないことを苦い経験を通じて知っている。

株式会社の立場からは、社債による借入れは費用が低いが、変動することのない固定費用を生じさせる。この固定費用は業績の悪い時期にはきわめて重くなるかもしれない。優先株

---

7) またある一部の優先株は、"参加"(participating)によって一層魅力的になっている。この参加は、利益がある同意されている数字を越えると、この参加優先株の株主も、普通株の株主と一緒に、この超過した利益をかなり分け合うことを意味している。

は費用が変動するのでわずかであるが良い、それ以上に株式資本(equity capital)はすべての内で最も良い[8]。

巨大株式会社

今うまくいっている練歯磨会社は成功への階段を十分に上っている。この企業は独力でうまく事業をやってきた、しかし法人企業の最上位の層に入り込める可能性は文字どおり100万分の1である。本章の残りでは、きわめて大きな現代の株式会社の経済的地位と支配力、およびこれら株式会社がアメリカ経済において生じさせている問題を論じる。

非金融部門の最大 200 社の株式会社の一覧表は、アメリカ企業にとっての名誉ある名簿のように見られており、これらのほとんどすべての会社名は家庭でよく使われている言葉になっている。工業部門の 107 社の中には、US スチール(United States Steel) ; ベツレヘム・スチールおよびアルコア(the Aluminum Company of America) ; スタンダード・オイル・ニュージャージー(Standard Oil of New Jersey)、スタンダード・オイル・カリフォルニア、スタンダード・オイル・インディアナ、およびその他のいくつかのロックフェラーの"支配下の会社" ; ジェネラル・モータース、クライスラーおよびフォード ; スウィフト(Swift)、アーマー(Armour)、およびカダフィー・ミート・パッキング(Cudahy meat packing) ; アメリカン・タバコ(商品名ラッキーズ)、R・J・レイノルズ(R.J. Reynolds) （商品名キャメルズ(Camels)）、およびリゲット・アンド・マイヤーズ・タバコ(Ligget and Myers Tobacco) （商品名チェスターフィールド(Chesterfields)） ; ザ・グレート・アトランティック＆パシフィック・ティー・カンパニー(The Great Atlantic & Pacific Tea Company)、シアーズ・ローバック(Sears Roebuck)、モンゴメリー・ウォード(Montgomery Ward)、F・W・ウールワースおよび J・C・ペニー(J.C.Penney) ; （クラフト(Kraft)の）ナショナル・デアリー・カンパニー(National Dairy Company)およびボーデン社(Borden Inc.) ; P＆G(Procter & Gamble)およびリーバー・ブラザーズ(Lever Brothers)、等がある。

39 の鉄道会社の中に、ペンシルベニア(Pennsylvania)、ニューヨーク・セントラル(New York Central)、サザン・パシフィック(Southern Pacific)、およびその他の多くの古くから利用されている鉄道会社がある。54 社の公益事業の一覧表では、AT&T とコモンウェルス＆サザン(Commonwealth & Southern)が最上位にある。これらの工業、鉄道および公益事業の 3 部門の会社は、最大 200 の非金融株式会社である。もしさらに最大 60 の金融機関を含め続けるならば、チェース・ナショナル・バンク(the Chase National Bank) （ニューヨーク市）、バンク・オブ・アメリカ(the Bank of America) （カルフォルニア）、ナショナル・シティ・バンク(Na-

---

8) 納税対策のために、株式会社は社債の利子費用を自社の利益から除くこともできる。それゆえ、他の事情を一定とすれば、株式会社は、二つの種類の株式のどちらかによる資金調達よりもむしろ、この社債の方法による資金調達を利用しようとする。しかし、他の事情は一定でないので、過去 20 年においての一般的傾向は、固定費用、つまり社債による資金調達を少なくし、株式による資金調達へと向かっている。

tional City Bank)（ニューヨーク市）、コンチネンタル・イリノイ・ナショナル銀行(the Continental Illinois National Bank)（シカゴ）、およびファースト・ナショナル・バンク・オブ・ボストン(the First National Bank of Boston)；メトロポリタン生命保険会社(the Metropolitan Life Insurance Company)、プルデンシャル生命保険(the Prudential Life)、ニューヨーク生命保険(New York Life)、等々の巨大企業を加える。1947年に資産が10億ドルの水準を超える会社は全体で35社以上あった。

これらの巨大株式会社と結びついている経済力の途方もない集中を、次の事実から判断できる。つまり、巨大株式会社だけで、すべての非金融株式会社の総資産の内の半分以上を所有し、すべての銀行資産の内の3分の1以上を所有し、そしてすべての生命保険会社の総資産の内の5分の4以上を所有している。製造業に限ると、最大100社は、すべての製造業の労働者の5分の1以上を雇用し、すべての製造された生産物の総金額の内の3分の1を占めている。

非金融部門の200社の巨大株式会社は突然大きくなったのではない。1933年のニューディールまで、これら巨大株式会社は着実に大きくなった。1930年代を通じてとその後第2次世界大戦まで、これら巨大株式会社はいくらか拡大した。しかし、非金融部門の巨大株式会社は、他の企業との比較で言えば、ほぼ自分達200社の地位を維持したにすぎなかった。戦争は上位200社を構成する企業のメンバーをいくらか入れ替えた、しかしこれらのほぼ同じ上位200社は、すべての軍需の新工場の設備の内の半分以上をうまく動かし、またこの上位200社に次ぐ800社よりも、売上高に対するわずかに高い利益率をうまく得たことは事実である。大規模は成功を生み出し、また成功は一層の成功を生み出している[9]。

しかし、集中の話をまだ述べていない。もし私達がこれらの巨大株式会社の間での"兼任取締役制(interlocking directorates)"を調べると、1935年にはこれら巨大株式会社の資産の内の4パーセントを除くすべてを、1人あるいはそれ以上の取締役が他社の取締役を兼務する会社が所有していることが分かる。例えば、ウエスタン・ユニオン(Western Union)では取締役達が35もの他の会社の取締役を兼務していた、また1人の多忙な銀行家は9社もの異なる巨大会社でも取締会(the board of directors)での職務を務めていた。

さらに、国家資源計画局による丹念な研究[10]によれば、巨大会社の総資産の内の約3分の2を所有している巨大会社の約半数は、次の八つのゆるい"利益集団"(interest groups)の

---

9) 利益についての統計情報は、利益が企業規模が大きくなるにつれて増加していることを示している、しかしある一つの産業での最上位の規模のいくつかの企業が、それに続く大きないくつかの企業と比較して、ときどき売上高に対する利益率のわずかな低下も示しているように思われる。大企業よりも小企業において、損失を出す企業グループに陥落する比率は大きい。しかし、W.L.クラム(Crum)が *Corporate Size and Earning Power*(Harvard University Press, Cambridge, 1939)で示しているように、利益を得ている企業グループ内では、企業規模と利益率の間には正であるよりも負の相関関係がある。

10) *The Structure of the American Economy*,pp.100-103、および Appendix13, pp.306-317, the National Resources Planning Board, Washington, 1939.

内の一つに入っている。つまり(1)モルガン＝ファースト・ナショナル(Morgan-First National)、(2)クーン・ロープ商会(The Kuhn, Loeb & Company)、(3)ロックフェラー、(4)デュポン、(5)メロン、(6)シカゴ、(7)ボストンおよび(8)クリーブランドである。

　例えば、第1番目である最大のモルガン＝ファースト・ナショナルグループは13社の工業の株式会社（US スチール、ジェネラル・エレクトリック、等）、12 社の公益事業会社、11 社の大手鉄道会社、および 5 行の大手金融機関をゆるやかに支配している。これら企業グループと結びついている総資産は、第 2 次世界大戦の数年前に合計で約 300 億ドルであった。もう一つの例をあげると、ロックフェラー一族財閥は、世界 2 大銀行の内の一つのチェース銀行を支配している以外に、独占企業の旧スタンダード石油の連邦最高裁判所による企業分割によって生み出されたいくつかのすべてのスタンダード石油会社でも、かなりの利権を握っている。

独占の弊害

　上の事実を考慮すると、アメリカの最も大きないくつか産業では、一つの産業の 2、3 社の大株式会社の生産高のその産業の総生産高との比率が、2、3 社の大株式会社の企業数のその産業の全企業数との比率と比較して、途方もなく大きいことによって特徴づけられているのを見つけても驚かない。図 1 は、アメリカでの生産高の大きな産業の一覧表を示し、さらにある産業の 1 番目の最大 4 社と次の 2 番目の最大 4 社の有力株式会社の生産高が、その産業の総生産高に対して占める比率を示すことによって、それぞれの産業の集中の程

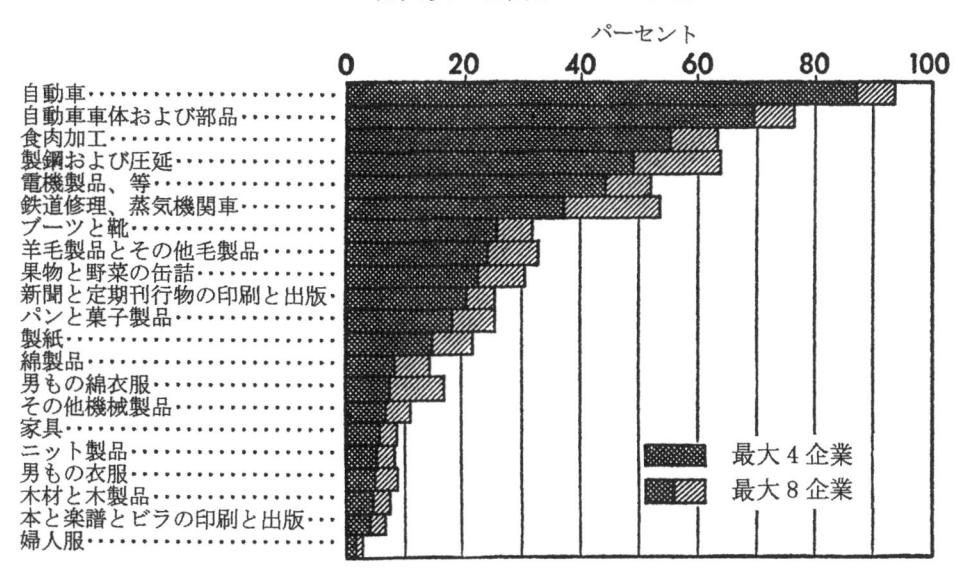

図1　1935 年の製造業での、生産額によって計測した集中の程度

10 万人以上を雇用している産業

出所：National Resources Committee, *Structure of the American Economy*

度を示している。例えば、最大4社の自動車会社はこの産業の総生産高の内の85パーセント以上を売っているが、婦人服は多くの小企業から成る正反対の産業構成を示している。

　後に本書の第3部で、私達は独占と不完全競争(imperfect competition)によって発生するいくつかの問題を分析する。過去60年間において、特に1890年のシャーマン反トラスト法(Sherman Antitrust Act)以後において、大規模企業の勢力拡大の下での、自由競争市場の機能の低下が大きな関心の的になった。連邦裁判所と司法省の法律家は、独占の経済事件に関心を寄せてきたのと同じ程度に、独占が発生することになった正確な経緯に大いに関心を寄せてきた、さらに巨大企業による独占の行動の影響よりもむしろ巨大企業の独占への動機に大いに関心を寄せてきた。例えば、1人の男が競争相手のいくつかの企業を買い占めるという意図的行動によって独占を作り出しているのか、それとも1人の男が、婚約者の父親から競争相手のいくつかの工場を、結婚のプレゼントとして与えられているにすぎないのかによって、法律での考え方には違いが出る（だが経済学者には、最終的に、競争の制限とこのことによる価格の上昇のみが重要である）。

　経済学の観点からは、次のいくつかの独占への方策の内のどれによって、価格があまりにも高いかは必ずしもあまり問題でない。(1)協調的企業"連合"(cooperative pool)つまり"カルテル"協定(cartel agreements)、(2)いわゆる"トラスト"（価格設定の方針を調整するために選ばれた"受託者"(trustees)を含む）、(3)兼任取締役制、(4)"持株会社(holding company)による支配"、(5)暗黙の共謀(tacit collusion)および同業者団体(trade association)による行動、(6)政府による"公正価格"に関する法律（ロビンソン・パットマン法(Robinson-Patman Act)等）および政府により支援される"商品協定"(commodity agreements)（小麦、ゴム、綿、等）、あるいは最後に(7)一つの会社が実際最も効率的であるだけによって、一つの産業を支配するようになる。上述の七つの独占への方策がどのようにしてもたらされていようとも、またこれら七つの独占への方策についての法律上の専門的解釈がどのようであろうとも、あまりにも高い価格、あまりにも大きな資源の浪費、およびあまりにも大きな独占利潤を生じさせることは経済的弊害である。

大株式会社においての所有と経営の分離

　前述の巨大株式会社の内の1社の内部の状態を調べ始めよう。その*最も著しい特徴は、何万人もの小規模株主の間での所有権のとてつもない分散である*。戦後期において、ほぼ700,000人の異なる人々がAT&Tの株を保有し、4分の1の株が100株以下の単位で保有され、そしてどの1人の所有者も総発行株式の1パーセントも所有していない。

　バーリ(Berle)とミーンズ(Means)は、先駆的研究において[11]、株式所有のこの大きな分散が*所有と経営の分離(a separation of ownership and control)*の結果になっていると指摘した。

11)　A. A. Berle, Jr., and Gardner C. Means, *The Modern Corporation and Private Property*, Commerce Clearing House, Inc., New York, 1932.（A・A・バーリ・G・C・ミーンズ著、北島忠男訳『近代株式会社と私有財産』文雅堂銀行研究社、1958年）

最近のいくつかの研究は次の事実を確認している。典型的な巨大株式会社において、（執行役員と取締役の）すべての経営者が発行普通株の約 3 パーセントを保有しているにすぎない。経営者支持の最大のいくつかの所有者グループ(ownership groups)でさえ、一般にすべての発行議決権株(the voting stock)の内の、約 5 分の 1 を保有しているにすぎない。このような小さな比率でも“経営の支配”(working control)を維持するためには十分であると考えられている [12]。

持株会社のピラミッド化による支配の拡大

少数の株主によって実現される支配のこの 5 対 1 の拡大の数字でさえ、全く控えめな数字である。株式会社は、普通株の発行に加えて、社債による借入れあるいは優先株の発行の形でも、同じ様に資金を利用できる。さらに、1920 年代に、公衆には無議決権普通株(nonvoting common stock)を売るが、インサイダーに対しては議決権株によって支配権を保持する慣行が生まれた。それゆえ、支配下にある資産と所有している資産の 10 対 1 の数字は、少しもありえないものではない。

このことは必ずしもすべてではない。10 万ドルによって、私は 100 万ドルの会社を支配できると期待できる。さらにこの 100 万ドルの株式会社は、唯一の役割が、他の会社の株の 10 パーセントの所有者であることによって、1,000 万ドルの会社を支配することである持株会社(holding company)であるならば、どうなのか。さらに、この 1,000 万ドルの会社が 1 億ドルの会社を同じ様な方法で支配する持株会社であるならば、どうなのか。逆ピラミッドの頂点での小額の貨幣は、この構造物にさらにいくつかの一層多くの段をただ加えることによって、途方もない支配力を得ることができるのである（この結果は 1,000 対 1、あるいはそれ以上の支配権の拡大である）。

持株会社のこのような利用は、単に理論的に可能なだけでない。1920 年代の間に、いくつもの部門から成る公益事業の巨大企業グループが、持株会社を利用することによって形成された。アソシエイティド・ガス＆エレクトリック・システム(the Associated Gas & Electric system)のような持株会社の組織構造を図で示すだけでも、普通サイズの本のかなりの頁数を必要とする。1929 年の株式市場の大暴落による投資家の巨額の損失は、このような持株会社の有価証券によって発生した。きわめて名声のあったシカゴの経済界の大物のサミュエル・インサル(Samuel Insull)によってだまされて、中西部のいくつかの公益事業会社の株を買った小規模な投資家も大規模な投資家も、投資した自分達のお金のすべてを失った。連邦議会と SEC が、公益事業持株会社法(the Public Utility Holding Company Act)(1935 年)によって、このような持株会社制度に“廃止宣告”を下し、その後持株会社制度が徐々に解体の状態になっているのは、このような投資家の損失とその他のいくつかの理由によってであ

---

12) R. A. Gordon, *Business Leadership in the Large Corporation*, Chap. Ⅱ, The Brookings Institution, Washington, D.C., 1945 を見よ。

る。

　これまでに述べたほど大げさではないが、ピラミッド化による支配についての一つのケースを述べることができる。デュポン一族は、持株会社のクリスティアナ証券会社(Christiana Securities Company)の大部分の株券を所有している。この持株会社は、次に巨大化学会社であるデュポン社(E. I. duPont de Nemours)の、議決権株の内の約4分の1を所有しており、さらに、この巨大化学会社はGMの約4分の1の株を所有している。デュポン家によるGMの業務への直接の関与は、近年減少しているように思われるけれども、デュポン家の利益と要望を現実に受け入れないいかなる経営者も、仕事に就くことができず、また自分の地位を維持できないことは明らかである。

　デュポン家は、GMとユナイティド・ステイツ・ラバー・カンパニー(the United States Rubber Company)に対し、他の株主の利益に反するようには、自分達の影響力を行使してこなかったことを付け加えなければならない。それどころか、1920年にGMの株に1,000ドルを投資した誰もが、普通株による繰り返し行われた新株式の無償増資(dividends of new shares)と普通株の繰り返し行われた株式分割(split-ups)の結果、元の1,000ドルの投資額の何倍もの資産を持っているのに気がついているはずである。

大株式会社の統率力と管理

　大株式会社を本当に民主主義的に経営する問題は難しい問題である。近年まで、せいぜい12人たらずの株主だけが年次総株主会に出席したものである。もっと最近でも、数百人の株主は、しばしば無料のチキンサラダと、認めなければならないことであるが、経営者をやじる機会を得ることができるので、このような総会に出席していた。

　年次株主総会での決定は現実には“委任状”(proxies)を使うことによってなされている。それぞれの株主は、経営者が議決において株主の投票権を使うことを認めている委任状を、郵送することを求められている。多くの株主は委任状を郵送していない。しかし株主は普通、経営者が議決での定足数と多数決には心配のいらない投票数を十分に確保できる委任状を郵送している。株主達が望んでいることを明らかにできるように、経営者は、年次株主総会で決定する議題を委任状の文書に示さなければならないこと、また自分達のライバル集団にも株主に郵送で情報を提供することを認めなければならないこと等を、SECは、強く要求することによって、株式会社を民主主義的組織に改善しようとしている。

　しかし、株主の影響力が十分にある経営の民主主義的管理が必ずしも行われていないことは、今でも事実であり続けている。政党は政権に就きやがて政権から離れるが、大部分の株式会社の経営者は、自分の地位に居座り続ける。ときどき、権力を持つ者の間での闘いがあり、一つの少人数の集団がもう一つの少人数の集団を打ち負かすかもしれない。1929年にジョン・D・ロックフェラー・ジュニア(John D. Rockefeller, Jr.)は、スタンダード・オイル・インディアナでかなりの金銭的不正を行って、損害を出しているとの噂があったカーネル(Colonel)の称号を持つロバート・W・ステュアート(Robert W. Stewart)を、会社から追い出す

ために激しい闘いに挑んだ。激しい闘いの後、ロックフェラーは勝利を勝ちとった（このことは、十分に堅実な経営を行うには、ロックフェラー家の人の統率と力が必要であることを、結局明らかにした）。

　もし株式会社の意思決定を株主が行うのでないとすれば、誰が行うのか。主として、*専門経営者*(*professional managers*)というますます重要になっている階級である。古い時代の産業界の大物には、巨大企業を築きあげるのに必要な創造性とリスクを計算できる能力があったにもかかわらず、大物の気質と“公衆に強く非難される”無責任な態度には、何かいんちきな山師のようなものもあった。会社も時の経過とともに、元の創設者は普通異なる名字の新しい形態の経営幹部(executive)と交代しつつある。元の創設者は、ますますいなくなりつつある自力でのたたき上げの人であるとしても、多分特別の経験によって得た能力と経営技術を身につけていた。新たな専門経営幹部(the professional executive)は、広報活動と人々への対応にきわめて精通している。この専門経営幹部は、当然どちらかと言えば官僚であり、きわめて大きなリスクを受け入れることと同じ程度に*現状*を維持することにも、関心を持っている。

　普通、株式会社の社長(president)は最も勢力的な人である。社長は年齢を感じ始めると、最高経営責任者(the chief executive officer)としての職務をなお果たしながら、取締役会長(chairman of the board of directors)になるかもしれない（例えば、1946年までのGMのアルフレッド・スローン、あるいはモンゴメリー・ウォードのシュウェル・エーブリー(Sewell Avery)である）。しばしば、取締役会長は、取締役会の少人数の執行委員(executive committee)あるいは運営委員(steering committee)とともに、社長と幾人かの副社長の行動に助言と承認を与える長老である。

　取締役会の正確な役割は会社ごとに異なり、また企業グループごとに異なる。多くの取締役は会社に名声を与えるために選出されている有名人にすぎない。その他の取締役は特殊な知識を持っており、企業の方針を決定するさいに積極的役割を果たしている。全体として、大部分の取締役は、会社の執行役員によってすでに行われた決定を承認する判を押すだけの役割を果たすにすぎない、と言うことは言い過ぎである。しかし、経営者が取締役会の信用を得ている限り、取締役会は、普通積極的に介入して、細かな方針を指図しようとしないことは正しい。このことは、慈善団体あるいは大学の理事会によって普通とられているのと同じ合理的運営方法であり、内閣の責任による議会制度と似ている。

　一般的に言えば、経営者と株主の間では目標が異なることはない。両方とも、企業の利潤を最大化することに関心を持っている。しかし、次の二つの重要な状況では、利害の不一致が存在し、しばしば経営者に有利に決定される。第1に、経営者であるインサイダーは、合法的にあるいは非合法的に、株主に損害を与えて、自分達と友人達あるいは血縁関係者に、高額の給料、必要経費、ボーナスおよび退職年金を議決するかもしれない。（第5章で大規模な株式会社と小規模な株式会社での、最高経営幹部の給料の大まかな水準を見た。）多くの株式会社がこのような特定の関係者を優遇するとき、悪循環が始まる。つまり、優遇を行

ってこなかったすべての株式会社も、良い経営幹部を失う損失が出るにもかかわらず、優遇を行った先例の企業をまねるに違いなく、さらに、この過程にはほとんどいかなる限度もない。なお、驚くべきことは、経営幹部の給料がきわめて高いことでなく、給料があまり高くないことである。このため、経営幹部達は、後の見返りを期待して、会社の役職により得られる利権を、自分達自身が個人的関係を持つ者に隠すように与えるかもしれない。

　利害の第2の対立は、未分配利潤との関係で生じるかもしれない。すべての組織の管理者には、組織を大きくさせ、さらに組織を永続させようとする特有の傾向がある。この心理的理由は、理解しがたく、決して常に利己的理由によるとは限らない。株主は、同じ資金を他の所で、もっと良い条件で投資できるか、あるいはうまく消費に支出できるときには、多くの場合に会社が利益を再投資に回すのを問題にするのはもっともである。現実には、この再投資の問題に株主は実質的に意見を決して求められない。だが、経営者が、会社を清算し、そして自社の資金を株主に返済するようにと確かに勧告されそうな時には、株主が意見を求められるケースはしばしば発生する。しかし株主は、経営者が会社を清算して退職すると決定しそうである、と疑うほど悲観的である必要はない。

大規模は良くないのか

　もし完全雇用の問題が近い将来においてかなり満足できる状態で解決されるならば、私達の最も重要ないくつかの経済問題の内の一つは、現代の大規模株式会社の途方もなく効率的でかつ創造的能力を、一般的公益へと向ける問題になる。誰も大会社がフランケンシュタインという怪物の役を演じるのを望まない [13]。大規模生産へと進む技術の動きを考慮すると、トラスト解体への新たなプログラムが、有効で機能的競争をかなりの程度回復できるかどうかは、第3部において、競争、独占および独占的競争の下での、価格と費用の分析を行うまで、私達が取り組み始めることができない問題である。

　本章では大企業の欠点をあまりにも強く強調していると思われてはいけないので、世界的に有名な1人の経済学者の次の文章を示す [14]。

・・・現代の大衆の標準的生活水準は "大企業" の活動が比較的自由な期間に向上した。私達は、もし現代の1人の労働者の家計に手に入る品目の一覧表を作り、1899年からずっと、貨幣で測ったこれらの品目の価格ではなく、これらの品目を買う労働時間で測った価格（つまりそれぞれ

---

　13)　企業を権力の一つの組織として論ずること、つまり、特定の利益団体が、公共政策に影響を与えるために、ときどきどのように議員に働きかけ、議員を買収し、さらに世論に訴えてきたかを論ずることは、私達を経済学から遠く離れさせ、政治学へと導く。もちろん、同じことは、農民と労働組合についても当てはまることが知られている。

　14)　J. A. Schumpeter, *Capitalism, Socialism, and Democracy*, Harper & Brothers, New York, 1942.J・A・シュンペーター著、中山伊知郎・東畑精一訳『資本主義・社会主義・民主主義』東洋経済新報社、1953年。

の年の貨幣価格をそれぞれの年の1時間当たり賃金率で割った値）の動きを観察するならば、これら品目の目をみはる質の改善を考慮すると、これまでの時代よりも高く見えるが、低く見えることのない、現代の大衆の生活水準の上昇率に感銘を受けずにはいられない。・・・このことは必ずしもすべてではない。私達は、増加や品質の向上が最も顕著であった個々のいくつかの製品の品目の流通経路を詳しく調べるやいなや、それらの品目の製造元については、比較的自由な競争状態で活動する企業の門ではなく、大企業の門にまさに辿り着く（この大企業は、農業機械のケースにおいてのように、競争部門での発展をかなり生じさせている。）、さらに、大企業が、現代の大衆の生活水準を引き下げるのではなく、引き上げることに大いに寄与してきたかもしれないという衝撃的印象も、私達は感じ始めている。

　上述の文章は、将来の問題が、大規模な独占の株式会社と小規模な競争企業の間で選択する問題ではなく、むしろ大規模株企業の集団の社会的および経済的行動を改善する方法を、考え出す問題であるのかもしれないことを示唆している。

要約

A.　企業組織のいくつかの形態

　1.　企業の消滅を上回る企業の誕生の累積的超過の結果、増加した数多くの現在のアメリカ企業は、大部分小売店とサービス店であるきわめて多数の極小規模な個人事業である。これらの企業の入れ替りは急速である。

　2.　どのようにして小規模企業が大きくなるのか、小規模企業が短期資金と長期資金をどうして必要とするのか、これらの資金の調達方法はどのようであるか、そして個人事業およびパートナーシップと比較して株式会社の形態の長所と短所はどのようなものであるかを、読者は理解した違いない。

B.　現代の株式会社

　1.　読者は、株式会社の法律に基づくいくつかの基本的権利と、社債、優先株および普通株という企業のそれぞれの有価証券の一般的特徴を理解したに違いない。

　2.　現代の巨大株式会社での所有と経営の分離によって、さらに、この巨大株式会社と強大な利益集団と持株会社組織による経済的富のきわめて大きな集中と独占力によって、生み出されるいくつかの問題は、それぞれ本格的な研究をする価値がある。

　本章で論じている経済原理を最もよく理解することは、本章の付録で簡単に示している会計学の基本原則を勉強することによって可能になる。会計学は経済学の理解のために不

可欠な前提条件である。

議論のための質問

1.　あなたは自分自身の会社を設立しようとしていると想定してみよう。あなたが予想するその会社の今後の発展の歴史を、書いて下さい。

2.　企業組織について、(a)個人事業、(b)パートナーシップ、および(c)株式会社の形態のそれぞれの長所と短所を比較しなさい。

3.　企業の大規模への成長の根底にある要因は何ですか。

4.　小企業、中企業、および大企業が資金を調達する方法をいくつか挙げなさい。

5.　異なる種類のいくつかの有価証券の長所と短所はそれぞれ何ですか。

6.　現代の大規模株式会社の組織構造を論じなさい。

7.　資産、負債、および純資産を示す典型的な貸借対照表を作成しなさい。この貸借対照表が意味していることを損益計算書が意味していることと比較しなさい。

8.　減価償却の評価は記帳される利益にどのように影響を及ぼしますか。減価償却引当金は現金ですか。

9.　利益を剰余金として内部留保するとは、正確にはどのようなことですか。よくある誤りを論じなさい。

第 6 章への付録

会計の基本原則

貸借対照表

経済学を学ぶすべての学生にとっては、次の二つの重要な財務諸表をいくらか理解することが必要である。つまり貸借対照表(the balance sheet)と損益計算書(the statement of profit and loss)（あるいは、ときどき所得計算書(the income statement)と呼ばれるもの）である。

貸借対照表は 1 年に 1 度、あるいはそれ以上の回数で報告書として提出される。この貸借対照表は、ある特定の日現在、多分 1 年の最後の日現在の企業の状況の瞬間"静止画"を示している。もちろん、（有形と無形の）すべての資産のドルでの評価額(value)は、請求権(claims)あるいは所有権の総額と正確に等しくなければならない。例えば、10,000 ドルの家の評価額は、債権者に返済義務がある 7,000 ドルと所有者が所有している 3,000 ドルの合計から成り、この家の所有への誰かの請求権の合計と正確に一致している。

このことはすべての貸借対照表の根底にある基本的一致点である。つまり

資産の評価額 ＝ 請求権あるいは所有権の評価額

    ＝（返済の義務がある）負債の評価額 ＋（所有している）所有権
     の評価額

つまり

資産 ＝ 負債 ＋ 純資産

このことを表 1 に示している簡単な貸借対照表を考えることによって実例で示そう。

表 1　ペプトーグリッター株式会社(Pepto-Glitter Co., Inc.,)の貸借対照表
1949 年 12 月 31 日現在

資産		負債と純資産	
		負債	
流動資産：		*流動負債：*	
現金	20,000 ドル	買掛金	20,000 ドル
棚卸資産	80,000	支払手形	30,000
固定資産		*固定負債*	
設備	130,000	RFC 借入証書	50,000
建物	170,000	社債	50,000
		純資産	
		資本金：	
		優先株	50,000
		普通株	?
合計	400,000 ドル	合計	400,000 ドル

私達の貸借対照表での、基本原則と適合する唯一の正確な記入事項が、200,000 ドルの数字であることを、読者に自分で分かってもらうために、疑問符？を純資産項目の普通株の隣に意図的に置いている。（純資産(net worth)、つまり“残余請求権者”(residual claimants)の所有権は、貸借対照表の資産と負債の合計が一致するように常に調整されているので）貸借対照表の資産と負債および純資産の合計は常に一致しなければならない。

　このことを実例で示すために、泥棒がすべての現金を盗み、さらに火災で棚卸資産(the inventory)の 4 分 1 を燃やしてしまうと仮定してみよう。会計士はこの悲しいニュースを冷静に聞く。「総資産はすべてで 40,000 ドル減少している。負債は変わらないままである。さて、私は資本金を 40,000 ドル減らし、たった 210,000 ドルの水準に下げて記帳しなければならない。」帳簿をつける会計士の方法はこのようなものである。

　多数の興味深い事実をこの簡単な貸借対照表によってでも示すことができる。第 1 に、通常の営業において、資産を 1 年以内に現金に換えるかどうかによって、資産を分割することは慣例になっている。第 1 の 1 年以内の種類の資産を流動資産(current assets)と呼び、第 2 の 1 年を超える種類の資産を固定資産(fixed assets)と呼ぶ。負債も 1 年以内に支払期日が来るかどうかによって、流動負債(current liabilities)と固定負債(fixed liabilities)に分割できる。総流動資産と総流動負債の差

$$50,000 \ \text{ドル} = 100,000 \ \text{ドル} - 50,000 \ \text{ドル}$$

を普通“運転資本”(working capital)と呼ぶ。また上級の議論においては、いくらかの注意を次の式に向けている。

$$“流動比率” = 流動資産 \div 流動負債$$
$$= 100,000 \ \text{ドル} \div 50,000 \ \text{ドル、つまり 2 対 1}$$

　私達の貸借対照表について注意しなければならないもう一つのことは、貸借対照表の両側は*合計*が一致しなければならないけれども、一つの側の一つの項目が他の側のどの一つの項目とも一致しないことである。例えば、社債は評価額について設備あるいは建物と一致しなく、資本金項目は現金と一致しない。貸借対照表についての唯一の正しい説明は、債権者が企業に対して明確な評価額での一般請求権(a general claim)を持っており、他方所有者が残りの金額に対する残余請求権(residual claim)を持っていることである。

　この表で示している大部分の特定の項目はほとんど説明を必要としない。現金は硬貨、紙幣、および銀行での預金貨幣から成っている。この現金は評価額が推定値ではなく正確な金額である唯一の資産である。すべてのその他の評価額は、注意深い推定作業に基づく評価額であるが、かなり推測に基づく評価額である。さらに、すべての会計上の評価を、問題になっている資産の実際に意図している目的あるいは利用との関連で行わなければならない。もし一つの企業が営業中の企業であり、破産による清算の過程にないならば、会計士は、競売で実現される低い数値で資産を評価しないように注意しており、普通に操業しているときのこの会社にとっての有用性によって、資産を評価しようとする。

　私達の練歯磨会社のケースについては、生産過程にある砂糖、化学製品、チューブ、原材

料、およびその他の財からなる棚卸資産を、多くの異なる方法で評価できる。多くの保守主義の会社は、棚卸資産の評価額について取得原価と現在の市場価格の内のどちらかが一層低いとしても、どちらか一つだけを使っている。材料の価格が月ごとに変化する時には、特に難しい問題が発生する。この練歯磨会社は材料の化学製品の価格が変わる前にこの化学製品を購入していたので、この化学製品の費用を、実際に使ってしまっている材料の取得原価によって示すべきであるか。それとも、使ってしまった化学製品を新たに取り寄せると、この化学製品に今支払わなければならない価格で費用の金額を示すべきであるか。先入先出法"(first-in first-out)(FIFO)と"後入先出法"(last-in last-out)(LIFO)という難しい名前でそれぞれ呼ばれるこれら二つの実行可能な評価方法まで、初歩の議論では進むことができない。明らかに、インフレーションかあるいはデフレーションの期間においては、これら二つの方法の内のどちらを使うかは、表記する利益に大きな違いを生み出す。このことは所得税にも大きな違いを生じさせる。それゆえ、政府は、「あなたが望むどちらの方法を使ってもよい、しかし一旦決定してしまうと、選んだ方法を使い続けなさい。」と言わざるをえない。棚卸資産についてはこれで終える。

　もし設備と建物の品目をちょうど 1949 年の終わりに購入したと仮定するならば、これらの品目の貸借対照表での評価額を、この練歯磨会社はこれらの品目の購入価格に等しく貸借対照表に記帳するであろう。このことは基本的な会計原則あるいは慣例に従っている。つまり「購入時には、物には企業が代金を支払っている金額の価値があると想定している。」しかし損益計算書と次の年の貸借対照表との関係において後で知るように、ほとんど解決しがたい問題は、使用と年数によって減価する設備と建物を、正確に評価する方法を決定することと深く関係している。

　負債の側において、買掛金は、その名前が示すように、購入しそして支払を求められている財に対し支払義務がある金額の合計である。支払手形(notes payable)は銀行あるいは金融会社に対し支払義務がある約束手形である。固定負債として記帳している RFC 借入証書(the RFC Note)は、連邦政府の RFC が融資しているか、あるいは保証している 5 年の借入金である。社債は、3 パーセントの債券利率によって証券市場で売り出され、その後 15 年間満期にならないかあるいは満期前に償還できる長期の借入金である。

　純資産の項目に目を転じると、私達の練歯磨会社は額面 100 ドルで、金利 4 パーセントの、500 株の累積的（非参加）優先株を発行していることが分かる。また最後にこの会社は 20,000 株の無額面普通株をそれぞれ 10 ドルで発行していることも分かる。

　以上によって、簡単な貸借対照表をざっと見るのを終える。

損益計算書

　さて時間を進めよう。次の数ヶ月間、この企業は練歯磨の生産と販売に従事している。もしこの期間が、物価が上がりそして売上高が拡大している好況期であると、この企業はいくらかの利益を得そこなうことはほとんどない。この年の 12 ヶ月間にわたるこの企業の所得

のフローを示すためには、この企業の所得計算書、つまり、多くの会社がむしろ損益計算書と呼ぶことを望んでいるものを、調べなければならない。

表 2 は、会社が売上高の形で受け取る貨幣が一体どうなるかを示している比較的簡単な損益計算書である。この損益計算書は、異なる純利益つまり純利潤を得るために、いくつかの段階ごとに差し引かなければならない様々なすべての費用を記帳している。すべての製造費用、すべての販売費用、すべての固定利子費用、すべての税金、そしてすべての優先株への配当金を支払った後、最後に、最初の 240,000 ドルの純売上高の内、普通株の株主には約 35,000 ドルの純利益のみが残っている。この純利益の金額の内 5,000 ドルのみが配当金として普通株の株主に支払われ、残りの金額は剰余金(surplus)の増加になっている。

なおここで、利益が企業にどのように再投資されるかを正確に調べる前に、損益計算書でのさまざまな項目を調べてみよう。純売上高(net sales)の意味も売上品製造原価(manufacturing cost of goods sold)の大部分の項目も明らかである。材料費は化学製品、錫、等に対し他の企業に支払った合計である。後に国民所得を詳しく論じるとき、これらの材料費は、他の事業体が実際に生産した生産物への支払高であると分かる。労務費と異なり、これらの材料費はこの企業の生産過程の特定の段階での"付加価値"(value added)の部分ではない。

表2　ペプトーグリッター株式会社の損益計算書
1950 年 1 月 1 日から 1950 年 12 月 31 日まで

純売上高(すべての値引きと払い戻し後) ・・・・・・・・・・		240,000 ドル
引く：売上品製造原価		
材料費 ・・・・・・・・・・	50,000 ドル	
労務費 ・・・・・・・・・・	100,000	
減価償却費 ・・・・・・・・・・	20,000	
製造雑費用 ・・・・・・・・・・	5,000	
製造品総原価 ・・・・・・・・・・	175,000 ドル	
加える：期首棚卸高 ・・・・・・・・・・	80,000	
	255,000 ドル	
引く　：期末棚卸高 ・・・・・・・・・・	85,000	
等しい：売上品製造原価 ・・・・・・・・・・	170,000 ドル	170,000
粗利益 ・・・・・・・・・・		70,000 ドル
引く：販売費用 ・・・・・・・・・・		14,000
純営業利益 ・・・・・・・・・・		56,000 ドル
引く：固定利子費用および州税 ・・・・・・・・・・		6,000
税引前純利益 ・・・・・・・・・・		50,000 ドル
引く：法人所得税 ・・・・・・・・・・		13,000
税引後純利益 ・・・・・・・・・・		37,000 ドル
引く：優先株への配当金 ・・・・・・・・・・		2,000
普通株株主の純利益 ・・・・・・・・・・		35,000 ドル
引く：普通株への配当金支払 ・・・・・・・・・・		5,000
剰余金の増加 ・・・・・・・・・・		30,000 ドル

製造雑費用(the miscellaneous operating expense)の項目は、工場の間接費用、電力、および
このようなその他の支出を含んでいる。理解するのが比較的難しい項目は減価償却費(depre-
ciation charges)である。実際、減価償却全体の問題は、それ自体小さな1節にするほど勉強
する価値がある。しかし、まず最初に、もし棚卸資産の金額を積み増しているならば、私達
の製造原価への支出の必ずしもすべてが今年の生産物に当てられたとは限らないことを知
っておくべきである。この場合、製造品原価(the cost of goods manufactured)は売上品製造原
価(the manufacturing cost of goods sold)よりも大きいであろう、つまり完成品と半完成品の棚
卸高の増加だけ大きいであろう。逆に、もし期首の棚卸資産を多く使ってその後棚卸資産を
期首の水準に戻さないならば、本当の売上品製造原価は現実の製造品原価を上回っている
に違いない。

このことは、製造品原価から売上品製造原価を得るために、最初に期首棚卸資産の評価額
を加え、その後期末棚卸資産の評価額を引かなければならない理由である。私達の例では、
この会社はこの年の間に棚卸資産を 80,000 ドルから 85,000 ドルに積み増しした。それゆえ、
この棚卸資産の費用の 5,000 ドルを*売上品製造原価*の部分として当然計算に入れることが
できない。期首棚卸高よりも大きな期末棚卸高を引くことによって、私達は自動的に棚卸資
産の変化に対する正しい調整を行っている。

減価償却

最初に、読者は、いくらかの減価償却費(depreciation charges)がなぜ 1950 年の間に計上さ
れたのか、不思議に思うかもしれない。この練歯磨会社は建物と設備をこの年の最初に新た
に購入した、それゆえ確かにこれらの建物と設備はまだ損傷していない。（もちろん、設備
を維持しそして工場にペンキを塗っておくために、幾人かの人にお金を支払う必要がある。
しかしこれらの人々の賃金を、すでに労務費あるいは製造雑費用に含めている、だが、減価
償却費には含めていない。）

この減価償却費は、先を見通すことができる会計士が、知恵を働かせて役割を果たす所で
ある。この練歯磨会社は、1 セントも 10 年間設備の更新に支出する必要がない、だが 10 年
目に突然すべての機械を新たに購入しなければならないかもしれない、とこの会計士は指
摘する。あなた方は、9 年間、減価償却に何も費用を計上せず、十分に利益を得ていると甘
く考えると、その後突然 10 年目に、機械のすべての金額を一度に費用として計上しなけれ
ばならない。その 10 年目の年に巨額の損失を出していると予想することは、この会計士が
主張するように、ばかげている。

会計士が指摘するように、設備は現実にその間ずっと損耗している。もし設備の費用をそ
の全耐用年数にわたりもっと均等に分けるならば、純所得あるいは純利益のもっと本当の、
歪みのない状態を知ることができる。設備の評価額は、製造されてからの年数と使用の程度
に従って、その設備の新しい時の価格からその最後の残存価額(scrap value)へと低下する。
会計士は、このことを認めているので、固定資本の品目の評価額をある一つの*段階的方法*

(*gradual* formula)によって引き下げる。ここでは、私達が使ってきたさまざまな減価償却の方法を論じる余裕の頁がない。次の二つの広く使われている方法を言えば十分である。

　第1の方法は"定額減価償却"(straight-line depreciation)と呼ばれるものである。あなたは1台のトラックを持っており、新車のときに費用が 10,100 ドルであり、経済的耐用年数後も物理的耐用年数が残るかもしれないが、経済的耐用年数が 10 年であると仮定しよう。なぜなら、トラックの信頼性が十分でないことと維持費のために、このトラックの経済的耐用年数が 10 年で終わるからである。さらに、10 年目の終わりでのこのトラックの残存価額が 100 ドルであると仮定しよう。減価償却の定額法に従えば、あなたは、経済的耐用年数の期間でのトラックの総評価額の低下の 10,000 ドル（新車の価格－残存価額）の内の 10 分の 1 を、毎年、減価償却費として帳簿に記入する。それゆえ、あなたは毎年 1,000 ドルを減価償却費として計上することになる。

　"用役提供比例法"(service unit method) (あるいは"生産高比例法"(unit of production method))と呼ばれる第2の一般的方法を、ここではただ簡単に述べるにとどめる。この減価償却の方法によれば、トラックがその耐用年数の期間に実現する運送マイル数、あるいは積荷数、つまり用役提供単位(service units)数を計算する。例えば、もしこのトラックが 10 年間に 100 万マイル運送し、そしてこの期間でのトラックの損耗の評価額が 10,000 ドルであるならば、このトラックの 1 マイル当たりの使用による損耗は約 1 セントになる。減価償却費を定額法によってのようにただ 1 年 1,000 ドルだけと計算するのではない。そうでなく、このトラックが、耐用年数の終わりの年よりも、おそらく比率としてもっと多く使われる最初の年に、（150,000 マイルに対し）もっと多く多分 1,500 ドルと計算できる長所が、この減価償却の用役提供比例法にはある。この第2の方法の大きな長所は、トラックがあまり使用されない不況の期間に、計上される減価償却費が少なくなり、このため企業家は、貨幣表示の製造原価(money cost)の誤った過大評価によって、製品の価格引下げを行えないことがなくなることである [15]。

　すべての会計士は、見たところ普通、減価償却をかなり正確な方法によって計算しているけれども、現実には、計算には大きな誤りまたは予想できない誤りがあり、さらに独断的な修正と想定を含んでいるので、計算値がきわめて大雑把であることを知っている。会計士は次の二つの見解に従わざるをえない。(1)不正確な時計と同様に、減価償却は、大雑把な方法でも、まったく何もないよりはしばしば良い。(2)減価償却のすべての誤りは、どのような方法を用いても最終的に"問題が解決する"。

---

15)　多くの会計学の本は、資産が古い時よりも新しい時に多額の減価償却を可能にするもっと異なる一つの方法も記述している。この方法は定率減価償却法(the constant percentage depreciation method)であり、この方法によれば、トラックについて最終的残存価額に到達するまで、毎年未償却評価額(remaining value)の一定比率を減価償却する。最初の年には、減価償却費はトラックの高い初期の評価額のために最大になる。最後の年には大きく減少した未償却評価額のために、この一定比率は低い減価償却費になる。

なぜ、減価償却の誤りが最終的に修正されるかを見てみよう。トラックが想定した 10 年でなく現実に 15 年使えると仮定してみよう。私達はこのとき最初の 10 年間減価償却費を過大に記帳していた。しかし、11 年目とその後、このトラックは残存価額となりすでに償却されているので、このトラックに記帳する減価償却費は少しも存在しない。このため、私達の利益を最初の 10 年間過小記帳していたのとほぼ同じ金額だけ、11 年目とその後、利益を過大記帳することになる。15 年後、すべてのことは結局全く同じである。

　租税がないものとすると、減価償却の異なる方法は、一定期間の帳簿上の利益の異なる大きさになる、このために、一定期間の法人所得税の納税額の異なる動きとなる。当然、企業家は（自社の実効税率をできるだけ低くするため、企業の損失と利益を相殺して）一定期間の自社の所得をできるだけ安定させる減価償却の方法と、さらに納税という不幸な日をできるだけ遠くに先延ばしできる減価償却の方法を望む。

　このことは、きわめて多くの株式会社が、軍需品のために新たに作った工場と設備を、5 年間で償却する（つまり減価償却する）という戦時に政府が提案した方法を、なぜ利用したかを説明している。これらの株式会社は、利益がきわめて多額である戦時の年に、高い減価償却費を計上することによって、自社の申告利益を少なくできることをこころよく受け入れた。これらの株式会社は、自社の利益を戦時の年から法人所得税率がもっと低くなると予想された戦後の年に移すために、この "加速償却" (accelerated depreciation) プランを大いに望んで利用したのである。

　平時においては、財務省は、株式会社に租税を逃れるために減価償却費を操作させない。会社は減価償却のどのような適正な方法も選択できる。しかし株式会社は、一度減価償却の方法を選択すると、その方法を使い続けなければならない。多くの経済の専門家が "ベンチャー・キャピタル" への課税の悪影響を現在心配しているという事実は、よく言われている。もしベンチャー・キャピタルの会社が、設備をもっと急速に減価償却させることに、つまり、納税を減らそうとすることに財務省はもう少し寛大であるならば、私達の社会が新しい機械にもっと多く投資し、さらにもっと多くの仕事を生み出すであろう、とこれらの経済の専門家は主張している。

　しばらくの間、減価償却についてはこれ以上述べない。しかし、この問題の次の一つの面を最後に強調しておく必要がある。減価償却は、*費用*(an expense) であるが、必ずしも*支出*(an expenditure) ではない。それゆえ、帳簿上の費用であるとともに、企業から公衆への購買力の流出でもある労務費と、減価償却は異なる。本書の少し後で購買力のこの問題に戻る。

損益計算書と貸借対照表の間の関係

　受け取る純利益と実際の配当金支払の代数学的差を剰余金と呼び、純資産勘定に加える。表 3 は私達の練歯磨会社の操業の最初の年の年末での貸借対照表を示している。この会社は事業をうまく行っている。純資産、つまり総資産と総負債の間の差は、会計期間の期首と期末の間に（250,000 ドルから 280,000 ドルへ）30,000 ドル増加した。二つの貸借対照表を

表3　ペプトーグリッター株式会社の貸借対照表、1950 年 12 月 31 日現在

資産	負債と純資産

負債

流動資産：

現金 ・・・・・・・・・・・・・・ 20,000 ドル

棚卸資産 ・・・・・・・・・・・ 85,000

設備更新のための償却積立金 ・・・・・・ 5,000
（合衆国政府債）

固定資産

設備 ・・・・・・・・・・・・・ 130,000 ドル
　　　引く　減価償却引当金
　　（つまり減耗引当金）
　　　・・・・・・・・・・・・ 15,000
　　　　　　　　　115,000

建物 ・・・・・・・・・・・・・ 170,000 ドル
　　　引く　減価償却引当金
　　（つまり減耗引当金）・・ 5,000
　　　　　　　　　165,000

無形資産

特許権 ・・・・・・・・・・・・・・ 10,000

のれん ・・・・・・・・・・・・・・ 20,000

合計 ・・・・・・・・・・・・・・420,000 ドル

流動負債：

買掛金 ・・・・・・・・・・・・・10,000 ドル

支払手形 ・・・・・・・・・・・・17,000

納税引当金 ・・・・・・・ 13,000

固定負債

RFC 貸付証書・・・・・・・・・ 50,000

社債 ・・・・・・・・・・・・・ 50,000

純資産

資本金：

優先株 ・・・・・・・・・・・・50,000

普通株 ・・・・・・・・・・・ 200,000

剰余金 ・・・・・・・・・・・ 30,000

合計 ・・・・・・・・・・・・420,000 ドル

比較することによって示すことができるこの増加額は、もちろん普通株の株主が *手に入れ* ることができるはずであったが、配当金としてこれらの株主に現実には支払われなかった利益つまり利潤の金額にちょうど等しい。あるいは、私達が損益計算書の一番下で見たように、この増加額は 35,000 ドル － 5,000 ドルにちょうど等しい。

　ある純資産項目を 30,000 ドルだけ増やして記帳しなければならない。優先株の株主は株式会社の利益への残余請求権者でないので、優先株資本金勘定(the Preferred Stock Capital Account))を増やすことは明らかに決して行われない。理論的には、普通株資本金勘定(the Common Stock Capital Account)に 30,000 ドルを付け加えることができる。しかし、このことは行われていない。このようにするのでなく、普通株資本金勘定は、元の額面金額つまり普通株が発行された時の金額のままである。

　"帳簿価額"(book value)の増加あるいは純資産の増加の内のどれだけが、数年間蓄積して再投資した未分配利益(undistributed earnings)から発生しているかを示すためには、剰余金（あるいはときどき利益剰余金(Earned Surplus)）と呼ばれる新たな勘定を作り出すことは情報を大いに提供することになる。

　多くの点で剰余金は紛らわしい言葉である。剰余金は何か追加的なものあるいは不必要なもののように思われている。あるいは剰余金は、会社の労働者または株主が、投機家の意図的な売りによる自社の株価の引下げに、備えることができると期待できるかなりの量の

余分の現金のようにもしばしば思われている。現実には、剰余金は明らかに資産勘定でなく、ましてや流動性の高い現金の蓄えでもない。剰余金は、（債権者への負債と出資した元の資本金の所有をかなり上回る）多くの名前で示している株式会社の資産の所有の部分を示しているにすぎない。私達は、表 3 を簡単に見ると、剰余金の 30,000 ドルが資産側での現金の額と一致しないことによって、このことに納得する。

　貸借対照表の貸方と借方の両側での特定の項目を結び付けようとすることに対しては、もう一度警告を与えなければならない。両側での合計が一致するだけである。ただそれだけである。自社に残した、つまり剰余金に増やしたこの 30,000 ドルがどのように使われたかを、正確に言うことさえ可能でない。この 30,000 ドルの一部はこの会社の負債を返済するために使われ、他の一部はこの会社の資産（特許、等）を増やすために使われた。

　この株式会社の利益が現金の形で発生していると考えることは誤りである。それゆえ、取締役会が配当率を決定するちょうど前のある年の最後の日に、株主が手に入れることができるか、あるいは自社に再投資できる約 35,000 ドルの現金が手元にあった、と考えることは誤りである。なお、私達は、後に第 2 部で貯蓄と投資の重要な過程を議論するようになるとき、企業が、費用として支払うよりも多く売ることによって利益を得て、一部、現金を得る、だが一部、非現金資産項目を増加させると強調する。さらに、私達は、消費の売上に加えて、純資本形成が国民所得の一部であると後に強調する。

　私達の練歯磨会社の場合、稼いだかなりの利益は新たな資産形成と負債の削減の形に大部分がなった。この会社は、（もっと多くお金を借りる、損失を出していくらかの設備と在庫品を売却する、あるいは常識はずれの低い現金残高で操業するような）財務上の重要な変更を行って、5,000 ドルよりもずっと多く配当金を支払うことはなかった。

　会社が現金よりも品物で配当の支払いを発表しようとするのはきわめてまれである。この品物での配当の有名な例の一つは、戦時中にそれぞれの株主に 1 樽のウイスキーを与えたアメリカン・ディスティラリー・カンパニー(the American Distillery Company)のケースであった。なお、このニュースが広がった後、この配当によってこのウイスキー会社の株価は 15 ドルから 100 ドル以上に上がった。まさしくこのケースにおいて、配当は資産、つまり、棚卸資産によって支払われた。この会社の所有の資産総額の減少が明らかになると同時に、剰余金も減少したのである。

利益、配当および購買力

　私達が見てきたように、利益と公表されている配当は必ずしも等しくない。1932 年のような不況の年では、AT&T のような会社は利益を得るよりも多く配当を支払い続けるかもしれない（AT&T については、1 株当たり 9 ドル）。好況の年には、会社はしばしば自社の利益の一部のみを配当に支払い、残りを事業の成長を実現するために再投資しようとする。フォード自動車会社は、自社の資金を銀行にも証券市場にもほとんど求めない内部資金だけの閉鎖会社(a closely held company)のよい例である。この会社は、銀行と証券市場に資金を

求めるのではなく、主として利益からの内部法人貯蓄(internal corporate savings)によって成長した。

　私達の練歯磨会社のケースにおいては、取締役会は 35,000 ドルの獲得した利益の内の 5,000 ドルだけを普通株の配当金に支払うだけでよいと決定している。株主はなぜ 1 株当たりこのわずか 0.25 ドルだけに、つまり自分達の投資によって 2.5 パーセントだけを得ることに満足するのか。まず第 1 に、経営者は、事業を思いどおりに行うためには、少数の株式と残りの無関心な株主の委任状だけを必要とするので、株主は自分達の希望をあまり受け入れてもらえないからである。

　第 2 に、株主が利益を自社に再投資することを望まない、と考えることは大きな誤りである。このような投資は、将来の利益と配当を増やすと期待できる。また短期の観点から、株式会社のそれぞれの株は、資産と利益への一層大きな金額の請求権を得ることができることに注目して評価されるという事実はもっと重要である。株式の価格が上がることによって、この会社に再投資していたのと同じ金額かあるいはそれ以上に株式の市場価値が上がるかもしれず、（軽く課税されているならば）このことは株主にすぐにキャピタル・ゲインを得る機会を与える。

　会社の将来が明るく見えるデュポンやモンサント化学(Monsanto Chemical)のような“成長”企業の株の現在の配当は、株式の市場価値と比較して低い比率であるけれども、なぜ投資家がこれらの会社の株を買いたがるかを、このキャピタル・ゲインを得る機会は説明している。

　しかし、利益を上回る配当金の支払いのどのような超過も購買力の拡大を意味し、他方配当金の支払いを上回る利益のどのような超過も総支出の縮小を意味する、と考えることは誤りである。以前に減価償却との関連で論じたように、利益は支出に含まれないかもしれない多くの費用を勘定に入れることによって計算されている。私達は、この支出と費用の違いを理解するためには、私達の練歯磨会社の 1950 年の費用を見さえすればよい。

　設備と建物はこの年の期首において新しかったので、この練歯磨の会社はこの年の間 1 ペニーも新たな設備と建物に生産費用として支出する必要はなかった。つまり、1950 年に、（表 2 の損益計算書では）減価償却費は全部で 20,000 ドルであるけれども、*設備更新支出 (replacement expenditure)*と*純追加資本支出(net additional capital expenditure)*はゼロであった。たとえこの会社が自社の公表利益をすべて配当に支払っていても（それゆえ売上収入の受取りが費用と利益の総額に一致しているように見えても）、このときでさえ、*減価償却費が支出ではなく帳簿上の費用にすぎないという事実*は、*この会社が購買力を受け取っているのと同じ金額だけ手放していなかったこと*を意味する [16]。

---

16)　多くの経済の専門家は、大恐慌の最初の数年間この可能性を見落とした。これら専門家は、1932 年において、支払われた配当金が企業の実際の利益を上回っていたというだけで、アメリカ産業が社会に追加的購買力を撒き散らしていると思い違いをした。現実には、この年には減価償却費が実際の資本更新*支出*を大きく上回っていたので、購買力のこのような創出はほとんどなかった

会計のいくつかの基本的関係についての要約

　1949 年の貸借対照表との比較で、1950 年の貸借対照表に記入している新たなむずかしい項目を最後に簡単に見る前に、貸借対照表と損益計算書の間の関係を簡単に次のように要約できる。つまり、(1)貸借対照表は瞬間的財務状況を示している。(2)損益計算書は、一定期間の売上金、費用および利益のフローを示している。(3) (新しい貸借対照表と古い貸借対照表を比較することによって知ることができる) 会計期間の期首と期末の間の総純資産の変化は、最も新しい損益計算書の最後で示している剰余金の変化を調べることによっても理解できる。このことは株式会社の自己資本と他人資本の間の資本構成の変化(recapitalization)がないことを仮定している。

　しかし、貸借対照表のいくつかの項目は、前の期の貸借対照表のいくつかの項目を以前と同じ水準のまま移して記帳したものになっており、このような記帳の項目については二つの期間の間の関係を示す損益計算書は私達に財務分析への手掛かりを少しも与えない。読者に会計学の基礎を教えるためにすでに十分述べてきたので、表 3 の 1950 年 12 月 31 日現在の貸借対照表を注意深く見ることは、読者には役に立つであろう。

引当金、積立金および資金の積立金

　新しい貸借対照表は、初めて現れるいくつかの新しい項目があるのを別にすると、古い貸借対照表と大部分きわめて似ている。これらの新しい項目の最後である剰余金をすでに説明した。負債の中には 13,000 ドルの納税引当金(reserve for taxes)と呼ばれる新しい項目がある。この新しい項目を理解することは難しくない。この株式会社が政府に 1951 年 3 月 15 日にそしてその後四半期ごとに納めなければならない租税は、買掛金あるいは支払手形と同じ様に短期負債である。

　"引当金" (reserve)あるいは "積立金" (reserve)という言葉は本来現金の蓄えを示しているが、ここでの納税引当金は明らかに現金の蓄えではないので、納税引当金には納めなければならない租税(taxes payable)がもっとよい名称であるかもしれない。むしろ、納税引当金は、会社の総資産の内、特定の債権者のために残しておく部分にすぎなく、また所有者の純資産が納める義務のある租税の額だけ少なくなる催促状でもある。表 3 には 2 種類の主な "引当金" と 1 種類の積立金があり、これらの引当金と積立金のどれも現金の蓄えと流動性の高い資産(liquid assets)を示していないことが、すぐに分かる。

　資産の側の新たないくつかの項目に目を向けよう [17]。最初の奇妙な、"設備更新のための償却積立金" (sinking fund to replace equipment)という名称の付いた項目を、流動資産と固定資産の中間に示している。この償却積立金は、古い機械を更新するときに、新しい機械を買うお金の一部を最終的に準備する目的のために保有する例えば、2 パーセントの政府債から

---

17)　この貸借対照表にも前年の貸借対照表にも、前払費用と呼ばれるたびたび目にする流動資産の項目はない。しばしば企業は、地代あるいはいくつかの供給品の代金を、数ヶ月前に支払う。当然ながら、この企業は貸借対照表に前払費用と同じ金額の資産を保有しているものとみなされる。

成っている。この株式会社は、方針を変え、この償却積立金の債券をある他の目的のために使うことができるとしても、おそらくそのように使うことを選択しない。この償却積立金の特質はきわめて理解しやすい。この償却積立金は特定の将来の目的のために取っておく流動性の高い資産の蓄えにすぎない。

固定資産に目を転ずると、驚くべきことに気づく。損益計算書の減価償却費についての以前の議論から、建物と設備の項目が合計で280,000ドルになっていると予想するに違いない。なぜか。この年の期首では建物と設備は合計で300,000ドルになっており、いかなる新しい設備もこの年の間に購入されず、さらに損益計算書は、20,000ドルの減価償却費がこの年の期間に必要な生産費の一部として発生していることを、私達に示していたからである。

それではなぜこれらの固定資産を、表3の新しい貸借対照表に古い130,000ドルと170,000ドルの数値でそのまま記帳しているのか。よく正確に見ると、これらの固定資産が現実にはこのように記帳されていないのが分かる。130,000ドルの設備の名目評価額から、15,000ドルの減価償却引当金(allowance for depreciation)（つまり減耗引当金(reserve for depreciation)）を引いている、それゆえ現実には設備について115,000ドルだけを計上している。同様に、建物ついて170,000ドルの元の評価額から、約5,000ドルの減価償却引当金を引いている。私達は会計士の判断の正しさについて信頼を回復する。しかし、それにもかかわらず、私達は、会計士が"2"を単に"2"としてではなく、"4引く2"として記帳するこの回りくどい手続きをなぜ行うのか、なお不思議に思う。

現実に、会計士には十分な理由がある。正直な会計士は、自分が算出した減価償却費がきわめておおざっぱな算定額に過ぎないことを知っている。もし会計士が設備に対し減価償却費のただおおざっぱな算定を行い、115,000ドルの最終的金額を記帳するだけであるならば、公衆はこの最終的金額をどれだけ信頼してよいか分からない。しかしもし会計士が、取得原価(original cost)という確かな事実に基づく130,000ドルの元の金額を記帳し、その後自分自身の算定による減価償却引当金を注意深く切り離すならば、公衆には最後の115,000ドルの金額が十分信頼できる状態になる。この回りくどい手続きは何ら害を与えるものでなく、むしろ良いことであるからである。

今私達は減価償却引当金つまり減耗引当金(depreciation reserves)の正確な意味を知ることができる。減価償却引当金は貨幣の金額ではない。減価償却引当金は設備更新に支出できる流動性の高い資産による償却積立金(sinking funds)でもない。減価償却引当金は*過大に評価されている資産の金額の減額*にすぎない。例えば、建物に対する5,000ドルの減価償却引当金は、建物の取得原価による過大となっている評価額への修正を示しているにすぎない。資産と純資産を人為的に過大に評価しないようにするために、この修正を行わなければならない。

いくらかのお金を資産更新のための償却積立金として残しておくのか、残しておかないのかに関係なく、損耗した資産を更新しなければならない。建物更新のための償却積立金はなく、また設備更新のための償却積立金も、設備に見積もっている減価償却引当金の3分の

1 にすぎないことに注意しよう。実際のところ、アメリカ企業はかなりの金額のお金を更新のための償却積立金としてめったに残さない。このように残さないのは、企業自体の活動に投資する資金は普通 2、3 パーセントよりもずっと多くの利益をもたらすけれども、更新のための償却積立金である流動性の高い優良債券はせいぜい 2、3 パーセントの利子を得るにすぎないからである [18]。

　私達は次の 2 種類の引当金を計上している。(1) 納税に対してのような、実際かなり確かな金額の負債である負債性引当金(liability reserves)、および(2)実際過大評価されている資産の減額である、減価償却（あるいは見積もっている回収不能手形への引当て）のような資産評価引当金(an asset valuation reserve)である。さらに、同様に貨幣の金額と混同するべきでないいわゆる第 3 番目の "剰余積立金"(surplus reserve)を、次のように簡単に述べることができる。つまり、企業は、株主がかなり高い配当の支払いを株主総会において要求しないように、ときどき自社の剰余金の一部を取り出し、そしてこの剰余金の一部を異なる名前で別にしている。例えば、私達の練歯磨会社は 30,000 ドルの剰余金勘定の 3 分の 1 を研究開発積立金(a reserve for research and development)に取っておくかもしれない。この 10,000 ドルの積立金は、剰余金それ自体、あるいはある他の種類の引当金と同様に、現金でも流動性の高い資金でもない。この剰余積立金を資金の積立金(a fund)と決して混同するべきでない [19]。

　これらの会計学の基本原則を強調することは、これまで決してさほど重要なことではなかった。だが、かなり大きな会社について、労働組合は、今後何度も剰余金あるいは引当金からもっと高い賃金を支払うように要求するであろう。労働組合は、煽動による過度の要求以外にも、このようなとんでもない、明らかな誤りを犯すときには、自分自身の立場をしばしば弱めることになる。

無形資産

　さらにひとつだけ新しい種類の資産を、1950 年 12 月 31 日現在の貸借対照表において見つけることができる。資産は有形の商品でも、1 台の設備でも、一定金額の貨幣でもある必

---

18)　それでは、もしどのような特定の機械あるいは建物も少しも更新のための償却積立金を残していないならば、これら機械あるいは建物を更新するお金をどこから捻出するのか。普通、現在更新支出を必要としていない他の設備によって得た売上金のドルにより、そのような償却積立金を残していない設備を購入できる。このような更新支出を必要としない他の設備による生産物の販売代金は、会計上の減価償却引当金を含んでおり、この引当金のお金をこの企業の別の投資に使うことができる。幾分大雑把に言えば、私達は、更新を必要としていないそれぞれの資産が、更新を必要としている資産にその減価償却費を貸していると言うことができる。なぜなら、この減価償却費を貸している資産も更新が必要になるときには、他の資産から減価償却費を貸してもらうことを、私達は知っているからである。

19)　引当金と積立金の問題は、発生するかもしれいし、場合によっては発生しないかもしれない不測の事態との関係において、一層複雑になる。例えば、戦後の不測の事態あるいは政府の調達の見直しに備えての引当金と積立金は、本当の負債性引当金と剰余積立金の間の中間にある。

要がないことを実例で示すために、一つの特許権(a patent)をこの貸借対照表に入れてある。この特許権は会社に 17 年間の独占的生産権を与える収益力のある新たな化学製品製造工程での特許権であると仮定しよう。

このような特許権は明らかに金銭的価値がある。どれだけの金額であるか。今後 17 年にわたるこの特許権による将来のすべての純利益の（遠く離れた年の利益であればあるほど、複利の利子で一層大きく割り引く）割引現在価値の合計である。もちろん、5 年、10 年、12 年および 16 年と経過するにつれて、この特許権はその有効期間の終わりに近づき、価値が低下していくであろう。それゆえ、減価償却についてある一つの方法をトラックに適用したのとちょうど同じ様に、特許権にも適用できるであろう。多分理論的に最も良い方法は、特許権の*割引現在価値*を毎年計算し直し、この割引現在価値の前年よりも低下した金額を減価償却として記帳することである。しかし、現実には、理論的に精緻な方法は、実行することがむずかしいことを覚えておくべきである。

のれんと独占力

無形資産(intangible assets)の 1 例としての特許権についてはここまでにしておく。私達の練歯磨会社は特許権を購入したのと同じ時に、競争相手の練歯磨会社の 1 社を買収したと想定しよう。この水平的統合はおそらく私達の練歯磨会社の独占的地位と収益力を強化するであろう。競争相手の会社には（ただわずかな棚卸資産からなる）少額の資産よりももっと大きな価値があるので、私達の練歯磨会社はこの競争相手の会社を喜んで買収した。多分この買収金額の一部は、小規模な独占となる合併を巧みに実現した仲介業者に、仲介手数料として手に入った。

ここでは、J・P・モルガンが、20 世紀への変わり目に巨大な US スチール社の形成のために、大規模に行った企業買収と同じであるが小規模な企業買収の例を示している。J・P・モルガンは、アンドリュー・カーネギー(Andrew Carnegie)のいくつかの製鉄工場を買収し、これらの製鉄工場を他の自分の所有の六つの工場と統合した。さらに、原子物理学によるのと同じ様に、経済学によれば、全体を一つに結合したものは部分の合計よりも大きい。モルガンは、他のいくつかの工場を結びつけた後、資本価値が約 1 億 3,000 万ドル増加しているのが分かった（もちろん、モルガンは、この後気前のよい男と同じ様に、この資本価値の増加を彼の仲間と分け合った）。

誰がこの商取引によって損害を受けたのか。確かにカーネギーもモルガンも損害を受けなかった。US スチールの株を買った人々でさえ、何年もの間自分達の投資によってまずまずの利回りよりももっと高い利回りを得続けたので、株が資産の裏付けなしに"水増しされた"と不平を言う資格がなかった。 (1)会社の独占利潤による気前の良いギフトをこれらの株主に与え、さらに(2)会社の収益力が、競争的株式市場においてこの会社の高い株価を実現し、この高い株価は株主に株を転売できる特典を与えていることは、US スチールが人々に株を（水増しなしの）実勢価格で売ってきたことになるであろう。

もし現実に犠牲者がいるとするならば、その犠牲者は、独占の形成のために20世紀の2番目の4分の1世紀の間、鋼鉄に代金を多分余分に支払わなければならなかった鋼鉄を使っていた公衆である。新たに生み出された独占による利潤の分け前を、誰が受け取るべきか議論することは、海賊の略奪品を分配する公平な原則を決定しようとすることと同じくらい、くだらないことである。

　ところで、実務に関心のる会計士は、公共政策や政治経済学のような問題には関与していない。このような会計士は、私達の練歯磨会社あるいはJ・P・モルガンに、次のように同じことを言うだろう。「もしあなた方がいくつかの資産に一定の金額を支払ったのであるならば、これらの資産はおそらくあなた方にそれだけの十分な価値があったからに違いない。もし、これらの資産に、支払った金額の価値が現実にない.ならば、それだけの価値を作り出さなければならない。'のれん'は作り出さなければならない価値の名前である。」しかしこののれんという用語は、近年では評判が良くないので、会計士はしばしばのれんをいくつかの他の資産と一緒に一まとめにして計上している。

　このことはすぐ前の節の無形資産を説明している。のれんは、一つの会社がもう一つ別の会社を買収するさいに支払う金額と、この買収した会社の査定により実際確認した資産価値の金額の間の差である。

　次の最後の一つの点を力説しなければならない。会計士は社会の経済的厚生にあまり関わることなく、生計を立てなければならない実務にたずさわる人である。このことは会計士には行動への基本方針も、職業的規範も、道徳律もないことを意味しない。立派な会計士は、殺人に関わりたくないと考えているのと同じ様に、帳尻が合わない決算を承認しよう考えていない。このような会計士は（会社の収益力がおそらく増加したとしても）、会社が自社の貸借対照表にのれん資産を突然計上することを認めようとしない。このような会計士は、将来が不確かであること、さらに経営者が自社の株主をだますことになりやすく、また経営者自身が甘い考え方になりやすいことを知っている。

　会計士は、会社に自社内でののれんの計上を認めないけれども、一つの会社の他社の買収の結果生み出されるどのようなのれんにも、普通承認の印鑑を押そうとする。例えば、W・C・デュラント(Durant)が、何十年も前にGMの形成のために実行した高い価格での他社の買収の結果、GMの貸借対照表にはいくつかののれんの項目がある。しかし逆に、GMは、1920年以後実際利益を得て操業してきたが、その収益力をのれんとして現実には計上してこなかった。経済学と同様に、会計学においても物はいつも見かけ通りとは限らない。

付録の要約

　長々と要約しないで、ここでは学生が理解しなければならない会計学の概念についての、

主な注意すべき点のみを示す。

1. 資産、負債および純資産の間の貸借対照表での基本的関係。そしてこれらのそれぞれの項目の流動資産と固定資産、流動負債と固定負債、資本金と剰余金への分類。

2. 損益計算書（つまり所得計算書）の特徴、およびこの損益計算書の最終的未分配利益と新しい貸借対照表での剰余金の変化の間の関係。

3. 必ずしも支出であるとは限らない必要な費用としての減価償却の損益計算書での取り扱いと、現実に過大に表示されている資産の評価額の引下げとしての減価償却の貸借対照表での取り扱いの、両方に関係する減価償却の全体の問題。さらに減価償却の方法の主な二つの論理。

4. 償却積立金つまり流動の高い資産の蓄えと、2 種類のいわゆる引当金および 1 種類の積立金の間の違い。また特許権あるいはのれんのような無形資産の意味。

第7章 政府の経済的役割
―歳出、規制および財源調達―

　国家の経済活動は、現代経済学のますます重要な研究領域になっている。政府支出の量的増加と経済活動への直接規制(direct regulation)のきわめて大幅な拡大は、このことを示している。

　本章では、これらの問題を論じた後、連邦支出のきわだつ特徴と公的支出への財源調達の三つの異なる方法の経済的特徴を簡単に述べる。この議論を、連邦税と地方の歳入に特に言及する第8章でも続けることにする。

政府支出の増加

　第1次世界大戦前、連邦政府、州政府および地方政府の支出の合計は、私達の国民所得全体の12分の1をわずかに上回る程度にすぎなかった。第2次大戦中に、政府は、大きく拡大した国の総生産物の内の約半分を、使うことが必要になった。3分の1世紀の期間に、合衆国のすべての政府の費用は、1913年に支出したわずか30億ドルから、1945年の一時的なピークの約1,100億ドルに増加した。

　もしこの政府支出の著しい拡大が一時的な戦時の状況にすぎないならば、この拡大をただ一時的な拡大として無視できるであろう。現実には、正反対のことが事実である。1世紀以上にわたり、国民所得と国民生産物は上昇してきた。この間政府支出は、ほとんどすべての国々と地域社会において、国民所得と国民生産物よりももっと速く上昇してきた。非常事態の期間ごとに（戦争のたびに、不況のたびに）、政府活動は拡大している。それぞれの非常事態が過ぎ去った後も、政府支出は以前の水準に戻っているようには決して思われない。

　政府支出の増加の終りは見えていない。全面的な総動員による戦争が終わって、政府支出は戦時のピークの水準から下がった、しかし、私達がほんの数年前まで憂慮しなければならない程きわめて高いとよく思っていた戦前の水準までには、決して下がらなかった。第2次世界大戦前には、1年の連邦予算は100億ドルの水準に決して到達していなかった。今後、共和党が政権に就こうが、民主党が政権に就こうが、多分今生きている人々は、連邦予算が200億ドル以下になる年、あるいは連邦－州－地方を合計した歳出が国民所得の5分の1をかなり下回る年を、生きている間には決して見ないであろう。

　図1は、国民所得の増加と比較した、総政府支出と連邦債の過去の動きを示している。このいわゆる"比図"(ratio chart)での縦の目盛を対数の形でとっている、このためこの目盛の等間隔は、普通の図においてのような等しい絶対的変化ではなく、等しい変化率になっている。このような比図は商業統計および経済統計の増加率を示すためにしばしば使われている。

図1 1900年－1945年の国債、1年の国民所得および1年の総政府支出

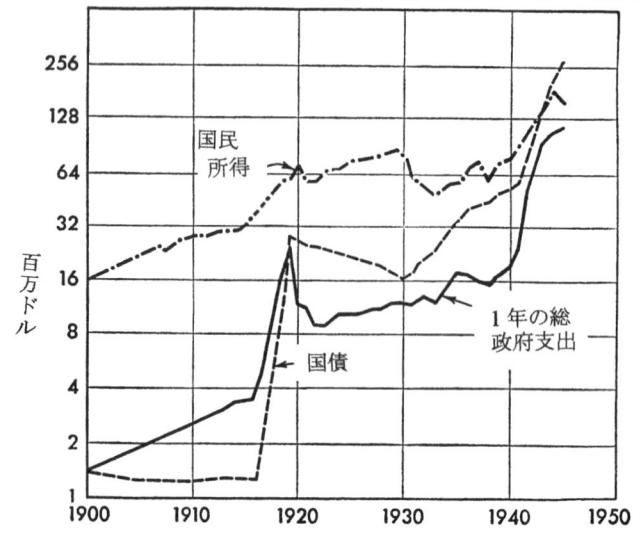

政府支出は、連邦、州および地方の支出を含んでいる。縦軸の
目盛は"対数"であり、それゆえ等しい縦の間隔は、等しい変化
率を示していることに注意しよう。

出所：National Industrial Conference Board, *The Economic Almanac.*

　上述のことは、財政をきわめて冷静に見た事実である。一部の人々はこれらの事実を嘆く
かもしれない。だが、一部の人々はこれらの事実を喜ぶかもしれない。しかし、これらの事
実は現実に存在している。これらの事実は、政府の経済的役割がますます重要になっている
ことを明らかにしている。これらの事実は、現代経済学のどの教科書も、財政についてのき
わめて重要な問題を、なぜ取り上げないままにできないかを説明している。

政府による管理と規制の拡大

　政府による支出(collective expenditure)の増加は話の一部にすぎない。国内の生産物への政
府による直接の関与の増加に加えて、経済活動を規制する法律と行政命令のきわめて大幅
な拡大をみた。

　現代の人々は「最も少なく統治する政府が最もうまく統治できる」ともはや思うことがで
きない。ある人が、隣の犬がほえるのを聞き騒がしくなるやいなや、さらに西に移ることが
できた開拓時代の社会では、「すべての人々に、他の人々の助けを借りないで、自分の力で
カヌーを漕いで進ませろ」という意見にはかなりの説得力があった。しかし今日の、きわめ
て相互依存の強い私達の社会では、川があまりにも混雑しているので、本当に"厳格な個人
主義"(rugged individualism)を、あまり良いものとみなすことができない。「私達はすべて同
じ舟に乗っている」、「舟を揺らすな」、「風上に向かってつばを吐くな」、そして「交通
標識を無視するな」と、ますます強く言われている。

　多分、19世紀のアメリカは、イギリスのカーライル(Carlyle)が"無政府状態プラス警察官"

(anarchy plus the constable)と呼んだ*自由放任*(*laissez faire*)の状態の経済にこれまでにないほど近づいた。この結果は、急速な物質上の発展と個人の自由な状態の1世紀になった。また、この結果は、周期的な景気のはげしい悪化、かけがえのない物的資源の無益な使用による枯渇、貧富の両極端な状態、既得権を持つ集団による政府の腐敗、さらに自動調整が実現される競争からすべてを収奪する独占への転換にもしばしばなった。

自由放任への批判は、徐々にまた繰り返し行われ、アレクサンダー・ハミルトン(Alexander Hamilton)による方法は、トーマス・ジェファーソンの目的実現に向けて用いられ始めた。つまり、中央政府と地方政府の憲法あるいは条例に基づく権限は、広く解釈され、"公共の利益を実現し"そして経済制度を"管理する"ために使われた。公益事業と鉄道輸送は、州の規制の下に置かれた。また、1887年以後、連邦ICC（州際通商委員会(Interstate Commerce Commission)）は州をまたぐ鉄道輸送を規制するために設立された。"取引を制限する目的での"独占的結合(monopolistic combinations)に反対するために、シャーマン反トラスト法とその他のいくつかの法律が1890年以後発動されてきた。銀行への規制はずっと実行されてきた。1913年に、連邦準備制度(the Federal Reserve System)は、加盟商業銀行を支援しまた管理する中央銀行としての役割を果たすために設立された。さらに1933年以後、大部分の銀行預金は連邦預金保険公社(the Federal Deposit Insurance Corporation)の保険に入っており、また連邦認可の貯蓄銀行(federal savings bank)のケースについては、預金は連邦貯蓄貸付保険公社(the Federal Savings and Loan Insurance Corporation)の保険に入っている。

1900年代の初期に"醜聞暴露時代"(muckraking era)の騒ぎの後、純正食品薬事法(pure food and drug acts)は議会を通過した。高利貸(loan sharks)は多くの州で規制されるようになった。1929年前後において、高金利での融資の横行により、SECとその他の機関は金融市場においてそれまでにないきわめて厳しい規制を行った。

児童および婦人に対する工場での労働条件を改善するための人道主義的法律を、最初、裁判所がかろうじて承認することによって、人々は勝ち取っていた。しかし、時間の経過とともに、一つの時代の急進的主張は、後の時代では受け入れられる見解に、さらには反動的見解にさえなっていき、州法と連邦法は、最低賃金法(minimum-wage legislation)、強制労働者災害補償保険(compulsory workmen's accident compensation insurance)、強制失業保険および年金、児童、婦人ならびに成人男性に対する最長就業時間法(maximum-hour laws)、工場の労働条件の規定、強制団体交渉(compulsory collective bargaining)、公正労働関係法(fair labor relations acts)、等々を含むように広げられた。

政府の権限の一層の拡大へのこの動きを理解するためには、歴史の動向を理解できなければならない。それぞれの新しい画期的政策は、民主党と共和党の両方に、強い政治的緊張を生じさせた。例えば、共和党のセオドア・ルーズベルト(Theodore Roosevelt)の、今日では人々を少しも驚かせたり、胸をどきどきさせたりしない"スクエア・ディール"(square deal)という考えは、当時は危険でありまた急進的であるとみなされた。同様に、民主党のフランクリン・ルーズベルトによるニューディールという最大の議論の的になった多くの主張も、

良かれ悪しかれ、ここアメリカでは受け入れられている。

　私達の民主主義社会は、ヘンリー・フォードのグリーンフィールド・ビレッジ(Greenfield Village)が示しているような、またマガフィー(McGuffey)の読者が思っているような19世紀の状況に戻ることができないし、戻ることができるとしても戻ろうとしないであろう。さらに、オーマ(Omar)の次の悲しい歌を思い出して、歴史の経過を必然的なものとみなすことは誤りである。

> 「指は動いて、決められたように、字を書いており、そして書いてきた。指は動き続けている。あなたのどのような信心深さも知力も、指を動かして書いた字を半行も消すことができないし、あなたのどれだけの悲しい涙も、一行の一つの言葉も、洗い落とすことができない。」

　今後、私達を"農奴の身分"にいつまでも留めたり、逆に、ユートピアに必ず導くことができるものでもない。生活での難しい経済状況に対し、社会において調整と計画を必要としている所では、善良な意志を持つ賢明な人々が、政府の権限と有意義な活動を発動させると期待できる。しかし、中央集権化された権限の拡大それ自体が価値ある目的としてのこの権限の拡大は、全く別問題である。（このような目的は典型的なアメリカ国民が考えていることとは異なる。）（政府の権限の一定の拡大が、良い政策なのかそれとも悪い政策なのかを、また、この権限の拡大が、私達の制度の良い部分をそのまま残して、さらに改善することに本当に関心のあるすべての人々の、同意を得るに違いないかそうでないかを、不幸にも歴史は、この政府の権限の拡大の出来事の後長い間（場合によってはこの出来事のときにも）私達にはっきりと教えてくれないであろう。）

　しかし、過去の歴史は、この政府の権限の拡大が良い政策かどうかの問題に、また私達の制度の改善に本当に関心のある人々の同意を得るかどうかの問題に、それとなく答えを示しているようにも思われる。堅固な保守主義では保守主義の意図した独自の目的を実現できない。"弾力性"のない鋼鉄は、負荷によって突然壊れる。緊張状態の高まりと社会変化に改革的方法で適合できない柔軟性のない壊れやすい経済制度は、（このような経済制度は短期においてどれほど強いと思われても）消滅という最大の危機にさらされる。なぜなら、科学と技術は、経済活動の現実の状況を絶えず変化させており、もし経済制度をうまく機能させ続けようとするならば、私達の経済制度と考え方は、経済活動の現実の状況の変化にうまく適合できなければならないからである。

　原子爆弾の脅威の下で生活している第2次大戦以後の世界においては、これらの上述のことは、よく分かりきったことである。これらのことは、第2次大戦以前においても同様に当てはまった。さらに社会変化へ改革的方法で対応することへの軽視は、外国での民主主義の崩壊と、あらゆる歴史の中で最も犠牲の大きかった戦争への私達の参戦の必要さを説明するのに多分役立つ。

これらの主張は、私達がすべて、現在提案されているすべてのとんでもない改革にも賢明な改革にも、急いで外に飛び出し、賛成の投票をしなければならないことを意味していない。それぞれの改革を（予想される改革の経済的価値に照らしてだけでなく、私達にとってきわめて重要な自由に関する社会と個人の見解との関係において）その改革の効果に基づいて検討しなければならない。さらに、歴史の動向についての分析力がなければ、急進主義者も、保守主義者も、中道の者も、自分達自身の本当の長期的利益を効果的に増やすことができない。

連邦、地方および州の役割

　もし今政府支出全体の数値に戻るならば、これらの政府支出の数値を分類し、これら政府支出の数値がどのような活動を示しているか、また政府のどのような部門がこれらの数値を管理しているかを知るとき、これらの政府支出の数値が一層意味のあるものになることが分かる。

　最初に、それぞれのアメリカの人々には次の三つの段階の政府がある。つまり、連邦、州、地方(local)である。三つの政府の内、政府支出に関して州が常に最も少なかったことを知って、大部分の人々は驚くであろう。これから見るように、このことは、少し状況が変わりつつあるが、今なお事実である。

　第1次世界大戦以前では、三つの政府の内で、地方政府はかけ離れて政府支出の数値が最も大きかった。連邦政府は、国防費を支払い、過去の戦争による恩給と利子を支払い、いくつかの公共事業への財源を提供し、そして裁判官、連邦議員、およびその他の公務員の給料を支払ったにすぎない。連邦政府によるほとんどすべての徴税は、酒税とタバコ税、および輸入品に課す関税(tariff duties)によるものであった。この当時の社会は単純であった。地方政府は、大部分の役割を果たし、大部分の税収を主として財産所有者への税によって得ていた。

　図2によって、すべての政府支出が第1次大戦後どのように変化してきたかが分かる。連邦政府は今すべての政府支出の内で最も大きい。州は今日でも最も少ない、しかし徐々に地方政府に近づいている。近年の戦時の異常な数年を図2には示していない。

　さて連邦財政に進もう。

連邦支出

　合衆国政府は地球で最大の事業体である。合衆国政府は、どこのいかなる他の組織よりも、一層多くのタイプライターと一層大量のセメントを購入し、一層多額の給料を支払い、そして一層多額のお金を扱う。戦時期に民間企業の重役から採用された一時任用の多くの官僚は、民間企業で以前に仕事をしていた時に想像していていたより、合衆国政府ではもっと一生懸命仕事をし、またもっと大きな決定を行っているのに気づいた。

　連邦財政と関係する金額は天文学的である。数百万ドル、あるいは数億ドルと関係する

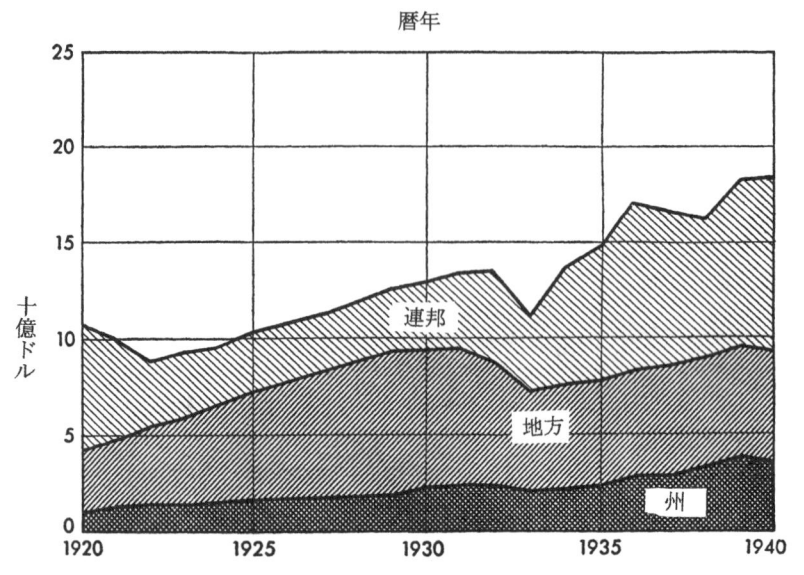

図2　連邦、州および地方の支出、1920年－1940年

暦年

出所　Federal Reserve Board, *Postwar Economic Studies*, 3.

のでなく、文字通り数十億ドル（つまり百万ドルの3桁上）と関係している。戦時体制の絶頂期には、連邦政府は年約1,000億ドル支出していた。1948年の公債残高は2,500億ドル、つまり4分の1兆ドルよりも少し大きな金額であった。

　明らかに、このような金額の大きさは、人間の心にいかなる実感も与えない。私達すべては、学校から1マイル離れていることが何を意味するかを知っている、しかし太陽が地球から9,300万マイル離れている、あるいはコップ1杯の水の中には、真珠を地上から天国まで連ねるほどの長さになる分子の数が十分あるという主張は、私達に常に実感を与えず、またいくらか理解できなくさせている。もし10億ドルがアメリカの成人男性、女性および子供1人当たり約7ドルになることを思い出すならば、多分公的支出はもっと大きな意味を持つ。さらに、約300億ドルの戦後の1年の連邦予算は、1人当たり約210ドルに、あるいは国民所得全体の約6分の1に等しいことも、私達には同様に大きな意味を持つことになる。

　本書を（1948年に）書いているので、戦後の連邦予算が向かう正確な水準、あるいは支出の正確な数量的内訳を知るには、まだ時期があまりにも早すぎる。この予算の数値を戦時の数年については知ることができた、しかしこの数値は平時の数値とはあまりにもかけ離れたものになっており、経済史家を除くと誰にも関心がないであろう。同様に、戦争が多額の国防支出、多額の退役軍人への支出、および巨額の戦時公債への利子という負担を残しているので、戦前の平時の最後の年の1941年あるいはもっと以前の年の連邦予算の数値によってでは、戦後の連邦予算が向かう水準を誤って予想することになる。

　それゆえ、表1は、1949年会計年度、つまり1948年7月1日から1949年6月30日までの、連邦支出の重要な異なるいくつかの項目の暫定的見込額を示しているにすぎない。

表 1　戦後の 1949 年会計年度での連邦支出

項目	予算の見込額億ドル	百分率
1.　国際関係（ヨーロッパ復興計画、等）‥‥‥‥‥‥‥‥‥	70 億ドル	19
2.　国防（陸軍、海軍、空軍、原子力、等）‥‥‥‥‥‥‥‥	110	29
3.　退役軍人（復員兵援護、病院、年金、等）‥‥‥‥‥‥‥	61	16
4.　連邦債への利子 ‥‥‥‥‥‥‥‥‥‥‥‥‥‥‥‥‥‥	53	14
5.　社会保障、社会福祉および教育への支出（老齢者、失業者、公衆衛生等）‥‥‥‥‥‥‥‥‥‥‥‥‥‥‥‥‥‥‥	24	7
6.　国家資源（保全、公共事業、等）‥‥‥‥‥‥‥‥‥‥	16	4
7.　その他の支出　‥‥‥‥‥‥‥‥‥‥‥‥‥‥‥‥‥‥	31	8
8.　一般政府支出‥‥‥‥‥‥‥‥‥‥‥‥‥‥‥‥‥‥‥	12	3
総額‥‥‥‥‥‥‥‥‥‥‥‥‥‥‥‥‥‥‥‥‥‥‥	377	100
9.　剰余金（この会計年度の（税金還付を上回る）425 億ドルの歳入見込額から連邦債償還に使用可能である）‥‥‥‥‥	48	
純総額‥‥‥‥‥‥‥‥‥‥‥‥‥‥‥‥‥‥‥‥‥‥	425	

出所：*Presidents' Budget Message to Congress*, January,1948.

　最初の四つの項目は過去と今後の戦争への費用を示している。これら四つの項目を合計すると、過去と今後の戦争への費用は、総連邦支出の 4 分の 3 を占め、また連邦支出の戦前の水準を上回る大部分の増加分を占めている。当然、これらの項目は大雑把な見込み額にすぎない。もし国際情勢が騒然となると、政府は陸軍、海軍および空軍にもっと多くの金額を支出するかもしれない。また、政治的圧力により、連邦議会は退役軍人の生活費への一層多額の支出を可決するかもしれない。

　他方において、景気がきわめて好況であると、老齢者、失業者、病人および障害者への社会保障支出は、示している数値よりも少なくなるかもしれない。これらのいずれのケースにおいても、連邦の社会保障の資金のかなりの部分が、社会保障を実施している州と地方に与えられることに注意するべきである。

　同じことは次の項目の公共事業と開発プロジェクトについても当てはまり、これらの項目の多くは、合衆国政府から一部財政的助成を得て、地方政府によって建設される。もし失業が今後数年増加するならば、私達はこの特定の項目への支出額が見込額を大きく超えると予想する。

　最後の項目は連邦議会と裁判所の運営経費、および政府の行政部門の一般経費に関係している。最後に、戦後の連邦支出と連邦債のかなりの部分は、戦争によるものであり、不況によるものではないことを、強調しておかなければならない。

政府の効率と無駄

　たとえ上の表 1 の見込額が 10 パーセント多過ぎても少な過ぎても、やはり多額の金額になる。もし政府が私達に一層低い費用で同じサービスを提供できるように効率を高めるこ

とができるならば、あるいは同じ様に重要であるが、もし政府が同じドルの支出で私達に一層多くのまた一層良いサービスを提供できるならば、疑いなく、私達のすべては生活が一層良くなるに違いない。

　これらの目的に向けて、政府はあらゆる努力をするべきである。人々はこのことを言ってきたけれども、次のことも、付け加え続けなければならない。つまり、節約を実行するよりも節約を呼びかける方が容易である。公的支出をぎりぎりまで削減するようにと言うのは容易である、しかしこのことが航空機研究費を大幅に減らす、退役軍人の病院への支出を削減する、農夫への補助金を拒否する、等々の問題になるとき、実行するのは容易でない。その結果は次のようになる。つまり、私達の国の連邦議員は、言うことと行うことが別のものにならざるをえない。さらに、私達の国の連邦議員は、小さな金額については使い道を時々一生懸命に考えるが、大きな金額の使い道については、いい加減な誤った判断を行うことでしばしば満足せざるを得ない。適切な例は、連邦下院議員達に1人1年12,500ドルしか支払うにすぎない現在の不合理な行為である。

　たとえ私達の国の政府支出があまりにも多額であるとしても、このことは主として公務員と立法府の議員の個人的怠慢によるものでも、専門知識のなさによるものでもないことを、行政学と歴史学を勉強しているすべての学生は知っている。公務員と議員の知識、勉強、および財政への個人的責任の程度に関しては、現在の連邦政府は、以前の時代の連邦政府よりも、あるいはこの問題について州と地方の段階での同じ様な機関よりも、はるかに良い。

　もし問題があるとすると、この問題はきわめて深刻である。この問題は国民としての私達自身の中にある。私達は、政府が経費を節約することを望むが、他方で同時に費用のかかる政府サービスを望んでいるのである。

　この問題をもっと学術的方法で示すと次のようになる。つまり、政府支出は国民生産物を人間の欲求と必要を満たすために利用する一つの方法である。国民所得が増加するにつれて、人々は、自分の衣服、住居およびレクリエーションに一層多く支出することを望むのとちょうど同じ様に、一層多くのまた一層良い学校教育とその他の形態の政府サービスを望む。私達の社会的良心と人道主義の程度は完全に変化してきており、この結果、今日では私達は、自力で生活できない人々に、生活のために必要な一定の最低水準を提供すべきである、と主張している。しばしば私達は、政府支出を理論では、国民生産物から単に取り除いたものにすぎないかのように、大雑把に示している。現実には、国民生産物の統計によれば、財とサービスへの政府支出を、経済的生産物(economic output)を使うとともに経済的生産物を生産する一つの方法になるように、定めている。経済の"民間部門"による生産の定義が必ずしも理想的方法でないのと同様に、政府支出の定義も必ずしも理想的方法でない。しかし政府支出のこの定義は、私達にはなくては困る方法であり、多分進歩し続け、そして将来改善され続ける（と私達すべてが期待する）方法でもある。

社会主義とニューディール

　連邦政府が資本主義を社会主義に変えているという非難を、判断することが論争の的になったニューディールの時代とは多分大きく異なる時代に、私達は今いる。次の四つの項目の政府活動を考えることによって、この論争の的になった問題を議論できる。

　第1に、すでに述べてきたように、政府の管理の量は大きく増加した。それにもかかわらず、政府はこの管理を行う多くの組織に"計画"(planning)という名称をほとんど付けていない、このため、これら管理を行う組織の巨大さにもかかわらず、私達は計画の国となお大きく異なっている。

　第2に、すでに見てきたように、政府支出の増加は、私達が国民生産物を個人で貨幣により購入することによって個人で消費するよりも、一国で、ますます多く*共同で*(collectively)消費していることを意味する。私達は、鉄道に乗るのに個人で代金を支払うのと同じ様に、公道を自動車で走るのに個人で代金を支払うのでなく、公道のような価値あるサービスの利用への代金を、租税によって支払っている。

　しかし、このように共同で消費する財とサービスを、アメリカではこれまで通り*自由な民間企業が大分部生産*していることに注目しよう。政府は、病院あるいはタイプライターへの代金を支払うかもしれない、しかしこれらのそれぞれの品目を自由な民間企業が生産しているのである。それゆえ、これらの品目は、生産された財(productive goods)への政府支出によって大部分得られる。このことは、社会主義者が社会主義であると意味すること（"工場等の政府による所有と管理"）とは全く違う[1]。

　私達は、もしこの第3番目の種類の政府活動、つまり政府による直接の生産を分析するならば、ここ数十年の間、アメリカでは政府活動がこの直接の生産の方向へとほとんど拡大しなかったことが分かる。歴史的には、私達の政府は、いくつかの部門において、生産を直接行う経済的役割を果たしてきた、しかしその他の多くの部門においては、この役割を果たしてこなかった。郵便局と小包郵便は長い間政府の役割であった、他方、民間企業は電報事業と鉄道輸送を運営してきた。政府は、ふつう空港を所有している、しかし鉄道の駅を所有していない。政府は、現在水、ガスおよび電気を供給している、しかし電話事業を行っていない。ある産業では国営であり別の産業では民営である区別の線を引く根拠は、一部歴史的経緯によるものであり、一部政府が裁量で定めたのであり、またこの線を引く根拠はいくらか変化している。

　裁判所は、"公共の利益に影響を及ぼす公益事業"という特殊なケースについて、多くの独立の生産者の間での有効競争が実現可能でなく、また経済学の領域を超えての詳しい実態調査を行わなければ、どのような形態での運営が比較的うまくいくかを決定できない、と判断を下してきた。

　国営企業と民営企業の論議でそれぞれの長所が何であろうと、1930年代のニーディール

---

1)　社会主義国と私達自身の国の間の明らかな違いを論じる第26章を見よ。

の間、一つの領域を除いて[2]、政府がこのような国営企業の領域を大きく拡大しなかったことを知っておくことは重要である。スウェーデンおよびその他の多くの国々と同じ様には、私達は、鉄道、石炭産業、銀行、ラジオ放送、保険会社、航空会社を国有化してこなかった。ニューディールは、この重要な点において、社会主義の実現を明確に定めているイギリスの現在 (1948 年) の労働党政府とは異なっていた。

政府による人的資源およびその他の資源の直接の使用と関係するこの第 3 番目の種類の政府活動から離れる前に、私達は連邦の支払給料総額と公務員数がかなり増加してきたことを知っておくべきである。連邦公務員の多くは、ワシントンの行政府、地方の研究所、軍役、等々で仕事をしている。これらの機関が民間産業と競争して私的財(private goods)と私的サービス(private services)を直接生産していなくても、政府はこのような機関で人的資源を使っている。それゆえ、私達すべてには国民として、これらの人的資源を、私達の国での必要さの重要度の違いに従って、賢明にまた適切な量で、政府に使うようにさせる義務がある。

最後に、私達は、1930 年代にきわめて大きく拡大し、さらに今後数十年間に大きくなり続けるであろう政府の 4 番目の活動 (つまり、貧しい人々あるいは受給資格のある人々が、見返りに何らかのサービスを提供することなく、政府がこれらの人々に購買力を移転する*福祉支出(welfare expenditures)*) を取り上げる。この給付は、例えば、退役軍人、高齢の人々、盲人およびその他の身体障害者、孤児、そして失業者に対し行われる。移転支出(transfer expenditure)というこの第 4 番目の種類の政府活動を、私達は一層詳しく論じる価値がある。

政府の移転支出

上で述べたすべての退役軍人あるいは貧しい人々が受け取る政府小切手は、国有の郵便局の局員が受け取る政府小切手、あるいは政府発注のタイプライターを生産する企業に支払う政府小切手と経済的に異なる。これら 2 種類の政府小切手がなぜ異なるかを理解することは重要である。なぜなら、国民所得についての本書での後の議論も、"移転"(transfers)である項目と私達が国民生産物あるいは国民所得の一部であると本当にみなす項目との、この同じ区別に関係しているからである。

郵便局員あるいはタイプライター製造企業への小切手は、提供されるサービスへの代金を支払っており、郵便局とタイプライター製造企業は資源と生産物を使い、合衆国の国民に直接あるいは間接に政府が供給する共同消費 (collective consumption) の財・サービスを提供しているので、私達はこれら郵便局員とタイプライター製造企業への政府による代金の支払いを、国民所得あるいは国民生産物の一部とみなす。郵便局あるいはタイプライター製造

2) TVA（テネシー川流域開発公社(Tennessee Valley Authority)）とその他いくつかの巨大水力発電の公益事業プロジェクト（北西部のボネビルダム(Bonneville Dam)、南西部のフーバーダム、等）は、政府が生産において新たに積極的役割を果たしてきた事実を示している。だが、政府が建設した軍需工場は、ほとんど例外なく、民間産業に売却されているか、貸し出されているか、あるいは閉鎖されていることに注目すべきである。

企業は、代金を租税によって受け取ろうと、郵便切手の販売によって受け取ろうと、何かその他の方法で受け取ろうと、このような政府による代金の支払いを国民所得あるいは国民生産物の一部とみなすことは正しい。政府は、公衆からドルを集めて、公衆にサービスを提供するために、これらのドルを使う。このようなドルは、顧客に輸送サービスを提供するために、鉄道会社が集めそして使うドルと同じ様に、国民所得の一部である。

　他方で、盲目の未亡人への給付金は何か別のものである。社会的には、この給付金は私達が最も望む政府支出の内の一つであるかもしれない、しかし、この給付金は国民生産物あるいは国民所得の一部ではない。なぜか。この未亡人は、この給付金への見返りとして、政府にも国民にも少しも用役を提供していないからである。この未亡人は、労働、土地、資本を少しも提供していない。この給付金はこの未亡人の購買力を増加させる。この給付金は、この未亡人が一層満足して生活すること、また他の個人あるいは企業から財とサービスを買うことを可能にする。この未亡人が買うこれらの財とサービスは、国民所得あるいは国民生産物の一部である。だが、これらの財とサービスは、これらを提供した人々と工場が生み出したものであり、この未亡人が生み出したものでない。

　生活救済への支出を必要とした不況による一部結果として、またアメリカの人々の集団的良心(the collective conscience)が、健康、栄養摂取および生活保障の新たな最低水準を定めたことによって、このような移転支出は第2次世界大戦の数年前に大きく増加した。子供達が、両親の運の悪さあるいは病弱によって、くる病にかかることがあってはいけない、貧しい人々が、手術とその後必要とする看護のお金が不足することによって、30 歳の年齢で死ぬことがあってはいけない、また、年老いた人々が、いくらかの最低の所得を得て老後の期間を生き延びることができるべきである、と社会は今日では決定している。

　このような移転支出は現実に資本主義に反するものではない。"第1ラウンドにおいて"、移転支出は直接に財とサービスの消費に回らない。しかし、移転支出の受取者の購買力を増加させることによって、移転支出は、"第2ラウンドにおいて"自由な民間企業への注文と仕事を生み出す。しかも、注目すべきは、この過程において誘発される生産物が、民間で生産され、民間で消費されることである。

　もしこれらの移転支出に対し、貨幣の発行かあるいは政府債による借入れによって財源調達するのでなければ、多額の租税を公衆に課さなければならない、そしてこのような支出が普通"移転支出"と呼ばれるのはこの理由のためである。しばしば、比較的運の良い国民は比較的運の悪い国民の消費の代金を支払っている。だが、多分適切な範囲内であれば、大部分の人々は、このように支払うことが当然のことにすぎないと思っているであろう。

　さらに租税が、比較的裕福で倹約的な人々の所得から入ってきて、貧しくただちに支出する人々に渡すために使われるほど、総購買力は増加する。本書の後で見るように、不況の期間においては、このように総購買力を増やすことは、生産と仕事を拡大させるので良いことである。しかし、インフレ圧力の期間においては、このように総購買力の増やすことは、物価の上方へのスパイラルを悪化させ、また商品の不足を一層悪化させる。

財政支出への財源調達を行う三つの方法

　政府支出を賄う貨幣はどこからやって来るのか。主として次の三つの財源から来る。つまり(1)租税 [3]、(2)有利子の公債(interest-paying loans)、および(3)利子を生まない通貨の発行からである。普通、租税はこれらの三つの財源の内で最も重要である。第 2 次世界大戦の間、公債発行による借入れはちょうど同じ様に重要であり、また独立戦争の間紙幣はきわめて重要であった。

　財源調達のこれらの三つの方法の間での明確な違いを調べてみよう。アメリカの人々と立法府の議員が必要でありまた望ましいと考えるあるプロジェクトに、政府は 10 億ドルをさらに支出している、あるいは支出しようとしていると仮定しよう。

　選ぶことができる財源調達の第 1 番目の方法として、政府は強制力を使い、いくつかの形態の租税によって国民から 10 億ドルを徴収できる。すべての国民は必ずしも同額の租税を支払わない。すべての国民は政府支出によって必ずしも同じ便益を受け取らない。ある人々はおそらく租税を支払ったよりも多くの便益を受け取る。他の人々は租税を支払ったよりも少ない便益しか受け取らない、しかし連邦議会は、これらの受取りの方が少ない人々が社会のその他の集団よりも多く租税を負担できると思っているであろう。

　租税は政府支出のための貨幣を用意してきた。しかし租税はさらに何か他の別のことも行ってきた、つまり、失業している人々がいない、あるいは遊休の工場が存在しない時には、特に重要なことを行ってきた。表面的には、政府は支出計画を実行するためにはドルだけを必要としている。現実には、もっと重要なことであるが、政府は、このプロジェクトを実行するためには、土地、資本および労働という資源を必要とする。もしすべての所で完全雇用であるならば、これらの資源はどこから来るのか。

　租税が乗り出してきて、貨幣を用意することに加えて、次の第 2 のはるかに重要な役割を果たすのは、ここである。課税されている個人は、自分達の所得が減少しているのに気づく。これらの個人は、受け取った納税証明書(tax bills)で物を買うことができないので、以前と同じ額の個人の消費財をもはや買うことができない。これらの消費財は土地、労働および資本によって生産されていた。このような消費財の生産を減らす（あるいは政府の利用へと直接に財を移す）ので、私達はこれら土地、労働および資本の資源を社会の私的な消費活動から解き放ち、社会の集団的政府活動(collective governmental activities)に移す。

　完全雇用経済においては、物不足が全面的に広がり、物の選択がすべての所で行われる。人々が一層多くの資源を集団で利用しようとすればするほど、人々が個人で利用できる資源は一層少なくなる、逆も当てはまる。人々は、一方において、一層多くのまた一層良い病院、郵便局、農業研究所に対する社会にとっての価値と、他方において、一層多くのまた一層良い衣服、食料、住居、タバコおよびレクリエーションに個人で支出できる家族の一層多

---

　3)　政府は次のようなさまざまな財源からもかなりの歳入を得る。つまり過剰設備の売却、切手、水
　　およびガスの販売、公有地の売却、善意による国民からの寄付、等々である。

くの可処分所得に対する社会にとっての価値の間で、注意深く選択しなければならない。

新貨幣による政府支出への財源調達

完全雇用の下での租税による財源調達の経済的影響についてはここまでにする。完全雇用という同じ条件の下で、私達の 10 億ドルの政府支出への財源調達の異なる方法（つまり、新貨幣を発行する第 3 の方法）の影響を調べてみよう。政府は、10 億ドルの精巧で、新しく、ぱりぱり音のするドル紙幣を、発行できる通貨に関する憲法に基づく権限を実行する。新紙幣が、すべて法定貨幣(legal tender)であり、他の通貨と交換可能であるので、そしてその他のいくつかの理由のために、人々が財源調達のための新紙幣を、どのような他の種類の貨幣とちょうど同じ様に熱心に獲得しようとするのを、政府は知っている。

それゆえ、アメリカの人々は、新貨幣発行によって、このような 10 億ドルの政府による共同プロジェクト(collective project)を実現することに成功してきた。結果は完全に痛みがないように思われる。それでは政府はいったいどうして税を課すのか。私達は、死を逃れることはできない、しかし、どうして税も逃れることはできないのか。

完全雇用経済に適用すると、新貨幣の発行は完全に痛みがないという上での主張の誤りを見つけることは、難しくないに違いない。完全雇用経済については、間違わないようにしよう、上での主張は完全に誤っている。

政府はこの共同プロジェクト実行のために（貨幣でなく）何よりも資源を必要とする。完全雇用の世界では、資源はどこからやって来るのか。明らかに、民間の個人の犠牲だけからやって来る。十分な金額の貨幣を発行することによって、政府は、土地、労働および資本の現在の使用者よりも、高い値段を付けることができる。政府は政府自体の使用のために資源を獲得できる。しかし政府は、このようにして資源を獲得することによって、賃金、地代および物価を引き上げるであろう。

今、誰が現実に費用を負担するかが分かる。個人に使用可能な財の供給が減少するために、生活費は人々の貨幣所得の増加以上に増加するであろう。本当の所、政府は人々から貨幣を奪い取っていない、また、誰かが人々から貨幣を奪い、貨幣を食べたり、身につけたりしているのでもない。

完全雇用の世界での政府支出のこのような増加は、必ずある程度のインフレーションを発生させるであろう、そしてインフレーションは（間接的で、しばしば目に見えない徴税官であるけれども）強い力を持った徴税官である。一層高い物価という隠れた税金を、貧しい人々と、賃金が硬直的である比較的低賃金のホワイトカラー労働者に、最も重く負担させる傾向がある。インフレーションは、課税の一つの方法であり、さらに、きわめて独断的で不公平な課税の方法であることは疑いない。

財源不足に対する公債つまり借入れによる財源調達

私達は、今まで完全雇用の世界での、租税による財源調達と新貨幣による財源調達の間の

違いを分析してきた。政府債(government bonds)の売却によっての公債による財源調達(loan financing)という中間のケースが残っている。政府はこれまでと同様に土地、労働および資本という用役を使う。しかし政府は、これらの用役の代金を、財源調達の第1の形態においてのように、納税証明書を人々に与えることによって支払わない。また政府は、人々が後に好きなように使うことができる通貨をただ人々に差し出すことによって、これらの用役の代金を支払わない。政府は、このようにして財源を調達しないで、1年間、5年間あるいは25年間複利の利子を支払う借用証書(IOU)を人々に差し出す。

この財源調達の方法には強制的なものは何もない。貯蓄を持っている人々は、自分達の財産をすべて遊ばせておかなければならないか、あるいは民間の有価証券の形態で保有しなければならないよりも、むしろ政府債に喜んで応募する。もしお金が必要となる場合には、政府債をいつでも市場で売るか、満期によって現金に換えることができるので、貯蓄を持っている人々には、政府債は特に魅力的な投資対象である。同じ程度に重要なことであるが、（新貨幣を発行する絶対的権限を持つ）政府が、政府債の保有者に借入金の全額を返済できなくなる可能性は少しもない。

ヨーロパの人々は、私達のアメリカ政府債がドルで償還されることだけしか確信できない、だがフランあるいはポンドに最も関心を持っているので、状況によってはアメリカ政府債を保有するのをためらうかもしれない。しかし、関心が当然ドルであるアメリカの人々は、政府債の元金のドルの金額が完全に安全であると知っているので、自分の財産を99.9パーセント政府債に投資しているとしても、常に安心できる。だが後に見るように、アメリカの人々は、今から5年後あるいは20年後に現金化されるドルで、現在のドルと同じだけ商品を買えると確信できない。しかしこのことは政府債に特有なリスクではない。アメリカの人々は、もし鉄道債を買おうとするならば、お金を回収する日がやって来る時、保有の鉄道債の元金が返済不能になるかもしれないリスクに加えて、さらに現在と同じだけの商品を買えるのかというリスクも冒すことになる。

公債により財源不足を賄う経済的影響は、（本書の第2部において後に示すように）課税の結果生ずる経済的影響よりも、むしろ新貨幣発行の結果生ずる経済的影響にほぼ似ている。公債による財源調達は、普通、個人消費をかなり減らし、その後その資源を政府による使用へと向けるのではない。完全雇用の時期には、このような財政赤字を賄う公債による財源調達は、政府が、資源を現在の使用者から獲得するために、資源の価格を引き上げるに違いないので、インフレの結果になりそうである。

もし課税を上回る政府支出の超過がインフレ圧力を増加させるのであれば、この政府支出の超過の過程と逆の過程を実行することによって、私達はインフレ圧力を減らすことができるメカニズムを得るに違いない。実際このことは戦後期に小規模で実行したことであり、このことをもっと強く行うべきであった。連邦議会は、財政赤字を財政黒字に転換するために、(1)政府支出を削減し、逆に(2)租税を増やすべきであった。連邦政府は、この結果生じる政府支出を上回る租税収入の超過を、公債の一部を償還するために、つまり返済する

ために使うことができていたであろう。さらに、いずれにしても、多額の重い租税の徴収は、公衆の過大な支出を減らし、インフレ圧力を和らげるのに役だっていたであろう。しかし、私達アメリカの人々と私達の政治家にとって、支出の増加と減税を投票で決定することは、この逆の支出の削減と増税を決定するよりも常にもっと容易である。

戦費の調達

　上述の見解が重要なことである実例として、私達は、第1次世界大戦の戦費の大部分を合衆国、イギリス、フランスおよびドイツでは、"インフレ税"(inflation taxes)によって支払ったことだけを思い出せばよい。

　第2次大戦において、私達は、完全雇用を実現し、さらに多額の新しい政府支出を行った。政府は、きわめて重い課税により人々の所得を減らしていたならば、私達の高価な兵器を調達しそして使うために必要な資源を、獲得できていたことであろ。連邦議会は次のいくつかの新税を可決した。つまり、裕福な人々と貧しい人々の所得への税、株式会社の超過利潤への税、毛皮製品、化粧品、酒、たばこ、等々の購入品への税である。

　だが、連邦議会は、現代の戦争のとてつもない費用に等しい金額の新税に、賛成の議決をしなかった。このため、連邦議会はこの戦費のほぼ半分を次の第2の方法によって調達せざるをえなかった。つまり、政府の財源の不足を賄う政府債を売ることによってである。ある程度まで、人々は貯蓄国債(saving bonds)を買うために自分達の消費支出を減らした。このような債券の販売は、物価を引き上げることなく資源を政府へと向けるのに、租税と同じ効果があった。

　しかし主として、債券を、(1)"新たに創造された銀行貨幣(bank money)"（本書の第2部で今後述べる過程）により銀行が、あるいは(2)何らかの方法で貯蓄しようとしていた資金により、個人と保険会社が購入した。だが、一般的に言って、私達が、戦争の間、すさまじく、大変動を引き起こすインフレーションを当然予想していた。

　物価は、徐々に約3分の1上昇した、しかし予想していた爆発的インフレーションの形では、少しも上昇しなかった。なぜ上昇しなかったのか。政府は、物価が猛烈に高く上昇することなく、どのようにして必要な資源を得たのか。その答えを、政府が導入した*直接統制(the direct controls)*の中に見つけることができる。つまり、政府は、資源を法令によって民需品の生産から戦争遂行へと配分した。政府は物価を政府自身の判断によって凍結した。政府は不足している財を支払能力よりもむしろ社会的優先順位(social priority)によって配給した。もし政府がこれらの直接統制を行わなかったならば、大混乱、インフレーション、さらに敗戦にさえ十分になっていたかもしれない。

好況と不況の期間での財政政策

　上での財源調達の異なる三つの方法についての結びとして、これらの三つの方法を完全雇用経済だけに適用するとき、簡単に次のように要約できる。

人々が必要でありまた望ましいと考えるどのような政府支出の増加も、租税によって財源を調達するべきである。課税の主な目的は、集団的政府活動の"実質"費用を、個人の間で公正にかつ公平に負担させることと、インフレーションを発生させさないことである。

しかし、私達が過去 1 世紀半の間見てきた経済の世界は、完全雇用均衡(full-employment equilibrium)での安定した世界ではない。ときどき経済の世界は、インフレの加熱状況を引き起こしてきた。逆に、しばしば、長い期間、経済の世界は、失業と不況を伴う凍りつくような低迷状態にあった。完全雇用の世界での経済的に間違った政策は、深くまた長引く失業の期間においては、最高に賢明な政策であるかもしれない。つまり、人々に資源を手放すように求めるときには、税を課すことは適切であるかもしれない。逆に、私達が民間の仕事と公共の仕事の両方の数を増やすことを望む不況の時期には、増税は破滅的であるかもしれない。同様に、正常な経済の世界をうまく機能しなくさせるいくつかの政策も、手のつけられないインフレーションに苦しむ経済には、まさしく適切な政策であるかもしれない。

財政政策のこのような効果について、ここでは注意するだけでよい。本書の第 2 部での貯蓄と投資の分析の後、読者は政府の財政政策の重要さと限界をもっとよく理解できるであろう。つまり、政府は、なぜ、好況の期間には支出を上回る租税の超過を実行し、他方、不況の期間にはその逆を実行しなければならないかを、さらに資源が一般的に不足しているときではなく、人々と機械が使われておらず、賃金とこれらの機械の価格が低いときに、政府は、なぜ、ダム、郵便局、およびその他の公共施設の建設を行おうとしなければならないかを、読者はもっと理解できるであろう。

財政が連邦、州および地方のそれぞれの政府の租税制度と関係しているので、第 8 章においても、財政の議論を続ける。州政府と地方政府の支出、さらに州政府と地方政府の連邦政府との調整、また州政府と地方政府の間での調整も、検討する。

要約

1. 政府の経済的役割は着実に拡大している。私達の複雑で、相互依存の社会では、ますます多くの活動は、政府による直接規制と直接管理になりつつあるだけでなく、国民生産物のますます大きな部分は政府によって共同消費に使われつつある。さらに国民所得のますます大きな部分は、課税と政府の福祉支出によって、比較的裕福な人々から比較的貧しい人々に"移転され"ている。

2. 第 1 次世界大戦以後、連邦支出は一時期を除いて地方と州の支出をはるかに上回ってきた。1930 年代の不況の間、生活救済、公共事業等への支出は、連邦予算をほぼ 100 億ド

ルの水準に引き上げた。私達の戦後の予算は、今後最も大きくなるときには、防衛費、公債への利子、および退役軍人への支援の増加によって、戦前の水準の 3 倍以上になるであろう。戦後の好況が突然恐慌になるか、あるいはだんだん悪化して不況になるならば、失業者と貧しい人々への連邦福祉支出は大きく拡大すると同時に、公共事業と開発プログラムへの連邦支出も確かに大きく増加するであろう。

3. 政府は支出を次の三つの財源によって資金調達している。つまり租税、有利子の公債、利子を生まない通貨の発行によってである。完全雇用の世界においては、政府の現実の費用への公平な負担を実現するためには、第 1 の租税による方法だけが頼りになる。さらに、この完全雇用の世界においては、この第 1 の租税による方法のみが、インフレーション（隠れた徴税官）を発生させることなしに、民間の個人消費を十分に減らして、必要な資源を政府プロジェクトへ向けるであろう。失業と不況の期間あるいは狂乱的インフレの期間に対しての適切な財政政策を、本書の第 2 部において後に議論する。

議論のための質問

1. 政府が今日では行っているが、以前には行っていなかったことをいくつか挙げなさい。

2. 現在と 1970 年の間に、あなたは国民所得と政府支出の比率がどのように変化して行くと予想しますか。なぜですか。どのようないくつかの要因があなたの答に影響を与えていますか。

3. 政府の経済的費用の増加は効率の低下をもたらしますか。あなたはこの問題について、科学的研究をどのように行おうと思っていますか。

4. 「30 年前の過激な主張は今日では保守的主張である。」この見解はこれまで正しかったですか。この見解はいつでも正しいですか。正しかった例と正しくなかった例をいくつか挙げなさい。

5. 「財とサービスへの政府支出は個人消費ではなく共同消費である、しかしそれでもやはりこの政府支出は消費である。」あなたはいつでもこの見解に同意しますか。もしこの見解に注意すべき点があるならば、あなたの意見を述べなさい。

6. 「もし戦後の連邦予算を戦前のほぼ近くの水準に戻そうとするならば、退役軍人への支援プログラムと国防が削減する主な項目でなければならない。」あなたはこの見解に同意しますか。なぜ同意しますか、そうでなければなぜ同意しないのですか。

7. 最も新しい大統領予算教書(The President budget message)を表 1 と比較しなさい。主な違いは何ですか。

8. ニューディールのいくつかの政策を挙げなさい。どの政策が中止になり、どの政策

が今なお実施されていますか。

9. 移転支出の意味を明確に述べ、そしていくつかの例を挙げなさい。

10. (a)完全雇用の状況の下で、さらに(2)不況の状況の下で、政府支出への財源調達の三つの方法の経済への影響を比較しなさい。

11. 戦費はどのように調達されましたか。戦費をどのように調達するべきであったですか。

12. 戦後の現在の租税政策をどのように行うべきですか。

第8章 政府の経済的役割
－連邦の課税と地方財政－

　本章では、財政について検討することを続け、連邦税制度(the Federal tax system)を簡単に説明した後、州と地方の段階での歳出と課税を簡単に調べる。さらに、連邦、州そして地方の異なる段階の政府活動を調整する問題を簡単に論じて、財政についての検討を終える。

連邦の課税

　現在のさまざまな連邦税を表1に示している[1]。これらの租税の内、最初の二つの個人所得税(personal income tax)と"遺産税"(estate tax)は、高い所得を得ている人々に"累進的に"重く負担させるので"公平"である。最後の二つの売上高と給与支払額(payrolls)への税は、所得に対する税の比率が裕福な人よりも貧しい人において大きいので、比較的"逆進的"(regressive)である。法人税(corporation tax)は税の影響について次のことから中間である。つまり、一般的に、裕福な人々の所得は、貧しい人々の所得よりも株式の配当金の占める割

表1　連邦政府の租税収入、1946年暦年（億ドルで）

1. 個人所得税
　　源泉徴収・・・・・・・・・・・・・・・・・・・・・・・・・・・・・・・・・　92 億ドル
　　その他・・・・・・・・・・・・・・・・・・・・・・・・・・・・・・・・・・・　<u>87</u>
　　　　　　　　　　　　　　　　　　　　　　　　　　　179 億ドル
2. 遺産税および贈与税・・・・・・・・・・・・・・・・・・・・・・・・・・　7
3. 法人税
　　通常の法人税と資本税(capital stock tax)・・・・・・・・・・・・　47 億ドル
　　超過利潤税・・・・・・・・・・・・・・・・・・・・・・・・・・・・・・・　<u>64</u>
　　　　　　　　　　　　　　　　　　　　　　　　　　　111
4. 給与税と雇用税　・・・・・・・・・・・・・・・・・・・・・・・・・・・・　18
5. 売上税あるいは物品税
　　たばこ税（主として紙巻たばこ）・・・・・・・・・・・・・・・　12 億ドル
　　酒税・・・・・・・・・・・・・・・・・・・・・・・・・・・・・・・・・・・・　27
　　小売業者物品税（化粧品、毛皮製品、等）・・・・・・・・・　17
　　関税あるいは輸入税・・・・・・・・・・・・・・・・・・・・・・・・・　5
　　その他さまざまな税・・・・・・・・・・・・・・・・・・・・・・・・・　<u>16</u>
　　　　　　　　　　　　　　　　　　　　　　　　　　　<u>77</u>
　　合計・・・・・・・・・・・・・・・・・・・・・・・・・・・・・・・・・・・・　392 億ドル

1)　これらの連邦税の総額を、次の 1948 年 1 月の大統領予算教書において示している 1948 年 7 月 1 日から 1949 年 6 月 30 日までの期間の、もっと最近の入手可能な租税の見込額と比較できる。

合がずっと大きいので、法人税は多分累進的である。多くの貧しい労働者と孤児もいくらかの株式を所有していることは事実であるけれども、これらの人々が所有している総額は全株式の内の大きな部分でない。しかし、株式会社が商品の価格を高くすることによって、消費者に税を転嫁できるのであれば、企業の利潤への税は累進的でなくなるのである。私達の連邦税制度は、15年前と比較するとはるかに累進的であり、また、今日の州と地方の租税制度が累進的であるよりももっと累進的である。次のいくつかの租税を簡単に見ることは役に立つかもしれない。

売上税と物品税 逆進性の順番からは、売上税(sales tax)と物品税(excise tax)は多分最初の税になる。いわゆる"リベラルな人々"は普通これらの税に反対する、他方"保守主的な人々"はこれらの税の長所をほめそやす。連邦の財源調達に関しては、妥協の産物になっている。つまり、一般売上税(general sales tax)はまだ議会を通過していない、しかし紙巻たばこ、酒、娯楽、化粧品等には物品税がある。人々は、映画館の入場料あるいはスポーツの試合への税が、金持ちの贅沢品への税であるかどうか判断できる経済の専門家であること、口紅への税を、村、町、小都市の大通りでなくニューヨークのパーク・アベニュー(Park Avenue)に限定するべきかどうかを判断できる経済の専門家であること、さらに紙巻たばこへの税が人々にたばこの喫煙をやめさるか、あるいは喫煙をかなり減少させるかどうかを見分ることができる経済の専門家であることは、許されていない。

社会保障税、給与税および雇用税(employment tax) （農業、非営利の病院と学校、等を例外として）大部分の産業には社会保障法(the Social Security Act)が適用されている。すべての従業員は、誇りを傷つけられる貧困の証明となるものによって少しも決定されるのではなく、以前の収入によって決定される1ヶ月ごとの老齢退職年金(old-age retirement benefits)を受け取る資格がある。ヘンリー・フォードでさえ退職年金を受け取る資格があった。

年金の給付金を得ることができる掛金を支払うために、従業員と使用者はそれぞれ、1年に3,000ドル以下のすべての賃金所得の内の1パーセントを、税として納めている。いかなる保険会社も、このようなわずかな保険料で、気前のよい退職年金およびその他の給付金を得ることができる保険を、おそらく販売できないであろう。このため、人口の年齢分布において、退職した老齢者の人数が徐々に多くなるので、連邦議会は、もし近い将来にこの退職

連邦歳入（億ドルで）

個人所得税・・225億ドル
法人税・・102
物品税・・75
雇用税・・28
その他の税・・・15
    合計・・・・・・・・・・・・・・・・・・・・・・・・・・・・・・・・・・・・・・・445億ドル
引く
租税還付・・20
    純合計・・・・・・・・・・・・・・・・・・・・・・・・・・・・・・・・・・・・・・425億ドル

年金保険への税率をかなり引き上げる当初の計画を実行しないならば、後に使用者と従業員の負担金に、政府の補助金を付け足さなければならないであろう。

給与税(the payroll tax)だけをとると、給与税は貧しい階層と中流階層への影響を考慮すると逆進的である。しかし社会保障給付と結びつけると、逆進性の程度はかなり小さくなる[2]。

法人所得税(corporation income taxes)　株式会社は、すべての費用を支払って、1年の利益である所得を計算した後、自社の所得の一部を連邦政府に納めなければならない。この比率は年ごとに異なる。1947年については、株式会社は、1年50,000ドルかそれ以上の利益について1ドルの内38セントを課税された、だが利益がこの50,000ドルの金額よりも少ないときには、1ドルの内38セントよりもわずかに少なく課税された[3]。

この法人所得税率があまりにも高くなっており、このため企業が、実行する価値があり、また雇用創出ともなるが、リスクが大きな投資プロジェクトに、危険を冒して投資するのをためらっていると、一部の人々は考えている。さらに、これらの法人所得税率が高いと思っている人々は、小さな企業が、税によって徴収される金額を、事業に再投資できていたならば、もっと急速に成長できていたであろう、とよく主張する。これらの見解への支持者は、政府が、株式会社の利益に課税し、さらに、株主に株式会社から受け取る配当金に個人所得税を支払わせることは、罪深い"二重課税"(double taxation)であると言う。

他方で、大規模株式会社には累進的に大きな比率で課税するようにして、大規模株式会社には重く課税するべきである、と主張する人々がいる。もし政府が多額の貨幣を徴収しなければならないならば、これらの人々は、企業への法人税が売上税あるいは給与税よりもよいと思っている。さらに、これらの人々は、次のように指摘する。株式会社が必ずしもすべての自社の利益を株主に分配せず、一部を貯蓄して事業に再投資している。また、株主がこれらの法人貯蓄によって個人所得税を払わずにすませている、それゆえこの観点からは、法人税が少なくともこの状況を一部改善するであろう。

この問題はあまりにも複雑であるので、ここで最終的判断を下すことができない。（本書の著者が一部だけ同意している）一般的動向は、個人所得税の増税と引換えに法人税率の一部引下げを支持していることである、と言うことは正しい。この最後の個人所得税は、きわめて重要であるので次の1節をその説明に当てる。

2)　著者と同様に、一部の人達は、特定の税を、課税される人々が便益を受け取る特定の歳出と結びつける社会の知恵に疑問を持っている。法律に基づく社会保険を、民間保険を拡張するものとして、公衆に（ある程度納得のいく説明なしに）販売しなければならなかったので、このように特定の税と特定の歳出を結びつけることは戦術的に必要であったのかもしれない。しかしこのように結びつける必要があったのは疑いなくずっと以前のことである。

3)　第2次世界大戦中、戦時での過度の利潤の獲得を回避するために株式会社に課税した超過利潤税(the excess profits tax)は、正常利潤を越えて獲得した利潤1ドルにつき、85セントを徴収した。

累進所得税

　戦前には、3 月 15 日は憂鬱な日であり、その日には、人々が所得税の書類(income tax blank)の記入にやっきになって取り組んでいたので、苦しみの声がアメリカ中から聞こえた。さらに、人々は、この日にしばしばすでに使ってしまっていた前の年の所得に対して、納税しなければならなかった。

　現在、状況はもっと良くなっている。すべての使用者は、従業員が政府に納めなければならない大部分の税の額を、1 年中従業員の給料から自動的に天引きしている。このことは私達すべてに所得税の源泉徴収の原則(a pay-as-you-go-basis)を受け入れさせているからであり、このため年末までに、私達は、たとえ賃金支払小切手のお金をすべて使っていても、所得税をほとんどすべて支払ってしまっているのである。

　1 年に 5,000 ドル以下の所得しか得ておらず、さらに税が源泉徴収でない収入をさほど得ていない誰もが、年末に政府に源泉徴収の納税証明書をただ送るだけでよい。政府は、納税者の正確な税額を計算し、納税者がすでに支払った税額と比較をして、その後納税者にこの差額を還付するかあるいは差額の請求書を送る。このようにして、財務省内国歳入庁(the Bureau of Internal Revenue of the Treasury Department)は、現在約 2,500 万人への税の請求金額を計算している。

　5,000 ドルよりも高い所得を得るか、あるいは財産から 100 ドルより高い所得を得るか、あるいは慈善団体にかなりの金額の寄付を行うどのような人も、ややこしい所得税申告書(income tax return)を提出しなければならない。実際、この納税申告書を提出する人は、どの年も最初に、その年の残りの期間についての自分の所得と、どれだけ税が源泉徴収されるのであろうかを、簡単に、大雑把に見積らなければならない。3 ヶ月ごとに、この納税者は、源泉徴収以外も含めた税の見積額と税の源泉徴収予定額の間の差額を支払う。このようにして、この人は源泉徴収以外の税も含めて、源泉徴収の原則に基づいて、年末に税をほぼ全額支払っている。次の年の 3 月 15 日に、政府との最終的清算が行われ、最初の税金の仮払いと本当の税金の金額の間のどのような差額も、請求かあるいは還付によって清算される。

　この納税方法は、前年の所得に対して今年所得税を常に支払うという以前の方法と比較して、きわめて大きく改善されている。実際、ただ 2、3 百万人の比較的裕福な国民のみが所得税を支払う限り、この古い方法は許容できるものであった。大恐慌以前には、きわめて寛大な所得控除(exemptions of income)のために、所得が 5,000 ドルよりも少ないほとんどの妻子のある人々は、個人所得税を支払う必要も、所得税申告書を提出する必要もなかった。現在、所得税控除はきわめて大きく減り、大部分の賃金稼得者は所得税納税の対象者になっている。1 年に約 500 ドル、つまり週に 10 ドルしか稼げない独身の人も、いくらかの所得税を支払っている。妻は夫に所得に対し税金を免除する 500 ドルの控除所得(exempted income)を与え、さらに扶養の子供 1 人につき 1 年 500 ドルの控除所得を与えている。（これらの数値はすべて 1947 年の所得控除額に関するものであり、この所得控除額は疑いなく数年ごとに改正されるであろう。）

所得税申告書に書き入れている人々は、3 月 15 日の近くになると、今でもいくらか夜遅くまで納税の手続をしている。しかし、源泉徴収の納税証明書を送るだけで許されない多くの人々でも、いわゆる"ショートフォーム"(short form)と呼ばれる所得税申告書を使うと、自分達の納税作業が大いに簡単になるのを知っている。この申告書では慈善への寄付、医療費および利子支払費等への約 10 パーセントの所得控除が自動的に認められる。あなた方が行わなければならないすべてのことは、自分の名前、配偶者の有無、および扶養の子供の数を書き入れ、所得税表を参照し、自分の所得税額を書き込むだけである。

　本当のややこしさは、ロングフォーム申告書(long-form return)を必要とするさまざまな所得を得る人々にのみ現れる。これらの人々は、所有しているトラックの減価償却、土地あるいは有価償券の売却によるキャピタル・ゲインとキャピタル・ロス、夫と妻の高い税を避けるために夫婦合算所得税申告書(a joint return)を提出すること、医学会への自費出張、州債の非課税の利子(tax-exempt interest)等に注意して取り組まなければならない。

　しかし、このロングフォーム所得税申告書に記入する難しさでさえ一般に誇張されている。どのような国民にとっても、納税申告に役立つ多くのパンフレットを利用してもしなくても、会計士と内国歳入庁の職員に助けてもらってももらわなくても、自分自身の納税申告書に書き込むことは、あまり難しくない知能検査のようなものに過ぎない。場合によっては、国民がこの重要な納税申告書に記入するという行事を実行できることを、高等学校卒業に必要な条件にするべきである。

　納税申告書への記入についての詳しいことを十分に述べた。重要なことは、表 2 によって示すように、典型的な個人が、異なる所得水準においてどれだけの個人所得税を支払うかを知ることである。この表の欄(2)は、人々が、欄(1)で示しているそれぞれの所得に対し、どれだけの税金を支払わなければならないかを示している。個人所得税は、貧しい人々についての低い数値で始まり、その後所得が増加するにつれてきわめて急速に増加することに注

表 2　異なる所得水準の子供のいない既婚
男性が支払う個人所得税の金額、1947 年

所得 (1)	個人所得税 (2)	税金の所得との比率 (3)	税引き後の可処分所得 (4)
1,000 ドル以下	0 ドル	0 ％	1,000 ドル以下
3,000	330	11	2,670
5,000	700	14	4,300
10,000	2,600	26	7,400
20,000	6,100	30	13,900
50,000	24,000	48	26,000
200,000	148,000	74	52,000
1,000,000	839,000	84	161,000

目しよう。実際、1,000,000 ドルの課税所得(taxable income)を超えると、それぞれの追加的 1 ドルの内約 84 セントが政府に渡り、16 セントのみが"可処分"所得つまり"支出可能な"所得の部分として個人に残るにすぎないのである。

欄(3)は、個人所得税がいかに累進的であるかを、まさしく示している。1 年に 10,000 ドルの所得を得る人は、1 年に 3,000 ドルを得る人よりも重く（11 パーセントよりも重く 26 パーセント）負担させられる。さらに大富豪は一層重く負担させられる。欄(4)は税引き後の可処分所得額を示している。あなたがドリス・デューク(Doris Duke)と同じくらい金持ちであるとしても、一層多くの所得を得ると常に手元に多く残り、それだけのことがあるのに注意しよう。政府は常にそれぞれの追加的 1 ドルの内の 86 セント以下を徴収する。

所得税は、所得との関係において、比較的"公平につまり累進的に"政府の費用を負担させる目的を、うまく実現しているように思われる。（相続税(the death taxes)と贈与税(gift taxes)の効果も同じである。相続税と贈与税を州税との関係において後で論じる。）所得税は可処分所得の不平等を減らすのに役立つ。例えば、図 1 で累進税(progressive taxes)の所得の不平等への予想できる効果を示している。ローレンツ図(the Lorenz diagram)において不平等の領域が減少していることに注目しよう。累進課税は、課税前のローレンツ曲線の実線を完全平等の 45°線に一層近い破線に移している。

図1　累進税の所得の不平等への効果

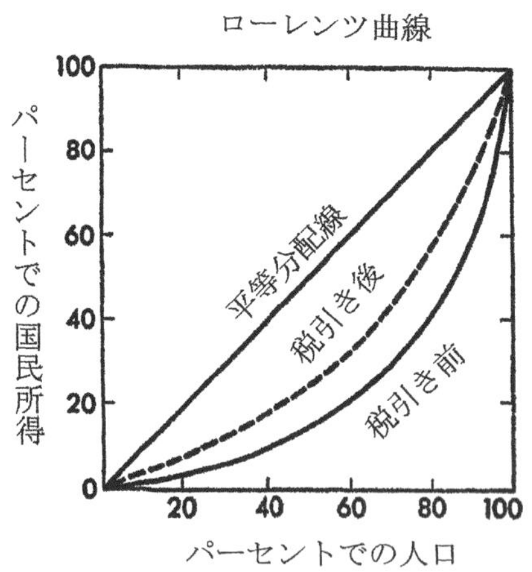

ローレンツ曲線

太い実線は税引き前の所得の不平等な分配を示している。破線は、累進税が税引き後の"可処分所得"を一層平等な分配にすることを示している。

しばしば、高い所得税が努力とリスク負担を妨げるのではないかという問題が発生する。課税により、同じ 100 万ドルを稼ぐために、人々は一層一生懸命に働かなければならないので、この問題に答えることは容易でない。自分の仕事とともに、自分の仕事がもたらす権力意識あるいは達成感を楽しんでいる多くの医者、科学者、芸術家および実業家は、100,000

ドルを得るためと同じ様に、30,000 ドルを得るためにも懸命に働こうとする。他方で、その他の人々は、累進税の結果、仕事よりも一層多くのレジャーを望むかもしれない。このため、高い所得税の努力とリスク負担への影響の問題についての最終的な答えは、難しく、独断的になってしまう。私達は問題を提起することで満足しなければならないのである。

リスクを伴う投資への累進税の影響を、評価することは比較的容易である。累進税は、多分リスクを含む投資には不利な影響を与える。おそらく、政府は、リスクを伴う投資の納税者に「表なら私の勝ち、裏ならあなたの負け」であり、どちらに転んでも政府の勝ちと言っている。例えば、1 人の男はリスクを伴う投資によりある年に 200,000 ドル稼ぎ、次の 3 年間は何も稼げない、他方彼の弟は 4 年間毎年 50,000 ドル稼ぐと仮定しよう。この 4 年間の税引き前の彼らの平均収入は同じであるが、リスクを顧みない兄は、この期間に 148,000 ドルを納税し、52,000 ドルだけ税引き後の総所得を手元に残している（表 2 を見よ）。他方、堅実な弟は、この期間に総額 96,000 ドルだけの納税をし、104,000 ドルの税引き後の総所得を手元に残している。この例において、リスクを顧みない兄には堅実な弟の半分だけのお金しか手元に残らないので、累進的租税制度は、この兄を金銭的に不利にさせている。

累進税には、投資と仕事への望ましくない影響とは逆に、一つの重要な望ましい効果がある。累進税は、ドルを貧しくてすぐにお金を使おうとする人々よりも、裕福な倹約的な人々から徴収するので、購買力と雇用を高い水準に（もしインフレーションが起こりそうであるならば多分あまりにも高い水準に）維持するのに役立つ。

図 2　州と地方の歳出の目的－1941 年

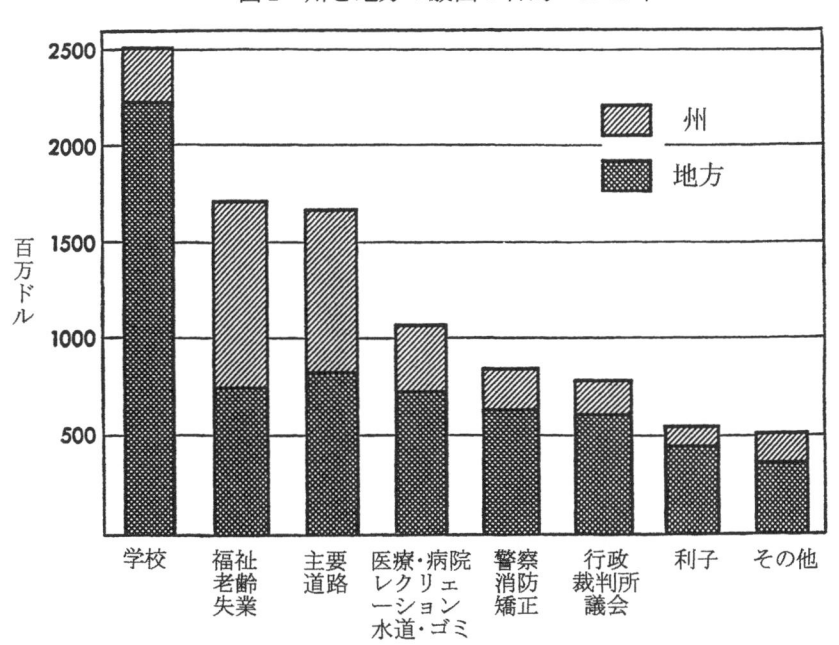

出所：連邦準備制度理事会、*Postwar Economic Studies*、3。

だが、累進的個人所得税の投資への望ましくない影響が、潜在的に過剰な貯蓄を減少させるこの税の反対の望ましい効果を相殺してしまうかどうかは、誰にもはっきりと分からない。このため、結局、すべての有権者は、平等主義の大きな社会に賛成するのかそれとも小さな社会に賛成するのか、個人の進取の精神への大きな報酬に賛成するのかそれとも小さな報酬に賛成するのかを、主として倫理的判断に基づいて決定しなければならないのである。

州と地方の歳出

　さて、次に連邦以外の財政を調べてみよう。連邦政府の 400 億ドルの歳出は、州と地方の歳出の合計の約 3 倍の金額であるけれども、州と地方の歳出はやはりきわめて重要である。

　州と地方は何にお金を支出しているかを見るために、図 2 と表 3 に目を向けてみよう。州と地方の支出のすべての項目はほとんど説明を必要としない。（大部分地方政府による）学校への支出は、抜きん出ており、最大の 1 項目であることに注意しよう。裁判官、議会の議員、そしていわゆる行政官の給料が全体の 8 パーセントにすぎないことにも注意しよう。

表 3　州政府と地方政府の目的別の歳出、1941 年（表示は億ドル）

目的項目	州	地方	合計	合計に対する百分率
費用の支払い－合計*・・・・・・・・・・・	**$ 30.72**	**$ 66.37**	**$ 97.09**	**100.0%**
学校・・・・・・・・・・・・・・・・・・・・・	2.74	22.38	25.12	25.9
主要道路(Highways)・・・・・・・・・・・	8.48	8.23	16.17	17.2
老齢保険と失業保険・・・・・・・・・・	4.86	0.03	4.89	5.0
社会福祉・・・・・・・・・・・・・・・・・	4.85	7.40	12.25	12.6
医療・保健と病院・・・・・・・・・・・	3.15	2.84	5.99	6.2
犯罪者の矯正・・・・・・・・・・・・・・	0.86	0.65	1,51	1.6
上下水道・ゴミ・・・・・・・・・・・・	・・・・・・・	2.91	2.91	3.0
警察と消防・・・・・・・・・・・・・・・	1.31	5.81	7.12	7.3
一般行政、議会、裁判所・・・・・・	1.90	6.01	7.91	8.2
利子・・・・・・・・・・・・・・・・・・・	1.11	4.56	5.67	5.8
レクリエーション・・・・・・・・・・・	0.15	1.71	1.86	1.9
その他のすべて・・・・・・・・・・・・	1.31	3.84	5.15	5.3
債券の償還†・・・・・・・・・・・・・・・	**2.38**	**6.15**	**8.53**	

　出所　連邦準備制度理事会、*Postwar Economic Studies,* 3, p.104. U. S. Department of Commerce, Bureau of the Census, *Financing Federal, State and Local Government*, 1941, p. 54.この表は他の政府から受け取っている財源による支払いを含んでいる。

　*老齢保険と失業保険への 54,400 万ドルの積立金の純贈加および年金基金(pension funds) への 14,200 万ドルの負担金を含めていない。

　†合計に含めていない。

州税と地方税

　このような歳出への資金を調達する主な財源を見るために、州政府と地方政府による税徴収を示している図 3 と表 4 を参照しよう。税の種類についてのこれまでの議論から、全体として、主な州税と地方税がいわゆる"逆進税"(regressive taxes)であると分かるに違いない。いくつかの重要な税を論じてみよう。

図3　州税と地方税の収入源、1941 年

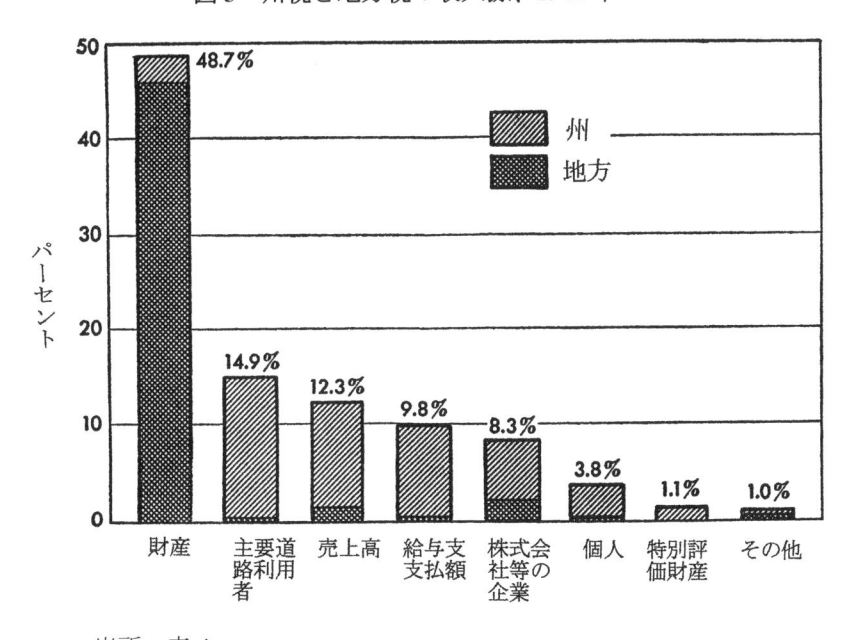

出所：表4

　財産税　表 4 で示しているように、財産税(the property tax)は今でも州と地方の総財政収入のほぼ 2 分の 1 を占めており、また、州は、きわめて財源不足の地方が、ほとんどすべての財産税を徴収するのを認めてきたことに、注目してもらいたい。

　州と地方は財産税を主として不動産、つまり土地と建物に課税している、しかしいくつかの地域では、家具や時計のような個人財産にも課税している。それぞれの地方は 1 年の税率を定めている。例えば、ある一つの大都市においては、税率はそれぞれの 1,000 ドルの評価額に対し 35 ドル（3.5 パーセント）であるかもしれない。このことは、私の自宅が 10,000 ドルの価値があると評価されるならば、私は 350 ドルの財産税を支払わなければならないことを意味している。しかし、多くの地域では、不動産の評価額は本当の市場価値より低く、市場価値の一定割合になる傾向がある。多分私の家とそれに類似のすべての家は、現在 15,000 ドルの市場価値があっても、現在の市場価値の約 3 分の 2 で評価されるかもしれない。それゆえ、現実には、私の家の実質の財産税率は 3.5 パーセントよりもいくらか低く、2.4 パーセントに近い。

財産税はあまり変更されることはない。税率と不動産の評価額は本当にゆっくりと変更される傾向がある。不動産の評価額が下落する不況期には、財産税の負担はきわめて重く、財産税は、破産、担保物件の受戻し権喪失(mortgage foreclosures)、さらに競売処分を発生させる。

　植民地時代には、人々の総所得と富はすべて不動産と結びついていたかもしれない。その時代において実際、財産税は、（現代の累進税のように、お金持ちの人に、所得が増加するにつれて、所得の増加よりも大きな比率で所得への税を増やすのでなく）お金持ちの人に、総財産額にただ比例して、財産への税を増やすにすぎなかった。さらに、かなりの富と所得

表4　州政府と地方政府の租税収入、1941年*（表示は億ドル）

税収の源泉と形態	州†	地方	合計	合計に対する百分率
合計････････････････････	$45.07	$47.08	$92.15	100%
財産･･･････････････････	2.68	42.24	44.92	49
売上高および総収入･･････････	10.33	0.98	11.31	12
一般売上････････････････	5.75	0.66	6.41	7
アルコール飲料･･････････	2.16	･･････	2.16	2
タバコ製品････････････	1.07	‡	1.07	1
公益事業収入･･････････	0.90	･･････	0.90	1
種々の物品････････････	0.45	0.32	0.77	1
給与支払額･･･････････････	9.01	0.05	9.06	10
株式会社およびその他の企業･･･････	5.86	1,81	7.67	8
法人純所得････････････	1.97	0.02	1.99	2
法人認可および営業認可･･･････	79	0.40	1.19	1
保険料････････････････	98	･･････	0.98	1
アルコール飲料･･････････	58	0.35	0.93	1
資源分離(severance)およびその他････	1.54	1.04	2.58	3
個人･････････････････	3.43	0.03	3.46	4
純所得･･･････････････	2.25	0.02	2.27	3
相続、遺産および贈与･･･････	1.18	0.01	1.19	1
主要道路利用者･･･････････	13.46	0.31	13.77	15
自動車燃料････････････	9.13	0.07	9.20	10
自動車登録および自動車運転者････	4.33	0.24	4.57	5
特別評価財産･･･････････	･･････	1.02	1.02	1
その他すべて･･･････････	0.30	0.64	0.94	1

　出所　連邦準備制度理事会, *Postwar Economic Studies,* 3, p.108.

　*U. S. Department of Commerce, Bureau of Census, *Statistics of Sales,* 1941、および *Financing Federal, State, and Local Governments,* 1941 を調整した。

　†この金額は州が徴収した税の地方の取り分を含んでいる。

　‡ 500,000 ドル未満。

が不動産と結びついていない今日では、多くの裕福な人々は州税と地方税をほぼ完全に逃れることができる。また、小さな金額の財産が大きな金額の財産よりも比較的高く評価される傾向にあることは、よく知られている。これらの理由のために、財産税は理想的なものから程遠いのである。

主要道路利用者税　主要道路利用者税(Highway User Taxes)の税収は、名前が示すように、次の二つの主な財源から発生している。つまり、ガソリン1ガロン当たり何枚もの1セント銅貨の税金、自動車とトラックへの登録料および自動車運転手への免許料からである。多くの州は、道路と橋に支出するよりももっと多く、このようにしてドルを徴収している。いくつかの大学では、フットボールゲームによる収入の超過を、陸上競技場の設備あるいはギリシャ語での手書きの文献さえ買うために使っているのとちょうど同じ様に、多くの州は、この主要道路利用者税の税収の超過を、学校、老齢年金、およびその他の必要とされるものに使っている。

納税者は、鉄道の切符、あるいは水や電気の使用の代金を支払うのとほとんど同じ様に、道路を使用する*便益*への代金を支払っているにすぎないという根拠に基づき、主要道路利用者税は普通正当化されている。

売上税　過去数年、多くの州は、タバコ、酒、さらに一般売上品にさえ課す物品税(excises)にますます頼り始めてきている。大部分の人々は（多くの紙巻タバコ喫煙者とほどほどの飲酒者を含めて）、タバコと酒にはいくらか不道徳なところがあると、何気なく感じている。大部分の人々は、これらの商品が課税されるときには、一石二鳥であるかのような気持ちになる。つまり、州は税収を得ることになり、同時に不道徳は一層費用がかかるものになる。

商品が1足の靴であろうと、1個の石けんであろうと、1本の教会のろうそくであろうと、消費者が買うすべての物への、例えば、5パーセントの税金を同じ様に正当化することは、受け入れられていない。お金持ちであろうと貧しい人々であろうと、商品に支出するそれぞれの1ドルは同じ様に課税される。さらに、貧しい人々は持ち金の中からお金持ちよりも大きな比率を商品に使わざるをえないので、多くの商品に課税する売上税(sales tax)が逆進税であること、つまり売上税が、高い所得よりも低い所得から、所得の内の一層大きな比率を税として徴収することを、理解するのは容易である。それゆえ、大部分の経済学者は、売上税をただ必要の産物にすぎず、望ましくなく、公平でない税であるとみなしている。明らかな贅沢品に適用するときを除いて、大部分の経済学者は、売上税を個人所得税あるいは相続税のような、もっと累進的な税に取り替えるべきであると考えている。

事業税(business taxes)と給与税　州と地方は、居酒屋等を営み、企業として活動することへの営業認可(privilege)に対して、しばしば許可料(license fees)を課している。いくつかの州は企業の純所得(net income)にも課税し、また営利企業から多数の他の料金も徴収している。

さらに、ほとんどすべての州は、社会保障が適用される範囲の職業において、給与支払額の約3パーセントに等しい賃金税(a wage tax)を連邦政府によって巧妙に使用者から徴収するようにさせられている。この州税である賃金税からの税収は、労働者が失業したときの

"失業補償給付金(unemployment compensation benefits)あるいは失業保険"を支払うために使われる。連邦社会保障法(the Federal Social Security Act)が（1935年に）議会を通過する前には、失業保険制度があるウィスコンシンやオハイオのような2、3の先進的州では、失業保険制度は産業界の大きな負担となっていた。産業界は、失業補償税(unemployment compensation taxes)がなく、また使用者が解雇した労働者と手を切ることができる近くの地域の他の州へ行くと言って、脅かしたり、ときどき脅かす以上に実際他の州へ離れようとした。当然、失業者に十分配慮していた州でさえ、最も無責任な州の水準へと低下する傾向があった。

社会保障法は上述の無責任な状態のすべてのことを変えた。連邦政府は、多くの専門家が賛成も反対もしたある一つの連邦法を議会で承認する代わりに、間接的方法によって同じことを成し遂げた。連邦政府はすべての州に対して使用者への3パーセントの連邦税の給与税を議会で可決した（しかし、適切な失業補償制度を制定したすべての州に、この連邦税の税収のほとんどすべてを譲与することを約束した）。実際、失業補償制度は州とその州民に追加的費用を少しもかけないので、もちろん、48州のどの州の人々も、州議会内で失業労働者支援への熱い意気込みに突然気づいた。このことにより、州議会で賃金税が成立することになったのである。社会保障は個人と家族に関係しているので、社会保障の経済的意味を第10章でもっと詳しく論じる。

個人所得税と相続税　半分以上の州は、金額としては小さいが、連邦政府と同じ様に、個人に所得の大きさに応じて個人所得税の課税を行っている。課税のこのような方法を、連邦の財源調達との関係ですでに論じた。イリノイのような、2、3の大きな州は、この比較的累進的な税に少しも頼っていない。だが、所得税を導入しているほとんどすべての州は、この税率を引き上げ、所得税という財源から一層多くの税を徴収できた。しかし州段階でこの公平な税を適用する最大の難しさは、連邦政府がこの個人所得税をすでに大いに利用しており、州政府には個人所得税を課税できる余地があまりない事実にある。

血縁関係にある者あるいは友人の死により、財産の遺贈を受ける個人に課税する相続税は、特に説明を必要としない。遺産を受け取った者に課税するではなく、死んだ贈与者の遺産に課税する遺産税とは、相続税は僅かな部分についてのみ異なる。また、生前の贈与物にも課税しなければならないことは明らかである、さもなければ裕福な人々は、課税を逃れるために、死ぬ前に相続人達に自分達の財産を出来る限り分配しようとする。

連邦政府とかなりの数の州政府の両方とも相続税と遺産税を徴収している。連邦政府は、フロリダのようないくつかの州に、「老後はここに来て死のう、相続税を少しも支払わないようにしよう」と、老人達に向けて宣伝しないように、繰り返し働きかけなければならなかった。連邦政府は、相続税と遺産税を州税として議会で承認しているどのような州にも、州の相続税と遺産税の納税証明書での金額を州民の連邦への相続税と遺産税の支払いの一部として認めることによって、連邦政府は相続税と遺産税の一部を州政府に渡している。しかし、連邦政府のこのような税収の州政府への贈与は、連邦政府から州政府への税収の移転全

体のごくわずかな部分にすぎない。

相続税と遺産税は、累進的でまた民主的税(democratic tax)とよばれる。貧しい未亡人の相続財産には優遇控除(liberal exemption)によって普通少しも税金を支払う必要はない、他方、金持ちの人々の遺産には、累進税率で税金を支払わなければならない。この国において、自分の努力と知識によってではなく、ある世代からその次の世代へと相続される財産によって生活している永続的金持階級(a permanent moneyed caste)が、一層金持になるのを阻止する目的のために、社会改革者達は相続税(death taxes)をきわめて重要視しているのである。

ほとんど述べる必要がないその他のいろいろな歳入が州と地方にはある。いくつかの地方は天然ガスと電気を売っている。いくつかの地方はスロットマシンと競馬の馬券に課税している。すべての地方は、特定の下水処理や道路の改良により利益を得る財産の所有者への特別評価(special assessments)による課税によって、いくらかの税収を得ている。すぐに分かるように、これらよりももっと重要な財源は、州政府が連邦政府から受取り、また地方政府が州政府から受け取る財政支援である。

借入れと負債の返済　これらのすべてのことを計算に入れても、州と地方の歳出の合計が州と地方の歳入の合計に等しい、と言うことは正しくない。この差額は新たな借入れあるいは新たな負債の返済になる。1940 年以後、戦時の好況は（ガソリンが配給であるにもかかわらず）州と地方の税収を増加させた。だが、同じ期間において、州と地方は、新しい学校と主要道路を建設できなかったし、救済金を受け取る必要があるきわめて多くの貧しい人々を支援する必要はなくなった。

この結果、大部分の州は、財政の剰余金を運用して、以前に増えた公債の一部を償還できた。第 2 次大戦後の期間においても、産業の好況が続く限り、この公債の償還という良い状況は続くであろう。だが、2、3 の思慮に欠ける州は、今後公共建造物を建設したり、救済事業に資金を提供することが、再び必要になりまた望ましくなる期間のために、このように負債を返済して、準備することを怠っている。これらの思慮に欠ける州は、税率を引き下げており、このように引き下げることによって、人々の購買力を増やし、終戦直後のインフレの火に一層油を注いでいる。

このような思慮に欠ける州は今日では例外である。しかし、第 1 次大戦と第 2 次大戦の間では、大部分の州と地方の借入れは、景気循環を弱めるのではなくむしろ強めて、望ましい方向から離れるように作用する傾向があった。連邦政府が戦時国債(war debt)の一部を償還していた繁栄の 1920 年代に、州と地方は、必要とされていた主要道路と学校を、当時市場で支配的になっていた高い価格で建設するために、途方もなく多額の債券を売り出した。1930 年代の不況がやって来たとき、いくつかの都市では緊急事態による借入れを公表したけれども、*州政府と地方政府は全体として負債を削減した*。州政府と地方政府は、建設費用が低く有利であり、また仕事がはなはだ必要とされていたにもかかわらず、必要な公共建造物を建設することを拒んだ。州政府と地方政府は、負債を削減しているにもかかわらず、公共事業に関してだけでなく、失業救済との関係においても、連邦政府にますます頼り始めた。

景気循環を緩和するために、州と地方に積極的役割を果たすように求めることは、多分求めすぎである。州と地方は、望ましいことをできないならば、州と地方にとっての最低の目標は、少なくとも害になることを行わないことである。州と地方はあまりにも弱く、不況時に歳出を増やせないとしても、少なくとも好況時には歳出を増やしたくなる誘惑に負けないように努めるべきである。もし州と地方がこの助言に従うならば、州と地方の歳入によるドルは購買力が大きくなり、また、失業問題は必ずしもきわめて大きな問題にも、難しい問題にもならないであろう。

異なる段階の政府の間での調整

　現在の州と地方のそれぞれの地理的境界は、必ずしも正確に同じ経済的境界になっていない。インディアナ州ゲーリー(Gary)は、実体として、インディアナ州の一部であるよりもシカゴ大都市圏(the Greater Chicago metropolitan region)の一部であり、また同じ様な関係がコネチカット州グリニッチ(Greenwich)とニューヨーク市の間で実現している。比較的裕福な人々は、ボストンの通りを補修しまた貧しい人々を支援するための高い税負担を受け入れなければならないのを回避するために、マサチューセッツ州ウェルズリー(Wellesley)からボストンまで通勤できる。またニュージャージー州のニューヨーク市郊外の地域は、ハドソン川を越えると所得税はないと言って、裕福なニューヨーク市民を引き入れている[4]。　国籍にとらわれない裕福な国際人は、税金を逃れるために、法律上の居住地を、数年前まで、合衆国からバミューダおよびその他の場所に移しさえした。だが、これらの人々は、戦争によって、法律上の居住地を自由の女神像の加護がある合衆国に急いで戻している。

　異なる領域の政府を調整するこれらすべての問題を、どのようにすれば解決できるのか。その答を主として経済学よりもむしろ政治学に求めなければならない。その答の一つとして、私達はいくつかの政府の境界を越えて設立する新たな行政機関を創設できるし、また創設してきた。例えば、ニューヨーク港湾公社(the Port of New York Authority)、クック郡上下水道・ゴミ委員会(the Cook County Sanitary Commission)、等々である。これらのすべての行政機関は一つの役割を果たしている。しかし、時々結果はつぎはぎ細工の混乱したものになっている。例えば、大シカゴ圏(Greater Chicago area)内だけでも、文字どおり*何百*もの異なる行政機関が存在する。つまり、三つかあるいは四つの州、数えきれないほどの郡、郡区(townships)、および市・町・村などの地方自治体、等がそれである。このことよりも悪いことに、どのような１人の国民もこのような多数の重複する行政機関の別々の管轄下にある。どのような１人の国民もスピード違反で捕まったときに、どこに罰金を払いに行かなければならないかを知らないだけでない。この人は実際シカゴ市、クック郡、学校区、等にそれぞれ税金を支払っている。

　経済的観点からは、現在の状況のいくつかの最悪の局面を、州は補助金(grants of money)

---

4)　フィラデルフィア市は、市の境界外に住んで通勤しているかどうかに関係なく、市内で働いている人々が稼ぐすべての賃金に対して、１パーセントの税金を徴収している。

を地方に与えさせることによって一部改善できる。1941 年に、45 億ドルの州の税収入の内、州は約 3 分の 1 を（主として学校、主要道路、および公的扶助（生活保護、老齢年金、視覚障害者への支援、等）に対し）地方に分配した。このような方法によってのみ、それぞれの州の貧しい地域は、一定の最低水準の学校教育、道路および生活を維持できる。このような方法によってのみ、裕福な郊外の居住者が公的な責任への当然の負担を完全に逃れようとするのを、阻止できるのである。

　州内で、財源の獲得の必要さと人々の所得には格差があるのとちょうど同じ様に、国内の異なる地域間にも、財源の獲得の必要さと人々の所得には、途方もなく大きな格差がある。特に南部では、その地域の住民は、低い所得しか得ておらず、十分な教育と十分な生活水準をほとんど実現できていない。国中で最大の徴税力持っている連邦政府にとっての道理にかなった行動は、（特に（例えば、失業、道路整備、等の）大部分の現代の経済問題が国中の問題になっているので）連邦政府のいくらかの歳入を州に分配することである。

　1941 年に、連邦政府は、約 7 億 5,000 万ドル、つまり州の総税収入のほぼ 6 分の 1 の "国庫補助金(grants-in-aid)" を州に与えた。この国庫補助金は主として主要道路、公的扶助、および教育（職業教育、農業教育、等）に対してであった。さらに、1930 年代の不況の数年に、連邦政府は、州と地方に WPA（就業促進局(Works Progress Administration)）と PWA（公共事業局(Public Works Administration)）の管轄下で建設された病院、学校およびその他の公共建造物の形できわめて多額の贈与を行った。

　典型的な国庫補助金がどのような役割を果たしているか示すために、社会保障法の下での連邦老齢プログラム(the Federal old-age program)を考えてみよう。このプログラムは二つの部分から構成されている。まず連邦政府によって完全に運営されている拠出型老齢年金制度(contributory old-age pension plan)であり、この年金制度においては、農業以外の産業の大部分の従業員と使用者は保険料の支払いを分担し、これらの従業員は一定の老齢給付金（年金、保険、等）を（生活での必要さと関係なく）自動的に受け取っている。この拠出型老齢年金制度を従業員と使用者へのそれぞれ 1 パーセントの連邦給与税との関係でこれまでに論じた。この拠出型老齢年金制度は州と何も関係しておらず、ここではこの制度をこれ以上論じないことにする。

　さらに、州が貧しい人々、老齢の人々、障害のある人々を支援するのを、連邦政府が助成するために、連邦政府に "負担が半々の" 国庫補助金(matching grants-in-aid)を、州に与えることを要求している社会保障法の第 2 の部分がある。例えば、もしニューヨーク州が貧しい老齢の人々に 1 ヶ月 45 ドルの支給を議会で可決するならば、連邦政府は、最初の 15 ドルの内の 3 分の 2 を支払い、さらに（1 ヶ月 45 ドルの給付総額までの）残りのドルに対して半分を支払う、このことによって州の費用はわずか 20 ドルになる。このような負担が半々の国庫補助金は、自動的に決定される方式であることから、行政官には運営が容易である。また、州が与えるすべてのドルが 2 倍の役割を果たすので、この負担が半々の補助金は、州に老齢者扶助ためのドルを議会で可決させる誘因として明らかに働いている。

他方において、このような負担が半々の国庫補助金は裕福な州と貧しい州の間の水準を等しくする目的には一部失敗している。例えば、1ヶ月15ドルよりも多額のこの老齢年金を議会で可決できない、あるいは可決できないと考えるミシシッピ州は、連邦政府から約10ドルだけを受け取るにすぎない。しかし、同じ時に裕福なニューヨーク州は連邦政府から25ドルを受け取る。繰り返しになるが、「裕福な人々がこの国庫補助金を与えられる」という厄介なケースに私達は直面する。近い将来に連邦議会は、1人当たり州所得水準に基づくが、この水準と反比例で変化する州への国庫補助金を与える救済法(a remedying law)を、可決するかどうかは後になってみないと分からない。

　原子爆弾は多分私達の世界が大切な一つの世界であると教えた。さらに、この国は大切な一つの国であるという事実の重要さも、私達は十分知らなければならない。

要約

　本章では連邦政府、州政府および地方政府が頼っている重要ないくつかの租税を調べ、これらの租税の累進性がどれほど異なるかを示した。さらに、地方と州の歳出の状況ならびに異なる段階の政府間での相互関係も簡単に見た。

議論のための質問

　1.　累進性の順に、いくつかの異なる種類の税を挙げなさい。(a) 連邦、(b)州、および(c)地方のそれぞれの段階で歳入の大きな税は何ですか。

　2.　もし子供のいない既婚の人の総所得が2,000ドル、5,000ドル、20,000ドル、もしくは1,000,000ドルであるならば、この人は現在ほぼどれほどの所得税を支払わなければならないですか。

　3.　州政府と地方政府のそれぞれの異なるいくつかの歳出項目を、金額の大きな順に示しなさい。

　4.　あなたは、連邦、州および地方の三つの段階の政府の間で、異なる役割をどのように割り当てるべきであると考えますか。歳入と補助金をこれらの三つの段階の政府の間でどのように配分すべきであると考えますか。

　5.　あなた自身の州の戦後の財政政策はどのようでしたか。あなたはその財政政策に賛成しますか。なぜですか。

第 9 章 労働組織といくつかの問題

　第 2 次大戦が終わったとき、1,500 万人の労働者、つまり民間産業での企業支援の健康保険などへのすべての有格従業員(the eligible employees)の内の約半分は、労働組合員であるかあるいは団体交渉による労働協約の下で働いていた者である。製造業の賃金労働者では、この比率はもっと大きかった。特に自動車、紳士服、粗鋼、炭鉱業、鉄道および建設のような多くの部門では、この比率は十分 80 パーセントあるいは 90 パーセント以上になった。実際、あまり労働組合員のいない唯一の領域は、農業、家事、小売業と卸売業、およびホワイトカラーあるいは知的専門職であった[1]。

　図 1 は、1900 年以後の労働組合員数(union membership)の驚異的増加を示している。つまり、第 1 次世界大戦までのゆっくりとした着実な増加、第 1 次世界大戦の間とその直後の急増、1920 年代の比較的急速な低下とその後の横這い、大恐慌の底から回復したニューディールの数年間でのきわめて多くの新たな組合員の獲得、そして最後に第 2 次世界大戦の開始以後の急速な増加の持続を、図 1 は示している。

　大部分の組織労働者は、それぞれ約 600 万人の組合員を獲得している AFL かあるいは CIO に加盟している労働組合に所属している。さらに、多数の独立の労働組合があり、その内最も大きな労働組合は、（機関士(engineers)、機関助手(firemen)、車掌(conductors)および車掌助手(trainmen) の）四つの大規模な鉄道労働組合(Railroad Brotherhoods)である。

アメリカの労働運動の歴史

　この国の労働組合の歴史は遠い道のりをさかのぼる。 1 世紀以上前に熟練職人の地方組合(local unions)と全国組合(national unions)が形成された。これらの職能別労働組合(craft un-

図1　アメリカの労働組合の組合員数

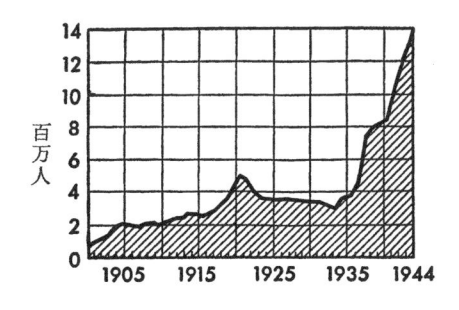

出所：Florence Peterson, *American Labor Unions*, Harper and Brothers, New York, 1945.

---

1) 　組織労働者についてのもっと詳しい記述については、読者は Florence Peterson, *American Labor Unions*, Harper & Brothers, New York, 1945 （フローレンス・ピータースン著、阪本泉訳『アメリカの労働組合』双美書房、1949 年）を参照でき、筆者は本章を書くにおいて、この本にかなり依拠している。

ions)は（例えば、徒弟制度(apprenticeship)の決まりのような）多くの点について、中世のギルのなごりを残すものであった。南北戦争後の半世紀の間に、アメリカの労働者を一つの大きな労働組合に組織化する試みがしばしばなされた。この種の最も成功した試みは労働騎士団(the Knights of Labor)であり、1886年頃、組合員数が頂点を迎えたが、その後消滅した。

1880年代のこの同じ10年間に、AFLはうまく出発した。長期間AFLの会長であったサミュエル・ゴンパーズ(Samuel Gompers)の指導の下での、このAFLの組織の基本方針は、革命的政治運動とは正反対のものであった。AFLは新たな政党を支持せず、政治活動を、労働者を擁護し、また人道主義的法律制定に賛成するどちらかの政党の候補者を支持するにとどめた。AFLは、一つの大きな労働組合ではなく、独立の構成員が国内の（あるいはもし私達がカナダも含めるならば、国際的な）多数の職能別労働組合から成るゆるい連合体にすぎなかった。AFLの目標は、長期的改革であるよりもむしろ、今すぐの賃金の引上げと労働条件の改善であり、AFLの立場は一層の改善であり、そしてAFLの基本的主張は「もっと、もっと、さらにもっと、今すぐに」であった。

職能別労働組合対産業別労働組合

UMW（アメリカ鉱山労働者組合(United Mine Workers of America)）のジョーン・L・ルイス(John L. Lewis)、アメリカ縫製工合同組合(the Amalgamated Clothing Workers of America)の故シドニー・ヒルマン(Sidney Hillman)、およびその他多くの指導者は、絶えず激しい管轄争議(jurisdictional disputes)を引き起こし、さらに、大量生産産業での労働組合の結成が難しくなるかあるいは不可能になったAFLの職能別労働組合組織に不満になり、1935年にCIOを結成した。その後、CIOは、きわめて積極的な活動の後、*職能別*ではなく*産業別*に基づいて、鋼鉄（アメリカ鉄鋼労働者合同組合(United Steel Workers of America)）、自動車（アメリカ自動車航空機農器具合同労働組合(United Automobile, Aircraft, & Agricultural Implement Workers of America)）、電機およびラジオ（アメリカ電気通信機械工合同組合(United Electrical, Radio and Machine Workers of America)）、繊維（アメリカ繊維労働組合(Textile Workers Union of America)）、およびその他多くの基幹産業の労働組合を、一つの組織にすることに成功した。

職能別労働組合に対する産業別労働組合(industrial union)の長所と短所は、それぞれ多数ある。現代の技術は徐々に古い手作業の技能に取って代わっている。葉巻タバコを、今では大部分高い技能を身につけた職人によってではなく、機械によって巻いている。ガラス吹き作業は、機械による技術に大部分置き換えられている。現代の自動車工場においては、それぞれの人は異なる役割を果たしており、もし並んで作業をしている2人が異なる労働組合に属さなければならないなら、大いに成果を得ることは難しいであろう。これらのすべてのことは、ある一つの工場あるいは産業において、労働者が特別に身につけた技能と関係なく、すべての労働者を組合員に含める産業別労働組合の方が良いこと示している。

他方において、組合員が職場においてきわめて重要であるために、きわめて高い賃金を交渉しようとする小集団になっている所では、職能別労働組合の組織は最もうまくいく。AFL

にもいくつかの産業別労働組合が属しているけれども、CIO と比較すると、AFL は産業別労働組合ではなく職能別労働組合が大部分構成員である、と言うことはやはり正しい[2]。

労働組合の組織

CIO は、産業別労働組合の特徴を持つにもかかわらず、AFL と同じ基本的組織構成になっている。CIO と AFL の二つは、役員が全国組合によって選ばれ、そしてこれらの全国組合に対して、CIO と AFL の当局が限られた権限だけを持つ数多くの独立の全国組合の単にゆるい連合体にすぎない。しかし、CIO 執行委員会(the CIO executive board)は実際、AFL の中央組織よりも大きな権限を持ちまた影響力も大きい。

CIO のように産業別に大部分組織されていても、AFL のように職能別に大部分組織されていても、全国組合は、この全国組合を構成する下部の単位として、地方組合を持っている。これらの地方組合は、全国組合の代表者とともに、労働組合の事務代理人(business agents)あるいは職場委員(shop stewards)が、経営者と団体交渉するのを助けている。図 2 は AFL と CIO の組織図を示しており、二つの組織形態はほとんど同じである。

全国組合と地方組合に加えて、役割がラジオ放送でのプログラム作成の協力、デモ行進、および選挙あるいはストライキのさいの団結への応援である都市総同盟(City Federation)と州総同盟(State Federation)、あるいは都市産業別組合協議会(City Industrial Union Councils)と州産業別組合協議会(State Industrial Union Councils)がある。また、この図 2 から分かるよう

図 2　アメリカの労働組合の組織

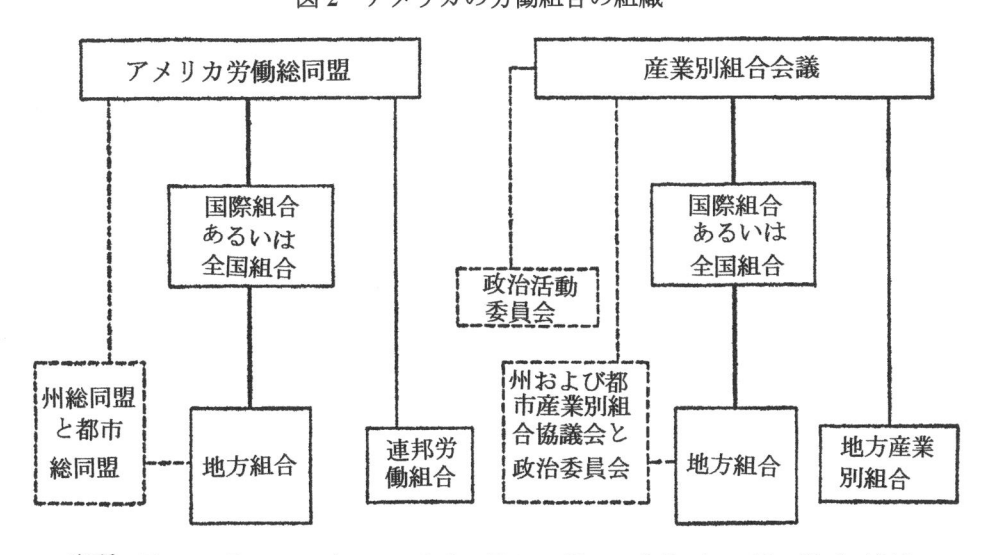

出所：Florence Peterson, *American Labor Unions*, Harper & Brothers, New York, 1945.

2)　近年、2 人の重要な産業別労働組合の指導者である UMW のジョーン・L・ルイスと（国際婦人服組合(International Ladies' Garment Workers Union)の）デイビッド・ドゥビンスキー(David Dubinsky)は、CIO を離れ AFL に再び加わった。1947 年に、鉱山労働者は AFL を離れている。

に、AFL と CIO には全国組合に加入するのではなく直接に AFL と CIO に加入している 2、3 の地方組合がある。普通、これら直属の地方組合は、現在組織化されている最中の新しい領域にあるか、あるいは地方組合をまとめるいくつかの全国組合の管轄と範囲の境界の領域にある。戦時中から、CIO は PAC（政治活動委員会(Political Action Committee)）を通して政治運動において積極的役割を果たし始めた。

AFL の大工についての事例研究

　幾人かの重要で、典型的な関係者の事例についての歴史を考察することによって、現代のアメリカの労働運動の特徴を理解してみよう。

　ジョン・ケネディ(John Kennedy)はアメリカの大都市の大工である。彼は AFL に加盟しているアメリカ大工指物師合同組合(the United Brotherhood of Carpenters and Joiners of America)の 50 万人以上の組合員の内の 1 人である。彼は、ちょうど 60 歳を超えているが、労働組合非加入の男として、1 時間に 30 セントだけしか得ることができなかったずっと以前の、第 1 次世界大戦前の数年間を忘れていない。彼は、40 年間以上労働組合員であり、今 1 週間 5 日半で 1 時間に約 2 ドルの賃金を得ており、1 日 8 時間を超えると、どのような仕事にも時間外賃金を得ている。しかし、彼は普通冬期には 1 年に 20 週間も一時解雇されるので、彼の 1 年間の収入は約 2,500 ドルにすぎない。

　この男の 1 時間の賃金率は、この地方の大工組合と使用者の間の協約によって決定されていた。1931 年にさかのぼると、この男は、仕事をどうしても得たかったので、賃金の一部を自分達の使用者に、つまり賃金の一部を返さなかったならば破産していたかもしれない小規模な建築業者に、密かに“返していた”。だが、この男は、今日では組合が決定したこの標準賃金未満で働く前に、「餓死するかそれとも生活保護を受けたい」と言っている。

　ケネディは、組合非加入の大工がいるどのような職場でも、働くことをいつも断っていたことは言うまでもない。実際、彼の使用者は、組合加入の男だけを雇用することを義務づけられている“クローズドショップ”契約(a closed shop contract)に、署名していた。ケネディは、組合に属さないことが罪を犯すことになると考えるようになっており、また組合費を支払わない組合非加入の労働者が、なぜ組合が勝ち取った賃金引上げの恩恵を得るのか納得できないので、クローズドショップに賛成している。彼は、クローズドショップを禁止する 1947 年のタフト・ハートレー労使関係法(the Taft-Hartley Labor Management Relations Act)に、きわめて腹をたてている。彼は、ワグナー全国労働関係法(the Wagner National Labor Relations Act)（1935 年）に対するこの一連の法律の修正を、“奴隷労働法”(Slave Labor Act)と呼んでいる。

　戦後の住宅ブームの間、ケネディの使用者は、欲しいだけの人数の労働組合加入の労働者を、確保することがきわめて難しくなっていた。建築の長期の不況による不振のために、多くの大工はケネディのように年をとった男である。形式的には、誰でも、10 ドルの最低の組合加入費を支払うことによって、ケネディが所属する労働組合に加入できる。しかし、現

実にはケネディの地方組合においては、加入費は 100 ドルである。さらに、加入希望者は長年の期間徒弟奉公を勤め上げなければならないのである。この大工の地方組合が、多数の帰還退役軍人に、正規の労働組合員としてではないが、一時的に*労働の許可*を与えている事実によって、大工不足の状況は少し緩和されている。ケネディの組合の組合費は 1 ヶ月約 2 ドルに過ぎない、さらにこの組合費の一部を老齢年金に積み立てている。

　1920 年代初期に戻ると、US スチール株式会社での 1919 年のスライキの不成功の後、この会社による組織労働者への攻撃の成功にヒントを得た企業家集団が、協力して行ったすべての労働組合への攻撃を、ケネディの組合は、なんとか切り抜けるという難しい期間を経験した。働くために南部カリフォルニアに出て行ったケネディの息子は、1922 年のしばらくの間、仕事を得る見返りに、労働組合に加入する自由を放棄する"黄犬"契約(yellow-dog contract)に署名することを強制された。ケネディは、「企業家集団は、労働者に労働組合に加入する自由を放棄させることを、アメリカンプラン(American Plan)と呼んでいた。もちろん、このアメリカンプランは、私が考えているアメリカの労使のあるべき姿ではない。」と言い、この黄犬契約を嫌っている。

　普通ケネディは民主党に投票している、しかし 1924 年には彼は AFL に従い、"親のボブ"・ラフォレット(Old Bob La Follet)が率いる第三政党の進歩党(Progressive party)に投票した。1928 年に、ケネディは民主党支持に戻り、アル・スミス(Al Smith)に投票した。ケネディは、フランクリン・ルーズベルトを強く支持したけれども、トルーマン(Truman)をあまり信頼しなかった。このため 1946 年に、ケネディは、根っからの共和党員であり、自分が所属している組合の国際組合の委員長の指導に、従うことを考えた。しかし、トルーマンのタフト・ハートレー法への拒否権の行使が不成功に終わったが、トルーマンがこの拒否権を行使したので、ケネディは民主党支持者に戻った。

　ケネディは、共産主義者をひどく嫌い、(共産主義者にとってもありがたいことであるが)決して共産主義者と直接会わなかった。ケネディの父親は 1870 年にアイルランドからやって来たけれども、ケネディは、AFL が低賃金の移民労働者の流入をくい止めて、賃金を高く維持しようと努めていることに賛成した。さらに彼は、低賃金の外国の労働者との競争を押える関税が (さらにこの問題について、低賃金の南部の労働者との競争を抑えることと結びつくならば) 、良いことであると考えている。ケネディは、"クー・クラックス・クランの会員"(Ku Kluxer)ではないけれども、黒人を特定の地方組合にのみ加入させ、多くの場合、黒人を白人の建築業者の所で働かせない自分の組合の方針に賛成している。

　ケネディの地方組合は、彼が考えているのと同じ方針で、ほぼ運営されている。しかしケネディは、密造酒を扱うギャングが、以前の 1929 年に、近くの市の労働組合に"押し入り"、暴力によって労働組合員と使用者の両方から、多額のお金を奪い取ってきたという話について、うわさ以上のことを聞いている。もちろん、ケネディは "労働者を暴力によってゆするのを容認する" どのような法律にも反対している。その理由として、第 1 に、彼は労働者に不利なすべての法律に当然反対するからであり、そして第 2 に、彼は、労働者の敵対

者が、合法的な労働組合の活動を妨げるために、このような法律を利用しようとすると考えるからである。

CIOという産業別労働組合員についての事例研究

シェルビー・ホワイト(Shelby White)は、デトロイトの大自動車会社で働いている。彼は、29歳にすぎないけれども、生まれたテネシーの山岳地方から北へ行くために、道路で手を挙げて無料で自動車に乗せてもらって以来、12年間の内10年間最高の賃金を得てきた。彼はUAW（アメリカ自動車航空機農器具合同労働組合、CIO）に所属している。ケネディのAFLの職能別労働組合と違って、このUAWは、組合員が工場のすべての労働者によって構成されている*産業別*労働組合である。このUAWは、工場内での未熟練な補助者(helper)、設備補修労働者、雑役夫、技能工、トラック運転手等も含んでおり、このため、多くの異なる技術を持っている労働者また少しも技術を持っていない労働者を含んでいる。ホワイトのUAWの地方組合は、会社との大争議の後初めて、労働者の唯一交渉組合(sole bargaining agent)として認められた。なお、この会社は、1935年全国労働関係法（ワグナー法）に従い、このUAWの地方組合が唯一交渉組合として行動するのを認めるように、連邦裁判所によって命じられるまで、このUAWの地方組合がこのように行動するのを認めなかった。

ホワイトは、次のことについて、自分の記憶をよみがえらすために、連邦政府の労働関係の委員会の報告書を読む必要はない。つまり、会社が、最初労働組合組織者を打ちのめすために、スト潰しの機関から（スパイと銃の射撃者である）"スト破り労働者"(finks)と"スト潰しの暴力団員"(goons)を雇ったこと、あるいは労働組合に加入した人々が、能率が悪いことを口実に解雇され、さらにその後他の職場で仕事を得ている期間も、使用者達の"ブラックリスト"に掲載されていたこと、あるいは、経営者が労働組合結成のきざしを知り始めたとき、"御用組合"(company union)つまり"会社言いなりの組合"(stooge union)が経営者によって結成を促されたことである。最後に、何回もの非合法な"座り込みストライキ"(sit-down strikes)と"同盟怠業ストライキ"(slow-down strikes)の後、暴力事件となった見張り(picketing)において労使双方で12人が死んだ後、連邦政府のNLRB（全国労働関係委員会(National Labor Relations Board)）は、UAWの地方組合を"唯一交渉"組合として認めるべきであるかどうかを調べるために、工場内で選挙を労働者に実施させ、その結果、このUAWの地方組合が過半数を十分超えて勝利を得て、唯一交渉組合になったことについてである。

ホワイトが働く会社は、かなり効率的であるので利益を得ている。このため、彼は、会社の"支払い能力"を判断して、自分達の賃金要求を引き上げることによって、会社の利益の内の一部を獲得しようとする組合指導者の定期的試みを、大いに支持している。ホワイトは、彼の大部分の仕事仲間と同様に、ストライキに対する投票があるときにはいつでも、普通"賛成"の投票をしている。実際、彼にはうまくいく、短期間の、成功のストライキよりもすばらしいものは何もない。このようなストライキは、ほとんど短期の休暇のようなものであり、いくらか興奮を伴う。しかし1946年の春のように、ストライキが長期にわたり長引

き、この結果、ホワイトは、ストライキに備えた自分の貯蓄が急速になくなり始めるときには、妻と一緒に、よく事情を知っているに違いないばかげた会社と、ばかげた組合指導者に、恨みを抱き始める。

　ホワイトは、南部出身者であるので、最初黒人が自分の組合に加入して、同じ現場で仕事をするのを嫌がった、しかし今日ではこの事実を当然のことと思っている。彼の組合には、共産党の方針に従っているように思われる、少数の比率であるが、よく発言して、結束の堅い組合員達がいる。ホワイトはこれらの組合員をあまり好きではなく、これらの組合員は組合の会議での駆引きの抜け目なさにおいても、またホワイト自身が支持する多くの事に強く支持を示すことにおいても、彼よりも時々一枚上を行っている。ホワイトは、これらの共産党支持の組合員ができるだけ早く彼の組合からいなくなった方が良いとよく思った、しかし、“スト破り労働者”(scabs)（ストライキの期間中に働く人々）、“スパイ労働者”(stool pigeons)、あるいは、仕事仲間への影響や作業の出来高賃金への影響がどのようになるかを考えずに、一層多く賃金を得るために、作業のテンポを速めて“あくせく働く労働者”(eager beavers)よりも、ホワイトはこれらの共産党支持の組合員の方が好きである。

労働問題専門の弁護士についての事例研究

　サム・グリーン(Sam Green)は、主として衣服業の労働組合で仕事をしている経験を積んだ労働問題専門の弁護士(labor lawyer)である。第1次大戦前に、彼は夜間学校に通い、法律と英語を同時に学び、現在英語よりも法律の方がずっと得意である。現在では、彼はとても仕事がうまくいっており、とても忙しい。もしあなたが彼に労働問題専門の弁護士の仕事について尋ねると、彼は今必ずしも負けの結果ばかりとなっていないので、この弁護士の仕事が以前よりも楽しい仕事である、とあなたに言うであろう。もしあなたが彼に仕事を依頼して始めてもらうと、彼は、“ビッグ”スチール（USスチール）と“リトル”スチール（その他の鉄鋼会社）が、悪事を裁判所で有罪と判決されないで、また警察と州兵に助けてもらって、うまくやってきた、さらにトム・ムーニー(Tom Mooney)が証拠もないのに有罪にされて刑務所に入れられた、とあなたに言うであろう。

　たとえ、あなたがグリーンに詳しく自分の立場を明らかにするように強く言っても、彼はあまり答えようとしないで、本節の以下で示す多くのアメリカの労働問題について、自分の見解で情報を提供するにすぎない。労働は“商品”ではないと明言し、また労働組合組織は独占的共謀(monopolistic conspiracy)と取引制限の罪を犯さないとしたクレイトン反トラスト法(the Clayton Antitrust Act) を、連邦議会が1914年に可決するまで、シャーマン反トラスト法（1890年）が労働組合の活動を取り締まるために使われた、とグリーンはあなたに言うであろう。しかしクレイトン反トラスト法は、現実には労働組合組織の活動を認める目的を少しも実現できなかったのである。1932年にノリス・ラガーディア法(Norris-LaGuardia Act)が、労働問題において連邦禁止命令(Federal injunctions)の行使を制限する（そして黄犬契約も禁止する）まで、裁判官が、ストライキと平穏な見張り(peaceful picketing) を終わらせる

ために、"裁判所禁止命令"(court injunctions)をよく行使したものである、とグリーンはあなたに言うであろう。製帽工組合のすべての組合員が、国中での不買運動による経済的ボイコット(economic boycott)によって会社に与えた損害に対し、裁判所が、製帽工組合員の個人財産の範囲内で全面的に責任があると判決を下した有名なダンベリー製帽工事件(Danbury Hatters case)(1908 年)を思い出すと、グリーンは興奮して必ず怒りがこみあげてくる。女性に対する最低賃金と最長労働時間、児童労働の制限、工場の安全状態、そして労働者への事故補償についての議会と裁判所での激しかった論議も、グリーンは忘れないでいる。

しかしフランクリン・ルーズベルトの第 1 期の NRA（全国産業復興局）の時代以後、特に 1935 年のワグナー法以後、グリーンに有利に状勢は変わった。裁判においてグリーンとやり合ってきた法律家達も、大いにそのように言っている。しかし自分は見解が片寄っていないと認めているグリーンには、ワグナー法は、この法律の成立以前の時代に存在していた労働者と経営者の間の、交渉力の不公平と不平等を是正したにすぎないのである。

いずれにせよ、ワグナー法は、賃金と労働条件に関して、労働者と経営者の間での"団体交渉"を明らかに推し進めた。この法律のいくつかの条項によって、使用者が、もし従業員の代表者と団体交渉することを拒否するならば、もし労働組合を結成しそして組合活動に従事しようとする従業員の代表者を差別するか、あるいはこれらのことを行う従業員の代表者の権利を妨げるならば、そしてもし使用者が自分で選んだ労働組合に金銭的支援あるいはその他の支援を与えるならば、使用者は"不当労働行為"(unfair labor practice)の罪を犯しているとみなされることになったのである。労働組合が、全くばかげた、過大な賃金要求を止めないならば、会社は操業を停止しなければならず、この結果すべての従業員は仕事を失うであろうと、もし使用者が昼食時に自社の従業員に高圧的な演説を行うか、あるいは、このことを伝える葉書を自社の従業員に送るならば、グリーンのような賢明な法律家は、使用者を（ワグナー法によって設置された）NLRB に訴えることができたのである。

商品の州際通商に従事するすべての生産者に対し、（1945 年以後）1 時間 40 セントの最低賃金と 1 週間 40 時間の最大標準労働時間を定めた 1938 年の連邦公正労働基準法(the Federal Fair Labor Standards Act)[3]が、特に南部の、低賃金の労働組合非加入の労働者に対して、これまでに実現したいくつかの最善の成果の内の一つであると、グリーンは思っている。1948 年に、最低賃金を段階的に、1 時間 65 セントに引き上げようとする連邦議会での活動を、グリーンは強く支持した。

労働者が、"平穏でない見張り"(unpeaceful picketing)か、あるいは、対立する使用者に対し、製品の不買運動によるボイコットを行うだけでなく、この使用者と取引を行い続けている他のすべての取引先に対しても、ボイコットを行う"第 2 次ボイコット"(the secondary boycott)の実行について、あなたがサム・グリーンに判断を求める時には、彼はあまり意見

---

3) グリーンは、裁判所および立法府の議員との 30 年間の闘いの後、一定の仕事において、児童労働の実質的制限がこの法律に書かれたことに対しても大変喜んでいる。

を述べない。あなたは彼に、組合が会計報告を公表するべきかどうか、また組合の企業との協約不履行に対して、状況によっては、組合が責任を負うべきかどうかを尋ねると、彼は、困ったように肩をすくめて、このような行動は組合を潰すことを望んでいる人々によって提案されると、自分の見解を言うだけである。

タフト・ハートレー法は、グリーンにはすべての状況を変えている。（数年を必要とする）新たな事態が明らかになるまで、彼にはただ一つのことのみが確かである。つまり、彼と他の法律家達は、異なる立場の両陣営とも、とても忙しくなるであろうということである。

思いやりのある資本家(the philanthropic capitalist)についての事例

ダニエル・ピーターソン(Daniel Peterson)は独力で成功したお金持の男である。彼の金属製品の工場では 1,000 人の人々が雇われており、10 年前まで彼はすべての従業員をファーストネームで知っていた。ピーターソンは、一般に同じ地域の他の工場が支払っている賃金よりも高い賃金を常に支払い、クリスマスには従業員にボーナスを与え、1920 年代には従業員に自社の株を買わせ、従業員と良い関係にあることを自慢にしていた。大恐慌まで、彼は、すべての正規従業員に、1 年に少なくとも 48 週の労働を確約する賃金および就業保障プランを実行していた。

全従業員がピクニックに行った昔に戻ると、ピーターソンもしばしば一緒に行き、そのとき一樽のビールをおごった。家族主義であるためと、経営者が従業員から多くの有益な提言を得ることができ、また改善を必要とする従業員の苦情を知ることができるので、彼は従業員に労働者親睦会(a Workers' Association)と体育クラブを作ることを奨励した。この労働者親睦会が御用組合になったとき、ピーターソンは従業員が工場内に清涼飲料の売場を設置するのを許した。彼は CIO 所属の労働組合が労働者を助けないであろうし、また労働者が現実にこの CIO 所属の組合を望んでいないと確信していたのが主な理由で、CIO の労働組合結成支援者(organizers)が CIO 所属の組合を作ろうとする試みに反対した。これらの理由のために、彼は、CIO 所属の労働組合との闘いが自分自身（と株主）に経済的負担になっているときでさえ、この CIO 所属の労働組合と闘った。彼の幼い息子が猩紅熱によって死亡したときを別にすると、彼は、競争関係にある CIO と AFL の外部組織に属する二つの労働組合の内の一つが、NLRB が定める選挙で勝ち、唯一交渉組合として承認された日ほど、落胆したことは決してなかった。

唯一交渉組合が最終的に承認された後、ピーターソンは、最初、物事が比較的平穏であると認めなければならなかった。AFL 所属の組合と CIO 所属の組合、そして御用組合の間の激しい三つ巴の闘いは、すべての労働者が過度に働かされるのを防いだ。異なる労働組合は、さらに支持を増やすために、要求が不適切であると互いに争った。賃金、労働時間、休暇に関してピーターソンが労働組合と新たに結んだ協約は、労使双方によって完全に守られ、そして次の年、全従業員への一律 5 パーセントの賃金の引上げを除いて、ほとんど変更されることなく更新された。

しかし、さらに次の期の協約が議論された時、労働組合は"組合員維持"(maintenance of union membership) 条項と"組合費の給料からの自動天引き"(automatic checkoff)条項を要求し、勝ち取った。（1946 年において団体協約の下にある全労働者の約 3 分の 1 に適用された）組合員維持条項の下では、労働者は、労働組合に加入するする必要はない、しかし一度組合員になると、協約の期間中、組合を脱退する自由を制限される。組合費の給料からの自動天引きの下では、会社は組合員の組合費を直接組合員の給料から組合に渡す。（1946 年において団体協約の下にある全労働者の内の 5 分の 2 は、ある定められた方法による組合費の自動天引きの協約に従った。）

　ピーターソンは、長い期間仕事についている人々を有利にするために、能率が良くまた忠誠心の高い若い人々を、しばしば一時解雇しなければならない先任権に関する労働組合での取決めも、受け入れなければならなかった。彼は、望む人を雇うことができるが、一定期間（普通 30 日）後、雇用された人々が組合に加入しなければならない"ユニオンショップ"(union shop)条項に反対して争ったが、敗訴した。ピーターソンの州の立法府と有権者による州直接投票が、新規の従業員でさえ労働組合を通じて雇用しなければならない、あるいは、少なくとも雇用するとき、労働組合員でなければならないというクローズドショップ(a closed shop)への労働組合の要求を、法律違反であると決定したとき、彼はこのクローズドショップへの労働組合の要求とやはり闘っていた。この決定にもかかわらず、ピーターソンは、州際通商に従事していたので、連邦最高裁判所が彼に対して州の司法権の管轄外にいると宣告するのを恐れた。タフト・ハートレー法は、労働組合の不当な要求に対し、州議会に、連邦の規制に加えて、州議会独自の強い規制を設ける許可を明確に与えているので、州の司法権の管轄外の問題への彼の心配は今はなくなっている。

　ときどき、ピーターソンは労働組合をかなり良いように思った。戦争の間、ピーターソンと労働組合はストライキを行わない協定を結んだ、このため、ピーターソンは、生活費の戦時の増加を補償する"リトルスチール方式"(Little Steel Formula)によって認められた 15 パーセントの賃金の引上げを超えて、戦時労働委員会(the War Labor Board)が賃金の引上げを拒否しただけの理由によって、自社の労働組合の賃金引上要求を拒絶できた。その代わり、ピーターソンは、賃金支給付きの 2 週間の休暇を認めるという次善の策を実行した。彼は、労働組合が南部の工業での賃金率を引き上げて、地域間の競争格差を減らしたことにも、労働組合を有り難く思っている。

　ピーターソンは労働組合に良い印象を持っていたが、対日戦勝記念日の後、労働組合は、"戦時の税引手取給料を維持"するために、1 時間当たり賃金の"途方もない"30 パーセントの引上げを要求した。彼は拒絶し、13 パーセントの賃金の引上げを提示した。（超過利潤税の損失に対する規定により、政府から"税過払い還付"(carry-back tax rebate)を受け取る権利がなかったならば、ピーターソンの会社にはさらにもっと重い負担となっていたかもしれない）長期のストライキの後、"実情調査"委員会(fact-finding board)は 18.5 パーセントの賃金の引上げを勧告した。この勧告を労使双方が最終的に受け入れた。戦後、ピーターソ

ンは（遠いかなたに過ぎ去った）古き良き時代の夢をしばしば見る。彼は、過去を思い出すと、利潤を失ったことよりも、自分のやり方で事業を行う自由を失ったことの方がもっと悲しくなるのであった。

1947 年のタフト・ハートレー法についての 1 人の下院議員の見解

　ロジャー・M・キャボット(Roger M. Cabot)は、ニューヨーク州北部出身の共和党の下院議員である。彼は保守的でなく、1935 年にワグナー全国労働関係法を支持して所属政党を離党した。しかし、1947 年に彼は 1947 年（タフト・ハートレー）労使関係法によって、ワグナー法を改正するのに賛成の投票をしただけでない。このこと以上に、彼はトルーマン大統領の拒否権を無効にする投票をした。この転換への理由は次のように単純である。つまり、キャボットと地元選挙区の彼の多くの支持者は、労働者とその指導者があまりにも高慢になっていると思っているからである。彼は、春になるたびにコマツグミがやってくるだけでなく、石炭ストライキもやってくるのでむかつき、うんざりした。彼は、アメリカ中で連携し、国家の危機を生み出す労働者のストライキに対して特に激怒している。

　タフト・ハートレー法は 20 ページ以上の本文以外の細目を含んでいる。この法律にはキャボットが理解できているようにとても考えられない数百の条項がある。主として、彼とその他の連邦議員は、（ワグナー法と異なり）使用者だけでなく、労働組合に対しても行動基準を定めることができて、*両者に適用可能な*全国労働関係法を作成しようとした。タフト・ハートレー法が、労働関係に関する政府の管理の程度を増加させることだけによって、使用者と労働組合への行動基準を定めることができる、とキャボットは当然認めなければならなかった。

　1947 年の（タフト・ハートレー）労使関係法のいくつかの主な特徴は、手短に言えば次のようになる。

　1.　*クローズドショップを禁止*する。使用者は労働組合加入の労働者だけを必ずしも雇用する必要はない。さらに、使用者は、従業員が 30 日以内に労働組合に加入しなければならないユニオンショップを、（*有資格の全労働者の投票の内の過半数ではなく*）*有資格の全労働者の内の過半数*がこのユニオンショップに固執する場合にのみ、*承認*する。州議会には、これらよりももっと強い規制を課すことができる裁量権を与える。

　2.　*重要産業でのストライキを、連邦禁止命令によって禁止*できる。以前の法律のこの修正によって、合衆国司法長官は、"国民の健康と安全を危険にさらす"おそれがある状況においては、80 日間の裁判所禁止命令を要請できる。（不当労働行為に反対する裁判所禁止命令を、確実に実行に移す NLRB の権限と職務も拡大する。）

　3.　*労働組合によるいくつかの不当労働行為を初めて明確に定めている*。とりわけ、労働組合は、ストライキ禁止の協約に違反にした場合、*訴訟される可能性がある*。労働組合は今組合の代理人の行動に対し責任があるとみなされる。労働組合員の健康と厚生のための労働組合の資金は厳格に監視される。労働者の苦情に対応する唯一の機関としての労働組合

の権利を縮小する。労働組合への加入金が高すぎることは許されない。労働組合が"水増し雇用を要求する"（つまり、実行されていない用役に対し実際に賃金を得る）ことを禁止する。労働組合は団体で交渉しなければならない。組合費の給料からの自動天引きについての労働組合の権利を制限する。組合費の未払い以外の行為に対し、組合員を罰する労働組合の権利を制限する。労働組合へのその他の多くの規制を挙げることができる。団体交渉による協約への違反によって、使用者も訴訟される可能性がある。

4. *労働組合は正確に報告する義務がある。* 労働組合は役員の名前、役員の給料、役員の選出方法、等を示すデータを提出しなければならない。労働組合の役員は共産主義者でないことを宣言しなければならない。労働組合は会計報告をしなければならない。

5. *連邦議員選挙と大統領選挙、さらにいくつかの予備選挙への、労働組合の政治活動とお金の寄付を禁止する。* 労働組合の言論の自由と出版の自由への様々な制限の合憲性に関しては、いくらか問題がある。使用者の言論の自由についての権利を再認し、また強める。

6. *労働組合の第2次ボイコットと管轄ストライキ(jurisdictional strikes)は違法になる。*

7. *監督者(supervisors)（"職工長(foremen)"）は団体交渉を行っても保護を与えられない。使用者が監督者と団体交渉を行うのは、使用者が望む場合だけでよい。*

8. *たとえ団体交渉によって一つの協約を更新しようとしなくても、ストライキには60日の事前の通知を必要とし、この60日の期間ストライキを禁止する。* この期間にストライキを行う労働者への処罰は、ワグナー法による権利を失うことである。仲裁(arbitration)は強制されない、しかし（労働省には属さない）新たな調停(mediation)機関と斡旋(conciliation)機関が用意される。

9. *NLRBについて3人から5人へ委員の規模を拡大し、新たな責務を与える。* NLRBが準司法機関(a quasijudicial body)になることができるように、NLRBに新たな権限を与える。このNLBRの委員長(the General Counsel)に事件を裁く広い自由裁量権を与える。

下院議員キャボットの1人の上院議員の友人は、このタフト・ハートレー法について、次のように主張し、キャボットと大きく意見が異なっている。つまり、(1)この法律を行政は運用できない、(2)トラック運転手組合(the Teamsters Union)がしばしばNLRBを完全に無視してきたのとちょうど同じ様に、強い労働組合は、NLRBを完全に無視しようとするであろう、(3)弱い労働組合は、この法律の下では使用者によって苦しめられる可能性がある、そして最後に(4)（労働組合は大きな損害を受けそして法律で違法になる可能性があるのに対し、使用者は、「不当労働行為を停止しそして止める」ように、としばしば言われる可能性があるだけにすぎなく）労働者への処罰は使用者への処罰よりもずっと重い。

数年間、誰にもタフト・ハートレー法の全体が意味していることは分からないであろう。ここで述べたこの法律の9項目の内、最も重要な項目はたぶん2番目と3番目であると分かる。しかし時の経過によってのみ人々はこのことを知るであろう。1947年のこの法律が、労働組合を押さえつけるという理由でこの法律を批判することは、要点を外している。労働組合を押さえつけることはこの法律の目的にすぎない。歴史の経過を通じて考えてみると、

この法律は、全く破滅を招くものとなり、運用不可能となり、また労働者の自由の終わりを告げる鐘となる危惧を確かに示している。多分、この法律は、短期的には労使紛争を引き起こすであろう。この法律は、賢明で判断力があるアダム・スミスが言ったように、「いやはや、国家の大規模な破壊である」。

1人の専門家が労働問題を見る

　労働運動についての私達の議論の結びとして、労働関係について慎重で党派にとらわれない学生には、きわめて重要に思われるいくつかの問題を調べてみよう。ゴードン・ブルース(Gordon Bruce)は、45歳で、中西部の大きな州立大学での労働経済学(labor economics)の教授である。彼は労働経済学に関する一冊の調査研究書と数本の論文を書いている。彼が教えた多数の卒業生は、合衆国労働省とNLRBで働いている。彼が教えた卒業生の数人は、大きな民間会社の人事担当役員と人事の顧問に就任しており、また1人の卒業生はCIO加盟の大きな労働組合で研究主任になっている

　ブルース自身は、戦時労働委員会が、戦時の賃金紛争を調停するために、設置した準司法小委員会(semijudicial panels)の公益委員を務めてきた。彼が労働者と経営者の両者から信頼を得ていることは、多数の産業でのこれら両者が、自らの意志で、紛争の調停者に彼をこれまで指名し、彼の所に紛争事件を持ってきて、彼の決定を受け入れてきた事実によって明らかである。

　ブルースは、知識があるにもかかわらず、心配性で、考え込む男である。彼は次の二つのことを確信している。つまり、経営者は金儲けに走る冷酷な人間ではなく、労働者の指導者も、アメリカの労働者を魔法にかけて奴隷にしてきた意地の悪い悪魔の子孫でもない。さらに、労働組合が、まさに存続のためにもはや闘う必要がなくなるやいなや、労働闘争の多くの行き過ぎがなくなるであろう、とブルースは確信している。ブルースは、労働闘争の行き過ぎがなくなる証拠として、労働組合の存続を実現してきた古い労働組合の穏健な行動と思慮分別のある態度を指摘し、さらに、イギリスとスウェーデンの労働の現場での、ほとんどすべての労働者が労働組合に加入するやいなや、経営者がはっきりとこの加入の事実を承認してきた比較的平穏な状態を指摘している。ブルースは立場が異なる次の2人による同じような以下の主張を引用することが好きである。つまり、1人は成功をおさめた実業家であって、USラバーカンパニーの副社長であるサイラス・S・チン(Cyrus S. Ching)であり、もう1人はCIO会長でありアメリカ鉄鋼労働者合同組合委員長でもあるフィリップ・マレー(Philip Murray)である。まず、サイラス・S・チン(Cyrus S. Ching)は次のように主張している。

　私達は、組織労働者(organized labor)と交渉している所では、本来の正常な形態の指導者達をほぼ得つつある[4]。

また、フィリップ・マレーは次のように主張している。

使用者は望んでいる形態の労使関係を一般に得ている。たとえ労働組合が“過度”に要求するとしても、使用者には、普通この過度の要求に対し責任をもって対応できる者は自分自身以外に誰もいない。例えば、もしある使用者が、ザ・レールウエイ・オーディット(the Railway Audit)、ピンカートンズ(Pinkerton's)、あるいはその他の会社のような、労働者へのスパイ活動の会社のサービスを利用するならば、もしある使用者が自社の工場に催眠ガス、手投げ弾、軽機関銃、黒皮で包んだ棍棒、ライフル、およびその他の武器を置いているならば、もしある使用者が、労働委員会と裁判所で労働組合を論破するために、ウオール街の高い報酬の弁護士を雇うならば、もしある使用者が自社の職工長達に組合対策の文書を配布し、そして職工長達が労働組合にどのような危害を加えても、許すと職工長達に知らせるならば、もしある使用者が悪名高いジョンーズタウン・シティズンズ・コミッティ(Johnstown Citizens' Committee)のような反労働者組織に寄付金を出すならば、もしある使用者がその場しのぎの言い逃れですますならば、もしある使用者が、ある労働組合が労働者の間で多数決を得ているのを知っているのに、労働者の投票の決定を承認するのを拒否するか、あるいは協約に署名するのを拒否するならば、もしある使用者が一つの協約を締結しているのに、その後、労働者の苦情の解決を遅らせ、さらに解決を行おうとしないならば、そしてもしある使用者が労働組合員を差別し続けるならば、労働者は同じ様なやり方で使用者へ対応しようとする。さらに、10 人の実業家の内 9 人は、この使用者の行動を遠くから見て、“ああ、逆へのやり過ぎである”と言うであろう[5]。

ブルースは、ストライキを行いそしてストライキを行い続けるには、次の両者がいることが必要であると知っている。つまり、賃金の要求を行う労働者とこの要求を拒否する会社の役員である。ブルースは、ストライキによる作業停止によって失われる労働の延日数とストライキによる生産費用の増加が、報道機関によってしばしば誇張されているのを知っている。ストライキそれ自体、経営者だけでなく労働者にも費用負担になるけれども、労働者が、もしストライキが必要であるならば、ストライキを行うことができる、あるいはストライキを行う意志が常にあるという経営者への威嚇は常に、労働者が貨幣賃金を引き上げるための最も強力な武器の内の一つであることも、ブルースは知っている。

しかし、ブルースは、人間のいかなる権利も絶対的でないこと、また（例えば、電力、牛乳、輸送、および重要な政府機関のような）いくつかのきわめて重要な産業において、ストライキを行う権利を制限することが、必要になる時がやって来るかもしれないことも知っている。このストライキを行う権利を制限することが、“奴隷による強制労働および非自発的強制労働”を制度化することに等しいという非難に対して、ブルースは、戦争の期間およ

4) Cyrus S. Ching, "Problems in Collective Bargaining," *Journal of Business*, January, 1938, Part 2, p. 40.

5) M. L. Cooke and P. Murray, *Organized Labor and Production*, pp. 259-260, Harper & Brothers, New York, 1940.

びストライキによる経済全体の危機的機能停止の期間では、社会の存続のために個人の自由を制限することが必要であるかもしれないことを除いて、少しも明確な答えを与えていない。

　経済において、高い水準の購買力があり、また完全雇用に向けての動きがあるときにはいつでも、労働者が貨幣賃金への要求をあまりにも高く引き上げ、その結果、私達が決して完全雇用の近くに到達することなく、インフレスパイラルに陥る可能性があることについても、ブルースは心配している。他方において、ブルースは、今後何年にも何十年にもわたり、労働生産性の上昇と技術進歩の持続にほぼ歩調を合わせて、平均貨幣賃金が着実に上昇すると予想しておりまた上昇することを期待している。ブルースは、労働市場で独占力があるきわめて大きくて強い労働組合に所属する労働者達が、消費者に価格を過度に高く引き上げる傾向があること、あるいは途方もなく技術進歩を享受している分野において、消費者に価格の低下の恩恵を得させない傾向があることを少し心配している。ブルースが大きく心配していることの一つは、労働者が、労働生産性を低いままにして、仕事を増やすことと貨幣賃金率を維持することを目指す労働の水増し雇用の戦術(labor featherbedding tactics)[6]を強化することである。ブルースは、今までのところ、賃金要求が、特に大会社の資本の収益をなくしてしまうことについて、あまり心配していない[7]。

　ブルースは、もし自分の心配と恐れを挙げ始めると、ほとんど無数に挙げ続けることができる。例えば、彼は労働組合を民主的状態に維持する問題を心配している。また、彼は、産業規模、さらに国内規模へとますます広がる団体交渉の動きが、ストライキによる脅威を強め、その結果、個人の自由が侵害されることとなる、全体主義的と言っていいほどの強い政府行動を呼び起こすのではないか、と心配し始めている。とにかく労働に関するすべての問題を心配するのは彼の仕事である。しかし、ブルースは、労働問題への自分の見解を手短に言うことを求められるときには、かなり楽観的である。彼の見解は、典型的な保守的農夫と小さな町の新聞社の論説委員によっても、左翼の煽動家によっても、一様に非難されていることは言うまでもない。このように非難されることも、彼は自分の仕事の一部であると思うようになっている。

---

6)　このような水増し雇用の戦術の例には次のようなものがある。レンガ積み職人は 1 日にある限られた数のレンガしか積もうとしない。ペンキ塗り職人は、吹付け機を使うのを拒否し、さらにときどきペンキを塗るはけのサイズを限定する。ペトリロ(Petrillo)に率いられた楽器演奏組合(Musicians' Union)は、劇場で"レコード"の音楽が流されるときにはいつも、待機のオーケストラを雇うことを興行者に要求している。また、労働組合は技術革新、つまり新機械、新方法、新原料に反対してしばしば闘う。

7)　第 22 章ではこれらのいくつかの経済問題をもっと詳しく論じる。

要約

　本章において、私達は組織労働者の歴史、組織、および果たしている役割を簡単に見てきた。職能別労働組合員と産業別労働組合員、官僚、立法府の議員、および裁判官、さらに公衆のそれぞれが、組織労働者をどのように考えているかはきわめて重要である。なぜならばこれらの関係者の考え方はこの国での労使関係の将来の方向を決定するからである。

　組織労働者を弱く身分の低い者とみなすことはもはや正しくない。他の経済の圧力団体と同様に、労働組合はきわめて大きな力を持っている。私達の時代のきわめて大きな政治的課題の内の一つは、労働組合の力を、国内の生産性と生活水準の向上に役立てることである。

議論のための質問

　1.　あなたは労働組合がなくても資本家と労働者の間での交渉力が等しくなると思いますか。

　2.　労働者の集団と経営者の集団への政府の影響が中立的であるためには、政府はどのような立法の運営と司法の運営を実施しければならないですか。

　3.　労働者は、たとえ黄犬契約であっても署名することを望んでいるならば、署名する権利を保有するべきですか。もし労働者が自動車産業の労働者であるならば、ストライキによって働くことを拒否する権利を保有するべきですか。もし労働者が鉄道機関士であると、この権利を保有するべきですか。もし労働者が警察官であるとどうですか。あなたはどこで線を引くべきであると思いますか。

　4.　職能別労働組合と産業別労働組合について、良いと思う点と悪いと思う点をそれぞれいくつか挙あげなさい。

　5.　いくつかの労働組合が実施している水増し雇用の戦術をいくつか挙げなさい。

　6.　　　　　　　　　「あなたが出来高払いで働いていても日給で働いていても、
　　　　　　　　　　労働時間が短いほど、賃金は高くなければならない。」

　この主張についてコメントを与えなさい。どのような経済法則が関係していますか。

　7.　給料を得て知的専門職で働く人々は、労働組合を組織するべきですか。アメリカ医師会（あるいは弁護士かあるいは技術者のさまざまな同業者団体）は、どのような点で労働組合と似ていますか、また異なっていますか。

　8.　政府の法律は、(a)黄犬契約、(b)裁判所禁止命令、(c)平穏な見張りとボイコット、(d)シャーマン反トラスト法の下での共謀(conspiracy)、(e)労働組合の資金面での責任(financial responsibility)、(f)使用者が団体交渉を拒否し、自分達が望む人々を雇用する権利、(g)労働者

への脅迫行為(labor racketeering)、(h)最低賃金、最長労働時間および公正労働基準、(i)労働組合への共産主義者の浸透、(j)労働組合の政治活動、(k) 幹旋、調停および仲裁に関して、どのように変化してきましたか。

　9.　団体交渉において、企業が賃金を支払える能力を考慮に入れるべきですか。労働者の生産性を考慮にいれるべきですか。もし労働組合が貨幣賃金を引き上げるならば、失業にどのように影響しますか。

　10.　典型的な労使協約はどのような内容になっていますか。組合承認(union recognition)、組合員維持、組合費の給料からの天引き、ユニオンショップ、クローズドショップ、先任権はどのようなことを意味しますか。

第 10 章　個人の金融と社会保障

　必ずしもすべての人々は、金本位制(the gold standard)の機能あるいは連邦準備銀行の金融政策(Federal reserve banking policy)の操作と直接関係していない。しかしすべての人々は、毎日の生活において、所得を得て、その所得を消費財に支出し、さらに生活の浮き沈みを最大限避けることができるように、貯蓄を行う問題に直面している。

生活費への所得の支出傾向

　いかなる二つの家族も自分達のお金を正確に同じ様に使わないけれども、統計は、人々が食べ物や衣服のような項目に振り向ける傾向について、（ほぼ）予測可能な規則性が存在することを明らかにしている。現実に、異なる所得水準の人々のお金の使い方について、数多くの生活費調査が行われてきた。その調査結果によると、人々のお金の使い方の一般的で、特徴となる行動パターンは、多くの生活費調査で驚くほど一致し、次のようになっている[1]。

　貧しい家族は、もちろん、自分の所得を大部分生活必需品に、つまり食、住、そしてより少ない程度において、衣に支出しなければならない。所得が増加するにつれて、数多くの食料品への支出は増加する。人々は一層多くまた一層良いものを食べる。人々が食べるものは、安価で、量の大きな炭水化物から、一層高価なタンパク質を含む肉と牛乳、さらに果物と野菜へと移る。軍隊あるいは外国による消費ではなく、むしろ人々がこのような食料品の購入を増やしたことは、肉と乳製品が戦時期と戦後の数年間に不足しているように思われた理由を説明している。"合法的取引"(white market)による肉の国内 1 人当たり消費は、1935 年から 1939 年までの期間よりも 1941 年から 1946 年までの期間において、平均するとずっと大きかった。だが、もちろん、1941 年と 1946 年の期間になって初めて、貧しい階層は肉を食べられるようになった。

　しかし、人々の所得が増加するとき、人々が食料に支出しようとする貨幣の増加の程度は小さい。この結果、所得が増加するにつれて、食料への支出比率は低下する。（実際所得が増加するにつれて、消費が絶対的に減少するジャガイモあるいはマーガリンのような、安価であるが空腹を満たすことができる 2、3 の品目さえある。これらの品目は"下級財"(inferior goods)と呼ばれている。）

　人々は最貧所得階層を抜け出した後、かなり所得が大きくなっても、住居に支出する所得の比率は、かなり一定のままであり、この比率をよく知られている次の大雑把な経験則によって示すことができる。つまり、1 週間の給料は、家族の 1 ヶ月の家賃と電気、ガス、水道への費用を賄う。だが、復員兵援護法によって 1 ヶ月 105 ドルで大学に通っている退役軍

---

1)　これらの行動パターンは時々"法則"（エンゲルの法則(Engel's Law)）と呼ばれている。このエンゲルの法則は、この法則を初めて明確に公表した（マルクス(Marx)とエンゲルス(Engels)の内のエンゲルスと混同してはいけない）19 世紀後半のプロシアの統計学者であるエンゲルの名をとっている。

人、あるいは運が良くなくて、低い上限に定められた家賃のアパートを見つけることができなかった人にとって、この経験則は事実と一致せず、現実をうまく説明できない法則に思われる。また、戦争以来ずっと引っ越しをする必要がなかったほとんど大部分の人々にとって、家賃への統制が、住居以外の他のほぼどのような領域での支出よりも、家賃の費用をうまく低く抑えてきたことは、1947 年の後半においてもなお事実であった。さらに、不動産については価格統制が行われなかったので、（人々は 2 年間の所得だけを家の代金に支払う必要があるという）もう一つの大雑把な経験則も、もちろん、幾分事実と一致せず、現実をうまく説明できていないと思われ始めた。

　きわめて高い所得が実現されるまで、衣服、レクリエーション、医療、自動車への支出は、所得に対して比例以上のきわめて大きな比率で増加している。もちろん自明のことであるが、贅沢品も、所得の増加以上のかなり大きな比率で増加している。さらに、しばらく後で分かるように、特にきわめて高い所得では、多くの点で、貯蓄はすべての中で最大の贅沢品である。

　上述の事実をまとめたものを、図 1 と図 2 で示している。もちろん歴史的に意義ある研究報告書である『合衆国での消費者の所得、1935 年－1936 年』（*Consumers' Income in the United States, 1935 – 1936*）を、多くの政府機関（国家資源委員会 (the National Resources Committee)、労働統計局(the Bureau of Labor Statics)、家庭経済局(the Bureau of Home Economics)および WPA）が合同調査によって作成した後ずっと、物価は上昇している。さらに、より詳細な標本抽出による調査が 1941 年と 1944 年に実施された。物価と租税が一層高くなっていること、また、データを入手できないいくつかの耐久消費財があることを除い

図 1　異なる所得水準での消費への支出
1935 年－1936 年

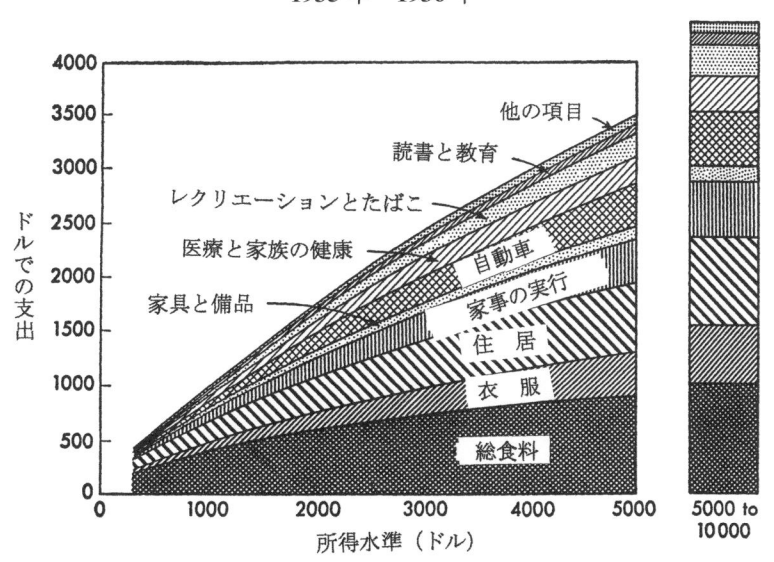

出所：**National Resource Committee**

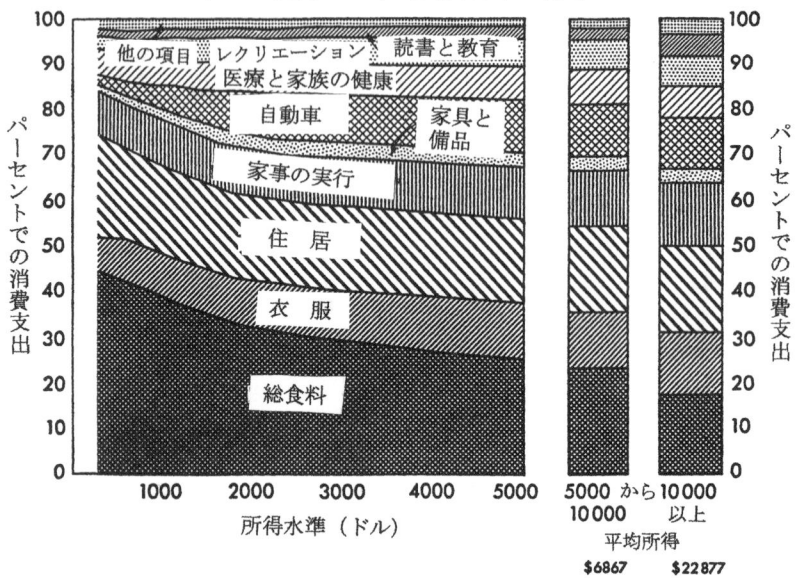

図2　1935年－1936年の異なる所得水準での消費への平均支出比率の分布

出所：National Resource Committee

て、これらの調査も前述の図1と図2の事実と同じことを示している。

生活費の地域差

　合衆国の至る所で、物価と生活状態は異なることも、指摘しなければならない。家賃は、都市よりも田舎で安く、また東部よりも西海岸で安かった。戦争によって、物価は北部の大都市よりも（多くの南部の人々と中西部の人々にとっては、知って悲しいことであるが）主として、以前に低かった地域で大きく上昇することによって、生活費の地域差は減少している。

　しかし、実際戦前には、人々は、南部と北部の間、また異なる都市の間の生活費の差を誇張する傾向があった。労働省による詳しい調査によれば、1945年春の33の大都市での生活費の差は比較的わずかであり、最も生活費の高い都市であるシアトルでさえ平均より約8パーセント高いにすぎず、最も生活費の低い都市であるヒューストンでさえ平均よりほぼ同じ8パーセント低いにすぎなかった。多くの南部の都市では生活費は低い傾向にあったが、カンザスシティー、スクラントン(Scranton)およびバッファローのような都市でも、物価はこれら南部の都市とちょうど同じ様に低いかあるいはもっと低かった。他方において、比較的南部にあるワシントンは、シアトル、ニューヨーク市およびサンフランシスコとともに、最も生活費の高いいくつかの都市の中でも間違いなく高かった。

　物価指数(the index number of prices)を作成することは統計上かなり難しいので、これらの生活費の計測をどのようにして行うかについて、一言言っておくのがよい。最初、現実の価

格の状況について綿密な調査を行ない、正確な報告書を提出しなければならない。このとき、もしヒューストンでのすべての価格がワシントンでのすべての価格の正確に88パーセントであるならば、ヒューストンでの生活費が、ワシントンでの100を基準とした生活費と比較して、88であると確信して言える。しかし、ヒューストンでは、あるいくつかの商品の価格はワシントンでの同じ商品の価格の65パーセントにすぎず、逆に、その他いくつかの商品の価格はワシントンでの150パーセントであるかもしれない。それゆえ、統計家は、異なる地域の生活費を比較するためには、異なる価格での生活費の*加重平均値*を求めなければならない。労働統計局は、それぞれの社会で、一つの所与の、等しい*生活水準*を得るために必要ないくつかの商品の品目の表を注意深く作成し、その後このようないくつかの品目の商品を一つのマーケットバスケット(a market basket)の中に入れ、これらの商品の総費用を計算することによって、生活費の計測を行っている。

　この生活費を計測するさいに、気候が暖かい南部では暖房費と建物の建築費を計算するときには、特にこれらの費用を引き下げなければならないので、大いに注意を払わなければならない。さらにもっと難しく、またほとんど解決することが難しい問題は、南部と北部の間で人々の好みに違いがある事実から発生する。つまり、豚肉に対して牛肉、またバーボンウイスキーに対してライウイスキーである。しかし、統計家は、できる限り、等しい生活水準に対する異なる費用を算出しようとしている。

　この等しい生活水準に対する異なる生活費は、経済に対し素人の男がよく間違える所である。経済にこのような素人の大学教師は自分の妻に、「私は南部工科大学(Dixide Polytec)で物理学を教える仕事に就こうと思っている。もちろん、南部工科大学は私達がいま得ているのと同じ給料を支払うにすぎない、しかし南部での2,500ドルはここでの5,000ドルとほぼ同である。」と言う。人々は南部では少ない所得で生活していることは事実である、だがこのことは、一般に、南部の多くの人々が一層少ない満足しか得ずに生活していることでもある。

　しかし、私達が「隣の人達と同じ様な生活をする」という問題にこだわる場合には、1年に2,500ドルの所得を得る南部の家族が、北部の同じ様な2,500ドルの所得を得る家族よりももっと幸福に感じることは、本当かもしれない。なぜなら、南部では、この2,500ドルを超える所得を得る家族数は、比較的わずかであるからである。このことは、農民、小さな町の人々および黒人が、白人の都市の居住者と同じ所得水準であっても、白人の都市の居住者よりも、なぜ多く貯蓄するかを説明するのにおそらく役立つ。オハイオ州コロンバス(Columbus)で1年に4,000ドルの所得を得る1人の黒人は、ニューヨーク市パーク・アベニュー(Park Avenue)で1年に40,000ドルの所得を得る1人の白人と同様、自分達の集団での所得ピラミッドの頂点の近くにいる。それゆえ、両者は自分達の所得の内のほぼ同じパーセントを貯蓄するかもしれない。

生活費の家族差

同じ生活費についての統計データは、次の古くからの問題をいくらか明らかにしている。つまり、「夫婦2人は1人と同じ様に安く生活できるのか」という問題である。1人が家の中で働くのでないとしても、答は"いいえ"である。結婚している夫婦は、生活するためには、独身の1人と比較して、平均で、約100/70倍の費用がかかる。しかし、夫婦の生活費は2人が1人1人単独で生活する費用よりもずっと少ない。

家族において子供が1人増えるごとに必ず家族の生活費は増加する。例えば、もし1人で生活するのに70の費用がかかり、そして妻と一緒に生活すると100の費用がかかるならば、1人の子供を持てば約130の費用がかかり、2人の子供を持てば160の費用がかかる、さらに子供が1人ずつ増えても同様である。(もちろん、子供の数が増加するにつれて、いくらかの"規模の経済と共通費用の拡散による1人当たり費用の低下"が始まる。しかし規模の経済と共通費用の拡散は、収穫逓減の法則が作用することによって、相殺され始めるかもしれない。むしろ事実は逆で、収穫逓減の法則は規模の経済と共通費用の拡散によって相殺されるのかもしれない。)多くの子供達がいる貧しい家族についての研究は、大家族が小家族よりも住居に自分達の所得の内の一層小さな割合を支出している、という驚くべき事実を発見している。このことは、大家族では、ただ生きるためだけに、食べ物にきわめて多く支出しなければならないからである。

さらに、自動車と同様に、重要なのは最初の支出ではく、維持費つまり扶養費である。戦前に、メトロポリタン生命保険会社は、1人の子供を18歳になるまで育てるためには、1年に2,500ドルの所得を得ている家族には、約10,000ドルの費用が、つまり1年に500ドルよりも少し多くの費用がかかると計算した。陸軍将校の家族についての調査によれば、戦前に1人の子供を育てる費用が、この10,000ドルの数値よりも少なくとも75パーセント多いことが明らかになった。それゆえ、カリフォルニア大学とエール大学(Yale University)の教授の家族への数年前に行った調査によって、次のよく言われる答が引き出されたことは、驚くべきことではない。つまり、「私達がお金を貯めることができる唯一の現実的方法は、もう1人子供を持たないことである。」

カナダ[2]、イギリス、フランス、スウェーデン、およびその他の国々の政府は、家族の子供の数が増えるにつれて増加する"児童手当"(family allowances)を毎月与え始めている。この児童手当は、人道主義的理由によってと人口増加を刺激するために、実施されている。民間産業ではなく政府が、なぜ児童手当を実施しなければならないかを理解することは、難しくない。企業は、大家族を持つ人々に高い賃金を支払わなければならないならば、従業員を雇用する際に、経験を積んだ独身の男性に有利に、大家族の戸主に不利になるように、すぐに差別し始めるからである。

---

2) カナダ政府は、子供の年齢に応じて、1人当たり毎月5ドルから8ドルの児童手当を支給している。4番目以上の子供について、これらの児童手当の支給額は少し減る。

お金の支出への非合理な行動(the backward art of spending money)

　人々は、お金を使うときに、規則的に行動するが、いつも合理的に行動するとは限らない。例えば、1 年に約 3,000 ドルの所得を得る人々は、現代の科学と賢明な判断によれば必要であると思われるよりも、少ない金額しか医療に支出していないことが知られている。さらに、人々が絶対に必要であると考えているものは、生理的に必要なものでなく、かなり習慣によって社会的に必要なものである。1 人の中西部の経済学者は、アメリカ研究審議会(the National Research Council)が推奨している、健康のために必要なすべての栄養素（ビタミン A、B、C、D、等、鉄分、カルシウム、等）を含む 1 年間の食料品を、最も安く買うためにはいくらの費用がかかるかを、以前にほとんど遊び半分で計算した。その 1 年の費用は（驚くべきことに）1939 年にはわずか 39 ドルであり、1944 年にはわずか 57 ドルであった。もちろんこの食料品は、決してパンあるいはジャガイモのような値段の高いものではなく、小麦粉、キャベツ、アオイマメ、腎臓、およびその他のあまり費用がかからないものであった。魚だけを食べなければならない状況に置かれている多くの犬は、おいしいビフテキを口にする前に、ほとんど餓死してしまうのとちょうど同じ様に、大部分の人々は、このようなまずくまた同じ様な食料品を食べるよりも、餓死しようとするかもしれない。

　1 つの商品を大量に購入しようとする企業は、その商品の品質を注意深く検査し、その後、この商品を最も安い仕入れ先から必ず購入する。素人である普通の消費者は、お金を使うときに、このように買わない。普通の消費者は、100 錠のアスピリン(アセチルサルチル酸)を 19 セントで買うことができるときに、同じききめの 6 錠のアスピリンに 25 セント支払う。紙巻たばこについては、普通の喫煙者は、お金を紙巻たばこの中身に使うよりも、その宣伝費に多く使っている。1 本 2 ドルの口紅の材料費は 1 本 25 セントの口紅の材料費と正確に同じであり、研究室の公平無私の検査官は、これら二つの口紅の材料を何度検査しても、これら二つの口紅の材料の間に少しも違いを見つけることができない。キャンベル(Campbell)の缶詰スープの 1 缶は、チェーンの食料品店では 9 セントで売られているが、隣の小さな "独立の" 食料品店では 12 セントで売られている。コカコーラ(Coca-Cola)の大瓶の量は小瓶の 2 倍の量よりも少ない。法律によって禁止されるまで、コーヒ会社は、自社の "1 級品" のコーヒを、異なる商標でもっと低い価格でよく売っていた。また、シアーズ・ローバックは、良く知られている銘柄のタイヤを、アメリカ中に知られる自店の商品名でかなり価格を引き下げてよく売っていた。

　消費者の財布の中とともに、消費者の健康も関心が持たれている[3]。アプトン・シンクレア(Upton Sinclair)が、20 世紀の初めのシカゴの屠殺前の家畜の一時置き場では、状況がどのようであるかを明らかにした『ジャングル』(The Jungle)という小説を出版したとき、多くの人々は肉を食べるのをやめた。企業関係者の激しい反対にもかかわらず、連邦議会は純正

---

3)　関心のある読者は、Stuart Chase and F. J. Schlink, *Your Money's Worth*, The Macmillan Company, New York,1931 と A. Kallet and F. J. Schlink, *One Hundred Million Guinea Pigs*, Vanguard Press, New York, 1932 で示されている幾分片寄った見解を参照できる。

食品薬事法を可決した。しかしそれでも、アメリカの人々は、髪の毛の染薬で服毒自殺しようと思えば、服毒自殺できたし、また売薬を買い、医者の指示なく勝手に飲むことによってよく早死にした。宣伝によって極端に誤った表示を行い、その結果購入者に、直接の説明書よりも宣伝による誤った商品のイメージに大いに頼るようにさせている企業に対し、連邦取引委員会(The Federal Trade Commission)は訴訟を起こした。（例えば、有名な女性用の薬のラベルには、現在「この薬品を効果がある病気に勧める」、と表示してある。）第2次世界大戦中に、缶詰食品業者に、商標と同じ大きさの文字で、中身の品質を数字で示す品質表示(a grade label)も付けるように命じた OPA（物価管理局(Office of Price Administration)）による一つの措置は、資本主義を変える社会運動の開始と呼ばれた。

　国民の健康と、国中で宣伝されている製品を消費することによって死ぬ人々の数に関する限り、疑いなく、ゆっくりであるが着実に改善しまた減少している。いかがわしい薬の売薬会社(a patent-medicine corporation)でさえ、ヒ素を売るよりもビタミン剤を売ることによってたくさんお金を稼いでいる。しかし、無駄な広告に使われているお金と社会的資源の大きさに関する限り、何らかの改善への動きは、控えめに言っても、はっきりしていない。

　この改善への動きがはっきりしていないけれども、公衆に情報をもたらし、大量生産市場を発展させている広告支出が、望ましい社会的役割を果たしているのを認めないわけにはいかないし、さらに、広告支出の副産物として私達がラジオで無料の報道と交響曲を聞くことができるのを、認めないわけにはいかない。しかし広告の良い点とともに、私達は、繰り返し宣伝文句を聞くことによって、貴重な知力を無益に使ったり、わずか数分間交響曲を聞くために、“メロドラマ(soap opera)”を半時間も聞いてしまうのである。驚くべきことに、多くの人々は広告を好きであるように思われる。だが、もし広告を好きであるということが明らかに事実でないならば、このように広告を聞くのに時間を使う状況は、きわめて悲しむべきことである。多くの人々は、広告で聞くすべてのことが必ずしも本当であると思っていない、しかし、広告で聞くすべてのことが全くそのとおりであると、ふと思ってしまう。

所得の貯蓄と消費への配分傾向

　裕福な人々が、絶対額だけでなく比率においても、貧しい人々よりも多く貯蓄することは、よく知られている。きわめて貧しい人々は、少しも貯蓄できず、むしろ毎年負の貯蓄をしている。つまり、きわめて貧しい人々は、毎年稼ぐよりも多く支出しており、この差を借金するかあるいは以前に貯めた貯蓄を使うことによって補填している。1944 年において、2 人の子供を持つ典型的な都市の家族は、収入と支出がちょうど同じになるためには、1 年に平均2,050 ドルを稼がなければならなかった。この 2,050 ドルよりも少ない所得のそれぞれの 1ドルは、家族に貯蓄を取り崩させたり、借金をさせた、他方この 2,050 ドルより大きな所得のそれぞれの 1 ドルは一部貯蓄された。

　表1は、労働省が行った 1944 年の都市の家族の調査から得た貯蓄についてのデータを示している。欄(2)は、欄(1)で示しているそれぞれの可処分所得の水準においての、家族の貯

蓄(+)あるいは負の貯蓄(−)の平均額を示している。消費は貯蓄の状況のちょうど反対の側面であり、欄(3)に示している。例えば、純貯蓄がゼロである 2,000 ドルの"収支分岐の"所得(break-even income)では、欄(3)で示している消費は所得とちょうど正確に等しい。1,000 ドルの所得では、家族は消費に 1,180 ドル支出し、この差は負の貯蓄つまり借入れによってお金が賄われる。それぞれの追加的 1,000 ドルの家族の所得は、追加的消費(extra consumption)と追加的貯蓄(extra saving)の間に分かれているのが分かる。私達が 1,000 ドルの所得から 2,000 ドルの所得に進むとき、純(代数的)貯蓄は 180 ドル増加し、消費は 1,000 ドルの内の残り、つまり 820 ドル増加する。(この 820 ドルの数字を、欄(3)によって示している最も貧しい家族が消費に支出している 1,180 ドルと、次に貧しい家族が消費に支出している 2,000 ドルの間の差を、計算することによっても導くことができ、さらに確認できる。)

表 1 都市の家族の貯蓄性向と消費性向、1944 年

税引き後の可処分所得 (1)	純貯蓄(+)あるいは負の純貯蓄(-) (2)	消費 (3)
1,000 ドル	-180 ドル	1,180 ドル
2,000	0	2,000
3,000	+300	2,700
4,000	+600	3,400
5,000	+1,000	4,000
6,000	+1,500	4,500
7,000	+2,000	5,000

出所：労働省、Department of Labor Survey、すべての家族のデータについて、端数を取り除き、四捨五入している。

家族の所得が 2,000 ドルから 3,000 ドルになるとき、所得のそれぞれの新たな 1 ドルについて何が生じるのか。この表での第 2 行と第 3 行を比較すると、700 ドル、つまり新たな 1 ドルの内の 70 セントが追加的消費に向かい、他方 300 ドル、つまり新たな 1 ドルの内の 30 セントが追加的貯蓄に向かっていることが明らかになる。私達が人間の行動について知っていることから当然予想できるように、人々は、一層裕福になるにつれて、1 ドルの所得の内、貯蓄に一層大きな比率で、他方消費に一層小さな比率で向け始める。読者は、1944 年において、家族が、5,000 ドルを上回るすべての所得の内、50 パーセントも貯蓄に、そして 50 パーセントだけを消費に回しているのを確かめるべきである。このような高い程度の節約は、ほとんど正常ではありえず、人々には商品が手に入らなく、貯蓄することを強く勧められた戦時特有の状況によるものであったに違いない。

後に、第 2 部において、貯蓄と投資がどのように国民所得と雇用の水準を決定するかの議論に至るとき、貯蓄と所得を関係づける貯蓄性向表(the propensity-to-save schedule)、さらに、この貯蓄性向表と双子の兄弟である消費と所得を関係づける消費性向表(the propensity-to-consume schedule)が、きわめて重要であると分かる。特に、新たな 1 ドルの所得の内、社会が新たな貯蓄と新たな消費に振り向ける比率も重要であると分かる（あまりにも重要であるので、新たな専門用語をこれらの比率に与えている）。*追加的* 1 ドルの所得の内*追加的消費*に回る比率を、"限界消費性向"(marginal propensity to consume)、つまり略して MPC と呼ぶ。*追加的* 1 ドルの所得の内追加的消費に回るのではなく、追加的貯蓄に回る比率を、"限界貯蓄性向"(marginal propensity to save)、MPS と呼ぶ。読者は、表 1 から 1944 年において、最も貧しい人々については MPC が約 0.82（1 ドルにつき 82 セント）であったこと、MPS が 0.18 であったことを確かめるべきである。人々が一層裕福になると、MPC と MPS はそれぞれ、約 0.70 と 0.30 になった。さらに一層高い所得水準では、限界消費性向と限界貯蓄性向はそれぞれ約 0.60 と 0.40 であった。そして最後に示している最も裕福な集団については、限界消費性向と限界貯蓄性向は約 0.50 と 0.50 であった。（提案：所得が 1,000 ドル増加するごとに、どれだけ消費が増加するかを示すために、表 1 に第 4 番目の欄を書き入れなさい。）戦時の異常な状況のために、MPC が異常に低く逆に MPS が並はずれて高かったことを、もう一度思い出すことは大切である。後で分かるように、戦後の期間、人々が自分達の所得の内の大きな額を消費に支出すると予想できることは、私達にとってきわめて運が良い。さもなければ、大恐慌を回避する問題は本当に重要になるに違いない。

消費性向と貯蓄性向の図による表示

表 1 のデータを図の形でもっとはっきりと示すことができる。図 3 は、税引き後の人々の可処分所得に対応させた総消費支出を、点で結んで描いている消費性向曲線(the propensity-to-consume schedule)を示している。この消費曲線は、欄(1)の可処分所得のデータに対応する欄(3)の消費のデータを示している小さな円を、いくつか通る 1 本の滑らかな曲線である。消費を食料、衣服およびその他の項目に詳しく分類していないことを除いて、図 3 の曲線は、図 1 ですでに示しているいくつかの曲線の内の最も上の曲線に実際きわめてよく似ている。（もちろん、図 1 は 1944 年ではなく 1935 年－1936 年に関するものであった。その他にもわずかな違いがある。）

所得が増加するにつれて、消費性向曲線は明らかに上昇する。もし人々が常に自分達の所得の 100 パーセントを消費に支出しそして何も貯蓄しないならば、どのようになるかを表すために、45°の補助線をこの図に示している。低い水準の所得では、家族は自分達の所得以上を支出する、それゆえ消費性向曲線は 45°線よりも上から始まる。2,000 ドルの収支分岐の所得においては、消費性向曲線は 45°線と交差し、その後すべての追加的 1 ドルの内のいくらかが貯蓄に回るので、この消費性向曲線は 45°の補助線より下になり続ける。実際、消費性向曲線と 45°線の間の縦の差を計測することによって、実現される正確な貯蓄額の図を得る。この貯蓄額は、最初負であるが、所得が増加し収支分岐点を越えると、ますます大きな正の値になる。

図 4 は、*所得*に対応させて明確に点で取った*貯蓄*のデータを示すことによって、いわゆる

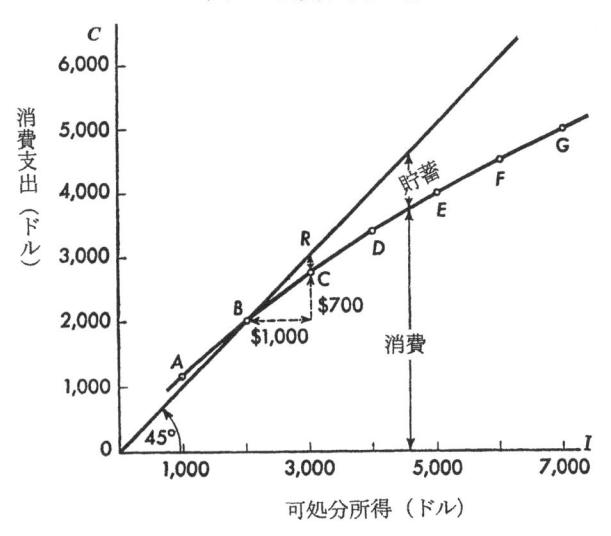

図3　消費性向曲線

この図は消費がどのように家族の所得によって決定されるかを示している。

出所：表1

貯蓄性向曲線(the propensity-to-save curve)を描いている。すべての1ドルは消費と貯蓄の間に分かれるので、この貯蓄性向曲線の図は明らかに消費性向曲線の図の別の側面である。

　私達の新たな概念（限界消費性向と限界貯蓄性向）もこれらの図で示すことができる。MPCを消費性向曲線の*数値表示の勾配*(*a numerical* slope)[4]によって示すことができる。例え

図4　貯蓄性向曲線

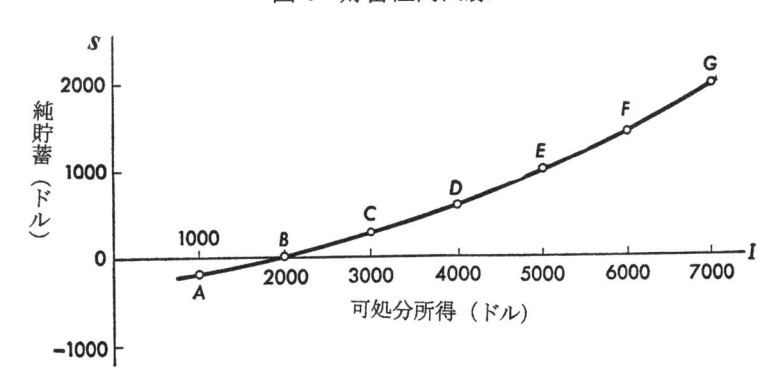

この図は、家族の所得のあらゆる追加的ドルの内のいくらかの部分が、貯蓄に回っているかを示している。

出所：表1

---

4)　直線 XY の数値表示の勾配とは、長さ ZY と長さ XZ の数値比率(numerical ratio)を常に意味する。

ば、図3の点Bから点Cへ進むとき、この消費性向曲線の傾斜は45°線の傾斜よりも小さい。点線の小さな三角形において、右に1,000ドル進み、そして700ドル上がる、このことは700ドル÷1,000ドル、つまり0.7の数値表示の勾配を、つまりMPCを示している。消費性向曲線は、数値表示の勾配が常にちょうど1である45°線よりも常に平らである。このことは、MPCが常に1.0よりも小さく、1.0とMPCの差がMPS、つまり、追加的貯蓄率になるからである。読者は、図4においてBとCの間で小さな点線の三角形を描き入れ、そしてこの三角形の高さと底辺の比率が300ドル÷1,000ドル、つまり0.3であることを確かめることによって、貯蓄性向曲線の数値表示の勾配がMPSとちょうど同じになることを確かめるべきである。読者は、図3と図4でのどのような二つの異なる所得水準の間でも、MPCとMPSの近似値を計算できるに違いない。

戦時での貯蓄の積立

　しばらくの間、表と曲線を考えないで、人々がどのようにして自分達の所得よりももっと多く支出するかを調べみよう。人々はもちろん以前に貯めた現金から支出するかもしれない。あるいは人々は、銀行の自分達の当座預金(checking account)かあるいは貯蓄性預金(savings accounts)の残高を引き出すかもしれない。あるいは人々は政府貯蓄債(a government saving bond)を現金に換えるかもしれない。あるいは、人々が、もし市場で取引できる株式と債券を持っている比較的少数の人々であるならば、カリフォルニアへの旅行、新車の自動車、あるいは家族の予算の限度では支払うことのできない何の目的にも、代金を支払うのに十分な金額の有価証券を売るように、仲介業者に依頼するかもしれない。

　戦争の結果、アメリカの人達は、私達の歴史においてこれまでにない多くの金額の貯蓄を積み立てた。戦時の5年間に、大部分の人々は、異常に高い所得を得た、だがその所得を非耐久消費財に通常の比率で支出できたにすぎず、自動車あるいはラジオのような耐久財にはきわめて低い比率でしか支出できなかった。所得と支出の間の差は、戦時公債、貯蓄性預金、保険証券(insurance policies)の保有、以前の負債の返済、最後に、紙幣と当座預金の保有の形での貯蓄になった。アメリカの個人と企業は、戦争の結果、約2,500億ドル（4分の1兆ドル）の流動資産による貯蓄(liquid savings)（政府債で約1,000億ドル、つまり1ドルの貯蓄の内40セント、当座預金の形で750億ドル、つまり1ドルの貯蓄の内30セント、紙幣の形で250億ドル、つまり1ドルの貯蓄の内10セント、そして最後に貯蓄性預金の形で約500億ドル、つまり1ドルの貯蓄の内20セント）を保有して戦争を終えた。

　流動資産(liquid wealth)のこの総額は戦前と比較すると3倍に増加にしている、それゆえ、アメリカの人達は平均して今約20ヶ月の所得に等しい貯蓄を保有している。この総額はただ一つの要因（連邦政府発行の公債(public debt)の戦時の多額の増加）によってのみ発生した。公衆の手の中にある資産は、政府の負債を示しており、社会的貸借対照表(the social balance sheet)ではちょうど反対側にあることになる。もし公債がまったく悪い物であるならば、これらの家族の貯蓄も悪い物である。もしこれらの家族の貯蓄が良い物であるならば、

公債はしばしば批判されるほど必ずしも害のある物でない。

　現実には*平均的家族*のようなものは存在しない。流動資産の総額は、すべての家族の間で決して等しく分けられていない。造船所で長時間働いていた多くの人がいた大家族は、戦争の間多額の貯蓄を行うことができたかもしれない。投機家と戦争成金、あるいは妻が仕事に就きさらに実家で両親と一緒に住んでいた戦前に 1 年に 2,200 ドルの給料を得ていた海軍少佐も、このような多額の貯蓄を行ったかもしれない。他方で、新しい町に移り、自動車と家賃に多額の支出をしなければならなかった大家族を持つ戦時の労働者は、戦時中に借金をしたかもしれない。さらに他の男達と女達は、戦争の間に稼いだすべてのお金を（もし絹のシャツにむだ使いしていなかったならば、ナイトクラブで遊んだり、闇市場でナイロン製ストッキングに）むだ使いしたかもしれない。

　幸運にも、戦時の貯蓄の分布に関しては推測に頼る必要はない。連邦準備制度理事会の要請によって、農業経済局(the Bureau of Agricultural Economics)は、貯蓄の分布についての詳細な統計調査を行った。『流動資産の保有、支出および貯蓄に関する国内調査』(*National Survey of Liquid Asset Holdings, Spending and Saving*)によれば、すべての家族（つまり支出を行っている構成単位）の内の 4 分の 1 は、1946 年に少しも流動資産による貯蓄を保有していなかった。つまり、少しも貯蓄性預金、少しも当座預金、少しも政府債を保有していなかった。半分の家族は 400 ドル以下の貯蓄しか保有していなかった。他方において、最大の貯蓄を保有している上位 10 パーセントの家族はそれぞれ、平均すると 10,000 ドル以上の流動資産を保有し、総流動資産の内の 60 パーセントを保有していた。さらに、この統計は次の 1 つの驚くべき結果を明らかにした。つまり、どのような 1 つの所得階層内においても、（私達が言う）"倹約心がきわめて高い"わずかな比率の人々は、所得の内のかなりの部分を貯蓄している傾向がある。貯蓄に関する限り、これらの人々は本当にお金を貯めためたがる人々である。

　しかし、ほぼ一般論として、アメリカの人々が、歴史においてこれまでにないほど、新築住宅への頭金を払うことができ、また新車を買うことができるようになっていることは、やはり事実である。さらに、戦争の結果、何も貯蓄できなかった多くの人々が、少なくともはじめて分割払いの負債を清算し、今全く最初から出発できるようになっている。

人々はどのようにしてお金を借りるのか

　お金を借りなければならない人々に利用可能ないくつかの方法を簡単に見つけてみよう。15 年前かそこらまで、貧しい人々は一般に資格を持っていない高利貸(loan sharks)に頼らざるをえなかった、このため、統一小口金融法(a uniform small-loan act)を議会で可決していない州では、貧しい人々は今でも高利貸に頼っている。これらの高利貸は、年 120 パーセントの下限から年 1,200 パーセントの上限までの間の、どこかの利子を課している。12 パーセントではなく、*1,200* パーセントである。1 人の男が病気のために 1929 年に 20 ドルお金を借り、その後 1938 年まで毎週 2.25 ドルを、つまり 1 年当たり 600 パーセントの利子率で合計

1,053 ドルを、支払ったというケースを聞くのは珍しいことでない。貧しい人々にとって不幸の種は貧困にある。貧しい人々は、お金がないために借金をする、しかも同じ理由のために借金から抜け出すことができない。高利貸が望む最も重要なことは、貸付金を返済してもらうことである。高利貸は、ときどき暴力を使う、しかしこのこと以上に、自分の犠牲者に上司あるいは妻に言いつけると脅かすことによって、よく取りたてる。借り手は、法的にはお金を返済することを拒絶しさえすればよく、返済しなくても高利貸が決して問題をあえて裁判に訴えようとしないことに、少しも気づいていない。

　この耐えがたい状況を救済できるただ一つの方法がある。逆説的であるが、その方法は、課すことができる法定利子率を、これまでの高利貸法(usury laws)によって定められている 6 パーセントの上限をかなり超えて引き上げる小口金融法を、議会で可決することである。なぜなら、良心的な個人向け金融会社は、もし小口貸付にこの 6 パーセントの上限よりもかなり高い利子率を課すことができないならば、営業を続けることができないからである。また、このような小口貸付は、リスクの因子を含んでおり、さらにかなり費用がかかる面倒な手続きと管理を必要とするからである。主に南部地域とロッキー山脈地域(the Rocky Mountain region)のいくつかの州は、(主として、立法府への賄賂と圧力による高利貸達の組織的活動、さらに 6 パーセント以上の利子を支払うことに対し公衆を守ると社会に訴える高利貸達の組織的活動によって) このような良識のある統一小口金融法をまだ議会で採択していない。ラッセル・セージ財団(the Russell Sage Foundation)とその他のいくつかの非営利団体は、この問題についての調査を行ってきた、だがその報告書は、正しさに関して、メロドラマの小説と同じ程度に信用できない[5]。

　うまく規制が行われている州では、個人は、資格を持っている個人向け金融会社(a licensed personal finance company)から 250 ドルのような少額を借り、その後 1 年当たり約 36 パーセントの利子費用で、だがその他の費用なしで、12 回の分割払いによって、その額の返済を約束することができる。この男は、モーリス・プラン(a Morris Plan)あるいは産業労働者少額金融会社(Industrial Bank)から、1 年当たり約 15 パーセントかあるいはこれ以下でお金を借りることもできる。この男は、もし働く会社に信用組合(a credit union)があるならば、この信用組合から 1 年当たり約 12 パーセントで多分お金を借りることができる。この男は、もし良心的な質屋でまずまずの金額の宝石品を預けるならば、この宝石品の競売価格の約 4 分の 3 を、1 年当たり約 36 パーセントの利子を支払って借りることができる。

　もしこの男が利用している地方銀行が、分割払いで返済できる少額個人貸付をこの男に行うならば、この男は、もしきわめてリスクが高いと知られていなければ、この借入金に対し多分 1 年当たり約 10 パーセントの利子を支払う。この男は、もし自動車あるいは家具を

5)　関心のある読者は、高利貸と消費者信用の問題についての信頼できる説明に関して、25 セントの社会問題についての小冊子シリーズ(*the 25-cent Public Affairs Pamphlet Series*)、Public Affairs Committee, Inc. の第 5 号と第 39 号を参照できる。本章で述べているほとんどすべての問題は、価値あるこの小冊子シリーズにおいて、興味深くまた信頼できる形で述べられている。

信用のできる商店から割賦販売(installment credit)で買うならば、多分 1 年に約 12 パーセントの利子を支払う。この男が、もし自宅を抵当に入れてお金を借りるならば、1 年に 4、5、あるいは 6 パーセントの利子を支払う。この男が、もし料金払い済みの生命保険証券(a life-insurance policy)を持っているならば、この生命保険証券によって 1 年に 5 あるいは 6 パーセントの利子でその生命保険会社から、あるいは 4 パーセントあるいはそれ以下の利子で多くの銀行からお金を借りることができる。この男は、もし上場有価証券(listed securities)あるいは政府債を持っているならば、これらの有価証券あるいは政府債を担保にして、銀行から 4 パーセントあるいはそれ以下の利子で、お金を借りることができる。

これらの利子の料金は、地域ごとにまた金融機関ごとに異なり、一般に北東部の大都市で最も低く、また大口の短期貸付において最も低い。例えば、ニューヨーク市の裕福な人は、*市場性*のある政府債(*marketable* government bonds)を担保にして、年 1.5 パーセント(月当たりでなく年当たりである) あるいはそれ以下でお金を借りることができる。

上のすべての利子率は平均*未払*残高(the average *unpaid* balance)によって示されている。1 人の男は、分割払いの借入金に現実に年 12 パーセントも利子を支払っているのに、6 パーセントだけ、つまり半分だけ支払っているにすぎないと多分思っている。なぜなのかを見てみよう。この男は、1,000 ドルの借入金を返済するために、10 回の分割払いで月 105 ドルを返済することになっており、この追加の 5 ドルは 1 ヶ月の利子代金であると仮定してみよう。このとき、この男は 1,000 ドルの元金へ 5 ドルの利子代金、つまり月 0.5 パーセントの利子代金のみを支払っているのか。答は "いいえ" である。この男は自分の本当の*平均未払残高*に対し現実には約月 1 パーセント、つまり年 12 パーセントを支払っている。この男は 1 年間負債を返済し続けているので、この期間の平均負債残高は 1,000 ドルでなくその半分、つまり 500 ドルにすぎないのである。500 ドルへの月 5 ドルの利子は月約 1 パーセントつまり年 12 パーセントである。

ほとんどの人々は、このことに気づいていない、このため、しばしば商道徳に欠ける販売業者にだまされる。金融会社が販売業者に仲介手数料(a commission)を与えるので、このような販売業者は現金でよりも信用貸で自動車を売ろうとする。この販売業者は、大部分の人々が "信用貸の料金" が 1 年当たり 20 パーセント以上の利子になることに気づかないことを知っているので、1 台 1,600 ドルの自動車に、なにげなくバンパー、ヒーター、ラジオによる追加料金を加え、さらに、100 ドルの "金融の仲介手数料" をこっそりと加える。一部の人々は、銀行に 1 年に 1 パーセントだけの利子を得る預金か、あるいは 1 年に 3 ないし 4 パーセントだけの利子を得る戦時公債を持っているにもかかわらず、高い利子率を支払って、割賦販売で買おうとする。これらの人々は、無知のためか、あるいは分割払いをすることによって、現在の所得を貯蓄に回すことを望むために、このように分割払いで買おうとする。お金を借りなければならないか、あるいは分割払いで買わなければならない大部分の人々に対する良いアドバイスは、最初に地元の地方銀行に行ってみることである。

貯蓄の一つの形態としての政府債

さて、人々が自分達の貯蓄を何によって行うのかという明るい問題に目を向けてみよう。少数のあまり能力の高くない人々、臆病な人々、あるいは犯罪者は、自分達のお金を小額の紙幣の形で、ストッキングの中に入れるか、あるいは窓のカーテンの中にくるんで保有しようとする。もっと普通の人々は、いくらかの貯蓄を、1年に1パーセントあるいは2パーセントの利子を得るために、貯蓄銀行(saving bank)に預けるか（地方の郵便局の）郵便貯金(postal savings)で預金しようとする。さらにその他の人々は、大部分の自分達の貯蓄を、合衆国貯蓄国債(United States saving bonds)シリーズEで保有しようとする。この債券は、1年に約3パーセントの利子がつき、この債券を給料天引貯蓄制度(the payroll saving plan)の下で直接自分達の給料によってか、あるいはあらゆる銀行で、買うことができる。

このシリーズEの債券は、1口25ドルで発行され、1人の所有者あるいは2人の共同所有者、あるいは1人の所有者と1人の遺産受取人の名義で登録される。この債券は、譲渡不可能であるので、売ることも抵当に入れてお金を借りることもできない。25ドルの額面価格のこの債券は、18.75ドルで発行されており、10年目の終わりに額面価格の満額で払い戻される。この債券は、払戻しへの通知後60日以内において適切な身元確認により、表2で与えられている満期前の割引償還価格(the abridged scale of redemption values)に従って、どのような銀行でも買い戻される。これらの満期前の割引償還価格は、人々がこの債券を長期間保有すればするほど、この債券の利回りが高くなるように決められている。それゆえ、ある人が、もし満期前に自分の債券の一部を現金に換えなければならないならば、*最も新しく購入した債券*を常に最初に現金に換えるに違いない。

完全に安全で即時に売却可能な債券について、3パーセントの利回りはきわめて買う魅力がある。実際、政府がどのような1人にも、どのような1社にも、1年に買える金額を厳格に制限している事実がなければ、保険会社と銀行は、自社保有の1、1.5、2および2.5パーセントの利回りの市場性がある債券を、シリーズE債券と喜んで交換しようとする[6]。文

表2　シリーズEの債券の割引償還価格表

発行価格・・・・・・・・・18.75ドル　　　満期価格・・・・・・・・・・・・25.00ドル
（満期による利回り ＝ 年2.9パーセント）*

1年後の償還価格・・・・・18.87ドル	6年後の償還価格・・・・・21.0ドル
2年後の償還価格・・・・・19.12	7年後の償還価格・・・・・22.0
3年後の償還価格・・・・・19.50	8年後の償還価格・・・・・23.0
4年後の償還価格・・・・・20.00	9年後の償還価格・・・・・24.0
5年後の償還価格・・・・・20.25	10年後の償還価格・・・・・25.0

*25ドル: 18.75ドルは 4:3である。どのような複利の利子の表も私達に3掛ける$(1.03)^{10}$が約4であることを示しており、このことはこの貯蓄国債によって3パーセント弱の利子を得ることを表している。

6)　シリーズFは、利回りが約2.5パーセントにすぎないことを除いて、シリーズEと同じ様な12年の債券である。シリーズGは、利子の年払いつまり年払いの利札によって、ほぼ同じパーセントの

字通りほぼ政府からの贈り物となっている債券を、賢明な人に購入限度いっぱいまで買わせるのに、いかなる愛国心も必要がない。もし政府債が必ずしも完全に安全であると考えられないのであれば、紙幣も銀行預金も必ずしも完全に安全でない。

有価証券への投資

　企業組織についての第 6 章において、債券と普通株と優先株の間の違いを論じた。投機について分析する第 25 章において、株式市場の機能を取り上げる。それゆえここでは、多額の貯蓄を持っている人々は、自分達の貯蓄をただ一つの資産でのみ持たずに、下の表の 10 万ドルの所有財産を持っているニューイングランドの 1 人の未亡人のように、有価証券の分散保有(a diversified portfolio)を実現しようとするとだけ言えばよい。

　このような有価証券への分散投資によって、この未亡人は幸運にも今日において配当金と利子の総額として 1 年に 3,000 ドルをはるかに上回る収入を得ている。この未亡人は、もし抜け目がないならば、確実な投資への助言を求めるであろう。

有価証券の保有

政府債、シリーズ E ・・・・・・・・・・・・・・・・・・・・・・・・・・・・10,000 ドル
政府債、シリーズ G ・・・・・・・・・・・・・・・・・・・・・・・・・・・・10,000
政府債、2.5%の市場性のある・・・・・・・・・・・・・・・・・・・・・・・5,000
ニューヨーク・セントラル鉄道債 4.5% (2013 年に満期)・・・・・・<u>5,000</u>
　債券総額・・・・・・・・・・・・・・・・・・・・・・・・・・・・・・・・・30,000 ドル
US ジプサム(U.S. Gypsum) 7%優先株・・・・・・・・・・・・・・・・・・10,000 ドル
マーシャル・フィールド(Marshall Field) 4.25%優先株・・・・・・・<u>10,000</u>
　優先株総額・・・・・・・・・・・・・・・・・・・・・・・・・・・・・・・20,000 ドル
アメリカン・テレホン・アンド・テレグラム普通株・・・・・・・・20,000 ドル
ファイヤストーン・タイヤ(Firestone Tire)普通株・・・・・・・・・・ 10,000
ジェネラル・モーターズ普通株・・・・・・・・・・・・・・・・・・・・・10,000
R・H・メイシー・アンド・カンパニー(R. H. Macy & Co.)普通株・5,000
20 世紀フォックス普通株・・・・・・・・・・・・・・・・・・・・・・・<u>5,000</u>
　普通株総額・・・・・・・・・・・・・・・・・・・・・・・・・・・・・・ 50,000 ドル

自宅所有の経済的意味

　不況と戦争のために、住宅は人々が必要としているよりも大きく不足しており、今後も長く不足するであろう。このため、多くの人々は、自分達の貯蓄を住宅所有のために投資することを望んでいる。1 年に 100 万戸以上の住宅が今後 10 年間に建築されるであろう。建築産業は、技術的に進歩が遅れており、あまり組織化されておらず、また非効率であり、さら

　　利回りを得る譲渡不可能な利札付債券(a nontransferable coupon bond)である。さらに、90 日、1 年、あるいは 20 年およびそれ以上の期間後に満期になり、0.5 から 2.5 パーセントまでの利回りを生み出す市場性のある政府債もある。

に労働と原材料の費用がかなり上昇してきているので、新築住宅と中古住宅の戦後の価格は、戦前の 1930 年代の平均水準と比較して、多分 50 パーセントから 100 パーセント高くなっており、大部分の家庭にとっては高くなりすぎている。

　自分の持家を所有することは、普通興味深く楽しいことであるが、常に良い投資対象であるとは限らない。さらに、2 戸、4 戸、あるいはもっと多くの戸数の集合住宅は、好まれる 1 戸の住宅よりも、しばしば費用が低くなる。家の維持費を別にすると、最も大きな費用は、家の物理的損耗でなく、むしろ近隣地域の環境の悪化と衰退である。人的な観点からは、家族が突然引越しせねばならず、このため損をしてでも売らなければならない問題、あるいは、家族の人数と住宅への必要さが、時間の経過とともに変化するかもしれない問題もある。住宅のこれらのリスクは、もし不況、過度の投機、あるいは住宅建設の過度の増加による不動産価格の低下という繰り返し発生してきたリスクがなければ、あまり大きくない。

　上で考えたリスクのどれがあっても、支払える価格帯で家を実際買おうあるいは家を建てようとしている者は誰も、家を買ったり建てたりするのをおそらく止めない。だが、どれだけのお金があれば家を建てることができるのか。個人の年間所得の 2 倍というルールは、今日において少し古い見解である。少なくとも、このルールは正しい指針ではない。正しい指針は、人々が 5 週間の所得の内の 1 週間の所得以上を電気、ガス、水道、電話、および暖房を除いた住居費に支出するべきでない、さらに 4 週間の所得の内の 1 週間以上の所得を上の電気、ガスなどこれらいくつかの項目を含めた住居費に支出するべきでない、という別のルールとなる。

表3　10,000 ドルの住宅を所有するための 1 ヶ月の費用

1. 最初の現金の支払い
　　10%の頭金の支払い（90 パーセントの住宅ローン）‥‥‥1,000 ドル
　　登記費用、仲介料、等‥‥‥‥‥‥‥‥‥‥‥‥‥‥‥‥ <u>200</u>
　　　総現金支払い‥‥‥‥‥‥‥‥‥‥‥‥‥‥‥‥‥‥ 1,200 ドル
2. 1 ヶ月の費用（25 年にわたる）
　　利子（5%）‥‥‥‥‥‥‥‥‥‥‥‥‥‥‥‥‥‥‥ 23 ドル
　　負債の月賦返済（つまり 25 年間の元金の返済）‥‥‥‥ 30
　　税（2.5%）‥‥‥‥‥‥‥‥‥‥‥‥‥‥‥‥‥‥‥ 21
　　損害保険（0.2%）‥‥‥‥‥‥‥‥‥‥‥‥‥‥‥‥‥ 2
　　補修（1 年 200 ドル）‥‥‥‥‥‥‥‥‥‥‥‥‥‥‥ 17
　　頭金の現金支払いによって利子を得られない(3%)‥‥‥‥ <u>3</u>
　　　1 ヶ月の総費用‥‥‥‥‥‥‥‥‥‥‥‥‥‥‥‥‥96 ドル
　出所：National Housing Agency,*Bull.*,2.

　1 人の男が、1 週間に 100 ドルつまり 1 年間に 5,200 ドル稼げると確信していると仮定しよう。この男はなぜ（土地の費用を含めて）10,000 ドルの家しか買えないのか[7]。表 3 は、10,000 ドルの家を維持するのに、1 ヶ月にどれだけの費用がかかるかを示している。もちろ

ん、5,000 ドルの家は比例してもっと費用が低く、他方 15,000 ドルの家は比例してもっと費用が高い。

　表 3 のこれらの数値から、1 週間に 50 ドルの収入しかない退役軍人は、いくら住む場所をほしいとしても、12,000 ドルの家を買うことははなはだ賢明でないことが分かる。この退役軍人は、インフレで値段の上がった資産への賢明でない投資によって 2,000 ドルあるいは 3,000 ドルを失うよりも、数年間 1 ヶ月 200 ドルの家賃を支払い、貯蓄を食いつぶして生活するほうが賢明である。

生命保険の購入

　政府債、銀行預金および住宅を別にすると、大部分の人々にとっての唯一の貯蓄は生命保険の形態によるものである。この生命保険は次の主な三つの形態になっている。つまり、*団体生命保険(group insurance)* （名前が示しているように、大会社あるいは大きな機関の従業員の団体全体に提供される）、ご存じの*産業生命保険(industrial life insurance)*、および最後にご存じの*普通生命保険(ordinary life insurance)*である。

　第 1 番目の種類の団体生命保険は、広く加入されており、特に労働者の使用者がこの保険料の一部を負担するときには、普通有利な形態の保険になる。

　神聖ローマ帝国(the Holy Roman Empire)が、神聖でなく、ローマになく、帝国でもないのとちょうど同じ様に、産業生命保険も産業と関係しておらず、またほとんど保険でもない。産業生命保険は、産業と何も関係しておらず、主にきわめて貧しい人々に、普通、葬儀費用を準備するために売られている 200 ドル、あるいは 300 ドルの保険証券であると言われてきた。一般に、いかなる健康診断も必要とせず、外交員は、5 セント硬貨か 10 セント硬貨の保険料を集金するために、毎週家を訪れる。当然この保険料のかなりの部分を、保険会社はこの外交員への手数料や、保険の会計帳簿管理の費用に支払わなければならない。それゆえ、産業生命保険は、特にきわめて多数の貧しい人々の保険料未払いによる保険契約の中途無効を考慮に入れるときには、きわめて非効率な生命保険の形態である。連邦議会の臨時全国経済調査委員会(the Temporary National Economic Committee)は、産業生命保険を厳しく批判した。産業生命保険について言うことができる一番の長所は、（社会保障を除くと）この産業生命保険は、貧しい人々がこれまでに加入してきた唯一の保険であることである。この世でほとんど借金しないで暮らすことができない貧しい人々に、葬儀をするために葬儀屋に多額のお金を支払うことを勧めるべきかどうかは、私達の職務でない。

　次に、考える必要がある唯一の保険は普通生命保険である。この保険はさまざまな形態になっており、主な形態は(1)定期保険(term insurance)、(2)終身生命保険(straight life insurance)、(3)有限払込保険(limited payment insurance)および(4)養老保険(endowment plan)である。

---

7)　この 10,000 ドルの内、約 7 パーセントは普通整地されていない土地取得に、さらに 6 パーセントは配管およびその他の整地に使われる。約 45 パーセントは（輸送を含めた）建築資材に使われ、そして残りの 42 パーセントは労働者の賃金と建築請負業者の利潤になる。

定期保険　定期保険は、現実にはあまり加入者が多くないが、理解するのが最も簡単である。例えば 35 歳の 100,000 人の男がそれぞれ、期間 1 年の 1,000 ドルの保険に契約すると仮定してみよう。死亡率統計(mortality statistics)は、これらの男の内の一定のパーセントが 1 年以内に、例えば、1 パーセント、つまり 1,000 人の男が死ぬであろうと示している。それゆえ、保険会社は、未亡人あるいは保険金受取者に、1,000×1,000 ドルつまり 100 万ドルを支払わなければならない。このため、保険会社はそれぞれの 35 歳の男に、保険料として 10 ドルを少し上回る金額を課さなければならない。次の年、この保険会社はもう一度すべて最初から始める、しかしもちろんこれらの男は年をとるにつれて、保険費用が徐々に上がる。定期保険の下では、それぞれの年は、いわば、独立会計になっており、保険会社は多額の積立準備金(saving reserves)を貯める必要はない。実際、定期保険に加入する者は誰も、将来のために少しも貯蓄をしていない。他方で、この保険に加入する男は、若くまた家族の人数が増えている期間に死んだ場合には、最大限可能な保険による保護を得る。

終身生命保険　終身生命保険の下では、35 歳に加入するすべての人々は、死ぬまで毎年一定の保険料を支払うことに同意している。さらに、これらの人々は、34 歳あるいは 30 歳に加入する人々よりも、一層高い保険料を支払うことに同意している。この一定の保険料は、最初加入する人々が自分達の保険に対して、一般に、払い過ぎになるように設定されている、つまり、保険会社は、35 歳の集団全体から保険料を徴収するよりも、少ない金額だけこの 35 歳の集団に保険金を支払うことから開始して、この差額を、株式、債券およびモーゲージ証券等からなるいわゆる "保険金支払準備金"(insurance reserve)として、利子を得て蓄える。だが、歳をとると、ずっと一定のままの保険料では、かつて 35 歳だった集団への実際の保険費用よりも少なくなり、保険会社は、この差額を以前に積み立てた保険金支払準備金によって賄う。この集団のすべての者が、100 歳になり、死んでしまうときには、すべての保険金支払準備金は使い果されている。

図 5 は、35 歳で加入し 80 歳まで生きる人々についての、更新型定期生命保険(renewable-term life insurance)と終身生命保険の間の違いを実例によって示している。

有限払込保険　有限払込保険(limited payment insurance)は、2、30 年後、保険契約者が少しも保険料を支払う必要がないことを除いて、終身生命保険とまったく同じである。もちろん、2、30 年の期間、この保険契約者の一定の保険料は、終身生命保険の保険料よりも高くなければならず、また更新型定期生命保険の保険料よりも最初さらにもっと高いであろう。きわめて多額の準備金がこの保険プランの下で積み立てられる、それゆえこの有限払込生命保険は、貯蓄の要素を多く含み、他方で保険による保護の要素をわずかであるが少なく含むことが明らかになる [8]。

8)　第 2 次世界大戦中に軍人に、8 年の定期生命保険が割安な保険料で販売された。この保険契約者は、この定期生命保険を、20 年有限払込保険か、30 年有限払込保険か、養老生命保険(endowment life insurance)に契約し直すことができ、さらに契約し直したこれらの生命保険も保険料が割安であり、また廃疾条項があるので、最終的にこれらの生命保険に契約し直すに違いない。

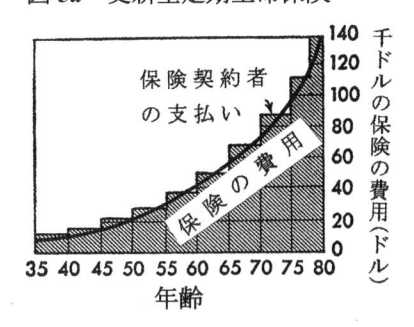

図 5a　更新型定期生命保険

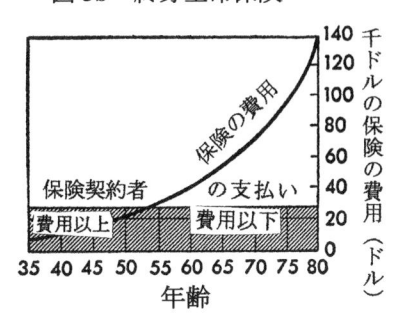

図 5b　終身生命保険

保険料は、積み立てる準備金を含んでおらず、それぞれの期間ごとの "保険統計に基づく" 費用だけを常に賄う。

出所： *Public Affairs Pamphlet,* No. 62

一定の保険料は最初それぞれの時点の保険統計に基づく費用を上回り、この差額は保険統計に基づく準備金として複利の利子率で蓄えられる。後に、逆のことが当てはまるとき、この準備金は使い果たされる。

出所： *Public Affairs Pamphlet,* No. 62.

　養老保険　最後に、養老保険証券(an endowment plan policy)は保険による保護よりも貯蓄の内容をかなり多く含んでいる。20 年の養老保険証券では、35 歳の男は 20 年間高い一定の保険料を支払うことに同意する、そしてその後 55 歳において、この男はたとえ死亡していなくてもこの保険証券の額面保険金額の全額を受け取る。それゆえ、養老生命保険は貯蓄と保険を結合したものである。20 年の保険料支払の期間が終わる前に、たとえ保険料が未払いになっても保険料を払った期間までの保険証券での権利が認められるならば、養老生命保険は規則的に貯蓄しようとするどのような人にも良い保険である。しかし、養老保険において、保険会社が何らかの方法で主として実行することを、例えば、貯蓄で定期的に政府債に投資することを、加入者が、自分で実行するならば、稼ぐことができるよりも高い収益率を、この養老保険は決して実現できないであろう。

　もっと詳しいことについては、学生は読みやすいパンフレットである『生命保険への加入の仕方』(*How to Buy Life Insurance*)[9]を参照でき、また学生の住んでいる地域の保険業者に問い合わせることもできる。学生は、実際それぞれの保険会社の保険証券の内容が、ある条項について、他の保険会社の条項とわずかであるが異なっているのを見つけるであろう。このため学生には、どれが最も良い加入するべき保険であるかを、どのようにして決定したらよいかはほとんど分からない。この問題は、大部分の生命保険 "相互" 会社(mutual companies) が、意図的に過度に安全主義の立場に立ち過ぎ、自社の保険契約者から過度に保険料を徴収している事実によって、一層複雑になっている。なおこの保険料の徴収のし過ぎに対

9)　*Public Affairs Pamphlet* 62.

し、年度の終わりに、生命保険相互会社は、いわゆる保険の"配当金"によって、保険料の払い過ぎの部分を戻している。それでも、専門家によれば、さまざまな保険会社の保険証券の保険料は、実際の保険の純費用とかなり異なっているとのことである。それゆえ、保険加入のためには、保険購入者はこの問題を少し勉強して、いくつかの保険会社に行ってみることはそれだけの価値がある。さらに、マサチューセッツあるいはニューヨークのような州では、信用できる銀行において、貯蓄銀行生命保険(Savings Bank Life Insurance)に加入することは明らかに費用が割安である。しかし、生命保険はたいてい"人々には買手市場でなく売手市場"であるので、大多数の人々は、民間保険会社が必要とするよりも、少し多い目に保険料を支払い続けるであろう。

社会保障と健康

　1937 年に、社会保障法は、アメリカの人々を老齢あるいは失業によって生ずる経済的困窮から守りやすくするために制定されたものである。当時の悲観的見方にもかかわらず、この社会保障制度はきわめてうまく機能し、現在共和党と民主党の両方の政党は、この制度を支援することを約束している。

　この社会保障制度は、簡単に運営されており、次の 3 部門によって構成されている。つまり、(1)拠出老齢退職保険(contributory old age retirement insurance)および遺族年金保険(survivors benefits insurance)、(2)失業補償保険(unemployment compensation insurance)、および(3)老齢扶助(old–age assistance)と公的扶助(public welfare)である。最初の二つの社会保障の計画においては、人々は、高齢により退職したとき、あるいは失業したとき、自分自身いくらかのお金を持っているかどうかを明らかにする"社会保障必要性調査"(needs test)を受ける必要はなく、当然の権利として、給付金を自動的に受け取る [10]。社会保障税は、第 8 章で述べたように、支払給与総額に対して課税される、それゆえ、それぞれの人は自分自身の給付金への負担金を一部分支払っていると考えることができる。しかし、社会保険あるいは社会保障においては、個人は、自分自身の払込みに基づき、保険統計によって、つまり数学によって権利を与えられるよりも、もっと多く給付金を受け取ることができ、この払込みと給付金の

---

10)　社会保障によって保護される仕事で十分に長い期間働いてきた誰もが、退職後現在の法律の下では 1 ヶ月 10 ドルから 85 ドルまでのどこかの給付金を受け取る。正確な金額は次のように決定されている。(1)*受給者の 1 ヶ月の平均収入*（1 ヶ月 50 ドルまでは 1 ヶ月の収入の 40 パーセント+この 50 ドルを超える 1 ヶ月 250 ドルまでの増加分の収入は 1 ヶ月の平均収入の 10 パーセント、と計算されている）、(2)社会保障によって保護される雇用での受給者の*勤務期間*（勤務期間 1 年につき 1 パーセントの追加のボーナスが支払われる）、(3)受給者の*扶養家族*（65 歳以上の妻は受給者の給付金の 2 分の 1 を受け取る。65 歳以上の未亡人は受給者の給付金の 4 分の 3 を受け取る。そしてもし幾人かの扶養の子供がいるならば、それぞれ 1 人の子供は受給者の給付金の 2 分の 1 を受け取る。そして妻あるいは未亡人は 65 歳未満であっても給付金を受け取る。また、死亡のときには 6 ヶ月の給付金に等しい葬儀費用の支払いについての条項もある。） どの民間保険会社もこのように安い保険料でこのような保険証券を売ることができない。

差額を政府の租税によって埋め合わせてもらえるので、社会保険あるいは社会保障は民間保険と異なる。人口構成の大きな部分が退職年齢を超える今から1世代後、政府は負担金をかなり増やさなければならないであろう。さらに、社会保険制度は賦課方式(pay-as-you-go basis)に基づいている、それゆえ、政府は、保険統計によって準備金を積み立てる必要はない。後で分かるように、成長している経済ではこのような準備金の積立は、貯蓄を増加させ、デフレーション発生の可能性を増やす傾向がある。

　連邦政府の指示を受けて州が策定している失業補償計画(the unemployment compensation plans)の下では、使用者は、失業保険の保険料を、労働者が雇用されている毎週、失業補償積立基金(an unemployment reserve fund)に振り込む。労働者は、もし解雇されるならば、（公共職業安定所(the Public Employment Exchange Office)が紹介する自分に適合するどのような仕事も受け入れる用意がある、また失業前に最低限の週の数の期間働いていた、のような）一定のいくつかの要件を満たすことによって、金額が自分の失業前の所得と保険料によって決まる失業補償小切手を1週間ごとに自動的に受け取る。自尊心を傷つける"社会保障必要性"調査はなく、給付金の支払い額も、人々がいつまでも職に就こうとしないほど大きくはない。好況の間、失業補償積立基金は増加する。失業補償積立基金が最も必要とされる不況の間、この基金は、人々を支援しそして一般購買力を維持するのに役立つように使われる。

　社会保障法による老齢扶助と公的扶助の部分は、おそらく自分自身で生活費を賄えない貧しい老齢の人々、盲目の人々、未亡人、孤児、さらに身体的にまた精神的に障害のある貧しい人々を支援するための、連邦政府による州への補助金であり、州はこの補助金をこのような人々を支援するために支出しているのである。

社会保障の発展

　社会保障制度は、アメリカでは、実施されているだけでなく、発展しまた充実しつつある。バルチモア(Baltimore)の巨大なパンチカードの機械を使うことによって、この社会保障プログラムの運営が容易になっている。今日において、個人と社会の最悪の不幸は、1人の個人の努力だけではほとんど阻止できない不測の事態によって発生しているという考えを、社会の人々はますます正しいとみなしている。1932年に人々は仕事がなく通りを歩いていた。1929年と1946年には、同じ人々はよい仕事に就いていた。この1932年の不測の事態を、これらの人々の努力によって解決できるのではない。

　あらゆる人道主義を別にすると、社会保障プログラム(a social security program)は、何らかの方法で物を提供しなければならないか、あるいは資金を提供しなければならない個人の生活保障を実現するには、まさしく安価で賢明な方法である。民間保険は国民生産物と国民所得を減らさない。社会保険も国民生産物と国民所得を減らさない。「イギリスのような貧しい国は、重要な人生の浮き沈み（失業、老齢、病気、妊娠、および家族の人数が多いことによるそれぞれの負担）に対し、揺りかごから墓場までの保障を求めるベヴァリッジ計画(a Beveridge Plan)にお金を出すことができない」という主張を時々聞く。このような主張は経

済への適切な見解では全くない。これらの不幸な出来事にどのような場合にでも対処しなければならず、問題は、これらの不幸な出来事に、計画的で、効率的で、また賢明な方法で、公的資金を提供するべきか、それとも、個人あるいはその場その場の慈善活動に任せたままにするべきか、ということである。

すでに、未亡人と扶養家族の子供達への年金を、社会保障給付金の中に加えている。次の世代には、病気、身体障害、および医療全般と入院に対し、社会保障によるお金の給付を開始していることは、決してありえないことではない。1931 年に、多くの医療団体は、ブルークロス(Blue Cross)あるいはブルーシールド(Blue Shield)のような民間の健康保険と入院保険の制度の承認に強く反対し、このような制度と闘った。だが、今日においては、多くの医療団体は、このような民間の保険制度への最も強力な支援者の内の一つである。この国では、誰も医療社会化制度(socialized medicine)を擁護しないし、また、誰も、少なくとも、患者と医者の間の人間関係を失うことを望んでいると認めないであろう。しかし、アメリカの人々に対する公的機関あるいは非公的機関によるすべての詳しい調査は、次のことを明らかに示している。

大部分の人々は、医療サービスを必要とするとき、主として、個人によってだけでは医療サービスの費用を支払うことができないか、あるいは医療サービスを利用できないので、不十分で不適切な治療しか受けていない [11]。

要約

1.　私達が家族の人数と生活費の地域差を考慮した後では、衣、食、住のような異なる消費項目への家族の支出および貯蓄のそれぞれのパターンは、かなり規則的でありまた予測可能である。

2.　重要な消費性向表と貯蓄性向表は、人々が低い所得では所得よりも多く消費に支出することを示しており、この差額は代数学的には負の貯蓄つまり貯蓄の食いつぶしになる。所得が収支分岐点を越えて増加するとき、（課税後の）可処分所得の新たなそれぞれの 1 ドルのいくらかの部分は消費に回り、残りの部分は貯蓄に回る。追加的ドルの消費と貯蓄に回る比率を、それぞれ、"限界消費性向"(MPC)と"限界貯蓄性向"(MPS)と呼ぶ。これらの限界消費性向と限界貯蓄性向を、幾何学的には、消費性向曲線と貯蓄性向曲線の数値表示の勾配

---

11)　*Public Affairs Pamphlets* 10 号、27 号、および特に 104 号は、医療の問題についてもっと多くの資料を提供している。最後の 104 号は、社会保障と医療の範囲を大きく拡大しようとして、ずっと以前の連邦議会で論争の的になったマレー・ディングル・ワグナー法(Murray－Dingle－Wagner Act)のいくつかの条項も論じている。

によって示すことができる。

3. 一つの家族がお金を借りるにはいくつかの方法があり、それらの方法では利子率に大きな違いがある。同様に、一つの家族が貯蓄に回すことができる方法には、銀行預金、政府債、持ち家の所有、市場性がある株式と債券、さらにいくつかの異なる形態の生命保険の内の一つの購入がある。

4. 民間保険と社会保険の間には大きな違いがある。私達の社会保障プログラムは、多数の国民に現在初めて、老齢、失業、身体的障害に対してある程度保護している。このプログラムは拡大しており、アメリカの人々の医療と健康管理への現在の備えの不十分さを改善するための、いくつかの試みがなされている。

議論のための質問

1. あなた自身あるいはあなたの家族のための支出への予算を作成しなさい。もしあなたの所得が 30 パーセント減少するならば、逆にこの同じ額が増加するならば、あなたはこの予算をどのように作成しますか。

2. もしすべての者がすべての追加的所得の約 3 分の 1 を貯蓄するならば、10 億ドルの追加的貯蓄を生じさせるためには、国民所得はどれだけ増加しなければならないですか。もし MPS が 0.2 であるならば、あなたの答えはいくらですか。

3. もし MPS が 0.5 である裕福な人々に 100 億ドルを課税し、そしてこの税額を MPS が 0.1 に過ぎない貧しい人々に与えるならば、総貯蓄はどれだけ減少しますか。総消費はどれだけ増加しますか。

4. あなたの地域社会では借入金の利子費用はいくらですか。

5. 今後 30 年間のあなた自身の収入と支出について、ある程度予想しなさい。あなた自身への今後のための投資計画を作成しなさい。

6. あなたは、もし今後インフレーションであると判断するならば、どのような投資物件を買いたいですか。あなたは、今後の見通しがデフレーションであると判断するならばどのような投資物件を買いたいですか。

7. 最近、生命保険会社は、自社の投資対象物からの収益について、以前と同様の 3 および 3.5 パーセントの利回りではなく、わずか 2.5 パーセントだけの利回りを想定する保険証券を作成し始めた。このことは生命保険料にどのような影響を与えますか。本文で述べた 4 種類の普通生命保険の内で、生命保険会社は、どの生命保険の保険料を最も大きく引き上げようとしますか、逆にどの生命保険の保険料を最もわずかしか引き上げないですか。

8. 「私は、死ぬまで一定金額のドルでの収入を私に支給するよりも、もっと多くの金額を支給する年金に加入したい。インフレーションによる損害を回避するために、私は毎年一

定額の*実質*所得を私に支給する年金を望んでいる。このこと以上に、技術進歩が今後毎年すべての者の実質所得を増加させる、それゆえ、私の現在の水準の実質所得を得ている誰もが、今から20年後に大部分の人々によって実質所得を追い越されるであろうと、私は確信している。私が本当に望んでいる年金は、私が所得ピラミッドにおいて相対的に同じ位置に常に留まることを保証する年金である。」なぜ、どの民間の保険会社も、このような年金保険証券を売ることができないのですか。政府の社会保障プログラムは、このように主張する人の要求を満たすことができますか。民間保険による保護をなくしてしまうインフレーションは、なぜ社会保障による保護を減らさないのですか。

9. メトロポリタン生命保険会社はニューヨーク市民から州政府よりも多くお金を徴収している。この徴収したお金はどうなりますか。このお金を国民所得から除くべきですか。

10. 「きわめて裕福な人々ときわめて貧しい人々のみが、十分な医療を受けることができる」と述べることは、半分だけ正しいにすぎない。なぜ半分だけですか。カリフォルニアではサウスカロナイナよりも州民1人当たり3倍の医者がいる、またオレゴンではミシシッピよりも州民1人当たり5倍の歯医者がいるという事実は、アメリカ西海岸では医者と歯医者が多すぎることを説明していますか。

第 11 章　国民所得

　本書の第 1 部での議論のすべては、国民所得(national income)あるいは国民純生産(net national product)という重要な概念と結びついており、これらの概念によって要約できる。最も簡単に言えば、これらの概念は、国民生産物を生産することによって得ることができるすべての労働所得(labor income)と財産所得(property income)の最終的合計にほかならない。

　ここ 10 年かそこらにおいて初めて、私達は、これらの重要な概念について、ある程度満足のいく統計データを得るようになった。世界の 12 ヶ国の先進国のみが、国民所得のきわめて大きな数量の変化についての年ごとのデータを、ようやく容易に手に入れるようになっているにすぎない。ここ合衆国では、私達は幸運にも商務省(連邦政府の 1 部門)、全米経済研究所(the National Bureau of Economic Research)(非営利の研究機関)、および全国産業協議委員会(企業出資による研究組織)から、それぞれの国民所得の推計値を得ている。これらの機関は、同一の定義を使っていると公表しているので、これらの機関が得る推計値は数量がきわめて似かよっており、このため国民所得統計 [1]をかなり信頼できるのである。

　国民所得統計によって、1 国の不況から好況への動き、また 1 国の経済成長や経済発展の一定の長期比率、そして最後に他の国々と比較したある 1 国の物的な生活水準を図表で示すことができる。それでは、国民所得をどのように定義し、またどのように計測するのか。

二つの見方：貨幣所得(money income)かそれとも貨幣生産物(money output)か

　国民所得を見るには二つの異なる方法がある。これらの二つの方法は、基本的に同じ物に対する二つの側面であるので、合計すると互いに同じ額にならなければならない。

　この問題を第 1 の側面から分析するとき、(1)国民所得を、様々な生産要素の所有者が*稼いだ次の様な所得*の合計であると言うことができる。つまり、労働者の賃金 ＋ 貸付資金(capital loans)と有価証券の純利子(net rents) ＋ 純賃貸料と特許権使用料(royalties) ＋ 法人利潤 ＋ 非法人企業(unincorporated enterprises)の純所得である。

　もう一つ別の側面からこの問題を見るとき、(2)国民所得は、社会において生産されたすべての財とサービスの*純金額(net value)*の合計であると言うことができる。(もし図 1 の上下二つのフローをそれぞれ合計すると、*正確*に同じ金額になるようにしようとするならば、注意深い読者は、法人 "利潤" を生産額の中に慎重に含めなければならないことに気づくであろう。また、配当金として支払われる利潤とともに "未分配利潤"(undistributed profits) も、生産額の合計の中に含めなければならないことに、注意深い読者は気づくであろう。)

　最も簡単なケースとして、労働と資産という生産用役(productive services)への見返りに、

---

1)　標準的参考文献は S. Kuznets, *National Income and Its Composition*,1919-1939, Vols. Ⅰand Ⅱ, National Bureau of Economic Research Inc., New York, 1941 である。アメリカ商務省の *Survey of Current Business*、特に 1947 年 7 月の付録および全国産業協議委員会の年報 *Economic Almanac* も、参照するべきである。

図1 収入としての所得と生産物としての所得

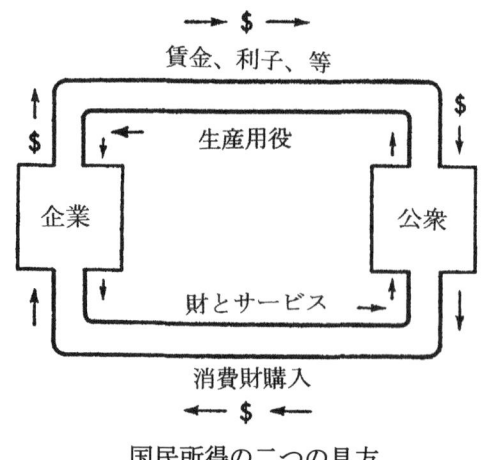

国民所得の二つの見方

企業から公衆へと向かうドルの循環的流れを描くことができる。このドルの流れは、実物の消費財とサービスの購入の代金を支払うために、公衆から企業へと向かう消費によるドルの流れとちょうど金額が一致する。

　（漏出のない完全な循環的流れである限り）国民所得のフローを、人々が稼いだ所得の形で現れる上部の環状の管において計測しようが、消費財とサービスへの支出額として下部の環状の管において計測しようが、問題ではない。どちらの答も同じである。(貯蓄と投資、および政府をこの図の中に入れるようになるとき、この図はもう少し複雑になるに違いない、しかし国民所得を見るこれらの二つの異なった方法はやはり適切である。)

国民所得の第1の見方：生産要素の費用と収入

　公衆に発生する所得のフローの合計を計算するためには、（企業や政府の報告書、納税申告書、等から）次のデータを注意深く集めなければならない。つまり、(1)すべての従業員が稼いだ賃金、給料および手当、(2)農夫、医者、パートナーシップの共同事業者、個人事業主等の純収入を意味する非法人企業の純所得、(3)社債、モーゲージ証券、その他の貸付金により受け取った純利子、(4)持家を含めた人々の純賃貸料、(5)(*a*)普通株および優先株の株主に配当として分配したか、(*b*)未分配法人利潤として企業へ再投資したか（企業の剰余金になったか）、あるいは(*c*)法人所得税として政府に支払った法人純所得(net corporate earnings)である。表1は戦後の最初の年である1946年のこれらのデータを示している。

　様々な所得の比率が好況の期間も不況の期間も、長期にわたりほぼ一定であることに注目するべきである。社会全体のパイの大きさは大きくなったり小さくなったりしているかもしれないが、賃金の合計は常に所得全体の3分の2になっているように見える。

　残りの項目の比率は必ずしも完全に一定のままではない。深刻な不況において、利子と賃貸料の支払いは、営利企業には比較的固定費用の傾向となり、当初他の項目ほど大きく減少

表1　生産要素によって得た国民所得、1946年

項目	億ドル	パーセント
従業員の賃金とその他の報酬　・・・・・・・・・・・・・	1,168	65
非法人企業の所得（調整した）・・・・・・・・・・・	349	20
人々の賃貸料所得・・・・・・・・・・・・・・・・・・・・・	69	4
税引き前の法人利潤（調整した）・・・・・・・・・・	164	9
配当金・・・・・・・・・・・・・・・・・・・・・・・　+56		
未分配利潤・・・・・・・・・・・・・・・・・・・・+69		
法人利潤税・・・・・・・・・・・・・・・・・・・・+86		
在庫評価調整・・・・・・・・・・・・・・・・・・・−47		
計 164		
純利子	<u>32</u>	<u>2</u>
国民所得	1,782	100

しない。その結果、法人利潤は比較的大きく下落するに違いない。実際、利潤は多くの企業や産業には負になるかもしれない。さらに別の企業や産業では、純法人利潤（つまり収益）は実際の配当金支払い以下に下落するかもしれない。その結果、1932年のような深刻な不況においては、企業は利潤を得るよりももっと多く配当金として支払っていたので、また会計の貸借対照表は剰余金と資産が徐々に負債の清算に支払われていることを示したので、未分配法人利潤は代数学的には負になっていたであろう。

　もちろん、1人の同じ人が前述のいくつかの収入源から同時に所得を受け取るかもしれない。おそらく、このことはほとんどどの大学生の家族にも当てはまる。読者は、ともかく、練習問題として、自分自身の家族の所得額とその源泉を調べてみるべきである。教室の学生は、もし統計の標準的な標本であるならば、家族の所得が高ければ高いほど、賃金あるいは給料の所得の割合が小さくなり、配当金と利子の所得の割合が大きくなることに気づくであろう。

移転支払い

　ある期間に個人が受け取る貨幣のすべての金額は、必ずしも個人の所得として、つまり国民所得の一部として計算されるわけではない。私は、もし古い絵画を1,000ドルで売れば、単にある種類の資産を別の種類の資産と交換しているだけであり、同じことはこの絵画の購入者にも当てはまる。しかし、もし私が1ヶ月に1枚の絵を描き、このことによって1年に12,000ドルを稼ぐ画家であれば、私達は、（用具や材料への私の支出を上回る）この12,000ドルのすべてを、国民所得として計算する。

　この古い絵画の売却は、第7章の財政の議論で見たような移転支払い(a transfer payment)のちょうどもう一つの実例である。第7章では、傷病の退役軍人への救済金あるいは老人への年金を、なぜ所得として数えるべきでないかを示した。

　ある一つの所与の項目を、国民所得に数えるべきかどうかを決定する判断基準は、*この項*

目が生産要素の生産への貢献に対する費用の支払いを示しているかどうかである。このことは、所得受取者(the income recipient)による生産への貢献が、身体によって行われなければならないことを意味していない。所得受取者が提供する土地を使用することに対して、この所得受取者に支払う地代、あるいはこの者の資本へ支払う利子を、((たとえこれらの料金が私達にはとてつもなく高いものであろうと、適切でなかろうと)これらの地代と利子のすべてが、ある商品の生産費の中に入る限り)私達は国民所得として計算に入れなければならない。

　読者は、次の貨幣による行為あるいは取引を、国民所得に含めるべきかそれとも含めるべきでないか決定してみることによって、しばらく興味深く時をすごすことができる。つまり、(1)100万ドルの遺産相続、(2)金持ちの叔母が死んだときの相続税を避けるための、この叔母からの毎年 1,000 ドルの贈与、(3)学生の父親あるいは退役軍人管理局(Veterans Administration)からの学生への毎月の仕送りあるいは給付金、(4)古い家屋の売却金、(5)貧困家庭への生活保護支給金(relief allowance)、(6)政府債の保有によって受け取る利子、(7)WPA（就業促進局）のような機関よる失業対策事業(work relief)での賃金、(8)毎月の年金の支給、(9)家政婦の収入、(10)主婦による家事の金銭的価値、(11)農夫が菜園で収穫する野菜の販売額、(12)農夫が菜園で収穫する野菜の内、家族が自家消費する野菜の評価額、(13)販売活動をするセールスマンの所得、(14)ビール醸造者の所得、(15)独占企業家(a monopolist)の所得、(16)兵士の食料手当。これらのいくつかの質問の項目について、国民所得に含めるべきかどうかの決定は非常に簡単である。いくつかの項目について、その決定は非常に難しく境界線のケースである[2]。

実質所得対貨幣所得

　国民所得が貨幣単位で表されている限り、国民所得の大きさは、それぞれの 1 ドルでどれだけ買うことができるかによって決定される。もしインフレーションがすべての価格と賃金を 10 倍に押し上げるが、その他のすべてのものが何も変わらないままであるとすれば、国民所得は 10 倍の大きさに見えるが、それぞれの新しい 1 ドルは古い 10 セント硬貨と*実質的に同じ価値*しかない。たとえ私達すべての所得が 10 倍に増加しても、私達はすべての財に 10 倍のお金を支払う必要があるならば、すべての者の暮らしが良くなっていると考えるほど誰もばかではない。

2)　国民所得から除外するのは(1)−(6)、そして(10)である。初めの六つは移転支払いである。主婦による家事労働というサービスを評価する市場価格による評価基準、あるいは何か別のものによる評価基準を見つけるのが難しいという理由だけで、この主婦のサービスを国民所得に含めていない。論理的にはどう考えても、主婦による家事労働のサービスを国民所得に含めるべきであり、そうすると、国民所得は 5 分の 1 かそれ以上増加するに違いない。年金の部分は、個人の自分の資金の返還を示す移転項目であるので、この年金の部分を国民所得から除外している。しかし、年金の利子の部分を国民所得に数えるべきである。

一つの実例をあげると、1929 年の 800 億ドル余りから 1932 年の 400 億ドルへの国民所得の下落は、国民所得がおよそ半分になったかのように見える。しかし、1932 年当時の平均物価水準は、1929 年当時と比べ約 20 パーセント下落していた。国民所得が半分になった一部は、1929 年から 1932 年にかけて価格が下落したことによるものであり、国民所得が半分になったことは、実態を示していない。

　（変化するそれぞれの年の価格で表す）*貨幣*国民所得(*money* national income)から（一定の購買力の価格で表す）*実質*国民所得(*real* national income)へと変える計算をするためには、貨幣で示した国民所得の数値を生活費指数(an index of the cost of living)（つまり物価水準）で割ることによって、この貨幣で示した数値を "価格変動の影響をなくし実質化し(deflate)" なければならない[3]。例えば、1932 年時点のドルで示されている 400 億ドルの 1932 年の貨幣国民所得を、もし一定の 1929 年価格で示すならば、1932 年の実質国民所得は、400 億ドルではなく、約 500 億ドルであると分かる。つまり、1932 年価格での 400 億ドルは、1929 年価格での 500 億ドルと同じだけのものを買えると分かる。それゆえ、*実質*国民所得は約 50 パーセントではなく約 40 パーセントだけ下落したにすぎない。

	貨幣国民所得 億ドル (1)	1929 年を基準 とした物価指数 (2)	1929 年価格での 実質国民所得 億ドル (3)
1929 年	800	100	$\dfrac{800}{100} \times 100 = 800$
1932 年	400	80	$\dfrac{400}{80} \times 100 = 500$

　一つの練習問題として、読者は、基準として 1932 年価格を使って上の結果を再計算してみるべきである。そうすると、1929 年価格によって比較しても、1932 年価格によって比較しても、二つの実質国民所得について同じ 40 パーセントの変化を得るに違いない。実質国民所得の一つの結果は、もう一つの結果と、1929 年価格と 1932 年価格の間の違いを示す比率(a scale-proportionality factor)だけ異なる。学生は、人口が二つの年の期間に 1 億 2,200 万人から約 1 億 2,500 万人へと増加した事実も、考慮してみるべきである。*1 人当たり*実質国民所得(*per capita* real national income)は、これら二つの年の期間に何パーセント下落したの

---

3)　添付の表は、国民所得、あるいはその他のどのような貨幣表示のものも、物価水準を考慮してどのように実質化するかを、大まかな数によって実例で示している。貨幣国民所得を欄(1)で、また（1929 年価格 = 100 での）生活費指数を欄(2)で与えていると仮定しよう。このとき欄(3)は、欄(1)を欄(2)で割り、さらに 100 を掛けることによって導き出している*実質*国民所得を示している。

でろうか。この 1 人当たり実質国民所得の下落率は、*総実質国民所得*(*total* real national income)の下落率と比較して大きいのかそれとも小さいのか。

　表2は抜き出した十数年の間の貨幣国民所得と実質国民所得のデータを示している。1930年代の、不況による失業によって発生した実質国民所得の多額の破滅的な損失が（第 2 次世界大戦の実質的な経済負担にほぼ等しい）約 3,000 億ドルに達したことを、図2から容易に読み取ることができる。

図2　大恐慌においての国民所得の損失

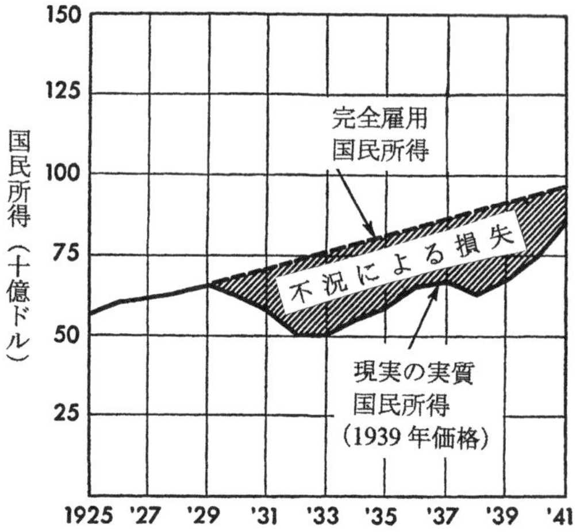

出所：商務省, old series

表2　合衆国の貨幣国民所得と実質国民所得（億ドルで）

年	国民所得（それぞれの年の価格）	実質国民所得（1929 年の購買力による一定の価格）
1929	830 億ドル	830 億ドル
1932	400	510
1937	710	860
1938	640	780
1939	710	870
1940	780	940
1941	970	1,130
1945	1,610	1,540
1946	1,780	1,570

　出所：商務省の原データ、およびこの数値を労働統計局の生活費指数によって実質化したデータ。

　図3は、戦時中の物価高騰によって、実質国民所得の増加と比較して、貨幣表示の国民所得の大きさが名目でどれほど異常に増加したかを示している。

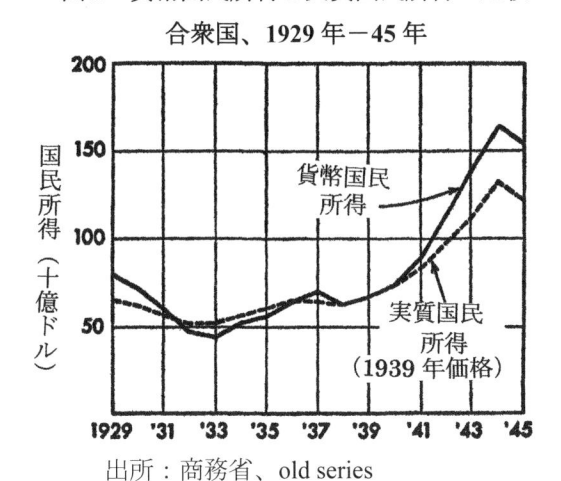

図3　貨幣国民所得と実質国民所得の比較
合衆国、1929 年－45 年

出所：商務省、old series

国民純生産としての国民所得の第 2 の見方

実質所得の大きさを得るために、貨幣所得を物価水準を考慮して調整しようとするときには、私達は少し前に述べた国民所得を見る第 2 の方法を取扱い始めている。つまり生産したすべての財とサービスの純金額を、取り扱い始めているのである。この第 2 の方法をもっと詳しく述べてみよう。

経済活動の主な目的は、消費財とサービスの提供である。少し考えれば、有形の商品の生産に加えて、サービスの提供も国民所得あるいは国民純生産に含めなければならないことは明らかである。オペラ歌手あるいは靴磨きの少年への支払いは、国民所得あるいは国民純生産になる、またこれらの者がそれぞれ提供するサービスは、カメラあるいはレコード盤といった製品と同様に、国民純生産として重要である。実際よく考えてみると、物は与えるサービス（あるいは効用）によって最終的に有益になることは、読者には明らかであろう。

しかし、異なる財やサービスをどのように加えることによって、意味のある一つの合計を得ることができるのか。2 個のリンゴ ＋3 個のオレンジが意味していることはどのようなことなのか。毎年生産した異なる何百万もの財を、一つの共通の表示単位(a common denominator)によって合計する少なくとも二つの方法が提案されている。第 1 番目の方法は、人々が異なる財を消費する結果、享受する満足に基づくある種の心理的尺度(psychological yardstick)つまり厚生尺度(welfare yardstick)を利用しようとするものである。誰かがいくつかのオレンジといくつかのリンゴを結合できる "心理的効用" (psychological utility)、あるいは "心理的所得" (psychic income)という定義を考え出すことは、理論上考えられないことではない。だが、結果にはいくらか主観的判断が入るであろう、さらに結果は、私達が異なる個人の好みにどのようなウエイトを与えるかに、大きく左右されるかもしれない。例えば、菜食主義者と人食い種族の間では、人々の心理的所得の算出値は大きく異なるかもしれない。

いくつかの理由のために、経済学者は次の 2 番目の種類の尺度、つまり共通の表示単位

（つまり*貨幣価値(money value)*）を使うことを好む。私達はリンゴとオレンジをそのままの形で加えることはできないけれども、それぞれの価格を知れば、例えばリンゴ 1 個 4 セントであり、オレンジ 1 個 5 セントであると知れば、リンゴ 2 個とオレンジ 3 個の貨幣価値は 23 セントであると言うことができる。市場価格(market price)は、生産物を共通の表示単位で計測することを可能にする評価係数 (the factor)を、私達に与える。

　確かに、この貨幣価値の第 2 の方法も必ずしも完全な解決策ではない。貨幣価値の合計は社会的厚生の大雑把な指標にすぎない。生活の中で最も大切なものの内のいくつかを、貨幣で計測できない。商務省は、農夫の自家消費のトマトあるいは持家のような項目の貨幣価値を、常に正確に計測できるとは限らない。だが、商務省は最善を尽くしている。医者の予約のようなあいまいなサービスについては、市場価格を完全に正確に定めることは実際困難である。そして最後に、他の話を省略するとしても、私達は得た貨幣価値の総額を物価水準の実態を伴わない変化、つまり名目値の変化の影響をなくして実質化する問題がまだ残っている。（読者はもっと難しい問題や陥りやすい問題を見つけ出してみるべきである。）

最終財対中間財の二重計算

　完全主義者(a perfectionist)が心配しているいくつかのことを考慮にいれないとしても、私達はどのような財を国民純生産に含めるべきかという問題には、取り組まなければならない。常に二重計算の危険がある。例えば、パンを国民純生産に数え、同時にこのパンに含まれる小麦粉も国民純生産に数え、さらに小麦も国民純生産に数えることによって、計算を三重に行うことは誤りである。

　この落とし穴にはまるのを避けるために、"財およびサービスの純金額(net value)"という言葉を私達の定義の中に書き加えた。最初に、国民純生産の中に含まれるそれぞれの項目が、必ず*最終財(a final* goods)あるいはサービスであること知らなければならない。例えば、10 セントの商品の一塊のパンは、2 セントで売られた小麦、3 セントの金額の小麦粉、小麦粉の生地を焼いた 5 セントの金額のパンの塊となって作られた。最終的に包装されて、このパンは 10 セントで最終消費者に売られた。このパンの国民生産物への寄与は 2 + 3 + 5 + 10 セントではない。小麦、小麦粉、小麦粉の生地を焼いたパンの塊、等は*最終生産物(final* products)ではないので、このパンの計算はかなりの二重計算を含んでいる。最終生産物は、10 セントのパンのみであり、すべての中間生産物(intermediate products)も含めた合計の 20 セントではない。

　もし、パンによって示す 10 セントの最終生産物を、生産の異なる段階での寄与に分解することにどうしてもこだわるならば、生産のそれぞれの段階でのいわゆる"付加価値"に注目することによって、常に生産のそれぞれの段階での寄与に分解できる。このように分解することは、国民純生産を（生産のそれぞれの段階で生産要素の所有者に（賃金、利子、等の）稼得所得として支払う生産費用の観点から）見る私達の第 1 番目の方法に戻ることにほかならない。最終生産物は、生産のそれぞれの段階での付加価値の合計に等しいのである。

表3　最終生産物、付加価値および中間生産物

一塊のパンの生産段階	販売額 セント		原材料費 セント		付加価値 セント
農場で・・・・・・・・・・・・・・・・	2	−	0	=	2
製粉所と輸送で・・・・・・・・・・・	3	−	2	=	1
製パン工場・・・・・・・・・・・・・	5	−	3	=	2
卸商人、小売商人によって・・	<u>10</u>	−	<u>5</u>	=	<u>5</u>
最終生産物の総額・・・・・・・	20	−	10	=	10、付加価値の合計

　読者は、それぞれの段階で付加価値を計算するときに、それぞれの段階で生産せず、他の営利企業から購入した原材料と中間生産物のすべての費用を、最初に注意深く差し引いているので、二重計算がないことを確かめるべきである。（表3の二つの縦列の数字は、すべての中間生産物が二つの横列において*反対の符号*によって表されており、このためすべての中間生産物を消去できることを示している。）

　それぞれの段階での付加価値は、国民所得を見る第1番目の方法との関連において、私達がすでに議論してきた賃金、給料、利子および賃貸料、さらにその他のすべての項目に分割される。このことによって、これら国民所得を見る二つの方法が完全に同じ金額になり、自動的に同じものになることが再び分かる[4]。

　通常、付加価値に注意を集中し、一つの営利企業が他の営利企業から買うすべての中間財を除くことによって、二重計算を避けることはさほど難しくない。もしパンという最終消費財のすべての金額をすでに国民生産物の一部として計算に入れているならば、パン製造業者のかまどで使う原材料の石炭それ自体を、国民生産物の一部として数えるべきでないと理解するのは容易である。家で燃やしそして消費者に最終的効用をもたらす石炭が、国民所得あるいは国民生産物の一部であることも、同様に明らかである。さらに、きわめて明らかなことであるが、最終財としての一塊のパンを作るために使う資本財のかまどと石炭を掻く熊手も、国民生産物の数値に（2度ではなく1度）数えるべきである。

　ときどき、私達はきわめて難しい決定に直面する。セールスマンの出張旅費を所得として数えるべきか。いいえである。パン製造業者のかまどの石炭と同様に、この出張旅費は最終財を生産するために必要な費用であり、この出張旅費をすでにパンという最終生産物の数値の中に数えている。他方において、ある企業が自社の労働者の1人に住居を提供するとき、この労働者の賃金はこの家の家賃だけ実質的に増加しており、このため、このような住

---

4)　最終生産物、付加価値、そして中間財の間の関係を理解できなくなったのは、イギリスの退職した技術者であり、社会信用運動(the Social Credit movement)の創始者であるダグラス少佐(Major Douglas)が、考え出した訳の分からない"形態Aと形態Bの支払い"という原則によってである。ダグラスの社会信用党(the Social Credit Party)は、新貨幣を発行することを主張しており、カナダ、イギリス、オーストラリアおよびカリフォルニアで支持者を得ている。そしてこの政党はカナダ西部のいくつかの州の内の一つで実際に政権を就いている。

居の項目を一つの最終財として扱わなければならない。これらの二つの明確なケースの中間に、分類するのがきわめて難しい多くのケースがある。例えば、もし1人のセールスマンが1人の得意客をおもしろい野球の試合かナイトクラブに連れていくならば、この得意客への出費の項目の少なくとも一部を、このセールスマンの賃金および最終財とサービスへの消費に、含めるように考えるべきか[5]。

政府によって発生する二つの問題

最終消費財と中間財の間でのこのような境界線のケースは、民間での生産の領域にとどまっている限り、それほど重要でない。私達が政府のサービスの金額を考えるようになるとき、この境界線のケースの問題は重要になる。例えば、政府が民間の業務用トラックのために無料の道路を建設するとき、このようなサービスは、パン製造業者の石炭と同様に中間財であるように思われる。このようなケースは、政府がレジャーのドライブのための道路の形で消費者に最終サービスを提供するケースと、全く異なっているように思われる。

それゆえ、政府によって発生する第1の問題を、次のように述べることができる。つまり、政府による財とサービスの購入総額の内、どれだけを最終公共財(final collective output)として分類するべきか。その内、どれだけを民間の生産を増やすために計画した中間生産物として分類するべきか、それゆえ、最終純生産物とみなすべきでないのか。

この第1の問題は、政府によって発生する次の第2の問題とときどき混同されている。つまり、政府が企業から徴収している*間接税*をどのように扱うべきかという問題とである。明かに、食料雑貨商が支払う売上税は、賃金あるいは利子と全く同様に、食料雑貨商には経費である。だが、同様に明らかであるが、食料雑貨商にはこの売上税という経費は労働と資本のような生産要素に支払っている代金ではない。

政府による間接税の徴収と中間サービスの供給の二つの問題を混同してはいけない。つまり、政府は、企業から間接税を徴収しているよりも、はるかに多くの中間サービスを企業に供給しているかもしれず、あるいはずっと少ない中間サービスしか企業に供給していないかもしれない。

これらの問題の内の第2の（間接税についての）問題は、解決することが比較的容易である。私達は、*現実の市場価格(actual market price)*で評価するか、あるいは（政府サービスのケースでは）現実の貨幣費用(actual money cost)で評価する生産物の正味のフロー(net flow)に、関心を持っていると想定しよう。このとき私達は、（市場価格での）国民純生産の

---

5) 人々のかなりの消費支出を、例えば、大工が仕事をするための作業服あるいは作業所への移動費を、理論では実際に仕事に必要な経費の中間財として扱うことができる。だが、実務を行っている国民所得の統計家は、これらの消費を中間財としてではなく最終消費とみなすべきであると主張する。なぜなら、これらの統計家は、一つの例外を認め始めると、すぐにもう一つの例外を認めなければならないからである（さらに、私達が食べる食料のすべてを、私達の労働を効率的に維持する等のために必要な経費とみなすことになり、やがて、国民所得として何も残らなくなるからである）。

総額に間接事業税(indirect business taxes)を含めることに同意しなければならない。なぜなら、（10セントの賃金と利潤、および1セントの税金によって）11セントで売られる一塊のパンは、10＋1セントで売られており、ただ10セントで売られているのではないからである。

NNP（国民純生産）に関する限り、私達の答えは明白である。つまり、NNPにすべての間接事業税を含めよ、ということである。この方法を商務省は行っている。しかし、商務省は、国民所得の概念が要素所得(factor earnings)の金額とかなり正確に一致するようにするために、国民所得が間接事業税の総額を除いた分だけNNPより少なくなるように、国民所得を定義することを選択している。なお、国民所得に直接税の法人利潤税(corporate profit taxes)を含めている。もっとも、法人利潤税さえも国民所得から除くようにとの主張も行われているが、1947年7月以来、商務省は法人利潤税を国民所得に含めることを決定している[6]。

だが、政府が購入した財とサービスが中間生産物かそれとも最終生産物かの以前の第1の問題に、解答を与えることは容易ではない。実際、国民所得の統計専門家は、ほとほとこまり、この質問に回答を与えることを拒否している。それゆえ、この統計専門家は、根拠のないまま財とサービスの全政府購入額をNNPに含め、そして二重計算が含まれているかもしれないと読者に注意を与えている。

本節を次のように要約できる。つまり、私達は、財とサービスへの政府支出を、財とサービスへの民間消費支出とともに、国民純生産の一部として分類している。次に、国民生産物についての第3番目の（投資つまり資本形成という）最終生産物の構成部分に目を転じてみよう。

資本形成

純生産物(net product)を得るためには、現実に*最終*財とサービスよりももっと多くのものを含めなくてはならない。私達は実現したどのような資本形成(capital formation)も考慮に入れなければならない。なぜなら、もしこの項目を無視するならば、この国の本当の純生産物を正確に計算しようとしていないからである。

通常、大部分の社会において消費した財の額は生産した財の額よりも少ないであろう。だが、1932年のような深刻な不況の年においては、公表されている統計は、*消費した国民生産物が生産した国民所得*を数十億ドル上回っていることを示している。この異常な結果は、人々が生産していない物でも消費できることを、正しいとみなすほど数学の法則と自然の

---

6) 特にもし次の二つの補足的概念に関する統計データが利用可能であると、人々が国民所得を定義するとき、まさにどこで線を引くかはそれほど重要でない。これらの二つの概念の内の一つである"可処分所得"は、人々が自分達のすべての租税を支払った後、支出できるどれだけの所得が残っているかを示している。この可処分所得の概念と国民所得の中間に、もう一つの補足的概念である一連の毎月ごとの個人所得(personal income)がある。この個人所得は、未分配利潤、法人税および社会保障税負担を除き、逆に個人への移転支払いを含めている分だけ、国民所得と異なる。

本章の終りの表と図は、関心のある読者にこのすべてのことを明らかにするのに役立つ。

法則にあまりにも無知な官僚に、統計専門家が誤った数値を報告していることを意味しているのか。私達はそのようには理解していない。

逆に、社会が生産している物を必ずしもすべて消費していない通常のケースでは、生産と消費の間の差はどのようになっているのか。この差は社会の次の形態の実物資本ストック(the real capital stock)の増加になっているのである。つまり、一層多くのまた一層よい機械、新工場かあるいは工場の拡張、原料および完成財(finished goods)の一層大きな在庫とストック、一層多くの家、道路、公共の建物、等々になっている[7]。

社会の生産資源の一部を、現在の消費への寄与ではなく、将来の一層大きな生産あるいは消費を可能にする追加的資本を生産する役割へと向けるので、現在の消費は現在の生産よりも少なくなる。

例えば、1人の開拓者が、最初に西部の農場に移り住んだとき、最初の数年間、自分の労働の成果を示すものをほとんど得ることができなかった。だが現実に、この開拓者は、その成果を示すものをほとんど得ることができなかったのか。穀物あるいは肉の生産については、最初の数年間ほとんど何も実現できなかった。だが、土地と農場の改善については次のような多くのことを行った。つまり、大きな石の除去、木の伐採、建物の建築、等々である。現在の消費を犠牲にして、将来の消費を増加させるために計画するあらゆる資本形成と同じ様に、これら土地と農場の改善のための活動も国民所得あるいは国民純生産に数えるべきである。

"純"(net)という言葉を強調する必要がある。資本に関し負の投資(disinvestment)という逆のケースを実例で示すために、春に10ブッシェルの穀物の種で開始し、その後秋に110ブッシェルの穀物を収穫する1人の農夫を考えてみよう。この農夫は正味(net)で110ブッシェルを生産したのか。いいえである。この農夫が、もし110ブッシェルの穀物を食べるかあるいは飲み物にして飲んだりするならば、自分の本当の純生産以上を消費している。この差は代数学的には負の資本形成、つまり負の投資および資本の減少（種の在庫の減少）である。

次のように要約できる。

資本が減耗するのとちょうど同じ速さで、資本を更新する（資本ストックの増加

---

7) 実物資本(real capital)ストックに、債券、モーゲージ証券、株券および資金に関するその他の権利証書(paper titles)を含めていないことに注意しよう。また、評価価格の引上げあるいは引下げによって発生するすべてのキャピタルゲインあるいはキャピタルロスも、実物資本形成から除いていることに注意しなければならない。もし昨年私の小麦の在庫が1ブッシェル2ドルの価格で100ブッシェルあったが、今年私が1ブッシェル3ドルで110ブッシェル持っているならば、私の在庫の金額は130ドルつまり(330 - 200)ドル増加している。しかし私の実質実物資本(real physical capital)の増加額はこの130ドルよりもはるかに少なく、30ドル以上ではない。財務上の思いがけないすべての利益、自然災害、および繰り返し発生することがないキャピタルゲインを、所得計算から除いているのである。このように除くことは後の多くの表で示す調整の意味である。

も減少もない）*定常経済*(*a stationary economy*)*においてのみ、消費と純生産は等しい。*
*　資本が増加しているとき、消費する国民所得は生産した国民所得よりも少なくなり、この差は純資本形成*(*net capital formation*)*になる。逆に、資本が減少しているときには、反対のことが正しい。*

　図 4*a* は成長経済を図で示している。パイは国民純生産あるいは国民所得の総額を示している。下の左側の長方形は年の初めの国の資本ストックを示し、他方その右側のものは期末の資本ストックを示している。消費しなかった（貯蓄した）生産物の量は資本ストックの増加に、つまり小さな三角形に等しいことに注意しよう。（実物資本の増加を計測するときには、株式市場でのキャピタルゲインあるいは地価の急騰のような、既存の資産の実態と全く関係がない価格の変化による帳簿上の"名目的"変化を、注意深く除かなければならない。）

　図 4*b* は消費が生産に等しく、また資本が変わらないままちょうど維持される定常的ケースを図で示している。図 4*c* は消費が純生産を超える縮小経済のケースを示している。

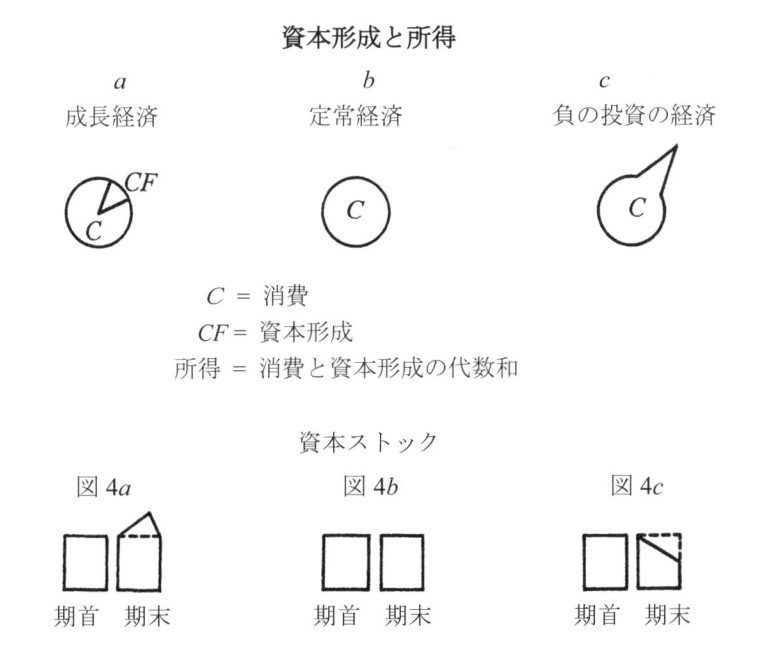

資本形成と所得

a	*b*	*c*
成長経済	定常経済	負の投資の経済

C ＝ 消費
CF ＝ 資本形成
所得 ＝ 消費と資本形成の代数和

資本ストック

図 4*a*　　　　図 4*b*　　　　図 4*c*

期首　期末　　　期首　期末　　　期首　期末

　読者は、今国民が生産するよりももっと多く消費できるというパラドックスの原因を明らかにできるであろう。国民は生産しなかったものを決して消費できない。国民は、*過去の生産物*を取り出して利用することによって、*現在*生産しているよりももっと多く消費しているにすぎない。このことは実際話のすべてではない。

　国民は、以前に生産した*完成財*（食品の缶詰、等）の在庫を持っている大きさだけしか、生産しているよりももっと多く消費できないのか。もしこのことが事実であるならば、消費と生産の間の差は必ずしもそれほど大きくなりえない。なぜならば、商店と問屋の完成財の

在庫は、現代の豊かな社会ではさほど大きくないからである。旧約聖書によれば、エジプトの人々は蓄えで 7 年以上生きたかもしれない、しかし私達はその期間よりもはるかに短い期間で飢え死にする。

現実に国民は、食用の完成財以外の物的資本を食べることによって、純生産以上に食べて生きることができる。しかし、旋盤あるいは発電機を煮ることによって、うまいスープを作ることはできない。それでは、どのようにしてこのような資本財を実際食べることができるのか。

通常、資本財の更新と補修に使っている労働者およびその他の生産要素を消化できる消費財の生産に転用するという意味で、このような資本財を消費できるのである。現代の経済では、このような生産要素の転用の過程をしばらくの間続けることができる、しかもこの転用の過程は完成財の在庫を実際に消費するよりもはるかに重要である。

第 2 次世界大戦の間、不可欠でない民間の資本財を、損耗するのと同じ程度に速く更新しないことによって、敵への私達の攻撃力を強めることは(つまり、当時の軍需品の生産を増やすことは)、意図的な国家政策であった。私達の家と自動車は古くなり、ペンキもはげ落ちた、だがこのことによって転用した資源を戦争目的に注ぎ込むことができた。

消費よりも大きな純生産の反対の平和時の実例として、私達はソビエト連邦のケースを挙げることができる。この国は、ロシアを工業の遅れた状態から高い技術水準の状態へと導くために、両大戦間の数十年間意図的に消費を純生産よりもかなり低いままにしていた。ロシアの一般大衆は高い水準の貯蓄と投資を強制された。

粗投資対純投資

私達は次の一つのことを明らかにしなければならない。つまり、パンを焼くオーブンの社会でのストックへの新たな追加は、*純資本形*であり、NNP に含めなければならない。しかし、利用した小麦粉と石炭を最終生産物のパンに加えて NNP の一部として会計計算できなかったのと同様に、現在使い尽くされたオーブンを更新するために作った 1 台のオーブンも、NNP の一部として会計計算できない。減価償却つまり資本減耗を完全に補填することになるこのような 1 台のオーブンは、"粗投資" (gross investment)つまり "粗資本形成" (gross capital formation)と呼ばれるものの一部であるが、純投資(net investment)の一部ではない。

流れ作業の製造ラインを離れる二つのオーブンの内、どちらが純であり、どちらが純でないと誰も言うことができないので、粗投資は純投資よりも計算することが容易である。また、どのような会計士も、減価償却を正確に計算できると楽観的に考えていない。

このような理由のために、統計学者は、消費と政府支出に純投資を加えるよりも、むしろ粗投資をしばしば加える。この結果は国民純生産ではなく "国民総生産(gross national product)" と呼ばれ、これら二つの概念は減価償却つまり資本減耗への引当てだけ異なるのである。

粗投資の実際の内訳を表 4 に示している。

表 4　粗投資と純投資（億ドルで）

	1929 年	1932 年	1946 年
新建築物・・・・・・・・・・・・・・・・・・・・・・	78 億ドル	17 億ドル	85 億ドル
生産者の耐久設備・・・・・・・・・・・・・・・	64	18	124
企業の在庫変化・・・・・・・・・・・・・・・・	16	-26	37
粗民間国内投資・・・・・・・・・・・・・・	158 億ドル	9 億ドル	246 億ドル
純対外投資・・・・・・・・・・・・・・・・・・	8	2	48
粗民間投資・・・・・・・・・・・・・・・・・	166 億ドル	11 億ドル	294 億ドル
減価償却つまり資本減耗への引当て・・	-88	-76	-110
純民間投資・・・・・・・・・・・・・・・・・	78 億ドル	-65 億ドル	184 億ドル

所得の国際的側面

　国内投資と対外投資の間の区別は、国民所得の定義についての最後の問題を私達に発生させる。つまり、国民所得を定義する際に、合衆国が自給自足でなく、世界の他の国々と貿易している事実をどのように考慮するべきか、という問題を発生させる。

　実際、私達は、合衆国のすべての"永住者"が生み出す所得あるいは生産物を、計測する必要があるのを認めている。この永住者に一時的に外国に住んでいるアメリカ国民、およびずっと合衆国に住んでいるが市民権を得ていない移住者も含めている。私達の永住者が外国で所有している資本によって、私達の永住者に入る配当金あるいは利子も、私達の永住者の所得あるいは生産物に含めている。アメリカに存在する資本を他の国々の永住者が所有することによって、これら他の国々の永住者が受け取る配当金と利潤を、私達の永住者の所得あるいは生産物に含めていない。

　国際金融についての第 16 章で後に見るように、国際収支(a balance of international payments)は合衆国と世界の他の国々の間で作成される。対外投資を得る目的のために、財の輸出と財の輸入の差と、さらに私達の永住者が外国から受け取った配当金およびその他の所得と外国の永住者に支払った配当金およびその他の所得の差を計算する。そしてこれら二つの差を加えると、最後に私達は（どの年も負ではなく正になるかもしれない）"純対外投資"(net foreign investment)[*4]を最終的に得る。この純対外投資を純民間投資の 1 項目、それゆえ NNP の 1 項目とみなす。

国民所得と国民生産物の数量面からの要約

　国民所得と国民生産物の全体的問題を、これらの分類の原則を示している表 5 において簡単にまとめている。左側では、費用つまり要素所得の面を記述している。国民所得は生産要素に支払われる所得（賃金、利子、利潤、等）の合計である。もし国民所得に間接事業税と調整を加えるならば、（市場価格表示での）国民純生産を得る。

　しかし、この NNP を次の 3 種類の生産物のフローとしても考えることができる。つまり

表 5 の右側で示している消費支出、政府支出および純民間投資支出である。表 5 の両側は、定義により合計すると同じになる。

表5 国民所得と国民生産物、1946年（億ドルで）

従業員の賃金と他の手当・・・・・・	1,167		個人消費支出・・・・・・・・・・・	1,437	
非法人所得（調整した）・・・・・・・	350		財とサービスへの政府支出・	307	
個人の賃貸料所得・・・・・・・・・・	69				
法人利潤（税引き前）・・・・・・・・	164		純民間投資・・・・・・・・・・・・・	182	
配当金・・・・・・・・・・・	+56		国内・・・・・・・・・	134	
未分配利潤・・・・・・・・	+69		対外・・・・・・・・・	48	
法人利潤税・・・・・・・・	+86				
在庫評価調整・・・・・・・	-47				
純利子・・・・・・・・・・・・・・	32				
	1,782				
国民所得・・・・・・・・・・・・・		1,782			
間接事業税と調整* ・・・・・・・	144				
		1,926		1,926	
国民純生産・・・・・・・・・・・・		1,926	国民純生産（市場価格表示で）・・・	1,926	
減価償却つまり資本減耗引当	111		減価償却・・・・・・・・・・・	111	
		2,037		2,037	
国民総生産・・・・・・・・・・・・		2,037	国民総生産（市場価格表示で）・・・・	2,037	

*企業移転支払、補助金および政府企業の経常黒字を含む

もし両側の国民純生産に資本の減価償却を加えるならば、（市場価格表示での）国民総生産を得る。GNP（国民総生産）も消費支出、政府支出、民間投資支出の3種類の生産物に分割できる、しかし今私達は純投資ではなく粗投資を使わなければならない。

図5 国民生産物と国民所得 1929年－1947年

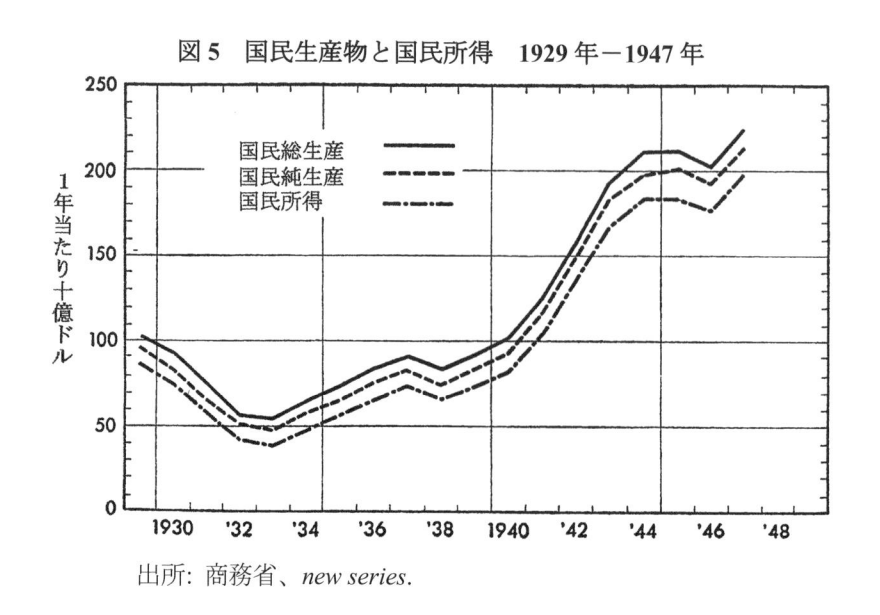

出所: 商務省、*new series*.

図6 国民総生産、主な構成項目によって、1929年-1947年

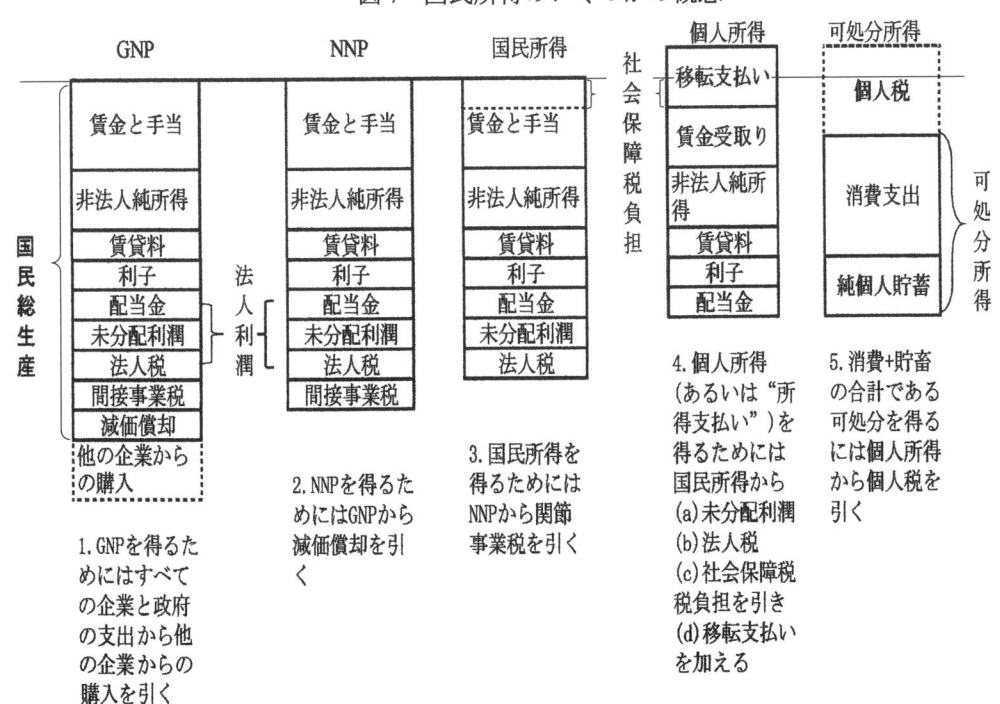

出所：商務省

図7 国民所得のいくつかの概念

GNP	NNP	国民所得	社会保障税負担	個人所得	可処分所得

（図の詳細）

GNP欄：
- 賃金と手当
- 非法人純所得
- 賃貸料
- 利子
- 配当金
- 未分配利潤
- 法人税
- 間接事業税
- 減価償却
- 他の企業からの購入

国民総生産

NNP欄：
- 賃金と手当
- 非法人純所得
- 賃貸料
- 利子
- 配当金
- 未分配利潤
- 法人税
- 間接事業税

法人利潤

国民所得欄：
- 賃金と手当
- 非法人純所得
- 賃貸料
- 利子
- 配当金
- 未分配利潤
- 法人税

個人所得欄：
- 移転支払い
- 賃金受取り
- 非法人純所得
- 賃貸料
- 利子
- 配当金

可処分所得欄：
- 個人税
- 消費支出
- 純個人貯蓄

可処分所得

1. GNPを得るためにはすべての企業と政府の支出から他の企業からの購入を引く

2. NNPを得るためにはGNPから減価償却を引く

3. 国民所得を得るためにはNNPから関節事業税を引く

4. 個人所得（あるいは"所得支払い"）を得るためには国民所得から
(a) 未分配利潤
(b) 法人税
(c) 社会保障税税負担を引き
(d) 移転支払いを加える

5. 消費+貯畜の合計である可処分を得るには個人所得から個人税を引く

　この図は国民総生産、国民純生産、国民所得、個人所得および可処分所得の間の関係をまとめている。（出所：Richard Ruggles の *Harvard Econ A Syllabus* を書き換えて、商務省が修正した概念）

本章の終りでの表6から表10では、これらの項目およびその他の項目の重要な数値についての1929年から1946年までの経過を示している。図5と図6はこれらの表と同じことを図の形で示しており、他方、図7は5つの最も重要な国民所得の概念の間の関係を示している。

要約

　1.　国民所得を、まず最初に生産要素に所得として代金を支払う生産物の費用の面から見ることができる。それゆえ、国民所得は次の合計に等しい。つまり、従業員への賃金と手当＋非法人企業の純所得＋純利子および純賃貸料＋純法人利潤である。

　2.　あるいは、私達は国民純生産を市場価格の利用によって評価でき、また比較できる財とサービスのフローとみなすことができる。それゆえ、NNPを財とサービスへの消費支出＋財とサービスへの政府支出＋（国内と対外）純民間投資に分割できる。

　3.　実態と関係がない物価水準の変化を除くために、物価変動を定義するどれかの指数によって貨幣所得を調整しなければならない。このように調整することによって、一定の購買力のドルによって計測している実質所得の大きさを得る。

　4.　純粋な移転項目や思いがけないキャピタルゲインを、国民所得から除かなければならない。また、最終生産物に中間生産物をさらに加えて、二重計算をしないように注意しなければならない。二重計算をしないようにするためには、すべての段階で、一つの企業が別の企業から購入する中間財のすべての金額を差し引く付加価値による分析方法を、利用しなければならない。

　5.　純生産は、純資本形成つまり純投資を計算した後でのみ、正確に得ることができる。もし資源が資本財の社会でのストックを形成するために使われるならば、民間消費と公的消費の合計は国民純生産よりも少ない。

　6.　純投資ではなく粗投資を含めている国民総生産は、国民純生産と比較するといくらか意図的な二重計算を伴っている。だが、資本減耗つまり減価償却を評価する難しさのために、しばしばNNPの代わりに（あるいは、NNPとともに）GNPが使われている。

　7.　もし財を市場価格と政府の費用によって評価しようとするならば、すべての間接事業税をNNPに含めなければならない。しかし、国民所得という概念は（個人所得税と法人所得税の課税前の）要素所得を示しているので、間接事業税を国民所得に含めていない。

　8.　間接事業税の問題を、財とサービスへの政府支出のどの部分を企業に与える中間サービスとして扱うべきかという厄介な問題と、混同してはいけない。統計学者は、政府が与える中間サービスの問題に判断を下そうとしない。統計学者は、判断を下さないで、政府が購入したすべての財とサービスを独断的にNNPの数値に含めている、と読者に示している。

9. 国際貿易は、国民所得の定義について、一つの新しい問題を生じさせる。国民所得は、1国のすべての永住者が生み出す所得であると定義されている。国際貿易を考慮して国民所得を得るためには、国際収支において、財とサービスの外国へのすべての販売と外国からの購入の間の差、および外国からの所得の受取りと外国への所得の支払いの間の差を計算し、これら二つの差を合計する。そうすると、（プラスあるいはマイナスの）純対外投資の数値を得る。この純対外投資の数値を国内投資に代数学によって加えると、純民間投資を得る。

国民所得を定義するには多くの原則に関する問題がある。ひとたび一つの原則による国民所得の定義に合意すれれば、統計的算定値はあまり大きく異ならない、さらにこの結果得る国民所得のデータは、時間の経過に伴う変化をかなりうまく示す。それゆえ、第2部で論じる景気循環と失業の分析は、過去数十年間の国民所得のデータの改善によって大きく進展している。

議論のための質問

1. 国民所得に含めるべきであるとして、逆に国民所得から除外するべきであるとして、容易に分類できるいくつかの項目を挙げなさい。容易に分類できないいくつかの項目を挙げなさい。

2. 貨幣が幸福を計測する良い物差しに常になるとは限らないことを示す例を、いくつか挙げなさい。

3. 戦時中、貨幣所得の増加は実質所得の増加を上回った。あなたはこの原因をどのように考ええますか。明確に述べなさい。

4. 企業の損益計算書での、いくつかの項目を挙げなさい。どの項目が付加価値の部分ですか、どの項目が NNP の部分ですか、どの項目が GNP の部分ですか。

5. 表8と表9で、個人所得と個人可処分所得が意味していることを論じなさい。これら個人所得と個人可処分所得は NNP および国民所得とどのように関係していますか。

6. 表9において、人々は自分達の個人所得をどのような項目に振り分けていますか、論じなさい。この結果は納得のいくものですか。

7. 1929年、1932年および1946年の間での投資の変化について論じなさい。これらの変化は重要ですか。なぜ重要ですか。

8. 国際貿易によって発生するいくつかの定義に関する問題をまとめて述べなさい。

9. 資本形成によって発生するいくつかの問題は何ですか。

表6　分配分による国民所得、1929年−1947年（100万ドルで）

	1929	1932	1937	1938	1939	1941	1942	1943	1944	1945	1946	1947[*]前期
国民所得・・・・・・・・・・・・・・・・・・・・・・	87,355	41,690	73,627	67,375	72,532	103,834	136,486	168,262	182,260	182,808	178,204	199,000
従業員への報酬・・・・・・・・・・・・・・・	50,786	30,826	47,696	44,747	47,820	64,280	84,689	109,102	121,184	122,872	116,763	125,300
賃金と給料・・・・・・・・・・・・・・・	50,165	30,284	45,948	42,812	45,745	61,708	81,681	105,537	116,944	117,551	111,113	
民間・・・・・・・・・・・・・・・・	45,206	25,297	38,432	34,564	37,519	51,537	65,628	78,671	83,317	82,085	90,237	
軍隊・・・・・・・・・・・・・・・・	312	295	358	370	398	1,862	6,285	14,478	20,782	22,438	8,010	
公務員†・・・・・・・・・・・・・・	4,647	4,692	7,158	7,878	7,828	8,309	9,768	12,388	12,845	13,028	12,866	
賃金と給料以外の手当・・・・・・・・・	621	542	1,748	1,935	2,075	2,572	3,008	3,565	4,240	5,321	5,650	
社会保険への雇用者負担・・・・・・・	101	126	1,234	1,423	1,540	1,983	2,302	2,677	2,936	3,805	4,072	
労働者の他の所得・・・・・・・・・	520	416	514	512	535	589	706	888	1,304	1,516	1,578	
非法人企業の所得と在庫評価調整・・・・	13,927	4,921	12,249	10,768	11,282	16,504	22,724	25,951	27,690	30,165	34,951	39,800
自営業と知的専門職・・・・・・・・・・・	8,262	3,206	6,630	6,347	6,776	9,566	12,112	14,128	15,310	16,700	19,738	
非法人企業の所得・・・・・・・・・・	8,120	2,911	6,659	6,126	6,942	10,210	12,464	14,266	15,369	16,754	21,046	
在庫評価調整・・・・・・・・・・・・	142	295	-29	221	-166	-644	-352	-138	-59	-54	-1,308	
農家‡・・・・・・・・・・・・・・・・	5,665	1,715	5,619	4,421	4,506	6,938	10,612	11,823	12,380	13,465	15,213	17,600
人々の賃貸料所得・・・・・・・・・・・	5,811	2,508	3,140	3,278	3,465	4,322	5,371	6,150	6,693	6,952	6,865	7,100
法人利潤と在庫評価調整・・・・・・・・	10,290	-1,995	6,166	4,292	5,753	14,615	19,824	23,692	23,486	19,689	16,451	23,500
税引前法人利潤・・・・・・・・・・・	9,818	-3,042	6,197	3,329	6,467	17,232	21,098	24,516	23,841	20,222	21,140	29,000
法人利潤税負担・・・・・・・・・	1,398	382	1,512	1,040	1,462	7,846	11,665	14,153	13,913	11,283	8,601	11,600
税引後法人利潤・・・・・・・・・	8,420	-3,424	4,685	2,289	5,005	9,386	9,433	10,363	9,928	8,939	12,539	17,400
配当金・・・・・・・・・・・・・	5,823	2,574	4,693	3,195	3,796	4,465	4,297	4,477	4,689	4,765	5,614	6,200
未分配利潤・・・・・・・・・・・	2,597	-5,998	-8	-906	1,209	4,921	5,136	5,886	5,239	4,174	6,925	11,200
在庫評価調整・・・・・・・・・・・	472	1,047	-31	963	-714	-2,617	-1,274	-824	-355	-533	-4,689	-5,500
純利子・・・・・・・・・・・・・・・・	6,541	5,430	4,376	4,290	4,212	4,113	3,878	3,367	3,207	3,130	3,174	3,300

*推定年額、10億ドルで。年末のデータは、GNP、NNP、個人所得、可処分所得、および消費の1年間の数値が、ここで示している1年間換算のそれぞれの数値よりも、60億ドルよりもわずかだけ大きかったことを示している。1947年の1年間の国民所得値よりも約40億ドル大きかった。
†政府企業の従業員への支払いと、合衆国において外国政府と国際機関によって雇用されている合衆国の永住者への支払いを含む。
‡農家に対する在庫評価調整のデータを所得として切り離して入手できない。
出所：商務省

表7　国民総生産あるいは国民総支出、1929年-1947年　（100万ドルで）

	1929	1932	1937	1938	1939	1941	1942	1943	1944	1945	1946	1947[*] 前期
国民総生産・・・・・・・・・・・・・・・・・・	103,828	58,340	90,213	84,683	90,426	125,294	159,628	192,573	210,551	213,120	203,679	225,000
個人消費支出・・・・・・・・・・・・・	78,761	49,208	67,121	64,513	67,466	82,255	90,835	101,626	110,417	121,698	143,670	158,000
耐久財・・・・・・・・・・・・・・・・・	9,362	3,694	7,005	5,754	6,729	9,750	6,845	6,515	6,755	7,977	14,917	
非耐久財・・・・・・・・・・・・・・	37,742	22,743	35,232	34,032	35,258	43,960	52,962	61,205	67,190	75,298	87,061	
サービス・・・・・・・・・・・・・・	31,657	22,771	24,884	24,727	25,479	28,545	31,028	33,906	36,472	38,423	41,692	
粗民間国内投資・・・・・・・・・・・	15,824	886	11,440	6,311	9,004	17,211	9,330	4,591	5,658	9,058	24,582	29,500
新規建設†・・・・・・・・・・・・・	7,824	1,668	3,687	3,309	3,986	5,661	3,212	2,010	2,267	3,146	8,525	
生産者耐久設備・・・・・・・・・	6,438	1,781	5,444	3,975	4,577	7,676	4,702	3,761	5,348	7,134	12,393	
企業在庫の変化・・・・・・・・・	1,562	-2,563	2,309	-973	441	3,874	1,416	-1,180	-1,957	-1,222	3,664	
純対外投資・・・・・・・・・・・・・	771	169	62	1,109	888	1,124	-207	-2,245	-2,099	-754	4,773	10,000
財とサービスの政府購入・・・	8,472	8,077	11,590	12,750	13,068	24,704	59,670	88,601	96,575	83,118	30,654	27,500
連邦政府・・・・・・・・・・・・・・	1,311	1,480	4,552	5,280	5,157	16,923	52,027	81,223	89,029	74,963	20,671	
軍需‡・・・・・・・・・・・・・	1,344	1,484	4,557	5,286	1,258	13,794	49,567	80,384	88,638	76,172	21,293	
非軍需‡・・・・・・・・・・・・					3,908	3,173	2,664	1,480	1,552	1,011	2,383	
引く：政府販売§・・・・・	33	4	5	6	9	44	204	641	1,161	2,220	3,005	
州と地方政府・・・・・・・・・・・	7,161	6,597	7,038	7,470	7,911	7,781	7,643	7,378	7,546	8,155	9,983	

*推定年額、10億ドルで。1947年は前期での推定額。
†原油と天然ガス掘削に対する建設支出を含む。
‡軍需と非軍需への財とサービスの購入の分類は、一般に一般会計支出と特別会計支出についての財務省総勘定残高帳（The Daily Treasury Statement）での分類に従っている。軍需品の購入は軍事品生産に従事する政府企業の資本形成の部分も含んでいる。アメリカ軍人生命保険基金(the Nation Service Life Insurance Fund)への政府負担金を軍事支出に分類し、その他のすべての政府負担金を非軍事支出に分類している。
§余剰の消費財と原材料の外国と国内への売却からなる。
出所：商務省

表8　国民総生産、国民所得、および個人所得の間の関係、1929年–1947年　（100万ドルで）

	1929	1932	1937	1938	1939	1941	1942	1943	1944	1945	1946	1947[*] 前期
国民総生産・・・・・・・・・・・・・・・・・・・	103,828	58,340	90,213	84,683	90,426	125,294	159,628	192,573	210,551	213,120	203,679	225,000
引く：資本減耗引当・・・・・・・・・・・・・	8,816	7,663	7,972	7,992	8,101	9,294	9,935	10,585	11,773	12,085	11,040	11,800
減価償却費・・・・・・・・・・・・・	7,553	6,950	6,838	6,894	7,082	7,878	8,666	9,409	10,456	10,557	8,875	
固定資本の事故によ												
る損害・・・・・・・・・・・・	413	329	304	387	222	273	484	399	374	384	404	
経常支出勘定に記入												
した資本的支出・・・・・・・	850	384	830	711	797	1,143	785	777	943	1,144	1,761	
計：　国民純生産・・・・・・・・・・・・・・	95,012	50,677	82,241	76,691	82,325	116,000	149,693	181,988	198,778	201,035	192,639	213,200
足す：補助金引く政府企業												
の経常黒字・・・・・・・・・・・	-147	-45	60	176	485	102	150	183	659	775	843	+0,100
引く：間接事業税と税外負担・・・・・	7,003	6,768	9,157	9,154	9,365	11,296	11,813	12,685	14,029	15,339	16,851	16,800
企業の移転支払い・・・・・・・・	587	737	567	429	451	502	494	504	549	564	528	500
統計上の不突合・・・・・・・・・	-80	1,437	-1,050	-91	462	470	1,050	720	2,599	3,099	-2,101	-3,000
計：　国民所得・・・・・・・・・・・・・・	87,355	41,690	73,627	67,375	72,532	103,834	136,486	168,262	182,260	182,808	178,204	119,000
引く：未分配法人利潤・・・・・・・・・・	2,597	-5,998	-8	-906	1,209	4,921	5,136	5,886	5,239	4,174	6,925	11,200
法人利潤税負担・・・・・・・・	1,398	382	1,512	1,040	1,462	7,846	11,665	14,153	13,913	11,283	8,601	11,600
法人在庫評価調整・・・・・・・	472	1,047	-31	963	-714	-2,617	-1,274	-824	-355	-533	-4,689	5,500
社会保険への負担金・・・・・・	243	278	1,800	1,977	2,136	2,784	3,468	4,516	5,172	6,140	5,990	5,900
賃金の未払い・・・・・・・・・	0	0	0	0	0	0	0	209	-193	14	-30	0
足す：政府が支払う純利子・・・・・・・	983	1,141	1,204	1,192	1,205	1,289	1,517	2,140	2,800	3,675	4,491	4,500
政府の移転支払い・・・・・・・	912	1,415	1,851	2,405	2,512	2,617	2,657	2,466	3,082	5,621	10,791	10,300
企業の移転支払い・・・・・・・	587	737	567	429	451	502	494	504	549	564	528	500
計：　個人所得・・・・・・・・・・・・・・	85,127	49,274	73,976	68,327	72,607	95,308	122,159	149,432	164,915	171,590	177,217	191,100

* 推定年額、10億ドルで。1947年については前期での年間推定値。
　出所：商務省

表9　個人所得と所得の構成、1929年-1947年，（100万ドルで）

	1929	1932	1937	1938	1939	1941	1942	1943	1944	1945	1946	1947* 前期
個人所得・・・・・・・・・・・・・・・・・・	85,127	49,274	73,976	68,327	72,607	95,308	122,159	149,432	164,915	171,590	177,217	191,100
賃金と給料の受取り・・・・・・	50,023	30,132	45,382	42,258	45,149	60,907	80,515	103,489	114,901	115,202	109,225	117,800
総使用者支払い・・・・・・・・	50,165	30,284	45,948	42,812	45,745	61,708	81,681	105,328	117,137	117,537	111,143	
引く：社会保険への従												
業員負担金・・・・	142	152	566	554	596	801	1,166	1,839	2,236	2,335	1,918	
他の労働所得・・・・・・・・・・・	520	416	514	512	535	589	706	888	1,304	1,516	1,578	1,700
事業主所得および賃貸												
料所得・・・・・・・・・・・・・・・	19,738	7,429	15,389	14,046	14,747	20,826	28,095	32,101	34,383	37,117	41,816	46,900
配当金・・・・・・・・・・・・・・・	5,823	2,574	4,693	3,195	3,796	4,465	4,297	4,477	4,689	4,765	5,614	6,200
個人利子所得・・・・・・・・・・・	7,524	6,571	5,580	5,482	5,417	5,402	5,395	5,507	6,007	6,805	7,665	7,700
移転支払い・・・・・・・・・・・・・	1,499	2,152	2,418	2,834	2,963	3,119	3,151	2,970	3,631	6,185	11,319	10,800
引く：個人税と税外負担・・・・	2,643	1,455	2,921	2,862	2,440	3,293	5,962	17,815	18,904	20,878	18,789	21,500
連邦・・・・・・・・・・・	1,263	331	1,723	1,635	1,235	2,016	4,668	16,517	17,536	19,379	17,211	
州と地方・・・・・・・・・	1,380	1,124	1,198	1,227	1,205	1,277	1,294	1,298	1,368	1,499	1,578	
計：個人可処分所得・・・・・・・・	82,484	47,819	71,055	65,465	70,167	92,015	116,197	131,617	146,011	150,712	158,428	169,600
引く：個人消費支出・・・・・・・・	78,761	49,208	67,121	64,513	67,466	82,255	90,835	101,626	110,417	121,698	143,670	15,800
計：　個人貯蓄・・・・・・・・・・・	3,723	-1,389	3,934	952	2,701	9,760	25,362	29,991	35,594	29,014	14,758	11,600

＊推定年額、10億ドルで。1947年については前期での年間推定値。
　出所：商務省

表10　労働力、1940年－1947年（万人）

年あるいは月	総労働力（軍隊を含む）	民間労働力				
		総民間労働力	雇用			失業
			総数	非農業	農業	
1940年1ヶ月平均····	5,603.0	5,564.0	4,752.0	3,798.0	954.0	812.0
1941年1ヶ月平均····	5,738.0	5,591.0	5,035.0	4,125.0	910.0	556.0
1942年1ヶ月平均····	6,023.0	5,641.0	5,375.0	4,450.0	925.0	266.0
1943年1ヶ月平均····	6,441.0	5,554.0	5,447.0	4,539.0	908.0	107.0
1944年1ヶ月平均····	6,589.0	5,463.0	5,396.0	4,501.0	895.0	67.0
1945年1ヶ月平均····	6,514.0	5,386.0	5,282.0	4,424.0	858.0	104.0
1946年1ヶ月平均····	6,082.0	5,752.0	5,525.0	4,693.0	832.0	227.0
1946年1月········	6,200.0	5,893.0	5,636.0	4,635.0	1,001.0	257.0
1947年1月········	6,400.7	6,260.9	6,005.5	4,967.8	1,037.7	255.5

注　四捨五入のためそれぞれの項目を合計すると必ずしも総数になっていない。

出所：商務省

第 2 部　国民所得の決定と国民所得の変動

第12章　貯蓄と投資

A.　所得決定の理論

　本書の第 1 部では、国民所得の概念を理解するための基礎準備となることを示した。さて、今や、この基礎準備の問題を超えて、何が、国民所得を、どのようなときでも、現在の水準よりもいくらか一層大きくでもなく一層小さくでもなく、現在の水準へと上昇させたり下降させたりするかを調べることへと進むことができる。

　本章では、"所得分析の現代理論"(the modern theory of income analysis)と呼ばれているものを紹介する。*国民所得が貯蓄と投資の二つの力の相互作用によって決定されるので、この理論が重要視していることは総支出の水準である。*

　この所得分析のほとんどは、イギリスの経済学者である（亡くなる前の晩年の 1946 年に、ケインズ卿、ティルトン男爵(Baron of Tilton)になった）J.M.ケインズ(Keynes)に依拠している。注目すべき重要なことは、政策についてケインズ特有の観点と同じ立場でなく、また分析の技術面での細かな点がケインズと異なる多くの経済学者も含めて、今日この所得分析についての広範囲にわたる基本的考えが、あらゆる学派の経済学者によってますます受け入れられていることである[1]。

　ここで記述している所得分析は、それ自体中立的である。つまり、民間企業を守るだけでなく民間企業を規制するためにも、また、政府の財政による介入を支持するだけでなく批難するためにも、この所得分析を使うことができる。経済発展委員会のような組織の関係者あるいはナショナル・シティ・バンクのような企業組織の関係者が、貯蓄と投資という用語を使っていても、これらの関係者を、ケインズ自身が世界大恐慌の間提案したいくつかの政策プログラムを、支持している狭い範囲の熱狂者のグループに属するという意味においての、"ケインジアン"(Keynesian)であるとみなすことはばかげている。

---

1)　ケインズ自身は、数学と哲学の領域さらに文学の領域で名声を得た多方面での天才であった。さらに、ケインズは大保険会社を経営し、イギリス大蔵省(the British Treasury)に助言し、イングランド銀行(the Bank of England)の政策委員会(the governing board)で委員を勤め、世界的に有名なエコノミックジャーナル(*Economic Journal*)を編集し、バレエや演劇の支援をする時間も見つけた。彼は、自分自身とケンブリッジ大学のキングスカレッジ(King's College)のために、お金を稼ぐ方法を知っていた経済学者でもあった。彼の 1936 年の著書『雇用、利子および貨幣の一般理論』(*The General Theory of Employment, Interest, and Money*)は、20 世紀の最も興奮を呼び起こした経済への考え方の内の一つになり、ケインズのその他の多数の著作よりも古典として長く、今後も注目され続けられるように思われる。

貯蓄と投資の間の分割

　貯蓄と投資についての最も重要な一つの事実は、産業が発達した私達の社会においては、貯蓄と投資が、異なる人々によって、また異なる理由のために、大部分なされていることである。

　貯蓄と投資についてのこの事実は、いつでもこのようであったとは限らない。今日でさえ、ある農夫が穀物を育てて収穫する代わりに、畑の排水を良くするために時間を使うとき、貯蓄をしていると同時に投資をしている。この農夫は、将来において一層多くの消費を実現するために、現在の消費を差し控えているので貯蓄をしており、この農夫の貯蓄額を彼の純実質所得と消費の間の差によって測定できる。だがこの農夫は投資も行なっている。つまり、彼は自分の土地と設備の生産能力を改善することによって、純資本形成を行っているのである。

　貯蓄と投資は昔の農夫にとって同じことであるだけでなく、貯蓄と投資を行う理由も同じである。この農夫は、畑の排水を良くする（投資をする）ことが可能である、あるいはその必要があるという理由だけで、現在の消費を差し控えた（貯蓄をした）。もし投資機会が全くないならば、この農夫は貯蓄を決してしようと思わなかったであろう。たとえ彼が判断を誤って貯蓄をすることを望むとしても、この農夫には貯蓄をするいかなる方法もなかったであろう。

　私達の現代の経済においては、純資本形成つまり純投資は、営利企業、特に、株式会社によって行われている。かなりの程度、企業は企業自体で貯蓄するけれども、貯蓄はまったく異なる集団によっても、つまり個人、家族、雇い人も含めた一軒の家に住んでいる者(households)によっても行なわれている。個人はきわめて様々な理由によって貯蓄することを望むかもしれない。つまり、ある人は、自分の老後あるいは将来の支出（休暇や自動車）に備えたいと望んでいるかもしれない。あるいは、ある人は、将来の災難に不安を感じ、備えることを望んでいるかもしれない。あるいは、ある人は、自分の子供達や孫達のために、財産を残したいと思っているかもしれない。あるいは、ある人は、自分自身のために、お金を貯めることを楽しんでいる、相続人のいない 80 歳のけちなお爺さんであるかもしれない。あるいは、ある人は、保険のセールスマンが酒を持って勧誘にきたので、すでに貯蓄型保険(saving program)に契約してしまった者かもしれない。あるいは、ある人は大きな富がもたらす権力を望んでいる者かもしれない。あるいは、節約は、貯蓄を行っている人自身が理由を知らない習慣、つまり条件反射にすぎないのかもしれない。貯蓄はこれらの理由によるのである。

　貯蓄しようとする個人の動機が何であっても、この貯蓄の動機は投資あるいは投資機会と特に何の関係もない。この事実は、日常の言葉で"投資"が、経済の議論においての投資と必ずしも同じことを意味していない事実によって、あいまいになっている。私達経済学者は、"純投資"つまり純資本形成を、社会の実物資本（設備、建物、在庫,等）の純増加であると定義している。他方、通りにいる普通の人は、1 区画の土地、あるいは既発の有価証券

を、あるいは資産へのどのような権利証書も購入するとき、"投資をする"という言葉を使う。経済学者にとってこれらの品目は明らかに*移転品目*(transfer items)である。ある 1 人が投資をしているものを、誰か他の人が投資を引きあげている。新しい実物資本が生み出されるときにのみ、純投資は存在するのである。

現在では、たとえ収益性があると思われる投資機会がまったくないとしても、個人はしばしばそれでも貯蓄することを望む。個人は存在する有価証券あるいは資産をいつでも購入できる。もし必要であるならば、個人は現金を貯めるか、あるいは貯めようとすることができる。

投資の変動のしやすさ

以上のことから、*貯蓄と投資が、異なる個人によって、またかなり異なる理由によって行なわれる*という命題を私達は得る。（住宅、自動車、およびその他の"耐久消費財"を除いて）純資本形成は大部分営利企業によって行なわれる。純資本形成の額は、年々、また 10 年ごとに大きく変動する。投資機会は、*新発見、新製品、新領土と新しいフロンティア、新資源、新たな人口、一層高い*生産量と所得によって決まることに気づくとき、私達は、この純資本形成が変動しやすく、不安定であることを理解できる。新しいと一層高いという言葉が強調されていることに注意しよう。投資は、経済制度内の成長という*動態的*で比較的予測不可能な要因によって、さらに経済制度外の要因によって、つまり、技術、政治、楽観的期待と悲観的期待、政府の租税と支出、立法府の政策、等々によって決定される。

*投資の極端に変動しやすい性質は、貯蓄と投資について強調しなければならない第 2 の重要な事実である。*私達自身の制度である資本主義的自由企業制度について次のことを私達は知るであろう。つまり、資本主義的自由企業制度は、多くのすばらしいことを実現できる。この資本主義的自由企業制度は、財とサービスへのどのような与えられた需要にも対応できるように、人々、設備およびノウハウを動員できる。時間の経過とともに、この資本主義的自由企業制度は、自動的に改善されることができる、等を私達は知るであろう。

しかし、資本主義的自由企業制度には実現できないことが一つある。資本主義的自由企業制度は、完全雇用を実現するために必要な投資量を、つまり、失業を生じさせるほどあまりにも少なくでもなく、インフレーションを生じさせるほどあまりにも多くでもない投資量を、ちょうど正確に実現することを保証できない。総投資あるいは総購買力に関する限り、私達の資本主義的自由企業制度は、制御するハンドルが無い制度なのである。この制度は、何十年もの間、あまりにも多くの投資があり、長期にわたるインフレの時代をもたらすかもしれない。逆に、この制度は、その他の数年あるいは数十年の間、投資があまりにも少なく、デフレーション、企業収益の赤字、過剰設備、失業、そして貧困をもたらすかもしれないのである。

良い数年が悪い数年と同じ期間になることを保証するか、あるいは私達の科学者が、この資本主義的自由企業制度を安定的に維持できるのにまさに十分な新製品と新製造法を、ち

ょうど適切な時期に発見することを保証する、いかなる“見えざる手”も存在しない。1850年代から 1870 年代にかけて、鉄道が世界中で建設された。その次の 20 年間においては、鉄道建設に取って代わるものはほとんど何も現れなかった。自動車と公益事業は 1920 年代に同じ様な変革を引き起こした。1930 年代のプラスチック、エアコン、ラジオ、テレビ、等々は、純投資の総額にわずかしか寄与しなかった。

科学の進歩は 1930 年代も続いた。戦時中の私達の生産は、このことをはっきりと示している。だが、いくつかの科学上の発見は、雇用と購買力に、長期においても短期においても、特に後者の短期において、有害な影響を与えるかもしれない。さらに、技術変化が購買力に*十分に*望ましい効果を、あるいはほんのわずかに望ましい効果さえ、生み出すことを保証する自動調整原理は存在していないのである。

それゆえ、この自動調整原理が存在しないことは、私達にとって、最も重要な経済的教訓の内の一つである。総投資(total investment)に関する限り、資本主義的自由企業制度はこれを望ましい水準に決定できない。私達は、幸運に恵まれるかもしれないし、逆に、運が悪いかもしれない、だが、幸運に恵まれていると言えるただ一つのことは、この資本主義的自由企業制度が変わろうとしていることである。

ところで、私達は話を前に進めすぎている。私達はなぜ投資が、国民所得と雇用の一般水準の決定において、きわめて重要であるかをまだ理解していない。このことを理解するためには、最初に消費、貯蓄および所得の間の関係を調べなければならない。

社会の消費性向曲線と貯蓄性向曲線

所得は消費と貯蓄のただ一つの最も重要な決定要因である。貧しい家族は、自分達の所得の内の多くを生活必需品（食べ物、住居、および、少ないが、衣類）に支出しなければならない。一般に、豊かな人々は、貧しい人々よりも絶対的に大きな金額を貯蓄できるだけでなく、自分達の所得の内の大きな比率を貯蓄でき、そして実際貯蓄しているのである。

第 10 章において、異なる大きさの予算を持つ人々が、自分達の所得をどのようにさまざまな消費品目に支出し、また貯蓄に回すかを調べた。第 10 章の表 1 と図 3 および図 4 において、所得に対応させた貯蓄と消費への予算の傾向を、貯蓄性向曲線と消費性向曲線によって簡単に示した、つまり、それぞれの所得に対応して貯蓄と消費がどのように変化するかを示す曲線によって、簡単に示した。限界消費性向(MPC)の概念も導入した、だがこの限界消費性向は総所得に対する総消費の比率を単に示す平均消費性向とは全く異なる。

MPC は、平均消費性向と異なり、それぞれの*追加的 1 ドル*の所得の内の消費への*追加的*支出額を示している。2,000 ドルの所得の内のすべてを支出する家族は、1.0 の平均消費性向と 0.0 の平均貯蓄性向を得る。しかし、もしこの家族が追加的 1 ドルの内の 67 セントのみを消費に支出し、残りを貯蓄するならば、この家族の MPC は 2/3 であり、そして限界貯蓄性向(MPS)は 1/3 である。（$MPC + MPS = 1$ であることに注意しよう。）

今まで私達の消費曲線と貯蓄曲線は、比較的多くの所得かあるいは比較的少ない所得を

受け取る一つの典型的な家族の行動とだけに関係してきた。今、すべての異なる家族の行動傾向を加えて一まとめにし、社会全体の消費性向曲線を得たい。横軸に、私達は国民所得をとり、縦軸には総消費をとる。

　家族の予算の消費傾向と貯蓄傾向から社会の消費計画と貯蓄計画へと進むためには、私達は*所得分配*についていくつかの仮定を行わなければならない。つまり、2,000 億ドルの国民所得が 4,000 万の家族の間で正確に平等に分配されるならば、かなりの部分の家族が、1家族当たり 5,000 ドルの平均水準よりもかなり高くか、かなり低く不平等に分配される場合よりも、総消費の水準は高くなるであろう。このことはなぜ発生するのか。低い*限界消費性向*の金持ちの人々にドルを与えることは、所得がもっと平等に分配される場合よりも、一層多くの貯蓄と一層少ない消費という結果になるからである。

　所得分配が所与であると仮定すると、それぞれの国民所得の水準で、どれだけの消費と貯蓄があるかを正確に見ることができる。図 1b と図 1a は、社会の消費性向曲線(the community's popensity-to-consume schedule) と 社会の貯蓄性向曲線(the community's propensity-to-save schedule)を示している。もし、最初、政府の租税と支出を無視すると仮定するならば、図 1a と図 1b は、互いに密接に関係している。貯蓄曲線がマイナスからプラスになるのと正確に同じ国民所得の水準で、消費曲線が 45 度の補助線と交差することに注意しよう。この"収

図 1 *a*　社会の貯蓄性向曲線

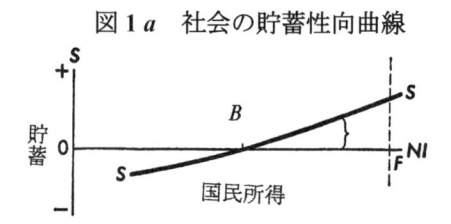

図 1*b*　社会の消費性向曲線

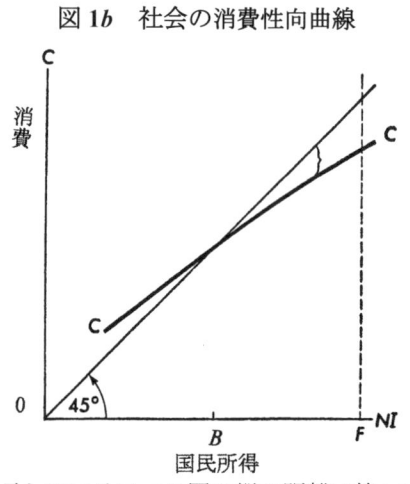

}で示している二つの図の縦の距離は等しい。

支分岐点(the break-even point)"の左側では、総消費は総所得を上回り、純貯蓄は負になる。他方、収支分岐点の右側では、所得は正の貯蓄額だけ消費を上回る。

　実際に、貯蓄曲線は図 1b において 45 度線から消費曲線までの間の縦の差をとった結果に他ならない。このことは、貯蓄が総所得の内の消費に*支出*しなかった部分を示しているからである。消費曲線の傾斜は 1 より小さい（つまり、45 度線の傾斜より小さい）ので、貯蓄曲線は上昇している曲線である。消費曲線はわずかに凸状に湾曲しているので、貯蓄曲線はわずかに凹状に湾曲していなければならない。このことは、*MPC* のどのような（例えば 3/4 から 2/3 への）低下も、*MPS* の（1/4 から 1/3 への）上昇にならなければならないからである。二つの図において、完全雇用での所得 (full-employment income)水準 *F* を破線の垂線によって示している。

　今まで国民所得が、貯蓄と投資によって、どのように決定されるかを説明する舞台作りをしてきた。何よりもまず、読者は、少し時間をとって、消費曲線と貯蓄曲線についての自分の理解を確かにするべきである。読者は、所得分配の*不平等*の増加が、（完全雇用未満の、あるいは完全雇用を超える、また完全雇用での）総国民所得のそれぞれの水準あるいはすべての水準で、なぜ消費水準を引き下げるかを理解するべきである。この不平等の増加は、図 1b では消費曲線のどのようなシフトを意味するのか。図 1a では貯蓄曲線のどのようなシフトを意味するのか。同様に、読者は、すべての者が一層*節約的*になる結果を、つまり、それぞれの所得水準でより少なく消費しそしてより多く貯蓄することを望む結果を、図 1a と図 1b に鉛筆で書き入れるべきである。（一つの最後の注意：所得決定の以下の重要な三つの方法をしっかりと理解できるまで、租税をまだ導入する必要がなく、また租税を導入することは許されない。）

貯蓄曲線と投資曲線が交差する水準で所得が決定される理由

　私達は貯蓄と投資が全く異なる要因によって決定されるのを見てきた。つまり、貯蓄は"受け身の"方法で所得によって決定される傾向があり、他方変化しやすい投資は動態的成長のような"自律的"要因(autonomous factors)によって決まるのを見てきた。簡単化のために、投資機会は、国民所得の水準と関係なく 1 年当たりちょうど 100 億ドルになる、と最初に仮定してみよう。このことは、もし国民所得に対応させて投資曲線を引くならば、この投資曲線が下の横軸の国民所得から上に常に同じ距離にある*水平線*でなければならないことを意味する。図 2 において、この簡単化した投資曲線を貯蓄曲線 *S-S* と区別するために、この投資曲線に *I-I* と記号を付ける。

　貯蓄曲線と投資曲線は、距離 $0M$ に等しい国民所得の水準で交差する。*貯蓄曲線と投資曲線のこの交点は、所得が M 向かって動いて行く均衡点である。*仮定した条件の下では、$0M$ 以外のその他のどのような国民所得の水準も、長く同じ水準のままであることができない。

　もし国民所得がこの交点よりも大きいならば、投資支出は人々が貯蓄したい額よりも少ない。つまり、消費+投資の総支出はこのとき国民生産物を生産する費用である国民所得よ

りも少なくなる。企業家は、十分に売ることができず、生産費用を取り戻すことができず、自分達の現在の生産量の水準を適切であるとみなすことができない、それゆえ、自分達の生産量を減少させそして労働者を解雇しようとする。国民所得が均衡水準に低下するときに初めて、企業家が投資しようとする金額と最終的にちょうど同じだけの金額を、人々は貯蓄しようとする小さな金額の国民所得を得る。その後、国民所得はこの均衡水準以下に少しも下落する必要はない。また誰も増加した失業者の身分にさらになる必要はない。

図2　貯蓄と投資が所得を決定する理由

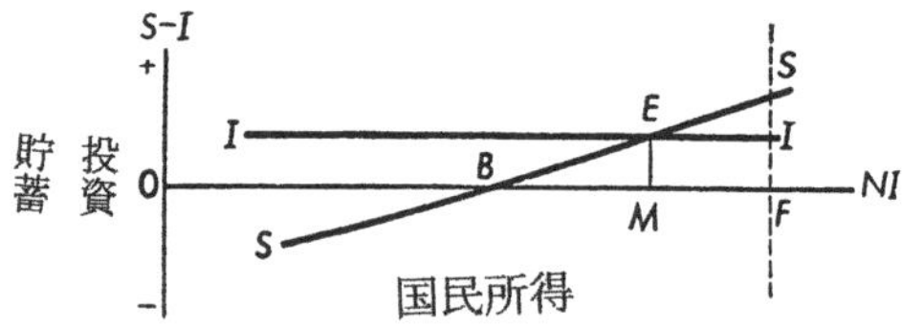

同様に、人々が行いたい貯蓄が継続的に利潤を生み出す投資機会に一致する均衡水準以下に、国民所得はいつまでも留まっていないことも示すことができる。例えば、国民所得が一時的にあまりにも小さく、人々が貯蓄しようとするよりももっと多く、企業は投資することを望んでいると仮定しよう。このとき、消費と投資への総支出は、国民生産物を生産するために支払う費用である国民所得の額を上回る"傾向にある"。利潤は上がる傾向にある、それゆえ企業家は（貯蓄と投資がちょうど一致し、国民所得が上昇する傾向も下落する傾向もない均衡の交点まで）一層多くの人々を雇い、国民所得を引き上げようとする。

消費と投資による所得決定

どのように国民所得が決定されるかを示すには、貯蓄曲線と投資曲線の交点による方法以外の第2の方法がある。これらの二つの曲線の方法の代わりに、もし望むならば、消費曲線の上に投資曲線を加えることができる。図3に示している実現される所得の均衡水準は、（100億ドルの投資だけすべての所で上に押し上げられた）消費+投資のこの新しい曲線と45度線の交点にある。この交点はなぜ国民所得の均衡水準を決定するのか。45度線上の所では、横軸で示す国民所得の水準は、人々が行おうとする消費支出+投資支出の額を示す縦の距離の合計にちょうど等しい。このことは、企業が、この交点での水準の国民生産物を生産し続けることを、適切であるとみなすことができるちょうど十分な金額を、回収していることを示しているからである。

言うまでもなく、この消費+投資曲線と45度線の交点は、貯蓄と投資の交点が与えるのと、正確に同じ国民所得を与えるに違いない。読者は、図2と図3を比較し、これら二つの異なる種類の交点が正確に同じ水準の国民所得を与えることは、偶然でないことを確かめるべきである。

国民所得の決定を示すこれら二つの方法は、現実には同一であり、それぞれは同じことの異なる面である。ある人々は国民所得が消費支出+投資支出によって決定されると言い、他の人々は国民所得が貯蓄と投資によって決定されると言う[*5]。

図3　消費と投資が所得を決定する理由

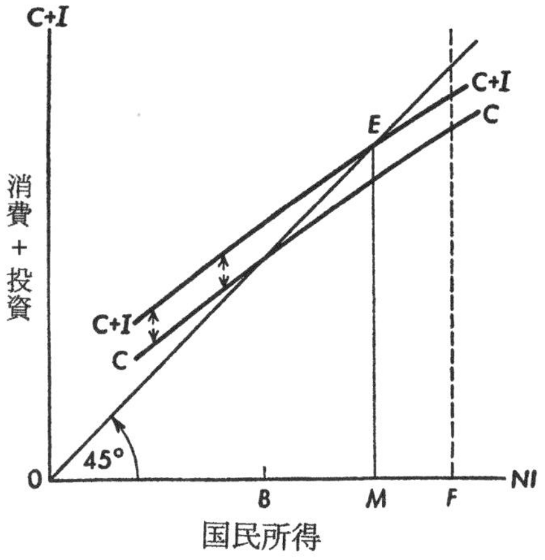

　この図は図2に代わるものである。消費に投資を付け加えることは、貯蓄と投資分析と同じ結果を与える。

国民所得の決定についての算術的説明：第3の異なる説明

　深く考える読者は、国民所得の均衡水準がなぜ貯蓄曲線と投資曲線の交点になければならないかについて得た知識に、今でも納得できないかもしれない。さらに、深く考える読者は、なぜ、いくつかの諸力が、国民所得をこれらの二つの曲線の交点の水準に押し動かし、その他の水準には押し動かさないのかについても、納得できないかもしれない。

　次の算術的例は、この重要な問題について、読者の理解を確かにするのに役立てることができる。表1では、国民所得に対する貯蓄性向の特に簡単な形態を示している。国民があま

表1　貯蓄と投資による国民所得の決定（億ドルで）

国民所得の実現可能な水準 (1)	消費 (2)	貯蓄 (3) = (1) - (2)	維持可能な投資の仮定する水準 (4)	企業が支払う金額 (5) = (1)	企業が受け取る金額 (6)= (2)+(4)	その後の所得の動き (7)
A. 2,300	2,000	300	100	2,300 >	2,100	↓収縮
B. 2,000	1,800	200	100	2,000 >	1,900	↓収縮
C. 1,700	1,600	100	100	1,700 =	1,700	均衡
D. 1,400	1,400	0	100	1,400 <	1,500	↑拡大
E. 1,100	1,200	-100	100	1,100 <	1,300	↑拡大

りにも貧しく、全体として純貯蓄を少しも行えない国民所得の収支分岐水準は、1,400 億ドルであると仮定している。国民所得のそれぞれ 300 億ドルの変化は、100 億ドルの貯蓄の変化と 200 億ドルの消費の変化に導くと仮定している。言い換えれば、*MPC* は一定であり、正確に 2/3 に等しいと仮定している。この理由のために、図 4 の貯蓄性向曲線 *S-S* は、完全に直線という特に簡単な形態になっている。

投資についてどのようなことを仮定しよう。簡単化のために、表 1 の欄(4)に示しているように、維持できる唯一の投資水準は、ちょうど 100 億ドルであると再び仮定しよう。

今、欄(5)と欄(6)はきわめて重要な欄である。欄(5)は、どれだけの貨幣を、営利企業が賃金稼得者、利子受取者、賃貸料受取者および利潤受取者に、生産費として支払っているかを示している。第 11 章で私達が繰り返し行った主張は、費用の総支払額が国民所得を見る一つの方法であるので、欄(5)は欄(1)からこの欄(5)にコピーした国民所得に他ならない。

他方において、欄(6)は、消費による売上高+投資（つまり、多数の営利企業の連結貸借対照表が示している多数の営利企業の資産の純増）という形で、営利企業が*取り戻そうとしている*金額を示している。

全体としての営利企業は、取り戻すよりも多く支払っているとき、操業を縮小しようとするのために、国民所得は下落する傾向になる。他方、全体としての営利企業は、支払うよりも多く取り戻しているとき、生産を増加させようとする、それゆえ国民所得は上昇する。計画した貯蓄(scheduled saving)の水準が計画した投資(scheduled investment)の水準にちょうど等しいときにのみ、これらの営利企業は集計としての均衡(aggregative equilibrium)に留まり

図 4　所得が均衡へと動く説明

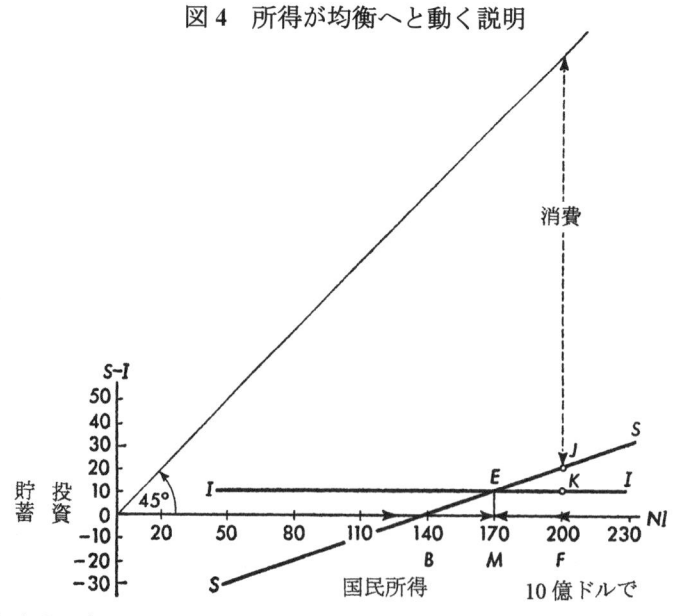

収束する矢印はどのように所得が均衡の交点に動くかを示している。

出所：表 1

続けるであろう。このとき、全体としての営利企業の売上高は、これらの営利企業が、集計した生産物(aggregate output)の現在の水準を生産し続けることを適切であるとみなすのに、ちょうど十分であり、このため国民所得は拡大も縮小もしない。

この同じ話を図 4 で示す。国民所得を次の二つの方法のどちらでも読み取ることができる。つまり、横軸によってか、あるいは（45 度線の性質によって）横軸から 45 度の補助線までの縦の距離によってである。線 S-S は貯蓄曲線を示している。線 I-I は、時間の経過にもかかわらず、ずっと維持される投資の計画した水準を示している。消費もこの図で見ることができる。つまり、消費されない所得は貯蓄されているので、消費は常に貯蓄曲線と 45 度線の間の縦の距離になる。

貯蓄曲線と投資曲線の交点（その交点はこの例では 1,700 億ドルの国民所得で生じる）の右側のどこでも、*企業が支払う金額*（45 度線までの距離）は、企業が受け取る*金額*（投資曲線までの距離＋貯蓄曲線と 45 度線の間の消費の距離）を超える。企業のこのような損失の大きさを、投資曲線から貯蓄曲線までの縦の距離によって示すことができる。それゆえ図 4 において、2,000 億ドルの完全雇用での所得水準は、貯蓄曲線と投資曲線の間の縦の差、つまり K から J までの距離のために維持できない。このため、国民所得軸上の矢印は国民所得の収縮の方向を指している。（今この段落を少なくとも一度戻り、読み返せ。）

読者は、均衡の交点の水準の左側のどのような場所からでも、国民所得がなぜ拡大する傾向にあるかを示す同じような説明を行うべきである。この図 4 で企業が支払う金額と企業が受け取る金額の間の関係を示し、さらに、実現される国民所得の拡大を示すために必要な、矢印の付いた線をこの図 4 に描き入れよ。

所得決定の理論を再び述べる

図 5 は単純化した方法で所得決定のいくつかの主な要因をまとめている。もし貯蓄と投資がなければ、企業と公衆の間には所得の一つの循環的流れがあるだろう。つまり、企業は、（上のパイプにおいて）公衆に労働と資産からの用役への報酬として、賃金、利子、賃貸料および利潤を支払う。他方公衆は、（下のパイプにおいて）企業に財とサービスへの見返りとして、消費代金(consumption funds)を支払う。

現実には、Z での蛇口において示しているように、私達は、公衆が自分達の所得の内の一部を貯蓄しようとするのを、知っていなければならない。それゆえ、営利企業は、消費による売上高が賃金、利子、賃貸料および利潤の総額と同じ大きさになる、と期待できない。

貨幣数量説をもっぱら信じる一部の変わり者は、この貯蓄が必ず失業と不況を意味すると信じている。このような見解は全く正しくない。もしたまたま利益を生み出せる投資機会が存在するならば、営利企業は賃金、利子、さらに一部新たな資本形成のためのその他の費用を支払うであろう。それゆえ、営利企業は、営業が好調であり続けるためには、公衆に支払った総所得の内の*一部*のみを（現在の消費財の費用に関係する部分のみを）消費による売上高として取り戻しさえすればよい。公衆の貯蓄は、企業が利益を出して投資できる金額よ

りも大きくない限り、国民所得にいかなる不都合も与えない。

　図 5 において、投資を A において所得の流れの中へポンプで送り込んでいるものとして示している。(1)技術の発明、(2)人口の成長、および(3)その他の動態的要因はポンプの柄を動かし続ける。投資のためにポンプの柄が速い速度で動いているとき、国民所得は大きい、そして Z での貯蓄が A での投資とちょうど釣り合っているとき、国民所得は均衡水準に到達する。

図 5　投資が所得を決定する方法

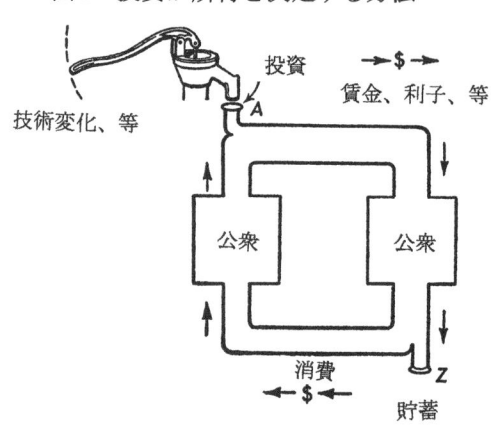

　　技術変化、人口の成長、およびその他の動態的要因は、投資ためのポンプの柄を動かし続ける。所得は投資の変化によって上昇しまた下降する。そして所得の均衡水準は、どのような時でも、Z での意図した貯蓄(intended saving)が A での意図した投資(intended investment)に一致するときにのみ実現する。

　このことは、貯蓄が常に災難をもたらすと考える悲観的貨幣数量説をもっぱら信じる変わり者が、全く誤っていることを示している。さらに、反対の極端に走り、貯蓄と投資が、所得をあまりにも高くさせることも、あまりにも低くさせることも、決してありえないと主張する貨幣数量説の第 2 の学派の人々もいる。この第 2 の学派の変わり者は、Z でのパイプと A でのパイプをきっちりとつなぐという致命的誤りを犯している。経済学者は、このテーマについて、いくつもの部屋がいっぱいになるほどたくさんの本を書いてきた、しかし、これらの二つの極端な見解の正しさと誤りを見分ける方法を初めて知ったのは、ここ 2、30 年にすぎない。

B. 所得分析の適用と限界

"乗数"

　今、私達は所得決定の現代理論の最も重要な点を完全に理解しつつある。次に、当然、この理論適用のためにいくつかの事項を加えて論じることに移らなければならない。つまり、政府の財政の所得分析への影響、およびあなた方が貯蓄と投資を統計によってどのように計測するのか、という問題に取りかからなければならない。だがこれらは理論の精緻化であるので、後に回すことができる。

　*最初に、民間投資の増加がどのように所得を拡大させるか、逆に民間投資の減少がどのように所得を縮小させるかを見てみよう。*このことはあまり驚くべき結果でない。これまでに、純資本形成が国民純生産の一部であることを学んだ。国民純生産のいくつかの構成部分の内の一つの数値が増加するときには、私達は当然国民純生産の数値も増加すると予想する。

　だが、このことは議論の一部にすぎない。私達の所得決定理論はこのことよりももっと注目しなければならない結果を与える。現代の所得分析は、純投資の増加が国民所得を乗数倍の額で（純投資それ自体よりも大きな額で）増加させることを明らかにしている。投資のドルは高出力のドル(high-powered dollars)であり、いわば、二役をこなすドル(double-duty dollars)である。

　投資の所得へのこの拡大効果を、私達は"乗数"理論(multiplier doctrines)と呼んでいる。*"乗数"という言葉それ自体を、それぞれの投資の増加が、所得の増加をどれほどの大きさで生じさせるかを示す数値係数として使っている。*次のいくつかの例がこの乗数という用語を明確にする。もし 50 億ドルの投資の増加が 150 億ドルの所得の増加を生じせるならば、乗数は 3 である。もし所得の増加が 200 億ドルであるならば、乗数は 4 である。乗数は、所得の変化を生じさせるために、投資の変化を増幅（乗数倍）させなければならない数である。

　乗数が 1 よりも大きなことを明らかにするいかなる証明もまだ示していない。しかし、普通の常識を働かせるならば、私が 1,000 ドルのガレージを建てるために使われていない資源にお金を支払うとき、私の最初の投資を上回る国民所得と生産の第 2 次的拡大がなぜ発生するかを、私達は理解し始めることができる。私が雇った大工と製材業者は 1,000 ドルの所得を得る。しかし話がここで終わるのではない。これらの大工と製材業者の限界消費性向が、もし二人とも 2/3 であるならば、これらの大工と製材業者は今新しい消費財に 666.67 ドルを支出するであろう。これらの消費財の生産者は今 1,000 ドルの 2/3 の所得を増加させる。もしこれらの消費財の生産者の *MPC* も 2/3 であれば、これらの消費財の生産者はさらに 1,000 ドルの 2/3 の 2/3（つまり 666.67 ドルの 2/3＝444.44 ドル）の支出を行う、そしてこのように続いて行くであろう。

　このように、第 2 次的消費再支出(secondary consumption respending)の連鎖全体を、私の最初の 1,000 ドルの投資支出が生じさせている。しかし、この連鎖全体は、増加がだんだん小

さくなる連鎖であり、この連鎖をすべて合計すると有限の数になる。小学校の算数あるいは高校学校の等比数列のどちらでも、下で示す数値を得る。この数値は、もし *MPC* が 2/3 であれば、乗数が最初の投資の 1 + 第 2 次的消費再支出の 2 の増加から成る 3 でなければならないことを示している。

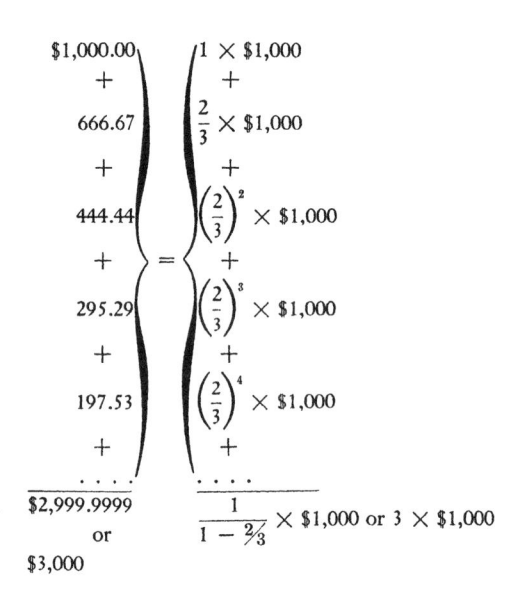

もし *MPC* が 3/4 であれば、同じ計算が 4 の乗数を与える（ヒント：1+3/4+(3/4)²+(3/4)³+···は合計すると最終的にいくつになるか）。もし *MPC* が 1/2 ならば、乗数は 2 である。もし *MPS* が 1/4 であれば、*MPC* は 3/4 であり、乗数は 4 になる。もし *MPS* が 1/3 であれば、乗数は 3 である。

　ここまで乗数が限界貯蓄性向の逆に常になっている、つまり限界貯蓄性向の"逆数"であると、読者は推測するであろう。一般的な乗数の公式は常に次のとおりである。

$$所得の変化 = \frac{1}{MPS} \times 投資の変化$$

$$= \frac{1}{1 - MPC} \times 投資の変化$$

言い換えれば、追加的消費支出が大きければ大きいほど、乗数は大きくなる。支出のそれぞれのラウンドで、追加的貯蓄への"漏出"が大きければ大きいほど、最終的乗数は小さくなる。

　ここまでで、常識と算数によって乗数を論じてきた。私達の所得に関する貯蓄－投資分析は、同じ結果を与えるのであろうか。その答はもちろん"はい"でなければならない。もし一連の新しい発明が次々に出現し、私達の以前の 100 億ドルの投資機会に加えて、さらに100 億ドルの投資機会を生じさせるならば、この新しい投資の増加は国民所得を 1,700 億ドルから 2,000 億ドルに引き上げるに違いない。

図6において、古い投資曲線 *I-I* は新しい水準 *I'-I'* へと100億ドル上方にシフトしている。新しい交点は *E'* である。驚くべきことに、国民所得の増加は投資の増加のちょうど3倍である。このことはたった1/3の *MPS* が比較的平らな貯蓄曲線 *S-S* を意味しているからである。点線の矢印の付いた線が示しているように、横の国民所得の距離は"最初の"縦の貯蓄－投資の距離の常に3倍であり、この距離の差は第2次的"消費再支出"に等しい[2]。

図6　投資の所得への乗数効果（10億ドル）

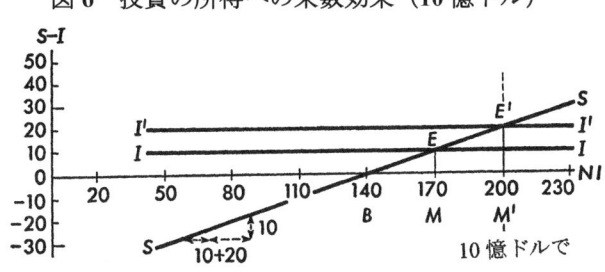

投資は所得への最初の拡張効果がある。さらに、消費への再支出によって、投資は第2次的効果もある。

手短に言えば、国民所得は、十分に上昇し、新しい投資額に等しい自発的貯蓄額(vale of voluntary saving)をもたらすに違いない。1/3の *MPS* では、国民所得は300億ドル上昇し、100億ドルの新しい貯蓄をもたらすに違いない。

計測可能な貯蓄と計測可能な投資の間の恒等関係についての補論

国民所得は貯蓄と投資の相互作用によって決定される。このことは、不況の期間に統計専門家が、貯蓄を計測し、次に投資を計測する、そうすると、前者の貯蓄が後者の投資よりも統計では大きいことを、統計専門家が見つけることができることを意味していると、私達は誤って理解してはいけない。

第11章での国民所得の議論においては、（政府の財政を考えないならば）いかなる期間についても、貯蓄総額がその期間の純投資総額に正確に等しくなければならない様に定義した。貯蓄は総所得と総消費の間の差である。つまり、第11章の図4aのパイ図によれば、貯蓄は ◿ に等しい。純投資つまり純資本形成は、期間の期末と期首の資本ストックの間の差であった。つまり ▱ から ▢ を引いた ◿ に等しい[*6]。（消費＋貯蓄から成る）国民所得あるいは（消費＋純投資から成る）国民純生産のまさしく定義によれば、国民所得と国民純生産は等しい。計測可能な貯蓄(measurable saving)と計測可能な投資(measurable investment)は、

2)　表1でもこの答を確かめことができる。欄(4)において、今100億ドルの投資ではなく200億ドルの投資を得る。所得の新しい均衡水準は今横列 *C*（1,700億ドルの所得）の古い均衡水準から横列 *B*（2,000億ドルの所得）に移る。

国民純生産−消費と国民純生産−消費となり、同じものに対する単に二つの異なる名前にすぎない[3]。

　あらゆる国民所得の水準での、計測可能な貯蓄と計測可能な投資の恒等関係は、所得の均衡水準でのみ生じる*計画した'(scheduled)*額の貯蓄と*計画した*額の投資の等しさと同じではない[4]。もし所得が何らか理由によって長期的均衡水準から一時的に離れるならば、企業が維持しようとする投資額は、人々が行い続けたいと望む貯蓄額に等しくならない。計測した(measured)貯蓄と計測した投資は統計上恒等関係にあるにもかかわらず、国民所得はこの均衡水準からいつまでも離れたままでいることはできない（なぜなら次の期において、満足できない貯蓄者あるいは投資家は均衡に戻ろうと行動し始めるからである）。

　計画した投資と計画した貯蓄が等しくなく、国民所得が一時的に均衡水準から離れることがどうしてありえるかを実例で説明するために、多くの実際ありえる例の中から次の二つの例を示す（しかし、もちろん、計測した投資と計測した貯蓄は等しくなるように常に定義されている）。

　第1の例として、すべての家族が、一層高い消費性向と一層低い貯蓄性向を実現することを突然決めると仮定してみよう。このことは最終的に一層高い国民所得の均衡水準へと導くはずである。しかし必ずしもただちに導かない。この新たな消費性向と貯蓄性向の最初の日に、すべての家族は店に急いで行き、まだ変わっていない自分達の所得によって、（例えば100万ドルだけ）消費財の購入を増やそうとする。商人達はこの事態の進展を予見できなくても当然である。それゆえ、商人達は商品の在庫が100万ドル減少したのに気づく。国民所得は新しい均衡水準へと上昇していない。実際、国民所得はまだ少しも上昇していないのである。このことは、消費者の意図した貯蓄の減少が商人達の在庫投資(inventory investment)の思いがけない減少によって一時的に埋め合わされたためである。しかし（次のことが問題の要点であるが）商人達は在庫がいつまでも減少したままにしない。商人達が製造業者達に自分達の商品への注文を増やすその後の期間において、国民所得はすべての人々が*現状を*維持することに満足する均衡水準に上昇するであろう。

　第2の例として、多くの企業が新しい投資機会を利用し始めると仮定しよう。これらの企業は、建設の仕事を労働者に与えるために、銀行からお金を借りるか、あるいはこれらの企業が使っていない現金残高から支出する。私達の均衡分析によれば、第2次的消費再支出は

---

3)　この恒等関係は厳密に次の関係と同じである。つまり、財の貨幣との交換を伴うどのような取引においても、購入額は販売額に恒等的に等しくなければならない。

4)　このことを図5のポンプの図に当てはめることができる。国民所得が均衡水準にあるときにのみ、Zでの計画した貯蓄のパイプの水の流れは、Aでの計画した投資のポンプの水の流れに等しい。しかし、現実の経済社会においては、経済システムは均衡を強く実現しようとしているにもかかわらず、均衡は常に均衡でない別の状態へと変化している。統計専門家はZにおいて貯蓄をまたAにおいて投資を計測できない。その代わり統計専門家は貯蓄と投資の二つのパイプの中に溜まる意図しなかった貯蓄と意図しなかった投資も含めて常に計測している、それゆえ計測できない水はなく、貯蓄の大きさは投資の大きさに恒等的に等しい。

元の最初の投資による効果を上回る所得への乗数効果があるはずである。しかし、この再支出の過程は実現されるまでに時間がかかるかもしれない。人々が新たな所得を受け取る時と人々がその新たな所得を支出することができる時との間に、長いかあるいは短い遅れの期間があるかもしれない。それゆえ、短期的には、新しい投資の効果は貯蓄の増加によって一時的に相殺されるので、経済状態は均衡水準にまで到達しないかもしれない。つまり、人々は、一層高くなった自分達の所得を支出する時間がまだないので、一時的に自分達の消費曲線の下へと引き下げられ、そして貯蓄曲線の上へと引き上げられる。国民所得が最終的に増加するのが止まり、そして一定水準に落ち着くとき、人々は自分達の S-S 曲線上に戻りそして所得は新たな均衡点にあるだろう。

　本節で述べていることを下記のように要約できる。

　　人々が行い続けたい貯蓄と行い続けたい投資が等しくなるのは、所得の均衡水準でのみ実現される。しかし、計測した貯蓄と計測した投資の恒等式は、いつでも（所得が均衡水準から離れており、このため人々が実際実現されている貯蓄と投資に満足せず、所得が均衡へと押し戻されている過程にあるときにも）成立する[5]。

誘発投資と節約のパラドックス

　今まで常に純投資を国民所得から全く独立した自律的なものとして扱ってきた。すべての投資曲線を水平線で描いており、純投資の水準は所得に関係なく常に同じであった。この単純化を今ゆるめることができる。

　実利を重んじるどのような企業家も、もし自社の売上高が自社の工場の生産能力と比べて大きければ、自社の工場あるいは設備を恐らく増やすつもりである、とあなた方に言うに違いない。（企業家が国民所得の変化した高い安定した水準に自社の資本ストックを調整する時間がなかった）短期では、図7（268頁）においての I-I 曲線を右上がりの曲線で描くことは適切である。*国民所得の増加は一層高い水準の純投資を誘発するかもしれないのである*。

　以前と同様に、（維持可能な）国民所得の均衡水準は、投資曲線と貯蓄曲線の交点によって、つまり、まず初めに、図7の点 E によって与えられる。S-S 曲線が I-I 曲線と常に下から交差する限り、企業家の行動は経済システムを常に均衡水準に戻すであろう[6]。

5）　上級の経済学を勉強している学生は、すべての局面での所得分析を、競争的市場価格での需要と供給分析と比較することによって、本節の内容を一層詳細に研究することを望むに違いない。初級の経済学を学びたい読者は、この問題についてあまり考える必要はない。

6）　もし二つの曲線が逆の方向から交差するならば不安定な均衡を得る、このため、経済は交点の近傍から（どちらかの方向に）勢いよく離れるであろう。次の物理学による類似の説明は、示唆に富む。横に置いた卵は安定な均衡にある。少し動かしても、その卵は均衡に戻る。縦に置いた卵は不安定な均衡にある。その卵にちょっと触れても倒れる。

誘発投資(induced investment)は、資本財産業にとって、国民所得を増加させるどのようなことも良いことを意味し、逆に、国民所得を減らすどのようなことも悪いことを意味する。この事実は節約対消費という古くからある問題に注目させる。この事実は、消費しようとする欲求の増加（貯蓄をしようとする欲求の減少を見るもう一つ別の方法）が、企業の売上高を押し上げ、さらに投資を増加させることに導く。逆に、この事実は節約の増加が不況を悪化させ、さらに社会での現実の純資本形成の額をおそらく減らすことに導く。*多額の消費と多額の投資は競合しているのでなく、互いに助け合っているのである。*

図7　節約のパラドックス

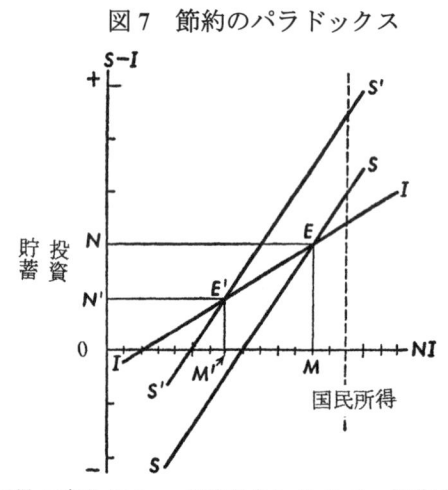

今投資は所得の変化によって誘発されるので、投資曲線は右上がり
の曲線である。（S-S から S'-S' へと）一層多く貯蓄しようとすることは、
所得が低下するので実現される貯蓄と投資が一層少なくなる。

　消費と投資の結びつきによるこの驚くべき結果は、ときどき "節約のパラドックス"(paradox of thrift)と呼ばれている。私達は皆、幼稚園において節約がいつでも良いことであると教えられているので、この驚くべき結果はパラドックスである。ベンジャミン・フランクリンは著書『貧しきリチャードの暦』（*Poor Richard's Almanac*）において、貯蓄の大切さの教えを長々と説いた。だが今や黒が白であり、白が黒であると、また古い美徳が現代の悪徳であるかもしれないと、私達に説いているように思われる新しい世代の財政専門家が現われている。

　私達が大切にしてきた節約の教えをしばらく考えずに、冷静な方法で、かつ科学的方法でこの節約のパラドックス発生の原因を解明してみよう。次の二つを考えることは問題全体を明らかにするのに役立つ。

　節約のパラドックス解明への第1番目の手がかりは次のことである。経済において、私達は、合成の誤謬(the logical fallacy of composition)に対して常に注意しなければならない。それぞれの個人にとって個別的に良いことでも、全体の人々にとって必ずしも良いこととは限らない。いくつかの状況の下では、1人の個人の賢明な行為は社会的にばかげた行為で

あるかもしれない。具体的に言うと、このことは、それぞれの人が皆貯蓄を増やそうとする*試み*が、（特定の状況では）社会のすべての人々が実現する*現実の(actual)*貯蓄の減少になるかもしれないことを意味しているのである。斜体字の言葉"試み"と"現実の"に注意せよ。もし人々が失業しておりそして所得の受取りが少ないならば、試みと現実のという二つの言葉の間には大きな違いがあるかもしれない。

　節約のパラドックス解明への第 2 番目の手がかりは、国民所得が不況の水準にあるかどうかという問題にある。私達は、もし完全雇用にあるならば、明らかに、現在の消費に使う国民生産物が多ければ多いほど、資本形成に利用できる国民生産物は少なくなる。もし生産物が常に最大の状態であると仮定できるならば、昔からよく言われた節約の教えは完全に正しい（注意しなければならないことであるが、個人と社会の両方の立場から正しい）。

　フランクリンの時代のアメリカ植民地のような未発達な農業社会では、フランクリンの教えは正しかった。このフランクリンの教えは第 1 次世界大戦中と第 2 次世界大戦中にも正しかった、またインフレで好況の期間にも正しい。つまり、もし人々が一層節約すれば、少ない消費は一層多くの投資を可能にするのである。

　しかし、完全雇用でのインフレの状態は、私達の最近の歴史の中ではごくまれにしか現れていない。大部分の期間、かなりの資源が使われないままであり、かなりの失業者がおり、需要と投資と購買力はかなり不足している。このような完全雇用でないケースの時には、すべてのことは逆になる。かつて社会的美徳であったことは社会的悪徳になるかもしれない。個人にとって正しいこと（節約の増加は貯蓄と富の増加を生じさせること）は、全体としての社会にとって全く正しくないかもしれない。

　失業の状況の下では、*貯蓄しようとする試み*は、一層多くの貯蓄ではなく、一層少ない貯蓄という結果になるかもしれない。貯蓄をする個人は自分の消費を切り詰める。この人は以前に比べ一層少ない購買力しか企業に渡さない。それゆえ、誰か他の人の所得は減少する。なぜなら、ある人の支出は別の人の所得になるからである。たとえある 1 人の個人が一層多く貯蓄することに成功するとしても、その成功は誰か他の人が貯蓄を減らすように追いやられることによってである。たとえある 1 人の個人が一層多くのお金を貯めることに成功するとしても、誰か他の人はお金を貯めないで済まさなければならない。たとえすべての人々がお金を貯めようとしても、そのように貯めることに必ずしも全員が成功できるわけではなく、むしろこれらの人々は貨幣の流通速度を落とすかもしれない（そして国民所得を減らすかもしれない）のである。

　このように、失業が存在するときには、消費と投資は補完的であり、競合的でない。一方を増やすことは他方も増やす。逆に、（貯蓄するために）消費を切り詰めようとする試みは、所得の減少になり、すべての人々がかなり貧しいと感じ、もはや投資に回る以上に貯蓄しようとしなくなるにすぎない。その上、所得の一層低い水準では、資本財は一層わずかしか必要とされない。それゆえ、*節約の結果、投資も現実に一層少なくなるであろう*。

　図 7 の所得分析を見ることによって、このパラドックスについての私達の常識的理解を

もっと確かなものにしてみよう。節約、つまりの貯蓄しようとする望みの増加は、SS 曲線を $S'S'$ へと上方にシフトさせる。新しい交点 E' は今や一層低い所得水準であることに注意せよ。さらに、誘発投資の減少ために、所得の低下は一層少ない投資しか発生させない。それゆえ、所得と投資のどちらも現実には減少する。一層多く貯蓄しようとする試みは、一層少ない現実の貯蓄という結果になる。

もしこのことが事実ならば、次のことは重要な教えになる。不況のとき好況を取り戻すには、人々に切り詰めた生活をするように、つまり一層多く貯蓄するように、決して二度と促してはいけない。結果はちょうど逆になる（悪性のデフレスパイラル(the vicious deflationary spiral)を一層悪化させる）からでである。

貯蓄をもたらすために裕福な人々が必要とされている、つまり貯蓄曲線を押し上げるために所得分配の不平等が必要とされている、という主張はどのようであるか。不況のとき、私達はこの主張も悪い結果になるのを知っている。資本財産業のために活動している経済ロビィストは、たとえ心の底では資本財産業のために働くという個人的立場にあるとしても、不況のときには、貯蓄曲線を押し下げるために、それゆえ（現実に所得の低下にのみ導く）貯蓄を抑えるために、節約を控えることを支持する。なぜなら、節約を控えるときにのみ、投資と重工業での資本財の売上高が盛り上がるからである[7]。

デフレギャップとインフレギャップ

乗数は両刃の剣である。この剣は、あなたを守るために他の人に切りつけることもあれば、あなたに向かって切りつけることもある。乗数は、見てきたように、新投資の効果を増幅させる。しかし、乗数は投資のどのような*減少*もその影響を下方に増幅させる。例えば、もし投資機会が私達の初めの 100 億ドルの水準からゼロに下落すれば、国民所得は（1,700 億ドルから、社会が十分に貧しくなりすべての純貯蓄をやめる 1,400 億ドルの収支分岐点まで下方に）3 倍下落しなければならないであろう。

このことは、私達が国民所得の均衡水準と呼んできたものが、特に良いとは限らないことを示している。もし投資が少なければ、国民所得の均衡水準は大量の失業と国の資源の大量の未利用を伴うであろう。私達が望ましい目標とみなすことができる唯一の国民所得の水準は、完全雇用の近くの水準である。しかし、投資機会が完全雇用の下での貯蓄(full-employment saving)とたまたま同じ大きさである場合にのみ、私達はこのような高い雇用水準を実現するのである。

もしこの完全雇用の下での貯蓄を民間投資（あるいは政府の政策）によって“吸収”で

---

7) 私達は、節約を控えるべきであるという主張が、完全雇用の状況においては適切でないのを見てきた。だが、節約が、所得を引き下げることによって、利子率も引き下げ、投資を促すかもしれないという事実を考慮すると、節約を控えるべきであるという主張をわずかであるがいくらか修正する必要がある。だが、著者の意見として、不況の期間においては節約が投資を促すかもしれないという留意事項は重要でない。

きなければ、国民は完全雇用を享受し続けることができない。吸収できないとき"デフレギャップ"(a deflationary gap)があると言われており、このデフレギャップの大きさを、完全雇用の下での貯蓄と比較した投資の不足によって（つまり、完全雇用の点線上での貯蓄曲線と投資曲線の間の縦の距離によって）計測できる。

　例えば、投資は 150 億ドルにすぎないが、もし 2,000 億ドルの国民所得の完全雇用の下での貯蓄が 200 億ドルであるならば、私達はデフレギャップが 50 億ドルであると言う。国民所得は、完全雇用の水準に留まることはできず、1,850 億ドルへと約 150 億ドル下落しなければならない。

　今、しばらくの間、前へ進むのをやめよう。国民所得は完全雇用の水準に 150 億ドル足りない。このことは、完全雇用をもたらすためには、150 億ドルの民間投資もしくは公共投資を必要とすることを意味するのか。あなた方は、投資のドルが国民所得への乗数効果がある高出力のドルであることを思い出すやいなや、"いいえ"と答えなければならない。50 億ドルのデフレギャップを埋め合わせるためには、せいぜい、50 億ドルだけの民間投資または公共投資を必要とするにすぎないからである。第 2 次的消費支出が、残りを埋め合わせ、最終的には国民所得のまるまる 150 億ドルの増加に導くであろう。

　私達の理論は不況を説明している。総需要が小さすぎるのではなく大きすぎるインフレーションを説明するにも、この理論が役立つならば、この理論は、もっと有益で一般的な理論になる。

　貯蓄曲線と投資曲線が完全雇用の破線の右側でのみ交差すると仮定してみよう。このケースにおいては、完全雇用の下での貯蓄は完全雇用の下での投資よりも少ない。私達は、デフレギャップに直面するのでなく、"インフレギャップ(inflationary gap)"と呼ばれるものに直面するのである。このインフレギャップを、完全雇用の下での投資が完全雇用の下での貯蓄を上回る縦の超過によって測定する。あるいは、数値として同じことになるが、このインフレギャップを、完全雇用の社会が、現実に生産した財の金額と、この金額を上回る、完全雇用の下での自分達の所得により、消費財と投資財に支出しようとする金額の間の差によって測定する。

　インフレギャップはデフレギャップの反対であるが、雇用と生産へのインフレギャップの影響は、数量的特徴がデフレギャップの影響とわずかに異なる。デフレギャップは生産を完全雇用の水準の 4 分の 3 あるいは 2 分の 1 にさえ左に、つまり下方に動かすことがありえる。しかし、インフレギャップは、雇用を完全雇用つまり最大の雇用の 150 パーセント右に、どうしても動かすことができない。インフレギャップは、経済状態を、国民所得の実質値について、破線で示した完全雇用線(full-employment line)よりもはるか右に移すことができないのである。

　購買力の超過は、物価の上昇とインフレスパイラルになるにすぎない。つまり、貨幣国民所得は"名目"価格(paper price)の変化によって拡大する、しかし実質国民生産物は完全雇用での最大の水準を超えることができない。不幸なことに、インフレギャップが存在する限り、

投資需要あるいは消費需要が運よく十分に下落するまでの間か、あるいは私達が十分に賢くなり一つの国家としてインフレギャップを一掃する調整政策(corrective policies)を採択できるまでの間、物価の上方への動きは続くであろう。

　第 18 章での財政政策についてのいくつかの重要な問題の内の一つは、インフレーションになることなしに高水準の雇用を維持できるように、インフレギャップとデフレギャップの両方に対し、公的な税金と支出によって、調整することを試みる問題である。

所得分析においての課税と政府支出

　私達の分析を、政府の経済活動を無視する過度に単純化しているケースを超えて、進めてみよう。現実に即したものにするためには、政府支出と租税が所得決定に及ぼす効果を調べなければならない。

　もし最初に租税を一定に固定するならば、政府支出の効果を最もうまく分析できる。財とサービスへの政府支出は労働とその他の生産資源をかなり使うので、私達は第 11 章で国民純生産が、二つではなく次の三つの部分で構成されていることを学んだ。

$$NNP = 消費支出 + 民間純資本形成 + 財とサービスへの政府支出$$

　それゆえ、図 8 の 45 度線図において、消費曲線の上に民間投資だけでなく政府支出 G も重ねなければならない。このことは、公共の道路建設が民間の鉄道建設と金銭的に何ら変わらないからであり、また無料の公共図書館を維持するために必要な公的消費支出(collective consumption expenditure)が、映画あるいは貸本への民間消費支出と雇用に同じ効果を与えるからである。

図 8　政府支出の所得決定への効果

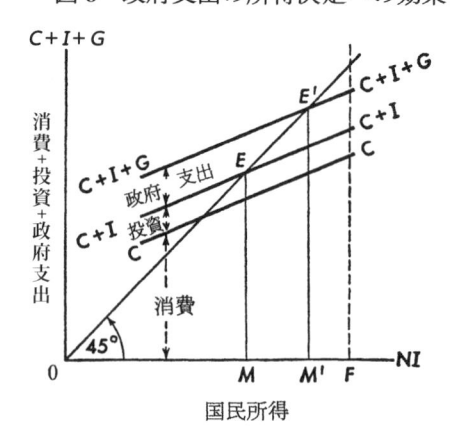

　増税のない状況での政府支出の増加は、民間投資とちょうど同じ様な所得への乗数効果を得る。消費曲線の上に、私達は国民純生産の他の二つの構成項目、つまり、民間投資 I と財とサービスへの政府支出 G を加えなければならない。

民間投資に政府支出を付け加え、そして 45 度線との交点に進むと、国民所得の均衡水準を読み取ることができる。それゆえ、政府支出だけを取り上げそして租税を無視するならば、明らかに、政府支出は民間投資の所得への乗数効果と全く同じ様な乗数効果を得る。もちろん、この理由は、政府から最初の所得を受け取る道路建設労働者、図書館員、さらにその他の人々が消費再支出の連鎖を始動させるからである [8]。

　さて、租税の国民所得への影響を簡単に調べてみよう。もし政府が租税によって私達の所得の内の 200 億ドルを徴収するならば、2,000 億ドルの国民所得の内、消費と貯蓄に回すことができる可処分所得として、1,800 億ドルのみが私達には残っているにすぎない。同様に、1,800 ドルの国民所得の内、私達には 1,600 億ドルの可処分所得のみが残っているにすぎない。それゆえ、租税の総額が大きければそれだけ、可処分所得の国民所得との比率が小さくなり、どのような所与の国民所得の水準においても消費は少なくなる。消費曲線は租税の額だけ*右*にシフトする（なぜならもし消費（と可処分所得）を同じままに維持しようとするならば、国民所得は全租税額だけ増加しなければならないからである）。このような*右へのシフト*は下方へのシフトでもある。

　図 9 は租税がどのように消費曲線を右下方にシフトさせるかを示している。200 億ドルの

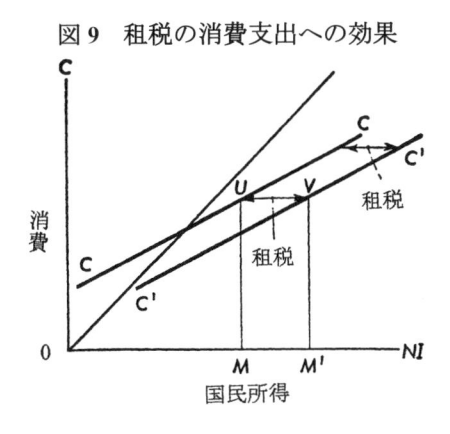

図 9　租税の消費支出への効果

　　課税後、以前と同じ消費（および可処分所得）を得るためには、
　　国民所得は *M* から *M'* に増えなければならない。それゆえ、新しい
　　消費曲線は租税の額だけ右にシフトする。消費曲線のこの右下方へ
　　のシフトは、租税と同額の政府支出の増加が国民所得を増加させた
　　のとほとんど同じ額だけ、均衡国民所得水準を引き下げるであろう。

---

8)　私達の貯蓄－投資図は 45 度線図と同じ答を与える。もし租税が増加しないならば、政府支出の増加は政府赤字の同額の増加を意味する。均衡では、純貯蓄は民間投資+政府赤字に常に等しくなければならない。それゆえ、*I-I* 曲線の上にこの政府赤字を加えると、私達の新しい一層大きな国民所得の均衡水準を得る。

租税を導入した後、以前と同じ可処分所得と消費を得るためには国民所得は M から M' に増加しなければならない。

　明らかに、租税は総購買力を減らしそして国民所得の均衡水準を低下させる。消費曲線の下方へのシフトは均衡点を左下方に動かす。他方、租税を減らすことは購買力と国民所得を増加させる[9]。もし失業が大量にあるならば、減税は全く結構なことである。もし完全雇用でありまた物価が上昇する傾向にあると、租税を減らすことはインフレを煽ることになり、最終的に私達すべての暮らしを一層悪化させる。

貯蓄と投資分析適用のためのいくつかの留意事項

　本章で簡単に述べた所得決定の理論は、力強い分析道具である。この理論は私達が景気循環の上昇と下降を理解するのに役立つ。この理論は、（総純投資の一部である）外国への貸付(foreign lending)が国内の雇用と所得にどのように影響を及ぼすかを、理解するのに役立つ。この理論は、インフレーションと失業に対して闘うために、政府の財政政策をどのように使うことができるかを、理解するのにも役立つ。これらのすべての問題を第2部の後半の数章で論じる。

　意味も分からず他人の言葉をただ繰り返すオウムのような人に、貯蓄と投資という魔法の言葉をただ教えることによって、このオウムのような人が経済の専門家になれるとみなすことは誤りである。貯蓄計画と投資計画の背後で、たくさんのことが生じている。利子率が上昇し、この結果投資曲線を下方にシフトさせるかもしれない。（このことを第13章でさらに論じる。）あるいは政府債およびその他の資産の公衆の保有の増加は、消費曲線を上方にシフトさせるかもしれない。あるいは（広告と新製品の発明によって生じている）生活水準の上昇は、過去においてとちょうど同じ様に、消費曲線を上方にシフトさせるかもしれない。

　手短に言えば、投資が常に自律的なものであり、他方消費が所得に依存する常に従属的なものであるとみなすことは、単純化しすぎである。本当の所、このようにみなすことは、有益であるが、単純化しすぎである。私達がすでに見てきたように、短期においては、純投資のいくらかは所得変化によって"誘発される"かもしれない。同様に、所得がたとえ一定の

---

9)　貯蓄－投資図において、租税の増加は $S\text{-}S$ 曲線を右にシフトさせる。今人々は収入と支出が同じであるためには、一層大きな国民所得を必要とするからである。さらに、国民所得のそれぞれの追加的1ドルの内の租税に回る部分を、貯蓄に回すことができない、それゆえ $S\text{-}S$ 曲線は一層平らになる。もし政府支出が租税とちょうど等しくなるならば、$I\text{-}I$ 曲線に付け加える財政赤字は少しもなく、新しい均衡所得水準はわずかに上昇するだけである。もし政府支出 G が租税 T と同じだけ増加しないならば、財政黒字になる。この財政黒字の額 $T\text{-}G$ を $I\text{-}I$ 曲線から下に下げて　$I\text{-}(T\text{-}G)$ の線を描かなければならない。もし図を注意深く描くならば分かるように、$I\text{-}I$ 曲線の下方へのシフトは $S\text{-}S$ 曲線の下方へのシフトより常に大きいので、新しい均衡点は元の均衡点よりも低い国民所得を与えるであろう[*7]。
　法人貯蓄を租税とほとんど同じ方法で図によって示すことができる、しかしこのことを一層上級の論議に委ねる。

ままであるとしても、消費はときどき自律的に変動するであろう。そして、読者は、貯蓄－投資図と 45 度線図により分析してみると明らかであるが、投資の変化の国民所得への乗数効果と全く同じ様に、消費曲線あるいは貯蓄曲線のこのようなシフトも、国民所得への乗数効果がある。

　最後に、合衆国を“高い－消費経済”にすることを目指す政策によって、つまり、完全雇用の下での貯蓄が、進歩のために必要とされる純資本形成の水準にちょうど等しくなる高い消費計画のある経済に、合衆国をすることを目指す政策によって、合衆国が将来のどのような慢性的不況とも闘うことを支援する少なくとも一つの学派が存在する。

要約

A.　所得決定

　1.　人々に貯蓄させる動機は、企業に投資をさせる動機と全く異なっている。純投資は、新たな人口、新たな領土、新たな発明、新たな嗜好、およびその他のいくつかの成長要因のような自律的要因によって決定される傾向がある。他方、消費と貯蓄は国民所得によって決まる計画によって行われる傾向がある。

　2.　貯蓄しようとする人々の望みと投資しようとする企業の望みは、国民所得の変化によって等しくなる。国民所得の均衡水準は、貯蓄曲線と投資曲線の交点になければならない、あるいは同じことであるが、消費＋投資曲線と総所得の 45 度線の交点になければならない。

　この問題を最も簡単に説明すると次のようになる。投資は指図する立場にある。投資は所得を上昇させたり下降させたりする。その後、貯蓄が所得の変化を通じて投資と同じ大きさになるように調整されるので、投資と貯蓄は等しい [10]。最も簡単な連鎖は次の図のようになる。

B.　適用と制約

　3.　投資は所得への乗数効果がある。投資が変化するとき、国民所得に同額の最初の変化

---

10)　人々が続けようとする貯蓄と営利企業が続けようとする投資が等しいことは、国民所得が一定になることを可能にする均衡条件である。この均衡条件の等式を、あらゆる所得水準で計測した貯蓄と計測した投資が等しい恒等式と混同するべきでない。このような恒等式との混同は、「結局、買われる量は売られる量に必ず恒等的に等しくなければならないので、需要と供給はおそらく競争的市場価格 (competitive market price)を決定できない」と主張する 1 世紀前の古い誤った考えに似ている。

が生じる。しかし資本財産業での最初の所得の受取者は、いくらか所得を得るとき、追加的な第 2 次的消費支出の連鎖全体を動かし始める。もし人々がそれぞれの追加的 1 ドルの所得の内の約 2/3 を消費に常に支出するならば、乗数の連鎖全体は、1+2/3+(2/3)^2+···=1/(1−2/3) =3 になるであろう。乗数は、投資の増加も減少も増幅させて、国民所得を増やしも減らしもする。乗数は数値としては MPS の逆数に等しい。このことは、1 ドルの貯蓄の変化を生じさせるためには、1 ドル以上の所得の変化を常に必要とするからである。

4. 一層多く貯蓄しようとすることは、全体としての社会にとって、貯蓄の増加の達成と全く異なる結果になる。この節約のパラドックスは、節約の増加が所得を減らし、さらに、投資への誘発効果によって、現実に純投資の減少にもなることを示している。雇用が完全雇用のままであるときにのみ、消費と投資は競合的関係であり続けける。完全雇用のときにのみ個人の美徳は常に社会の美徳になる。

それぞれの個人には、愛国的であろうとして、自分のお金を無駄遣いしようとする生活習慣はない。このため、適切な国家政策によって、私達は、個人の美徳がもはや社会的に馬鹿げた行為にならないような、高い雇用状態を生み出さなければならない。

5. 手短に言えば、私達は完全雇用での貯蓄と投資がちょうど一致するようにして、インフレギャップとデフレギャップの両方を避けなければならない。

6. 安定を目指す闘いのため一つの武器は、政府の財政政策である。つまり、政府支出だけの増加は、民間投資の効果と全く同様に、国民所得への拡張効果がある。逆に租税だけの増加は、国民所得の均衡水準を小さくさせることになる。

政府の財政黒字、財政赤字、政府債、および財政政策の分析を第 18 章で行う。第 18 章までの中間にある数章で、貨幣、物価および利子の分析、国際金融の分析、さらに景気循環の激しい変動の分析を行う。

論議のための質問

1. 人々に貯蓄させるいくつかの動機は何ですか。人々が自分達の貯蓄を保有できる形態にはどのようなものがありますか。

2. あなたは企業家であると想定してみよう。どのような変化によって、あなたはもっと多く投資しようとしますか、逆に、もっと投資を減らそうとしますか。現実の投資に対し、いくつかの実現可能な計画を作成しなさい。これらの計画は、第 11 章での異なる種類の民間純資本形成の内の、どれにうまく当てはまりますか。

3. 貯蓄−投資図と 45°線(あるいは消費+投資)図は、国民所得がどのようにして決定されるかを示す異なる二つの方法です。それぞれの図を描きなさい。これら二つの図が同じものであることを示しなさい。あなたはどちらの図を好きですか。

4.　純投資が(*a*)200 億ドルに、(*b*)400 億ドルに等しいと仮定して、表 1 を作り直しなさい。この結果実現する国民所得の差はどれほどですか。実現する国民所得の差は投資の差よりも大きいですか、それとも小さいですか。なぜですか。

5.　乗数について(*a*)日常の知識、(*b*)算数 および (*c*)幾何学によって、2、3 段落で記述しなさい。

6.　「誰も投資支出を考慮して貯蓄*しようとしていない*けれども、すべての人々が貯蓄をうまく実現できる額は、国民所得が変動することによって、投資と一致する。しかも、残酷なプロクルステス(Procrustes)がベッドの長さに合わせて旅人の足を切ったように、もし貯蓄しようとする望みが実現される投資と比較して大きいならば、所得と雇用が減少することによって貯蓄と投資の一致が成し遂げられる、逆に、投資が貯蓄を超過するならばインフレを伴う需要の拡大によって、その一致が成し遂げられる。」あなたはこの見解に同意しますか。ここで述べている貯蓄と投資の最終的*等しさ*は、計測した貯蓄と計測した投資の*恒等関係*と同じことですか。

7.　あなたはデフレギャップを図 2 においてどのように計測しますか。図 3 と図 4 ではどのように計測しますか、表 1 ではどのように計測しますか。あなたはインフレギャップを示すためにはこれらの図をどのように変えますか。

8.　節約に賛成と反対の議論をしなさい。(*a*)個人の観点と社会の観点の間を、そして(*b*)景気の異なる状況の間を、注意深く区別しなさい。

9.　(*a*)政府支出、(*b*)租税、(*c*)外国人から財とサービスを買うよりも外国人にこれらの財とサービスを売る方が少ない場合のそれぞれについて、所得への影響を簡単に述べなさい。

10.　法人貯蓄はなぜ消費計画に租税と同じような影響を与えますか。

11.　あなたは、国民所得について現実に貯蓄と投資分析を行うためには、どのような事項を付け加える必要があると考えますか。

第13章　物価、貨幣および利子率

　本章を三つの部分に分類する。最初の A では（インフレーションとデフレーションという）物価の変化の重要さを論じる。第 2 の B では私達の貨幣供給、および貨幣供給量と物価水準の間の関係を説明する。さらに第 3 の C では、貨幣量がどのように利子率の水準と金利構造(the structure of interest rates)に影響を及ぼすかを調べる。

A.　物価

インフレーション、デフレーションおよびいくつかの経済的階級の間での所得の再分配

　インフレーションとは、全般的な価格上昇の期間を言う。デフレーションとは、ほとんどの価格が下落している期間を言う。インフレーションとデフレーションの根本的原因は、売りに出される財のフローと総貨幣支出(total money *spending*)の比率の変化である。もし市場にやってくる購買力のフロー（総貨幣支出）の合計が財の十分なフローによって満たされないならば、物価は上昇する傾向となる。他方で、総貨幣支出が低下するとき、物価と生産物の実質的フロー(the real flow)は低下する傾向となる。

　インフレーションにおいてもデフレーションにおいても、あらゆる価格は同じ方向に、また正確に同じ比率で動くとは限らない。*相対*価格(*relative prices*)と総支出の変化の結果、インフレーションとデフレーションの二つの過程は、(1)総生産物と(2)経済階級の間での所得分配について、明確で、特徴のある変化を生じさせる。

　インフレーションは、債権者と定額所得受取者に損害を与えて、債務者と利潤受取者に有利になる傾向がある。他方、デフレーションの影響はこの反対になる。1 人の債権者が今日 1,000 ドルを貸し、今から 1 年後に返済されると想定してみよう。もしこの間に物価が 2 倍になるならば、債務者は貸してもらった実質購買力(real purchasing power)の約半分しか返済しないことになる。

　1920 年から 1923 年にかけてのドイツでのインフレーションのように、もし物価が 1 兆倍に上昇するならば、債権者の財産は完全になくなる。このことはドイツの大学の寄付基金(endowments)と生命保険という資産で実際に起こった。第 2 次世界大戦後、モーゲージ証券によって年間 4%の収入を得ていたアメリカの人達は、ドルでの*実質購買力*に関する限り、元の資産さえ保有していないと気づいた。第 1 世界大戦の間と直後では、アメリカの物価は不十分にしか統制されておらず、その結果、教師や郵便局員や会計係のようなホワイトカラー労働者は、生活費の上昇に直面して、自分達の比較的定額の所得では生活水準を維持するには不十分であると気づいた。定額の年金、年金型生命保険(life-insurance annuities)、あるいは債券の利子で生活している寡婦は、戦後の 1 ドルでは戦前の 50 セント硬貨以下しか物が

買えないので、同じ様に困った状況にあると気づいた。

　他方、自分のお金を不動産、普通株、何袋もの小麦粉に投資している誰もが、インフレーションの間に大きな金銭的利益(money profit)を得る。企業の売上額は跳ね上がる。価格は、実業家が商品を仕入れ、その後売るまでの期間に上昇する。固定費用あるいは共通費用は同じままである。その他の費用は上がるが自社の価格ほど急速ではない。これらすべての理由のために、利潤は増加する（しばしば生活費が増加するよりも速く増加する）。このような大幅なインフレーションの時期には、向こう見ずなばか者はすべて、金融取引にたけた人になることができる。強い労働組合を組織している職業に従事している一部の労働者は、戦闘的団体交渉によって、高い生活費に追いつくことができる。だが、多くの労働者は実質賃金が減少していることに気づく。

　デフレーションのとき、状況は逆になる。債権者と定額所得受取者は、債務者と利潤受取者に損害を与えて利益を得る傾向がある。債権者は、お金を貸しそして返済してもらう期間にもし物価が下落すれば、貸したよりも大きな購買力を取り戻す。商人は、商品を仕入れそして売るまでの期間に、損失をこうむるに違いない。

　職を続けることができ、さらに給料もあまり大きく減らされない学校の教員は、自分の実質所得が増加しているのに気づく。好況の間普通株を購入しようとする誘惑に耐え、代わりに自分のお金のすべてを優良政府債に投資した寡婦は、自分の暮らし向きが良くなっているのに気づく。同じ時に、政府は、公債の実質的負担が租税収入および国民所得と比較して増えているのに気づく。マットレスの中の隠し場所にお金をしまいこみ、貨幣利子(money interest)を少しも稼いでいない貨幣保蔵者は、物価が下落する日ごとに、自分の財産の実質価値が増加していることに気づく。もし物価が年10パーセントの率で下落すれば、この貨幣保蔵者は、貨幣保蔵という社会との交わりのない行為によって、実質で10パーセントの利子率の報酬を受け取っていたことになる。他方、誰かに仕事を与えている判断力の悪い実業家は、利潤を得るどころか、元の経費さえ取り戻せないことにおそらく気づくであろう。

物価変動の生産高と雇用への影響

　物価の上昇は通常雇用の増加と結びついている。緩やかなインフレーションにおいては、産業活動は十分に円滑になり、総生産量は増加する。民間投資は活発であり、仕事はたくさんある。それゆえ、少しのインフレーションは、普通、少しのデフレーションよりも望まれる。定額所得集団の損失は、それ以外の社会の人々による利益の獲得よりもかなり小さい。比較的定額の賃金を得ている労働者でさえ、雇用機会の改善と手取り給料(take-home pay)の増加によって、しばしば暮らし向きは良くなる。さらに、新規発行の有価証券の利子率の上昇は、債権者のどのような損失も部分的に償うかもしれない。

　他方、デフレーションにおいては、労働者の失業と資本の未利用の増加は社会の厚生の合計を減少させる、それゆえ、利益を得るわずかの人々は、損害を受ける人々の損失に比べて、ずっと少ない利益しか受け取らない。実際のところ、深刻な不況においては（回収不能な債

権を持ったままになっている債権者を含めて）、ほとんどすべての人々が損害を受ける。

　上述の見解は、失業が発生している時期の消費支出あるいは投資支出の増加が、たとえ物価上昇への圧力がいくらかあるにせよ、なぜ良いことであるかを、説得力をもって示している。もし経済システムが深刻なデフレーションに見舞われているならば、公的支出あるいは民間支出がインフレーションになるかもしれないという理由で、これらの支出を批判することはほとんど意味がない。実際、これらの支出の増加の大部分は、その後生産量を増加させ、仕事を創出するであろう。しかし逆の説明によって、完全雇用と生産設備の能力の最大限の利用が達成されるやいなや、支出のどのような一層の増加も、必ず"名目の"物価上昇(paper price increases)だけとなって、完全に無駄になるに違いないことは明らかである。

ギャロッピングインフレーション

　もし物価上昇を、例えば、年5パーセント以下に抑えることができるならば、この程度の緩やかな持続的インフレーションをあまり心配する必要はない。もし物価の上昇がすべて賃金の引上げと費用の上昇へのシグナルになり、さらにこの賃金の引上げと費用の上昇が再び価格を一層上昇させるならば、私達は悪性インフレーション(malignant inflation)、ギャロッピングインフレーション(galloping inflation)、ハイパーインフレーション(hyperinflation)のまっただ中にいるかもしれない。1920年から1923年にかけて、ドイツで発生したような急激な物価上昇には、語るべき良いことは何もない。生産だけでなく社会秩序さえもこの時混乱する。貨幣は価値がなくなるので、数多くの集団の人々は財産がなくなる。債務者は、価値の無くなった貨幣で債務を完済するために、債権者の気持ちを考えないで、債権者の所にやって来る。投機家はぼろ儲けをする。主婦は、物価がさらに上がる前に夫の給料支払小切手を急いで使うが、このように使うことによって、物価は一層速く上がるだけである。

　1人の南部の人は、南部連合インフレーション(the Confederate inflation)の間に、次のように言った。

　私達は以前ポケットの中にお金を入れて店に行き、かごの中に食べ物を入れて帰ってきたものだった。今では私達はかごの中にお金を入れて店に行き、ポケットの中に食べ物を入れて戻ってくる。お金を除いてすべてが不足している。物価は狂乱状態にあり、生産は混乱状態になっている。1枚のオペラチケットと同じ金額の代金が必要であった1回の食事は、今やそのオペラチケットの20倍も代金がかかる。誰もいくら代金を請求すればよいか分からないので、商取引はしばしば行き詰まる。結果として、すべての人は"物"を蓄え、"悪貨"である紙幣を手放そうとするので、このことは"良貨"である金属貨幣を流通しないようにさせてしまう。この結果、物々交換は不便であるにもかかわらず、一部物々交換に戻ることになる。

　幸運にも、戦争の最中あるいは戦争や革命の影響を受けた時期を除いて、ハイパーインフレーションの事実は、たとえあったとしても、ほんのごくわずかであった。しかし、完全雇

用に近づくときにはいつでも、私達の経済システムが不安定になり、価格が爆発的に上昇する傾向になることを恐れる一部の経済学者がいる。労働者、農夫および企業家達は、もし自分達の福利が自分達の貨幣収入によってだけでなく、自分達の貨幣によって買うことができるものによっても決まることに気づけば、おそらく、今後一層高い価格と一層高い貨幣賃金を要求するのを手加減しようとするかもしれない。このように要求を手加減することは好ましい結果をもたらすであろう。なぜならば、このとき、購買力のどのような増加も、単に一層高い物価だけとなって消失するのではなく、雇用と実質生産高の増加を生み出すからである。

もし労働者、農夫および企業家達がこの教えを学び取らなければ、私達の経済システムは、苦境に陥るかもしれない。この教えを学び取らない場合には、経済システムを完全雇用の近くまで持って行く十分な購買力があるときにはいつでも、物価と賃金の上方への悪性スパイラルという結果になるであろう。完全雇用が達成されるよりもかなり前に、物価はどんどん上がり始めるかもしれないことは、きわめて気味が悪い[1]。この結果、完全雇用を決して達成できない。

このような物価上昇の動きに、物価と賃金への政府による直接統制、つまり物価管理局(OPA)による統制の継続的実施を良いと信じている人々は、驚かないだろう。だが、企業の自由に価値を与え、不必要な命令的政府統制(authoritative government controls)を嫌う人々は、このような物価の動きには大いに困るであろう。なぜなら、比較的自由な経済において、もし物価安定を求めることと高い雇用の状態で発展する社会を求めることが両立しないならば、多くの人々は、気づいてみると、政府統制の継続的実施に賛成する集団に、不本意ながら、加わっていることになるからである[2]。

長期の物価の動きについての目標

理想として、私達はすべて、過度の景気循環が緩和され、さらに発展する完全雇用経済を望んでいる。景気循環が好況から不況あるいは恐慌へと移るとき、私達は"物価の激しい変動"を制御したい。しかし、物価の長期的趨勢に関して、異なる立場の経済学者達が支持している次の三つの実現可能なプログラムがある。

1. *物価は（一般に）安定しているべきである。* 人口の増加と技術進歩によって生産が時

---

1) このことは、1936−1937年の短期の好況において起こったことである。なおこの好況の後、急激であるが、短期の1938年の景気後退が発生した。

2) 著名なイギリスの経済学者であり、ゆりかごから墓場までの社会保障に対するイギリスの総合計画の作成者でもあるウイリアム・ベヴァリッヂ卿(Sir William Beveridge)は、最近の著書 *Full Employment in a Free Society*, W.W. Norton & Company, New York,1945（W・H・ベヴァリッヂ著・井出 生訳『自由社会における完全雇用』日本大学経済研究所、1951年）において、（もし必要ならば）価格および賃金統制を支持している。完全雇用実現のための価格−賃金政策の難しさを、財政政策についての第18章の終りで再び論じる。

間の経過とともに増加するとき、総支出も増加する。貨幣賃金と実質賃金も、時間の経過とともに生産性の増加の結果上昇する。

2. *物価は緩やかに上昇していくべきである。*完全雇用の下での生産量(full-employment output)は生産性と成長によって増加していくので、総支出は物価よりも一層急速に上昇する。貨幣賃金も急速に上昇する。しかし生活費の上昇傾向のため、実質賃金の増加はあまり大きくない。

3. *物価は持続して下落していくべきである。*貨幣賃金と財産所得の総額はほぼ一定にとどまる。しかし技術による生産性の向上によって生じる生産物の増加は、消費者に物価の低下の形で恩恵を与える。たとえ貨幣賃金が一定のままであるとしても、実質賃金は上昇する。物価のこのような下落は、以前よりも生産費用が低下することによって生じるのであれば、企業活動を必ずしも過度に弱めない。

もし失業が低い数値に維持されるならば、これらの三つの解決策のすべては悪いものでない。しかし経済の歴史の分析によれば、高い雇用が 3 番目のプログラムの下では維持されることが最も少なくなり、公債の実質的負担は最も重くなる。堅実な資本主義の発展という活気にあふれる大部分の期間は、物価が安定しているかあるいは緩やかに上昇している期間であった。（誰かが、物価を安定させるか穏やかに上昇させて資本主義を発展させようと計画したのではなく、ただ私達の貨幣制度が貴金属により成り立っており、さらにコロンブスが偶然新大陸を発見しただけの理由で）スペインによる新大陸の金が物価を上昇させていた数世紀の間、資本主義それ自体は発展した。もし今後数十年間デフレになり、物価が下がり続けるならば、自由な民間企業の存続期間はおそらく短くなるかもしれない。

B.　貨幣と物価

さて本章の 2 番目の問題、つまり貨幣供給量と物価水準の間での起こりえる関係を調べてみよう。

3 種類の貨幣：小額硬貨、紙幣および銀行預金

私達が皆毎日関わりを持っている貨幣の主な種類を挙げてみる。小額硬貨(small change)、紙幣(paper currency)、そして銀行預金通貨(bank-deposit money)である。

最初に、1 セント銅貨(copper pennies)、5 セント白銅貨(nickel five-cent pieces)、10 セント銀貨(silver dimes)、25 セント硬貨(quarters)、50 セント硬貨(half dollars)、そして（極西部地方(the Far West)での）1 ドル銀貨(silver dollars)といった小額硬貨がある。これらはすべて私達のいわゆる"補助貨幣"(fractional currency)となっている。これらの硬貨は、合計しても、全体としてあまり大きな金額にならない(実際、社会の現金の 20 分の 1 よりももっと少ない)。

これらすべての硬貨の材料となっている金属は、これら硬貨の額面価格よりはるかに少ない価値しかないので、これらの硬貨は"名目貨幣"(token money)と呼ばれている。明らかに、これらの硬貨を他の種類の貨幣（例えば20枚の5セント白銅貨を1ドル紙幣など）と容易に交換できるという理由だけで、これらの硬貨はその金属の価値をはるかに超える価値を持っている。誰もこれらの硬貨を押しつけられていない。これらの硬貨の数量は、煙草や新聞などを買う目的のための公衆のこれらの硬貨に対する需要によって、限度を定められている。

　2番目の種類の貨幣である"お札"（folding money）、つまり紙幣(paper currency)は、はるかに重要である。私達の大部分は、1ドル札あるいは5ドル札について、ある有名なアメリカの政治家の肖像画が印刷されていること、1人あるいはもう1人の官吏の署名があること、そして（すべての内で最も重要なことであるが）額面金額を示す数字が印字されていること以外に、ほとんど何も知らない。

　あなたは、もし1ドル札をじっくり見るならば、この1ドル札に"銀証券"(Silver Certificate)という言葉が入っていることに気づくであろう。このことは、もしあなたが望むならば交換を要求できる1ドル銀貨を、アメリカ財務省が保管庫に保有していることを意味する。しかしすでに述べてきたように、1ドル銀貨は1ドル分の価値を相当に下回る銀しか含んでいない。明らかに、あなたは、もし銀を本当に手に入れたいのであれば、ドル紙幣を持って財務省に行くよりも、公開の市場においてこのドル紙幣で銀を購入するほうがもっと良い。アメリカの政治と歴史について詳しく知っている者であれば誰もが、いくつかの紙幣がなぜ"銀"証券と呼ばれるかを知っている。その理由は、銀鉱山がある西部の州選出の数人の上院議員が、連邦議会を説得して、貨幣への使用のために大量の銀を政府に買い上げさせて、銀鉱山に継続的に補助金を与えようとしたために過ぎない。もしこのようなことがなかったならば、銀は貨幣として少しも重要でない。多くの外国の国々は、小額硬貨に対してさえ銀を使用しなくなりつつあり、また東アジアの国々では銀は重要さが低下し始めている。

　あなたは、もし10ドル札かあるいはある他のドル紙幣を注意深く見れば、その紙幣には"連邦準備券"(Federal Reserve Note)と印字されているのを多分見つけるであろう[3]。1ドル札と同様に、この10ドル紙幣には「公的および私的な、あらゆる負債に対する合法的弁済金である(legal tender for all debts, public and private)」と示されており、さらにこの紙幣には「アメリカ財務省かあるいはすべての連邦準備銀行で*法定貨幣と交換できる*(is redeemable in *lawful money*)」と意味のはっきりしない記述も含まれている。議論している"法定紙幣"

---

3)　ニューイングランド以外のわが国の大分部で、見つけると運が悪いと思われている2ドル札は、世間で言われているところの合衆国紙幣(United States Notes)（南北戦争に資金を提供するために使われた裏面が緑色の合衆国紙幣(the greenbacks)の残存物）である。時々あなたは"連邦準備銀行券"(Federal Reserve Bank Note)か、あるいはある近くの国法銀行(national bank)の名前を印字してある"国法銀行券"(National Bank Note)とさえ書いてある紙幣に出くわすかもしれない。これらの紙幣は流通しないように徐々に回収されている。

(legal tender bills)（つまり連邦準備券や銀証券、など）以外に、このようなものが全く*存在しないので*、法定貨幣と言う単語をここではイタリック体で書いてある。言い換えれば、あなたの古いしわの寄った 10 ドル札を、もしあなたが望むならば、手の切れるような 1 枚の新しい 10 ドル札にでも、5 ドル札 2 枚にでも、1 ドル札 10 枚にでも交換できるということである。ただそれだけのことである。

　現在の大学生の世代がちょうど 5 歳の誕生日になり始めた 1933 年にさかのぼれば、おりこうな男の子や女の子が、誕生日に 5 ドル金貨や 10 ドル金貨をプレゼントされることは珍しいことではなかった。さらに金証券(gold certificates)がしばしば流通しているのが見られた。しかし連邦議会が金の購入価格を 1 オンス約 21 ドルから 35 ドルへと引き上げた 1933 年に、（身につけていた結婚指輪や入れ歯の金を除いて）すべての金を、合衆国財務省は買い集めた。この財務省の購入は、金の所有者あるいは退蔵者が、ドルの平価切下げ(devaluation)の結果、67 パーセントの利益を得ることができないようにするために実行された。同時に、（片面は緑色に印刷され、別のもう片面は金色がかったオレンジ色に印刷された 10 ドル札（あるいはそれ以上の金額の紙幣）である）すべての金証券も回収された。これらの金証券は、持参者が合衆国財務省に申し込むと、金を受け取ることができると約束している倉庫の預り証のようなものであった。しかし 1933 年に連邦議会は、これらの金証券を回収するとき、金と交換できるのでなく、通常のドル紙幣とのみ交換できると議決した。事情をよく知らない少数の人々は、今でも金証券を保有しているが、これらの金証券は、一度銀行に持ち込まれると永久に流通することなく、他の紙幣と交換されている[4]。

　貨幣の特質を理解する立場からは、金証券がもはや存在していないことは良いことである。現代の学生は、以前の世代の学生とは異なり、"金の裏付け"(gold backings)が貨幣に価値を与えるといういくらか神秘的確信によって、必ずしも間違いへと導かれなくなった。私達は、何が貨幣の価値を決定するかをもうすぐ理解できるであろう、しかし確かに、金は貨幣の価値決定の問題とほとんどあるいは全く関係していない。

　貨幣が、もし金と交換できるならば、もっと価値を持つとよく言われていることは、正しい関係とは全く逆の関係であることを、経済の専門家は皆知っている。もし金がいくらか貨幣として使用されることがなかったならば、金属としての金の価値は今日の価値よりもずっと低くなっていたであろう。私達は、もっと安く金の入歯を入れることができ、またもっと安く金の結婚指輪を手に入れていたはずである。政府が自国の紙幣に対していくらかの

---

4)　裁判所も、金で貸付の払戻しを要求できる取決めを無効にする法令を支持した。つまりドルによる払戻しのみが認められた。さもなければ、債権者は平価切下げによって 67 パーセントの利益を得るが、債務者は 67 パーセントの損失を出したであろう。第 15 章で見るように、12 の連邦準備銀行は金証券を保有している。実際、これらの 12 の連邦準備銀行は、自行の預金と発行している連邦準備券に対して少なくとも 25 パーセントの金証券を保有することを要求されている。金証券は、この 25 パーセントの限度に十分に到達しているので、金証券保有の要求は連邦準備銀行の行動にほとんど影響を与えていない。

割合の金準備を保有することを要求されるとき、紙幣の量と財への総支出額を縮小するかあるいは拡大する金の能力を通じてのみ、金は物価に影響を与える。このことを、第1次世界大戦後、公開市場において紙幣による金の購入により、新たな金準備を増やすことによって、インフレーションをくい止めようとした愚かなヨーロッパの大蔵大臣達は見落としていた。もちろんこの金の購入の政策の効果は全く逆になった。後に、これらヨーロッパの大蔵大臣達は、この政策と逆のことを行わねばならず、インフレーションをくい止めるために、発行している紙幣を回収して燃やさなければならず、このために手持ちの金を使わなければならなかった。

どうして当座預金を貨幣であるとみなすのか

　貨幣の価値についての問題を考える前に、小額の金属硬貨と紙幣に加えて経済学者が貨幣と呼ぶ 3 番目の種類のものが存在することを指摘しなければならない。これはいわゆる"銀行貨幣"(bank money)（要求がありしだい小切手を振り出すことができる銀行預金）である。私は、もしケンブリッジ信託銀行(The Cambridge Trust Company)での当座預金口座に 1,000 ドルを預金しているならば、この預金口座から振り出す小切手で買物の代金を支払えるので、その預金を貨幣とみなすことができる。この預金は他のどの交換手段とも同じであり、要求がありしだい代金を支払うことができ、またこの預金は 1,000 ドルの金額の数多くの 25 セント銀貨と同じ意味において"価値尺度"(standard of value)つまり"計算単位"(unit of account)として機能している、例えば、この預金と 25 セント銀貨のどちらも、固定の関係で、それゆえ 1 ドルは 1 ドルで、本位貨幣(standard money)あるいは紙幣と交換できる。

　銀行の要求払預金は、貨幣として不可欠な特質を備えているので、貨幣とちょうど同じであるとみなしてもよい。実際、銀行の要求払預金は貨幣と同じであるとみなされている [5]。

　現実に、第 3 章で貨幣について論じたように、大部分の取引が小切手によって完了するので、銀行貨幣は現金よりも量的に大きい。小切手の便利さは、郵送できること、支払わなければならない金額を正確に支払えること、決済された小切手証書(the canceled check voucher)の形で領収証を提供できること、（裏書されていなくても、あるいは実際裏書されていても）盗まれたり紛失したりしたとき、損害を防ぐことができることである。（小切手のこれらすべての長所は、明らかであり、銀行貨幣が広く利用されている理由を説明している。）

　表 1 は 1947 年においての三種類の貨幣量の大きさを実例で示している。

　銀行預金は私達の貨幣供給量のきわめて大きな部分であるので、後の第 14 章と第 15 章の二つの章で、何が銀行預金の総量を決定するか、つまり、主張されているところによれば、銀行貨幣がどのようにして"創造される"かを論じなければならない。どうして、またなぜ銀行預金が第 2 次世界大戦の間に 3 倍以上になったか、さらに、なぜ連邦準備券が 200 億

---

[5]　銀行での私の預金残高は、普通、貨幣であるとみなされている（私が署名する小切手は貨幣であるとみなされていない）。この小切手は貨幣の使用あるいは貨幣の移転のみを示しているにすぎない。預金は、量的には、貨幣それ自体である。

表1　流通している合衆国貨幣の総量（億ドルで）

	1947 年 3 月		1939 年 3 月	
小額硬貨：				
あまり使われない硬貨‥‥‥‥‥‥	3		2	
銀貨‥‥‥‥‥‥‥‥‥‥‥‥‥‥	10		4	
		13		6
紙幣				
連邦準備券　‥‥‥‥‥‥‥‥‥‥	241		43	
銀証券と合衆国紙幣　‥‥‥‥‥‥	23		16	
その他の紙幣（大部分回収中）‥‥	6		3	
		270		62
銀行貨幣				
全銀行の要求払預金（政府預金等を				
除くように調整している）‥‥‥‥‥		804		261
		1,087		329

出所：*Federal Reserve Bulletin*

ドルも増加したのかを論じなければならない。

　第 14 章と第 15 章でこれらの問題を取り上げる前に、まず、現代の貨幣が、世界中で単なる信用と政府の法令により発行されているにすぎず、また商品本来の価値を全く持たないにもかかわらず、なぜ価値を持つことができるのかという問題を解明する。

物価水準の逆数としての貨幣の価値の意味

　まず初めに、貨幣の価値(value of money)が何を意味するかを、しっかりと理解しなければならない。もし小麦が 1 ブシェル 2 ドルの値段であれば、小麦で計った 1 ドルの価値は 2 分の 1 ブシェルである。もし卵が 1 個 5 セントで売られておれば、卵で計った貨幣 1 ドルの価値は明らかに 20 個である。言い換えれば、*貨幣の価値は価格の逆数である*。つまりどの商品の価格も逆数にしなさい、そうすればあなたはその商品で計った貨幣の価値を得る。

　それゆえ、貨幣の価値を示せないことは当然明らかある。異なる商品には異なる価格があるのと同じ数だけ、貨幣 1 ドルにも異なる価値がある。もしあらゆる商品の価格が 2 倍になれば、このとき貨幣の価値が 2 分の 1 に下がったと言うことができる。もしあらゆる商品の価格が 50%下落すれば、貨幣の価値が 2 倍になったと言うことができる。

　しかし、私達は、必ずしもすべての商品の価格が正確に同じパーセントの大きさで変動しないことを、以前から知っている。それゆえ、統計学者は、ある種の合成値、つまり*平均物価水準*の指数を計算することが必要であると気づいている。なお経済学者は、この平均物価水準の指数を、生活費と関係する異なる商品の価格の加重平均値を計算し、さらに、比較の基準として選んだある年のその加重平均値を 100 とした指数で表している。しばしば統計学者は、生活費だけでなくあらゆる*商品の卸売価格*の平均値にも大いに関心を持っている[6]。

今から、貨幣の価値とは一般物価指数の逆数、つまり逆さまにすぎないとみなす。図1は、物価指数を任意に 100 に定める基準期間を、1910 年から 1914 年に選んだアメリカの卸売物価の歴史を示している。

図1　物価水準の変化

1910 年－14 年平均＝100

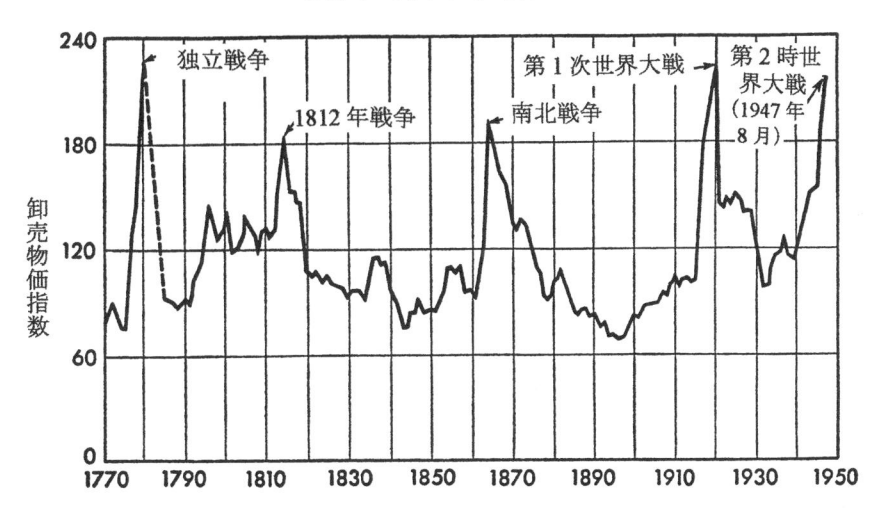

出所：Leonard P. Ayres, *Our National Debt After Great War*, Committee on Public Debt Policy

どうして貨幣量の制限が貨幣の価値を維持しまた物価水準に影響を及ぼすのか

　本章 B の最も重要な次の問題に戻ろう。金の裏付けのない名目貨幣はなぜ価値があるのか。貨幣の素材は価値がないにもかかわらず、物価水準はなぜ無限に高くならないのか。

　価値と関係する他のあらゆる問題と同様に、この問題の要点は結局貨幣の*需要量と比較して貨幣の供給量が少ない*という簡単なことになる。

　貨幣は取引を容易にする大きな利便性を提供する。人々は、貨幣によって買うことができるものを得るために、貨幣を需要する。人々は、*交換手段として使うことができる同じ種類の貨幣*にすっかり慣れてしまえば、どのような種類の貨幣(貝、金属片、紙)を使うことに決めるかは、重要ではない。全く当然のことであるが、政府は、国中で重さや長さや夏時間を

---

6)　平均物価指数を計算するさいに、多くの統計学的ならびに理論的問題がある。すべての商品について、それぞれの時点の正確な価格を得ることが難しいだけでなく、異なる価格にどのようにウエートを与えるべきかという問題もある。菜食主義者の生活費は、ステーキを常に食べる人の生活費とは異なって変化するかもしれないのとちょうど同じ様に、裕福な人の生活費は、貧しい人の生活費と異なって変化するかもしれない。指数の計算がこのように難しいにもかかわらず、異なる種類の平均物価指数の変化がきわめてよく似ていることは、驚くべきことである。

定めるのとちょうど同じ様に、国中で標準通貨単位(the standard monetary unit)を定め、さらに、政府の一部門である裁判所は貨幣の取決めに強制力を与えなければならない。

それゆえ、政府が、発行する貨幣の供給量を厳格に制限する限り、そしてこのように制限することによってのみ、貨幣は高い価値を持つ。（第1次世界大戦後のドイツのインフレーションの期間のように）もし政府が貨幣の供給量を無限に増やすならば、それゆえもしすべての人々が比較的一定量の財にいつも多くの貨幣を支払うことができるならば、価格は上がり、貨幣の価値は下落するであろう。それゆえ次のように理解できる。

貨幣は需要と供給の一般法則の例外ではない。貨幣の価値は相対的稀少性から引き出される。貨幣供給量の増加が財のフローと比較して財への総支出のフローを増加させ限り、物価は上昇し、逆に貨幣の価値は下落するであろう。

貨幣数量説

今までのところ、貨幣はどのような商品とも同じ法則に従ってきた。しかし、貨幣にはさらにいわゆる "貨幣数量説"(quantity theory of money)を信じる経済学者が強調する特徴がある。貨幣数量説を信じる経済学者は次のように言う。

貨幣は他のいかなる商品とも同じでない。貨幣に対する需要は次のきわめて特殊な形態となっている。貨幣の価値を2倍にしなさい、つまり物価水準を半分にしなさい、そうするとあなたがたは、人々が保有したい貨幣の量を、ちょうど半分にするであろう。なぜか。今すべての商品が2分の1しか費用がかからなければ、人々の現金への必要額はただ半分の大きさだけになるからである。実際、完全にすべての商品の価格がちょうど同じ比率で変化するとき、貨幣は需要が変化する唯一の商品である（なぜなら、貨幣以外のすべての商品の価格と需要量の実質的大きさに関する限り、何も変化していないからである）。

このことから、貨幣数量説の論者は（他の事情が一定であるとすると）次の重要な結論に到達する。つまり、*物価水準は存在する貨幣量に直接比例する。*逆に、*人々が保有しようとする貨幣量は、物価水準に直接比例する。*もし3種類の貨幣の総量が M であり、さらに物価水準が P であるとすれば、素朴貨幣数量説(the simplified quantity theory)によれば次の数式になる。

$$M = kP \qquad \text{あるいは} \qquad P = \frac{1}{k}M$$

ここで、もし「他の事情が一定であるとすると」k は一定のままである比例定数である [7]。

---

7) 例えば、もし k が5に等しければ、M は物価水準の常に5倍である。物価を2倍にすることはちょうど M を2倍にする。たとえ k が0.7であるとしても、同じことが当てはまる。重要なことは k が一定のままであることである。このとき物価と貨幣量は比例するであろう。

要点を言えば、以上のことが貨幣数量説である。貨幣数量説はどの程度説得力があるのか。どの程度役に立つのか。明かに、貨幣数量説はきわめて単純化された理論ある。このため今日ほとんどの経済学者は、貨幣数量説が過度に単純化されすぎた理論であると言う。"他の事情"は現実の経済においては必ずしも常に（あるいはしばしば）一定のままではない、それゆえ、貨幣数量説はしばしば成立しないのである。

　しかし、貨幣数量説が現実を単純化しており、またきわめて正確に常に成立するとは限らないという事実を、貨幣数量説を徹底的に扱き下ろすために利用するべきでない。もし少なくとも貨幣数量説が経済の動きのおおまかな方向を示しているならば、この学説を支持できる、と大いに言えるであろう。だが不幸にも、経済の動きの大まかな方向を示しているというこの限られた主張さえ貨幣数量説につては言うことができない。貨幣数量説の弱点は、過去 15 年間の経済的出来事を説明しようとする試みとの関連において、特に明らかになってきている。貨幣数量説の弱点についてのいくつかの理由をこれから見る。

　だが、貨幣数量説を比較的正しいとみなすことができるこの学説の適用のいくつかの例を、挙げることができる。印刷機が大量の紙幣を印刷しているきわめて激しいインフレーションの期間には、因果関係の全体的方向は非常に単純であるので、単純な理論であっても事実を相当説明できる。いくつかの戦争中あるいは戦後の大混乱期に特徴的であったハイパーインフレーションの期間では、貨幣数量説は経済的出来事の説明に役立つことができた。近年の中国やハンガリーのインフレーションは、このような実例を示しており、また 1920 年から 1923 年のドイツのインフレーションもこのような実例を示している。これらの実例よりずっと以前にも、アメリカの歴史において（アメリカ独立戦争の期間および南部連合が膨大な量の紙幣を発行せざるを得なかった期間に）このような実例が発生している [8]。

　貨幣数量説は、いくつかの物価水準の歴史的長期変動を説明するためにも、その説明は十分でないけれども、説得力がある。つまり、スペインによる新大陸での金の発見後の物価上昇、19 世紀中頃のカルフォルニアとオーストラリアでの金の発見後の物価上昇、20 世紀への変わり目頃においての、南アフリカとアラスカでの金の採掘の結果による物価上昇である。

貨幣数量説のいくつかの正しくない点：物価は総支出に比例しない [9]。

　貨幣数量説が物価について正しいとみなすことは、どちらも必ずしも一般に正しくない次の二つの命題に基づいている。つまり、(1)*物価は総支出*に比例しなければならない、そして (2)*総支出*は存在している*貨幣の総量*に比例しなければならない。それゆえ、物価は貨幣

8)　まさしくこのような期間においてさえ、精力的観察者は、貨幣を発行し続ける比率で物価上昇が発生し続ける根本的理由を、貨幣数量説が説明していないと思っている。因果関係の事実に合致した方向は、M から P への一方通行で決してないからである。

9)　貨幣と物価ついての貨幣数量説の正しくない点を述べる本節と次節を、現代の視点と過去の視点の間の関係に関心のない読者は、飛ばして読んでもかまわない。

の総量に比例することになる。もし(1)と(2)のどちらか一方かあるいは両方とも正しくないならば、貨幣数量説は物価について正しく説明できない[10]。

　もし私達が景気循環の深刻な不況から上方への転換の期間を調べれば、物価が総支出に常に比例するとは限らないことを、明らかに確かめることができる。たとえ財の生産量が総支出と一緒に増加するとしても、労働者が失業し、未利用な工場がまだある限り、物価は必ずしも大幅に上昇するとは限らない。現実に、大量生産の経済では、需要が増加するとき、物価が低下するかもしれない。完全雇用でなおかつ総生産量が一定であるというきわめて非現実な仮定を定める場合にのみ、総支出[11]の増加は常に物価を比例的に上昇させるであろう。しかし、この仮定を定めず、総生産量が2倍になる場合には、物価にいかなる影響も与えることなしに、総支出を2倍にすることができるであろう。

　大部分の景気循環について、真実は次の様な中間のどこかにある。つまり、

不況の水準を上回る総支出の増加は、生産量をかなり増加させる、しかし平均物価を総支出に比例して上昇させない。景気下降局面では、総支出の減少は生産量と雇用を減少させる、しかし物価を総支出に比例して低下させない。

貨幣数量説のいくつかの正しくない点：総支出は貨幣ストックに比例しない

　貨幣量は資本項目あるいは資産項目である。どのような資産とも同様に、貨幣量は一瞬の時間に存在している。瞬間の"静止写真"、つまり貸借対照表は貨幣量を記録する。他方、（すべての"移転"取引を除き）支出は、*一定期間の所得のフロー*、つまり1日当たり、1ヶ月当たりあるいは1年当たりのドルでの所得のフローを表している。次元の話をすれば、湖に流入しそして流出する水のフローが湖それ自体の水量に影響を及ぼすのと同じ関係を、支出は貨幣ストックと持つ。

　第3章で利子率が資産の資本価値と所得という資産のフローを関係づけるのを見た。所得の支出というフローと貨幣ストックとを関係づける係数は何なのか。この係数に名前を付けることは容易である。しかし、後で分かるように、名前を付けることはあまり役に立たない。実際ある概念が名前を獲得し、私達が注意を向けるようになるだけで、この概念に生命と重要さを与える人間の一般的弱さに対して、科学者は絶えず用心しなければならない。

---

10)　この論題を初歩的分析では議論できない貨幣数量説についての次の重要な3番目の問題点が存在する。つまり、たとえ貨幣数量説が正しいとしても、貨幣数量説を主張する学者は（正しくなくまた思慮の浅い理論であること意外に）何が貨幣量の変化を決定するかについての理論を全く持っていないので、貨幣数量説が役に立つのは限定的になる。確かに現代においては、金採鉱はこの問題にはあまり重要でなく、また金融政策(banking policy)も一つの方向の因果関係によって正しく説明できない。

11)　総支出をすべての商品の代金(the value)の合計、つまり収入の合計であると考えることができる。つまり、総支出を $p_1q_1 + p_2q_2 + \cdots = sumpq = PQ$ と考えることができる。ここで Q は総生産量であり、P は一般物価水準である。（貨幣の総生産量への影響が現実には必ずしも全くないことはないが）貨幣の総生産量への影響が"ない"場合にのみ、物価は総支出に比例するであろう。

単位時間当たりでの支出の大きさを総貨幣ストックと関係づける係数は、*貨幣の回転率* (*rate of turnover of money*)、つまり、*貨幣の所得流通速度*(*income velocity of circulation of money*)である。1947 年における合衆国での総貨幣ストックは約 1,000 億ドルであった（この総貨幣ストックには銀行外に存在する硬貨と紙幣さらに当座預金を含めている）。（純資本形成を含めた）最終生産物への総支出の大きさは、もちろん、国民純生産につまり約 2,000 億ドルに等しかった。それゆえ、貨幣の平均所得流通速度は 1 年約 2 回、あるいは 1 ヶ月約 0.17 回であったと言うことができる。このことは、（この*平均回転率*が示すところによれば）この年の間に硬貨、紙幣、預金の一部が何回も使われたけれども、これら貨幣の他の残りの部分が一度も使われなかったことを意味する [12]。

貨幣の平均所得流通速度 V の定義を、次のように簡単に示すことができる。

$$1\text{年当たりの貨幣の平均所得流通速度} = \frac{1\text{年当たりの所得の支出額}}{\text{総貨幣量}}$$

あるいは記号で示すと

$$V = \frac{p_1 q_1 + p_1 q_1 + \cdots}{M} = \frac{sumpq}{M} = \frac{PQ}{M}$$

ここで
$M =$ すべての貨幣の総量
$p_1 q_1 =$ 第 1 番目の財あるいはサービスへの支出額
$p_2 q_2 =$ 第 2 番目の財あるいはサービスへの支出額
$P =$ 生産物の平均物価水準
$Q =$ 単位時間当たりの生産物の総量

この方程式はただ貨幣の流通速度(the velocity of circulation on money)の定義にすぎないことに注意するべきである（このこと以上でも以下でもない）。

貨幣の流通速度の定義についてはここまでにしておく。この概念を導入したことには、私達にどのような利益があるのか。終始変わらず善良な貨幣数量説の論者であった古い世代の経済学者達は、この流通速度の概念を導入することには多くの利点があると考えた。だが今日、これらの古い世代の貨幣数量説の経済学者と同じ学派に属するが、現在も研究している経済学者達は、このようには考えていない。新しい世代の貨幣数量説の経済学者達は、流通速度の概念が必ずしも大いに役に立つとは限らず、それどころかこの概念が、好況と不況の大部分の状況において、利益よりも害をもたらすかもしれない、と考える傾向がある。

新しい世代の貨幣数量説の経済学者達に、簡単な問題を尋ねると、その問題に答えること

---

12) もちろん、大部分の取引は、最終財やサービスではなく、むしろ、例えばパン製造業者が製粉業者に小麦粉の代金を支払うときの中間財や、投資家がアメリカ株あるいはイギリス株あるいは不動産等を購入するときの移転取引である。1947 年の銀行の借方（小切手の取扱い）の統計によれば、都市の銀行預金は、ニューヨーク市外では 1 年間に約 18 回、他方ニューヨーク市内では 1 年間に約 24 回、回転した。すべての取引目的に対するこの流通速度を、最終財とサービスに対する 2.0 の貨幣の所得流通速度、つまり貨幣の回転率と区別しなければならない。

ができなくなる。例えば、1930年代の大恐慌を発生させたいくつかの原因の内の一つは、貨幣の流通速度の低下であった。しかし、なぜ貨幣の流通速度は低下したのかと新しい世代の貨幣数量説の経済学者達に尋ねると、これらの経済学者達は答えることができなくなる。この答を知っていることは、不況という難問題への答えをすでに知っていることでもある。同様に、不況からの回復を、貨幣量を増やすことで必ず実現できると考えた新しい世代の貨幣数量説の経済学者達は、貨幣の流通速度の予期せぬ低下に直面して、自分達の主張をできなくなった。

　貨幣の流通速度が一定であると、総支出は貨幣ストックに比例するかもしれない。だが、貨幣の流通速度の低下は、本節の見出しに、つまり総支出が貨幣量に比例しないことによって、貨幣数量説は説得力がなくなる事実に、私達を戻らせる。私達の新しい考えによれば、貨幣の流通速度を次のように説明できる。つまり、*貨幣の流通速度は現実にはほぼ一定でない*。貨幣の流通速度は、好況においても不況においても、貯蓄と投資、労働組合の方針、技術革新、総貨幣量、総貨幣量の構成、貨幣を創造する方法、そして最後に（この列挙の最後として）利子率の動きと金利構造、さらに有価証券の価格とその価格構造のような重要な要因以外によっては、動きを説明できない形で変化する[13]。この貨幣の流通速度の変化を他の所でさらに論じる。

貨幣と支出の貯蓄、投資および物価との関係

　貨幣数量説に関する前述のいくつかの見解は、ある意味で、過去への遠回りであることを意味している。貨幣を、前章で示した総貨幣支出と所得水準を決定する貯蓄計画と投資計画への作用に関係づける議論を行って、本章のBを終えることにする。

　私達は次のことを見た。社会の貯蓄計画が主に所得によって決まる。また民間投資、公共投資および対外投資が低い水準にあるとき、所得と雇用も低い水準にある。このような期間においては、失業している人々の仕事を得ようとする望みと、一層多くの商品を売ろうとす

---

13)　これらの記述は、もし正しいならば、いわゆる"交換の数量方程式"(quantity equation of exchange)という内容のないものを説明しており、この交換の数量方程式によれば次のようになる。

$$MV = PQ \qquad \text{あるいは} \qquad P = \frac{V}{Q}M$$

今まで見てきたように、交換の数量方程式はVの定義が重要な公理であり、この交換の数量方程式を、事実と一致し、説明に役立つ仮説を定めようとする長所を持つ貨幣数量説と、混同してはいけない。古い世代の貨幣数量説の経済学者達が考えたように、もしVが一定であるか、あるいはもしQの変化がVの変化を相殺し、このことによってV/Qを一定にするようなものであれば、この交換の数量方程式は役に立つ公理であるかもしれない。しかしこれまで主張してきたように、もしVが景気循環それ自体と同じくらい理解することが難しく、さまざまに変化して一定でないならば、この交換の数量方程式は袋小路に入るか、あるいはおそらく重要な問題には役立たないものとなる。この交換の数量方程式は、有益な方法によって重要な問題を説明するのに役立つのではなく、本当に関心がありまた重要である問題から注意をそらすのである。

る生産者達の間の競争は、賃金と価格に下方への圧力をかける。競争的な農産物価格のような一部の伸縮的価格は、大幅に下落する。しかし多くの価格、特に独占状態にあるような産業の価格は、比較的硬直的傾向になり、それほど急速にまたそれほど大幅に下落しない。同じ硬直性は賃金率と多くの労働を必要とする商品の価格にも当てはまる。

これらのすべてを次のように要約できる。

国民所得が完全雇用の水準よりもはるか下に下落するとき、価格と賃金に下方への圧力がかかる。しかし、貨幣価格(money prices)と貨幣賃金の硬直性のため、購買力の低下の大部分は生産量と雇用の低下になる。

投資計画が貯蓄計画と比較してきわめて大きく、国民所得を完全雇用の水準近くまで、あるいは完全雇用の水準を超えてまで押し上げるとき、物価にどのようなことが発生するか。物価は、このとき賃金の上昇と“ボトルネック”の二つの原因によって押し上げられる。

第 1 に生産を拡大するために利用できる失業者がもはやいないとき、賃金は急上昇し始める (このことは費用と価格を引き上げ、さらに商品を買うための労働者の賃金要求も引き上げる)。第2に、消費者と投資家による支出の増加が、工場の生産能力の“ボトルネック”のために、財の増産によってまかなえないときには、物価は上がるであろう。

不幸にも、この過程はここで終わらない。一層高くなった新しい物価水準は、総供給と総需要を正確に均衡させないであろう。それどころか、企業が受け取る高い価格は、次に誰かの所得 (労働者の所得あるいは資産所有者の所得) になるので、需要は再び上方へシフトし、このため物価は上昇し続けるに違いない。生活費の急騰を補うために、労働者が一層高い賃金を確保しようとすることは、目のくらむ速さで上昇するインフレスパイラル(the inflationary spiral)を生じさせるだけかもしれない。

民間の投資需要と純政府支出が、もはや完全雇用を超えて経済を拡大させるほど力強くなく、また労働者が生産性の増加の限度内に賃金要求を抑えるときにのみ、このインフレスパイラルの過程は終わるであろう。

インフレーションのこの過程を、第 2 次世界大戦のときの経験によって鮮やかに実例で示すことができる。政府は、私達の国民総生産のほぼ半分を戦争に支出する必要があると計算した。個人への需要の対応のための民間投資(civilian investment)はほとんどゼロにまで引き下げられ、税は引き上げられ、さらに人々は戦時国債を買い、貯蓄を増やすように駆り立てられた。それにもかかわらず、人々は総国民所得の 2 分の 1 以上、おそらく 3 分の 2 を民間の生産物になお支出しようとした。しかし軍隊が戦争に必要な物資を持っていった後には、国民総生産の 2 分の 1 以下しか残らなかった。

利用できる財を上回るこのような支出の超過が予想されたとき、物価上昇への強い動きが生じた。物価管理局(OPA)による上限価格の設定と配給、国家戦時労働委員会(National War Labor Board)による賃金統制、そして戦時生産局(the War Product Board)による不足している

資源の統制による配分によってのみ、インフレーションを抑制できた。

貨幣と物価についての結論

物価上昇についてのこれまでの分析はかなり単純である。しかし、物価上昇の分析は*貨幣量*とどのような関係があるのか。貨幣量はこの物価上昇の議論において重要な役割を果たしていると思われない。貨幣量、それ自体は、貯蓄と投資に影響を及ぼす多くの要因の内の一つにすぎなく、当然物価上昇を一部生じさせている。

しかし、貨幣量の影響は決して無視してよいものでない。人々の消費と貯蓄の習慣が、現在の所得だけでなく、過去に蓄積した*資産*（特に"流動資産"(liquid wealth)）によっても決定される場合には、貨幣量は重要である。

第2次世界大戦の間、アメリカの家族と企業の所得は、これらの家族と企業が使うことができる金額を超えていたので、アメリカの家族と企業は、この大戦の間、現金と流動性の高い政府発行有価証券によって、ほぼ2,000億ドルを貯めた。現金と政府発行有価証券という"調整物"は、戦後直後の数年間において、人々に所得の内のかなり大きな割合を支出させるかもしれない。このことが生じる場合には、貯蓄曲線は下方へシフトし、国民所得と物価の両方が上昇するであろう。

それゆえ、貨幣量は物価に影響を及ぼすのである。だが、このことは素朴貨幣数量説と大きく異なる。素朴貨幣数量説の弱点の内の一つは、人々が、貨幣量の増加によって消費財とサービスに支出すると想定していることにある。だが現実にはむしろ、人々は、保有する過度に流動性が高い現金によって、有価証券を購入するか、生命保険に加入するか、貯蓄銀行で預金をするか、あるいは使わないで現金で保有しさえする。これらのすべてのことは確かにある程度利子率に影響を及ぼすであろう、このため今本章の第3番目のCの主題に取り組まなければならない。

C. 貨幣と利子率

貨幣への三つの需要

貨幣と利子率の間の関係を理解するためには、まず、人々や営利企業がどれだけの貨幣量を保有しようと決定するかの、重要な問題に戻らなくてはならない。通貨あるいは当座預金の形で現金残高を保有するのには、次の三つの主な動機が存在する。つまり人々や営利企業は、貨幣を"取引"目的(transaction purpose)のために（つまり、交換手段として）、あるいは"予備的"目的(precautionary purpose)のために（つまり突然発生するかもしれない現金の必要性のために）、あるいは"投資的"目的(investment purpose)のために（つまり、価値の貯蔵として役立てるために）、保有しようと望むかもしれない。

貨幣への取引需要　　　貨幣保有に対する取引動機(transaction motive)を調べてみよう。家族あるいは営利企業は、多数の物を買うために貨幣によって継続的に支払っている。また家族あるいは営利企業はときどき貨幣を受け取っている。もしこれらの貨幣の受取りと支払いが完全に同時になされるならば、現金残高をいつもほとんど保有する必要はない。もちろん、現実には、このような受取りと支払いは同時になされない。私達の誰もが、現金がいつ、どれほどの金額で入ってきて、出て行くかを正確に予測することは不可能である。この入ってくる金額と出て行く金額が同じでないことと不確実性のために、私達はいくらかの大きさの現金残高を手元に置いておかなければならない。現金の受取りが支払いを上回るとき、現金残高は増加する。それぞれの時点で現金が入ってくるよりも多く支払うとき、現金残高は少なくなる。

　　毎週 50 ドルの給料を支給される普通の賃金稼得者は、自分の現金残高が 1 週間ごとに特徴のある変化をすることに気づくであろう。給料日の土曜日の直後には、現金残高は最大となり、50 ドルに等しいかそれ以上になる。もしこの賃金稼得者が自分のお金を 1 週間均等に使うとすると、現金残高は、1 日あたり約 7 ドルの割合で減っていき、最終的に給料日の直前には再び最小になる。(この賃金稼得者があまり裕福でなければ、おそらくほぼゼロになる。)平均すると、この賃金稼得者の現金残高は約 25 ドルであり、1 週間において、給料のドルは約半分この賃金稼得者の手元に残っている。

　　実際、所得を 1 週間ごとに受け取る人々もいれば、2 週間ごとあるいは 1 ヶ月ごとに受け取る人々もいる。配当金受取者や債券利子生活者のような一部の人々は、3 ヶ月ごと、6 ヶ月ごと、12 ヶ月ごとに所得を受け取る。さらに、人々は一定の期間においてほとんど均等にお金を使っていない。給料日には 24 時間以内に、家族の収入の 3 分の 1 を、未払いの家賃や食料雑貨店への付けにしばしば支払う。それぞれの家族やそれぞれの企業は、現金の保有と支払いの最も便利な形態を見つけるであろう。取引を容易にするために保有する平均現金残高と平均所得の比率は、所得支払いの期間によって、人々が"付け"で購入する程度によって、自社への請求金を即座に現金で支払う企業が得る割引率によって、ある人のデパートからの距離によって、そしてそれぞれの小切手に対して、銀行が課す手数料の額のような要因によってさえ、変化するであろう。

　　このようなきわめて多くの要因による複雑な相互作用の結果、どのような時にも、社会が取引目的のために保有したいと望む一定の最小金額の現金が発生する。このような貨幣は明確に予想可能な支出のために保有される。

予備的動機　　　さらに、支払わなければならないかもしれないし、場合によっては支払う必要がないかもしれない予想よりも、いくらかもっと多くの貨幣の支払いが常にあるだろう。食料雑貨店の主人は、付け買いの代金をすぐに支払ってくれと強く要求するかもしれない。自家用車が故障し、現金を支払って修理しないといけないかもしれない。代金着払いの小包が突然来るかもしれない。農夫は種の安売りに偶然出くわすかもしない。企業は支払手形への支払いを求められるかもしれない。銀行の預金者は預金を引き出すかもしれない。

（通常の取引動機のために保有する額を超えて）現金残高を保有しようとするこの第2番目の予備的動機(precautionary motive)に対して、他にもこのような多数の理由を与えることができる。状況によって、必要とする貨幣量は変わりやすいので、どれだけの貨幣をこのような予備的動機のために保有するべきかを、合理的に決定することは容易でない。用心深い人は、予期せぬことが起こることがどんなにわずかであっても、起こりえるすべての事態のために、多額の現金と当座預金を手元に保有しようとする。他方、比較的楽観的な人は、最も起こりそうな事にのみ準備しようとする。すべての人々が確信を持てず"不安"に感じる不況時には、人々は予備的目的のために比較的多く貨幣を保有しようとする。他方で、同じ不況の時に、所得と物価の下落、企業の事業活動の低迷のために、人々は取引目的のために貨幣を比較的少なく保有する。

貨幣への投資的需要　流動資産としての貨幣への投資的需要は、分析しなければならないすべての内で最も難しい。取引動機と予備的動機は、個人が保有したいと望む最小量の貨幣がどれくらいであるかを、私達に示している。しかし、なぜ個人はこの最小量よりも多く保有するべきでないのか。この答えは簡単である。つまり、株、債券、モーゲージ証券(mortgage loans)、あるいは約束手形を購入するために貨幣を使うと、普通の時には利子の受取りや利潤の配当の形で収益をもたらすのに対して、*現金残高は利子も収益も生まないからである*。流動性の高い現金は非収益資産(a nonearning asset)であり、それゆえ、もし流動性の高い現金がいくらか利益を得る利子あるいは配当金収入を確かになしで済ますことを意味するならば、大部分の投資家は、過度に流動的でない資産を保有しようとする。

見てきたように、非流動資産であれば得られる正の高い利子率がたとえあるときでさえ、人々は取引目的のためにいくらかの貨幣を保有しようとする。年収 3,500 ドルの家族にとっての、例えば 500 ドルの（大部分当座預金での）平均現金残高の便利さは、利子率が年 3 パーセントであるときには、1 ヶ月当たたった約 1.50 ドルの費用にすぎない。利子率が 6 パーセントになったとしても、その費用は 1 ヶ月当たりたった 3 ドルすぎない。疑いなく、高い利子率においては、きわめて計算高い個人は、かなりの金額の貨幣を、ほとんどありえない現金への必要に備えての単に予備として、使わないまま保有することを嫌がるかもしれない。しかし、現金残高の便利さを考えると、大部分の個人には利子の 1 ヶ月当たり数ドルの違いは、くよくよ悩むほど十分大きくないであろう [14]。

14)　多額の現金残高を保有しようとする近年の大きな誘因は、大部分の銀行が、小切手の現金化やその他のサービスに対する手数料を、銀行での顧客の預金残高の大きさと反比例する形で設定している事実にある。例えば、連邦法が要求払預金に対して利子の支払いを禁止しているにもかかわらず、ニューイングランドの私の当座預金口座での収入の合計が、小切手の現金化や通帳への記入に対して銀行が毎月私に請求する手数料の金額を越える限り、私は 1 ヶ月当たり 0.1 パーセント（つまり 1 年で約 1.2 パーセント）を"密かに"稼いでいる。なぜか。たとえ私が 1 ヶ月に約 20 枚の小切手を振り出し、そしてそれぞれの振り出した小切手 1 枚に対して、銀行が私に約 6.5 セントの手数料を課すとしても、私は、銀行が当座預金への 1 ヶ月 0.1 パーセントのクレジット(a credit)を与える多額の現金残高を当座預金口座で保有しているので、銀行へのサービス手数料を支払わないで済ますことができる

資産を一時的に保有する形態としての貨幣

　人々が、平均して、収入や支出による必要額を超えて、現金を保有しようとするさらにもう一つ別の理由がある。貯蓄は徐々に貯まる。しかし、貯蓄を一括して投資する方が利益を得る。AT&T の普通株を 1 株買うためにさえ、少なくともほぼ 200 ドルかかる。この額が貯まるまで、現金は資産を保有する最も便利な形態であろう。裕福な人々は、100 株単位未満のいわゆる "端株の購入(odd-lot purchases)" のために仲買業者に割増手数料を支払うよりも、100 株単位で買おうとするので、200 ドルよりももっと大きな金額で投資しようとする。(大手生命保険会社は、管理責任を最小にするために、通常 100,000 ドル未満の取引単位で投資しない)。それゆえ、投資のために必要である最小金額に到達するまで、人々や企業は現金を貯めることになる。

　現金を保有しようとするさらにもう一つ別の理由は、賢明な投資家が所有の金融資産の内の有価証券を注意深く観察し、あまり期待できないと思われ始める有価証券を外し、期待が持てると思われ始める有価証券を組み入れる事実によって生じる。投資家は、ある金融資産を別の金融資産に組み換えるとき、必ずいくらかの現金を保有する。さらに、注意深い投資家は、市場に突然現れるかもしれないあらゆる掘出し物をうまく手に入れるために、手元に常にいくらかの現金を保有しようとする。

現金に近い代替物としての短期の投資対象物

　1920 年代の繁栄の時代には、お金を有利な条件において短期で貸し出すことが可能であったため、上記の一時的目的のためにあまり多くの貨幣を、人々は保有する必要はなかった。例えば、この当時いかなる個人も、株式市場へ "コール (call) で" 貸し出したすべての資金について、1 年当たり 5 パーセントから 6 パーセントの利回りを得ることができた。このコールローン(call loan)は、株式市場の投機家による "信用" 買い(margin purchases)に資金供給するために、この資金を使う仲買人に提供された。このような投機家は、1 ドルかそれ以下の取引の内現金を 40 セントかそれ以下しか支払わず、残りの資金を購入した株式を担保(collateral)に入れることによって借りた。このようなコールローンは、有価証券を担保に取ることによって十分に保証され、資金提供者が元金を要求すれば回収でき、さらに高い利子率を生み出すことができたので、現金と同じくらい流動的であるにもかかわらず、十分良い利回りを得た。

　今日では、"コール市場" の利子率は、ほぼ 1 パーセントに低下し、銀行だけがこの市場に資金を貸し出すことを認められている。そのうえ、現在投機家は 75 パーセントの "現金での証拠金"(cash margins)を差し出さなければならない。(普通、財務省短期証券(note)、財

　からである。それゆえ、私が銀行に 300 ドルあるいはその倍の金額ではなく、現実に 1,000 ドル以上を保有する場合には、銀行は私にお金を払い込むことになる。私は、もし当座預金口座へのすべてのサービス手数料を賄うのに十分大きな預金口座へのクレジット(a bookkeeping credit)を得ようとするならば、当座預金口座でこの多額の現金残高を保有する必要がある。

務省割引短期証券 (bill)、財務省確定利付短期証券(certificate)と呼ばれる）満期が 1 年以下の政府債の利子率は、1 年当たり約 1 パーセントにすぎない（小規模な投資家に魅力があるほど利子率が十分に高くはない）。

　それゆえ、短期有価証券は今日、現金と比較してそれほど大きな収益を生み出していない。長期有価証券の売買による証券仲買人の手数料が、数週間で生じる収益を食い潰してしまうどころかそれ以上になるので、長期有価証券を数週間の期間だけ保有するために購入することも、投資家に利益をもたらさない。このため、現在の時点では、現金の*短期*保有に代わる有利な金融資産はない。平均利子率がアメリカ国内の至る所で 1 パーセントをわずかに超える貯蓄性預金でさえ、預け入れ後 6 ヶ月間引き出さずに銀行に預けている資金にのみ、通常利子が支払われる。さらに、（大部分の銀行ではないが）多くの銀行は、連邦政府によって保護されている 5,000 ドルの最大限度を大幅に上回る貯蓄性預金に、（いくらかは支払うとしても）多額の利子を支払うことを拒否しようとする。特にもし預金がかなり長い期間銀行に預けられるという保証がなければ、しばしば銀行は多額のお金を受け入れようとさえしない。また、銀行家は、たとえ少額の長期預金や貯蓄性預金の引出しには 30 日前の通知(30 days' notice)を要求しないとしても、多額のこれらの預金の引出については、常に 30 日前の通知に関する自行の権利を主張し、この権利を要求する。

長期資産としての貨幣

　これまでに述べたすべての理由により、1930 年以降の経済的状況においては、個人には*短*期間において、自分の資産を現金という形態に投資する十分な誘因があったことは明らかである。このことは重要である。しかし、この同じ経済的状況において、多くの個人と金融機関が、自分達の資産の一部を、流動性の高い現金の形態に*いつまでも*投資しようとしている事実は、はるかに重要である。多くの個人や金融機関にとって、貨幣は長期の価値の貯蔵手段にもなっているのである。私達は、このことをどのように説明できるのか。

　もちろん、少数の病的な守銭奴は、紙幣あるいはぴかぴか輝く硬貨への愛着のために、貨幣を保有しようとする。少数の臆病な未亡人は、あらゆる投資が安全であると思わないであろう。所得税の徴税官に記録を知られたくない少数の闇市場の商人は、たくさんの 1,000 ドル札を黒いスーツケースか銀行の貸金庫に貯め込むかもしれない。

　しかし、貨幣量としては、これらの守銭奴や未亡人のケースは普通わずかである。これらのケースでの貨幣保有の理由では、万事に手堅く、合理的な銀行家が、なぜ 1930 年代を通じてずっと*超過現金準備(excess cash reserves)*を保有し続けたのか、あるいは保険会社や個人投資家が、なぜ同じことをしたのかを説明できない。超過現金準備の資金への必要性がないこと知っている個人は、なぜこのような超過現金準備の資金を、利子を生まない流動性の高い現金の形態で意図的に保有したのか、さらにこれらの個人は、何年もの期間にわたり、なぜこれらの資金をこのような現金の形態で保有し続けることに固執したのかについても、守銭奴と未亡人のケースでの貨幣保有の理由では説明できない。

この貨幣保有の理由の質問に答えるために、「なぜ個人は自分の資産のかなりの部分を現金の形態で保有するべきではないのか。」というもう一つ別の形で尋ねてみよう。

　今では、読者は次のようにその理由への答を与えることができるはずである。「なぜなら現金は所得を全く稼げない。正の収益を稼いでくれる有価証券を買う方がどれほど良いことか。有利な利回りの短期有価証券に投資できる機会は明らかにほとんどないけれども、確かに、記録は正の収益率を生み出す長期有価証券が常に存在してきたことを明らかにしている。」

　この答が正しいかどうかを判断するために、過去の記録を調べてみよう。1930 年代の 10 年間には、優良債券はいくらかの収益を与えていた。優良債券は 1920 年代の間しばしば 5 パーセントか 6 パーセントの利回りを稼いでいたのに対して、1930 年代には優良債券の利回りは 3 パーセントかそれ以下に下落した。それゆえ、現金を保有する不利益（つまり、利子収益を得ないで済ます）は、特に仲介手数料と運用の難しさを考慮すると、1930 年代には 1920 年代ほど大きくなかった。

　それでも、3 パーセントは、たとえ 6 パーセント程良くないにしても、何もないよりは良いように思える。このような見解にも係わらず、ただ一つの要因だけは、個人や金融機関が、なぜ自分達の資産のかなりの部分を、利子を生まない流動性の高い現金の形態で（1 日や 1 ヶ月でなく数年にもわたり）保有し続けるかを説明できる。この要因は、長期有価証券が個人や金融機関に本当に正の利回りを与えるはずであるということに関する、個人や金融機関の*確信のなさ*である。この確信のなさは、個人や金融機関が、合衆国政府の支払い能力、つまり合衆国政府が国債の利子を支払える能力や、国債が満期になるときには合衆国政府がいつでも元金を支払える能力を疑うことではない。また、この確信のなさは、AT&T 社が、社債の債務を支払えない、あるいは配当を支払うのを停止するであろうと、個人や金融機関が考えることでもない。そうでなく、この個人や金融機関の確信のなさは次の事実である。つまり、個人や金融機関は数年前の高い利子率を忘れないでいる。個人や金融機関の投資家は、利子率が高かった黄金期を忘れないでいるために、現在の利子率を異常なほど低くまた一時的であるとみなす。投資家達は、このような利子率の異常に低い状態が長続きするであろうと確信できないし、また確信しないという事実である。投資家達は利子率の上昇がまさに間近に迫っていると確信する傾向がある。1 人の投資家にとって、このように確信するのであれば、やがて手に入れることができると予想するよりも低い利回りで、自分の貨幣を長期有価証券に投資することは愚かげた行為なのである。次の二つの段落でこの理由を示す。

　現在、投資家は年 4 ドルの利子をもたらす安全な長期債券に約 120 ドルの代金を支払わなければならない。債券の価格が高くなると、債券の利回りは低くなる [15]。もし投資家が

---

15)　資本価値と利子についての第 3 章での議論を思い出そう。固定的恒常所得を生み出す物については、利子率が半分になることはその所得を生み出す物の資本価値を 2 倍にする。それゆえ 5 年物、10 年物、30 年物の債券については、債券価格と利回りの間にやはり反比例の関係がある、だがこの関係は*無期債券*(a *perpetual* bond)ほど強くない。

120 ドルの債券を 1 年間保有するならば、4 ドルを受け取ることになっているが、今後市場の長期利子率が上昇するならば、どうなるか。このとき、この投資家はこの債券を、例えば、115 ドルでのみ売却できるにすぎないであろう。この投資家に、現金を保有するよりも、現在 4 ドルの利子をもたらしている債券を購入するように積極的に勧めるべきであるのか。

　答えは "いいえ" である。この投資家は、債券を購入するならば自分の資金によって 2、3 パーセントの収益を稼ぐどころか、収益が負になってしまう。この投資家の 4 ドルの債券の利子収入は 5 ドルのキャピタルロスによって吹き飛んでしまう。この投資家は、もし現金に固執しているならば、もっとましであろう。なぜなら、この投資家は、たとえ利子を少しも稼いでいないとしても、少なくとも元金をそのまま保有できるからである。

　今、私達は、人々が現金をなぜ長期資産として保有しようとするかが分かる。もしあなたは土地が最も良い収益を与えてくれると考えるならば、あなたには不動産を購入することが良い投機であるのと全く同様に、もしあなたは長期の株式や債券がキャピタルロスをこうむるかもしれないと思えば、あなたにはこれらの有価証券を購入しないことが良い投機になる。同じ意味で、もしあなたは貨幣に投資することによってあなたの資本資産を最大にするかあるいはあなたの損失を最小にするようであるならば、あなたには貨幣に投資することは良い投機になる [16]。

　もし投資家達は、株価あるいは不動産価格が、利子率の上昇以外の理由で、例えば景気循環による不況、法人税の引上げ、賃金の上昇によって急落するのを恐れるならば、同様に投資対象として貨幣を保有する投機的動機が重要になり始める。

　さらに、投資行動については、"あなたのすべての卵を一つの籠に入れるな" という古くからの格言がある。この格言に従って、ある投資家は、たとえ利子率が上昇しそして資本価値(capital values)が下落するであろうと現実に予想しなくても、あるいはたとえこれらの利子率と資本価値について特定の見解を持っていなくても、さらに、たとえ今後のことをかなり正確に予想できるとしても、利子率の上昇と資産価値の下落が起こるかもしれないと不安になるであろう。この投資家は、さまざまな長期有価証券に、自分の資産の半分あるいは 4 分の 3 だけを投資するかもしれない。損失に対する安全策だけのために、長期の視点に立つ慎重な投資家は、自分の資産のある最小の割合を、安全な現金の形態で保有しようとする。このことはきわめて重要である。

　私達は、人々がなぜ貨幣を投資対象として保有しようとするのかについての理由を、次の

---

16)　貨幣保有には、キャピタルゲインの機会もキャピタルロスの機会も全くないので、大部分の人々は貨幣保有を投機として考えていない。しかし、私達の大部分は (子供の頃から慣れ親しんでいるので) *貨幣*によって利益と損失を計算することが習慣になっているけれども、貨幣保有を投機として考えないことは、*貨幣*よって利益と損失を計算する場合にのみ意味があるにすぎない。貨幣を投機と考えない誤った考えによって、インフレーションが貨幣を肌身離さず持っている未亡人の相続財産の価値をなくしている数年の間、この未亡人は、自分自身の相続財産を保有し続けている。だがこのとき実際には、この未亡人は相続財産をなくしつつある。

ように要約できる。

> 有価証券によって確約されている利子率が現在低いけれども、投資家は利子率が
> 低いままであり続けるかどうか、逆に有価証券の価格が高いままであり続ける
> かどうか不確かなときには、投資家には流動性が高い現金保有へのかなりの投資
> 的動機があるだろう。

貨幣と利子率の決定

　上記の議論は利子率の決定、あるいは金利構造の決定への手がかりを私達に与えている。一つの観点から、利子を“貨幣の価格”(price of money)とみなすことができる。(より正確に言えば、利子は貨幣の*使用*(the *use* of money)の価格である。この貨幣の使用の価格の概念を、“一般物価水準”の逆数に他ならない“貨幣の価値”という私達がこれまで使った概念と混同してはいけない。)

　故ケインズ卿は、貨幣の大量の供給が（他の事情一定において）どうして利子率を引き下げるのであろうかを明らかにした。金鉱山あるいは紙幣印刷機あるいは銀行組織が、過去のある時期に、大量の貨幣を創造したと仮定してみよう。この貨幣は誰かによって保有されなければならない。人々は、もし自分達の所得や支出の水準に適切であるかあるいは必要であると思うよりも多くの貨幣を得るならば、どうするであろうか。素朴貨幣数量説の経済学者は次のようにみなした。人々はこのような多くの貨幣を消費財に使うであろう。さらに、このように使うことはこの貨幣を他の誰かに渡すであろう。さらに、この貨幣を受け取った人も、“受け取ったばかりの貨幣”を保有し続けようとせず、この貨幣を消費財に使おうとする。やがて、消費財の価格が高騰し、人々は存在する貨幣のすべてを最終的にただ取引目的のためにのみ必要とする。貨幣数量説の経済学者はこのように主張したのである。

　他方、ケインズは次のように主張した。人々の消費支出が主として人々の所得と総資産によって決定され、現金と流動性の低い資産の間での人々の資産構成によってさほど決定されない。それゆえ、もし総貨幣量 M があまりにも大きくなり過ぎると、人々や銀行は貨幣の超過量を（消費財にではなく）有価証券を買うために使おうとする。このことは徐々に株や債券の価格を引き上げる、あるいは同じことであるが、利子率を引き下げるのである。

　この過程はどのくらい長く続くのであろうか。最初、人々や銀行は増加した貨幣のすべてを使い果たすまで、と言いたくなるかもしれない。しかし、貨幣をこのようには使い果たすことができないので、このことは誤りである。なぜなら、1口の債券のどの買手にも、1人の売手がおり、貨幣はこの売手のポケットの中に収まるからである。この過程のただ一つの本当の結末は次のようになる。

　総貨幣量の増加は、（他の事情が一定であるとするならば）最終的に株や債券の利回りがかなり低くなり、株や債券が現金を保有することに代わる魅力的な代替物にもはやなりえなくなるまで、利子率を低下させることになる。*十分に低い利子率においては、人々は、存在する貨幣量のすべてを保有しようとするほど十分に強い、貨幣への投資的動機を最終的*

に生じさせるであろう、とケインズは主張した 。

この過程の結末は、利子率決定への重要な手がかりになる。上級の議論で経済学者が示しているように、この利子率決定への手がかりは、数多くの手がかりの内の一つにすぎない。私達は、"他の事情が一定であるという"追加の条件を忘れてはいけない。他の事情が必ずしも完全に等しいままであるとは限らない。例えば、第3章で述べた"資本の純生産性"は高くなるかもしれない。取引と所得の水準も増加するかもしれない。非現金資産の将来の収益性についての人々の予想は変化するかもしれない。たとえ M が変化しなくても、これらのすべてが利子に影響を与えるかもしれないのである。

1932年以後の資本市場の歴史

上述の分析はしばしば"流動性選好説"(the theory of liquidity preference)と呼ばれている。この学説は、人々がなぜ遊休貨幣(idle money)を保有しようとするのかだけではなく、人々がなぜ短期有価証券の価格をせり上げ、そして短期有価証券の利回りをほとんどゼロに引き下げるほど、多額の貨幣を短期有価証券に投資しようとするのか、も説明している。

このことはまさしく1930年代を通じてずっと起こったことである。投資家は、6パーセントの利子率を忘れないでおり、3ないし4パーセントの利子率をほんの一時的なものにすぎないとみなした。それゆえ、投資家は、長期有価証券を買った場合、キャピタルロスを恐れた。その代わりに、投資家は現金を保有するか、あるいは満期日が近いために資本価値がほとんど完全に固定となっている短期政府債を購入した。このような流動性の高い短期有価証券への強い需要は、短期有価証券の価格を上昇させ、またこの短期有価証券の1年当たりの利回りをほんの1パーセントの数分の1に押し下げたのである。

時間が経過したにもかかわらず、長く予想していた高い利子率への回帰が実現しないままであるとき、徐々に、銀行と保険会社は、根拠のない恐れのために、長期有価証券の3ないし4パーセントの利子率を、一時的なものにすぎないとみなして、受け入れていないことに気がついた。きわめてゆっくりと、銀行と保険会社は長期有価証券を買い始め、このことは、長期有価債券の価格を引き上げ、逆にその利回を引き下げた。しかしこの経過は驚くほどゆっくりしていた。

次の二つの異なる要因は、長期利子率の低下のこの遅さを説明するのに役立つ。第1番目の要因は、実現した利子率から、たとえ利子率について前年の予想が間違いであると今明らかになったとしても、投資家は、長期有価証券の将来の資本価値の低下と利子率の上昇をなお毎年恐れ続けた事実である。

第2番目の要因として、1930年代に連邦政府は、税収以上の歳出を行っており、その差額を借り入れていた。市場に流入する連邦債の新たな供給は、有価証券の価格を低いままにし、利回りを高く維持するようにさせていたことである。第2次世界大戦の期間の年500億ドルもの赤字に次ぐ、ニューディール時代の年30億ドルないし40億ドルの赤字は、取るに足らない金額のように思われる。しかし、この年30億ドルないし40億ドルの赤字は、ニ

ューディール当時にはきわめて大きく見えた、そして銀行や保険会社による資金供給への大切なはけ口を用意していた。もしこの比較的安全な投資のはけ口がなければ、1930 年代を通してアメリカへのおびただしい金の流入は、疑いなく実際利子率を押し下げたよりもさらにもっと大幅に利子率を押し下げていたことであろう [17]。

第 2 次世界大戦中および第 2 次世界大戦後の貨幣と利子率

戦争突入までの私達の 10 年間の歴史は、短期利子率がほとんどゼロに下がり、また多くの金融機関が前例のないほど多額の遊休現金(idle cash)を保有している中で、長期利子率がゆっくりと低下していった歴史である。

設備資金(capital funds)の供給の増加が、営利企業による設備資金への需要の増加と一致していなかった。不況の 1930 年代には、際立ってすばらしくまた重要な産業がとりたてて出現しなかったので、収益性がありかつ危険度の低い投資機会を見つけることは難しかった。私達の政府の戦争への巨額の支出はこの様相を一変させた。連邦議会は戦争を遂行するために十分な税を可決できなかったし、公衆は、自発的貯蓄によって、戦費と税の差額を埋めるほど十分戦時国債を買うことができなかった。

しかし戦争は財政事情にかまっておれない。政府は資金の不足額を巨額の借金によって賄わなければならなかった。債券は商業銀行と連邦準備銀行に売られた。（第 14 章と 15 章でこれから述べる）銀行貨幣の創造によって、金利構造は戦前の低い水準に維持された。

1945 年になって、利子率が低いままであろうという見解に、投資家はなってきた。このことは、投資家がなぜ現金を急いで株や債券に換えようとしたかを説明するのに役立つ。このように現金を株や債券に換えることで、投資家は有価証券の価格を一層引き上げ、利回りを一層引き下げた。

（6、5、4 パーセントで、さらに 3 パーセントで発行されていた）鉄道会社や公益事業会社、営利企業の発行済み社債は、償還され、そしてわずか 2.5 パーセントの低い利子率の債券に借り換えられた。このことは企業の社債と固定費の削減に役立った。さらに、投資家は、*金利生活者*（利子受取者）として失った大部分のものを、普通株の株主として取り戻した。それでも、大学や投資家の金利低下による苦しさを知ると気の毒であった。

1948 年の初め頃、金融緩和の時代はあたかも転換期を迎えているように見え始めた。財務省と連邦準備当局は、戦後のインフレーションを警戒して、短期利子率が少し上がるのを容認した。財務省と連邦準備当局は、長期政府債の価格が以前の高い 103−106 の水準からほぼ 100 に、つまり額面価格に下がるのも容認した。このことは、長期利子率が 2.25 パーセントから 2.5 パーセントへと上昇することと、事業債(industrial bonds)の利回りがもっと大

---

17) このことは、"財政赤字による支出"(deficit spending)が "金融緩和" 政策と同じことであると考える経済学者がいかに支離滅裂であるかを実例によって示している。実際、*利子率への影響に関する限り*、これら二つの政策は正反対である。財務省による借入れによる貨幣市場への影響を相殺する目的のために、金融緩和政策は一部採択されている。

きく上昇することを意味した。

　当局はこのような金融政策を今後さらに推し進めるのであろうか。この金融政策の商業銀行と中央銀行 (central banks)自体への影響はどうなのか。連邦債の管理への影響はどうなのか。次の二つの章はこれらの重要な問題を理解するのに役立つであろう。

要約

　本章ではきわめて重要な問題を述べた。このため、ここで述べた多数の点を列挙することが役に立つかもしれない。

A．物価

　1．多くの価格がインフレーションあるいはデフレーションの期間に変化するとき、これら多くの価格はすべて必ずしも正確に同じ程度に変化しない。このような多くの価格の変化は、経済システムに中立的であるよりも、むしろ実際はっきりと影響を及ぼす。

　2．インフレーションの期間には、債務者と利潤受取者は債権者と定額所得集団に損害を与えて利益を得る。デフレーションはこれらの経済階級の間での所得分配に反対の影響を及ぼす。

　3．デフレーションは、経済集団の間での所得移転を生じさせることに加えて、国民生産物の総量と雇用の総数を減らすように作用する。インフレーションにおいては、はなはだしくなるまで、価格の上昇に対して費用の上昇が遅れ、このことが工業生産の拡大を刺激するので、インフレーションは雇用と生産量を拡大させる傾向がある。

　4．それゆえ、理想的には、私達は、生産性の上昇が一層高い実質賃金を可能にするので、貨幣賃金が物価よりも速く上昇している状態の、安定的物価上昇かあるいはゆっくりとした物価上昇を目指すべきである。

B．貨幣と物価

　5．3 種類の現代の貨幣が存在する。つまり小額の補助貨幣の硬貨（つまり小銭）、政府と連邦準備制度が発行している不換紙幣(fiat paper currency)および小切手を振り出すことができる要求払銀行預金である。これらの 3 種類のすべての貨幣は、額面価格でお互いに交換できるので、そこに含まれているわずかな紙、インクおよび金属の費用とは関係なく、同じ額面価格の価値がある。

　6．平均物価水準の逆数にすぎない貨幣の価値は、他のすべてのものの価値と同じ様に決定される。つまり、貨幣に対する需要量と比較した貨幣の供給量の少なさによって決定される。もし制限なく何十億ドルもの 1,000 ドル札が発行されそして使われるならば、これらの

1,000 ドル札はたとえ金によって十分に裏付けされていても、物価を無限に引き上げるであろう。このこととは逆に、金の裏付けのない純粋な紙幣でさえ、この紙幣の供給量を厳格に制限する限り、高い価値がある。

7. 貨幣数量説は、特殊で、素朴な理論であり、この学説に従うと、物価と貨幣量が直接比例している。もし物価が総支出に比例しており、さらにもし総支出が貨幣量に比例しているならば、この場合のみ、貨幣数量説は説得力がある[18]。

今日、大部分の経済学者は、貨幣数量説が時たま成立するのを認めるけれども、貨幣数量説をほとんど受け入れていない。大部分の経済学者は、*支出*の変化が主として生産量の変化になったが、物価の変化にならなかった 1930 年代の長い期間を忘れないでいる。また大部分の経済学者は、同じ 1930 年代の期間に、貨幣の流通速度が一定のままでなかったので、貨幣量の増加が支出の対応する増加にならなかったことも忘れないでいる。

8. 今日の経済分析では、貨幣数量ではなく、完全雇用の下での貯蓄と比較した民間投資、公共投資および対外投資の大きさを重要視している。もしこれらの投資の自律的項目の合計が完全雇用の下での貯蓄よりもずっと少ないならば、所得と雇用は小さくなり、また物価の下方への圧力が発生するであろう。逆に、もしこれらの投資の項目の合計が十分に大きく、経済システムを完全雇用の近くに、あるいは完全雇用を超えて押し動かすならば、物価と賃金が（多分勢いを増すインフレスパイラルあるいは悪性インフレスパイラルとなって）上昇することになる。

9. 貨幣量は前の段落で述べた貯蓄と投資のバランスに影響を及ぼす多くの要因の内の一つにすぎない。貨幣供給量の増加が、所与の所得において社会の貯蓄性向を引き下げる場合に限り、（あるいは貨幣供給量の増加がわずかに利子率を引き下げ、このことによって投資と所得を増やす場合に限り）貨幣供給量は物価と需要に少し影響を及ぼす。

C. 貨幣と利子

10. 貨幣に対する需要を、次の三つの部分に分けることができる。取引需要、予備的需要、そして最後に投資的需要である。

11. これらの需要の内の最後の投資的需要は、最も複雑で、大部分利子率によって決定される。*利子率が高ければ高いほど、人々は貨幣を投資対象として一層少ない量しか保有しようとしない。*投資家は、遊休現金を保有することが、自分達の資産による利子収入を放棄することと結びついているけれども、有価証券の安全性および将来の価格に対する不確実性のために、いくらかの遊休現金をしばしば保有することを望む。

12. 社会において貨幣がきわめて不足して、取引動機と予備的動機をかろうじて満たしているにすぎないとき、利子率は高くなる傾向があり、さらに短期利子率は長期利子率と

---

18) あるいはこれら二つの関係の内の一つの誤りが、もう一つの関係の*誤り*をたまたまちょうど帳消しにするならば、貨幣数量説は説得力がある。

しばしば同じ高さになる。逆に、（政府の行動、銀行の行動によって、あるいは金の採鉱と輸入によって）貨幣供給量が大きく増加すると想定してみよう。このとき、人々は、余剰の貨幣を消費に支出しないで、有価証券を買うために使う傾向がある。もし設備・住宅への投資資金(investment funds)に対する活発な需要がなければ、新たな貨幣は有価証券の価格をせり上げそして利回りを引き下げるであろう。

短期利子率は、最初にそして最も大きく下落し、しばしばその水準が実際ほとんどゼロの近くにまで下落する。長期利子率も最終的に下落し始める。しかし以前の高い利子水準を忘れないでいる投資家は、長期利子率の低下がただ一時的にすぎないと恐れる（あるいは期待する）ので、長期利子率は非常にゆっくりと下落する。

13.　流動性選好説は、（他の事情が一定であるならば）総貨幣量の増加がどうして利子率を引き下げるかを説明している。

14.　今日では、安全な投資対象物の長期利子率は 2.5 パーセントあるいはそれ以下に低下している、だが、長期利子率がこの水準に下がるのに 10 年以上かかった。それぞれの債券のドルでの利回りはかつてない低さになっている、しかし、戦争は債券の総数をあまりにも増加させたので、利子受取者はこれまでの歴史にない大きな総所得を得ている。

議論のための質問

1.　あなたは、もし今後インフレーションが発生すると確信しているならば、インフレーションに対して、自分を守るために実行できることは何ですか。いくつか述べなさい。

2.　急速に進むハイパーインフレーションによって発生するきわめて印象深い事を、いくつか挙げなさい。

3.　「不況を予知できる人にとって、不況は実際成功への絶好の期間である。」意見を述べなさい。

4.　インフレーション、好況、デフレーション、不況、ハイパーインフレーション、技術進歩による費用と価格の低下、等の間を注意深く区別しなさい。

5.　時々賃金契約書あるいは貸付金契約書は、物価水準の変化を考慮しない固定金額(fixed money)の方法でなく、物価スライド制(sliding scale)によって書かれている。あなたは、物価水準の変化による実質賃金の変化に対して、労働者を守るために、生活費指数をどのように使ったら良いと思いますか。あなたは、物価水準の変化による IOU（借用証書）の価値の変化に対して、生活費指数をどのように使ったら良いと思いますか。

6.　教室の中の学生達のポケットの中の貨幣量を貨幣の種類ごとに調べなさい。これらの貨幣量の一覧表を作りなさい。当座預金の金額についても調べてみてはどうですか。教室の中の学生達の貨幣の平均所有量と 1 週間の平均支出額から貨幣の流通速度を計算しなさい。

7. 小切手はなぜ現在よく使われていますか。小切手はなぜもっと頻繁に使われないのですか。あなたは、175 ドルで AT&T の株を 1 株買うとき、あなたの仲介業者に送る 1 枚の小切手の跡をたどりなさい。あなたの仲介業者が 1,000 マイル離れた所にいると想定しなさい。

8. 国民所得が 4,000 億ドルになっているかもしれない今から 25 年後に、あなたは私達の国の貨幣供給量がどれだけになっていると思いますか。1 ドルの価値、あるいはそれとは逆の物価水準はどのようになっていると思いますか。

9. 1 人の人は所得の半分を一固まりのパンに、残りの半分を 1 ダースのヒヤシンスに支出する。パンの価格は 2 倍になるが、ヒヤシンスの価格は半分になる。(*a*) "価格変化前の" 状況を 100 とみなして、価格変化後の生活費指数を計算しなさい、(*b*) "価格変化後の" 状況を 100 とみなして価格変化前の生活費指数を計算しなさい。なぜ二つの生活費指数は異なるのですか。もし二つの生活費指数が異なるならば、(もしどちらかが正しいならば) どちらが正しいですか。

10. 「貨幣数量説は過度に単純化されすぎている。しかし、インフレーションの期間において、貨幣数量説は説得力がある。それゆえ、インフレーションの期間において、貨幣数量説はきわめて意味があるので、私達は、インフレーションの期間もそれ以外の期間も、貨幣数量説の正しさを主張するべきである。」議論しなさい。

11. 2 人の一卵性の双子が、同じ金額の所得を得ており、また同じ金額の資産を保有している。その内の 1 人は自分の資産の半分を現金でそして残りの半分を流動性の高い政府債で保有している。もう 1 人は 10 分の 9 を現金でそして 10 分の 1 を流動性の高い政府債で保有している。2 人の消費性向はかなり異なりますか。2 人のそれぞれの貨幣の流通速度もかなり異なりますか。

12. 貨幣を保有する動機を大まかに述べなさい。利子率がほぼゼロであるとき、なぜ貨幣に対する需要が無限に大きくなるのですか。

13. ケインズ卿は、消費するかそれとも消費しない (貯蓄する) かの決定が、現金を保有するかそれともその他の形態の資産を保有するかの決定と、全く異なっていると考えていた。あなたはこの見解に同意しますか。これらの二つの決定の内のどちらが、主として利子率によって決まりますか。

第14章 銀行制度と預金創造の原理

社会による貨幣供給の一部として、銀行預金はきわめて重要であることをすでに論じた。本章を二つの異なる部分に分けてこの論議を続ける。第1のAにおいて、現代の銀行制度(the modern banking system)の重要な事実と役割を簡単に調べなければならない、そのさい、現代の商業銀行が、自行の預金に対し、どのようにしてただ部分現金準備(fractional cash reserves)だけを徐々に保有し始めたかを示す。第2のBでは、銀行組織が"銀行預金"をどのようにして創造するかを簡単にかつ明確に述べてみる。

A. 現代の銀行制度の特徴と役割

銀行の現在の状況

今日、合衆国には当座預金(checking deposits)を受け入れている約 14,000 の銀行がある。これらの銀行の内の約3分の1のみが国法銀行(national banks)であるにすぎず、残りの銀行は州の監督下にある。すべての国法銀行は自動的に連邦準備制度への加盟銀行であり、これに加えて、州の監督下にある大部分の大きな銀行も連邦準備への加盟銀行である。このことによっても、すべての銀行の内の半分以上は、まだ連邦準備制度への加盟銀行でないままになっている。しかし、これらの非加盟の銀行の預金の合計は、全預金の内の約5分の1にすぎないので、連邦準備制度への非加盟の銀行は規模としてかなり小さい[1]。さらに、1933 年からは、国法銀行あるいは州法銀行(state banks)のほとんどすべての商業銀行は、FDIC（連邦預金保険公社）による（5,000 ドルまでの）預金の保険に入っている。

何百もの支店を持つ2、3の大銀行が支配しているイギリスあるいはカナダと異なり、合衆国では銀行は、数が多く、独立であり、比較的小規模で、地域で営業する支店を持たない単一店銀行がほとんどである[2]。かなり最近まで、ほぼすべての人々が、比較的限られた資金で銀行を開設できた。それゆえ、銀行破綻と預金者の損害というアメリカの歴史がひどい歴史であったことは、驚くべきことではない。実際、1915 年に存在していた銀行の約半分だけが、今でも営業を行っているにすぎない。大恐慌以前の、繁栄の1929 年においてさえ、

---

1) だが、連邦準備銀行の正加盟でないこれらの州法銀行の多くは、連邦準備手形交換制度(the Federal reserve clearinghouse system)に加盟し、手形と小切手を他の銀行と交換するときこの制度を利用できる。

2) チェース・ナショナル・バンクがニューヨーク市全体で多数の支店を保有し、またミネソタとウイスコンシンでは2、3の持株会社が多くの銀行を支配しているのとちょうど同じ様に、カリフォルニアでも、バンク・オブ・アメリカは州内全体で多数の支店を保有している。しかし全体として、"大規模金融機関"に対するアメリカの人々の古くからの不信により、州議会は多数の支店を保有しての銀行営業(multiple-branch banking)を制限してきた。

推定により合計で2億ドルの預金を保有する659もの銀行が倒産した。

　商業銀行の主な業務は、要求払預金を受け入れ、その預金によって振り出される小切手のお金を支払うことであるけれども、商業銀行は普通業務を広げ、他の金融機関と競争して、様々なその他の役割も果たしているのを私達は見る。例えば、商業銀行は、(原則として預金者による30日の通知の後でのみ引き出すことができるが)現実には預金者が要求すると、普通すぐに引き出すことができる貯蓄性預金つまり定期預金(time deposits)を受け入れている。このような役割を引き受けることにより、商業銀行は、ニューイングランドのようなアメリカの一部地域において、定期預金のみを受け入れているいわゆる"相互貯蓄銀行"(the mutual saving banks)と競合している。アメリカのほとんどすべての地域で、商業銀行は住宅金融組合(cooperative building and loan societies)や郵便貯金と競合している。送金為替(money orders)やトラベラーズチェック(travelers' checks)の販売では、商用銀行は郵便局およびウェスタンユニオン(Western Union)と競合している。"信託と遺産"の運用において、商業銀行は投資相談所(investment counselors)、遺言執行業者(executors)、その他の信託業者(fiduciaries)と役割が重複している。

　さらに、商業銀行は、個人や実業家にお金を貸すときにも、金融会社(finance company)および会社に運転資金を提供するいわゆる売掛金買取会社(factors)(例えば、商業信用会社(the Commercial Credit Corporation))と競合している。債券やモーゲージ証券やその他の有価証券の購入において、商業銀行は保険会社やその他の投資機関と競合している[3]。

　それゆえ、商業銀行は決して私達の唯一の金融機関ではない。しかし、明らかに、商業銀行は、"銀行貨幣"、つまり、交換手段として便利に使うことができる小切手を振り出せる要求払預金を提供できる唯一の金融機関である。このことに、商業銀行の最も重要な経済的役割がある。なぜなら、この唯一の役割を除くと、現代のアメリカの商業銀行は、第2次世界大戦の終り頃には、ほぼ政府債の保有機関(この機関によって企業と公衆が大量の公債を間接的に保有する)にすぎなくなってきているように見えるからである[4]。

　ヨーロッパ戦勝記念日と対日戦勝記念日以後、銀行貸付は、かなり増加し、企業や農家や公衆が、戦後の高い物価水準において営んだ大規模な戦後の活動に、資金をつぎ込むのを大いに助けた。さらに興味深いことに、近年商業銀行は1年以上の期間の"事業資金貸付"(term loans)をますます行い始めており、このことは、商業銀行がただ短期の、90日の季節的貸出し(seasonal credit)のみを提供するべきだと考える理論家の意見に反している。

---

3) マサチューセッツ州とニューヨーク州の貯蓄銀行(savings bamks)は、民間の保険会社と十分に競争できる低い保険料と有利な条件で、実際生命保険を販売している。

4) 1947年の初めまでに、政府発行有価証券の商業銀行の保有額は、商業銀行の貸付金の3倍以上の大きさとなり、これらの政府発行有価証券の利子は商業銀行の営業費用の全てを実質的にまかなった。貸付金は、1920年代には商業銀行の資産の半分以上であったのに対して、1940年代後半にはたった約6分の1にまで低下し、さらに農業あるいは工業への貸付金は、貸付金全体の内の約2分の1にすぎなくなった。

連邦準備制度の設立

第 1 次世界大戦が勃発する前年のクリスマスの 2 日前に、連邦議会は連邦準備法(Federal Reserve Act)を可決し、この法律にウイルソン大統領(President Wilson)が署名した。1907 年の恐慌では、銀行破綻がこれまでよりも大きかったので、この恐慌はこの法律可決へのきっかけとなった。つまり、アメリカ国内は、不安定な民間銀行による混乱に今度ばかりはうんざりした。共和党と民主党の双方による 6 年間の社会への訴えと議論の後、連邦議会は連邦準備制度を（大規模銀行と銀行家団体の反対にもかかわらず）設立した。

連邦議会は、アメリカ国内を 12 の連邦準備地区(Federal reserve districts)に分割し、それぞれの地区にはその地区の連邦準備銀行(Federal Reserve Bank)を設立した。それぞれの連邦準備銀行の初期の資本金を、連邦準備制度への加盟商業銀行が提供した。それゆえ、*名義上*それぞれの連邦準備銀行は "加盟銀行" が所有している株式会社である。ワシントンにある 7 人からなる連邦準備制度理事会(Board of Governors of the Federal reserve system)が、これらすべての連邦準備銀行を調整することになった [5]。

この制度を最初に設立したとき、貨幣について今では時代遅れの理論に大部分基づいていたことにより、また、その当時人々は中央銀行当局を広く恐れていたために、多数の意味のない "抑制と均衡"(checks and balances)という言葉が連邦準備法の中に書き込まれた。この制度は、アメリカの歴史の中でよく知られている、水辺に行くことなく泳いでみたいというまさに実例であった。私達は、中央銀行を求め、本当に必要とした。他方で、私達はこの中央銀行という制度を恐れた。それゆえ、連邦議会は次の内容の妥協的法案を可決した。(つまり、アメリカ国内を別個の 12 の地区に分割する。それぞれの連邦準備銀行には、加盟銀行の投票によって指名する 6 人の理事(directors)と、連邦準備制度理事会が指名する 3 人の理事がいなければならない。地区選出の 6 人の理事の内 3 人は銀行家であり、残りの 3 人の理事は商業、工業および農業をそれぞれ代表していなければならない。連邦準備制度理事会の理事(governors)の任期を 14 年に定める。連邦準備銀行の貸付を、ある特定の形態の貸付金を供与することに限定し、さらに連邦準備銀行が政府から直接債券を買うことを認めない、等である。)

今日では、これらの規定のどの一つも特に重要でない。連邦議会は、これらの規定の内の一つが時代の要請に対し支障をきたすときにはいつでも、繰り返し最初の法律を修正してきた。そこで、連邦準備制度が現実に行ってきたこと、および連邦準備制度の現在の状況を調べてみよう。

連邦準備制度には、広範囲にわたる権限がある理事会があり、この理事会は、大統領や財務省ときわめて密接に活動し、事実上アメリカ国内に 12 の地区事務所を持っている。加盟

---

5) 連邦準備制度理事会の 7 人の理事と 12 の地区からの 5 人の総裁で構成する 12 人の連邦公開市場委員会(Federal Open Market Committee)もある。さらに、12 のそれぞれの連邦準備銀行から 1 人ずつ選んだ代表者で構成する連邦諮問委員会(Federal Advisory Council)は、意見を述べることはできるが法的権限はない。

銀行は、名義上、準備銀行を所有しているけれども、準備銀行は現実には最初の出資金の6パーセントを超える利益を加盟銀行に渡すことはない。連邦準備銀行は、この6パーセントの金額を超えるほとんどすべての利益を、合衆国財務省に渡している。連邦準備銀行はきわめて大きな利益を得てきたけれども、連邦準備銀行の目的は公衆の利益であって自行の利益ではない。また連邦準備銀行のきわめて重要な活動の多くは、損失を被る可能性があることを十分承知の上で、慎重に採択されている[6]。

連邦準備銀行の詳しい役割を次章での議論に残しておく。ここでは連邦準備銀行は、銀行家(bankers)のための銀行、政府のための銀行であることを知るだけでよい。連邦政府の大部分の租税と歳出は準備銀行を経由している。加盟銀行は、自行の現金準備(cash reserves)を最も近くの連邦準備銀行で預金の形で保有しており、自行が危機のときには連邦準備銀行の助けを頼りにし、さらに、どのような時にも連邦準備銀行の指導力に期待している。

営利企業としての銀行

通常の商業銀行は、比較的単純であるので、あまり関心を引くことがない営利企業である。銀行は他のあらゆる企業とよく似た営利企業である。銀行はいくつかの特定のサービスを自行の顧客に提供し、見返りに顧客からいくつかの種類の手数料を受け取る。商業銀行は、もし可能であれば、自行の株主や所有者のために資本収益(capita yield)を稼ごうとする。

銀行の貸借対照表は一定額の資産、一定額の負債、そして一定額の資本金所有(capital ownership)を示している。銀行が公表している貸借対照表は、負債をふつう資本金項目(capital item)の上に記述するのでなく下に記述することを除いて、一般に、他のあらゆる企業の貸借対照表とほとんど同じように見え、また他のほとんどの企業の貸借対照表よりも単純に見える。

表1に示しているすべての国法銀行の連結貸借対照表(the consolidate balance sheet)の唯一の特徴は、銀行は、自行のかなり大きな割合の負債を、要求があり次第払い戻さなければならない事実である。つまり、その負債は、預金者が小切手で引き出すことができる預金である。経済学者は、要求があり次第銀行が払い戻さなければならないこのような負債(demand liabilities)を、貨幣と呼んでいる。ただし銀行家にとっては、この事実はずっと以前から当然のことであるとみなしてきたよく知っている状況である。すべての預金者が同じ日に取引銀行からすべての貨幣を引き出すことを突然決定することはありうるけれども、このことが起こる確率は無限に小さいことを、銀行家は十分によく知っている。毎日かなりの人々が貨幣を引き出すけれども、普通、他の人々は預金の引出しを十分に帳消しにする預金を行っ

---

6) 中央銀行の所有権を詳しく述べることが必ずしも重要ではないことは、イングランド銀行の歴史によって明らかである。イングランド銀行は、現在の労働党政府によって国有化されるより前の250年間、民間会社であった。しかしこの250年間の後半の期間では、イングランド銀行は、(2、3の誤りを除いて）もし正式に政府の一部門であればおそらく行ってきたに違いないことと、ほとんど同じことを行ってきた。

表 1　すべての国法銀行の連結貸借対照表　1946 年 1 月 1 日現在、(億ドルで)

資産		負債と純資産	
準備銀行とその他の銀行で保有する		資本金勘定・・・・・・・・・・・・・・・・46 ドル	
現金および預金残高・・・・・・・・・202 ドル			
貸付金と割引手形・・・・・・・・・・・・139		定期預金・・・・・・・・・・・・・・・・・159	
合衆国政府債・・・・・・・・・・・・・・・515		要求払預金・・・・・・・・・・・・・・・694	
その他の有価証券・・・・・・・・・・・・41		その他の負債・・・・・・・・・・・・・・6	
その他の資産・・・・・・・・・・・・・・8			
資産合計・・・・・・・・・・・・・・・・・905 ドル		負債合計・・・・・・・・・・・・・・・905 ドル	
出所：合衆国財務省			

ている。現実には、私達の成長する経済では、新たな預金は預金の引出しを相殺する以上になる。

　しかしながら、新たな預金が預金の引出しを上回ることは、どのような瞬間でも、どのような 1 日でも、あるいはどのような 1 週間でも必ずしも正確に正しいとは限らない。硬貨を一定の回数連続して投げたとき、ただ偶然によって、硬貨が裏になるよりももっと多く表になって地面に落ちるかもしれないのとちょうど同じ様に、ある一定の期間では、預金の引出金額は預入金額を上回るかもしれない。この理由のために、銀行家は、金庫室の中にわずかな現金を手近に置いておき、さらに、近くの連邦準備銀行に"準備預金"(reserve deposit)を保有している。*通常、銀行の金庫室にある手元貨幣(till money)と準備銀行にある準備金は、銀行の預金総量に対してわずかな割合のみが必要である。*そして生命保険を成り立たせるのと同じ数学の大数の法則によって、銀行が大きければ大きいほど、また相互に独立な預金者数が多ければ多いほど、銀行の預金総量に対するこの現金と準備金の割合が一層小さくてもよいと、銀行家は確信している。

銀行はどのようにして金細工業者の店から発展したのか

　あらゆる現代の銀行家達は、上述のすべて事実を、あまりにも当たり前のことであると思っており、これらの事実をほとんど意識していない。しかし、銀行家達は、常にこのようにわずかな現金と準備金だけを保有してきたわけではない。商業銀行は、人々の金や貴重品を金庫室に保管する業務を発展させた古い時代の金細工業者の店から始まった、と普通考えられている。当初、このような金細工業者の店は、まったく小荷物の一時預り所かあるいは倉庫のようであった。金を保管のために預けた人は、一枚の保管証を渡され、後にその保管証を差し出し、保管のためのわずかな料金を支払い、自分の金を返してもらった。

　ところで、まったく明らかであるが、貨幣は、買うことができる物のためにのみ必要とされるのであり、貨幣それ自体のために必要とされるのではない。貨幣は同一の物でなくても同じ価値がある(an anonymous quality)、それゆえ、1 ドル貨幣は他のどのような 1 ドル貨幣ともちょうど同じように通用する、同様に一片の純金も他の一片の純金と同じ価値がある。

金細工業者は、金を預けた人に返却を要求された時、この人が預けたのと正確に同じ一片の金をその人に返す必要がないので、預けた人の金に名札を付けて*保管しない*方が都合よいことにやがて気づいた。それ以上に、顧客が受け取る一定量の金あるいは一定金額の貨幣は、実際に顧客が*預けた*のと同一のわずかな量の物体でないけれども、顧客はこの*一定量の金あるいは一定金額の貨幣*に対する保管証を喜んで受け取ろうとした。

このことは重要である。この中に、今日の銀行と小荷物預り所あるいは倉庫の間の重要な違いがある。私は、もしグランド・セントラル駅(Grand Central Station)で旅行カバンを預け、後に、それと同じ旅行カバンを持って誰かが通りを歩いているのを見つけるならば、弁護士を呼び、鉄道会社を訴えるしかない。私は、10ドル札に私のイニシャルを書き、その10ドル札を私の銀行口座に入れ、後で見知らぬ人がその10ドル札を手に持っているのにたとえ気づいても、銀行経営者に文句を言わない。銀行経営者は、私が要求すれば、古さに関係なく10ドルの法定貨幣を私に戻すことだけに同意している。

ここで、最初の生まれたばかりの商業銀行の特徴を示すと思われる金細工業者の店についての話に戻ろう。代表的な金細工業者の店の貸借対照表はどのようなものだったのであろうか。おそらく表2のように思われる。

表2　初期の銀行の貸借対照表

資産		負債と純資産	
現金	1,000,000 ドル	資本金と剰余金	50,000 ドル
貸付金と投資対象物	50,00	要求払預金の負債	1,000,000
合計	1,050,000 ドル	合計	1,050,000 ドル

この店が会社となり、この会社がずっと前に金細工業者としての仕事をやめ、人々の貨幣を保管のために預かることに主に従事してきたと、私達は想定することができる。時の経過を経て、100万ドルがこの会社の金庫室に保管されており、この全額をこの会社は現金資産(a cash asset)として保有している。この資産と一致するように、同額の当座預金(current deposits)という負債がある。現実に、このような会社は、(事務所と金庫室のようなわずかな金額のものを除けば)他の資産を持つ必要ない。しかしこの会社の所有者が、(言わば副業として)5万ドルの自分の資金で、利息を取って貸付を行ったり、株式や債券のような有価証券を買っているとみなしてよい。資産側に、この金額を貸付金と投資対象物(investments)という項目で示している。この額は右側の資本金勘定(the Capital account)と同じ額で一致している。

この初期の段階では、経済学者は銀行にとりたてて関心を持たなかったであろう。投資対象物と資本金項目は、銀行預金となんら関係がない。たとえすべての貸付金と投資対象物がうまくいかなくなり、価値がなくなるとしても、損失は、利潤を得るのを期待して、リスクを受け入れることに同意している株主に完全にふりかかる。すべての預金者は、銀行が保有

している 100 パーセントの現金準備によって、やはり完全に預金の払戻しを受け取ることができる。銀行は、顧客に保管料を払わせることよって、間接費や事務員の経費を今までどおり賄うであろう。（これら保管料は、顧客が保管のために貨幣を預けた期間によって、顧客が保管を依頼した貨幣の平均金額によって、さらに、事務員が、顧客のために対応し、また記録をつけることが必要となった預金の出し入れの回数によって、おそらく絶えず変わるであろう。）

　銀行貨幣[7]（銀行は要求がありしだい預金を払い戻す責務を受け入れようとし、顧客は預金を保有しようとすることによって、共同で生み出される要求払預金）は、銀行の金庫に入れられて、活発な流通から引き揚げられる通常の貨幣（通貨あるいは金）の額とちょうど同じ額になるにすぎないので、経済学者は銀行の業務にはほとんど関心を持ってこなかった。経済学者は、公衆がいくらかのドル紙幣を等しい金額の 10 セント硬貨や 25 セント硬貨に両替する場合よりも、この要求払金創造の全過程に関心を持つことはなかった。素朴貨幣数量説の言葉で示すと、銀行組織は（“活動”）貨幣(active money)の総量を増やすことも減らすこともないので、銀行組織の物価に対する影響は*中立的*である、と私達は言うことになる。

　銀行業務の簡単な初期の段階から離れる前に、私達の銀行制度の徹底的改革として、すべての要求払預金に対して 100 パーセントの現金準備の制度に戻ることを現在主張している経済の専門家の大きな集団があることを、私達は指摘しなければならない。これらの経済の専門家は次のように主張している。つまり、この 100 パーセントの現金準備の制度は銀行にとって唯一の安全な制度であり、この制度においては、預金者のすべては、一斉に貨幣を得ることを望むどのような時にでも、実際に銀行から全額貨幣を引き出すことができる。この 100％の現金準備の制度は唯一の最も誠実な銀行制度であり、この制度では銀行は、利潤を得るために新しい貨幣を“創造して”おらず、またこのように貨幣を創造することによって、憲法が定めている貨幣に関する政府の特権を奪ってもいない。最後に、この 100 パーセントの現金準備の制度は、好況時に貨幣を創造し、このことによってインフレーションを加速することはなく、逆に恐慌時や不況時に貨幣供給量を収縮させ、このことによってデフレーションを強めたり、倒産や失業を増加させることもなく、銀行制度が中立である唯一の制度である。

　だが、部分法定準備率(fractional legal reserve ratios)だけで業務を行っている現代の銀行の特徴を調べるまで、この 100 パーセントの現金準備の制度へ戻そうとする徹底的な改革の価値を評価できない。

---

7)　銀行の預金者が、「ゴールドスミス銀行殿、シアーズ・ローベックでの購入商品に 2.99 ドルを支払って下さい。（署名）ジョン・Q・ドウ(John Q. Doe)」と銀行に対して書いてある小さな紙札を店員に渡すことによって、小売店で買った商品への代金を支払う習慣ができると同時に、経済学者は要求払預金を貨幣とみなすようになった。言い換えれば、小切手の使用が習慣となると同時に、経済学者は要求払預金を貨幣とみなすようになった。

現代の部分準備での銀行運営

　現代の銀行がどのようにして徐々に発展してきたかを知るために、私達の初期の金細工業者の銀行家に戻ろう。この銀行家は、もし抜け目のない男であるならば、預金を要求がありしだい払い戻すことはでき、さらに、すべての預金が必ずしも一度に引き出されることはない、とやがて気づいたであろう。さらにこの銀行家はやがて次のことを知ったであろう。銀行を清算して解散し、すべての預金者に預金を全額払い戻そうとすれば、100 パーセントの準備金が必要であるけれども、自分の銀行が "今後も事業を継続しようとする企業" であれば、100 パーセントの準備金は全く必要でない。新たな預金は預金の引出しと一致する傾向がある。おそらく預金の 2 パーセント以下の、ほんのわずかな窓口貨幣のみが常に金庫室の現金の形で必要であろう [8]。

　最初、この金細工業者の銀行家は、この発見があまりにもすばらしいので、本当のことではないと多分思ったに違いない。だがそのとき、この銀行家は、ライバル銀行のいい加減な行員がその銀行の現金準備の 95 パーセントを持ち逃げした（だが、この事実が 50 年間も決して発見されなかった）話を、多分思い出したに違いない。預金の引出しのすべては、窓口の金庫に保管している最近預けられた貨幣によって賄われていたので、誰も金庫室である奥の部屋に行く機会がこれまでずっとなかったのである。

　私達は、頭のよい銀行家が、保管を委託されている現金の内の一部によって、（始めは注意深く）収益資産を買い始めているのを想像できる。すべてのことは順調に進んでいる。預金者は要求すればやはり預けたお金を引き出すことができる、他方、銀行はいくらか収益の増加を実現している。徐々にこの銀行家は、自行の預金者に自分が行っていることを、もはや隠す必要がないと思い始める。もし 1 人の預金者が文句を言うならば、この銀行家は次のように反論する。「あなたのお金は安全です。あなたは、もし私の経営のやり方が気にいらないのなら、あなたの資金を引き出してもかまいません。部分現金準備という新しい方法は、このお金の安全以外に、あなたが私に支払う保管料を安くしているのに気づいていないのですか。さらに、この新しい方法は、新しい機械や建物や原材料を買うための多額の資金を必要としている私達の地域の実業家を、私が助けるのを可能にしています。このようにして行う資本形成により、消費者が安価でよい品物を得ることができるので、このような資本形成は消費者の利益になるのです。この資本形成は労働者達にも仕事を生み出しています。」

---

8)　この銀行は、もし自行の預金者に自行の 1 枚の小切手で（あるいは以前の時代のようにこの銀行の 1 枚の銀行券で）払い戻すことができていたならば、窓口貨幣をまったく保有しなくてもよかったかもしれない。この銀行は、投資する割合を慎重に制限することによって、他の銀行から受け取る小切手と自行に預金される現金が、自行から外部への支払額にちょうど等しくなるように確かに実現できたかもしれない。さらに、この銀行が、自行の保有資産のいくらかの部分を、流動性の高い資産に変換できるまでの、あるいは外部への支払いを上回る受入れの超過になるように、自行の業務を縮小するまでの数時間あるいは数日間、他の銀行に支払いの義務を負っている金額を、この銀行に小切手によって支払うことを許すことにより、この銀行は、時たまの、一時的な外部への支払いによる資金の不足を、満たすことができていたかもしれない。

それゆえ、すべての銀行が、たとえ自行に預けられている貨幣の大部分を収益資産に投資し、預金に対して部分現金準備のみを保有し始めても、ほとんど驚くことではない。実際、銀行の経営への信頼が高いままである限り、そしてもし銀行の経営者が貸付や投資の選択に慎重であるとすれば、*銀行が預金に対して 2 パーセントよりもずっと大きな現金準備を保有しなければならない理由は見当たらない。*

　もし銀行家が投資で失敗するとどうなるのか。誰の判断も必ずしも完璧でなく、またすべての投資は投機のリスクの部分をいくらか含んでいるので、確かに銀行家の投資の失敗の可能性を考慮しなければならない。極端に大きな損失の可能性を小さくするには、銀行家は、一つの籠の中にすべての卵を入れないようにして、できるだけ投資対象を分散するように努めなければならない。このこと以上に、経営に慎重な銀行は、株主にかなりの額の資金を出資してもらおうとする。このような銀行は、例えば、株式を要求払預金の 10 パーセントに等しくなるように発行するかもしれない。この場合、たとえ銀行のすべての資産が、利子を生まない現金でなく、収益を得る投資対象物であるとしても、預金者は、銀行のこの投資対象の金融資産(investment portfolio)の、10 パーセントを超えないすべてのキャピタルロスに対して保護される。普通の時には、銀行が、優良債券や十分に調査したモーゲージ証券や慎重な企業貸付に限定して業務を行う限り、銀行のすべての資産が現金でなく投資対象物であっても十分安全であろう。

　もし私達がある銀行の格付に A⁺ を与えようとすれば、この銀行が満たさなければならないただ一つの最終的条件がある。この銀行経営者は、自行が営業している市が"ゴーストタウン"にならないようにし、さらに自行が長期間にわたって預金を失い続けないようにして、自行の預金が一般に増加するように努めなければならない。この銀行は、このことを実現できているとしても、預金者の引出しに応じることができるように、自行の投資対象の金融資産を、時間の経過とともに徐々に流動化でき、さらに現金に換えることができる有価証券や、貸付金によって構成される組合せにしなければならない。

　たとえ銀行の経営が悪化していなくても、それでも慎重な経営者は、常に預金の引出しの一時的殺到に備えて、支払いへの準備をしておかなければならない。現金は収益を生まないので、このような偶発的出来事に対処するために現金を保有することは、費用がかかることになる。そこで、慎重な経営者は、自行の金融資産の内、いつでも市場ですぐに売れ、また短期の通知で現金化できる有価証券を、第 2 の準備金として一部保有することを普通決めている。政府債はこの目的にみごとにかなっている。(財務省短期証券、財務省割引短期証券、財務省確定利付短期証券と呼ばれる) 短期債券(short bonds)は、ほとんど価格が変わらず、また、既発のこのような短期債券が 90 日あるいは 12 ヶ月で満期日が来たとき、新規の短期債券をただ買わないことによって、短期債券を流動化できる。さらに、満期になるのに 30 年もかかる長期政府債でさえ、値を付けられた市場価格で、ある他の買い手にいつでも譲渡できるので、普通の時には第 2 の準備金として役立てることができる[9]。このことから重要なことは、債券あるいは貸付金の*満期日*ではなく、むしろいかに資産を他の投資機関に

"所有権を移転できるか" である。例えば、所有権を移転できない地方の商人への 90 日の貸付証書(a 90-day loan)は、証券取引所で取引される 90 年満期の優良債よりも、基本的に第 2 の準備金として適していないのである。

銀行とあらゆる企業との違い

　堅実な銀行経営についての上述の指針は全く簡潔でよく理解できる。これらの指針は、原則を述べるよりも、現実に実行する方が少し難しい。同じことは安全な投資と堅実な生活への最も賢明な指針についても当てはまる。

　私達は銀行と小荷物預り所の間の違いが何であるかを見てきた。銀行とあらゆる企業の間に、もし何らかの違いがあるとしたら、どのような違いであろうか。経済学者が、要求払預金という銀行の負債を貨幣と呼びたがっていると言うことは、（人々が厳格な貨幣数量説を放棄した後では）あまり重要なことを言っていない。銀行の活動が投資や購買力や雇用全体に影響を与えるのと同じ様に、公益事業会社や製造企業の活動と株式市場の動きも、投資や購買力や雇用全体に影響を与えると言える。銀行の支払能力が、寡婦や孤児や一般の人々の一生の生活保障を決定するのとほとんど同じ様に、生命保険会社や政府の債券による借入の支払能力や信託会社や持株会社のそれぞれの支払能力も、これらの人々の一生の蓄えを決定すると、言うことができる。

　もし "業績が好調で成長している" 銀行をあらゆる企業と比較するならば、驚くべきことは、銀行がわずかしか現金準備を保有していないことでなく、（窓口現金の必要額を超えて）間違いなくいくらか余分の現金準備を保有していることである。*金融界の業績が良好である限り、100 パーセントの現金準備の制度の放棄を迫るということは、当然ごくわずかな現金準備の制度を支持するということである。*

　だが、もし現実に目を向けるならば、現代の堅実な銀行は、収益を生まない現金で自行の資産のかなりの部分を保有することが望まれている（そして法律によって要求されている）ことが分かる。"法定準備金" は、銀行の金庫室の手元金にさらに加えたものであり、銀行は法定準備金を地区の連邦準備銀行に預金の形で保有している。銀行に支払能力がある限り、法定準備金は決して使かわれることはない。現在、連邦準備制度に加盟しているアメリカの商業銀行は、連邦準備銀行に預金している収益を生まない現金準備の形で、平均で自行の要求払預金の 20 パーセントよりも少し少ない金額を保有することを、法律で要求されている [10]。表 3 は連邦準備制度によるすべての加盟銀行の今日の法定所要準備率(legal reserve

---

9)　「あなたは日曜日にさえ政府債を売ることができる」と言うことができる。

10)　イギリスの銀行は、法律によってではなく慣例によって、約 8 パーセントから 10 パーセントの現金準備と、さらに、もし可能ならば、短期政府 "証券"(short-term government bill)と（信用力の高い裏書をされ、支払を保証され、そして譲渡可能な短期約束手形(short-term promissory notes) の短期民間 "証券"(short-term private bill))という第 2 の形態で、さらに 20 パーセントの準備金を保有することを要求されている。

表 3　連邦準備加盟銀行の法定準備率、*1948 年 3 月

	要求払預金の準備率、%	定期預金の準備率、%
中央準備市銀行(Central Reserve City Banks)（ニューヨークとシカゴ）・・・・・・・・・・・・・・・・・・・・・・・・・・・・・・・・・・・・	22	6
準備市銀行(Reserve City Banks)（大都市と中都市）・・・・・・・・	20	6
その他の加盟銀行（小さな町と田舎）・・・・・・・・・・・・・・・	14	6

*1936 年以前には、法定所要準備率は、長い間、現在の 22、20、14 および 6 パーセントではなく 13、10、7 および 3 パーセントであった。1948 年の始めに、準備当局は連邦議会から最高所要準備率を 26、20，14 および 6 パーセント（つまり恐慌前の水準の 2 倍）に定める権限を得た。第 15 章で連邦準備当局が貨幣コントロールの武器として所要準備率をどのように変更できるかを示す。

requirement)を示している。

今まで論じてきたように、準備金が大部分不必要であるように思われるのに、なぜこのような法的所要率があるのか。そして一体なぜ、いわゆる銀行の "定期" 預金、つまり "貯蓄性" 預金はたった 6 パーセントの準備率だけを必要とするのか。それは、これら定期預金を、建前では 30 日の事前通知によってのみ引き出せるけれど、現実には銀行は個人の要求がありしだい払い戻しているからである。もちろん、通知の 30 日後の払戻しでよいのであれば、どのような銀行も、今日では倒産しない。さらに、どのような他の形態の投資物件よりも、貯蓄性預金はきわめて貧しい人々の富の具体的な形になっており、このためこれらの預金を守ることが社会的に最も重要であるからでもある。

部分準備銀行制度のパラドクス

準備金が不必要であるのになぜ法定所要率が必要であるのかというパラドクスへの答えの一部は、*部分準備銀行制度(fractional reserving banking)*が本質的には不安定であり、"経営が順調な時だけの" 運営方法である、という重要な事実から得られる。すべての預金者は、自分達のすべての預金を全く同時に引き出そうと望まない限り、要求しさえすれば貨幣を思うままに受け取ることができる。しかし、すべての預金者が同時にこの貨幣を引き出す権利を行使しようとするやいなや、どの預金者も自分の貨幣を受け取ることができない。取付けが一つの銀行だけであれば、この銀行は、自行の資産をある他の金融機関に売却し、自行の資産を現金に換えることによって、銀行取付け騒ぎを切り抜けることができる。

特に金融恐慌の時には、全面的な取付け騒ぎの状況にあり、すべての銀行は、自行の金融資産を現金化することによってでは、全く対処できない。このとき、すべての銀行の収益資産を現金と入れ替えることができる機関は（政府を除いて）存在しない。銀行には、預金者の引出しに対応するために、自行の収益資産を現金に換える方法はない。最も強大で最も堅実な銀行でさえ、経営破綻にならないようにできる方法はない。

銀行が思うようにいかない状況は、預金者も思うようにいかない状況へ同じ様に対応す

ることによって、ますます悪化する。預金者は、銀行から自分達の貨幣を受け取ることができると確信している限り、貨幣を望まない。預金者は、自分達の貨幣を引き出すことができないと知る（あるいは疑う）やいなや、貨幣を所有することに固執する。さらにすべての預金者は、貨幣を引き出すことができないという恐れや疑わしさに基づいて行動するとき、これらの預金者が、根拠のない噂を実際の現実へと気づかない内に変えることになる。

このことを民間銀行の歴史で確認できる。ここアメリカとイギリスのどちらでも、民間銀行の歴史は、周期的危機、恐慌、そして破綻の歴史である[11]。ひどい恐慌が起こるとき、すべての銀行は打撃を受け、恐慌が過ぎ去った後、最も強力な金融機関のみが自力で立ち直ることができる。弱い金融機関は永久に無くなり、これら弱い金融機関とともに預金者の貨幣の一部もなくなる。

預金に対して法定準備金(legal reserves)を要求する慣例が発生したのは、このような金融的緊急事態に対処するためである。*結果として、現代の民間銀行の法定準備金は、もし銀行が正常に営業しておれば不必要であり、もし緊急事態が発生すれば不十分な状況となる不安定などっち付かずのものである。*(1933 年の銀行恐慌(bank crisis)のような) 金融恐慌(financial panic)の時には、100 パーセントの現金準備を持たない民間銀行は営業を行えなくなるであろう、ましてや 10 パーセントや 20 パーセントの現金準備しか持たない民間銀行は、もちろん営業を行えなくなる。逆に、利益を得て貨幣を安全に投資できる正常な時には、収益を生まない現金準備を法定準備金の近くまでも要求する正当な理由はないのである。

現実には、法定所要準備率は、これを必要としない場合よりも、おそらく多くの銀行を倒産させるかもしれない。1930 年代前半の金融恐慌の前には、銀行はほとんど法定準備金を超える過剰準備(excess reserves)を保有していなかったので、恐慌の最初での預金の引出しは一部の銀行を法定準備率以下に追い込んだ。このため、法定準備金を銀行の経営面から見ると、一部の銀行は、支払不能に陥り、営業停止に追いやられ、このことにより、法定準備金は金融恐慌を一層激しくさせた。営業停止となった一部の銀行は、もし法定準備制度があることによって、自行が支払不能と宣告させられていなければ、経営危機を切り抜けることができていたかもしれない。現実に、大部分の保険会社も、1929 年以後数年間において、銀行の資産と同様に、自社の資産の市場価格が低下し、この資産を市場で売却できる可能性も低下していた。だが、大部分の保険会社は、保険契約において、保険加入者が保険会社に通知するとすぐに保険会社のすべての負債を現金で払い戻す、と保険契約者に必ずしも*明確*に約束していなかっただけで、危機を乗り切ることができた。保険会社は、保険証券担保貸付(loans on policies)を除くと、新たな保険契約によって入ってくる現金によって、現金への要求に大部分応じることができた。

法定所要率をはるかに超える現金準備を持つ銀行でさえ、この銀行の収益資産の現実の

---

11) 50 億ドル以上の預金を保有していた約 8,000 の銀行が、1930 年から 1933 年の間に支払不能になった。

価値が収益資産の取得費用をはるかに下回れば、きわめて悪い事態になりえる。現金準備を増やすことは、銀行が、大胆で、安心感を与える態度を表面上示すこと、また心理的作用による銀行への取付け騒ぎを押さえ込むこと、を可能にするかもしれない。（取付け騒ぎを抑え込む目的に対し最善の戦術は、来店者すべてに、常に明るい顔を絶やさないで、喜んでまた気前よく貨幣を支払うことが、来店者の疑いや恐れを和らげ、金融危機を終わらせると期待して、貨幣を気前よく支払うことである。）しかし、長期的観点からは、現金準備を増やしている銀行も完全に支払不能に陥るかもしれない。

　銀行が自行の収益資産について損失を出しているときには、銀行に現金の形でドルをさらに保有させることは、預金者が被害を受けることから守るきわめて遠回りで、ほとんど効果のない方法である。この現金の保有を増やす方法についてせいぜい言えることは、現金として保有するそれぞれのドルが、収益資産のような損害を少なくとも受けることはなく、安全であることである。銀行経営の堅実原則と銀行規制(bank regulation)は、銀行に現金の形でドルをさらに保有させる方法よりも、はるかに効果がある方法（事によると効果がない方法）を意味している。

銀行の安全化

　おそらく、銀行の安全化はどちらかと言えば悲観的であった。確かに、もし人々が 19 世紀の民間の小規模な銀行の歴史を回顧すれば、その歴史の中に多くの暗い出来事を発見する。しかし、今日では私達にはもはや純粋に*民間*の銀行制度はないので、多くの暗い出来事はもはや必ずしも発生するとは限らない。すべての国々は、銀行が"公共の利益"に影響を及ぼし、政府の管理を必要とするいくつかの活動の内の一つであることを、長年認めてきた。すべての国々は、自由放任の銀行に内在する不安定さを調整するために、連邦準備制度やイングランド銀行のような中央銀行を創設してきた。財務省は、金融および財政に関するあらゆる権限を、金融恐慌が拡大しないようにするために、また金融恐慌が拡大するときには、金融恐慌を抑えるために使っている。さらに、銀行への監査と強制力がある規制によって、銀行経営についての行動の自由は狭く制限されている。

　自由放任の銀行の不安定さを調整するために、政府が実行している一連の措置を次のように短く記述できる。

　1.　*銀行の設立と活動への規制*　何十年もの間、州当局も連邦当局も、銀行を設立できる条件（銀行が保有しなければならない最低額の資本金など）を定めてきた。銀行監査官は、予防の段階での小さな措置が治療の段階での大きな措置に勝るといつも心に留めて、銀行の資産状況を定期的に厳格に調べて、銀行の支払能力を評価している。

　2.　*連邦準備制度の設立*　次に大きな改善への措置は中央銀行の設立であり、この中央銀行の主な役割は、金融恐慌のときに銀行組織(the banking system)の崩壊を食い止めるために、政府の強力ないくつかの金融的権限を行使する準備をして、ジブラルタル(Gibraltar)海峡の岩山のごとくそびえ立つことである。このことに次ぐその他の重要な中央銀行の役割を後

で論じる。

3. *銀行預金に対する政府の保証*　政府によるいくつかの最も重要な銀行改革の内の一つは、最も新しい改革でもある。1933 年の銀行恐慌後、政府は 5,000 ドルまでのすべての銀行預金の安全を保証するために FDIC（連邦預金保険公社）を設立した。連邦準備制度に加盟するすべての銀行は、FDIC に構成員として所属*しなければならず*、ほとんどの州法銀行も FDIC に構成員として所属している。銀行の FDIC への毎年の保険金の支払いは預金総額によって変化し、この保険金の支払いの見返りに、たとえ銀行が破産しても、FDIC 所属の銀行のすべての顧客は、（5,000 ドルまで）いかなる損害にも完全に保護されている。

この預金保険の政策措置の効果を誇張しすぎることはない。銀行の破産はもはや起こらないというのは全く誤っている。確かに、広範囲に及ぶ銀行取付け騒ぎが再び発生することは決してない。今後、銀行は銀行監査官や政府当局によって閉鎖されるであろう。だが、預金者の恐れが、銀行が最も心配するまさに偶発的不幸な出来事を生じさせる預金者のパニック行動によって、銀行が閉鎖に追い込まれることはないであろう。どの一つの銀行も、善良な女性の評判と同様に、非難が真実であるかどうかに関係なく、ただ非難されることによって自行の評判が傷つけられることを、もはや恐れる必要はないのである。

もし政府の行動がなければ、私達の小規模な単一店銀行制度(system of small unit banking)は危険で安全でないままであるとすれば、政府の行動はこの重大な状況をどのようにして変えることができるのか。第 1 に、あらゆる保険の根底にある不幸な出来事を軽減するという基本原則に頼ることによってである、つまり、大規模に起こりそうなことを平均化でき、また相殺できることによってである。第 2 に、通常の保険数学の方法では不況に対処できないという私達の以前からの警告を考慮すると、最も重要なことであるが、現実に金融恐慌が発生するに違いないときにはいつでも、政府は、崩壊を防ぐために、*非常事態に対し限りのない金融の権限*を使うことができる（そして使わなければならない）ことによってである。

B.　銀行預金の創造

銀行は本当に貨幣を創造できるのか

貨幣と信用(credit)についての最も興味深いいくつかの点の内の一つ、つまり"銀行預金の乗数的拡張"(multiple expansion of bank deposits)と呼ばれる過程を今取り上げる。この過程はほとんど理解されていない。大部分の人々は、銀行が何もない所から何か神秘的方法で貨幣を創造できると聞いてきた、しかし、ほとんどの人々はこの過程がどのように実現されるかを現実には理解していない。

現実には、銀行預金の創造について魔法のようなものは何もなく、また理解できないことも何もない。この銀行預金の創造の過程の全ての段階において、知的などのような人も銀行

口座で何が起きているかを理解できる。預金創造の正確な説明は簡単である。理解するのを難しくしているのは、今でも広く行われている誤った説明である。

　これらの誤った説明によれば、普通の銀行経営者は、万年筆を少し動かしてサインをすれば、自分達の銀行に預金として預けられた1ドルにつき数ドルを、貸付けることができると言われている。実務を行っている銀行家は、このような行為をよく行っているとみなされると、激怒しても不思議ではない。実務を行っている銀行家は、ただこのように行うことができればと望んでいるだけである。すべての銀行家は、保有していない貨幣を投資に回すことはできず、また有価証券を購入するかあるいは貸付を行うことによって、投資に回すどのような貨幣も、自行からすぐに出て行くのをよく知っている。

　それゆえ、銀行家達はしばしば反対の極端な見解へと進む。それぞれの小さな銀行は"貨幣を創造"できる方法が限られているので、銀行家達は、全体としての銀行組織が貨幣を創造できないとときどき主張する。銀行家達は「しょせん、私達は自分達の銀行に預けられている額だけを投資できるにすぎない。私達は何も創造していない。私達は社会の貯蓄を活用できるようにしているにすぎない。」と言う。このように主張する銀行家達は全く間違っている。これらの銀行家達は、私達が古くからよく陥っている合成の誤謬の状況に、つまり、それぞれの個々について正しいことは全体について正しいことでない状況にある。全体としての銀行組織は、それぞれの小さな銀行が行えないことを行うことができるのである。

　それゆえ、本節での預金創造への質問についての私達の答えは肯定である。そのとおりであり、銀行組織と公衆は、両者の間で、流通から取り除かれそして銀行に預けられたそれぞれの1ドルつき、約5ドルの銀行預金を創造している。どのようにしてかを見てみよう。

預金はどのようにして創造されるのか

　ある一つの銀行に預けられる1,000ドルの新規の預金から始める。古い時代の金細工業者と同じように、今、銀行は、もし100パーセントの現金準備を保有しようとすれば、預けられた1,000ドルの新たな預金によって、追加的貨幣を少しも創造できない。預金者は自分のお金を銀行に持って行くときにはいつでも、1,000ドルの当座預金と引換に1,000ドルの通貨を手放しているにすぎない。

　この新たな要求払預金について、この銀行の貸借対照表の変化を表4aで示している。

　この銀行はこの預金を*単独*で創造していない。顧客は預金をしようとしなければならなかった。顧客が預金しようとするやいなや、この銀行も顧客からの当座預金を喜んで受け入れようとした。銀行と公衆は一緒になって1,000ドルの銀行貨幣つまり預金を"創造"した。しかし1対5あるいはその他のどのような乗数的拡張も行われていない。銀行が100パー

表 *4a*　最初の銀行の初期の状態

資産	負債
現金準備・・・・・・・・・・・・・・・+1,000 ドル	預金・・・・・・・・・・・・・・・・・+1,000 ドル
合計・・・・・・・・・・・・・・・・+1,000 ドル	合計・・・・・・・・・・・・・・・+1,000 ドル

セントの準備金を保有する限り、銀行貨幣の増加は流通している通貨の減少によってちょうど相殺されている。

　今この銀行は 100 パーセントの準備金を保有する必要がないと想定してみよう。法律はこの銀行に 20 パーセントの法定準備金しか保有することを要求しないと想定してみよう。（この銀行は、もし望めば、いつでも 20 パーセントよりも大きな準備金を保有できる。しかし、もし多くの発行されている比較的安全な、利子を生む政府債、あるいは収益性の高い多くの貸付機会があるならば、この銀行は、法律が要求するよりもはるかに大きな準備金を保有すると、収益が高くなるとみなさないであろう。）

　今、この銀行は何をできるか。この銀行は、貸付金と投資対象物を 4,000 ドルにまで拡大して、自行の貸借対照表の変化を表 *4b* に示しているようにできるのか。答えは明らかに「いいえ」である。総資産は総負債に等しい。現金準備は総預金の 20 パーセントとされている法定所要率を満たしているけれども。なぜか。

表 *4b*　一つの小さな銀行にとって不可能な状態

資産	負債
現金準備・・・・・・・・・・・・・・・・・・・+1,000 ドル	預金・・・・・・・・・・・・・・・・・・・+5,000 ドル
貸付金および投資対象物・・+<u>4,000</u>	———
合計・・・・・・・・・・・・・・・・・+5,000 ドル	合計・・・・・・・・・・・・・・・・・+5,000 ドル

　これらのことは十分に正しい。しかし、この銀行は購入する投資対象物、つまり収益資産の代金をどのようにして支払うのか。この銀行は、他のすべての人達と同様に、（債券を売った人か、あるいは裏書して約束手形を売った人に）小切手を振り出す。もしこのようなすべての人々がこの銀行振出の小切手を現金化しない（あるいは同じことであるが、このような小切手の金額のすべてをこの銀行の中で預金の状態で保有したままにする）と約束するならば、もちろん、この銀行は少しも現金を失うことなく望むすべてのものを購入できる。

　現実には、誰も銀行の中ですべてのお金を保有するためだけに、6 パーセントの利子率でお金を借りない。借り手は、お金を労働者に、原材料に、あるいは多分自動車に使う。それゆえ、お金はただちにこの銀行から引き出されて使われるに違いない。そして、もしこの銀行が自行のある市、郡、州およびアメリカ国内で銀行サービスを提供している多くの銀行の内の一つにすぎないならば、引き出された預金額の一部だけが、別の顧客の預金となってこの最初の銀行にいつか戻ってくるであろう。

　一つの銀行が、もし地域で貸付を行うよりむしろ債券を購入すれば、投資対象物を増やすことによって現金を失うことを、一層明確に理解できる。ニューヨークの証券会社(brokerage house)を通して、合衆国政府債をニューイングランドのある銀行へ売却した男自身は、オハイオ州コロンバスに住んでいるかもしれない。この男は受け取った小切手を自分の口座がある銀行に持っていく。もちろん、このコロンバスの銀行は、お金を支払ってもらうために（連邦準備手形交換制度を通じて）ニューイングランドの銀行にこの小切手を渡す。このニ

ニューイングランドの銀行は、現金を失う、あるいは同じことであるが、（ボストン）連邦準備銀行での自行の法定準備預金の一部を失う。（あなたはこれらのいくつかの段階を確実に理解できるまで、この段落をもう一度戻って読み返しなさい。）

　ケーキは食べるとなくなってしまう。このニューイングランドの銀行も債券を購入することと現金をそのまま保有することを同時にできない。それゆえ、表 4b は一つの個別の銀行が行えることの完全に誤った状態を示している。

　それでは、20 パーセントの法定準備金を保有しなければならない銀行は、100 パーセントの現金準備の金細工業者である銀行家のように行動しなければならないのか。もちろんそうではない。この銀行は、自行の現金準備の 5 倍まで預金を増やすことはできないけれども、自行の預金の 5 分の 1 まで確かに*自行の現金を減*らすことはできる。このことは分かり切ったことである。なぜなら、たった今見たように、この銀行ができることは、せいぜい 800 ドルの金額の収益資産（債券、貸付金、モーゲージ証券）を購入できることであるからである。1 日かそこらで、この銀行が振り出した小切手は現金の支払いを求めて戻ってくるので、この銀行は、この収益資産購入に支払った現金のすべてを実際に失うであろう。今、この銀行の貸借対照表は表 4c に示しているものになる。

表 4c　最終状態での最初の銀行

資産		負債	
現金・・・・・・・・・・・・・・・ +200 ドル		預金・・・・・・・・・・・・・・・+1,000 ドル	
貸付金および投資対象物・・・+800			
合計・・・・・・・・・・・・・・・ +1,000 ドル		合計・・・・・・・・・・・・・・・+1,000 ドル	

　この最初の銀行に関しては、私達はこれで終える。この銀行の法定準備金はその預金に対しちょうど十分に満たされている。公衆が、預金をするために、一層多くのいくらかの貨幣をこの銀行に持ってくることを決めるまで、この最初の銀行がこれ以上できることは何もない。

　だが、銀行組織はまだ安定した状態になることができない。最初にこの銀行に債券を売ったかあるいはこの銀行からお金を借りた人々は、その得たお金をおそらくある他の銀行に預金するか、あるいは、この得たお金を、後にこのように預金する誰か他の人に支払うであろう。それゆえ、最初の銀行は銀行組織に属するその他のいくつかの銀行に 800 ドルを失う。もし新たな預金を得るこれらいくつかの銀行をすべて合わせてひとまとめにし、"第 2 段階の銀行"(second-generation banks)と呼ぶならば、第 2 段階のこれらの銀行の貸借対照表

表 4d　初期の状態での第 2 段階の銀行

資産		負債	
現金・・・・・・・・・・・・・・・ +800 ドル		預金・・・・・・・・・・・・・・・+800 ドル	
合計・・・・・・・・・・・・・・・+800 ドル		合計・・・・・・・・・・・・・・・+800 ドル	

は今表 *4d* に示しているものになる。

　もちろん、第 2 段階のこれらの銀行はアメリカ国内中に散らばっている。（最初の銀行が振り出した小切手の内のわずかな金額しか、最初の銀行の預金者達は手に入れないので、最初の銀行は第 2 段階の銀行のわずかな部分になるにすぎない。）私達の最初の銀行とまったく同じ様に、第 2 段階のこれらの銀行にとって、預金されるドルは他のあらゆるドルとまったく同じである。第 2 段階のこれらの銀行は、預金連鎖の 2 番目であることを知らないし、このことを気にもかけない。第 2 段階のこれらの銀行は、今収益を生みださない現金をあまりにも多く保有していることに気づいており、このことを気にかけている。800 ドルの 5 分の 1、つまり 160 ドルの現金だけが 800 ドルの預金に対して法的に必要とされている。それゆえ、第 2 段階の銀行は、貸付をしたり、投資対象物を購入したりして、預金の残りの 5 分の 4、つまり 640 ドルを使うことができるし、また使おうとする。それゆえ、2、3 日の内に、第 2 段階の銀行の貸借対照表は、表 *4e* で示すような均衡状態に到達するであろう。第 2 段階の銀行についてはここまでにしておく。

表 *4e*　第 2 段階の銀行の最終状態

資産		負債	
現金・・・・・・・・・・・・・・	+160 ドル	預金・・・・・・・・・・・・・・・	+800 ドル
貸付金および投資対象物・・・	+<u>640</u>		＿＿
合計・・・・・・・・・・・・・・	+800 ドル	合計・・・・・・・・・・・・・・・	+800 ドル

　ここまでで、最初の 1,000 ドルは、人の手から人の手へと渡る流通から取り除かれて、銀行組織に預金され、1,000 ドル（第 1 段階の預金）+800 ドル（第 2 段階の預金）を生じさせている。貨幣の総量は増加しており、この増加の終りはまだ視界に入っていない。

　なぜなら、第 2 段階の銀行から失われた 640 ドルは "第 3 段階の銀行" と呼ばれる新たな一群の銀行へと行くからである。読者は今では最初に次のように示す第 3 段階の銀行の貸借対照表の空白を埋めることができるに違いない（表 *4f* を見よ）。明らかに第 3 段階の銀行

表 *4f*　第 3 段階の銀行の初期の状態

資産		負債	
現金・・・・・・・・・・・・・・	+	預金・・・・・・・・・・・・・・	+
貸付金および投資対象物・・・	＿＿		＿＿
合計・・・・・・・・・・・・・・	+	合計・・・・・・・・・・・・・	+640 ドル

表 *4g*　第 3 段階の銀行の最終均衡

資産		負債	
現金・・・・・・・・・・・・・・	+128 ドル	預金・・・・・・・・・・・・・・・	+640 ドル
貸付金および投資対象物・・・・	+<u>512</u>		＿＿
合計・・・・・・・・・・・・・・	+640 ドル	合計・・・・・・・・・・・・・・・	+640 ドル

は、最初 640 ドルの 5 分の 4、つまり 512 ドルに等しい金額の*過剰現金準備*(*excess* cash *reserves*)を保有している。第 3 段階の銀行は、この 512 ドルの金額を貸付金と投資対象物に使った後（そしてその後にのみ）、表 *4g* で示す貸借対照表での均衡状態に到達するであろう。

　銀行貨幣の総量は今 1,000 ドル＋800 ドル＋640 ドル、つまり 2,440 ドルである。この総量はほぼ 1 対 2.5 の拡張である。さらに、第 4 段階の銀行は明らかに 640 ドルの 4/5、つまり 512 ドルの預金を最終的に手に入れる。第 5 段階の銀行は 512 ドルの 4/5、つまり 409.60 ドルの預金を得る。さらに第 6 段階の銀行は 409.60 ドルの 4/5 の預金を得る。その後もこのように続くであろう。最終的に第 25 ラウンドまでに[8]、この無限に続く段階の銀行の預金についての級数の総和の内、1 ドルを除いたすべての合計を得るであろう。

　最終的合計、つまり 1,000 ドル＋800 ドル＋640 ドル＋512 ドル＋409.60 ドル＋・・・はいくらになるか。もし算術によって辛抱強く計算して合計を求めるならば、その合計が 4,999.999 ドルに・・・そして"最終的には"5,000 ドルになることが分かる。表 *4h* は預金創造の連鎖の結果のすべてを示している。

　二つの異なる方法（常識と初等代数学）によっても同じ答を得ることができる。

　常識によって[12]、*銀行組織内のどの段階の銀行も*、預金に対する 20％の準備率を超えて

表 *4h*　銀行組織を通じての銀行預金の乗数的拡張

	新たな預金	新たな貸付金と投資対象物	現金準備
最初の銀行・・・・・・・・・・・・・・	1,000.00 ドル	800.00 ドル	200.00 ドル
第 2 段階の銀行・・・・・・・・・・・	800.00	640.00	160.00
第 3 段階の銀行・・・・・・・・・・・	640.00	512.00	128.00
第 4 段階の銀行・・・・・・・・・・・	512.00	409.60	102.40
第 5 段階の銀行・・・・・・・・・・・	409.60	327.68	81.92
第 6 段階の銀行・・・・・・・・・・・	327.68	262.14*	65.54*
第 7 段階の銀行・・・・・・・・・・・	262.14*	209.72*	52.42*
第 8 段階の銀行・・・・・・・・・・・	209.72*	167.77*	41.95*
第 9 段階の銀行・・・・・・・・・・・	167.77*	134.22*	33.55*
第 10 段階の銀行・・・・・・・・・・	134.22*	107.37*	26.85*
第 10 段階の銀行までの合計・	4,463.13*ドル	3,570.50*ドル	892.63*ドル
残りの段階の銀行の合計・・・・	536.87*	429.50*	107.37*
銀行組織全体としての合計・・	5,000.00 ドル	4,000.00 ドル	1,000.00 ドル

*小数点第 2 位への四捨五入。

12)　このことを代数学により次のように証明することができる。

1,000 ドル＋800 ドル＋640 ドル＋・・・・＝1,000 ドル$[1+4/5+(4/5)^2+(4/5)^3+\cdots]$

$$=1{,}000 \text{ ドル} \left(\frac{1}{1-4/5} \right) = 1{,}000 \text{ ドル} \times 5$$

$$=5{,}000 \text{ ドル}$$

現金準備を保有しなくなるときにのみ、預金創造の過程が終わると分かる。私達のこれまでのすべての例では、いかなる現金も、銀行組織から少しも漏出することはなく、銀行が有価証券を購入する結果、ある段階の銀行の金庫室から次の段階の銀行の金庫室の中へただ入るだけであった。（第1段階、第2段階、そして第100段階の）すべての銀行を一緒にした連結貸借対照表が表4iで示しているように見えるときにのみ、すべての銀行は均衡状態になる。なぜならもし預金が5,000ドルより少ないならば、20パーセントの準備率はまだ到達されておらず、均衡状態もまだ実現されていないからである。

表4i すべての銀行を合わせた最終状態を示す連結貸借対照表

資産		負債	
現金・・・・・・・・・・・・・・・・・・	＋1,000 ドル	預金・・・・・・・・・・・・・・・	＋5,000 ドル
貸付金および投資対象物・	＋4,000		────
合計・・・・・・・・・・・・・・・	＋5,000 ドル	合計・・・・・・・・・・・・・・	＋5,000 ドル

　読者は、もし以前に*不可能*であると筆者が示した表4bに戻るならば、一つの銀行単独ではできないことを、銀行組織全体ではできることが分かるであろう。銀行貨幣は1対5で創造された（だがその間ずっと、それぞれの銀行は、預金として受け取った金額の一部のみを、投資したり、貸し付けたにすぎない）。

　誰が預金の乗数的拡張を生み出しているのか。三つの関係者が一体となってこの拡張を生み出している。つまり、自分達の貨幣を常に銀行に預金して保有する公衆、預金の一部のみを現金の形で保有する銀行、準備金を上回る超過の現金によって、銀行に買おうとする収益資産を見つけることを可能にさせる公的機関と民間の投資対象物の売り手および貸付金の借り手である。次章で示すように、4番目の関係者、つまり中央銀行もいる。中央銀行は自行の活動によって、新たな準備金が銀行組織に流入するのを可能にしている。

　銀行預金の合計がどこかにある紙幣の金額の数倍であるという事実は、何も不思議なことでない。紙幣の金額の数倍であるという同じことは、政府債の総額や不動産の金額についても当てはまる。預金は銀行が顧客に支払いの義務を負っているものである。現金は、銀行に*預けられる*が、銀行に*留*まっていない。1ドル紙幣は、発行されて回収されるまでの間の長い期間に、何百ドルもの商品を買うために使われるときに、多くの銀行に何回も*預けられる*かもしれない。しっかりと心に留めておくべきことは、銀行預金は、三つの形態の現代の貨幣の内の一つであり、さらに量的に最も大きな貨幣であることである。

　本節を終える前に、学生は、1人の神経質な未亡人が一つの銀行から1,000ドルを*引き出し*、この1,000ドルを自分の屋根裏部屋に隠すときに、次のように起こることの経過を詳しく辿ることによって、信用創造についての自分の知識を点検するべきである。(1) この銀行は1,000ドルの現金と1,000ドルの預金を失う。しかしこの銀行は、その未亡人の1,000ドルの預金に対して20パーセントの現金準備だけを、つまり200ドルだけを保有していたにすぎない。明らかに、この銀行は、この未亡人以外の他の要求払預金に対して保有している

法的に必要な現金準備の内のいくらかも、彼女に渡さなければならない。この銀行の準備金の合計は今法定最低額未満になっている。(2) このため、この銀行は 800 ドルの金額の投資対象物を売るか、あるいは同額の自行の貸付金を回収しなければならない。この第 1 段階の銀行は、自行の貸借対照表が最終的に表 5a に示しているように見えるときにのみ、均衡状態になる。

表 5a　預金を引き出された最初の銀行の均衡状態

資産		負債	
現金・・・・・・・・・・・・・・・・・・	−200 ドル	預金・・・・・・・・・・・・・・・・・・	−1,000 ドル
貸付金と投資対象物・・・・	−800		
合計・・・・・・・・・・・・・・・・・・	−1,000 ドル	合計・・・・・・・・・・・・・・・・・・	−1,000 ドル

　ここで、私達の最初の銀行は、自行の有価証券を売ることによって、第 2 段階の銀行から 800 ドルを引き出す。その後第 2 段階の銀行も、準備金の不足のために有価証券を売却することによって、第 3 段階の銀行から貨幣を引き出す。その後（この未亡人による 1,000 ドルの預金の引出しが、銀行組織全体として 5,000 ドルの預金と 4,000 ドルの銀行の収益資産を"消滅させる"連鎖を生み出すまで）この過程は進む。学生は各段階を、つまり表 5b、表 5c・・・、等々と、辿るべきである。

　もし銀行が、約 10 年前まで従っていたような、ただ 10 パーセントだけの準備率に従っているならば、読者は、1,000 ドルの最初の預金がどのようにして 10,000 ドルの銀行預金という結果になるかも、示すことができるに違いない。

"独占の銀行"

　上述の過程のすべてで、いかなる現金も、銀行組織から誰かのマットレスの中に、あるいは人の手から人の手への永続的流通に、漏出していないと仮定していた。このとき、銀行が振り出した小切手が銀行組織の中のどこかで常に預金されるという、銀行組織にとっては望ましい状態にあった。

　銀行預金の漏出がないことが事実であるならば、私達は次のことを容易に理解できる。つまり、一国全体で活動する（たくさんの支店を持つ）一つの"独占の銀行"(monopoly bank) は、それぞれの小さな銀行単独では実現できないと言われていることを、すぐに実現できる。この独占の銀行の貸借対照表は、表 4b かあるいは表 4i で示す状態にすぐになることができる。売却した有価証券に対し小切手で代金を支払われた人々、あるいは貸付金に対し小切手でお金を得た人々が、この小切手のお金を常にこの唯一の銀行である自行に預金するのを知っているので、この独占の銀行は、有価証券の代金を支払うためにあるいは貸付を行うために、どんどん小切手を振り出すことができる、と私達は容易に理解できる。多くの支店を持つ"5 大グループ"の銀行があるイギリス、あるいは数行の大銀行があるカナダのような国々、あるいは多数の支店を持つ 2、3 の大銀行があるカリフォニアのような州では（こ

のようなケースでは）、一つの銀行は、貸し出した貨幣の一部が後の段階において自行に戻ってくるのを知っているので、法定準備を上回る過剰準備よりももっと多く貸し出しできるかもしれない。しかし、これらのいわゆる"派生的"預金(derivative deposits)、つまり"信用創造によって自行に自動的に戻る"預金は、合衆国では大きくなく、またこれらの派生的預金に注目することは、しばしば入門レベルの学生をただ混乱させるだけである。

すべての銀行による同時の拡張と収縮

　以前の節では、銀行組織が多くのラウンドの連続、つまり段階の連続を経て、どのようにして預金の拡張の極限に到達できるかを示した。もし各段階において小切手が決済され、その後貸付金と投資対象物の決定を行うために3、4日を見込むならば、この拡張の過程が12ラウンド以上行われてかなり進むためには、5から8週間は必要であろう。

　現実には、普通、ラウンドの連続を経て預金されるそれぞれのドルの連鎖を辿る必要ない。例えば、公衆が現金保有を減らすことは、ほとんどすべての銀行に同時に影響を与えるであろう。これらの銀行はすべて、ほとんど同時に、いくらかの新たな預金を受け取るであろう。これらの銀行はすべて、最初に、過剰準備を得ることになり、このため一斉に有価証券を買うか貸付を行い始めようとする。

　支店がなく、全く一つの店舗で営業している銀行が、有価証券を取得するために小切手を振り出すとき、振り出した小切手は他の銀行に渡り、この小切手を振り出した銀行は現金を失う。しかし、すべての銀行が、同時にしかも同じ様に小切手を振り出すときには、それぞれの銀行が振り出す新しい小切手は、それぞれの銀行に入ってきて預金される小切手によって相殺されるであろう。どの銀行も現金準備を失う必要はない。この結果、前節でのように段階の連続を経て進行しなくても、（それぞれの銀行の準備金の残高が危うい状態にならない限り）預金が現金に対して最終的に 5：1 の関係になるまで、これらすべての銀行は、簡単にしかも容易に、自行の貸付金と投資対象物を一斉に拡大できる。この 5：1 の関係に至るとき、銀行組織は貨幣を創造できる極限に到達している。

　銀行組織において、すべての銀行が、それぞれの 1 ドルの準備金の減少に対し、貨幣を同時に 5：1 で収縮させる同様な過程を、さらに、独占の銀行がどのように貨幣を収縮させるかも、学生は調べるべきである。

現実への適用においての三つの留意事項

　最後に、銀行預金創造の理論の現実への適用において、次の三つの留意事項を加えなければならず、その内の最後の事項がきわめて重要である。私達は、人の手から人の手へと渡る流通から引き揚げられ、銀行に預けられる 1,000 ドルが、5,000 ドルの銀行預金の増加になるのを示した。このことは、すべての新しい貨幣が、銀行組織のどこかに、つまり信用創造の過程のすべての段階において、それぞれ異なる銀行に留まっていること、その後、すべての銀行がいかなる"過剰準備"も持たずにすべての貨幣を"貸付や投資対象物の購入に回せ

る"ことを前提としてきた。

人の手から人の手へと渡る流通への漏出　しかし、預金拡張の連鎖のどこかで、小切手を受け取ったある個人が、その小切手のお金を銀行に預金せずに、銀行組織の外部の流通へあるいは現金保蔵へ漏出させることは、よく起こりえることであり、現実に有り得る。実際問題として、銀行預金が拡張している好況のときは、普通、小規模なきわめてたくさんの取引を行うために、1セント硬貨、10セント硬貨および紙幣への必要性は増える。

このような取引への漏出が私達の分析に与える影響は分かりやすい。銀行組織内に1,000ドルが残っているとき、5,000ドルの新たな預金が創造された。もし200ドルが銀行外部の流通へと漏出し、ただ800ドルの新たな準備金だけが銀行組織内に留まっているならば、創造される新たな預金は、4,000ドル（800ドル×5）になるであろう。どれだけの金額の新たな準備金が銀行組織内にずっと留まっていようとも、銀行組織は準備金に対し預金を 5：1 の比率で常に拡張できる。

銀行の金庫室の中への現金の漏出　銀行が業務に必要な窓口現金(till money)、つまり手元現金(vault cash)の形でいくらかの新たな現金を保有しなければならない事実は、銀行外部の流通への現金の漏出と類似している。このような現金は、地区の連邦準備銀行に預金される20パーセントの法律で要求されている準備金とは別のものである。銀行は、法定準備金のすべてをその銀行の地区の連邦準備銀行に預けなければならないので、このような窓口現金を20パーセントの法定準備金の一部として計算していない。1947年には、銀行は預金の約2パーセントを窓口現金として保有していた。このような現金は、人の手から人の手へと渡る流通への漏出の現金と同じ様な役割をはたしている。私達は、5×1,000ドルに等しい新たな預金を保有するのではなく、約5×（1,000ドル−100ドル）つまり4,500ドルに等しい新たな預金を保有する。このことは、100ドル（5,000ドルの約2パーセント）が銀行の法定準備金に含めることができない銀行の窓口現金であるためである[13]。

過剰準備の可能性　乗数的預金創造についての記述を、商業銀行が自行の法定準備率をかなり厳格に守るという前提で行ってきた。もちろん、銀行が準備金について法定所要率以上を保有することを選択できない理由はない。例えば、もし新たな1,000ドルの預金を受け取った最初の銀行が、1,000ドルの預金の内過剰準備の形で800ドルを保有することに満足するならば、全過程はここで終わる。あるいは、もし銀行が20パーセントの法定所要率に加えて、5パーセントの過剰準備を常に保有するならば、私達は、$[1+4/5+(4/5)^2 +\cdots]$ の形の 5：1 の預金の拡張の連鎖ではなく、$[1+3/4+(3/4)^2+\cdots]$ の形の 4：1 だけの預金の拡張の連鎖を得るに違いない。

13)　この関係を示すもう一つ別の方法であり、またもう少し厳密な方法は、次のようになる。つまり、新たな1,000ドルは1,000ドル×1/0.20ではなく、

$$1000ドル \times \frac{1}{(0.20+0.02)}$$

を生じさせる。このことは4,545.45ドルの新たな預金を生じさせる。

以上のことから、預金創造は少しも自動的に実現されるのではない。次の四つの要因が必要となることが分かる。つまり、銀行はなんらかの方法で新たな準備金を受け取らなければならない。銀行はお金を貸し付けようとするか、あるいは有価証券を買おうとしなければならない。誰かがお金を借りようとするか、有価証券を売ろうとしなければならない。そして最後に、公衆は銀行に預金の形で自分達の貨幣を預けることを選ばなければならない。第15章では過剰準備と法的準備金の問題に戻る。

要約

A. 現代の銀行制度

1. アメリカの銀行制度にいては、大部分の銀行は、国政府あるいは州政府によって認可されている比較的小規模な支店を持たない単一店銀行である。連邦準備制度への加盟銀行は半分以下であるが、これらの加盟銀行の預金は預金総額の5分の4を占めている。

2. 商業銀行の役割は、数多くあり、相互貯蓄銀行、住宅金融組合、売掛金買取会社、信託引受業者(trusteeships)および保険会社のようなその他の金融機関の役割と重複している。しかし、商業銀行は、銀行小切手を受け取りそして貨幣を支払う業務について、商業銀行だけの重要な経済的役割を果たしているのである。商業銀行の要求払預金は、私達の貨幣つまり交換手段の供給の最も大きな部分となっている。

3. 連邦準備制度は主として(a)加盟銀行、(b)国内に広がる12の連邦準備銀行、(c)ワシントンにある連邦準備制度理事会、によって構成されている。

連邦準備銀行は、名義上は加盟銀行によって所有されている株式会社であるけれども、現実には、連邦政府のほぼいくつかの部局であり、広い権限を持ち、自行の利潤ではなく公共の利益に関心を持っている。現実には、連邦準備銀行の活動は財務省および大統領府の政策と連携している。連邦準備銀行の最も重要な責務は、恐慌時に銀行制度の崩壊を阻止できるように、自行の権限を行使することである。

4. 現代の銀行は、貨幣と貴金属を保管していた昔の金細工業者の店から、徐々に発展した。現代の銀行は、最終的に預金に対して100パーセントよりもはるかに少ない準備金を保有し、預金の残りを、利子収益を得るために有価証券に投資したり、貸付を行って営業するのが一般的になった。

5. この結果生まれた自由放任の部分準備制度は、もし政府の監督と支援がなければ、きわめて不安定な、うまく運営が行われているときだけの制度である。預金者すべてが、もし自分達の預金を引き出そうとすれば、法定準備金があるにもかかわらず、銀行制度は破綻してしまうかもしれない。他方で、金融業界が順調であるときは、法定所要率よりもはるかに少ない現金準備で、銀行は自行の預金の払戻しへの要求のすべてに応ずることができるで

あろう。

6. もし政府の規制と監査がなく、連邦準備制度がなく、さらに FDIC による（上限 5,000 ドルまでの）銀行預金への保証がなければ、私達の小規模な単一店の銀行制度は立ち行かなくなるに違いない。実際、少数の経済学者は、100 パーセントの準備金の銀行制度に戻ることが、安全のためだけではなく、銀行に銀行預金の創造をさせないためにも、望ましくまた必要であると考えている。

B. 銀行預金の創造

銀行預金の創造は本章の後半部分の主題である。

7. 銀行の要求払預金は交換手段および価値の貯蔵手段としての役割を果たしている。それゆえ、銀行の要求払預金は貨幣であると考えられている。

8. もし銀行がすべての預金に対して 100 パーセントの現金準備を保有するならば、通貨が流通から取り除かれそして銀行組織で預金されるとき、いかなる貨幣の創造も発生しない。一つの種類の貨幣ともう一つの種類の貨幣との 1：1 の交換があるに過ぎない。

9. 現代の銀行は預金に対して 100 パーセントの現金準備を保有していない。合衆国では、連邦準備制度への大都市の加盟銀行は、要求払預金の 20 パーセントもしくは 22 パーセントに等しい法定準備金を、地区の連邦準備銀行において、預金の形で保有することを要求されている。小さな町の加盟銀行は、要求払い預金のただ 14 パーセントだけの法定準備金を保有する必要がある。

10. この結果、全体としての銀行組織は（公的機関あるいは民間の借手、および預金をする公衆と一緒に）、流通から取り除かれそして銀行組織のどこかで預金として預けられるそれぞれの新しい 1 ドルについて、約 5：1 で預金貨幣を創造している。

11. それぞれの小規模な銀行は預金を創造する能力に限りがある。それぞれの小規模な銀行は、預金者から預かった以上を貸し付けることも投資するここともできず、預金者から預かった貨幣のただ約 4/5 だけを貸し付けたり、投資できるにすぎない。それぞれの小規模な銀行は、収益資産を買うたびに、現金を支払うという理由だけで（それぞれの小規模な銀行の預金が増えるという理由でなくて、それぞれの小規模な銀行の現金が減少するという理由だけで）、それぞれの小規模な銀行の預金はそれぞれ小規模な銀行の現金の 5 倍になる。

12. さらに、全体としての銀行組織は、それぞれの小規模な銀行が行えないことをできる。もし私達が閉鎖的地域社会での独占の銀行を調べるならば、このことを理解できる。このような独占の銀行によって振り出される小切手は、常にこの銀行に戻る。それゆえ、この銀行による投資対象物と預金（複式簿記でのこの銀行の資産と負債）の拡大への唯一の制約は、この銀行が預金に対して 5 分の 1 の現金準備率を維持しなければならないという要請である。預金が準備金の増加の 5 倍になるまで拡大したとき、この地域での独占の銀行は“最大限の貸付を行っており”、さらに多くの現金準備を得るまで一層多くの預金を創造できない。

13. 今日のアメリカにおいては、独占の銀行は存在しない。それにもかかわらず、同じ 5：1 の銀行預金の拡張が生じる。新たな 1,000 ドルの預金を受け取る最初の一つの銀行は、新たに取得した現金の内、5 分の 4 を貸付金と投資対象物に支出する。このことは、第 2 のグループの銀行に、新たな預金の形で 1,000 ドルの 5 分の 4 を与える。次に、第 2 のグループの銀行は、現金で 5 分の 1 を保有しそしてその他の 5 分の 4 を新たな収益資産に支出する。このことにより、第 2 のグループの銀行は第 3 のグループの銀行に現金を失い、第 3 のグループの銀行の預金は、1,000 ドルの 5 分の 4 の内の、さらにその 5 分の 4 増加する。だんだん減少するが、決して終わることのない預金の連鎖が続くいくつかのグループの銀行のあとを辿るならば、明かに、銀行組織全体によって、新たな預金が次のように創造されるのを見つける。

1,000 ドル＋800 ドル＋640 ドル＋512 ドル＋・・・

$$=1{,}000\text{ドル}\times\left(1+\frac{4}{5}+\left(\frac{4}{5}\right)^2+\left(\frac{4}{5}\right)^3+\cdots\right)$$

$$=1{,}000\text{ドル}\left(\frac{1}{1-4/5}\right)=1{,}000\text{ドル}\left(\frac{1}{1/5}\right)=5{,}000\text{ドル}$$

1,000 ドルの新たな準備金の内のどの 1 ドルも、銀行組織の中のどこかで 5 ドルの預金を生み出しているときにのみ、預金の拡張への限界に到達する。このとき、銀行組織は貸付を限度いっぱいに行っている。銀行組織は一層多くの準備金を得るまで、新たな預金を創造できない。

14. 実際、連続するラウンドが 1,000 ドル、800 ドル、640 ドル等々の連鎖で最後まで進むのを待つ必要はない。普通、多くの銀行は、ほぼ同時に、新たな準備金を得る傾向がある。これらのすべての銀行は、もし、貸付金と投資対象物を同じ様に拡大させるならば、支払金を預金の受入れで相殺できる。この結果、これらのすべての銀行は現金を失わないであろう。それゆえ、すべての銀行は一緒になって自行の預金と準備金を 5：1 の極限へ比較的速く拡大させることができる。

15. あまり重要でないが、上の議論の適用への留意事項として、第 1 に、銀行組織の新たな現金準備が銀行外部の流通へといくらか漏出するのを認めなければならない。それゆえ、以前の例のような 5×1,000 ドルの新たに創造される預金でなく、5×1,000 ドルよりもいくらか少ない金額の預金を得るかもしれない（この 1,000 ドルと 1,000 ドルよりもいくらか少ない金額の間の差は、銀行組織から漏出する金額である）。多くの銀行に残される新たな法定準備金がどれだけの金額であろうとも、創造される新たな預金がこの新たな法定準備金の 5 倍になるであろう、と言うことはやはり正しい。

第 2 のあまり重要でない議論の適用への留意事項は、窓口現金つまり手元現金として、銀行が法定準備金以外のわずかな金額の新たな準備金を利用する必要さを、考慮しなければならないことである。最近ではこの窓口現金は預金の約 2 パーセントになっている。この窓

口現金は、私達の預金の拡張の本当の比率を約 5/1 から約 4.5/1 に、つまりより正確には 1/（0.20+0.02）に減少させる。

　第 3 のもっと重要な議論の適用への留意事項は、弱気の銀行が法律で要求されている準備金に加えて*過剰準備*を保有するかもしれない事実から生じる。

　本章では、銀行預金がどのようにして銀行組織の法定準備金の約 5 倍になるかを見てきた。次章では、総貨幣供給量の拡張が望まれるときには、連邦準備銀行がどのようにして銀行の準備金を拡大させるかを学ぶ。逆に貨幣量の収縮が適切であるときには、連邦準備当局は、ブレーキをかけるために、銀行組織に新たな準備金を注ぎこむのではなく、いくらかの準備金を減らそうとする。私達は、連邦準備当局がこのようにすることによって、1 対 1 ではなく、ほぼ 5 対 1 で貨幣量を減らせることを知るであろう。

議論のための質問

　1.　あなたの地域では、どのような種類の銀行があるか、またいくつの銀行があるか述べなさい。これらの銀行が提供するサービスを列挙しなさい。銀行以外の他のどのような金融機関が、このようなサービスを提供していますか。地域のいくつかの銀行の貸借対照表を調べなさい。貸借対照表のいくつかの異なる項目は何を意味していますか。あなたの地域では、小切手がどのように決済されているかを明らかにできますか。

　2.　すべての銀行が 100 パーセントの準備金を保有していたと想定しよう。これらの銀行は、100 パーセントの準備金を保有していない銀行とどのように異なりますか。

　3.　10 パーセントの準備率を仮定しよう。表 *4a* から表 *4i* までをもう一度書くことによって、銀行預金の乗数的拡張の過程を辿りなさい。預金の乗数的収縮の過程も辿りなさい。

　4.　銀行家は預金を創造しますか。誰が創造しますか。銀行家は、もし新たな預金と新たな準備金を受け取るならば、自行の貸付金を常に拡大できますか。銀行家は、自行の貸付金を増加させるためには、自行の利子という料金を引き下げる以外に何をできますか。銀行家は常に政府発行有価証券の自行の保有を拡大できますか。銀行家はこの拡大をどのようにして行いますか。

　5.　第 13 章の議論に従い、銀行家は、利子率がゼロの近くに低下するときにはいつでも、つまり、将来の利子率が現在の利子率よりも高いであろうと予想するときにはいつでも、なぜ巨額の過剰準備を保有しようとするのかを示しなさい。

　6.　あなたは銀行貨幣をどのように投資しようと思いますか。投資対象物の一つの代表的な資産構成を示しなさい。

　7.　連邦準備制度理事会による 1939 年の次の声明について、意見を述べなさい。「連邦準備制度は、連邦準備制度理事会に、銀行が商業、工業および農業に低い利子率でお金を利用

可能にさせる十分な準備金を、銀行に保有するようにさせることができる、しかし、連邦準備制度は、人々にお金を借りるようにさせることができず、また銀行が貸付と投資を行う結果生み出される預金を公衆に使うようにさせることもできない。」

8. もし銀行が業務に必要な窓口現金の形で自行の預金の 2 パーセントを常に保有しているならば、質問 3 へのあなたの答えはどのように変わりますか。

9. ある一つの銀行は、債券に支出するかあるいは貸付を行う貨幣の 10 分の 1 が、自行への預金として戻ってくる、と常に分かっていると想定しよう。20 パーセントの準備率を仮定すると、この銀行に持ち込まれる新たな 1,000 ドルの結果、この銀行自体の預金の拡張額はいくらになりますか。

第15章　連邦準備銀行と中央銀行の金融政策

　連邦準備銀行は、名義上加盟銀行が所有している株式会社であるけれども、事実上、見てきたように、政府の一部門に等しい。イングランド銀行あるいはフランス銀行(the Bank of France)と同様に、連邦準備銀行は中央銀行（銀行家のための銀行）になっている。連邦準備当局は、自行の唯一の目的として、利潤を追求するのではなく、公共の利益を追求しているのである。

　連邦準備銀行は、合衆国財務省と共に、私達に通貨の供給を行っている。準備銀行が*加盟銀行の準備金の最終的創造者*であること、また、これまでの数章で見てきたように、銀行の準備金のそれぞれの 1 ドルの変化が、銀行貨幣つまり要求払預金の量に 5 倍の影響を与えるかもしれないことは、おそらく一層重要である。

貨幣量のコントロールによる景気循環の調整

　(1)小切手の決済の関係において、また(2)合衆国財務省に対する財務代理機関(fiscal agent)として、準備銀行の活動は重要である。しかし、これらの準備銀行の活動は毎日の決まりきった種類の業務であり、すでに簡単に論じた。ここでは、*社会の貨幣供給の創造者および管理者としての、*また、*政府発行有価証券と民間の有価証券の利回りの水準を決定するきわめて重要な債券売買業者(factor)としての、*連邦準備銀行のきわめて重要な役割を論じる。

　もし私達の経済制度をそのままに放置しておくならば、この経済制度では、景気の活況(boom)と低迷(slump)、好況と不況、インフレーションとデフレーションが交互に繰り返す。現金と預金貨幣の社会の総ストックの増加は景気の上昇時と関係しており、他方、総貨幣量の減少は不況の年と関係している。

　貯蓄と投資についてのこれまでの論議によって、筆者は、景気変動の主な原因が*公共投資*と*民間投資*の変動にあることを明らかにした。古い世代の経済学者はこのことを知っていなかった。古い世代の経済学者は、景気変動の主な原因として総貨幣量である M の変動を最も重要視する傾向があった。古い世代の経済学者によれば以下のようになる。つまり、（鉱山が金を産出しているので、あるいは政府が新しい紙幣を発行しているので、あるいは銀行が自行の投資対象物と預金を拡大しているので、あるいはこれらすべての要因によって）M が増加するときに、物価は上昇し、そして好況になる。新しい貨幣の一層の創造への限界に到達するときに、物価はもはや上昇することはありえず、私達の経済はおそらく不況とデフレの下方へのスパイラルに沈んでいく。預金は払戻しを求められるか全額払い戻され、銀行は倒産し、M の合計は減少し、そして不況は国中に広がる。M が減少するのを止め、増加し始めるときにのみ、好ましい上昇への景気の転換は現れることができる。この後、次の一つの景気の全循環(complete cycle)が始まる。

　上での見解は、景気循環についての貨幣数量説による過度に単純化した説明であるが、こ

の学説の基本的考え方についての正しくない説明ではない。この学説の信奉者は景気変動の原因が M の変動にあると判断していたので、景気変動の不安定な状態を回復させるためには、貨幣量を安定さそうとするこの学説の信奉者の対策は、論理的にきわめて正しいものであった[1]。この学説に従えば、連邦準備制度理事会当局の主な役割は、当然(1)不況時には M を増加させることであり、(2)経済活動があまりにも活発である好況時には M を減少させることである、つまり、手短に言えば、(3)貨幣供給量の循環的変動を安定させることである。貨幣数量説によれば、この貨幣供給量の安定は物価を安定させる。

二つの世界大戦を経験した後の、さらに 1920 年代という比較的好況であった 10 年間と 1930 年代という比較的不況であった 10 年間の後の、今日においては、私達は、連邦準備の金融政策によって、完全雇用と高い生産量をうまく維持できると、もはや必ずしも大いに期待できない。だが、連邦準備の金融政策によって、なぜ完全雇用と高い生産量をうまく維持できると期待できないかを知るためには、私達は、準備銀行が貨幣供給量に影響を与えることができ、またコントロールできるいくつかの確かな方法を、最初に分析しなければならない。

準備銀行はどのように貨幣供給量に影響を及ぼすことができるかについての簡単な説明

この内容を最も簡単に述べると、12 の準備銀行は、公衆に、財務省に、あるいは商業銀行に(1)連邦準備券または(2)小切手で代金を支払うことによって、発行貨幣量 M を増加させることができる。これら 2 種類の支払いのどちらであっても、準備銀行の次の負債の拡大の結果になる。つまり、連邦準備券という負債、あるいは準備銀行が加盟商業銀行に払戻しの義務を負っている預金という負債である。これら負債の拡大の代わりに、準備銀行は等しい金額の次の資産を得るに違いない。つまり、政府発行有価証券、貸出し(loans)（"再割引手形"、"引受手形" (acceptances)、"貸付金"(advances)、または金証券をである。

貨幣供給量を縮小させるためには、準備銀行は貨幣供給量の拡大とちょうど逆のことを行わなければならない。準備銀行は有価証券という資産、貸出しという資産、あるいは金証券という資産を手放し、代わりに同じ金額の発行していた連邦準備券を取り戻すか、あるいは預金という負債を払い戻さなければならない。

連邦準備券を減らすことは、公衆と商業銀行の窓口にある通貨を減らす。加盟銀行が 12 の準備銀行に預けている預金の減少によって引き起こされる貨幣量の減少は、さらにもっと強力である。なぜならば、準備銀行に預けている加盟銀行の預金が加盟銀行の "準備金残高"(reserve balances)になっており、もしこれらの準備金残高が商業銀行の要求払預金の 20 パーセントの法定所要率(the legal requirement)よりも 1 ドル下回れば、*加盟銀行が全体として 5 ドルの要求払預金を減らさなければならないことを、これまでに見てきた*。なぜなら、

---

1) 貨幣数量説の学派の一部の比較的慎重な経済学者は、景気循環の原因が貨幣量以外にもあるかもしれないと認めた。しかしそれでも、これらの比較的慎重な経済学者は、貨幣的手段による政策が貨幣以外の要因により生じる他の不安定な影響を相殺できる、と信じた。

12 の準備銀行の預金という負債の変化は（上方にも下方にも）総貨幣供給量に 5：1 の梃子比を持つことができるからである。

　手短に言えば、このことは中央銀行による貨幣供給量のコントロールの核心である。この過程をもっと詳しく調べてみよう。

連邦準備銀行の貸借対照表

　連邦準備銀行の役割を、12 の連邦準備銀行の結合貸借対照表(combined balance sheet)を調べることによって、最も良く理解できる。表 1 は 12 の準備銀行の主な資産と負債を示している。一見したところ、この表 1 はどのような普通の銀行の貸借対照表とも似ていないことはなく、普通の銀行の貸借対照表と同様に、資産の側に現金、貸出し、有価証券があり、他方負債の側に資本金勘定、預金、さらに、一つの新しい大きな金額の項目である発行中の連邦準備券がある。

　いかなる中央銀行も、自行の次の主な二つの種類の負債によって、貨幣供給量にきわめて大きな影響を及ぼす。1 番目の負債は中央銀行が発行している紙幣である。この国では連邦準備券（イギリスでは、イングランド銀行券(Bank of England note)）である。これらの連邦準備券を直接公衆が、さらに窓口現金として商業銀行が保有している [2]。

　準備銀行の主な 2 番目の負債は、加盟銀行が連邦準備銀行で預金として保有しそして加盟銀行の準備金になっている貨幣の合計である。加盟銀行の準備金が 1 ドル増加するとき、加盟銀行は要求払預金を 5 ドル増やすことができ、逆に、加盟銀行の準備金が 1 ドル減少す

表1　12 の連邦準備銀行の結合貸借対照表
1946 年 6 月 26 日現在（万ドルで表示）

資産		負債	
金証券とその他の現金	1,838,300 万ドル	資本金勘定	63,600 万ドル
合衆国政府発行有（証券	2,338,500	連邦準備券	2,409,100
貸付金および引受手形	25,100	預金	
その他の資産(主に"未回収		加盟銀行	1,591,000
の資産")	238,800	合衆国財務省	96,900
		外国およびその他	95,100
		その他の負債	185,000
合計	4,440,700 万ドル	合計	4,440,700 万ドル

2)　当座預金が現在のようにきわめて大きな金額になる 1 世紀前には、中央銀行の紙幣(paper units of money)は、1 国の貨幣供給量の最も大きな部分になっていた。かつて、民間銀行は、銀行券、つまり紙幣を発行できたし、発行していた。要求がありしだい代金を支払うことがきる民間銀行の紙幣という負債は、流通しそして社会の貨幣供給量の大きな部分を占めた。スコットランドやその他のいくつかの国々では、現在でも民間銀行の紙幣は流通している。しかし当座預金が拡大したためと、民間銀行の紙幣発行に対しての公的管理が難しいために、ほとんどの国々は新しい通貨の発行を中央銀行と財務省に限っている。

るとき、加盟銀行は要求払預金を 5 ドル減らさなければならない。さらに、加盟銀行の準備金の合計が変化しないときには、加盟銀行は要求払預金を増やすことができないので、加盟銀行の準備金残高は極めて重要である[3]。

金証券

　国の貨幣供給の重要な部分を成す準備銀行のこれらの負債が、どのようにして発生するかを理解するためには、資産と負債が常に等しくなければならないので、準備銀行の資産がどのようにして発生するかをただ調べるだけでよい。準備銀行の資産は主に 2 種類である、つまり金証券、および政府発行有価証券と貸出しの合計である。

　金証券は、準備銀行当局によるどのような政策決定ともほとんど関係なく、発行されている。1 国が金本位制度で運営されている限り、金証券発行の過程はかなり単純で自動的である。私達の政府は、政府に持ち込まれるすべての金を、1 オンス 35 ドルで買うことに決めている。1933 年以後、すべてのアメリカの居住者は貨幣として金を保有することを認められていない。今日、金鉱山会社は、新しく産出した金の内、少量を宝石商と歯科医師に売るけれども、大部分を合衆国財務省(Treasury Department)に売っている。私達の輸出品へ代金を支払うためであろうと、私達のいくらかの長期資本証券(long-term capital security)あるいは短期資本証券(short-term capital security)を買うためであろうと、外国から合衆国に持ち込まれるあらゆる金も、合衆国財務省に売却されている。

　いずれのケースでも、連邦準備銀行での政府の預金口座から振り出される小切手によって代金を支払う形で、金が合衆国財務省に売られているとみなすことができる。金の売手は、この小切手を現金化し、連邦準備券あるいはその他の紙幣で金の売上金を受け取るかもしれない。もっと有り得ることであるが、金の売手は、政府の小切手を自分の口座がある銀行に持って行き、自分自身の口座にお金を振り込もうとする。金の売手の口座がある銀行は、連邦準備銀行にその小切手を持って行き、連邦準備銀行の自行の口座にお金を振り込もうとする。このことによって、連邦準備銀行での、加盟銀行の預金残高の総額は、政府の預金残高の減少と同じ金額だけ増加する。連邦準備銀行の資産と負債の合計は今までどおりで変わらないままである。

　しかし、もし合衆国財務省が、（インフレーションと闘うために過去に数回金の流入を不胎化したようには）金の流入を意図的に"不胎化"しようとしなければ、この金の流入の過程はここで終わりにならない。合衆国財務省は準備銀行で減少した預金残高を再び回復させようとする。このために、合衆国財務省は、新しく獲得した金に対応して金証券を発行し、金証券を準備銀行に買わせ、元々保有していたのと同じ金額の準備銀行での預金を回復しようとする。

　この全過程が終わるときに、準備銀行は自行の資産（金証券）を増加させ、以前の状況を

---

3)　このことは加盟銀行が法定所要率を超えるかなりの"過剰準備"を保有していないと仮定している。

上回って自行の負債（加盟銀行の新たな準備預金）も増加させている。加盟銀行は資産（新たな準備金残高）を増加させ、また預金という負債も増加させている。公衆（金を持ち込んだ業者あるいは金鉱山業者）は、金を減らしており、他方で銀行預金を増やしている。政府は以前と同じ金額の預金を保有している。しかし、今政府はケンタッキー州、フォートノックスの金庫室に一層多くの金を保有し、その金と同額の新たな金証券を発行しているのである。

このことはどのようにして金証券が発行されるかの議論を完全なものにしている。さらに、準備銀行は過去に持ち込まれたわずかな銀証券と硬貨を保有している、しかし、銀証券と硬貨は議論するほど重要なものでない。また印刷されているが発行されていない連邦準備券の準備銀行での保有は、資産として決して貸借対照表に記入されていないことに、私達は注意しなければならない。

"準備銀行信用"

準備銀行の金証券の取得によって発生する私達の貨幣供給の部分は、準備銀行にとって、外部要因によって決定される部分である。この部分の貨幣供給量の大きさは、金の発見、工業的利用への金の投入および工業的利用からの金の回収、また外国から合衆国への金の流入と合衆国から外国への金の流出などの偶然の出来事によって決定される。もしこのことが話のすべてであるならば、私達の貨幣供給量は、まさに偶然の数量であり、私達の経済的必要性とほとんど関係なく、ある期間においてインフレ的拡大へ、逆に他の期間においてデフレーションと金融の逼迫へ導くであろう。

だが幸運にも、中央銀行は、金証券以外の自行の資産を、意図的に拡大させたりあるいは縮小させたりする政策を採択できる。この方法によって、中央銀行は、社会が一層多くの貨幣を必要とするときには、連邦準備券などの自行の負債を増やすことができ、他方社会が貨幣をもっと少ない量しか必要としないときには、連邦準備券などの自行の負債を減らすことができる。中央銀行の金証券以外の非現金資産は（これらの資産は時々"収益資産"(earning assets)と呼ばれているように）、主として政府発行有価証券と、さらにより少ない金額であるが貸出しから成っている。これらの投資対象物と貸出しの合計はしばしば"準備銀行信用"(Reserve Bank Credit)の額と呼ばれている。準備当局は、この準備銀行信用の合計を増やすことによって、要求払預金と流通している連邦準備券の合計を拡大させることができる。逆に準備当局は、準備銀行信用を巧みに減らすことによって、私達の貨幣供給量を収縮させることもできるのである。

連邦準備の"公開市場"操作(open-market operations)

準備銀行が準備銀行信用と貨幣供給量を意図的に拡大させる過程を辿ってみよう。この拡大を行うとりわけ重要な方法は、"公開市場での買操作"(open-market purchase)と呼ばれるものによってである。12の準備銀行は、1ブッシェルの小麦、1年間の1人の用役、ある

いはこれら以外の何でも買うことができ、そしてこれらの物の購入と連邦準備券の拡大の過程は、それぞれの購入する物について同じである。しかし現実には、これら 12 の準備銀行は、ほとんどいつでも、公開市場での買操作と売操作(open-market sale)を政府発行有価証券に限定している。つまり、長期政府債あるいは短期政府債に、特に 1 年あるいはそれより短い満期の短期政府債に限定しているのである [4]。

　準備銀行は市場に出向き、例えば、100 万ドルの金額の政府債を購入する。準備銀行は、民間の個人かあるいは銀行である売手に、小切手で代金を支払う。もしこの政府債の売手がこの小切手を現金に換えることを望むならば、連邦準備銀行はこの売手に連邦準備券を渡す。このことで社会での貨幣供給量を 100 万ドル増加させて、この過程はまさにここで終わる。

　政府債の売手が、自分達の売上金の大部分を預金の形で保有したい、と望むことの方がありえる。もし売手が銀行であるならば、この銀行は、連邦準備銀行で（政府債と引換えに自行が受け取った）小切手を現金に換え、自行の預金口座に現金をただ振り込むだけである。

　売手がたとえ民間の個人であっても、中間の一つの手続きを含むけれども、同じことが起こる。民間の個人の売手は、連邦準備銀行の小切手を自分自身の取引がある銀行で現金に換え、その現金を預金口座に振り込む。この売手の預金口座がある銀行は、その後この小切手を連邦準備銀行で現金に換え、自行の預金口座に振り込むのである。

　どちらのケースでも、公開市場での 100 万ドルの準備銀行の買操作は、準備銀行の資産（投資対象物）と預金という負債の等しい金額の拡大の結果になる。このことを示しているのが表 2a である。

表 2a　準備銀行による 100 万ドルの公開市場での買操作の自行の貸借対照表への影響

資産	負債
投資対象物・・・・・・・・・・・・+100 万ドル	（法定）準備預金・・・・・・・・+100 万ドル
合計・・・・・・・・・・・・・・・・+100 万ドル	合計・・・・・・・・・・・・・・・・+100 万ドル

　しかしこのことは始まりに過ぎない。加盟商業銀行全体は今少なくとも 100 万ドルの 4/5 の*過剰準備*を保有している。（このことは預金に対して要求される法定準備率が 20 パーセントであるためである。）それゆえ、商業銀行は外に出て行き、新たな収益資産（貸付金と投資対象物）を獲得しようとする。第 14 章の議論に基づき、読者は、全体の過程が（商業銀行が全体として 500 万ドルの銀行預金の拡大を実現するときにのみ、終わるに違いない）

---

4)　普通、財務省は連邦準備銀行に直接政府債を売らない。このことは、連邦準備銀行が政府に信用貸を行うべきでない、という考えだけに基づく。しかし、政府が政府債を発行した翌日に、連邦準備銀行は市場でこの債券を買うことができるので、この政府債販売についての制限の意味のなさは明らかである。さらに、第 2 次大戦中の最後の 2、3 年間、政府は、政府債を直接連邦準備銀行に売らないとよく言ってきた公約さえほごにし、政府債の一部を準備銀行に直接売った。戦後、満期の債券の新規債への借換え(refundings)を政府が直接行っている。

乗数的預金創造の連鎖を引き起こすことができるのを、理解できるであろう。

　表 2a と表 2b は、連邦準備の公開市場での買操作によって生じる貨幣供給への、起こりえる 5：1 の梃子比をまとめている。この連邦準備の買操作が加盟銀行の預金の 5：1 の拡大を生じさせた後、加盟銀行の貸借対照表への最終的効果は表 2b に示しているとおりである。

表 2b　準備銀行の公開市場での 100 万ドルの買操作の多数の加盟銀行への最終的効果

資産	負債
法定準備金‥‥‥‥‥‥‥+100 万ドル	預金‥‥‥‥‥‥‥‥‥‥+500 万ドル
貸付金と投資対象物‥‥‥+400 万ドル	
合計‥‥‥‥‥‥‥‥‥+500 万ドル	合計‥‥‥‥‥‥‥‥‥+500 万ドル

　私達は、後に少しの間ここでの問題を再び論じるときに、この議論を現実経済に適用するためにいくつかの留意事項を導入すると、最大限実現可能な 5：1 の拡大よりも現実には少ない結果になる可能性を考慮に入れなければならない。読者は、この可能性についていろいろと考える前に、準備銀行が、貨幣供給量の乗数的縮小を巧みに行うために、100 万ドルの政府発行有価証券の公開市場での売操作を行うという反対の操作を、十分詳しく勉強することによって、公開市場操作のメカニズムについての自分の理解を確かなものにするべきである。

貸付政策と再割引政策

　たとえ準備当局が政府債以外のいくらかの他の資産（例えば、貸付金）を取得するとしても、貨幣量拡大への効果のメカニズムは全く同じである。逆にたとえ準備当局が自行の貸出しを縮小するとしても、貨幣供給量縮小への効果のメカニズムは公開市場での売操作の効果のメカニズムとちょうど同じである。最初、連邦準備制度の設立者は、準備銀行による貸出操作(the loan operations)が準備銀行の特に最も強力な武器になるであろうと予想した。しかし、準備銀行の結合貸借対照表（表 1）を振り返って簡単に見るとき、この予想がいかに間違っていたかが分かる。貸付金と引受手形の合計は、量的にはほんのわずかであり、実際 12 年間以上にも亘ってほんのわずかであった。

　最初の連邦準備法が 1913 年に連邦議会を通過したとき、すべての専門家は、商業銀行が短期の運転資金を工業、商業、農業に対し提供できることをきわめて重要視した。商業銀行は、実業家や農夫に、収穫物や在庫品や出荷品を担保にした 90 日間の貸付を行うことを求められた。商業銀行がこれらの有意義な目的のために常に貨幣を保有できるように、連邦準備銀行は、すべてのこのような目的への前貸手形(advances)に“再割引をする”用意をした。つまり、連邦準備銀行は、加盟銀行が、顧客への前貸手形である IOU（借用証書）を受け取り、これに裏書きし、その後これを連邦準備銀行に渡すことができるようにし、さらに連邦準備銀行は、IOU の額面の金額から（“再割引率”(rediscount rate)として知られている）公表されている利子という料金を差し引いて、加盟銀行に融資する用意をした。（この再割引率

は通常商業銀行が貸付金に課す利子率以下であった。）

　言い換えれば、商業銀行は連邦準備銀行から小切手を受け取る、同じことだが、商業銀行の法定準備預金は増える。銀行組織の準備金残高のこの増加は、銀行組織（ここで問題になっている一つの銀行ではない）が預金総額を5倍に、そして貸付金と投資対象物の総額を4倍に拡大することを可能にする。それゆえ、連邦準備銀行が5人の顧客のIOUの内の1人の顧客のIOUを再割引することによって（IOUの再割引を拡大し続ける限り）、商業銀行は理論上求められているどのような額の新たな貸付金と預金も創造できる。

　連邦準備制度の設立者の内の一部の人達は、次のように考えた。つまり、貸付金と預金の創造の過程が自動的に機能する。準備当局はなんら考える必要もなんら決定を下す必要もない。商業銀行が、業務を取引に必要な金額を満たす "本当の、短期の、売上金で返済される運転資金(self-liquidating working capital)への貸付" に限定する限り、連邦準備制度がうまく自動的に機能するであろう、と考えた。だが、連邦準備制度の設立者の内の一部の人達が考えたようにはいかず、第1次世界大戦後の1919年－1920年の短期間のインフレーションによって、この単純な楽観的見解は終わりになった。なぜなら、この運転資金への貸付の理論によれば、すでに生産物への支出があまりにも多いインフレの好況の期間には、Mの拡大になること、逆に、運転資金の借り手があまりいなく生産物への支出がきわめて必要となる不況の期間には、Mの縮小になることが明らかになったからである。

　幻想からさめたこのインフレの期間の後の1920年代に、再割引率は貨幣量のコントロールの強力な武器になるという理論が現れた。この理論に従えば、準備当局は、再割引率を引き上げることによって、貨幣供給量の縮小を巧みに行い、さらに利子率(interest rates)全体を引き上げることができる。逆に、準備当局は、再割引率を引き下げることによって、資金の取得可能性を高め、さらに利子率を下げることができる、とこの理論の提唱者は考えた。

　再割引はごくわずかしか利用されていないことを考えると、再割引を現在では貨幣量のコントロールの重要な武器とみなすことはできない。準備銀行の貸出しの権限の本当の重要さは、おそらく金融危機の時に、準備銀行の貸出しが私達の銀行組織に常に与えることができる断固たる支援にある。

　1933年以来、連邦準備法は大幅に改正されてきた。準備銀行は、銀行だけでなく、ほとんど誰にでも貸出しを行うことができる。また、準備銀行は、担保物件として銀行によって提供される工業と農業の短期約束手形(short-term industrial and agricultural promissory notes)によってだけでなく、政府債によっても、場合によっては、同意するどのような担保物件によっても、商業銀行に貸付を行い、そして紙幣を発行できる。1933年以来、再割引率の1.25パーセントへの引下げにもかかわらず、商業銀行は、収益性が高いが数量が少ない顧客の約束手形を担保にするよりむしろ、政府債を担保にして準備銀行からお金を借りることを選んできた。今日では、商業銀行は、多くの現金を必要とするとき、たいてい、公開市場で保有の政府債を一部売るか、あるいはときどき "銀行引受手形" (bankers' acceptances)として知られている自行の最も高い格付の約束手形を一部売っている[5]。

準備銀行は、再割引に加えて、直接民間産業に貸付を行うことができるが、この貸付をほとんど行っていない。主として、準備銀行はこの貸付の役割を商業銀行、住宅所有者資金貸付公社(the Home Owners' Loan Corporation)、RFC、およびさまざまな農業金融機関に委ねている。だが、準備銀行は、ある公表の利子率で銀行引受手形をすべて買い取る用意をしているのである。それゆえ、準備銀行がどれだけの銀行引受手形を保有しようとするかの決定への主導権を、準備銀行よりむしろ市場が握っている。しかし準備銀行は、銀行引受手形の保有に対して商業銀行に要求する利子率を、市場利子率に対応させて変えることによって、銀行引受手形の形で保有する準備銀行自体の資産水準を、間接的に変えることができる。

貨幣量のコントロールの武器としての所要準備率の変更

　準備銀行が収益資産（債券と貸出し）を売却し、このことによって銀行組織の法定準備金を生じさせている準備銀行信用残高(the Reserve Bank Credit basis)を減らすことに加えて、準備当局と連邦議会は、もう一つ別の重要な方法によって、貨幣供給量の縮小を巧みに行うことができる。準備当局と連邦議会は、加盟銀行の法定所要準備率を、1948 年の 22：20：14 の水準からかなり高い水準に、例えば 40：40：40 に引き上げるかもしれない [6]。加盟銀行は、このとき、自行の法定準備金が自行の預金と比較して不足していることに気づくであろう。加盟銀行は公衆に多額の自行の有価証券を（おそらく多少の損失を出しても）売らなくてはならない。公衆は債券を買うために加盟銀行での自分の口座の預金を減らす、そして、公衆のすべての預金の約半分がなくなったときに、この過程はようやく終わる。まさにこのときになって初めて、加盟銀行は、自行の以前と同じ金額のドルの準備金が、自行の預金と比較して十分に大きく、新たな法定所要率を満たしていると気づくであろう。この債券の売却による債券価格の下落は、一層高い利子率つまり "一層高い金利"(dearer money)となる。

　もし加盟銀行の法定準備率を絶えず変更するならば、大混乱になるであろう。このため、準備当局は、法定準備率の変更という武器を多分まれにしか使わない。さらに、加盟銀行が法定所要率を超える多額の過剰準備をすでに保有しているときにのみ、準備当局は、所要準備率の上で述べたようなきわめて大幅な引き上げを行う。準備当局は、ある将来の日での銀行預金のインフレ的拡大の可能性を恐れるとき、法定準備率を引上げることによって、潜在的に "変動しやすい" 過剰準備を比較的安定した法定準備金に変えることを決定するかもしれない。この決定は、準備率を何回かの段階を経て 13：10：7 から 26：20：14 に引上げた

5）　ここでの分析に対して、銀行引受手形を、信用がある銀行の買取りあるいは裏書によって十分支払いを保証されている高い流通力がある約束手形であると普通考えることができる。銀行引受手形は、通常 90 日間つまり短期間流通し、そして非常に低い利回りを得る。量的には銀行引受手形は今日ではあまり大きくない。

6）　インフレーションが避けられないように思えた 1947 年に、準備制度理事会は、この理事会が望む将来のいつの日にでも、この理事会が認めている現在の所要準備率の限度を超えて、つまり、26：20：14 を超えて、この所要準備率を引き上げることができる権限を、連邦議会に求めた。

1936 年から 1937 年に、準備当局がまさしく実施したことである。しかし、1942 年以降、戦争に資金を提供する必要が生じ、準備当局は、ニューヨークとシカゴにおいて、26 パーセントの法的準備率を 20 パーセントに引下げた、だが、その後 22 パーセントに引上げた [7]。

"過剰準備" の問題

　大恐慌の間に、多額の銀行預金が減少した、少なくとも 3 分の 1 の銀行預金がなくなった。この減少はどのようにして発生したのか。この減少は、金がわが国からどこかに流出してしまい、この金の流出が準備銀行から金証券を減少させ、同時に準備預金を減少させ、さらに 5：1 あるいは 10：1 の銀行預金の縮小を引き起したからなのか。答えは "いいえ" である。金は大恐慌の大部分の期間にもこの国に流入していた。

　この多額の銀行預金の減少は、準備当局の公開市場操作によるものであったのか。おそらく準備当局は、政府債を公衆や加盟銀行に売り、このことによって加盟銀行の準備金を取り崩させ、さらに預金の乗数的減少を生じさせたのか。この答えも "いいえ" である。1930 年代の初期のほとんどを通して、準備銀行は、加盟銀行の準備金を増加させること、また利子率を低き下げることを意図して、公開市場から政府債を買っていた。（準備銀行は商業銀行に貸付と手形割引を拡大させようとしたが、ほとんど成功しなかった。）

　それでは、銀行預金の巨額の減少をどのようにすれば説明できるのか。この答は、一部、加盟銀行が、預金に対する準備金の以前に維持していた比率よりも、あるいは*法律*によって要求されていたその比率よりもはるかに高い比率で、この準備金を保有し始めた事実にある。商業銀行は、不況の間貸付を行うことを恐れ、政府債さえもあまり魅力的であるとみなさなかった。別の言い方をすれば、人々が、使うことがなく、また利子を生まない貨幣を、なぜ保有するのかという第 13 章でのすべての説明は、1930 年代を通じての銀行家の行動に完全に当てはまる。

　これまで、連邦準備当局が、法定準備率を例えば 10 パーセントから 20 パーセントに、あるいは 20 パーセントから 30 パーセントに引き上げることによって、M を減らすことができるのを、私達は見てきた。加盟銀行の銀行家達も、議会で承認された法律が何らなくても同じことをできる。加盟銀行の銀行家達は、たとえ預金に対して法的に 20 パーセントだけの準備金を要求されていても、30 パーセントの準備金を、つまり "過剰準備" と呼ばれる追加の 10 パーセントの準備金を、突然保有することを決定すると想定してみよう。このとき銀行預金は大幅に減少するに違いない。

　連邦準備制度理事会は、不況の間銀行家が過剰準備を保有する結果、銀行預金の大幅な減

---

7)　今後数十年間、もし政府が銀行にもっと多くの債券を相変わらず売らなければならないならば、法定準備率の一層の*低下*を見るかもしれない。しかし政府は、準備銀行に債券の利子に対して支払わなければならないほとんどすべての金額を、準備銀行から超過利潤(excess profit)の形で取り戻しているので、財務省は、準備銀行に一層多くの債券を買わせることによって、準備銀行信用と加盟銀行準備金を大いに拡大させたいようである。

少になっていることに困惑した。しかしこのこと以上に、連邦準備制度理事会は、過剰準備が連邦準備銀行に加盟銀行を管理できなくさせる緩衝物の役割を果たしていることに、もっと困惑した。もし加盟銀行が過剰準備を保有しているならば、準備銀行による政府債の公開市場での売操作は、加盟銀行に要求払預金を必ずしも乗数的に減少をさせない。

公開市場での売操作は加盟銀行のいくらかの準備金を減らす。このことは間違いなく正しい。しかし加盟銀行は、これまで十分であるよりももっと多くの準備金を保有しており、ただ一口の貸付金を回収する必要もなければ、公衆にただ一口の有価証券を売る必要もない。それゆえ、準備銀行の売操作によって、要求払預金の 5：1 の変化もなければ、2：1、あるいは 1：1 の変化もない。加盟銀行は自行の過剰準備の一部を既発の政府債に置き換えただけである。

過剰準備の存在は、中央銀行による引締めの金融政策が、預金を減少させ、このことによりインフレーションを収束させることに、なぜ比較的効果がないかを説明するのに役立つ。この過剰準備の存在は、中央銀行が、不況の状態から景気の拡大を開始させるのに、なぜ比較的力不足であるかも説明する。公開市場での買操作は、加盟銀行の過剰準備の額を増加させるのに役立つにすぎず、買操作の政策措置は、加盟銀行の過剰準備の額が増加するだけに終わるからである。

準備銀行による貨幣量のコントロールについての要約

ここは貨幣供給量に関する準備当局の権限を大まかに述べる絶好の場所である。最初に、準備当局が直接意図的に決定するのでなく、金の生産と金の輸入によって、準備当局の外部で決定される形で発生する私達の貨幣供給量の部分がある。

しかし、この貨幣供給量を、意図的な中央銀行の政策によって、抑えたりあるいは拡大させたりできる。準備当局は、もし貨幣供給量を縮小しそして利子率を引き上げたいのであれば、次のような政策措置を実施できる。

1. *公開市場操作*は最も重要である。準備当局は、政府発行有価証券を売ることによって、連邦準備券と加盟銀行の準備金を減らすことができ、さらに、加盟銀行の準備金を減らすことによって、その 5 *倍*もの要求払預金の縮小を巧みに実現できる。

2. *所要準備率を引き上げる*政策は公開市場操作の次に重要である。

3. *貸出政策*(*loan policy*)はあまり重要でない。この政策は、引受手形の再割引率を引き上げて、引受手形の割引率あるいは利子率を引き上げる、等の政策である。

4. 準備当局は、民間銀行の営業活動を抑えるために、公的にまた私的に圧力をかける*道徳的説得*(*moral suasion*)も、利用しようとするかもしれない。

5. 最後に、連邦準備制度理事会は、株式市場での*信用取引*による*株式購入に対する証拠金率*(*margin requirement*)を、もし必要であれば、100 パーセントにまで引き上げる権限を持っている。さらに、第 2 次世界大戦の間、連邦準備制度理事会は、商品の分割払いと後払いでの購入の条件に関し、最低の頭金(down payments)と最大の支払期間を具体的に定めて、直

接統制も実施した。

　読者は、もし貨幣供給量の縮小でなく拡大を望むならば、実行しなければならないいくつかの政策措置を導き出すことができるに違いない。

信用ピラミッド

　図 1 は商業銀行あるいは加盟銀行と公衆の間の関係、これらの銀行と連邦準備銀行の間の関係、準備銀行と財務省の間の関係をまとめている。ピラミッドの一番下に、合衆国財務省が保有している比較的少量の（1947 年初頭で約 210 億ドルの）金がある。この金の内の少量を、財務省が発行している比較的少額の硬貨と紙幣の名目価値への"裏付"(nominal backing)として財務省が保有しており、またこの金の内の小量を、国際通貨基金(the International Monetary Fund)への合衆国の出資割当額(quota)との関係で使うために、為替平衡基金(the Exchange Equalization Fund)が保有している。しかし、圧倒的に大きな金保有の部分は、連邦準備銀行の金庫の中の（合計で約 190 億ドルになる）金証券と金額が一致している。

　財務省から連邦準備銀行へとピラミッドを上がると、連邦準備銀行の総負債と総資産が 400 億ドルを超えているので、大部分が金証券である準備銀行の現金準備が、総資産の約 40 パーセントになることに気づく。このことは表 1 から分かる。商業銀行には預金という負債に対して法定最低準備率があるのとちょうど同じ様に、連邦準備銀行にも、自行の預金と通貨という負債に対して、保有することを要求されている主に金証券である現金の法定最低準備率(a legal minimum reserve ratio)がある。1948 年においては、連邦準備銀行の法定最低準備率は 25 パーセントであった。近年まで、この法定最低準備率はそれぞれ 35 パーセントと 40 パーセントであった。

　しかし、連邦準備の法定準備率は加盟銀行の法定準備率ほど重要でない。しばしば加盟銀行は*現実に*自行の法定準備率の近くで営業している。加盟銀行は、このように営業している限り、法定準備率に従って行動しなければならず、営業に対する独立性を失うことになる。加盟銀行は、どのようなときでも、自行の収益資産と顧客の預金を思うままに増やすことを許されていない。他方、公共の利益のために、課題の解決を意図して、自由に決定できる政策を実行することは、中央銀行の最も重要な点である。準備当局は、準備当局の法定準備率のちょうど限度まで、常に収益資産を買うことによって利潤を稼ごうとする動機を抑えることによってのみ、公共の利益のための政策を実行できる。準備銀行は要求されているよりもかなり高い準備率で普通営業している。実際、準備銀行の現実の準備率が低下して法定準備率に接近し、このため準備銀行の権限と行動の自由に支障をきたすのが目に見えてくるときには、連邦議会は、準備銀行の法定準備率を引き下げる新しい法律を、きわめて適切に議会で通過させる。

　それゆえ、理論的には、ピラミッドの底にあるそれぞれの新しい 1 ドルの金は、銀行預金を単に 5：1(1÷1/5：1)ではなく 1÷(1/5×1/4)：1＝5×4：1 ＝20：1[*9]に最終的に拡大でき

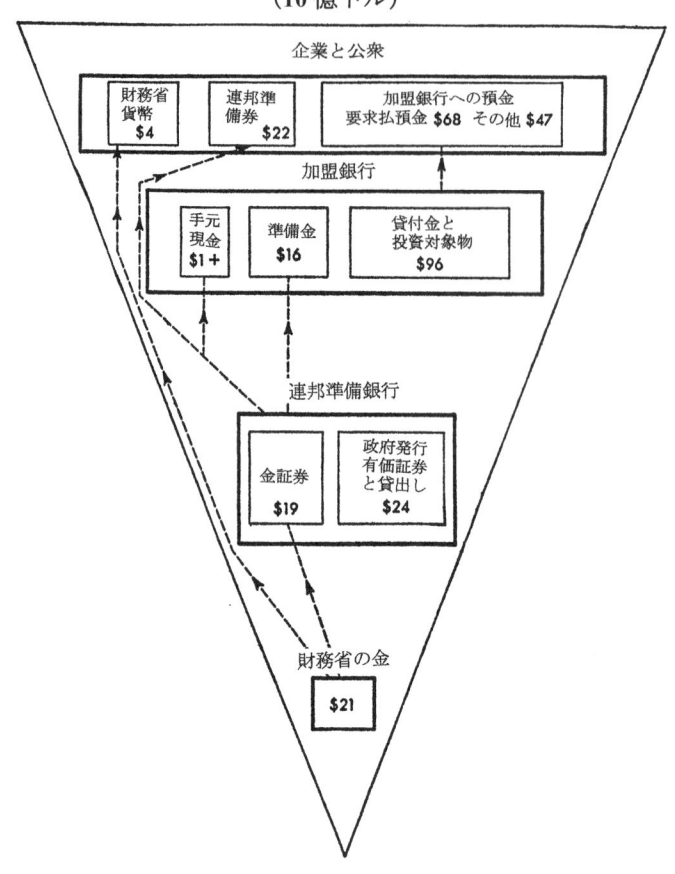

図1　1947年のアメリカ合衆国の信用ピラミッド
（10億ドル）

この図は私達の貨幣供給量の合計が連邦準備制度の根底にある金ベース(the gold base)の数倍になっていることを示している。

出所：*Federal Reserve Bulletin* からのデータ

る。準備銀行の金に裏付けされたそれぞれの1ドルは、加盟銀行の法定準備預金を理論的に4倍拡大でき、さらにこれらの加盟銀行の法定準備預金のそれぞれの1ドルは、通常の銀行の要求払預金を5倍拡大できる、つまり準備銀行の金に裏付けされたそれぞれの1ドルは、通常の銀行の要求払預金を合計で20：1に拡大できる。

　現実には、準備当局は、受け取ったそれぞれの追加的1ドルの現金に対し、法定準備率に従って、預金と連邦準備券という負債を4：1で機械的に拡大していない。それゆえ、銀行組織全体では20：1ではなく5：1は現実的である。現在の大学生の世代が25回目の同窓会を開く前に、連邦準備の法定準備率が10：1に変更され、社会での総貨幣量が私達の金保有の20倍以上になることは、少しもありえないことでない。連邦議会は、連邦政府の負債の限度と同様に、準備銀行の法定準備率の限度を絶えず変えることができ、この法定準備率の限度は現実の経済の状況によって変わる[8]。

信用ピラミッド(the pyramid of credit)に戻ろう。準備銀行は、資産として主に金証券である現金に加えて、約 240 億ドルの貸出しとほとんどすべてが短期政府債である投資対象物を保有している。準備銀行の総資産に対応する一番大きな負債は、連邦準備券という紙幣である。この紙幣を、公衆が大部分保有しているが、わずかであるが普通の銀行も窓口現金つまり手元現金として保有している。

　準備銀行のその他の主な負債は加盟銀行の法定準備預金である。160 億ドルのこの準備預金に基づき、公衆が保有している加盟銀行の要求払預金、つまり銀行貨幣の金額が逆ピラミッドの形で上に積まれている。

　読者は、これら重要な金融機関についての理解を点検するためには、このピラミッドの異なる部分について次の練習問題に答えてみるべきである。(1)新しく採掘したかあるいは新しく輸入した 10 億ドルの金によって、結局何が起こるかを示せ。この金が、加盟銀行の新しい準備金と新しい要求払預金を、またおそらく流通するわずかな金額の新しい紙幣を、どのように発生させるかを示せ。(2)もし準備銀行が公開市場において公衆から 10 億ドルの政府債の買操作を行うならば、何が発生するかを示せ。

戦争への資金提供と銀行

　第 2 次世界大戦が、私達の大部分の貨幣をどのように生じさせたかを明らかにすることによって、私達の信用ピラミッドの静止画による説明を補足できる。第 13 章の 286 頁で、貨幣供給量が 1939 年から 1947 年にかけて（総計で 330 億ドルから 1,090 億ドルへと）いかに大きく増加したかを見た。この増加の大部分は要求払預金と連邦準備券の形で現れた。今、この増加のすべてがどのように発生したかを説明できる。

　第 2 次世界大戦の間、政府は、国民総生産の半分以上を大砲、艦船、兵士などに支出する必要があると分かった。最初、この支出は生産量の増加と失業の減少の結果になった。やがて生産量はその上限に到達した。連邦議会は、戦争継続のために必要な資源を人々に消費するのを止めさせるほど、十分に税を引き上げようとしなかった。愛国心に訴えて、もっと貯蓄するようにとの説得も、必ずしも十分に強くなかった。このため、民間消費を減らして民間貯蓄を増やすために、政府は、価格統制、配給、および計画的に人々に商品が手にはいらないようにすることを、開始しなければならなかった。

　私達は、租税収入を上回る政府支出の巨額の超過によって、戦争への物資を提供した。この巨額の財政赤字に対処するために、人々は直接統制によって異常に高い貯蓄率を実現するように強制された。人々は増加した所得を自分達が望む次のどのような形態によってでも自由に貯蓄できた。つまり、給料天引購入の政府債である戦時公債(payroll war bonds)、生命保険、貯蓄性預金、紙幣、要求払預金、等によってである。人々は自分達の貯蓄の約半分

---

8)　今日ではこのことは当然のこととして考えられている。しかし 1920 年－1921 年の物価の激しい下落となったいくつかの原因の内の一つは、誰も、連邦準備銀行の法定準備金の不足へのこの容易な解決策を、考えつくことができなかったことである。

を政府債の購入に回すことを選択した。政府債購入の別の方法として、人々は保険会社と貯蓄銀行を仲介にして政府債を間接的に購入した。貯蓄のさらに残りの部分を、人々は通貨あるいは要求払預金の形態で保有することを選んだ。実際、きわめて多くの人々が実家から離れて住んだことにより、闇市場が出現したことにより、さらに、貧しい人々の所得が大きく増加したことにより（これらすべての理由により）、人々が保有したいと望んだ紙幣の額は驚くほど大幅に増加した。その紙幣の大部分は連邦準備券である。

　これらのすべての貯蓄に、政府は反対しなかった。政府は人々に節約と戦時公債をしきりに勧めたが、最終的に人々に好きなように選択させた。公衆が富を保有するために選択した形態と関係なく、財務省は前述の巨額の財政赤字を公債による財源調達によって賄わなければならなかった。財務省は、公衆が買おうとしない債券の不足額のすべてを、もっぱら銀行組織に売った。人々が要求払預金を保有しようと選択する限度まで、財務省は債券を商業銀行に売った。これらの商業銀行が法定準備金の不足にならないように、財務省は全債券の内の約 20 パーセントを 12 の準備銀行に売った（このことによって準備銀行信用と加盟銀行の準備金は拡大した）。もちろん、このことに加えて、財務省は、必要とされた金額の連邦準備券の発行を準備銀行に可能にさせるために、さらにいくらかの債券を準備銀行に売

図2　加盟銀行の準備金、準備銀行信用、および関連する項目

水曜日の数値

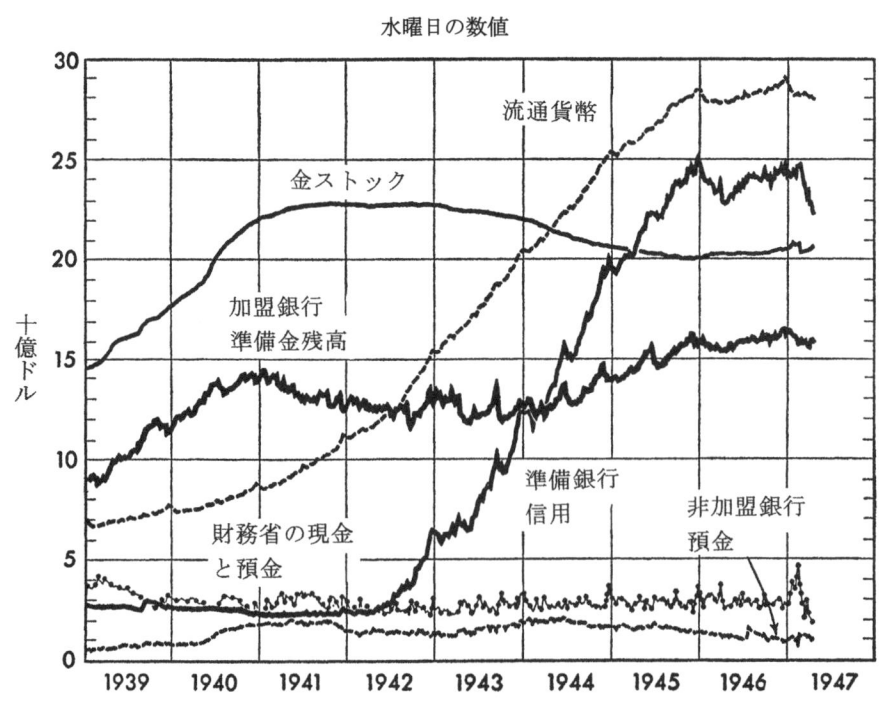

この図は、加盟銀行と 12 の準備銀行への政府債の売却の結果、私達の貨幣供給量が拡大したことを示している。

　出所：連邦準備制度理事会

らなければならなかった。

　図 2 は、『連邦準備制度理事会調査月報』(the Federal Reserve Bulletin)の中に毎月掲載されているよく知られている図である。この図は、1939 年から 1947 年までの貨幣供給量の増加が、金とは何ら関係なく、租税によって戦争への資金を提供することを私達が望まなかったために、必要となった準備銀行信用の拡大によって生じたことを明確に示している。

　この様に貨幣供給量の増加によって、利子率は低い水準に維持され、また貨幣の不足が戦争をうまく遂行するための障害にならないことは明らかになった。過去のいくつかの戦争と異なり、財務省は、"利子率を 2 パーセントに維持して、第 2 次大戦"(2 percent war) を遂行できた [9]。

景気循環に対する貨幣量のコントロールの不十分さ

　今日において、ほとんどの経済学者は、連邦準備の金融政策が景気循環を調整するために効果がある万能の解決策であるとみなしていない。純粋に貨幣的要因(purely monetary factors)は、景気循環調整への比較的直接効果のある要因(causes)であるけれども、景気循環調整への弱い要因(symptoms)であり、完全に無視してはいけないけれども、しばしばいらいらするにすぎない要因であると、経済学者はみなしている。

　準備銀行は、政府発行有価証券の保有と貸出しの金額を増加せることによって、また加盟銀行の法定所要準備率を引き下げることによって、貨幣供給量と銀行預金の増加を促すことができる。準備銀行は、これらの増加を促すことができるが、しかし強力な行動をとることができないので、*強要*できない。なぜならば、準備銀行の政策が効果的であることを私達が最も望むまさに深刻な不況の真っただ中においては、加盟銀行は新しい投資対象物を買うことにも貸付を行うことにも臆病になりがちだからである。たとえ準備当局が公開市場で政府債を買い、このことにより加盟銀行の準備金を増加させても、加盟銀行はこれらの資金を活用しようとせず、ただ準備金を保有するだけであるかもしれない。結果は銀行預金の増加と準備金の増加の比率は 5 : 1 ではなく、"0 : 1"であり、加盟銀行の貸借対照表において既発の政府債から使われない現金にただ置き代わるだけである。もし加盟銀行と公衆が（利回りがすでにきわめて低い）優良債と使われない現金の間での選択が全く無差別であるならば、準備当局は既発の政府債の価格を引き上げることにも、同じことであるが、利子率を引き下げることにも、全く成功できないかもしれない。

---

9)　すぐ前の段落で記述した過程は "公債の貨幣化"(monetization of the public debt)と時々言われている。戦後期において、もし公衆が銀行組織によって保有されている政府債を購入するために自分達の要求払預金と通貨を使うことを決定すれば、公債の貨幣化と逆の過程、つまり"貨幣の公債化"(demonetizing the public debt)が発生する。流動資産（売ることができまた買い戻すことができる政府債と現金）の総額は、正確に同じままである。もし人々が貨幣と物価に関しての素朴貨幣数量説(a simple quantity theory)を信じないならば、貨幣だけで、どうにしていくらか一層デフレになるか（あるいはいくらか一層インフレになるか）を理解することは難しい。

準備当局は、たとえ短期利子率を引き下げることに成功しても、投資家に長期利子率も低くなってそこに留まるであろうと確信させることは、不可能であると分かるかもしれない。たとえ準備当局が、超人的努力によって、高い格付の優良政府発行有価証券および民間有価証券の利子率を引き下げても、モーゲージローン(mortgage loans)あるいは商業貸付に、あるいは株式市場での株式購入に、資金提供する比較的リスクの高い新しい投資対象物に支払われる利子率は、硬直的で高いままであるかもしれない。言い換えれば、*拡張的金融政策は、実効利子率(effective interest rate)をあまり低下させることができず、すべての人々に資産を一層現金化しやすくさせるだけかもしれない。*

　たとえ準備当局が利子率を最終的に引き下げることができるとしても、どうなのか。企業家の行動に対する多くのアンケート調査によれば、利子率の水準は、企業家の投資決定において、重要な要因になっていないことが明らかになっている。生産能力の余剰が広がっている深刻な不況においては特に、*投資は利子率に対して非弾力的であるように思われる。*自分達の所得の内のどれだけを消費に使うべきかという人々の決定は、同じ様に、利子率に非弾力的であることが一層当てはまる。

　貨幣数量説に対し、私達は貨幣の流通速度が一定のままではないと批判できる。「あなた方は馬を水辺に連れて行くことはできるが、馬に水を飲まさせることはできない。」準備当局は、銀行組織に政府債あるいは貨幣に近い代替物と引き換えに、貨幣を押しつけることはできる。しかし準備当局は、銀行組織にその貨幣を流通させて、人々が新たな品物や新たな仕事を得るようにさせることはできない。準備当局はいくつかの利子率を引き下げることはできるが、すべての利子率を必ずしも同じ程度に引き下げることはできない。準備当局は、低い利子率によって、企業家にお金の借入れに魅力を感じさせることができるが、企業家に現実に借金をさせて、新しい投資財にお金を使わせることはできない[10]。

　準備当局は、貨幣量の縮小というブレーキをかけることには、少しであるが比較的成功しているかもしれない、しかしこのことでさえ確かではない。たいていの投資は今日では短期資本市場や銀行の利子率にあまり影響を受けない。さらに、もし投機的な株式市場での株価の急騰を終わらせるために、1929 年に行ったような全面的な貨幣の量的規制だけに頼るならば、産業での"本当に資金を必要としている"借手に対して、不況を生じさせるほど高く利子率を引き上げる必要があると、準備当局は気づくかもしれない。耳からの少しの出血を止めるのに、患者の首の周りに止血帯を巻くことは適切な医療行為でない。このため、最近の金融政策当局は、次のような特定の質的規制(qualitative controls)を大いに使うことに一部頼っている。つまり、株式仲介業者への証券担保貸付(brokers' loan)においての"証拠金"率を変えたり、投資活動を活気づかせるために特別の RFC 利率を課したり、割賦販売やその他の消費者信用に特別の条件や信用供与の限度を設けたりすること、等である。さらに、

---

10)　銀行当局は（財政当局とは異なり）中古あるいは既発の資産(secondhand assets)、つまり移転品目(transfer items)のみを売買する。銀行当局は人々の所得と生産に直接影響を及ぼすことができるほど力はない。

一部、私達は解決策を金融政策以外で見つけなければならない。

公債の管理と貨幣量のコントロール

第2次世界大戦後の期間では、約2,500億ドルもの公債が発行されている事実によって、インフレーションを抑えるために効果がある貨幣量のコントロールを使用できる可能性は、きわめて弱くなっている。もし連邦準備当局が財務省の意向に逆らい現実に債券の利子率を引き上げようとするならば、公債の価格は第1次世界大戦後と同様に激しく下落するであろう。もし公債が額面価格の5ポイント上から80ポイントあるいはそれ以下に約25ポイント下落するならば、私達の銀行組織全体が、準備銀行の債券市場への介入によって、破産するかもしれない。さらに、政府は公債による借入れに一層高い利子率を支払わなければならないので、政府にとって公債の利子費用は、金額と負担の両方とも大きく増加するであろう。

どのような目的のために、連邦準備当局は、現在の2から4パーセントの水準から、5から7パーセントの一層高い水準へと、利子率の引上げを実施しようとしているのか。人々に2、3パーセントだけデパートでの買い物を切り詰めさせるためか。主としてあまり業績がよくない数多くの小企業に、全体で10億ドルの民間投資を思いとどまらせるためか。これらの質問は、現在のごく少数の経済の専門家が、戦後の好景気を抑えるために金融政策にきわめて大きく期待している理由を言っているにすぎない。だが、もし戦後のインフレーションが長い間続くならば、やがて連邦準備当局は、利子率を引き上げなければならず、このことにより、市場で売買できる戦時公債が額面価格以下に下がるのを容認しなければならない問題に直面するであろう。

要約

1. 第14章では、商業銀行組織の要求払預金が、商業銀行の準備金の変化の5：1の倍率で変動することが可能であることを示した。本章では、連邦準備銀行が（あるいはどのような中央銀行も）、加盟銀行の準備金の変動の方向と数量をコントロールできる、またこれら方向と数量に影響を与えることができることを示している。加盟銀行の準備金は（発行されている紙幣である連邦準備券とともに）、連邦準備銀行の主な負債になっている。連邦準備銀行の資産が発生する過程を理解することによって、連邦準備銀行の負債の動きの重要な点も理解できる。

2. 準備銀行の最も重要な資産は金証券である。財務省が国内に持ち込まれるすべての金を買い取りまた売ることを認められている金本位制に基づく国においては、金証券の金額が変化する過程は、主として金の採鉱と金の輸入または輸出によって決まり、ほぼ自動的で

ある。それぞれの 1 ドルの新しい金は、金証券と加盟銀行の準備金を約 1 ドル増加させ、さらに、間接的に商業銀行の要求払預金をその金の乗数倍となる数ドル増加させる。

3. しかし、準備当局が*収益資産*の保有の拡大によって連邦準備信用の額を増加させる過程は、自動的なものからほど遠い。この収益資産は主として短期政府発行有価証券であるが、少し長期の債券および貸付金、引受手形、あるいは再割引手形でもある。これらの（しばしば準備銀行信用とよばれる）収益資産の総額が拡大するとき、加盟銀行の準備金は増加し、利子率は低下し、さらに要求払預金は 5 倍増加するかもしれない。準備銀行信用の総額が減少するとき、加盟銀行の準備金と預金は減少しなければならず、また利子率は上昇することになる。これら準備銀行信用の総額の変化は、投資支出と消費支出の望ましい変化を生じさせると期待されている。

4. 1920 年代の間、連邦準備当局は、再割引率という手段によって、ある程度この当局の収益資産の額を管理でき、この再割引率の引上げは、一般に連邦準備の貸出しを減らしまた市場利子率に上方への圧力を与えた。しかし近年では、連邦準備のあらゆる種類の貸出しはわずかな額へと減少しており、このため連邦準備は、主として政府発行有価証券の公開市場での買操作と売操作に頼らなければならなくなっている。準備銀行が、公開市場で有価証券を買うときには、利子率を下落させまた加盟銀行の準備金を増加させており、このことよって、加盟銀行の預金と企業の投資支出の拡大を可能にしている。逆に準備銀行が有価証券を売るときには、反対のことが生ずることになる。

5. しかし、過去 15 年間において、加盟銀行はしばしば過剰準備を保有する傾向があり、このため、総貨幣供給量の縮小と拡大を巧みに実現しようとする準備当局の管理能力は、かなり限られたものになっている。さらに、利子率はしばしば硬直的になっており、企業の投資支出も利子率の変化に反応しなくなっている。

6. 連邦議会と連邦準備制度理事会による法定所要準備率を引き上げるかあるいは引き下げる権限は、ある程度、貨幣量のコントロールの上述の不十分さを埋めるのに役立っているが、部分的に役立っているにすぎない。さらに、準備当局が景気の状況に影響を及ぼすことができる不十分さを埋め合わせるのに役立つその他の方法には、加盟銀行に営業を拡大するようにかあるいは縮小するように説得する道徳的説得の利用、信用取引で有価証券を購入するさいの証拠金率の管理、さらに商品の分割払いでの販売への規制およびその他の消費者信用への規制がある。

7. 戦争への資金提供と戦後の資金提供は、現代の中央銀行の業務の原則を実例でうまく説明している。一部、財務省と銀行組織が、政府債の価格を高く維持し逆に利子率を低く維持することが必要となっている結果、さらに一部、1929 年から 1941 年までの貨幣量のコントロール政策の効果の弱さが明らかになった結果、有効であると考えられている現代の政策は、中央銀行の貨幣政策および利子率政策を離れ、本書の第 2 部の後半でこれから論じる財政政策に向かっているように思われる。

議論のための質問

1. あなたが住んでいる所は連邦準備銀行のどの地区に属しますか。あなたの地区の準備銀行の最も近くの支店はどこにありますか。あなたはその支店で預金口座を開設できますか。なぜできないのですか。あなたは、これまでに連邦準備銀行のあなたの地区について知るために、『マンスリー・ニューズ・レター』(the Monthly News Letter)を読んだことがありますか。

2. 『連邦準備制度－その目的と役割－』(The Federal Reserve System, Its Purposes and Functions)という名の連邦準備制度についてのすばらしい小さな解説書があります。もしあなたが関心を持っているならば、この本によって、この国の他の地域にいるある人へ振り出したあなたの小切手がどのように決済されるかを、詳しく調べなさい。

3. 12の連邦準備銀行の最近の結合貸借対照表でのさまざまな項目の意味を説明しなさい。

4. あなたは洞窟の中で1オンスの金を発見する。あなたがこの金を財務省に売ることによって発生する過程を、段階を追って述べなさい。

5. あなたは南アメリカに送るために財務省から1,000ドルの金を買う。銀行組織とアメリカの貨幣供給量へのすべての影響を述べなさい。

6. 「総貨幣供給量を拡大するべきかそれとも縮小するべきかについて、私達にシグナルを送っている指標として、私達が金の動きを使ってきたという理由だけによって、金の動きは物価に影響を及ぼした。もちろん、金本位制度はばかげた制度であった。しかし、常にインフレになるほど紙幣を発行することが一般的動向となっている堕落した議会を信用するよりも、私達自身をこのような不完全な金本位制度に縛りつけることの方がもっと賢明であった。」このことについて意見を述べなさい。

7. 10億ドルの公開市場での売操作の効果を、いくつかの段階を辿って述べなさい。

8. 所要準備率を2倍にする効果をいくつかの段階を辿って述べなさい。

9. 準備当局による貨幣量のコントロールに対するいくつかの政策手段を挙げなさい。これらのそれぞれの政策手段は(a)M をコントロールするために、(b)利子率を操作するために、(c)物価を管理するために、(d)雇用と失業を調整するために、どれほど強い効果がありますか。正しいと考える答を述べなさい。

10. 戦後の租税の超過による債券の償還は、銀行組織にどのように影響を及ぼしていますか。いくつかの段階を辿って述べなさい。

11. 第14章の質問7で示した連邦準備制度理事会の声明について、もう一度意見を述べなさい。

12. 1939年の連邦準備制度理事会による次の声明について意見を述べなさい。

「（理事会は）、大まかに言えば、この国の人的資源と物的資源の現実に最も完全な利用

というきわめて重要な目標を達成するために、可能なかぎり努力することの重大さを認めている。・・・また生産と雇用の安定は、物価の安定だけよりも公的政策の一層満足を与える目標であることも認めている。」

「・・・経験から、物価が貨幣量あるいは金利(cost of money)によってほぼ決定されないことが」

「・・・連邦準備制度理事会による貨幣量のコントロールが必ずしも完全でないことが、また連邦準備制度理事会が貨幣量のコントロールを必ずしも完全にできないことが」

「・・・そして安定した平均物価水準を公的な行動によってたとえ実現できるとしても、安定した平均物価水準が好況の持続を必ずしも実現しないことが、それぞれ明らかになっている。」

「・・・今日では、財務省が[貨幣の供給量と金利]について持っている権限は、 [連邦準備] 制度がこれらについて持っている権限よりも大きい。」

第16章　国際金融と国内雇用

これまでの数章で、貯蓄と投資のバランスが、国民所得と雇用、物価、貨幣および金融にどのように影響をおよぼすか（逆にこれらによって貯蓄と投資のバランスがどのように影響を受けるか）を見てきた。今、国際貿易という新たな項目を加えなければならない。本章では次のことを述べる。私達は外国から輸入する商品の代金をどのようにして支払うのか。外国人はどのようにして私達の輸出品の代金を支払うのか。何が"国際収支"と外国為替相場を決定するのか。国際貿易が私達の仕事と経済面での生活水準にどのように影響を及ぼすのか。最後に、国際通貨基金、国際復興開発銀行(the International Bank for Reconstruction and Development)、ヨーロッパ復興計画(the European Recovery Program)および国連(United Nations)が、解決しようとしている国際貿易と国際金融についての戦後の重要な問題とは何であるかを述べてみる。

このような問題に答えるために、本章を次のAとBの二つの部分に分ける。Aでは国際金融についてのいくつかの基本的事実と概念を述べる。つまり、外国為替相場、国際収支とそのいくつかの項目、および国際資本移動(foreign capital movements)の特徴を述べる。Bではこのような概念をどのようにして戦後の世界に、つまり、完全雇用と国際協力の問題に適用できるかを示す。付録において、国際金融のメカニズム（金本位のメカニズム、等）についての2、3のきわめて重要な技術的特徴を論じる。だが、この付録を完全に省略してもよく、場合によっては本文のAとBの二つの間で読むと有益であるかもしれない。

A.　国際貿易と資本移動

外国為替相場

私は、もしバーモント(Vermont)からかえで糖を買うか、あるいはピッツバーグ(Pittsburgh)から銑鉄を買うなら、当然ドルで代金を支払うことを望む。また、ここでの農夫と鉄生産者は、生産費用をすべてドルで支払い、さらに生活費もすべてドルで支払うので、これらの人々はすべてドルで代金を支払ってもらうことを求める。国内においては、経済取引は単純である。

しかし、もし私がイギリス製自転車を買いたいならば、問題はもっと複雑である。私はドルでなく、イギリス貨幣で、つまり"ポンド貨"(pounds sterling)と呼ばれるもので代金を支払わなければならない。同様に1人のイギリスの人は、もし私達のアメリカ商品を望むならば、アメリカの生産者に支払うドルをどうにかして手に入れなければならない。たいていのアメリカの人々は、イギリスのポンド紙幣をこれまでに見たことがない。間違いなく、たいていのアメリカの人々は、イギリスのポンド紙幣をアメリカのドル紙幣（支出でき、貯蓄で

きるドル紙幣）と確かに交換できる場合にのみ、ポンド紙幣を受け取ろうとする。

　それゆえ、明らかに、通貨単位(units of money)が異なる国々の間での商品の輸出と輸入は、新たな経済的係数を持ち込む。つまり、私達の自国貨幣で計った外国貨幣 1 単位の価格を与える外国為替相場を持ち込む。

　例えば、1 イギリスポンド(a British pound)の価格は約 4 ドルである。あるいは、同じことであるが、ポンドとドルの間の外国為替相場は 1 ドルに対し 1/4 ポンドである。もちろん、アメリカ貨幣とすべての国々のそれぞれの通貨の間にも外国為替相場がある。1 フィリピンペソ(a Philippine peso)は 50 セント、1 フランスフラン(a French franc)は 1 セントより少し安い、等である[1]。

　もし外国為替相場が与えられると、私には今イギリス製自転車を買うことは簡単である。この自転車の設定価格が 10 ポンド（つまり 10 イギリスポンド）であると仮定しよう。私が行わなければならないすべてのことは、新聞でポンドの外国為替相場を調べることである。もしこの外国為替相場が 1 ポンド 4 ドルであるならば、私は 40 ドルを持って銀行か郵便局に行き、その貨幣を使ってイギリスの自転車輸出業者に支払うように依頼するだけである。この輸出業者に何を支払うのか。もちろん、この輸出業者が必要としているただ一つの種類の貨幣であるポンドである。

　私が郵便局を利用するか、銀行を利用するか、それとも仲介業者を利用するかは特に重要なことではない。実際、たとえイギリスの輸出業者がドルで支払いを求める請求書を私に送っても、全く同じことである。いずれにしても、このイギリスの自転車輸出業者は、最終的にドルではなくポンドを望む、このため、すぐに 40 ドルを 10 ポンドと交換しようとする。（言うまでもなく、輸入手数料(commission charges)と送金為替(money orders)の費用を無視している。）

　アメリカ産穀物かあるいはアメリカ製自動車へのイギリスの輸入業者は、もしアメリカの輸出業者から、例えば、船で運ぶ 800 ドルの品物を買うことを望むならば、何をしなければならないかを、読者は示すことができるに違いない。このケースにおいては、イギリスの輸入業者はポンドをドルに交換しなければならない。なぜか。どのようにしてか。

国際収支

　今、外国為替相場についてはここまでとする。あなたは、もし専門家でないならば、外国為替相場の役割の細かな点についてこれ以上勉強する必要はない。だが、もしあなたは外国為替相場の背後で動く次の基本的な経済的諸力を理解していないならば、つまり、銀行、郵便局、そして仲介業者が、アメリカと外国で、どのようにして常にポンドをドルと、逆にドル

---

　1)　ポンドとフランスフランの間、等にも外国為替相場がある。しかし特に、自由競争市場においては、外国為替市場での計算高い国際的鞘取人は、ポンド－ドル相場とフラン－ドル相場の相対的比率がこのポンド－フラン相場と一致するように調整するので、私達は、ポンド－フラン相場をポンド－ドル相場とフラン－ドル相場から簡単に計算でき、他の国々の間での為替相場にあまり興味がない。

をポンドと交換できるかを理解していないならば、あなたの知識はまだ不完全である。

　この答は国際貿易が大部分相互に取引される関係であるという事実にある。馬の交換とちょうど同じ様に、商品は商品と交換される。私達は、輸入するとき、ポンドを得るためにドルを差し出す。私達が輸出するとき、イギリスの人々はドルを得るためにポンドを差し出す。国際収支を調べることによって、国際貿易がなぜすべてこのように相互に取引される関係であるかを見てみよう。

　1年間のすべての国際取引の次のような公式の記録が残されている。つまり、輸出した商品と輸入した商品、外国に貸した貨幣かあるいは外国から借りた貨幣、金の移動、旅行者の支出、外国から受け取ったかあるいは外国に支払った利子および配当金、海運、等の記録である。これらの国際取引の項目はすべて国際収支の構成項目になっており、国際収支は、これら国際取引のすべての項目の金額を記入している複式簿記にすぎない。なお、この国際収支は、常に収支が一致しなければならない方法で作成されている [2]。

　国際収支には、次の二つの比較的似た収支の項目がある。つまり、(1)（商品の）貿易収支(the balance of (merchandise) trade)と(2)経常収支(the balance of current items)である。貿易収支は輸出する財と輸入する財の間の単なる差である。輸出が輸入を越えるとき、つまり、受け取るよりも多くの財を手放しているとき、私達は“貿易収支の黒字”(a favorable balance of trade)といういくらか誤解を招きかねない表現を使っている。輸入超過があるとき、“貿易収支の赤字”(unfavorable balance of trade)という用語を使っている。

　経常収支は、純粋な商品の輸出と輸入に加えて、旅行者の支出と海運サービスのような、一定金額のいわゆる“貿易外収支の項目”(invisible items)を含むので、貿易収支と異なる。

　例えば、外国でのアメリカ人旅行者の支出は、アメリカ合衆国の輸入品とちょうど同じ様な影響を及ぼす。国際貿易に関するかぎり、アメリカの人々がフランス産のブランデーをパリで飲むかそれともシアトルで飲むかは重要でない。両方の場合とも、私達は、外国の財あるいはサービスを消費するためには、ドルを外国通貨と交換しなければならない。移民あるいは政府による外国への資金の贈与は、貿易外収支の項目であり、輸入品とちょうど同じ様に、外国為替と国際収支に影響を及ぼす。私達が外国人に提供する海運サービスは、貿易外収支の項目であり、アメリカ製の商品の輸出とちょうど同じ様に、外国為替と国際収支に影響を及ぼす。他方、私達が外国から購入する海運サービスも、貿易外収支の項目であり、輸入品とちょうど同じ様に外国為替と国際収支に影響を及ぼす。

　最後の重要な貿易外収支の項目は利子と配当金である。アメリカの人々が外国から利子と配当金を受け取るとき、この受取りは私達に外国通貨を手に入れることを可能にするという点において、輸出とちょうど同じ役割を果たす。つまり、現在の輸出が私達に外国から輸入するのを可能にするのとちょうど同じ様に、以前に外国に貸した資本による現在の配

---

2)　密輸およびいくつかのその他の項目は、管理者の記録からもれている、それゆえ、正式の収支を示すためには、記録からもれているさまざまな種類の項目を十分に組み入れることは、ほぼいつでも必要である。

当金は、私達に輸入品の代金を支払うことを可能にする。

　商品の輸出あるいは輸入の項目と貿易外収支の項目は、経常収支の項目を構成している。経常収支の項目に含まれない唯一の項目は、(1)すべての短期資本貸付あるいは借入(short-term capital loans)、および長期資本貸付あるいは借入(long-term capital loans)と(2)すべての金および正貨(specie)の移動である。ドルと外国通貨の需要と供給について言えば、一国へ流入する金をどのような化学物質あるいは商品の輸入とも同じ様に扱うことができる。しかし私達がイギリスのような国からの借入れによって資本を輸入するとき、ドルとポンドの市場への影響は商品輸入とはちょうど反対になる。私達は、外国人にポンドを支払わなければならないのではなく、（ちょうどあたかも商品を輸出しているかのように）現実にはポンドを受け取っている。この理由のために、合衆国の資本輸入(capital import)を"合衆国の有価証券あるいは IOU（債務証書）の輸出"であると言うことは常に最も混乱が少ない。このように言うと、輸入品あるいは輸出品が金であるか、商品であるか、それとも資本証券(capital securities)であるかに関係なく、あらゆる輸入品あるいは輸出品を同じ様に扱うことができる。

　国際収支を通常三つの部門で示すことができる。

1.　経常項目
　　　　商品収支（つまり貿易収支）
　　　　貿易外収支
　　　　　運送
　　　　　旅行者の支出
　　　　　移民の送金
　　　　　利子と配当金
　　　　　政府の贈与と政府取引
2.　金（あるいは"正貨"）の移動（流入と流出）
3.　資本移動（流入と流出）
　　　　長期
　　　　短期

　貿易収支は、もちろん、最初の部門、つまり経常部門の一つにすぎない。貿易収支と経常収支は必ずしも完全に均衡する必要がないことを、強調しなければならない。国際収支の*総合収支(total balance)*のみが常に均衡しなければならない。このことは、経常収支のどのような不均衡の額も、資本と金の項目での収支の正負が反対の不均衡の額と正確に一致しなければならないからである。なぜか。私達の外国への商品の販売が大きく商品の取引によって均衡しなければ、外国は私達に、その額だけ金によって支払わなければならないか、あるいはその額だけ私達にお金を借りなければならないからである。

　私達の国際収支は、世界の他のすべての国々と関係しており、ただ一つの国のみと関係していないことに注意しなければならない。国際収支の*総合収支*は常に均衡しなければなら

ない、しかしどの一国とも、例えばイギリスとも均衡しなければならない理由はない。それどころか、私達がイギリスから買うよりももっと多くイギリスに売り、イギリスが東インド(the East Indies)から買うよりももっと多く東インドに売り、そして東インドが私達から買うよりももっと多く私達に売ることは、普通でありまた望ましい。三角貿易(triangular trade)のこの例は多角貿易(multilateral trade)の有利さの一つの例にすぎない。後の章で議論するように、もし国際貿易が、すべての貿易相手国間での、完全な均衡を強いる双務主義(bilateralism)の形態にあるならば、世界中の生活水準は悪化するであろう。

　表1は合衆国の戦前の最後の年の公式の国際収支を示している。欄(1)では、さまざまな経常収支（商品と貿易外収支）の項目、金、銀、あるいは正貨の項目、および資本収支の項目の名を示している。残りの三つの欄において、それぞれの項目の数値を示している。欄(2)はすべての"受取項目"(credit items)の金額を、つまりちょうど輸出品のような、私達に外国通貨を獲得することを可能にするすべての国際取引の金額を記入している。欄(3)はすべてのいわゆる"支払項目"(debit items)の金額を、つまりちょうど輸入品のような、私達が外

表1　合衆国の国際収支、1939年（億ドルで）

項目 (1)	受取額 アメリカに外国通貨を与える（輸出のような）項目 (2)	支払額 外国通貨を使う（輸入のような）項目 (3)	受取超(+)あるいは支払超(-) (4)
商品あるいはサービスの経常収支			
商品・・・・・・・・・・・・・・・・・・・	32.41 億ドル	23.62 億ドル	+8.79 億ドル
貨物輸送・・・・・・・・・・・・・・・・・	1.25	2.49	-1.24
旅行支出・・・・・・・・・・・・・・・・・	1.70	4.69	-2.99
送金および慈善による寄付・・・・	0.45	1.87	-1.42
利子および配当金・・・・・・・・・・・	5.31	2.11	+3.20
政府取引およびその他 ・・・・・・・	<u>1.79</u>	<u>1.55</u>	<u>+0.24</u>
総経常収支項目・・・・・・・・・・・	42.91 億ドル	36.33 億ドル	+6.58 億ドル
金と銀			
金の移動（純、"金印のついたもの"を含めて）・・・・・・・・・・	—	—	-30.40 億ドル
銀の輸出と輸入 ・・・・・・・・・・・・	<u>0.14</u> 億ドル	<u>0.85</u> 億ドル	<u>-0.71</u>
金と銀の総移動（純）・・・・・・・・	—	—	-31.11 億ドル
資本収支：私達の IOU の輸出(+) 　あるいは輸入(-)			
長期 ・・・・・・・・・・・・・・・・・・・	16.24 億ドル	15.10 億ドル	+1.14 億ドル
短期およびその他(純)（紙幣の移移動をむ）・・・・・・・・・・	—	—	<u>+13.02</u>
総資本収支項目（純）・・・・・・	—	—	+14.16 億ドル
脱漏と非記録の取引 ・・・・・・・・・・	—	—	+10.37 億ドル

国通貨を得るためにドルを手渡すことを必要としているすべての取引の金額を記入している。欄(4)は受取金額と支払金額の純差額である受取超(+)と支払超(-)を示している。

　この表 1 の国際収支を商品の項目によってうまく実例で示すことができる。私達の輸出は 1939 年に 32 億 4,100 万ドルであった。外国人はこれらの輸出品に対し最終的にドルで支払わなければならなかったので、外国通貨が私達にこの輸出品の金額だけ手に入った。それゆえ、この金額を受取項目として欄(2)に記入している。私達の輸入は 23 億 6,200 万ドルであり、私達はこれらの輸入品に対し外国通貨で代金を支払わなければならなかったので、この金額を支払欄に記入している。輸出額が輸入額を超えたので、私達は 8 億 7,900 万ドル(32 億 4,100 万 - 23 億 6,200 万)の貿易収支の黒字を得た。この貿易収支の黒字額を＋の受取超の項目として記入している。読者は、残りのすべての項目も一個ずつ調べて、これらの項目の本当の特徴と戦前での役割を理解するべきである。

　戦前の最後の年に、私達はいわゆる貿易収支の"黒字"を得ていたことに、つまり、商品を輸入するよりももっと多く輸出していたことに注目しよう。この差は旅行支出と輸送のような貿易外収支の項目によって一部相殺された、しかし私達に送った金によってもっと多く相殺された。

　私達は、大まかに見ると、IOU を輸入しておらず、また外国にお金の貸付も行っていなかった。それどころか、1939 年には合衆国への"資本逃避"(capital flight)があった。つまり、きわめて多くの不安をいだく外国人が、自分達のお金を合衆国で安全に投資することを望んだので、私達は IOU を輸出しており、一層小さな債権国になりつつあったのである。もちろん、私達は輸入超過の代金を支払うために IOU を輸出していたのではなかった。この国際収支表を注意深く見ると、私達の IOU は、外国人が安全に保管をするために私達に心配しながら送っていた大量の金の受取証であると、認める必要があることが明らかになる。私達の短期の IOU は、主に、外国人が私達の銀行に預けた預金証書にすぎなかった。

　私達は国際収支の議論を次のように要約できる。

　1.　もし輸出と輸入が完全な貿易収支の均衡を生み出しているならば、多くの個人はドルをポンドと交換しており、また逆にポンドをドルと交換しているけれども、国際貿易は現実には商品と商品の交換を行っている。

　2.　商品貿易の黒字あるいは赤字を、貿易外収支の項目によって調整できる。例えば、私達は、もし外国人に海運サービスを提供しているか、あるいは外国から利子と配当金を受け取っているか、あるいは移民による外国からの送金を受け取っているならば、輸出するよりももっと多く輸入できる。

　3.　それでも経常収支全体で、赤字が存在するかもしれない。この経常収支の赤字を、私達が外国に金を送ることによって、一部あるいはすべて埋め合わせることができるかもしれない。同様に、逆の経常収支の黒字の時期においては、金が合衆国に流入するかもしれない。

　4.　経常収支の不均衡を調整するために、私達は、金を流入させるかあるいは流出させる

のではなく、IOU（つまり「私があなたに支払う義務を負っている」）を流入させるかあるいは流出させるかもしれない[3]。このような資本移動(capital movement)はきわめて重要であり、大いに注目する価値がある。

　私達は、貿易収支が輸出超過になっており、外国の IOU を輸入することによって、収支を均衡させなければならないと想定してみよう。この資本移動を実現できる次のさまざまな方法がある。つまり、外国人あるいは外国政府が、(1)ニューヨークの銀行からお金を借りる、あるいは(2)ニューヨーク市場で債券を売る、あるいは(3)合衆国政府の輸出入銀行(the U.S. governments' Export-Import bank)からお金を借りる。あるいは外国人ないし外国政府が、(4)保有のアメリカ企業あるいは外国企業のいくらかの株式を売る、あるいは(5)何年か前に私達に行った古い貸付を更新しない、あるいは(6)アメリカの銀行で保有する預金を使う、等の方法によってである。読者は、私達が外国からお金を借りるときの反対の状況を調べ、外国からお金を借りることができるいくつかの方法を述べるべきである。

一国の国際収支の段階

　歴史的に、合衆国は若い農業国から十分に発展した工業国への成長の典型的な次の四つの段階をこれまで進んできた。

　1.　*若くて成長する債務国(Young and Growing Debtor Nation)*　独立戦争の時代から南北戦争のちょうど後まで、私達は輸出するよりも多く輸入した。イギリスとヨーロッパは、私達の資本基盤(capital structure)を形成するために、この輸出と輸入の差額の資金を貸与した。私達は典型的な若くて、成長する債務国であった。

　2.　*成熟した債務国(Mature Debtor Nation)*　1873 年頃から第 1 次世界大戦までに、私達の貿易収支は黒字になったように思われる。この貿易収支の黒字は、旅行者の項目と移民による送金の項目の他に、私達が過去の借入れに対し外国に支払わなければならなかった配当金と利子の増加に対し必要であった。これらの貿易外収支の項目によって、私達の経常収支はほぼ均衡した。私達の新たな貸付が借入れとほぼ同じ金額になっていたので、資本移動も流入と流出がほぼ同じ金額であった。

　3.　*新たな債権国(New Creditor Nation)*　第 1 次世界大戦において、私達は輸出をすさまじく拡大させた。最初、民間のアメリカ国民が戦争中の連合国に貸付を行った。私達が参戦した後、私達の政府はイギリスとフランスに武器と戦後の救済物資獲得のための資金を貸した。私達は戦争によって債権国に浮上した。しかし私達の精神構造は新たな債権国の立場としてふさわしいものでなかった。私達は高関税法(high tariff laws)を 1920 年代の初めに、さらに 1930 年に、連邦議会で通過させた。アメリカが輸入するのを拒んだので、外国は、私達に利子と配当金を支払うドルを、ましてや元金を返済するドルを、獲得することが難しいと分かった。

---

　3)　資本移動あるいは金移動はしばしば貿易の動きの結果であるとともに原因でもある。

私達が新たな債権国であるこの第 3 段階に留まっていた間、つまり、私達が 1920 年代を通じてずっと民間による外国への*新たな*貸付を行っていた間、すべてのことはしばらくの間表面的にはうまくいっているように思われた。私達は、後払いでかなりの部分売ることによって、外国から買う以上に多く外国に売り続けることができた。世界の他の国々は、私達に金を送ることによって、また私達に IOU を送ることによって、私達の輸出超過に対応した。ウオール街(Wall Street)の銀行家が、実利を求める普通の人々(Main Street)に対し、外国債に関心を引くようにさせている間、すべてのことはばら色に見えた。しかし、アメリカの人々が外国にもはやお金を貸そうとしなくなった 1928 年とそれ以後に、崩壊がとうとうやってきた。国際貿易が行き詰まった。負債が返済不能になった。世界の他の国々と同じ様に、アメリカもこのことに対し責任を負わなければならなかった。

　4.　*成熟した債権国*　アメリカは成熟した債権国(mature creditor nation)という第 4 段階に移行することにまだ成功していない。イギリスはこの段階に何十年か前に到達した。このような第 4 段階の債権国の場合に普通に見られることであるが、イギリスの輸入額は輸出額を超えた。いわゆる貿易収支の"赤字"によりイギリスを気の毒に思う前に、この貿易収支の赤字は現実に何を意味しているかに注目してみよう。

　イギリス国民は安価な食べ物を多く輸入できたが、この見返りに大切な輸出品をあまり手放す必要はなかったので、よい生活をしていた。イギリスの人々は、過去の外国への貸付により受け取っていた利子と配当金によって、自分達の輸入超過額の代金を支払っていたのである。

　イギリスの人々にとっては良かった。しかし、世界の他の国々にとってはどうであったのか。世界の他の国々は、イギリスに輸入品以上に輸出品を送らなければならないので、生活が悪くなったのか。必ずしもそうではなかった。普通、イギリスが以前に他の国々に貸した資本財は、他の国々に国内生産を (利子と配当金によってイギリスに支払わなければならないよりももっと多く) 増やすことを可能にした。イギリスと他の国々の両方とも生活が良くなった。19 世紀のイギリスの外国への貸付は二重の意味で利益を与えたのである。つまりこの貸付は供与した国と受け入れた国の両方に利益を与えた。もちろん、物事は実際このように常にうまくいくとは限らなかった。賢明でないと分かったいくらかの投資があった。植民地の政治問題とナショナリズムは状況を複雑にした。さらに、後で見るように、第 1 次世界大戦後、この過程全体がうまくいかなくなったのである。

国際資本移動の基本的意義

　さて資本移動の問題に戻ろう。もし国民感情という政治問題と失業という国内問題を考慮しないならば、国際的貸付(international lending)の基本原理を理解することは容易である。私達は、貨幣と金融という霧を払いのけて、財と資源に関する実物面(the real aspects)に容易に分析を集中できる。

　資本を国内ではどのようにして増やすのか。労働、土地、機械およびその他の資源を、現

在の消費財の生産から転換することによってである。消費財を生産しないで、木を植え、川の湿地を排水し、新たな機械を製造し、そして新たな建物を建設することによってである。これらのすべては私達の将来の国民所得を増やし、将来の消費水準を高めるのである。

　私達は、将来の消費のために、実際将来の*一層大きな消費*のために、現在の消費を後に回している。将来の消費の増加はどこから発生するのか。*資本財は"純"生産性を得る*という事実からである。資本のこの純生産性は利子率の実物的側面(the real side)であり、利子率の貨幣的側面(monetary side)については以前に論じた。

　資本の純生産性の一例として、100個の種を食べずに蒔く農夫を想定してみよう。1年後、100個の種は100個以上に増加している。この収穫物の一部を、この農夫は馬に食べさせなければならず、この一部を雇っている男にも与えなければならない。多分106個の種だけが残っている。もちろん、この農夫は最初の100個を開始した状態に戻すために使う。6個の増加した種はまさしく資本の純生産性を示している。この6個の増加は、利子率を示し、この農夫は実物資本によって1年に6パーセント稼いでいる、と私達は言う。種あるいはうさぎに当てはまることは、ハンマーあるいは工作機械のような非生物資本(inorganic capital)についても当てはまる。道具を作るには道具が必要である。もし現在の消費からの満足を得るために道具を使おうとしないならば、一層多くの道具を作るために道具を使うことができる。作った新しい道具を、必ずしもすべて資本の純生産性とみなすことはできない。使い古した道具の償却を上回る道具の増加つまり超過のみが、私達の資本の実質収益(real return)を示している。言い換えれば、減価償却つまり更新を差し引いた後、純生産性を得る。すべての資本財は一つの純生産性を得ることになる。もちろん、人々は常に最も高い利子収益率(interest return)を得るプロジェクトだけに投資しようとする。

　たくさんの労働者がおり、また多くの発明が行われている国々では、利子率は高くなる傾向がある。しかし資本をますます多く生産するにつれて（一層多くの種を同じ面積の土地に蒔くにつれて、また一層多くの道具を限られた人数の人々に提供するにつれて）収穫逓減の法則が作用し始める。利子率は6パーセントから5パーセント、4パーセントに、さらに1パーセント以下にさえ低下する。実業家は一層低い利子率でお金を借りることができるようになっているので、以前に利益を得られなかったプロジェクトは利益を得るようになる。投資家は新たな投資物件、あるいは新たな労働者と資源を求めるようになる。

　世界の異なる地域では、労働、鉱物、気候、専門知識、等の資源の量は異なる。もし情報があり、また国境がないならば、*北アメリカ以外の所でまだ投資により6パーセントの収益率を得る可能性がある*場合には、誰も、北アメリカで3パーセント以下の収益率になる点まで、投資を拡大しようとしない。確かに資本の一部は外国に投資されるであろう。今外国の労働者は一層多くのまた一層良い機械を使うことができるので、外国への投資は外国の労働者に一層高い賃金を与えるであろう。外国への投資は外国の生産を増加させるであろう。どれだけ増加させるのか。使い古された資本財の一定の更新の代金を支払うのに十分なだけでなく、外国への投資の利子収入あるいは配当収入を私達に支払うのに十分なだけ、生産

を増加させるであろう。この利子収入は、私達が外国から受け取り、私達の生活水準を引き上げる財とサービスになる。きわめて賢明な科学者は、多分この外国への投資の行動を正しいと認める。資本は生産性が最も高い地域に投入されるので、賢明な科学者にはこの外国への投資は道理にかなっているのである。

私達はいつ自分達の外国への投資の元金を返済してもらおうとするのか。私達は、十分高い収益を得ている限り、いつまでも元金を返済してもらおうと望まない。しかし、以前発展の遅れていた国はやがて比較的裕福な国になるかもしれない。この発展の遅れていた国は、消費をできるだけ切り詰めて、自国にある外国の工場、農場および鉱山に対して私達が持つ所有権を買い取るために、自国の貯蓄を使おうとするかもしれない。しかし、私達は、豊かで、国内ではたくさんの貯蓄と大量の資本があるので、自国では利子率が低いと想定しよう。私達は、外国での所有権を売り払うことも投資の元金を返済してもらうことも、特に望まないであろう。だが、私達は外国での私達の農場と工場という所有資産の販売価格を引き上げようとはする。言い換えれば、私達はかなり低い利子率で満足しようとする。それゆえ、ある国が、世界の他の国々よりも衰退の段階に入り、一層貧しくなるということでもなければ、自国による過去の外国への貸付金を、いつか全額払い戻してもらわなければならないと考える理由は少しもない。

見苦しい（あるいは美しい）ナショナリズムが現れ始めるとき、状況は変わる。合衆国内においては、この世の終わりの日まで利子と配当金は、南部から北部へ、また西部から東部へと流れるかもしれない。少数の人々は不在者の所有に不平を言うかもしれない。だが、裁判所と警察は、所有権が尊重されるように監視するために存在している。しかし、国家間においてはこのようではない。ある一国は、貧しいときには、お金を借りることを大いに望むかもしれない。この国は、豊かになった後、配当金と利子を外国に支払わなければならないことが不満になる。この国は自国の繁栄が一部過去の借入れによって実現したことを思い出したくない。経済的負担よりももっと大きなことがこの不満と深く関係している。政治的には、このような国々は"外国人"である不在者による所有の方法を好まない。それゆえ、このような国々は、適正な価格で、あるいは不当な価格で外国への債務を全額返済することによって、あるいはしばしば全面的債務不履行によって、外国への債務をなくすことに固執する傾向がある。

経済問題と政治問題は、あまりにも複雑に混じり合っているので、本書ではこの問題を論じることはできない。ある人々は「国の勢力が拡大することによって、貿易が発展する」と言う。他の人々は「貿易が盛んになることによって、国の勢力が拡大する」と言う。ある人々は、経済的利益の追求が帝国主義的植民地獲得の背後にある主な動機であると言う。他の人々は、国の（攻撃的あるいは防衛的）軍事力が目的それ自体であり、経済的厚生がこの目的のために犠牲にされるべきである、それゆえ、経済的資源を経済的厚生に役立てるよりもむしろ、（攻撃的あるいは防衛的）軍事力に役立てるべきである、と主張する。経済的利益重視の立場に従うと、もし戦争とナショナリズムがなければ、誰もがどこにでも投資できる

し、またどことも取引できるはずであると考える。また、経済的利益に敏感なすべての人々は、多くの費用がかかる軍事体制と植民地の行政機関によって妨げられることのない、小さな国で住むことを望もうとする。反対の軍事力重視の極端な立場では、心地よい生活よりもむしろ、戦闘での勝利は生活においての唯一の価値ある目的になる。また、この立場では、外国人は祖国と比較すると少しも重要でなく、"優越民族"(super- race)がケーキと大砲の両方とも手に入れるために、外国人は財と土地を奪われることがありえ、また、外国人は優越民族のために働かされることもありえる。ここ数世紀での世界は、軍事力重視と経済的利益重視の二つの極端な見解の中間のどこかにある。

外国への貸付の金融的側面と実物的側面

　外国への貸付の過程が金融面においてどのように発生するかを調べるために、政治問題から経済問題に戻ろう。貨幣は資本移動の実物的側面を覆い隠している。普通、外国人は私達から資本財を直接借りるよりもむしろ貨幣を借りる。外国人は長期債券、短・中期債券、あるいは株券の形態の IOU を私達に渡す。私達は外国人にドルを渡す。もし外国人がドルを保有するか、ドルをアメリカの銀行に預金するか、あるいはドルをアメリカの有価証券に投資するだけならば、純資本移動は少しもない。私達は外国人のある形態の IOU を得る。外国人もある形態の私達の IOU を得る。国際収支の資本移動部門において、これら二つのIOU の差額は帳消になるにすぎない。外国人が、財およびサービス（あるいは金）の私達への輸出以上に輸入するために、貸付金の受領証を使うときにのみ、実物資本移動(a real capital movement)と金融資本移動(a financial capital movement)が発生する。

　外国人は、利子支払の時が来るとき、私達に送る追加のドルを得るために、買うよりももっと多くの商品を私達に売らなければならない。このとき私達の国際収支は、輸入超過を示し、貿易外収支の受取項目の利子と配当金によって、調整される。

　私達は、輸入しているよりも多く輸出しているとき、喜ぶべきかそれとも悲しむべきか。もし決して失業を心配する必要がないならば、私達自身の厚生を十分に増加させる商品を手放さなければならないことを、私達は確かに残念に思う。見返りに、後で商品を受け取ることができるということのみが、この現在の損失に対し私達に償うことができる。もし千里眼で将来を見通すことができ、後に対外投資がうまくいかなくなり、決して元金が払い戻されず、さらに利子も支払われないと分かるならば、資本移動が悪いことであり、良いことでないと、私達は当然判断するに違いない。

　それでは、人々は、商品を受け取るよりももっと多く手放しているとき、いわゆる貿易収支の"黒字"よって、なぜ非常に幸福になっているように見えるのか。貿易収支の"赤字"となり、商品を与えるよりももっと多く受け取っているとき、連邦議員はなぜ心を痛めるのか。この答は一部連邦議員が間違っているためである。連邦議員は問題をかならずしも完全に理解していないのである。連邦議員が間違っていることは小さな一部分にすぎない。

　この答は一部特定の関係者が自分の利益しか考えないためでもある。（一国全体として暮

らしむきが悪くなるとしても）私達が輸入品を入れないで輸出を奨励することによって、特定の実業家と労働者は利益を得るかもしれない。だが、合衆国で 6,000 万人の労働者が常に完全雇用の状態にあると想定してみよう。このとき、私達の資源を最大の*相対的優位(relative advantage)*がある産業で利用することは、私達には最大の利益になる。このように資源を利用することは、私達が、腕時計を生産するよりも、自動車を生産しその後自動車を腕時計と交換する方が良いこと、工作機械と羊毛の両方を生産するよりも、工作機械を生産しその後羊毛を輸入する方が良いこと、外国から商品を安価に得るあらゆる可能な方法を利用する方が良いことを意味している。

相対的優位が最大である産業で資源を利用することは、一国全体および消費者全体の観点から、さらにアメリカの労働者全体の実質賃金の観点から問題を見ている。だが、腕時計製造業者と牧羊業者はどうなのか。関税は腕時計製造業者と牧羊業者への補助金の役割を果たしており、これらの業者は、自分達を支持する連邦議員に、この補助金を撤廃しないように圧力をかけようとする。もしすべての関税の突然の撤廃の問題、あるいは国防の問題であるならば、議論を賛否両論の立場から行ってよいであろう。しかし、保護関税(protective tariffs)の段階的引き下げに反対する強い*経済的*根拠は確かにない、それゆえ、非効率な産業での労働者が、亡くなるにつれて、また非効率な産業から退出するにつれて、アメリカ産業は長期的に高い効率の産業に移って行くであろう。

総支出が私達を完全雇用に維持するのに常に十分あると仮定するならば、上述のことはすべて正しい。投資支出がインフレーションに導くほど活発であるとき、一国が輸出するよりもむしろ輸入することを望むべきであるという主張は、一層説得力がある。総支出が生産できる商品の額よりも大きくなる傾向があるときには、腕時計製造と羊毛生産の仕事を辞める人々は、比較的容易に新たな仕事を見つけることができる。私達が商品の輸入を多くし逆に商品の輸出を少なくするほど、私達が所有している貨幣によって購入できる商品のストックは大きくなる。また、私達は、資源を一層効率的に配分すればするほど、一層多くの商品を生産できるであろう。商品の総支出と比較して商品の生産のフローが大きいほど、インフレーションを調整できる私達の能力は高くなる。それゆえ、関税を徐々に引き下げることができる時期は、（第 2 次大戦直後の数年のような）好況の期間である。特定の利害関係者はやはり大声をあげて不平を言うであろう。しかし好況の期間にはこれらの特定の利害関係者に過度に注意を払う必要はないのである。

財を受け取るよりも手放すのを、国家がやっきになって擁護するのには、無知以上の何かがあるのを、つまり、特に擁護しなければならないことがあるのを私達が発見するのは、完全雇用の仮定をはずすときである。このとき、私達は非ユークリッドの公理が成立する不思議の国に入り始めており、この不思議の国では、黒は白に見えまた平行線は交わり、個人の賢明さは社会的に馬鹿げた行為のようになり、逆に、まさに社会的に馬鹿げた行為が一部社会的に賢明な行為になっているように見える。次の B では今後の国際貿易と雇用を分析する [4]。

B． 戦後の国際貿易と完全雇用

輸出と雇用

40 年前の記憶を思い出すことができる実業家の話をしてみよう。この実業家は、国内民間投資あるいは公共投資とともに、輸出が常に景気を盛り上げる要因であったと指摘する。この実業家は、フランス、ロシアおよびイギリスが突然私達の輸出品へのお得意客になった第 1 次世界大戦について、私達が参戦する前の 1915 年と 1916 年を思い出す。私達は、これらの国々に、不胎化の金(barren gold)および最優良証券と引き換えに商品を送った。この結果、アメリカは不況から大型の好景気へと移行した。さらに、私達があまり役にたたなかった砲弾の出荷を増やした第 1 次大戦に参戦した後の期間には、明らかな景気のさらに一層の急拡大＝活況という結果に、つまり高い物価と多くの雇用という結果になった。

私達が世界の他の国々への多額の馬鹿げた民間貸付を行い、「アメリカの労働者の "生活水準" を守るために」と主張して関税実現に大騒ぎしていた 1920 年代の間、私達の貯蓄と投資の望ましいバランスに寄与した要因の内の一つは、巨額の外国への貸付に思われた。国内民間投資あるいは政府の赤字財政支出と同様に、貿易収支の黒字は総貨幣支出を減らすのではなく増やした。冷静な実業家はこのような状況を次のようにまとめている。「もちろん、私達の多くの外国への貸付は後に返済不能になり、投資家はお金を失った。しかし、私達が外国に商品を送っている間、仕事は生み出されていた。20 年代*当時*の雇用と物価について言えば、貸付が 10 年後にうまく返済されるか返済されないかどうか、あるいは貸付が公的贈与を意味するかあるいは民間の贈与を意味するかどうかは、重要でなかった。」同様に、ファースト・ナショナル・バンクの前頭取は、「少しも貸付を行ってこなかったよりも、貸付を行い、その後損失を出した方が良いのである」と意見を述べた。

このことは私達に次の一つの教訓を与える。つまり、現在の総購買力と雇用への効果に関する限り、賢明な国内投資はきわめて馬鹿げた国内投資よりも力強くない。無駄な公的支出は有益な公的支出と同様にインフレ要因になる。外国から商品を受け取るよりももっと多く外国に商品を手放すことは、あなた方がこのことをうまく行うことができる間、現在の雇用状況を改善する、との教訓を与えている。

アメリカの人々にとって、私達が商品を手放す本当の費用は何であるのか。もし失業が常に最少であるならば、この答は明確であろう。賢明でない国内投資に、有益でない公的な失業対策の仕事に、さらに外国に商品を手放すことに資源を使う費用は、私達が同じ経済的資源を有益な分野で用いることによって、生産できていたはずの有益な財とサービスを、手に入れることができていないことである。この費用は（いくらか不確かな金銭的数値でなく）覚えておかなければならないきわめて重要な現実の費用である。

4) 一部の読者には、次の B に進む前に、本章の付録を読んでほしい。

もし失業が存在するならば、この費用分析はどのようになるのか。もし商品を外国に送らないことが工場の遊休と人々の失業を生み出すならば、この費用分析はどのようになるのか。もし私達がこの暗い仮定を受け入れるならば、すべてのことは変わる。もし生産を増やさなければ、資源が使われないで、錆びたり、動物に食べられてしまうだけである。生産を増やしても、このような使われない資源で実現できるので、私達には何も費用がかからないように思われる。幸運な（場合によって不運なと言う方が適切である）外国人は、私達の商品を手に入れる。しかし、このことは、私達が国内で以前よりも少しでも消費を減らさなければならないことを意味しない。私達は、もし自国の国民得失点表を作成するならば、次のように言うことができる。(1)私達の生産が約 100 万ドル増加する、(2)私達が見返りに価値のある商品を受け取ることなしに、外国に 100 万ドルの輸出品を送る、(3)私達の仕事と作業が増加し、逆に遊休という不幸が少し減少する、(4)私達の総消費は同じままである。

　さて、もし私達は経済活動の本当の目的が財とサービスの消費であると考えるならば、私達の見解は、「私達が、以前よりも良くなっても、悪くなってもいない」ということになるに違いない。だが、この見解は間違っている。私達は何かきわめて重要なことを忘れている。

　マサチューセツ州、リン(Lynn)市の労働者と資本家は、輸出用の発電機を生産することによって追加的所得を受け取るとき、その所得の一部を新たなアメリカの消費財に支出するであろう。輸出品生産者は、100 万ドルの追加的所得を受け取るとき、その所得の多分 3 分の 2 を、ペンシルベニアあるいはアイオワで生産される消費財に再支出するであろう。今これらの州で 666,667 ドルの追加的生産、仕事および所得が実現される。この 666,667 ドルの所得の内の 3 分の 2 は、他のアメリカの消費財に支出されるであろう。そしてこのことは同じ様に継続する。これまでの数章の"乗数"分析を、国内の他のすべての領域での投資とちょうど同じ様に、国際投資にも適用できる。この乗数過程が終わる時までに、アメリカの生産と雇用は 300 万ドル増加している。つまり、最初の 100 万ドルの輸出とさらに 200 万ドルの第 2 次的消費である。

　私達の国民得失点表は次のようになる。(1) 総生産と雇用は 300 万ドル増加する。(2)総国内消費は 200 万ドル増加する。それゆえ、活動の目的として消費だけに関心がある人々でさえ、不況で仕事がなくぶらぶらしていることと比較して、商品を外国に手放すことは、私達にいくらか費用がかかる以上に、私達の暮らしを良くすることを認めなければならない。このことについて私達の実業家達は、「ほらごらん、私は、経済学者のむずかしい言葉を知らないし、詳しいことを必ずしもすべて説明できないけれども、言ったとおりだ」、と言うであろう。

　この過程全体は、一頭の豚を焼くために、家を焼き払わなければならなかった最も未開の人々を思い出させるけれども、ここまでは大変良いことであった。"政府資金による国際的に無益な事業"(international boondoggling)は（実際無益な事業であるとしても）、木の葉をまき散らしその後かき集める失業対策事業よりも良くもなくまた悪くもない、しかし何もしないよりは良いかもしれない。

しかしもう一つ別の唯一の選択が何もしないことであると、どうして決めてかかるのか。確かに(1)何もしないことあるいは(2)国際的に無益な事業以外に、300万ドル相当量の仕事と200万ドルの第2次的消費を得るだけでなく、第1ラウンドの100万ドルの仕事についても何か有益なものを得ることができるような、第3番目の選択を見つけることができるに違いない。例えば、大洋に有益な商品を投げ捨てるのでなく、これらの商品を作るための資源を、国内消費あるいは国内の資本形成のためになぜ使わないのか。なお、もし外国の消費と発展を支援することは、私達の国益となりまた私達が望んでいることであると考えているならば、このように外国を支援することは実際外国を助けるとみなしてよい。政府が、失業した人に、木の葉をまき散らさせて集めさせること、あるいはピラミッドを建設することよりも、有益なダムと病院を建設することは明らかにもっと良いことであるのと同様に、大洋に有益な商品を投げ捨てるよりも外国の消費と発展を支援することは、明らかにもっと良いことである。無益な事業を行う政策と有益な事業を行う政策の両方とも、仕事の増加と誘発される民間消費の増加を生み出すかもしれない。しかし、有益な事業を行う政策は、無益な事業を行う政策よりも一層有益な総生産物を生み出すのである。

近隣窮乏化政策

第12章で、節約のパラドックスを学んだ、つまり、貯蓄を増やそうとする個人の試みは、失業の状況においては、所得と雇用への有害な影響によって、しばしば*一層少ない*現実の貯蓄と投資の結果になることを学んだ。ここでは、次の"国際慈善事業のパラドックス"(the paradox of international charity)と呼ばれるものを、理解できるようになっている。つまり、*不況による失業を救済するためには、何もしないことと比較して、輸出品を増やすけれども輸入品を受け入れないことは良いことかもしれない。雇用の観点から良いだけでなく、国内消費の観点からも良いかもしれない、*ということである。

中途半端な知識はかえって危険なものである。あなたは、この国際慈善事業のパラドックスの実現の可能性を理解している連邦議員であると想定してみよう。あなたは、合衆国の貿易収支の黒字を作りだすことに、ただちに取りかかるかもしれない。あなたは、次の近隣窮乏化政策(beggar-my-neighbor policies)の一つあるいはすべてを、実施し始めるかもしれない。

1. 私達の輸入品への保護*関税*を引き上げ、さらに"米品優先購入"(Buy American)キャンペーンを実行する。

2. 一層効果のあることであるが、それぞれの商品について定めた量以上を外国が私達に輸出できないように、小量しか許可しない*輸入割当*(low *import quotas*)を定める法律を可決する。

3. あるいは、ヒットラーのナチの方法をまねて、次の内容の包括的*為替管理* (comprehensive *exchange control*) を導入する。つまり、すべての輸入品は特別の許可を得なければならない。輸出品には補助金を与える。双務貿易協定(bilateral trade agreements)をそれぞれの国と結び、この協定によって貿易の分野と量を制限し、またこの協定を威嚇あるいは利益誘導

という政治的武器として役立てる。手の込んだ調整の制度を設け、この制度によって、外国は、異なる種類のそれぞれの輸入商品に対して、（アメリカ政府が「外国が現状において支払える最高である」等と評価する金額によって決定する）国ごとに異なるドルでの必要な価格を、外国は支払わなければならない。（本書を 1948 年に書いているときに、大部分の国はまだかなりの為替管理を行っていた。）

4. 私達が提供する輸入品を外国人がきわめて安価に買うことができるように、できるかぎり *ドルの為替相場を切り下げる*。他方で、私達に輸入するのを思いとどまらせるほど、ポンドとフランの為替相場を高くする。言い換えれば、私達は、すべての外国通貨との比較でドルの為替相場を切り下げるのに成功すればするほど、輸出品を一層多く手放すことができ、他方、受け取ろうとする輸入品を一層少なくできる。ドルを切り下げる一つの方法は、私達が金の購入価格を引き上げることである。もし他の国々が報復しなければ、この "ドルの平価切下"(devaluation of the dollar)は、外国通貨との比較でドルの為替相場を引き下げ、私達に、使用価値のない金の輸入と引き換えに、輸出品を手放すことを可能にするであろう。

（一国が輸入品と比較して輸出品を増やすことができる第 5 番目の方法は、外国人に低い利子率で信用度が高いあるいは信用度が低い *国際的貸付金*(international loans)を提供することであり、あるいはこのこと以上に、（財務省あるいは気前の良い民間投資家が資金供与する）巨額の贈与を外国人に与えることである。なお、これまでの四つの政策と異なり、外国は結果として必ずしも窮乏化しないのである。）

有能な連邦議員は、さらに 2、3 の政策を考え出すことができるに違いない、しかし、これら 2、3 の政策は、自国の失業問題を隣国の犠牲によって解決することを希望する国が、つまり、行動方針が「国際金融恐慌(an international financial crash)が発生しようとしていても、近視眼的観点から、輸出しよう、そうすれば幸福になれる。」である国が、実行しようとする最も重要な政策である。

合衆国が、戦後の国際社会において、重要な役割を演じなければならないことを受け入れているどのような知識人も、これまでに述べた近隣窮乏化政策のすべては、世界の他の国々を犠牲にして私達自身の国の繁栄をつかみ取ろうとするので、すべての近隣窮乏化政策に強く反対しようとする。このような知識人は、私達が自分達の失業を、言わば、私達の隣国に輸出しようとするのを、正しくないと考えている。

しかし私達は、非情である、あるいはありのままに言えば、利己主義的であると想定してみよう。それでも、私達は、これらの近隣窮乏化政策を、どちらかと言えば馬鹿げた政策であるとみなさなければならない。なぜか。

私達が近隣窮乏化政策を実施しようとしているのに、多くの外国が何もしないでじっとしていることはありえないのを理解するには、あまり知力を必要としない。外国にも経済学の教科書があり、国会議員がいる。外国も大恐慌の間近隣窮乏化政策を実施しようとするであろう。外国も関税を引き上げ、輸入割当と為替管理を導入しようとするであろう。外国はポンド（あるいは状況次第でフラン）を切り下げようとするであろう、この結果ドルの為替

相場は上がるであろう。つまり、外国も、自国の輸出品を増加させ、逆に輸入品を減らそうとしている。

　すべての国々がこのように隣国を窮乏化しようとするとき（すべての人々がパレードを見るために他の人の肩の上に乗ろうとするとき）、結果はどのようになるか。明かに、イギリスが、私達から輸入しているよりも、もっと多く私達にうまく輸出している*同じ期間に*、イギリスが私達から輸入しているよりももっと多く、私達はイギリスにうまく輸出できないのである。貿易収支の黒字を拡大しようとする相互の国の試みは、貿易収支の均衡を実現しようとする相互の国の試みよりも悪い。国際貿易は輸出と輸入の内の最も低い水準へと低下する。両方の国民とも生活が悪化するのである。

　さらに、イギリスの人々が自国のポンドを 1 ポンド 4 ドル以下近くにまでうまく切り下げることができている*同じ時*に、どのようにして私達はポンド－ドルの為替相場を 1 ポンド 6 ドルまでの切上げ（ドルの"切下げ"(depreciation)）をうまく実現できるのか。両国ともうまく実現できない。ドルの切下げと切上げ(appreciation)は相対的なものなので、どちらかの国は状況が良くならない。明らかなことを一層詳しく述べると、次の期の不況において、イギリスが輸出超過で（差し引きして）私達に商品を貸し与えている同じ時に、私達はどうして輸出超過で（差し引きして）商品をイギリスに貸し与えることができるのか。実際、二つの国の国会議員が忙しく活動しているならば、両方の国は当然互いに商品をうまく手放すことができない。なぜなら、もしただ同然に近い供給品が外国から入り始めるならば、多くのアメリカの労働者は失業するからである（元気いっぱいのアメリカの人は決して発生するのを許すことができない事態である）。

　過去の経験から最終的行動方針はどのようであるべきか。明かに、合衆国のような強く、影響力が大きな国は、国際貿易を自国の失業問題を解決する賢明な一つの方策であるとみなすことができない。たとえみなそうとしても、みなすことができず、またみなすべきでない。現実には、私達はこのようにみなすことができない。他の国々は私達の近隣窮乏化政策に報復しようする、この結果、関係国はすべて状況が一層悪くなる。今後の 1950 年から 1970 年に向けて、私達の選択は(1)失業に対し何もしないことであっても、また(2)望ましい第 2 次的乗数効果を得ることを期待して、貿易制限政策によって、外国に私達の失業を輸出しようとすることであってもいけない。このような選択でなく、私達は(3)国内政策によって失業問題を克服し、さらに、私達の現在と将来の消費水準を引き上げるためか、あるいは私達の政治的目標と責任を実現するためにのみ、国際貿易を使うという優れた第 3 の選択を行わなければならないのである。

戦後の国際協調

　経済的孤立は今後進展しないであろう。すべての経済学者の内の 99.44 パーセントは、この主張以外には意見が一致しないとしても、この主張には意見が一致している。それにもかかわらず、歴史を無視する国々は、同じ歴史を繰り返すことを運命づけられるので、

経済的孤立は再び実施されるかもしれない。合衆国が戦後の世界で取り組まなければならないいくつかの問題を、次に論じてみよう。

　私達のすべてが次の二つの目標を両方とも目指すことを望んでいると想定してみよう。つまり、国内での生活水準および生産性の上昇と同時に実現される完全雇用および効率的雇用、さらにもう一つ、長く変わらない私達の近隣諸国との平和的で、有益な貿易関係である。これらの二つの目標を達成するためには、私達は次の六つのきわめて重要な問題に取り組みそして解決しなければならないのである。

戦後の国際金融のいくつかの問題

　1.　*国内での完全雇用* 　合衆国は、自国の実質国民所得を高く維持し、さらに自国の実質国民所得が成長し続けるようにする国内の公的政策と民間への政策(private policy)を採択することによって、戦後の他国との良好な経済関係の実現に、合衆国単独で最大限貢献できる。これまで、アメリカは長い間失業の大きな発生源であった。私達は、自国の国民所得が大きく下落しないようにするために、一方で輸入が低い水準に低下するのを容認するが、他方で輸出を増やそうと努めてきた。私達は、失業問題を貿易収支の黒字によって解決しようとしてきた結果、世界の他の国々を不況にし、貧しくさせてきた。このことは外国による貿易制限も生じさせてきた。このため、すべての国々は近隣窮乏化政策という気違いじみたゲームによって損害を受けてきた。

　もし私達が戦後において（*国内で創出される*購買力によって）アメリカの雇用と所得を高く維持する課題をかなりうまく解決するならば、他の国々は自国の輸出品によって私達の輸出品への代金を支払うことができる。国内でほぼ完全雇用であると、私達は、過去の外国への投資の配当金と利子の見返りに、また元金の返済の見返りに、外国から私達に送られる商品を喜んで受け入れることができる。完全雇用であると、私達は、一層*安価*に、また一層たくさん輸入することによって、私達の生活水準を引き上げることができるものを何でも喜んで受け入れることができる。さらに、完全雇用であると、私達は、非効率なアメリカ産業のための人為的保護障壁(artificial protective barriers)を徐々に低くし、このような産業への補助金を徐々に減らすことができるのである。

　2.　*ヨーロッパへのマーシャルプラン* 　私達は、これまでよりももっと多く資源を持ったまま、戦争を終えている。（オランダ、フランス、イギリス、チェコスロバキヤのような）他の国々は、戦争によって大きな被害を受けた。もし平和が恒久的になるようにしようとするならば、またもし民主主義が広がるようにしようとするならば、私達は、これらの国々に救済と復興の目的のために、食糧と物資を送らなければならない。食糧と物資を送ることを私達の気前の良さによって（あるいは一部の人々が主張するように、私達のパワーポリティックスのために）行わなくてはならず、贈与が私達の農場でまた私達の輸出産業で仕事を作りだすという理由で、食糧と物資を送ってはいけない。

　第1次世界大戦による負債問題から学んだ痛々しい教訓によって、私達は、十分に賢くな

り、イギリス、フランスおよびその他の同盟諸国の私達からの武器貸与による負債(lend-lease debts)を、ただちに完全に抹消した。私達は、これらの国々の人々が、私達の大砲、飛行機、また船で敵と戦ってくれたので、アメリカの人々の生命は救われた。この負債の問題を棚上げにして、戦争による連合国間の負債が、この前の第1次大戦後の期間のような、悪感情と経済的崩壊を生じさせないようにしよう。

UNRRA（連合国救済復興機関(United Nations Relief and Rehabilitation Administration)）は1946年に閉鎖となったが、アメリカは、今後も多くの救援物資を外国に送ることが必要でありまた望ましい、と今でも考えている。私達は、救援物資それ自体を貸付ではなく、贈与とみなすべきである。

外国では経済的混乱によって共産主義が勢いを増している。ヨーロッパでの混乱状態と生活物資の不足は、合衆国の平和と安全への脅威になっている。このため、トルーマン大統領とマーシャル(Marshall)国務長官は、アメリカがヨーロッパの国々の経済復興の課題をうまく支援できるように、ヨーロッパの国々が集まりそして自助努力による経済復興のための計画を策定することを求めた。（参加することを辞退したソビエト連邦の衛星国を除いた）16ヶ国は、1947年の夏にパリで会議し、今後4年間にわたる相互協力による復興への方策を明らかにし、さらに、これらヨーロッパの国々が再び自立できるように自助努力するのを、アメリカが助けるためには、どれだけのアメリカの資金援助が必要であるかを示している重要な経済報告書を作成した。これらヨーロッパの国々は、食糧、肥料および資本設備を得るために、ヨーロパにおいてきわめて必要とされており、アメリカのみが提供できる資金であるドルの、多額でまた各国共通の"不足"を主張したのである。

合衆国内での戦後の多額の支出が、商品を不足させまた物価を高くさせている事実にもかかわらず、二つの政党は、次の理由のために、ヨーロッパ復興計画（マーシャルプラン）への支援を約束した。つまり、博愛のために、政治的安全保障のために、そしてヨーロッパにおいて共産主義が拡大するのを押さえるためにである。この援助計画のはっきりした金額と形態は、今後ほんの数年の内に決定される。しかしこの援助計画が、合衆国の購買力と消費可能な生産物の水準に、かなりの程度影響を及ぼすほど大きいことは確かである。

3. *イギリスの国際収支の問題* イギリスとフランスのような国々は、救済物資に加えて、復興資金を供与された。イギリスへの貸付金は1946－1951年の期間において35億ドルになる予定である。この期間の後、この貸付金は毎年分割払いで利子をつけて返済してもらうことになっている。イギリスは、戦争によって都市と工場が爆撃を受けたこととは別に、巨額の外国への投下資本を失った。アメリカによる武器貸与と真珠湾(Pearl Harbor)以前に、イギリスは、アメリカ株とアメリカ債券のほぼすべての保有物を、売却しなければならなかった。イギリスが私達の古いIOUを戻すことと引き換えに、私達はイギリスに武器を送った。同じことはイギリスと、カナダ、オーストラリア、インドおよびその他の大英帝国の国々の間の関係においても発生した。イギリスは今これらの国々への債権国でなくなって、これらの国々に債務を負っている。イギリスは、返済への請求があってもこれらの国々に債務を返

済できないので、これらの国々はイギリスから債権を返済してもらう権利を“封鎖した”、つまり凍結した。これらの国々は、イギリスの商品を買うためにのみ、自国の債権残高を使うことができる。私達の貸付金とマーシャルプランによる援助は、イギリスが外国に返済の義務を負っているいわゆる“封鎖ポンド残高”(blocked sterling balances)の凍結を解除するのに当然役立てることができる。

　もっとはっきり言えば、私達の貸付金は、イギリスが外国からの利子および配当金の受取りによってこれまで支払ってきた輸入食料品への代金を、支払うことを可能にするであろう。この戦争はイギリスの債権国としての立場を根本的に転換させた（イギリスの純利子と配当金の受取りは大きく減少している）。イギリスは、もし生活水準と食料品の輸入を維持しようとするならば、貿易での商品の輸出量を、戦前の175パーセントの水準へと大きく拡大しなければならない。イギリスへの私達の貸付金は、イギリスに戦後の過渡期を乗り切らせ、さらに、イギリスが生産を拡大できるように技術を改善するのを可能にするに違いない。イギリスは、仕事を作りだすためにではなく、むしろ輸入するために、輸出を拡大しなければならないことに注目しよう。「私達は輸出しなければならない、さもなければ死んでしまう」ということは、実際イギリスにとっては、「私達は輸入しなければならない、さもなければ死んでしまう。私達は、もはや対外投資から多額の収入を得ることができないので、輸入するためには輸出しなければならない。」ということを意味する。当分の間、（合衆国を除いた）イギリスと世界の他のほぼすべての国々は、為替管理によってなお輸入を制限しなければならない。

　4. *外国への貸付と国際復興開発銀行*　合衆国は、世界の他の国々よりも、工業が発展している。南アメリカ、アジア、および世界のその他の地域は、恐らく、自国の工業発展のために、私達の資金を有益に使うことができるであろう。このような資金は、十分利子を支払いまた元金を返済するよりも、もっと多くの生産物を増やすと期待できる。

　しかし、民間のアメリカ国民は進んで貸し付けようとしていない。かなりの民間貸付は、1929年のある時期から行われなくなり、多分その後ずっと行われていない。だがアメリカ国民は、もしこのような資本取引が安全になるならば、喜んで貸し付ける貯蓄を保有している。それゆえ、もし私達が将来の大量失業を心配する必要がない体制を整備することができるならば、アメリカ国民は、このような外国への安全な貸付により得る将来の一層高い生活水準によって、利益を得るであろう。

　この資金貸付のため、（ソビエトロシアを除く）世界の主要国は、国際復興開発銀行とその姉妹機関である国際通貨基金を共同で創設した。名前が示すように、国際復興開発銀行は復興(reconstruction)と開発(development)のための信頼できる長期貸付金(long-term loans)を提供するために創設された。（私達がすぐ後で分かるように、国際通貨基金は短期融資(short-term credit)および外国為替相場の協調的安定に従事している。）

　国際復興開発銀行の役割を知ることは容易である。主要国は、自国の経済規模に応じて、90億ドルの初期の資金ストック(capital stock)に出資する条約に署名した。合衆国の出資割

当額は約 3 分の 1 の 30 億ドルである。国際復興開発銀行は、この資金を（プロジェクトが経済的に有益であるが、かなり低い利子率では民間の貸付金を獲得できない人々あるいは国々に）返済可能な国際的貸付を行うために運用できる。

それぞれの加盟国は、これまで、自国の全出資割当額の 20 パーセントのみ出資することを求められた、だが、残りの 80 パーセントを今後出資しなければならないかはまだ決定されていない。明かに、この 20 パーセントの出資額は国際的水準として必ずしも大きな金額でない。国際復興開発銀行の本当の強みは、この銀行が自行の資金によって行える貸付よりもかなり大きな貸付を行えることにある。国際復興開発銀行が、債券を市場で売り出し、この債券の売上金を、貸付を行うために使える事実はきわめて重要である。この債券は（出資割当額の 100 パセートントまで）すべての国々による融資(the credit)によって返済を保証されているので安全である。また、国際復興開発銀行は、0.5 ないし 1 パーセントのプレミアム(premium)をもらう代わりに、このプレミアムによって貸付金の未返済に対し*備え*ている。それゆえ、民間関係機関は、国際復興開発銀行の経済的信用(credits)が債券返済への裏付になっていることを知っているので、この債券に資金を提供できる。

最終目的が国際的復興と開発である長期融資(long-term credits)を拡大するこれらの三つの方法により、私達は、今後数年間、商品が合衆国から出ていくのを見ると予想できる。もし何事もなければ、これらの貸付金は全額返済されるであろう。たとえ貸付金の一部が返済不能になっても、その損害は国際復興開発銀行の利子収入あるいはプレミアム収入によって補填されるであろう。さらに、もしもっと多くの貸付金が返済不能になれば、この損害を（合衆国だけでなく）すべての加盟国が負担することになっている。貸付が行われている間、アメリカの人々は雇用を得ているであろう（そしてもし商品への支出がすでにあまりにも多額であるならば、アメリカのインフレ問題がいくらか強まるかもしれない）。アメリカは、貸付金が"利子を支払われる"か、あるいは元金を返済されるときには、有益な商品の輸入超過になっているであろう。

多くの国々が加盟している国際復興開発銀行に加えて、連邦政府は直属の輸出入銀行を設立している。この輸出入銀行も外国へ貸付を行っている。この輸出入銀行は、例えば、ブラジルに工作機械を売ろうとするアメリカの輸出業者を支援している。輸出入銀行による多くの貸付金は"紐付融資"(tied loans)である。つまり、私達の連邦議会は、輸出入銀行の外国への貸付金がすべて、*直接*合衆国の輸出品に使われなければならない、と強く要求している。私達は他の国々によるこの種の制限的措置を批判しているにもかかわらず、国際貿易による雇用への効果を考慮して、私達自身もこの制限的措置を行っている [5]。表 2 は合衆国の戦後の主な貸付を示している。

5) 紐付融資は、国際貿易の方向を歪めるだけでなく、多くの場合全く不必要である。たとえ私達の貸付金の一部がここアメリカにおいてではなく、外国で、例えばイギリスで使われるとしても、多分イギリス国民は手に入るドルによって、アメリカの輸出品をかなり購入するであろう。さらに、国際貿易は双務貿易であるよりもむしろ多角貿易である。

表2　1947 時点でのよく知られている合衆国の戦後の外国援助と外国への貸付

（億ドルで）

UNRRA と占領地域救済・・・・・・・・・・・・・・・・・・・・・・・・・・・・・・・・・・・・・40.00 億ドル
イギリスへの貸付・・・・・・・・・・・・・・・・・・・・・・・・・・・・・・・・・・・・・ 37.50
輸出入銀行による貸付・・ ・・・・・・・・・・・・・・・・・・・・・・・・・・・・・・23.00
余剰物資の貸与(Surplus-property credits)と戦後の武器貸与 （概算）・・・・・25.00
合衆国海事委員会(U.S. Maritime Commission)による船舶売却に関連
　　する融資・・2.00
民間貸付（ドル債券の発行による“新規融資”を含めて）・・・・・・・・・・・1.00
オランダへの連邦準備制度の融資・・・・・・・・・・・・・・・・・・・・・・・・・1.00
フィリピン援助計画(Philippine Aid Program)・・・・・・・・・・・・・・・・・・・・6.95
ギリシャ－トルコへの政治的貸付・・・・・・・・・・・・・・・・・・・・・・・・・4.00
　　合計（概算）・・・・・・・・・・・・・・・・・・・・・・・・・・・・・・・・・・・140.00
ヨーロッパ復興計画(マーシャルプランの概算費用、1948 年－1952 年)・120-190

　政府のこれらの貸付に加えて、私達は自分達の“ノウハウ”を外国に輸出することにも携わっている。私達の多くの巨大企業は外国で系列工場(branch factories)を設立している。しばしばアメリカ企業は、資金を外国で大部分調達し、技術の知識を提供している。一部の近視眼的人々は、外国の国々を助けることによって、外国が私達の国の工業の競争相手になるのを恐れている。これらの近視眼的人々は、国際貿易が私達と発展途上国の間で最も大きいのではなく、先進工業国間で最も大きいという統計上の事実を見落としているのである。

　5.　安定的為替相場と国際通貨基金　為替相場が日々変化するとき、国際貿易のリスクはあまりにも大きくなり、貿易量は大幅に減少する。世界の分業は縮小し、生産性は低下する。さらに、すべての国々が為替切下競争に参加しようとするとき、あらゆる状況は一層悪くなり、世界の貿易は機能しなくなって終わる。

　金本位制は、機能している間、為替相場を一定に維持した。しかし（本章の付録で示すように）金本位制は、それぞれの国を自国の経済的運命を決定できる主人にではなく、自国の経済的運命が他の国々によって決定される奴隷にしたのである。私達は、金本位制という制度に留まるかぎり、世界の他の国々がインフレ政策を実行すると主張するときにはいつでも、インフレにならざるを得ず、逆に世界の他の国々が不況に陥るときには、デフレにならざるを得なかった。もちろん、金本位制にはいくつかの長所があった、しかし悲しいことに、金本位制は不運であった。金本位制は第 1 次世界大戦のために停止となり、その後金本位制を採用したすべての国々は、一体となりこの金本位制を再び機能させることができなかった。また多くの国々は、たとえ金本位制を機能させることができるとしても、機能させることを望まなかった。

　国際通貨基金は、国際復興開発銀行とともに、1944 年にニューハンプシャー州、ブレトンウッズ(Bretton Woods)で開催された数回の国際会議によって誕生した。国際通貨基金は、金本位制の短所をなくし、金本位制の長所を得ることを期待されている。つまり、国際通貨

基金は、為替相場を比較的安定にすること、しかしこの安定化には国際協力が以前の自動メカニズムにとって代わること、さらに、国々が自国をデフレにして失業を生じさせるような調整を行う必要がないこと、を期待されている。

　1947年の初めに、国際通貨基金は大部分の加盟国の戦後最初の為替相場を決定した。（国際通貨基金は、例えば、1ドルが金0.889グラムに等しくなるように、また1イギリスポンドが金3.581グラムに等しくなるように決定した、この結果1ポンド4.03ドルというドル－ポンドの為替相場も決定した。）しかし、国際通貨基金は金という王を専制君主でなく、立憲君主として弱く位置づけた。

　混乱の戦後期においては、国際取引が完全に均衡するととうてい期待できない。全く明らかであるが、（長期の対外貸付と援助計画を考慮に入れた後でさえ）合衆国のようないくつかの国々は、今後しばらくの間外国から買うよりも多く外国に売るであろう。その他の国々は、逆の貿易での輸入超過と借入れに今後直面するであろう。このようなとき、どのようにすると安定的為替相場(stable exchange rates)を維持できるのであろうか。

　国際通貨基金が役割を果たすのはこの問題の解決に対してである。国際通貨基金は債務国に短期融資を行う。国際通貨基金は、一国が毎年毎年負債を出し続けないようにし、さらに負債を大きくしないようにするルールと措置を決定しようと努めている。一国がかなりの期間負債を出し続けた後、国際通貨基金はその国に一定の金融的ペナルティーを課す。もっと重要なことであるが、国際通貨基金の数人の理事(directors)は、不均衡を改善するために、債務国と協議しその後勧告(recommendations)を行う。しかし、これらの理事は、この債務国に、輸入が最終的に外貨収入の限度内に低下するような、国民所得が低い水準になるように、自主的に不況を作り出さなければならないと勧告しない。そうでなく、この国は最初自国の責任で為替相場を10パーセント切り下げることを許される。この通貨切下は、輸出を拡大しそして輸入を縮小させることによって、国際貿易においてこの債務国の均衡を回復させるであろう。

　もしこの通貨切下が債務国の通貨のいわゆる"過大評価"(overvaluation)を修正するためにまだ十分でないならば、国際通貨基金当局は、適切な協議の後、債務国の為替相場のさらに一層の切下げを承認できる。しかし次のことに注意しよう。つまり、あらゆる為替相場の変更は、秩序を保つ方法で行われる。大部分の期間、私達は国際的安定を実現する。しかし必要なときには（大きな国際的破綻あるいは崩壊を待つよりもはるかに良いので）為替相場の変動の条項(provision for flexibility)もある。

　国際通貨基金がどのようにして短期融資(short-term credits)を拡大できるかを、簡単に、また細かな点に詳しく立ち入らずに述べてみよう。まず、すべての加盟国は、国民所得と国際貿易の大きさに比例して、定められている加入のための一定の出資割当額を支払わなければならない。合衆国の出資割当額は、全体の約3分の1であり、27.5億ドルに等しい。それぞれの国は、出資割当額の内の少なくとも75パーセントを、自国通貨で支払うことができる。残りを金で支払わなければならない、しかしこの金による支払いは、一国の金およびア

メリカドルの公表している保有額の 10 パーセントを越える必要はない。

　普通、一国は、輸出品あるいは長期の借入れによって輸入品の代金を支払おうとする。しかしある一国（例えばイギリス）は、輸出品と長期の借入れが必ずしも十分に大きな金額でなく、国際通貨基金から短期融資を必要としていると仮定しよう。国際通貨基金は、このような債務国にどのようにして、例えば、ドルを手に入れるのを可能にするのか。国際通貨基金は、このことを "購入権"(purchasing rights)を与えることによって行う。国際通貨基金は、イギリスが自国の通貨によって、国際通貨基金自体が保有するドルの一部を買うのを許すだけである。国際通貨基金は、ポンドを貯めこまないようにするために、またドルを失わないようにするために、どの 12 ヶ月の期間においても、イギリスに最初の出資割当額(original quota)の 4 分の 1 よりも大きな金額のドルを買うことを認めていない。国際通貨基金もイギリスポンドによる最初の出資割当額の 2 倍以上のイギリスポンドを決して保有しない。

　イギリスは、国際収支が改善した後、金によって（あるいはドルによって）国際通貨基金に売ったポンドを買い戻すことを要求される。国際通貨基金は、特に債務国が不均衡になり続けないように、債務国に調整行動をさせるならば、ドルあるいはその他のどのような通貨も決して使い果たさないであろう。

　国際通貨基金の調整方法について、ここではこれ以上述べる必要はない。国際通貨基金は、安定的（しかし調整可能な）為替相場を定めるのに寄与しており、この目的のために短期融資を行い、また協力(cooperation)、調整(coordination)および協議(consultation)によって国際的均衡に向けて活動し、さらに貿易制限を阻止しようとしている、と力説すれば十分である。

　**6.　*一層自由な多角貿易*　**(1)アメリカ国内の完全雇用、(2)ヨーロッパ復興計画、(3)イギリスの国際収支、(4)外国への貸付と国際復興開発銀行、および(5)国際通貨基金による安定的為替相場、という戦後の問題をすでに論じた。これらの問題にうまく対応できる場合には、（またこれらの問題にうまく対応できた後にのみ）私達は一層自由な国際貿易という最終目標へと進むことができる。これらの五つの問題にうまく対応できるときにのみ、互恵通商協定(reciprocal trade agreements)に関するルーズベルト－ハルプログラム(the Roosevelt-Hull program)は、(1)関税、(2)輸入割当、(3)為替管理、(4)独占的国際 "カルテル" (monopolistic international cartels)、(5)いくつかの政府による制限的国際商品協定(restrictive international commodity agreements)およびその他の形態の保護主義を、うまく減らすことができる。これら五つの問題にうまく対応できるときにのみ、新たに創設した ITO（国際貿易機構(International Trade Organization)）と国連経済社会理事会(the Economic and Social Council of the United Nations)は、互いの国に利益になる多角貿易のために、双務貿易主義と戦って勝利を得ることができる。第 2 次世界大戦はあまりにも大規模でありまた被害も大きかったので、私達は、一層自由な国際貿易、保護主義を減らすこと、多角貿易の実現という目標に向けて辛抱強くゆっくりと進まなければならない。

要約

A. 国際貿易と資本移動

1. 国際収支（受取項目と支払項目）を、貿易外収支、金移動および資本移動を含めて理解するべきである。

2. また、学生は、一国が若い債務国の段階から成熟した債権国の状態に進むにつれて、貿易収支と経常収支が辿る段階を知るべきである。

3. 国際金融の問題は、国々の工業の発展と失業の問題の両方への影響を考慮に入れて、資本移動の実物的側面と貨幣的側面を、理解することはきわめて重要ではない。

B. 戦後の国際貿易と完全雇用

4. 関税による保護および為替相場の切下競争のような近隣窮乏化政策は、国内の雇用と消費への好ましい乗数効果を得ようとする試みである。私達の利己主義の見解に立てば、近隣窮乏化政策は、成功するときには、何もしないよりも良いかもしれない（しかしこの政策は、有益な生産物とともに、雇用への好ましい第2次的効果を生み出す賢明な不況克服の政策よりも常に劣る）。このこと以上に、近隣窮乏化の保護貿易主義者の政策は一般に成功できない。この政策は、ほとんど疑いなく報復をもたらし、国際金融の崩壊をもたらす"自国窮乏化(beggar-myself)"政策になる。

5. 国際金融のすべての分析は、本章で述べた戦後の国際金融の六つのきわめて重要な問題の解決にうまく適用できないならば、役にたたない。

議論のための質問

1. 国際収支の受取額に属する項目と支払額に属する項目のそれぞれの表を作成しなさい。作成した表の項目を経常収支、金移動および資本移動の三つの部分に分けなさい。

2. 貿易収支の黒字は何を意味しますか。貿易収支は経常収支とどのように異なりますか。なぜ"貿易外収支の項目"という用語が使われるのですか。短期資本移動と長期資本移動の間の違いは何ですか。

3. (*a*)若い債務国、(*b*)成熟した債務国、(*c*)新たな債権国、(*d*)成熟した債権国に対する想定による国際収支表を作成しなさい。

4. アメリカは東インドから商品を買う。イギリスはアメリカから商品を買う。東インドはイギリスから商品を買う。これら三つの国々の中での、それぞれ二国間の国際収支はどのようですか。これらそれぞれ一国と世界の他のすべての国々との間の国際収支はどのよう

ですか。（ヒント：受取額、支払額および受取超あるいは支払超について、ただ一つの欄を作らずに、貿易するそれぞれの国に対し新たな欄を作りなさい。）

5. あるカナダの鉄道会社が、イギリスで債券を発行し、その発行収入を鉄道線路を敷き、機関車を購入するために使う。イギリスの国際収支はこの資本移動によってどのように影響を受けますか。後にこの債券は利子を付けて償還される。後にカナダとイギリスの国際収支はどのように影響を受けますか。

6. 「外国への貸付は戦争を勃発させる。外国への贈与は戦争の勃発を遅らせる。自由な外国貿易は戦争を阻止する。」意見を述べなさい。

7. スチュアート・チェイス(Stuart Chase)の次の"広く知られている公式"について、意見を述べなさい。

> 「一国とし、私達が生産するもの
>
> ＋ 私達が輸入するもの
>
> － 私達が輸出するもの
>
> は、私達の生活水準の高さである。」

8. 1920年代の国際金融に関するスチュアート・チェイスの次の記述について、意見を述べなさい。

> 「アメリカの投資家は外国にドルを貸した。
>
> 外国人はアメリカの輸出品への代金を支払うために
>
> このドルを使った。
>
> この輸出品はアメリカの生産と雇用を活気づけた。」

しかし、

> 「外国人は商品を得た、他方
>
> アメリカの投資家は大損をした。」

9. 「1935年には、何もしないよりも使用価値のない金と交換に商品を輸出する方が良かった。」批判の眼でもって論じよ。あなたの答は1942年あるいは1948年では1935年と異なりますか。

10. 乗数分析を国際貿易にどのように適用できますか。

11. 近隣窮乏化政策を定義し、特徴を述べ、そして批判しなさい。

12. 国際復興開発銀行と国際通貨基金の特徴を述べそして比較しなさい。

13. あなたは、戦後の私達の最も重要な経済問題であると考えていることについて、いくつか挙げなさい。もしあなたがアメリカの連邦議員であるならば、これらの問題をどのようにして解決しようと思いますか。

第 16 章への付録

国際金融のいくつかの制度

詳しく述べずに、私達は(1)*自由変動*為替相場(free flexible exchange rates)の下で、また(2)*金本位制*あるいは安定的為替相場を実現する何か他の制度の下で、為替相場、物価および貿易がどのように決定されるかを簡単に説明できる。

自由変動為替相場

1919 年から 1925 年まで、ポンドの相場は日々変動し、ほぼ 1 ポンド 5 ドルから 1 ポンド 3 ドルに下落した。このような為替相場は、外国為替 (foreign exchange)に対する競争的需要と供給の相互作用によって決定されている。アメリカの人々が輸入するかあるいは旅行することを望むとき、アメリカの人々のポンドへの需要は、ポンドの為替相場を（例えば 1 ポンド 4 ドルから 1 ポンド 4.10 ドルに）押し上げることになる。私達が外国に資金を貸し付けようとするような、どのような他のアメリカの支払項目も、同じ効果がある。

他方において、イギリスへの私達の輸出のようなどのような受取項目も、外国人が、このときドルを必要とするので、ポンドの供給を増加させる。このことはポンドの外国為替相場を下落させることになる。外国為替仲介業者と銀行家は、変動為替相場に影響を及ぼす外国為替の需要と供給の動きに注目するために、耳を電話にぴったりとつける。

私達は、次の一つの重要な動きに注目することを除いて、厳密なメカニズムについて詳しく述べる必要がない。つまり、外国為替の相場が上がるときに、ふつう自動調整が働き、相場が無限に上がらないようにさせる強い力がある。同様に、為替相場の低下に限界を定める自動調整力もある。

例えば、もし私達の輸入があまりにも多額になるならば、市場はポンドの相場を引き上げる。だが 1 ポンド 4 ドルから 1 ポンド 5 ドルになると、アメリカの人々はイギリス製の皿と布の価格が大きく上がっていると分かる。私達の輸入は抑制され、このことは、状況を反転させるか、少なくともポンドの為替相場が一層上がらないようにさせる。このこと以外に次のことも発生する。今 1 人のイギリスの人は、自分のポンドと引き換えに、一層多くのドルを手に入れることができる。この結果、たとえアメリカの会社経営者が自社の製品のドルでの定価を変えなくても、ドルの為替相場が低下するやいなや、イギリスの人々は一層多くの私達の輸出品を買おうとする。このことは、輸出と輸入の均衡を回復させ、為替相場変動の大きさに限度を定めるように機能するさらにもう一つの要因である。

ドルの為替相場の低下がアメリカの輸出超過を生み出し、逆に輸入超過を抑えようとしたのとちょうど同じ様に、ドルの為替相場の上昇が、アメリカの輸入を促し逆にアメリカの輸出を抑制しようとすること、このためこのドルの為替相場の上昇が自動的に反転するか、

少なくとも自動的な上昇に限度を定めることを、読者は説明するべきである。（ヒント：ポンドを 1 ポンド 3.50 ドルに低下させてみよう。なぜポンドの為替相場はもっと低下しないのであろうか）

需要と供給の決定要因

今まで述べてきたように、需要と供給が変動為替相場を決定すると言うことは全く正しい。もし需要と供給による決定の背後の事情を詳しく調べ、何が需要と供給に為替相場を決定させているかを知ろうとするならば、為替相場の水準を決定するのは、少なくとも次の四つの基本的要因であるのを見つける。

1. 私達の財とサービスへの外国人の求めと比較した外国の財とサービスへの*私達の求めの強さ*である。つまり、外国の財とサービスへの私達の求めが大きければ大きいほど、外国為替の相場は高くなる。ドルは為替相場が下落する。ポンドは為替相場が上昇するのである。

2. *私達の国民所得が増加すればするほど*、輸入品への私達の需要は大きくなる。このことはドルの為替相場を引き下げる。他方、外国の国民所得が大きくなるとドルの為替相場を引き上げる、同じことであるが、アメリカの人々に外国為替の相場を引き下げる。国民所得が増加するにつれて、一国の消費への欲求は増加するのとほとんど同じ様に、一国の"輸入"も増加するので、国民所得の増加と為替相場の変動のこのような関係が発生する。

3. 外国製品と比較して、私達の製品の*価格*と*費用*が高ければ高いほど、私達の輸出品と比較して私達の輸入品は多くなる。それゆえ、アメリカ製品の高い価格と外国製品の低い価格は、普通外国為替の高い相場になる。この価格差という第 3 の要因は、第 1 次世界大戦後、すべての要因の中で最も重要であると考えられ、為替相場決定の"購買力平価"説(the purchasing power parity theory)と呼ばれた。この学説に従えば、二国間の為替相場の相対的変化は、（他の事情を一定とすれば）外国の物価と比較した私達の国の物価の相対的変化に比例する。つまり、次のようになる。

$$外国為替相場 = \frac{アメリカの物価}{外国の物価}$$

二つの国の内の一国で、大部分の価格がほとんど同じ比率で上昇する傾向にあるすさまじいインフレーションに直面しているときには、この学説は最も重要である。今、物を買うのに 100 倍の外国貨幣を必要とすることを除いて、その他のすべてのことがまったく同じであるならば、私達はこの国の外国為替相場（外国通貨 1 単位の相場）がおそらく以前の相場の約 100 分の 1 の水準であると予想するに違いない[6]。

4. 最後に、アメリカの人々が外国に貸付を一層行おうとすればするほど、また私達が過

---

6) ドイツマルク、ギリシャドラクマ(the Greek drachma)、イタリアリラ、フランスフラン、中国ドル(the Chinese dollar)、およびその他の外国為替の相場のインフレ期間での下落は、すべてよい例である。

去の負債への返済あるいは戦争の賠償金の支払いを一層たくさん行わなければならないほ
ど、さらに外国人がドルをあまり保有しようとしないほど、外国為替相場は高くなる。私達
の国の投資家が、外国の IOU、債券、株式、外国での銀行預金、あるいは外国通貨を保有す
ることを強く望むとき、外国為替相場を引き上げる。読者は、合衆国への代金の支払が外国
為替相場を引き下げることになる逆のケースの例を、挙げることができるに違いない。

　資本移動というこの最後の要因は、外国為替への*投機*と密接に結びついている。もし商品
の輸出あるいは経常収支の項目のみが関係しているならば、外国為替相場は動きがにぶく、
またほとんど変動しないかもしれない。不幸なことに、ポンドの相場が 4 ドルから 3.96 ドル
に低下するとき、多くの人々はこのポンドの相場がさらに下落するかもしれないと不安
になり始める。それゆえ、多くの人々はポンドを手放し、ドルを手に入れようとする。この
ポンドの売りの増加とドルの買いの増加は、不安定な短期の投機的資本移動になり、ポンド
の相場を一層下落させる。それゆえ、為替相場のわずかな変動は、戦争、政治、さらに為替
相場の変動についてのあらゆる噂により、ある一国から別の一国へと駆け巡る"投機的短期
資金"(hot money)によって、しばしば増幅されて拡大する。このような"資本逃避"が大規
模に一つの方向に始まると、為替相場は、混乱した状態になり、きわめて大規模に変動する
かもしれない。

変動為替相場の短所

　変動為替相場について、言うべきことが多くある。それぞれの国は、為替相場を変動する
ままにして、自国の国内政策を為替相場維持の制約なしに実行できる。しかし、重大な短所
もある。毎月毎月為替相場が大きく変動するので、国際貿易と国際的貸付の額は大きく減少
するかもしれない。商品の生産者は、外国為替相場で絶えずお金を賭けなければならないよ
りも、国内で売ったり買ったりすることを当然望むであろう[7]。

　変動為替相場のさらに別の短所は、為替相場が変動するごとに輸出市場と輸入市場で混
乱する状況が発生することである。突然ドル相場が下落するとき、アメリカの輸出関係者は
利益を得るが輸入関係者は損害を受ける。ドル相場が上昇するとき、逆のことが発生する。
為替相場の変動は、失業、予想していない利潤と損失、および全面的な不安定の要因になる。

安定的為替相場(stable exchange rates)

　上述の理由のために、普通多くの国々は為替相場をいくらか安定さそうとする。このこと
を行う最も簡単な方法は、法律あるいは命令(edict)を議会で通過させるのでなく、むしろ外
国為替相場を安定できるほど十分、外国為替への需要あるいは供給を大きく増やしたり減
らしらしたりすることによって、外国為替市場に介入することである。普通政府はこの安定

---

7)　投機についての第 25 章において、"先物市場"(futures market)で"現物と先物を掛けつない"でリ
　　スクを減らすことができる可能性を論じる。不幸にも、外国為替市場は、先物市場でうまくリスクを
　　減らすことができるほど、必ずしも十分に組織化されていない。

化をいわゆる"為替安定基金(exchange stabilization funds)"によって行う。1 人の金持の変わり者の民間人が、例えば、ベルギーフラン(Belgian francs)のドルに対する相場を安定させようとしても不思議でない。この民間人も、あるいはどの国の政府基金も、巨額のドルとベルギーフランを保有して（あるいは、売ることによってどちらの通貨とも交換できる金あるいは小麦のような商品を保有して）外国為替市場への介入を開始しなければならない。このとき、ベルギーフランの相場を安定させるためには、この民間人は、ベルギーフランの相場が下がる傾向にあるときはいつでもドルを売ってベルギーフランを買うように、逆にベルギーフランの相場が上がる傾向にあるときにはいつでも、ベルギーフランを売ってドルを買うように、仲買人にただ命ずるだけである。この民間人は、ベルギーフランかあるいはドルのどちらかがなくならない限り、さらに、所与のドルとの相場で、ベルギーフランをいつでも売ったり買ったりする準備をしている限り、ベルギーフランとドルの為替相場はこの所与の水準で完全に安定するであろう。

　もちろん、大富豪でさえ、きわめて長い間為替相場を安定できるほど、必ずしも大金持ちでないかもしれない。政府あるいは国際通貨基金は、もっと強く為替相場を安定できる。しかし、（もし最も強力な政府が、*"固定"為替相場(the pegged rate)*において、*外国為替に対する民間の需要と供給がほぼ均衡する*ように、物価、費用、およびその他の条件に影響を及ぼすことができないならば）最も強力な政府でさえ、外国為替相場の変動に立ち向かっても、どのような水準の為替相場も一定に維持できないであろう。政府は、もしこのように物価、費用等に影響を及ぼすことができないならば、保有する外国通貨をすべて、いつかはなくすであろう。（このとき使うべき手段はなくなる。為替相場をもはや一定に維持できない。）

　歴史を見ると、いわゆる"準自動的金本位制"(quasi-automatic gold standard)は、外国為替市場への介入による安定的為替相場よりも為替相場の安定と、この安定によって国際貿易を促進するずっと重要な方法であった。この準自動的金本位制について述べてみよう。

金本位制の機能

　金本位制を開始するためには、ある一国は他のどの国とも協議する必要はない。この国の財務省は次の二つの簡単なことだけを行わなければならない。つまり、(1)この国の財務省に持ち込まれるすべての金を、所与の価格で（例えばアメリカ財務省については 1 オンス 35 ドルで、あるいはイギリス大蔵省については 1 オンス 8.75 ポンドで）買うことに同意すること、そして(2)同じ価格で買いに来るすべての者に金を快く売ることである。この結果、金で測ったドルの価格は、"法定平価"(mint parity)と呼ばれる一つの水準に完全に固定される。

　一国に関する限り、このことは金本位制についてのすべてである。しかし外国為替相場はどこで現れるのか。第 2 の国（例えば合衆国に加えてイギリス）が金本位制を取りいれるとすぐに、*金で測ったポンドの価格*も安定する。

　もちろん、金という同じ物に等しいいくつかの物も互いに等しいに違いない。もし 1 ドル

が金 1/35 オンスであり、また 1 ポンドが金 4/35 (1÷8.75) オンスであるならば、ドルで測った 1 ポンドの相場は 4(4/35÷1/35)ドルでなければならない。このことは単なる算術の問題だけでなく、厳しい現実の商取引での判断の問題でもある。私は、もしイギリスから輸入するためにポンドを買うことを望むならば、1 ポンドに 4 ドルを超えて決して支払わない。なぜか。私は手のきれるような 4 枚のアメリカの 1 ドル紙幣を手にいれると、その後合衆国財務省から 4/35 オンスの金を得ることができる。私はこの金をロンドンに輸送すると、ロンドンではイギリス大蔵省は私に手のきれるような 1 枚の 1 ポンド紙幣を与えるからである。読者は 1 人のイギリスの人が 4 ドル未満で決して 1 ポンド紙幣を手渡そうとしない理由も明らにできるに違いない。

このように、それぞれの国々の通貨は金と結びついているので、それぞれの国々の通貨も互いに固定の為替相場で結びついている。しかし、あまり重要でない次の一つの条件、つまり、ニューヨークとロンドンの間での金の輸送と関係するほぼ 2 セントの輸送、保険および利子の費用が必要であるという一つの条件を付けてである。それゆえ、アメリカの人々にとって金を輸出することが利益になる前に、需要と供給がポンドの相場を 1 ポンド 4.02 ドルまで引き上げなければならない。この 1 ポンド 4.02 ドルの為替相場は、アメリカの金輸出点(the American gold-export point) (あるいはイギリスの金輸入点(the British gold-import point)と呼ばれる。一つの練習問題として、読者は、イギリスの金輸出点がほぼ 1 ポンド 3.98 ドルであること、また、為替相場が二つの金輸出点によって定められる範囲内の 4 ドルの法定平価の点の近くで自由に変動することを示しなさい。

均衡が実現する正貨流出入機構(specie-flow mechanism)

ここまでは、金本位制度は完全に機能に関するものであった。しかし、いくつかの国々の内の一国の為替相場が金輸出点に動き、この国から一方的に金が流出し、最終的にこの国が金準備を使い果たし、金本位制から離脱するとは限らない。この離脱の前に、一体何が、この国の為替相場が金輸出点へといつまでも動くのを止め、為替相場を金輸出が行われない水準に戻すのかの問題を、17 世紀と 18 世紀の "重商主義の" 経済学者達(the mercantilist writers)と同じ様に、思慮深い読者は解明しようとするであろう。この答を、スコットランドの哲学者であるデイビッド・ヒューム(David Hume)が、ちょうど 2 世紀前に、最初に発見した。デイビッド・ヒュームは、自動調整 "物価・正貨流出入機構"(an automatic self-correcting specie-flow-price mechanism)が機能すると主張した。彼によれば、アメリカの人々は、たとえ輸出しているよりももっと多く輸入しており、このため金あるいは正貨を失っているとしても、次の過程により心配する必要がないのである。つまり、(1)イギリスに流入する金はイギリスの貨幣量を比例して拡大させる。(2)イギリスの貨幣量の拡大は (貨幣と物価についての貨幣数量説によって) イギリスの物価を貨幣量に比例して上昇させ、イギリスをインフレにする。また、(3)アメリカからの金の流出は私達の貨幣供給量を比例して縮小させる。(4)この場合でも、貨幣数量説によって、この貨幣量の縮小はアメリカの物価を比例して下

落させ、アメリカをデフレにするのである。

　これら四つの段階の結果、イギリスとアメリカにおいてアメリカの金の流出調整への次の二つの動きが発生する。(5)私達の物価と比較してイギリスの物価が高いので、イギリスの人々は一層多くの私達の輸出品を買い始める。(6)同様に、私達の物価が低いので、今、イギリスからの輸入品を以前ほど買わないことが私達の利益になる。それゆえ、状況は最終的に自動的に調整される。金のこの移動によって起こる相対的物価水準の変化は、貿易の不均衡を回復させ、さらに、金の一方向への移動が大いに進む前にこの移動を止めるであろう。それゆえ、ヒュームが言ったように、心配する必要は何もないのである。

　今日において、このようなヒュームが主張する過程が実現すると、私達は必ずしも思っていない。金本位制という人間の感情を持たない神が、インフレーションあるいはデフレーションを命令しているだけにすぎず、イギリスはインフレーションに直面することを望まないかもしれないし、アメリカもデフレーションに直面したくないかもしれない。

　さらに、ヒュームの時代の後、金融と財政の運営はもっと複雑になっている。もはや金貨は私達の貨幣供給量の大きな部分を占めていないので、上述の調整過程は自動的に実現しない。この自動調整過程の代わりに、財務省と中央銀行は次のような「金本位制のゲームのルール(the rules of the gold-standard game)に従っている」ように思われる。つまり、金が流出するとき、この流出は私達にとってデフレへとブレーキをかけるシグナルになっている。例えば、私達は(1)歳出よりももっと多くなるように、租税の徴収を増やさなければならず、(2)"再割引率"およびその他の利子率を引き上げることによって、民間投資を抑えなければならず、(3)連邦準備による公開市場での有価証券の売操作、あるいは法定準備率の引上げによって、民間銀行の準備金が不足する状態にしなければならず、(4)賃金と物価が低下するように圧力をかけなければならない。要するに、私達は意図的に不況とデフレーションを生み出さなければならない。

　読者は、この金本位制のゲームのルールが金を受け取っている国に課すいくつかのインフレへの政策を列挙できるに違いない。さらに、読者は、第1次世界大戦後の数年間、国々が一体どうして金本位制のゲームのルールに従うことを拒絶したかも理解できるであろう。これらの国々は、インフレーションあるいはデフレーションを避けるために、このゲームのルールに従うことを拒絶したのである。しかし、このことによりも一層重要な結果として、金の国外への一方的流出が調整されず、最終的に金本位制は崩壊したのである。

　しかし、金本位制の崩壊は、国々がこのゲームのルールを意図的に無視したことによるだけでなく、金本位制が、さほど重要でない問題しか発生しないときにのみ、最もうまく機能する"順調な時だけの制度"にすぎないという事実にもよる。資本移動が不安定であった両大戦間の、動揺の大きな混乱した期間においては、発生する問題は少しも小さくはなかった。最後に、経済的機能の観点から、物価・正貨流出入機構の効率について、ヒュームが楽観的であったほど、私達はもはや楽観的ではない。貨幣数量説の弱点を以前の数章ですでに指摘した。また、価格と費用が資本主義国ではしばしば硬直的であるのを見てきた。さらに悪い

ことに、もし国際的商品への需要が弾力的ではなく非弾力的であるならば、ヒュームが言うような物価変動は状況を改善するよりもむしろ悪化させる可能性がある。このような非弾力的ケースでは、アメリカの輸出品の価格が低下することは、私達の輸出品の売上量をあまり拡大させない。それゆえ、イギリスの人々は実際にドルを得るためにポンドを一層多く差し出するのではなく、一層少なくしか差し出そうとしない。同様に、もしイギリス製品に対するアメリカの人々の需要が、きわめて強く、非弾力的であるならば、イギリスの物価が上昇することは、私達にポンドを一層少なくではなく、一層多く求めさせるかもしれない。それゆえ、ドルの為替相場低下への価格の反応は、均衡へ収束する反応ではなく、均衡から乖離する反応になるかもしれない。つまりドルは一層の為替相場の低下にならなければならないであろう。

所得効果と"外国貿易乗数"

上述のすべての理由のために、ヒュームの物価・正貨流出入原理によってでは考えられていなかった次の重要な均衡化過程がもし存在しなかったならば、金本位制はずっと以前に崩壊しそして放棄されていたことであろう。つまり、近年では、経済学者達は、*二つの国での所得変動が均衡を回復させるのに役だっている*と強調している。もし私達の輸出が増加するならば、少しも物価が変動しなくても、私達は今一層高い国民所得を得る。この一層高い所得の一部を、私達は一層多くの輸入品を買うために使うことを望むであろう。それゆえ、物価の変化がどのようであろうとも、輸出の増加は、ある程度、所得の増加を通じて直接輸入を増加させる。（だが、私達は所得の増加の乗数効果全体を詳細に分析するとき、輸入の誘発される増加は、輸出の元の増加に等しいのではなく、輸出の元の増加の*一部*に過ぎないことが分かる。均衡を回復させるためには、やはり物価あるいは為替相場の変動もいくらか必要である。）

そこで外国貿易の乗数分析に目を向けよう。新たな国内投資が最初の雇用と所得を創出すること、さらにこの新たな所得による支出と再支出が第 2 次的乗数効果の連鎖を生じさせるのを見てきた。新たな輸出によっても正確に同じ乗数効果を得る。新たな輸出は所得を直接生じさせ、しかもさらに一層の支出と再支出の連鎖を生み出す。

例えば、ニューイングランドの数社の工作機械製造会社への 10 億ドルの新たな輸出の注文は、最初の雇用と 10 億ドルの最初の所得を生み出すであろう。その後、労働者と会社所有者は、自分達の新たな所得の多分 3 分の 2 を、インディアナとカリフォルニアで作られた消費財に再支出するかもしれない。次に、この追加的所得の 3 分の 2 も再支出され、以下同様である。総額が合計すると$(1+2/3+(2/3)^2+\cdots)\times 10$ 億ドル $= 1/(1 - 2/3)\times 10$ 億ドルに、つまり 10 億ドルの最初の支出に加えて 20 億ドルの第 2 次的消費支出になるときにのみ、この支出の過程は止まる。

国際貿易は、輸出の乗数効果を生じさせる以外に、次の重要な第 2 の効果も生じさせる。つまり、アメリカの一層高くなる国民所得は、あらゆるドルの増加の内の例えば 12 分の 1

だけ、私達の輸入を増加させるかもしれない。この輸入の増加によって、誘発される国内購買力の私達の連鎖は、工作機械の輸出の例においてよりも、速く先細りになることを意味する。それぞれの段階で、これらの輸入は、限界貯蓄性向とちょうど同じ様に、"漏れ" として作用する[8]。

それゆえ、輸出産業での最初の 10 億ドルの所得の内、8/12 でなく多分 7/12(=2/3 - 1/12)のみが（インディアナ、カリフォルニア、等々で作られた）アメリカの消費財に再支出されるであろう。さらにそれぞれの段階でこのように進むであろう。今乗数全体は合計で次のようになるにすぎない。

$$1+7/12+(7/12)^2+\cdots$$

つまり 3 ではなく、$1 \div (1 - 7/12) = 1 \div 5/12 = 2.4$ になるにすぎない。このことは、生み出される 24 億ドルの私達の所得の増加の内、1/12 が、つまり、このケースにおいては 2 億ドが、追加的輸入品を得るために外国に出て行くからである。

購買力の外国へのこの漏出をただ不愉快であるとみなすのは誤りである。失業を軽視し、問題を国際経済の安定の立場に立って見るならば、私達は 10 億ドルの新たな輸出が 2 億ドルだけしか輸入を誘発しないことを、むしろ残念に思わなければならない。

もし乗数の公式から判断すると、次のことが一般的原則であると分かる。

> *すべての段階で、所得のいくらかの部分が国内貯蓄に漏れる限り、新たな 1 ドルの輸出は、新たなまるまる 1 ドルの輸入を生じさせるほども、所得を決して多く増加させることができないであろう*[9]。

近年の多くの経済学者は、1 ドルの輸出から生じる輸入は 1 ドルより少ない事実を見落としており、円滑な国際調整実現への所得効果の重要性を誇張している。しかし輸出による乗数的所得効果は、なぜ国々が近隣窮乏化政策を実行しようとするかを説明するのに役立つ。

---

8) もし読者が外国貿易乗数(the foreign trade multiplier)の分析を、小さな市あるいはいなかの地域に適用するならば、ほとんどすべての所得の増加が他の地域に漏出するので、これらの地域の労働者への第 2 次的乗数効果がほとんど取るにたらないほど小さいのを、読者は見つけるであろう。

9) それぞれの 1 ドルの所得の増加が常に次の三つの部分に分かれると仮定しよう。つまり、c アメリカの人々の消費財に、b アメリカの人々の外国からの商品の輸入に、a 残りがアメリカの人々の貯蓄に分かれると仮定しよう。ここで輸出が 1 単位増加すると仮定してみよう。乗数は私達の所得が $1/(1-c) = 1/(b+a)$ 増加するであろうと示している。この追加的所得に b 部分を掛けることによって、$b/(b + a)$ の誘発される輸入を得る、だが限界貯蓄性向 a が正である限り、この $b/(b + a)$ は私達の元の 1 単位の新たな輸出よりも確かに小さい。

第 17 章　景気循環

　私達は、今まで国民所得の水準を決定するように作用する経済的諸力を（貯蓄と投資のバランスを）、さらに、貨幣、銀行および国際金融がこのバランスにどのように影響を及ぼすかも、これまで検討してきた。次に本章では、国民所得の水準が、どのように、またなぜ、変動するのかについての問題を取り上げなければならない。国民所得を比較的安定にまた雇用を比較的高く維持するためには、私達は何を行うことができるのかの問題を、財政政策についての第 18 章に残すことにする。

好況と不況

　景気の状況は決して同じままではない。好況の後に恐慌(a panic)あるいは大恐慌(a crash)がやってくる。国民所得、雇用および生産は下落する。価格と利潤は下がり、人々は失業に追いやられる。やがて景気は底に到達し、その後、回復(revival)が始まる。景気回復はゆっくりしているかもしれないし、速いかもしれない。景気回復は不十分かもしれないし、新たな活況に導くほど力強いかもしれない。新たな好況は、活発な需要、たくさんの仕事、物価の上昇、および生活水準の上昇という長くて、持続的な高止まりの状態になるかもしれない。あるいはこの新たな好況は、物価の急速な上昇と投機の加熱になり、その後次の破滅的沈滞になるかもしれない。

　複雑で、相互依存の*貨幣経済*が、比較的自給自足の前商業社会(precommercial society)に取って代わり始めてから、少なくともこの 150 年間ずっと、世界の工業国を特徴づけてきたいわゆる"景気循環"は、手短には上述のようなことなのである。

　二つの景気循環は必ずしも全く同じでない。それにもかかわらず、すべての景気循環には多くの共通点がある。二つの景気循環は、一卵性双生児の様には同じではないが、同じ家族の構成員程度に似てはいる。月の運動あるいは単純な振り子の運動に適用できるほど正確な公式を、将来の（あるいは過去の）景気の変動の時期を予測するために使うことはできない。景気循環は、動きが大ざっぱであることと不規則でることによって、どちらかと言えば伝染病の広がり、天候の変化、あるいは子供の体温の変化に似ている。

　民主主義の国々においては、景気循環は私達が取り組まなければならない課題（ほぼ最も重要な課題）になっている。不況とインフレを伴う好況を第 2 次世界大戦前よりももっとうまく調整できなければ、今後私達の社会の政治状況は危機的状態になるであろう。なぜなら、景気の好況は景気の不況を償えないからである。（私達が幸運である）好況の山においては、働くことを望むすべての人々に、仕事を得る機会は確かに比較的十分にあるかもしれない。だが、景気循環のこの山以外の他のすべての局面では、人々は現実に必ずしも仕事に就けず、発展した私達の経済社会は経済的に本当に実現可能な水準を達成できないのである。さらに、第 2 次大戦前と同じ様に、もしアメリカが今後 10 年間足踏みをするならば、私達が知

っているような景気循環を恐れる必要がない世界の集産主義の国々(the collectivized nations)は、この足踏の分だけ一層私達の近くにまで発展するか、あるいは私達を超えてもっと発展するのである。このことよりもっと悪いことは、上級の経済学をあまりよく知っているように思えない平和を愛する人々が、自分達の仕事と収入源を失う不安がなかったのは、どうして二つのそれぞれの世界大戦中だけであったのかと思い始め、平和が脅かされるかもしれないからである。

　これらの簡単な説明から、景気循環が、高い水準の雇用と生産、また発展する健全な経済のそれぞれの実現と維持にとって、やっかいな経済問題の一つであることも明らかである。

景気循環の計測と予測

　経済システムが、一国の私達の歴史を通じて、景気循環によっていかに混乱してきたかを、とりわけ、1929 年以後の大恐慌ほど長く続きまた犠牲の大きかった不況が決してなかったことを、図 1 は示している。驚くほどあまり異ならない景気変動の同じ様な動きは、イギリ

図1　1831 年以後の景気循環

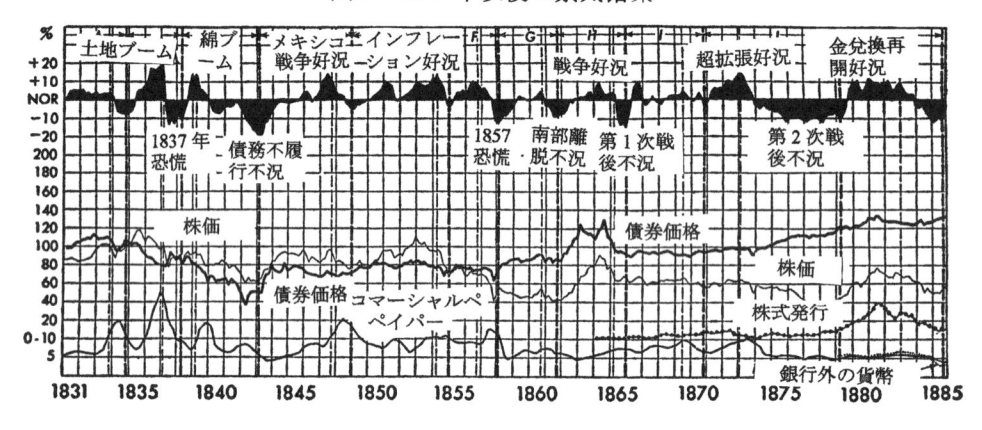

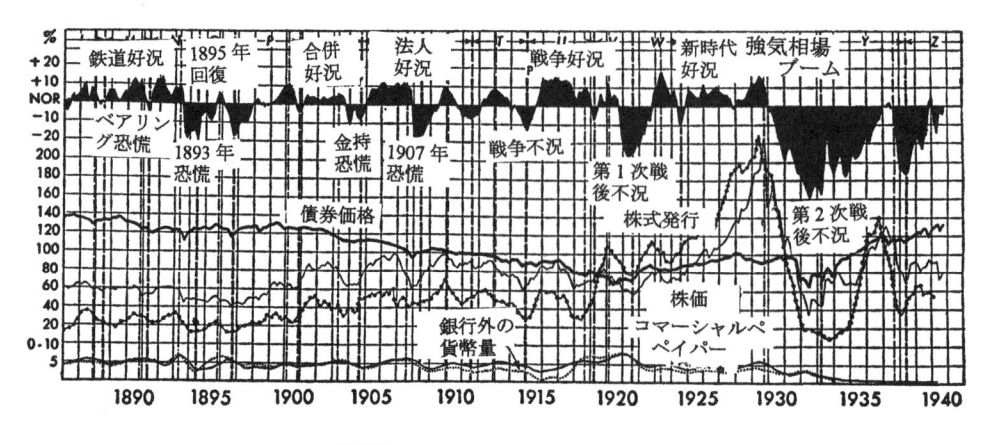

出所：Cleveland Trust Company

ス、ドイツ、およびその他の外国の国々でも繰り返し発生している。しかし、おそらく最も若々しくまた最も勢いのあるいくつかの国の内の一つである合衆国が、常に、どのような他の国よりも平均失業率が高い傾向にあり、また失業率の変動も大きな傾向にあることは不思議な事実である。このことは、私達の失業率がドイツの失業率さえ上回った 1933 年に当てはまるだけでなく、何らかの記録あるいは指標を得るようになったかなり以前から、ほぼ事実であり続けてきたように思われる。

　図 2 は、比較のために並べて表示している多数のさまざまな最近の経済指標の "時系列" (economic time series)を示している。生産、雇用、所得についての、さらに株式市場での株価と輸入額のような特定の時系列についての、景気循環によって広がるよく知られている波

図 2　景気の波動

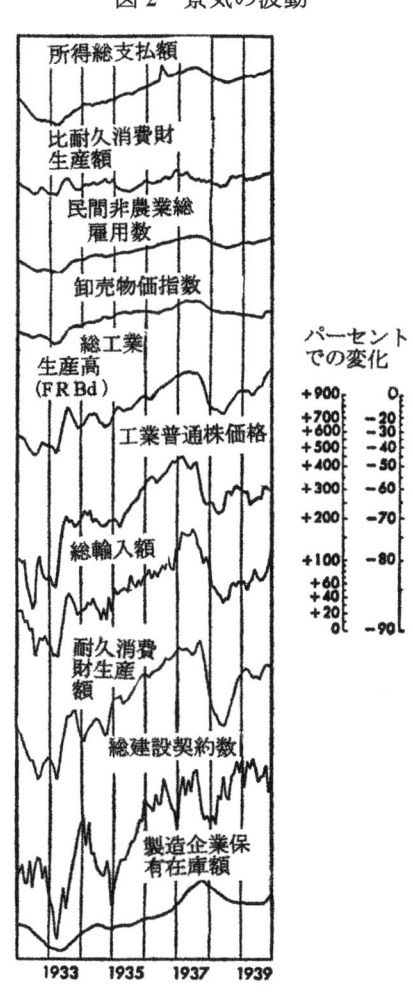

景気循環による同じ様な変動傾向に注目しよう。
　出所：National Bureau of Economic Research

動に注目しよう。さらに、たとえ婚姻数、出生数、そして栄養失調のような非経済的事項についてのデータを含めても、これらのデータの中に景気循環の影響を見つけることができるのである。選挙での政党の選択でさえ景気循環の影響を受ける。不況においては、与党は政権の座からよく降りる。

　もちろん、私達は、経済学者ならびに一般市民として、主として総雇用、総生産および（実質）国民所得のそれぞれの変動に関心を持っている。しかし多くの国々にとって、以前の何十年もの間、このようなデータを手に入れることは、きわめて難しかったし、現在もきわめて難しい。さらに、一部の専門家は、しばしば前述のデータに次いで重要な次の第2次的系列(secondary series)に、つまり株価、卸売物価、利潤、鉄鋼生産量、等の系列にしばしば関心を持っている。それゆえ、統計専門家は景気循環の指標として銑鉄生産量のような時系列をしばしば使う。あるいはもっと良い指標を得るために、統計専門家は（貨車の積荷量、発電量、あるいは銀行の小切手決済額（現金化された小切手の金額）のような）多くの系列のある種の加重平均を取り、さらに、これらの多くの加重平均値を異時点間で結んで景気循環の一つの動向を示す指標を作成するかもしれない。図1は景気動向のこのような一つの指数(index)を示している。

　多分多くのことに良く精通しているに違いない多くの専門家達は、景気の現状よりも 2、3ヶ月 *前* に常に上がるかあるいは下がり、そしてこの動きによって後に起こる現実の経済事象の動きへの合図となる魔法の予測指標(a magic forecaster)を見つけることができると期待している。このため、これらの専門家達は、図2に示しているようないくつかのグラフを、視力がかなり低下するほどじっと見つめている。だが、悲しいことに、これらの景気予測の専門家達は、ほとんど占い師に助言を求めているようなものであるかもしれない。例えば、株式市場では、1937年の初めに、株価相場は下落し始め、この株式相場の下落は 1937 年中頃から 1938 年中頃までの急激な景気後退を予想しているかのようであった。しかし、もし 1929 年に戻るならば、（今では多くの人々が知っていることであるが）景気の状況がこの年の 10 月の終わりの数ヶ月前に下向き始めていたのに、株式市場ではこの年の 10 月の終わりまでなお相場が上昇し続けたことを、私達は知っている。景気予測に果敢に立ち向かおうとする多くの専門家達は、景気循環の"転換を正しく予測できる"いくつかの方法を次々に見つけようとした。しかし、これらの景気予測の専門家達は、普通次の期の好況あるいは不況が予測はずれとなり、落胆し、（付け加えるのがもっともであるが）自分達の顧客も失ってきたのである。

　そこで、しばらくの間景気変動の実態と統計に話を限定しよう。後に、ある月からその次の月への出来事ではなく、もっと長い期間の経済状況の動きを明らかにできる仮説と説明の理論を工夫して作成してみる。

季節変動と趨勢に対する統計の調整

　もちろん、最初に統計データから、季節的パターン(seasonal patterns)のような関係のない

撹乱要因および一定のいわゆる長期的"趨勢" (long-term trend)を取り除かなければならない。たとえ、シアーズ・ローバックの売上高が 1937 年の 11 月から 12 月にかけて増加していたとしても、このことから 1937 年の景気後退が終了していたと結論を下すことはできない。ニューハンプシャーのホテルが夏に満室になりがちになるのとちょうど同じ様に、小売販売高は毎年クリスマスには増加する。統計専門家は、以前の毎年 1 年間のパターンを注意深く調査することによって、"季節的影響"を取り除こうと試みる。統計専門家は、毎年 12 月が 1 年の平均をとった月の約 150 パーセントの売上高を、他方毎年 1 月が平均をとった月の 90 パーセントだけの売上高をもたらす傾向があることを発見するならば、毎月の現実の未加工の原データを入手し、その後 12 月のすべての数値を 1.5 で割り、1 月のすべての数値を 0.9 で割り、さらにそれぞれの月についてもこのように割るのである。統計専門家は、このことを行った後、"季節調整した"毎月のデパートの売上高の時系列(a time series)を最終的に手に入れる。これらの季節調整は、私達がずっと予想していたことを明らかにしている。つまり、これらの季節調整は、1937 年の 11 月を上回る 12 月の売上高の増加した数値が、季節調整後、基準となる数値より小さかったので、売上高が 1937 年末の数ヶ月間実際にはやはり減少していたことを、明らかにしているのである。

　急速に増加している電力消費のような項目の時系列の異時点間での変動を調べるとき、同様の問題が発生する。発電量は不況においてもそれほど減少しない。だが、不況をこのような数量が増加する項目の時系列においても見つけることができる。発電量の標準的傾向(normal trend)つまり"長い年月の"長期的趨勢と比較すると、発電量の時系列の*増加率が低下*している形で、不況はその見苦しい顔を現す。もし*発電量*の図の端から端まで、目によってかあるいは統計学のある一つの公式によって、時間の経過に伴い動くまっすぐな直線傾向線かあるいは滑らかな曲線傾向線を描くならば、この傾向線の上と下を、現実の発電量のデータが時間の経過に伴い螺旋状に進んで行くことになり、景気循環を発見するであろう。もしこの傾向線からの上下の縦の乖離を計測し、そして異なる図にこれらの縦の乖離を、時間の経過に従い点で結んで線を描くならば、景気循環のかなり明確な図を得ることになる[1]。その図を作って見てみよう。

景気循環の四つの局面

　ほとんど数量に関する情報を得ずに景気循環を研究していた昔の経済学者は、1720 年の南海バブル(the South Sea Bubble)の崩壊、1837 年恐慌(the panic of 1937)、1873 年のジェイ・クック恐慌(Jay Cooke panic)、1893 年のクリーブランド恐慌(the Cleveland panic)、1907 年の

---

1)　読者は、これらの技術的方法について知るためには、統計学のどのような標準的教科書でもよい。しかし、統計学という技術的手段を使うさいに、慎重に判断しなければならないと言われている。不注意にも"一つの傾向"を見落としている入門課程の学生は、もし注意しないならば、大事なものを無用なものと一緒に捨ててしまうかもしれず、あるいは少なくとも物事の本当の状況を歪めて示すかもしれない。

"金持の恐慌"(the rich man's panic)、そしてもちろん 1929 年 10 月 29 日の"暗黒の火曜日"(black Tuesday)の途方もない株式市場の暴落のような、*恐慌*と*大恐慌(crisis)*に大いに注目してきた。もっと後の経済学者は、やがて景気循環の次の二つの局面、つまり（中間に転換点を示す山(peak)と谷(trough)がある）好況と不況、あるいは景気の活況(boom)と景気の沈滞(slump)を分析し始めたのである。

　今日では、景気が回復しているすべての期間において、完全雇用を必ずしも実現できないことを私達は知っている。例えば、1930 年代の 10 年間には景気の谷の水準からある程度回復した 1932 年－1933 年の期間があったが、この回復の期間を本当の好景気の期間であると決して言うことができなかった。それゆえ、広く使われている景気を示す方法は、非営利団体の全米経済研究所の長年長官であり、また景気循環の熱心な研究者でもあったウェスリー・C・ミッチェル（Wesley C. Mitchell）の、次の用語に従うものとなっている[2]。

　ミッチェルと多くの他の経済学者達は、景気循環を次の四つの局面に区分しており、これらの内の二つの最も重要な局面は、"拡張"(expansion)と"収縮"(contraction)の期間と呼ばれている。拡張局面は "後退"(recession)と呼ばれるいわゆる上の転換点（山）で終わり、その後収縮局面に入る。同様に、収縮局面は下の転換点（谷）、つまり"回復"(revival)で拡張局面に取って代わる。それゆえ、拡張－後退－収縮－回復の四つの局面は図 3 で示しているような過度に単純化した図の形で、繰り返し続く。今日では重要視していることは、経済活動が*高いかそれとも低い*かということにそれほどあるのではなく、経済活動が*上昇しているのかそれとも下降しているのか*という動態局面にあることに注意しよう。

図 3　景気循環の四つの局面

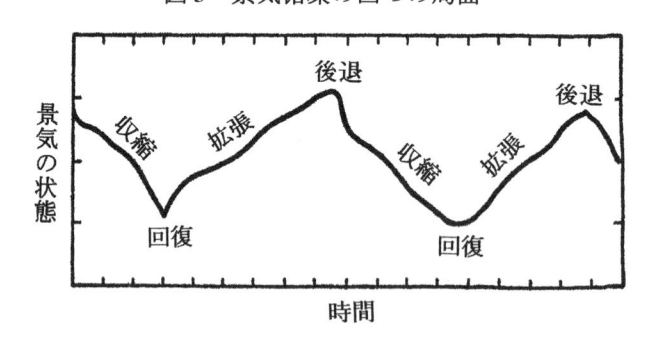

　景気循環のそれぞれの局面は次ぎの局面に移る。それぞれの局面は、異なる経済状況によって特徴付けられており[3]、またその特徴の説明が必要である。なお、分析を試みそして理論化する前に、もう少しの間、事実について述べ続けてみる。

2)　W. C. Mitchell, *Business Cycles: The Problem and Its Setting,* National Bureau of Economic Research, New York, 1927.（W・C・ミッチェル著、春日井薫訳『景気循環：問題とその設定』文雅堂書店、1961 年。）

3)　例えば、拡張の間、雇用、生産、物価、貨幣量、賃金、利子率および利潤が普通上昇しており、逆に収縮の間、反対のことが発生しているのを見つける。

通常の景気循環はどれほどの長さなのか。この長さは、あなた方がいくつの小循環(minor cycles)を含めたいかによって決まる。たいていの観測者は、長さがほぼ約 8 年から 10 年になる主循環(major cycles)を受け入れることに異論はない。すべての観測者は、1920 年代の後期が好況の期間を示し、1930 年代の前期が不況の期間を示しており、そして過去のいくつかの主循環と同様に、これら好況と不況の二つの期間が一つの主循環を示していることを認めている。しかし、必ずしもすべての経済学者は、経済の図でしばしば見る主循環よりももっと短期の小循環を、大いに重要視しているわけではない。1924 年と 1927 年には経済活動は少し下降した。それゆえ、私達は 1920 年代を三つの異なる（小）循環と呼ぶべきであるのか、それとも一つの主循環の好況の期間と呼ぶべきであるのか。本書でのような初歩的入門段階では、主として主循環に注目するのが多分最もよい。景気循環を勉強するためには、アルビン・H・ハンセン(Alvin H. Hansen)教授が簡潔にまとめた次の文章を受け入れるとよい [4]。

　アメリカの歴史的事実は、主循環が 8 年を少し超える平均期間であったことを示している。例えば、1795 年から 1937 年までに、平均 8.35 年の期間となる 17 の主循環があった。・・・

　主循環の山の間で、一つから二つの小循環の山が規則的に生じているので、小循環が主循環の期間の半分よりもいくらか短いことは明らかである。1807 年から 1937 年までの 130 年の期間に、平均 3.51 年の期間となる 37 の小循環があった。

　・・・建築循環(the building cycle)は、長さがほぼ平均 17 年と 18 年の間にある、つまり、主循環の長さのほぼ正確に 2 倍であると思われる。・・・

　・・・アメリカの歴史的事実は、かなり規則正しく、一つおきの主循環の好況が建物の建築での好況とほぼ一致しており、その間、次の主循環の景気上昇が建築の不況を緩和するのに役立っていることを示している。・・・

　・・・建築循環は、建築の低下の期間に下降している不況である。建築循環の振幅は特徴として大きくそして長い。また次ぎの期の建築循環の景気上昇は、建築産業での不振による望ましくない影響によって妨げられ、遅れる。

長期波動？

　長期の歴史的視点から見る一部の経済学者は、全循環(complete cycle)の長さが約半世紀になるとてつもない"長期波動(long waves)"について話すことを好む。例えば、1815 年のナポレオン戦争の終結から 19 世紀の中頃まで、物価は下落する傾向があり、この時期は一般に異常な不況にあった。1850 年以降のカリフォルニアとオーストラリアでの金の発見後、また一部南北戦争とクリミア戦争により、物価は上昇する傾向があった。物価下落の新たな長

---

　4)　Alvin H. Hansen, *Fiscal Policy and Business Cycles*, pp.18-19,20,23-24,W.W.Norton & Company, New York,1941.（アルヴィン・H・ハンセン著、都留重人訳『財政政策と景気循環』日本評論社 1950 年。）

期的循環は 1873 年の不況の後生じ、この物価の下落は、南アフリカとアラスカでの金の発見および金精錬の改良の後、金の生産量が大きく増加した 1890 年代まで続く傾向があった。マッキンリー(McKinley)と共和党は新たな長期波動の山の期間に、好況と権力にたっぷりと浸かった。

　これらの長期波動が、偶然の金の発見、国家間の戦争、および偶然の発明による単なる歴史的な偶発的出来事であるかあるいはそうでないかを言うことは、まだ、あまりにも時期尚早である [5]。

景気循環への最初の手がかり：資本形成

　ハンセン教授が景気循環の原因に関して建築を重要視していることは、私達に景気循環の原因解明への最初の手がかりを与えてくれる。あるいくつかの経済変数は、景気循環において、他の経済変数よりも常に大きく変動する。例えば、もし同じ期間の銑鉄生産量と無煙炭消費量を、図に時間の経過に従い、並べて点で結んでいくならば、後者の無煙炭消費量については景気循環と同じ様な変動をほとんど見つけないが、銑鉄生産量については景気循環とほぼ同じ変動を見つける。なぜか。たいていの人々は、無煙炭を家を暖めるために大部分使い、好況においても不況においても、適度に家を温かく保とうとする。他方、銑鉄はあらゆる種類の資本財と耐久財への、つまり、工場の設備と耐久性のある機械への、産業用と住宅用の建築物への、自動車、洗濯機およびその他の耐久消費財への、重要な材料の内の一つだからである。

　耐久財は、物的な特性により、需要がすさまじく不安定な動きになりがちである。不況の期間においては、人々は、耐久財の新たな購入をいつまでも延期する。好況の年には、すべての者は、このような耐久財による 10 年分の用役の蓄えを、買い込むことを突然決定するかもしれない。それゆえ、*景気循環の最も重要な原因への最初の手がかりを、私達は、群を抜いて最も大きな循環的変動を示すものが、経済の耐久財部門(the durable goods sector)あるいは資本財部門(the capital goods sector) であるという事実の中に、見つけるのである* [6]。

　読者は、もし (393 頁の) 図 2 を調べるならば、資本財の変動と非耐久財(nondurable goods)の変動の間で、違いが明らかであるのを分かるであろう。下方のいくつかの時系列はすべて、

---

5) 興味ある読者は J. A. Schumpeter, *Business Cycles*, Chaps.6,7, McGraw-Hill Book Company, Inc., New York,1939 (シュムペーター著、吉田昇三監修、金融経済研究所訳『景気循環論』有斐閣、全 5 冊、1958-64 年) を参照できる。

6) ベヴァリッジ卿 (Lord Beveridge) は、彼の著書 *Full Employment in a Free Society*, W. W. Norton & Company, New York, 1945 (ウィリアム・H・ベヴァリッジ著、井手　生訳『自由社会における完全雇用 上、下』日本大学経済科学研究所、1953 年) において、1785 年から今日に至るまでのイギリスでの資本財産業の変動の程度についての綿密な計算を行い、資本財産業の変動が他の産業の変動の 2 倍であることを発見した。さらに、一部の経済学者と統計学者は、建築とそれ以外の資本財の動きが、いくらかの時間的遅れを伴い、一般的な経済活動の上昇への動きと下降への動きの両方に"導いている"のを、発見できると思っている、しかしこのことはあまり確かでない。

様々な種類の耐久財あるいは資本財の生産量を示している。非耐久消費財を示す上から二つ目の時系列の振幅と比較すると、耐久財あるいは資本財の時系列の振幅はすべていかに大きいかに注目しよう。非耐久消費財の時系列は、2、3 の短い、不規則な表面の乱れを除くと、所得によって影響を受ける形で、所得の動きの後にほぼ続いていることが分かる。消費の動きは景気循環の原因でなくむしろ結果であると思われる。他方、耐久財の動きは、かなりの程度、景気循環の重要な原因になっていると十分にみなすことができる。

統計分析によって、以前の数章で設備投資過程(the capital investment process)の重要さを強調したことの正しさを確認できて、気持ちがよい。

景気循環についての数個の学説

よく勉強している学生は、何十もの数になる景気循環の異なる学説の一覧表を容易に作成できるであろう[7]。それぞれの学説は全く異なっているように思われる。しかしこれらの学説を厳密に調べ、事実と異なるかあるいは論理的に明らかに矛盾する学説、あるいは現実には全く何も説明していないにもかかわらず、ひとつの説明を行っているとまさしく思われる学説を除くとき（私達がこれらのすべてのことを行うとき）、私達には比較的少数の異なる学説だけが残る。これらの学説の大部分は強調点だけが互いに異なっている。ある経済学者は、景気循環が主として総純投資の変動の結果であると思っているが、第2の経済学者は、景気循環の原因を技術の発明および革新の進展の程度に求め、この発明および革新の進展の程度が純投資を*通じて*景気に影響を及ぼす、と主張することを好む。第3の経済学者は、私達の銀行組織による預金貨幣の創造が、投資支出を拡大させたり縮小させたりして好況と不況(bust)を生み出す事実に、景気循環の根本的原因を見出すことができると主張する。

これらの主張は三つの異なる学説のように思われ、そして最も上級の教科書では、これらの学説は3人の異なる経済学者の名前を与えられている。しかし私達の立場からは、これら

---

7)　今、次の数個のよく知られている学説を言うことができる。つまり、(1)*貨幣説*(the *monetary* theory)、この学説は銀行信用(bank credit)の拡張と収縮に景気循環の原因があるとする（ホートレー(Hawtrey)、等）。(2)*技術革新説*(the *innovation* theory)、この学説は鉄道のような重要な発明の集中に景気循環の原因があるとしている（シュンペーター、ハンセン、等）。(3)*心理説*(the *psychological* theory)、この学説は、人々が互いに影響を及ぼし合って、楽観的予想と悲観的予想を生じさせるケースとして景気循環を論じている（ピグー(Pigou)、バジョット(Bagehot)、等）。(4)*過少消費説*(the *underconsumption* theory)、この学説は投資に回ることができる金額と比較して、あまりにも多くの所得が豊かな人々かあるいは節約的な人々の手に入ると主張している（ホブソン(Hobson)、フォスター(Foster)およびキャッチングス(Catchings)、等）。(5)*過剰投資説*(the *overinvestment* theory)、この学説は、あまりにも少ない投資でなく、逆にあまりにも多い投資が景気後退を生じさせると主張している（ハイエク(Hayek)、ミーゼス(Mises)、等）。(6)*太陽黒点・天候・作物収穫説*(The *sunspot-weather-crop* theories)（ジェボンズ(Jevons)、ムーア(Moore)、等）。関心のある読者は、この主題についてもっと知りたければ、G. Haberler, *Prosperity and Depression*, 3d ed, League of Nations, Geneva, 1944（G・ハーバラー著、松本達治・加藤寛孝・山本英太郎・笹原昭五訳『景気変動論』（上 1966 年、下 1967 年）、東洋経済新報社。）、あるいはいくつかの他の景気循環の教科書を参照するべきである。

の学説は同じ景気の過程を三つの異なる側面から見ているにすぎない。（このことは、景気循環についての異なるすべての学説が完全に同じであること、また、異なる経済学者の間での強調点には、少しも重要な違いがないことを意味していない。）

　これらの異なる学説を分類するためには、私達は最初にこれらの学説をほぼ外因説(external theories)とほぼ内因説(internal theories)の２種類に区別するとよい。外因説は、景気循環の根本的原因を、経済システムの*外部*の何かある物の変動に（太陽黒点の周期に、戦争、革命および政治的事件に、金の発見に、人口と移住者の増加率に、新しい土地と資源の発見に、そして最後に科学技術の発見と革新に）見つける。

　内因説は、すべての拡張が、不規則で、繰り返し、決して終結しない連鎖の形で後退と収縮を生じさせ、逆にすべての収縮が同様の連鎖の形で回復と拡張を生じさせる内生的景気循環(self-generating business cycles)を生み出すメカニズムを、経済システムそれ自体の*中*に見つける。

　もしあなたが景気循環の太陽黒点説(the sunspot theory)を信じているならば、外因説と内因説の間で区別をする線を引くことは、かなり容易である。このケースでさえ、あなたは、太陽の表面の乱れがどのようにしてまたなぜ景気循環を発生させるかを説明しようとするとき、経済システムの内因的性質と関係し始める。だが、少なくとも、誰も、原因と結果の方向が疑わしい、つまり経済システムが太陽黒点を変化させ、むしろ原因と結果が逆の関係であると本気になって主張することはありえない。しかし、戦争や政治のような、あるいは現実に人々の出生と金の発見のような他の外的要因が問題になるとき、経済システムがいわゆる"外的"要因に対し少しも影響を与え返さないということは、常にいくらか疑わしく、この疑わしさは、外因説と内因説の間の区別をあまり厳格でないものにする。しかし、このような外的要因へのどの"フィードバック"効果も、私達を経済学の伝統的分析方法の枠外に連れ出すことを誰も否定しない。それゆえ、伝統的分析方法の枠内に留まろうとすることは、外因説と内因説の間で区別をすることの正しさの理由になっているのである。

太陽黒点とこれに関連する純粋な外因説

　今日においては、ほとんどの経済学者は、太陽黒点という自然と関係する学説に関心を持っていない。経済以外のある他の領域での科学者であるアマチュアの経済に関心を持っている者は、しばしば次のように主張する。つまり、約 11 年から 13 年の平均周期を持つ太陽黒点が天候に重大な影響を与える。この天候への影響は作物の収穫量に影響を与える。豊作は所得の低下と不況を生じさせる。そうでなければ、豊作は経済への影響は反対であり、豊作は好況を意味することになる。アマチュアの太陽黒点説を主張する者は、豊作がまさにどちらの方向を生じさせるかを常に判断できるわけではない。その他の太陽黒点による見解として、太陽黒点が太陽光の放射量に影響を及ぼすという主張がある。ビタミン D の摂取量が日光の放射量に左右され、北極の近くの人々が冬の長い夜の期間に落ち込むことを、すべての人々は知っている。それゆえ、太陽黒点は、悲観、楽観、あるいは健康一般に影響を

与えることによって、景気にも影響を及ぼすのである。太陽黒点が8年の周期にならなかったので、太陽黒点説を捨て去った1人の独創力のある者は、金星が、太陽と地球の間に来るときにはいつでも、磁気の吸収とこのことによる 8 年周期の景気循環を生じさせるという説を発表した。

　不幸にも、経済学の領域では、理論の正しさが、物理学あるいは数学のように、簡単な伝統的方法で評価されてきていない。物理学と数学の領域では、円の面積を求めることができるあるいは永久運動機械を作ることができると考える熱中者は、自分自身が理論の正しさを確信することによってではなく、少なくとも十分な能力を備えた評価を行うすべての者がその理論の正しさを確信することによって、ある熱中者の主張の正しさが認められるのである。だが、経済学においては、特にもし太陽黒点説の主張者が、学説としての承認を得るまで、統計を操作することに生涯を費やそうとするならば、この学説の正しさを判定しようとする経済学者にとって、景気循環の太陽黒点説が全くつまらない学説であると判定することは、必ずしも容易でない。この悲しむべき事実が重要であるのは、私達が太陽黒点説の誤りを証明することが困難であると気づくからでない。（実際誰も今日において太陽黒点説にあまり関心を持っていない。）この悲しむべき事実が重要であるのは、間違った学説の誤りを論証することも、あるいは正しい学説の正しさを証明することも難しくしている、経済の観察とデータのそれぞれの複雑さのために、私達がきわめて良い学説であるとまたきわめて正しい学説であると考えるうぬぼれが、言論の自由という権利に守られて、いつまでも残るに違いないからある。

純粋な内因説

　太陽黒点説というおおざっぱな外因説と逆のものとして、私達は現実に起こりえるおおざっぱな内因説の簡単な例を述べることができる。もし機械と他の耐久財のすべてが、例えば8年ないし10年の、同じ長さの耐久年数であるならば、この事実によって同じ長さの景気循環を説明できる。もし一旦好況が始まると（どのようにしてかを、決して気にかける必要はない）、すべて同じ耐久年数の新しい資本財が集中的に生産されるかもしれない。これらの新しい資本財は、今後使い古されるまでの数年間、更新をほとんど必要としない。このことは不況を生じさせるであろう。

　しかし8年ないし10年後、すべての資本設備は突然使い古され、すべて更新しなければならず、このことはインフレを伴う好況を生じさせるであろう。この更新はその後もう1周期の全循環を生じさせ、このことは10年ごとの不況と好況の新しい景気循環となる。それゆえ、内生的"更新の波"(self-generating replacement waves)の結果として、私達は純粋な内因的景気循環論(a purely internal business-cycle theory)を得ることができる。

　現実には、必ずしもすべての設備は同じ長さの耐久年数であるとは限らない。同じ日に生産した全く同一車種の自動車でさえ、すべて同時に更新する必要はない。それゆえ、設備への支出のどのような集中も、時間の経過とともに次の更新は拡散する傾向となり、せいぜい、

ますます弱くなる更新のいくつかのピークを生じさせるにすぎない。南北戦争後 25 年間、人々はこの戦争による出生数の減少を観察できたであろう。しかし、南北戦争の25 年後のさらに 1 世代後、人々は出生数の減少にほとんど気づかなかったであろう、さらに今日においては、南北戦争による人口のはなはだしい特別な変動が全くなかったかのようである。それゆえ、設備更新の波ははじいたバイオリンの弦のようである。もし設備を新たに更新することがなければ、この設備更新の波は、弱まりそしてしだいになくなる。

物理学の法則に従えば、摩擦は純粋に自律的などのような物理的変動も確かに減らす。社会科学においては、購買力の創出を減らしていく物理学のエネルギー保存の法則と同じ様な法則は存在しない。それゆえ、内生的景気循環(a self-generating cycle)について、資本財の更新の波よりもかなりもっと良い例は、精神異常の人の躁の段階が必ず鬱の段階に移るのとちょうど同じ様に、人々が交互に楽観と悲観になり、楽観あるいは悲観のそれぞれ一つの段階が必ず次に逆の悲観あるいは楽観の段階に移るケースである。私達はこのような内因説を排除できない。しかし楽観と悲観の内因説は必ずしも多くのことを説明していないので、現状では私達はこのような内因説にも満足できない。

外的要因と内的要因を結合して統合へ

すべての者は、一定の音が鳴るとき、窓あるいは音叉にはっきりした振動が発生するのを観察する。この振動は外的要因によって生じるのかそれとも内的要因によって生じるのか。その答えは両方によってである。音が鳴り始めるのは確かに外的要因によってである。その後、窓あるいは音叉は、それ自体の内的性質に従って反応する。窓あるいは音叉は、鳴るどのような音にでも共鳴するのでなく、一定の限定された高さの音にのみ強く共鳴する。エリコの壁(the wall of Jericho)を崩すためには適切な高さの音質のトランペットを必要とする。

同様に私達は、景気循環を、ときどき外部から押すことによって動くおもちゃの揺り木馬に、似ていないこともないとみなすことができる。この揺り木馬を押し動かすことは規則的である必要はない。技術の大発明も決して規則的でない。しかし、この揺り木馬を外部から押した後、内的性質（この木馬の大きさと重さ）によって、この揺り木馬は一部決められた揺れの回数と振幅でもって揺れ動くのとちょうど同じ様に、経済システムも、外的要因の変動に反応し、その後その*内的*性質に従って揺れ動く。それゆえ、景気循環を説明するためには、外的要因と内的要因のどちらも重要である。

たいていの経済学者は、今日において、外因説と内因説の統合(a synthesis)、つまり結合の良さを認めている。主循環を説明するときに、たいていの経済学者は*投資*あるいは*資本財*の変動を大いに強調する。変わりやすく不安定な投資の変動の主な要因を、(1) 技術革新および (2) 人口と領土の動態的増加のような外的要因に見いだすことができる。このような資本財あるいは投資の変動の外的要因を、(資本財産業で仕事を得た人々が自分達の新しい所得の一部を消費財に再支出するので、さらに、楽観の空気が実業界に広がり始め、企業が、新たな資金への融資(credit accommodation)を求めて、銀行と有価証券市場に向うので) 私達

は、投資のどのような初期の変化も累積的、乗数的形で拡大させる内的要因と結合しなければならない。

　また、一般的景気の状況が確かに投資に影響を及ぼすと指摘する必要もある。もし消費財の高い売上高が企業家を楽観的にするならば、企業家は危険を冒す必要がある投資計画でも大いに実行しようとする。発明あるいは科学での発見は景気循環と関係なしに実現するかもしれない、しかし、これらの発明と発見の経済への導入は、景気の状況に確かに大いに影響を受ける。もし国民所得が、戦前の高い安定した状態よりも約 50 パーセント高い、戦後の新たな高い安定した状態に移るならば、私達はかなりの量の資本形成（新しい機械、在庫の増加、建築）が誘発されると当然予想する。それゆえ、特に短期においては、投資は、国民所得の水準決定への一部要因であるとともに、国民所得の水準による一部*結果*である。

　長期においては、所得の安定した高い状態がたとえどのように高く維持されようとも、資本財ストックはこの所得の高い水準に調整されるであろう。しかしその後、もし（1）所得の成長、（2）技術の継続的改善、あるいは（3）利子率の決して終わることのない低下がそれぞれなくなれば、新純投資はゼロに低下するであろう。投資需要が売上高と所得の*成長*によってどのように誘発されるかを示す（1）所得の成長と投資需要の間の過程は、比較的大げさな（"加速度原理"(the acceleration principle)という）名前を与えられている。ほとんどすべての経済学者は、この加速度原理をいくつかの重要な景気循環の学説の内の一つとして評価している。この加速度原理という内因的景気循環メカニズムは、どのように進行するのか、またその他のいくつかの要因とどのように相互作用するのかを次に調べてみよう。

加速度原理

　この加速度原理によれば、在庫であろうと設備であろうと、社会で必要とされる資本ストックは、主として所得水準あるいは生産水準によって決定される。資本ストックの増加、つまり通例*純投資*と呼ぶものは、所得が増加しているときにのみ生ずる。この結果、（消費財の売上高が低下するだけではなく）消費財の売上高が、高い水準で*横ばい状態*になるか、あるいは増加し続けるが以前より低い比率で増加し続けるだけで、好況の期間は終わるかもしれないのである。

　簡単な算数による例はこのことを明確にする。資本設備のストックを、布の毎年の売上高の約 10 倍に等しく常に維持している典型的な繊維製造企業を想定してみよう [8]。例えば、この企業が売上高をしばらくの間毎年 600 万ドルに維持しているときには、この企業の貸借対照表は 6,000 万ドルの資本設備を示しており、この資本設備は、異なる使用年数のおそらく 20 台の機械から成り、毎年 1 台が使い古され、1 台が更新される。更新は減価償却にちょうど一致しているので、この企業は*純投資*も*純貯蓄*も行っていない。この企業は、*粗投*

8)　議論を簡単にしておくために、利子率の変化あるいは生産能力の利用の程度の変化についてのいかなる可能性も無視している。これらの変化を含めると加速度原理を修正できる。また読者はこの分析において設備の変化だけでなく在庫の変化も含めたいかもしれない。

資を 1 年当たり 300 万ドルの率で行っており、毎年 1 台の機械の更新を行っている。（600 万ドルの売上高の内のその他の 300 万ドルを、この企業は賃金と配当金に支払っていると考えてもよい。）

今 4 年目に、売上高が（600 万ドルから 900 万ドルに）50 パーセント増加すると仮定してみよう。このとき、この企業は機械の台数も 50 パーセント、つまり 20 台から 30 台に増やさなければならない。4 年目に、この企業は 11 台の機械を、つまり使い古された 1 台の機械の更新に加えて 10 台の新しい機械を、購入しなければならない。

売上高は 50 パーセント増加した。機械の生産はどれだけ増加したのか。1,000 パーセントもである。加速度原理という名前を与えるのは、消費の変化が投資水準にこのように加速度的影響を与えるからである。

もし売上高が 5 年目と 6 年目も 300 万ドルずつ増加し続けるならば、この企業は毎年 11 台の新しい機械を注文し続けるであろう。このことを表 1 は示している。

表 1　加速度原理の実例（万ドルで）

時間	年間売上高	資本ストック	純投資	粗投資、G.I. (純投資＋更新)
			第 1 段階	
1 年目	$ 600	$ 6,000	$ 0	1 台$300 で 1 台の機械 ＝$300
2 年目	600	6,000	0	1 台$300 で 1 台の機械 ＝$300
3 年目	600	6,000	0	1 台$300 で 1 台の機械 ＝$300
			第 2 段階	
4 年目	$ 900	$ 9,000	$ 3,000	1 台$300 で(1 +10)台の機械 ＝$3,300
5 年目	1,200	12,000	3,000	1 台$300 で(1 +10)台の機械 ＝$3,300
6 年目	1,500	15.000	3,000	1 台$300 で(1 +10)台の機械 ＝$3,300
			第 3 段階	
7 年目	$ 1,500	$ 15,000	$ 0	1 台$300 で 1 台の機械 ＝$300
第 4 段階（読者は空欄に書き入れるべきである）				
8 年目	$1,470	—	—	—

今まで、加速度原理は私達にいかなる問題ももたらしていない。それどころか、加速度原理は、消費財の売上高の穏やかな増加の結果、私達に投資支出のすさまじい増加をもたらしている。しかし、今私達はトラの背中に乗るような不安定な状態にある。投資が同じ水準であり続けるためには、消費は増加し続けなければならない。もし消費がきわめて急速な比率で増加し続けなくなるならば（たとえ消費が 7 年目に 1 年当たり 1,500 万ドルというまさに高い水準で横ばいの状態であるとしても）、純投資はゼロに低下し、粗投資は 1 台の機械に減少して元に戻る（表 1 を見よ）。言い換えれば、売上高の増加のゼロパーセントへの低下は、粗投資の 90 パーセントの低下と純投資の 100 パーセントの低下という結果になる。

この加速度原理という支配者は、与えもするし、取り去りもする。加速度原理は両刃の剣である。もし売上高が 1,500 万ドルよりも低下するならば、粗投資はゼロに低下するであろ

う。実際、この企業は、中古設備機械市場に自社のいく台かの機械を売ることによって、投資を負にすることさえ望むであろう。消費がこのように急速に増加するのが止まるだけで、あるいは、消費が少しも低下しなくて、ただ高い水準で横ばい状態になるだけで、不況が始まる可能性があることは今や明らかである。

　言うまでもなく、機械－製造産業での生産の減少は、この産業の操業を停止させ、この産業での所得と食べ物や衣服への支出を減少させ、さらに支出の"乗数による"一層の変化へと導くであろう。このことは、最終的に繊維製品の売上高が増加するのを全く止めるかもしれず、場合によっては繊維製品の売上高を低下させるかもしれない。このことは純投資の一層の加速度的低下を生じさせるであろう。このようにして、私達は、加速度原理と乗数が相互作用して、次第に強まるデフレスパイラル（あるいはインレスパイラル）を生み出すような、悪循環(a vicious circle)に陥るかもしれない。

　加速度原理が経済を不安定にする強い要因になっているのを、見つけることは容易である。私達は皆、人々が、現状を維持するためには、走り続けなければならない状況をよく聞いてきた。経済の世界では、状況はこれよりももっと悪いかもしれない。つまり、経済システムは、ただ現状を維持するためにだけでも、さらに一層速い速度で走り続けなければならないかもしれないのである。

　もし企業の売上高が増加したり減少したりするならば、加速度原理は企業の売上高の変動を強める。加速度原理は、売上高の増加によって純投資を増加させるが、売上高の減少によってほぼ同じ額の負の純投資を生じさせる。長期において、もし経済システムが人口の増加あるいは一層高い実質所得によって成長しているならば、加速度原理は主として刺激を与える要因として作用する。つまり、国民所得の成長は資本の大きな成長を生じさせる、それゆえ、このことは、投資需要が活発でありまた失業が比較的少ないことを意味する。

　本章から学ぶことのできる重要な教訓は、経済システムには、制御するハンドルがほとんどないことである。購買力をあまりにも低くでもなくあまりにも高くでもなく、ちょうど完全雇用の水準に維持するいかなるメカニズムも、いかなる自動調整装置も存在しない。それどころか、たとえ企業家と労働者が、自己の最善を尽くしまた賢明にかつ非利己的に行動しているとしても、経済システムは、投資と貯蓄の間の複雑な相互作用の偶然の状況によって決まるインフレーションもしくはデフレーションに、陥るかもしれない。

要約

1.　景気循環は、経済活動のほとんどすべての部門で、またすべての資本主義の国々で共通に見られる波動である。国民所得、失業、生産、物価および利潤の動きは、惑星の軌道あるいは振り子の振れと同じ様には規則的でなく、またこれらの動きを同じ様には予測

できない。さらに景気の動きの転換を予測できる魔法の方法も存在していない。

2. しかし、分析のために景気循環を拡張−後退−収縮−回復の四つの局面に区分することができ、またこれら景気変動の四つの局面を季節変動あるいは長期の趨勢と切り離すことができる。経済学者、統計学者および歴史学者は、このように区別したり切り離すことによって、景気循環を 8 年から 10 年の主循環、これよりも短期の小循環、およびこの主循環よりも長期の建築循環のそれぞれの動きの特徴を、注意深く記述してきた。

3. 景気循環を説明する理論に従えば、景気循環発生の原因への最初の手がかりを、投資つまり耐久資本財形成の変動の振幅がきわめて大きなことに、見つけることができる。たいていの経済学者は、この事実について意見が一致しているけれども、景気循環発生の原因について、外的要因を重要視するのかそれとも内的要因を重要視するのかによって見解が異なる。だが、景気循環の専門家は外的要因と内的要因の統合へとますます向かっており、この統合の理論では、景気循環の専門家は、一方において、発明、人口と領土の増大、金の発見および戦争という外的要因による投資の変動を重要視している。他方において、景気循環の専門家は、経済システムでの乗数的作用、銀行の信用供与、楽観と悲観の波、設備更新のサイクル、投資の動態的水準だけでなく動態的変化率も決める加速度原理、さらに所得による投資へのさらに別のフィードバック効果のような内的要因によって、投資機会の外的要因による変化が、さらに増幅される点も強調している。

今、景気循環を緩和するためにだけでなく、高い雇用水準と長期的な所得の成長を実現しつつ、景気循環を緩和するためには、どうすればよいのかという問題に取り組まなければならない。この問題を財政政策によって解決しなければならない。

論議のための質問

1. 景気循環はどのようなことを意味していますか。あなたがこの景気循環を計測するために注目している方法は何ですか。いくつか挙げなさい。

2. この国での景気循環の歴史を述べなさい。

3. 景気循環のいくつかの異なる局面を述べなさい。

4. あなたは景気循環についてのどの一つの学説あるいはいくつかの学説を最も支持していますか。なぜですか。

5. 加速度原理について 2 ページで説明しなさい。

第18章 財政政策とインフレーションのない完全雇用

　これまでの数章で、貯蓄と投資の動きが国民所得と雇用の水準を決定するのを見てきた。民間投資がしばしば毎年大きく変動するのを、また同じことが対外貸付についても当てはまるのを見てきた。歴史は、景気循環が過去においていかに苛酷でまた無駄が多かったかを明らかにしている。今日において、もし私達が将来の不安定という亡霊を退散せることに成功しなければ、アメリカの自由企業が危うくなるであろうということで、すべての人々は意見が一致している。

　私達が経済状況を調べることによってどのような対策が出てくるのか。ただ一つだけの答えを得ることはできない。社会での経済問題に対して、ただ一つだけの万能の解決方法はない。企業、労働者および農業関係者はすべて、安定した経済とともに、高い雇用の経済の維持を目指す価格決定および賃金決定を、実現するように努めなければならない。連邦準備制度も、金利政策および貨幣政策によって、景気循環の激化を防ぐのに、わずかであるが役立つことができる。しかし、たとえ連邦準備制度がこれらの政策のすべてを試みても、大量失業あるいは激しいインフレーションという苦難を回避することに成功しないとしても、さらに財政政策(fiscal policy)という政策手段がある。このことは、財政政策だけが唯一の万能の解決方法であると言っているのではなく、財政政策がどのような経済プログラムにも重要な一つの役割を果たすと言っているのである。

　読者は、本章の内容がなお議論の余地がある段階にあることに注意しなければならない。本章での力点を、いくつかの異なる財政政策の長所とともにその限界に置いているけれども、経済についての科学的知識の私達の現在の不十分な状態では、これらの財政政策の長所と短所の重要な点に関して、経済学者の間で意見が一致しているとみなすことはできない。読者は、表面的にしかいくらか説得力があるにすぎない主張を急いで読み進むことによって、判断を下すべきではない。

A. 短期財政政策と長期財政政策

　積極的財政政策(positive fiscal policy)とは、私達が、(1)景気循環の振幅を減らすのに役立てることができるように、また(2)過度のインフレーションもデフレーションもなく、発展する、高い雇用の経済の維持に寄与できるように、公衆と企業への*課税*と公的*支出*を行う政策を意味する。

　戦時中の数年間に、財政政策はきわめて力強い手段であることが明らかになった。実際、一部の人々は、財政政策が原子爆弾と同じ様に、あまりにも力強い武器であるので、人々と政府に財政政策を使うのを自粛させた方が良い、またもし財政政策が決して使われること

がないならばそれにこしたことはない、と主張するであろう。しかし、天然痘でたくさんの人々が死ぬのをそのまま放置する国家がないのとちょうど同じ様に、どの国も、不況が進むときにはいつでも、財政政策を常に実施し始めることは全く確かである。このとき、財政政策を経済的に破滅の方向にではなく、経済的に適切な方向に導く以外に選択の余地はない。すべての政府は、このことを知っていようと知っていまいと、財政政策を常に実行する。現実の問題は、財政政策が効果のある財政政策であるのか、それとも課題を意図していない、効果のあがらない財政政策であるのかということである。

景気循環緩和の財政政策対長期財政政策

　財政政策には二つの重要なプログラムがある。第 1 番目のプログラムは最も議論の余地がなく、景気循環の振幅を減らそうとする試みだけと関係している。この財政政策は純粋に"景気循環緩和の"財政政策(countercyclical compensatory fiscal policy)あるいは"反景気循環の"財政政策(anticyclical fiscal policy)と呼ばれている。この財政政策は一つの景気循環の期間において均衡する予算と関係している。財政政策の第 2 番目のそして大いに議論の余地があるプログラムは、一つの景気循環の期間全体においての購買力と雇用の平均水準を引き上げることを目指す長期の行動と関係している。あるいは、長期の状況がインフレであるならば、この第 2 の長期財政政策は、一つの景気循環全体期間において、購買力の平均水準の引下げを目指す行動を継続することと関係している。

景気循環緩和の政策

　民間投資があまりにも大きく増加するときには、公共投資と公的支出を削減し、逆に租税の徴収を増加させることによって、政府に景気変動の調整に努めるように求めることは、当然に思われる。他方において、民間投資と民間消費が急に下落するときには、政府は、以前に先延ばしにしていた支出を増やし、逆に租税の徴収を減らすことによって、景気変動を調整するべきである。景気循環緩和の観点からは、政府予算は毎月あるいは毎年均衡している必要はない。むしろ、政府はインフレの時期には、予算を、支出を上回る租税収入の超過になるようにするべきであり、この結果公債を削減できる。逆に不況の時期が来ると、政府は予算を支出に対して租税収入の不足になるようにするべきであり、このとき公債は以前の高い水準に戻る。一つの景気循環全体の期間でのみ予算は均衡する必要がある。

　一言で言えば、このことは景気循環緩和の財政政策についてのすべてである。このように言うならば、この財政政策はどちらかと言えば保守的理論(conservative doctrine)であると思われている（あまりにも保守的であると、現在の世代の一部の経済学者は主張する傾向がある）。

いくつかの形態の景気循環緩和政策

　公共事業　公共事業についての景気循環緩和の財政支出の原則を、共和党の大統領であ

るクーリジの当時商務長官であったハーバート・フーバーが、アメリカの財政運営に導入した。政府が、かなりの金額の道路、病院、学校、郵便局等々を建設することが必要であると分かっているとしても、民間の建設が活発でありまた労働力が不足しているときには、これらの公共プロジェクトを一つの時期に必ずしもすべて開始しないようにうまく計画することは、確かに良いことであると、フーバーは主張した、それもはっきりと主張した。さらに、フーバーは、場合によっては、民間産業が物と人を手放す時まで、これらの公共プロジェクトの工事を延期するべきであるとはっきりと主張した。

　このように事業を行うことによって、建設のピークを引き下げることができ、また建設の不況の谷も少なくとも部分的に埋めることができるので、景気全体は比較的安定するであろう。政府は、仕事を最も必要とするときに作り出せるだけでなく、このこと以上に、必要な公共事業を一層低い価格で効率的に実現できる。このすべてのことを私達は明らかに理解できるので、1931 年にフーバーと民主党の連邦議会が、連邦政府に、適切な時期に公共事業による反景気循環政策を実行できるように、いくつかの公共事業プロジェクトの長期計画と詳しい具体的実施計画を作成して、"これらのプロジェクトを"実行できる準備を常にしておくことを要請する法律を議会で通過させたとき、誰も驚かなかった。

　図1は、景気循環緩和の財政政策が、山を切り取りまた谷を埋めることによって、景気を安定させる方法を示している。実線 *ABCD* は、もし政府が景気循環に何もしなく、中立的政策を遂行するならば、発生する景気循環を示している。破線 *A'B'C'D'* は政府の予算を示している。この予算は必ずしも毎年均衡しているのではなく、景気の一つの全循環(the whole

図1　景気循環緩和の財政政策

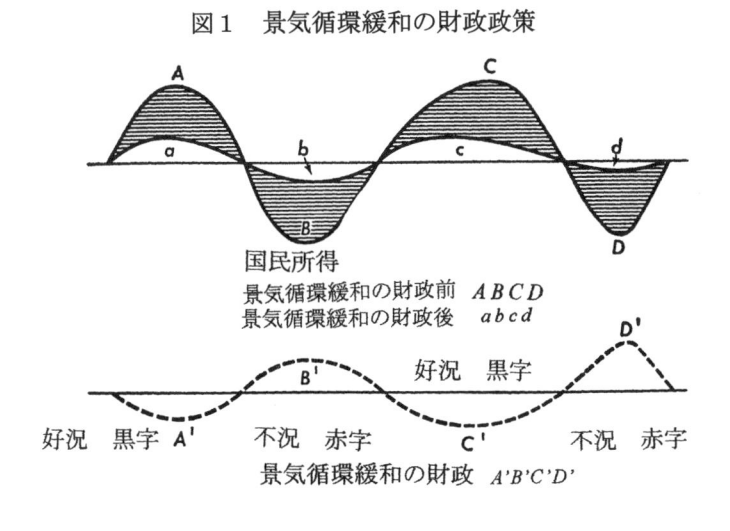

　　公的予算は、一つの景気循環の期間で均衡しているが、必ずしも毎年均衡して
　いるとは限らない、と想定している。景気循環緩和の財政政策は、不況の期間の
　赤字を相殺するために、好況の期間には支出の削減と増税を意味する。

cycle)の期間においてのみ均衡していることに注意しよう。景気が落ち込んでいるときには、景気の谷を埋めることができるように、政府の活動を引き上げ、逆に景気が活発すぎるときには、景気を押さえることができるように政府の活動を引き下げる。このことから、政府の活動は民間の景気循環の局面とちょうど*反対*であることにも注意しよう。黒く線を引いた領域は、財政による調整の結果、好景気をどれだけ押さえているか、また不況をどれだけ緩和しているかを示している。この黒く線を引いた領域が財政の黒字あるいは赤字の領域よりも大きいことにも注意しよう。このことは、好況と不況の両方において、よく知られている乗数が働いているからである。政府の景気循環緩和の政策の後、最終的に実現される国民所得の動きを *abcd* によって示すことができ、この *abcd* の動きは元の動きよりもはるかに安定している。

民間経済はよくきくハンドルのないあるいは調整装置のない機械のようなものである。景気循環緩和の財政政策はこの調整装置あるいは温度調整装置である。図 1 で示しているように、景気循環緩和の財政政策は景気循環の振幅を減らそうとする。この政策は変動するすべての部分を必ずしも完全になくそうとしていない。さらに、すべての者は、自分達の公共事業を実施したい時期に、正確に実施することが難しいことを知っている。私達は、一層多くの購買力を望む時に、公共事業の開始のスイッチを簡単に入れることができず、逆に購買力を減らしたい時は、公共事業という調整装置の目盛りを下げる方向に簡単に動かすことはできない。特に公共事業のプロジェクトが大きいならば、このプロジェクトを開始するには時間がかかる。このプロジェクトが一旦始まるやいなや、このプロジェクトを中止させることは困難であり、また費用がかかる。公共事業を開始することも中止することも、このように技術的に難しいために、さらに、現実に好況の状態にあるのかそれとも不況の状態にあるのかを見きわめるにも時間がかかるために、私達が実現しようとすることは、国民所得の 100 パーセントの安定を生み出すほど望みの大きなものであってはいけない。

福祉およびその他の支出　幸いなことに、公共事業の難しさは克服できないことはない。さらに、幸いなことに、公共事業計画(public-works planning)は多数の反景気循環対策の内の一つにすぎない。この計画が全くなくても、人々が失業するときには生活保護と失業への政府支出は自動的に増加する、他方、仕事が再び多くなるときには、これらの政府支出は自動的に減少する。

世界中の国々において次々と、大恐慌によって、一部歳出の自動的増加は、予算を自動的に不均衡にさせた。私達自身の 48 州は、好況の時期には、賃金税によって徴収するよりも少ない給付金を失業者に支払うことによって、失業補償積立金(an Unemployment Compensation Reserve Fund)を積み立てる傾向にある。不況の時期には、逆のことが当てはまる。つまり、失業した労働者への支払いは賃金税の徴収を上回り、積み立てられていた失業補償積立金からお金を支払うので、購買力は一部維持される。

不況の 1930 年代の間、WPA（就業促進局）は、公共事業プロジェクト（学校、プール、道路建設、作家と演劇への支援プロジェクト、等）によって、失業者を直接雇用し失業対策

を行った。PWA（公共事業局）は、失業者を直接雇用せず民間企業と契約した連邦と州のプロジェクトに対して資金を提供した。失業者と貧しい人々には生活保護(home relief)を給付した。これらのプロジェクトの必ずしもすべては、理想的なものであるとは限らなかった。一部のプロジェクトは急いで作成され、また管理がずさんであった。しかしこれらのプロジェクトは、革命への潜在的状況を一時的に沈静化させ、人間の生存にとって基本的に必要なものを提供し、同時に（乗数効果によっても）購買力と雇用に寄与した。図2は1930年代の緊急支出の内訳を示している。

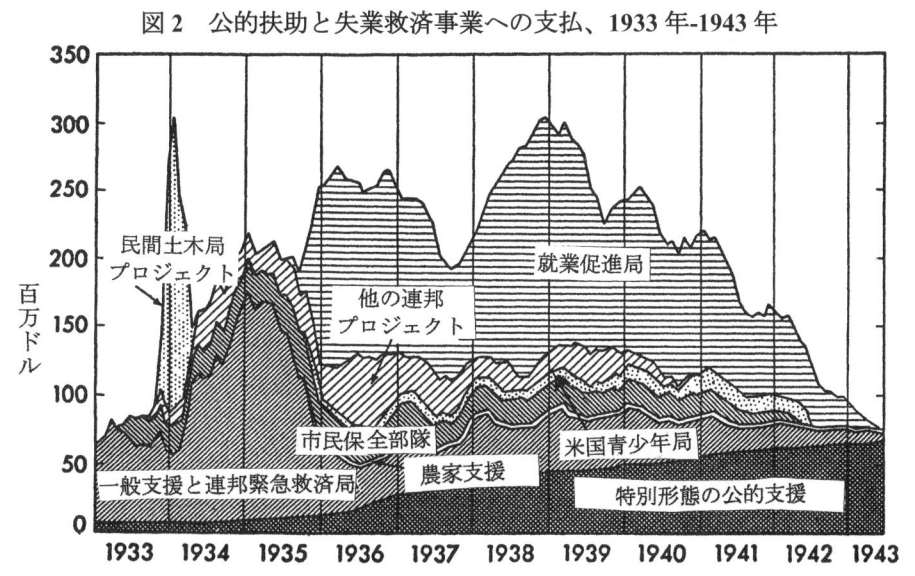

図2　公的扶助と失業救済事業への支払、1933年-1943年

出所：*Social Security Bulletin.*なお、それぞれの救済事業支出の名称は次のようになる。市民保全隊(Civilian Conservation Corps)、米国青少年局(National Youth Administration)、民間土木局プロジェクト(Civil Works Administration Project)、就業促進局(Works Progress Administration)、および連邦緊急救済局(Federal Relief Administration)である。

租税収入の自動的変化　景気循環緩和の財政政策は、公共事業への支出と福祉への支出に加えて、景気循環を緩和できるように、増税と減税の時期を決定する租税政策にも頼ることができる。私達は、すでに財政についての二つの章（第7章と第8章）で、連邦の租税制度が所得と重要な関係があり、租税の徴収が国民所得の変動と同じ方向にきわめて強く変動する傾向があるのを見てきた。たとえ連邦議会も州議会も少しも法律を変えなくても、政府の租税の徴収は、国民所得が増加するときには自動的に増加する傾向があり、逆に国民所得が減少するときには自動的に減少する傾向があることが明らかになっており [1]、さらに、私達の租税構造には累進的性質があることによって、私達の租税の徴収は所得それ自体よ

---

[1]　国民所得が100億ドル変化するごとに、私達の戦後の制度では租税の徴収は同じ方向に25億ドル以上変化する。

りも比率としてずっと激しく変動することも明らかになっている。

　1世紀前には、経済学者は、租税収入の安定が良いことであると考えていた、このため、これらの経済学者は、国民所得が増えたり減ったりすることにより、租税収入も増えたり減ったりする今日の傾向を良くないとよくみなした。今日において、大部分の経済学者が正しいと考えることは、1世紀前の経済学者とちょうど逆であり、今日の大部分の経済学者は、好況を押さえるために財政黒字が必要であると思っている。今日では、財政黒字を生み出すには次の二つの方法がある。もちろん、政府支出を削減することによってであり、それと租税収入を増やすことによってである。実際、自由な民間企業の立場に立つと、税額の変更は受け入れやすい比較的穏健な政策を意味している。このため、私達の現在の租税制度には、租税の徴収がインフレの時には増加する傾向となり、逆に不況の時には減少する傾向となる"自動伸縮性"(automatic flexibility)がある程度あり、なんと幸運なことか。この租税の自動伸縮性は、経済全体を安定させそして景気循環を緩和する力強い要因になっている。

　景気循環緩和への税率の変更　以上のことは必ずしもすべてではない。連邦議会は税率も変更できる。第1次世界戦前に戻ると（そして今日でもここ数四半期においてやはり）人々は予算を*どの年も毎年*均衡させることが明らかに望ましいと考えた。それゆえ、連邦議会は、公衆が所得の低下に陥っているときには税率を引き上げようとし、逆に所得が急速に上昇しているときには税率を引き下げようとした。もう一度話を繰り返すが、経済学の専門家の見解は完全に180度変わっている。今日においては、財政について最も保守的経済学者を除いたすべの経済学者は、所得の低下時の税率の引上げと所得の上昇時の税率の引下げという税率の変更に反対している。景気循環緩和の財政政策の良さを信じている経済学者は、税率を引き下げる時期は総購買力があまりにも低い不況の時期であり、他方税率を引き上げる時期は好況の時期であると主張しているのでる。

　このように、支出とともに租税は景気循環緩和の財政政策のために重要である。

景気循環緩和の財政政策のいくつかの問題点

　私達は、(1)大規模な公共事業プロジェクトを、迅速に開始できるように計画するか、あるいは縮小できるように計画する難しさと、(2)ブレーキをかけるのではなく、アクセルを踏む時がいつからかを、本当に正確に決定する難しさもすでに述べた。これらの二つの難しさに加えて、完全に効果的な景気循環緩和の政策についてさらにその他いくつかの問題点がある。

　民間投資への影響　第3の問題点は民間投資の変化と関係している。例えば、一部の経済学者は、政府支出あるいは財政赤字が、不況の期間に、購買力を現実にはあまり増加させないかもしれないと主張する。もし民間投資が一定であると仮定できるならば、公的支出はもちろん所得と雇用に望ましい最初の効果を与えるであろう。最初の効果以上に、その後何回も引き続いて生ずる所得の増加の一部を消費に再支出することは、望ましい第2次的効果としてよく知られている乗数的連鎖を発生させるであろう。だが、もし民間投資が政府支出

あるいは財政赤字によって減少するならばどうなのか。

この民間投資の減少は確かに起こりうる。実業家達は「ホワイトハウスの人が向こう見ずに支出することによって、私達は計画していた小規模な民間投資でさえ断念することになる」と言うかもしれない。あるいは民間の公益事業会社は、公営企業の水力発電プロジェクトによる損害を恐れて、投資を減らすかもしれない。あるいは、政府支出が人々に小売店で買物をするお金を与えるとき、深刻な不況の時期にはこの効果は商人に過剰な商品の在庫を減らすのを可能にするだけかもしれない。また、もし公共投資によって資材を受注した商人が生産財を製造企業に発注しなければ、公共投資は誘発される民間の（在庫の）負の投資だけでほぼ効果がなくなり、乗数的連鎖はただちに完全に停止する。

他方において、政府支出の民間投資への望ましくない影響とちょうど反対の、次のような望ましい効果があるかもしれない。現在の生産が低迷しまた工場に過剰な生産能力があるときには、慎重な実業家は誰も新たな資本形成を企てようとは思わない。もし政府が小売販売高と消費財の生産を引き上げることができるならば、実業家は、設備を更新しさらに新工場を建設するために支払う資金を得ることができ、少なくとも、設備の更新と建設をいくらか行いたいと思うであろう。（この一つの例を、誘発投資を売上高の上方への変化と関係づける加速度原理についての第17章での議論によって与えておいた。）

このような（民間投資への望ましい効果と望ましくない効果の）二つの相反する動きがある所では、議論よりも事実が私達の道標になるに違いない。経済学では対照実験によって論争点に結論を下すことは可能でないけれども、本書の筆者が注目している大部分の統計データは、民間投資が全体として国民所得の水準の変動と同じ方向に動く傾向があることを示しているのである。何と、売上高を計算するレジスターが投資の方向を示しており、まさしく自由−企業社会では、そのようである。

上述の分析は、私達が財政赤字を望ましくないとする心理的反応を、無視できることを意味しない。さらに、この心理的反応は、財政が一つの景気循環の期間に均衡する純粋に景気循環緩和のケースとの関連においてよりも、長期の赤字財政との関連において、はるかに重要である。後の数節では、この論題を有益な形で再び述べることにする。

地方財政の財政的に望ましい状態からの逸脱　　景気循環緩和の財政政策についての第4番目の問題点は、州政府および地方政府の行動から生ずる。連邦政府と異なり、州政府と地方政府は、（好況のときには病院と学校のために借入れをし、逆に不況のときには債務を減らして）景気循環への望ましい対応から逸脱する傾向がある。この州政府および地方政府の行動は、景気循環を緩和するのではなく悪化させているのである。

しかし、このことに対し州政府と地方政府をあまりにも厳しく非難することは適切でない。現実に不況時には連邦政府が借りることができる資金(the credit)は増加している。さらに、連邦政府は、もし連邦議会が必要であると考えると、通貨を発行できる憲法上の権限と、資金の借入れを行うために中央銀行を利用できる憲法上の権限を持っている。他方、（近年では、連邦の助成金が州および地方の公共事業のための重要な財源になっているけれども）

州および地方は、資金の借入れを行うときには、借入れを行いにくい状況にある。さらに、州および地方は、不況時の借入れについて、州憲法や条例によってしばしばきびしく制限を受けている。

　一般に、州と地方が、景気対策のために、きわめて積極的支出政策を実行することは、多分ほとんど期待できない。しかし、州および地方が、インフレの期間に新しい消防自動車を買い、また戦勝記念建造物を建造し、他方、不況の期間にすべてのサービスをぎりぎりまで切り詰めることによって、景気循環を悪化させるのではなく、少なくとも、景気循環に中立的となる行動指針を、州政府と地方政府に対して、私達は定めることができる。さらに、地方政府が、不況の期間にデフレ的で、逆進的な売上税(regressive sales tax)を導入し、他方、好況の期間に所得税率を引き下げるような、*景気循環を強める誤った税率の変更*を実行しないように、私達は望むこともできる。

　　“ポンプへの呼び水の注入”との取り違え　　上の四つの批判に加えて、景気循環緩和の財政政策について、その他の多数の問題点を挙げることができる。しかしこれらの問題点の内、ただ一つの最も不適切な景気循環緩和の財政政策への批判だけをここで述べる。多くの人々は、*政府が不況対策の支出を減らした後、国民所得が再び低い水準に戻るかもしれない*と分かり失望している。現実に、このように失望は、景気循環緩和の財政政策への批判にはならず、むしろ、政府による“ポンプへの呼び水の注入”(pump priming)と一般に呼ばれるものと、混同している事実から生じているのである。

　ニューディールがまだきわめて初期の時、もし政府がわずかなお金を使いさえすれば、経済が不況から回復し、その後永久に自力で動き続けるであろう、つまりもしあなたがポンプの中に呼び水としてわずかな水を注ぎ込みさえすれば、このわずかな水が永続的な水の流れとなってあなたに報いるであろう、と多くの人々は思った。

　ガソリンエンジンが永久運動機械と異なるのと同じ様に、実際、景気循環緩和の財政政策はポンプへの呼び水の注入と異なる。ガソリンを給油するのを止めなさい、そうすればエンジンは停止する。食べるのを止めなさい、そうすればあなた方はやせ衰える。景気循環緩和の財政支出についてもこのとおりである。公的支出には力強い第 2 次的効果があるかもしれない。それでも、民間投資それ自体と同様に、公的支出が終わるとやがてこの効果はなくなる。経済において、何もなしで何かを得ることができる魔法の方法はほとんどないのである[2]。

　景気循環緩和の財政政策の問題点についてはここまでにする。最後に、ほとんどの人々は、この景気循環緩和の財政政策についての主張に、理論において異論を唱えていない、と言及するだけでよい。人々が時々景気循環緩和の財政政策に反対するのは、無害に見える景

---

2)　ポンプへの呼び水の注入の状態を得る一つの方法は、1 ドルの支出が 1+2/3+(2/3)²+・・・=3 の乗数的連鎖を作り出すのではなく、1+1+1+1+・・・+1+・・=無限大の形態の連鎖を作り出すシステムを考えることである。もし少しも“貯蓄への漏れ”がなければ、ポンプは呼び水に使った元の量のお返しに、どれだけの量の水でも、あなたに与える。

気循環緩和の財政政策として開始することが、長期の支出政策に変わるかもしれない傾向あるいは危険についてである。例えば、景気の一つの全循環として 1933 年から 1938 年までの期間を考えよう。確かに 1935 年と 1937 年は、振り返ってみると、その期間の最善の年であり、また純粋な景気循環緩和の見解に従えば、財政黒字 (budgetary surplus)になるはずの年であった。しかしその当時、ほぼ 1,000 万人の失業者がいたので、財政支出を抑制することが、適切である、あるいは"政治的に望ましい"とほとんど思えなかったのである。

長期財政政策

そこで、長期の問題に目を転じよう。もし民間投資があまりにも少なく高い雇用を維持できない 5 年間の不況と、その後投資があまりにも多く、高い雇用を実現するが安定した物価を実現できない 5 年間の好況を常に確信できるならば、景気循環緩和の財政政策は申し分ないかもしれない。しかし、もし強い好況の年数が不況の年数よりも常に多い戦後の時代に移るならば、どうであろうか。"長期好景気"(secular exhilaration)のこのような期間においては、多くの経済学者は、政府が景気循環の期間ごとに財政を均衡させるべきではなく、むしろ、いくつかのほとんどの景気循環の期間に、また何年もの長期の期間にわたり、平均すると（支出を上回る租税という）"財政黒字"になるようにするべきであると主張している。

このような財政政策は、変動を滑らかにすることを目指す景気循環緩和の政策とは明らかに異なる。この財政政策は、購買力の平均水準を引き下げ、そしてインフレーションを押さえることを目指す*継続的な長期黒字財政政策*(long-run surplus financing)である。

これとは逆に、民間投資の水準と変動が図 3 で示す国民所得の動きを私達に与えると想定してみよう。たとえ私達の人的資源、物的資源およびノウハウが、アメリカ経済に、上方の滑らかな曲線で示している完全雇用国民所得という実質生産物の*潜在的*動きを生み出すことを可能にしているとしても、貯蓄と投資のバランスが、変動する曲線 *ABCDEFG* によって示す現実の国民所得の動きを与えていると想定してみよう。もし景気循環緩和の政策

図 3　長期停滞の形態

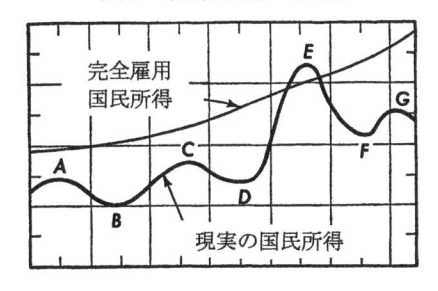

仮定したデータにおいて、簡単な景気循環緩和の財政政策が、安定した高い雇用を達成するためには、不十分であるとみなすことができるケースを、図によって示している。

のみを実行するならば、所得の動きがどのようになるかを示す第3の線を、読者は描き入れることができるに違いない。たとえ景気循環による歪みを部分的に調整できるとしても、やはり大部分の期間にわたり、資源が利用されなかったり、生産が実現されないままになる。

　多くの現代の経済学者は、このようなケースにおいては、*十分な調整*(*full compensation*)を行う*長期政策*を支持しようとする。これらの経済学者によれば、*A*でも、*C*でも、*G*でも景気を抑制することは望ましくなく、*E*でのみ強い緊縮的支出政策を実行することは望ましいのである。

　この新たな学派の財政学者達によれば、財政政策は、("長期停滞"(secular stagnation)のこのような期間においては) 必ずしも大部分の期間でないにしても、大いに拡張的でなければならない。一つの景気循環の期間全体として、不況の年の数が好況の年の数よりも多いので、予算は均衡しなくてもよい。国民所得が増加するにつれて、公債も増加するかもしれない。だがこのすべてことは今でも議論の的になっており、多くの著名な経済学者達が、財政赤字が続くどのような政策にも反対していることに、読者は注意するべきである [3]。

　長期黒字財政政策と長期赤字財政政策(long-run deficit financing)は両方とも、純粋な景気循環緩和政策と異なる。長期黒字財政政策と長期赤字財政政策の内どちらの政策が適切であるかは、貯蓄と投資の長期的バランスという偶然の出来事によって決まる。最初に、完全雇用貯蓄(full-employment saving)と比較して低迷している投資機会というきわめて悲観的状況に目を向けてみよう。

長期停滞か

　一つの景気循環の期間に予算が均衡する景気循環緩和の財政政策は、景気の上下の変動を滑らかにすることを意図しているが、雇用の平均水準を大きく変えることを必ずしも意図していない。継続的な長期黒字財政政策は、国内投資と対外投資の合計が完全雇用貯蓄を超えがちとなる、"長期好景気"の時期において発生するインフレーションを押さえるために、購買力の平均水準を引き下げることを意図しているのである。今私達は次の第3の可能性を調べなければならない。つまり、次の2、30年間において、完全雇用貯蓄が投資機会を上回り、その結果必ず、高い雇用の年よりも不況の年の方が多くなり、さらに長期の不況と短くまた活気のない景気回復になるかもしれない可能性を調べなければならない。

　このような状況はしばしば"長期停滞"(secular stagnation)と呼ばれている。この長期停滞は、ハーバード大学のアルビン・H・ハンセン教授の名前を思い出させる。ハンセンによれば、投資の動態的変動が経済変動の主な要因である。投資が高速ギアに変わり高くなるとき、総需要は高くまた仕事もたくさんある。他方、投資を促す変動しやすいいくつかの要因が、長期にわたりたまたま投資をさほど実現しないとき、経済システムは、数年あるいは数十年

---

3)　膨大な研究である *The American Industrial Enterprise System*,　Vol. II, Chap. XVIII, National Association of Manufacturers, New York, 1946、を参照せよ。

にわたり、かなりの失業に直面するかもしれないのである。

　ここまでの見解について、ほとんどすべての経済学者はハンセンと同じ意見であった。しかしハンセンが、アメリカの状況に関して、投資が完全雇用貯蓄よりも少なくなるかもしれない、あるいは、実際、確かに少なくなりそうな多数の長期的要因が存在するという自説を主張し続けたとき、多くの経済学者はハンセンの見解から離れようとした。ハンセンは、アメリカ合衆国のような比較的“成熟した経済”(mature economy)が、特に投資の低迷と失業に陥りやすいと考えている。ハンセンが考えたこれらの見解に対するいくつかの理由は次のようなものである。

　投資の予想　　過去において、投資の主な決定要因は次の数個の（静態的でなく）動態的要因であった。つまり、*急速な人口増加、新たな領土の発見とそこへの移住、および技術革新*である。地理的未開地がなくなって以来長い。第1次世界大戦前でさえ、最初の二つの投資の決定要因は弱くなり始めていた。第1次世界大戦後、とりわけ1930年代の10年間に、投資のほとんどの決定要因はほぼ技術革新になった。このことは、19世紀よりはるかに移民が少なくなり、また出生率も低くなることが確かであるこれから数十年後に、一層当てはまるであろう。

　完全雇用の経済は、飛行機と同様に、じっととどまっていることができない。完全雇用の経済は、もし不幸な出来事を避けようとするならば、成長し続けなければならない。三つのエンジンではなくただ一つのエンジンで飛んでいる飛行機は、おそらくそれでもなんとかうまく飛べるかもしれない、しかし確率の命題により、事故に直面する可能性は増加する。

　さらに、ハンセンは、投資の決定の第3の動態的要因である技術革新が、私達の歴史においてこれまでよりももっと目覚ましい速度で進むが、*必要な投資額を増やすよりも、むしろ減らす発明*の形態にかなりなるかもしれないと思っている。例えば、大型航空機の発明は、一般道路および鉄道へ何十億、何百億ドルもの投資を行わなくても、シベリア開発を可能にするかもしれない。無線通信あるいは多回線通信線の発明はすべて、資本設備の設置に必要な莫大な投資金額を減らしている。原子力は、世界の多くの地域で、費用がかかる水力発電開発プロジェクトに対する必要さを最小にするかもしれない。投資に関する限り、科学は投資を増やしもするし減らしもする、そしてハンセンは、（1930年代に事実であったと思っていること、つまり）“資本－節約的発明”(capital-saving invention)が優勢であり続けるかもしれないと考えているのである。

　個人貯蓄と法人貯蓄の予想　将来の貯蓄に関するハンセンの見解は、ハンセンの理論の要点を述べている。ハンセンは次のように考えている。人々は自分達の所得の増加を消費と貯蓄の間に分ける。また、私達の途方もなく創造的な科学者と技術者は、速い速度で完全雇用実質所得(full-employment real income)を増加させると予想できる。多分、実質賃金と生産性は、1年で2ないし3パーセントの複利の比率で、つまり過去においてよりもっと高い比率で今後も増加し続けるであろう、と考えている。

　もし人々の好みと消費水準が同じままであるならば、この巨額の所得の増加は、貯蓄の一

層大きな比率での増加を多分意味する。だが幸運にも、大量失業を回避できる見込みとして、人々の消費水準は同じままでない。人々が必要とする物と望む物は、発明される新たな生産物によって、広告によって、社会的習慣と他の人々の生活を模倣しようとすることによって、絶えず拡大しているのである。

　私達の歴史のすべてにわたって、消費－所得曲線(the consumption-income schedule)は上方にシフトしてきた。貯蓄曲線は下方にシフトしてきた。私達は、過去半世紀以上に戻ると、現在統計についてかなり好ましい記録を得ている。これらの記録は、貯蓄の所得との比率が上昇するのではなく、アメリカの人々が過去の完全雇用所得(full-employment income)から貯蓄してきた比率が著しく一定であることを示している。ハンセンは、同じことが、今後何十年においても当てはまり続けると思っている。もし生活水準の上昇が生産性の上昇と歩調を合わせるならば、（特にもし累進税と支出政策が高い消費経済を維持するのに役立つならば、さらにもし失業への大胆で強力な取組が、人々が、生活を心配して過剰の貯蓄をし、高い生活水準を実現するのを遅らせるどのような動きも、阻止するのに効果的であるならば）投資によって相殺されなければならない一定比率の貯蓄の増加は、必ずしも悪い害を及ぼさないのである。

　個人貯蓄(personal savings)は貯蓄全体の一部にすぎない。ますます、法人貯蓄(corporate saving)は大きくなっている、だがこの法人貯蓄についてハンセンはどちらかと言えば楽観的でない。企業が減価償却と機械の旧式化に対して会計において十分に引当てを行うことは、健全な企業経営である。配当金の支給を一部見合わせ、収益を事業の成長のために再投資することは、健全な行動である。だが、ハンセンはこのことに関して次のように思っている。これらの企業貯蓄(business savings)は、資本設備の更新と新たな資本形成への資金を賄うために十分である以上の額であるかもしれない。法人投資が追加的純（あるいは粗）法人貯蓄によって完全に賄われるならば、法人投資は、個人貯蓄を吸収するように利用されず、仕事と購買力をあまり増やすことができない。

　生まれつき変わることのない楽天主義者であるハンセンは、完全雇用を維持するためには、実業家が、生産量を大きくし、生産物 1 単位当たりの少ない利潤、および控えめな利潤率と貯蓄率で満足することを、期待している。

　ハンセンへの信奉者の一部はハンセンほど悲観的ではない。逆に、事実の過去と将来の動向に関してはハンセンと見解が一致するが、停滞の根本的原因に関してはハンセンと意見が一致しせず、ハンセンよりもはるかに悲観的である保守的見解を持つハンセンへの信奉者もかなりいる。これらの悲観的なハンセンへの保守的信奉者は、戦前と戦後の投資不足の原因を政府の企業への介入のせいにし、法律を改正しようとする。だが、世界中の国々が計画国家へとますます移行しており、アメリカの有権者のかなりの部分も、計画国家への歴史の動きを支持している。アメリカの有権者のその他のかなりの部分も自由放任に戻ることを明らかに望んでいないので、政府の企業への介入を減らして、投資を増やそうとするハンセンへの保守的な悲観的信奉者は、当然落胆している。

ハンセンの停滞論(the Hansen stagnation thesis)への批判を行う前に、このハンセンの停滞論が共通に誤って理解されているいくつかの内の一つに注目してみよう。停滞になりそうであると思われていることは、私達の潜在生産能力が増加しないことではない。図3が明確に示しているように、長期停滞論者は、私達の科学者が（ガラス製ネクタイを発明し、また以前に1人2時間を必要としていた作業を、1人1時間で行えるようにして）以前よりももっと大きな生産能力を生み出すであろうと思っている。私達が見てきたのと同じ様に、ハンセンも、生産性と完全雇用生産物が1世代ごとに2倍になる複利の率で増えるかもしれないと思っている。（もし何も停滞への対策を行わなければ）ハンセンが考えている停滞を生じさせている唯一のものは、私達の潜在能力を現実に実現できるようにして、すべての人々が雇用されるようにする私達の能力の不足である。別の言葉で言えば、停滞を生じさせている唯一のものは、豊かで、成熟した経済では、完全雇用貯蓄と比較して、投資の水準が低迷することであり、この投資の低迷をなくす私達の能力の不足なのである。

停滞は悪霊であるのか

　必ずしも、すべての経済学者あるいはほとんどの経済学者が、この停滞論が立証されたものである、あるいはこの停滞論が現実に起こりそうである、とみなしたのでは決してなかった。しかし驚くべきことに、工業設備分野の同業者団体である機械および関連製品協会（the Machinery and Allied Institute）が、『経済的成熟という悪霊』(*The Bogey of Economic Maturity*)というタイトルの普通サイズの書物を出版するまで、停滞論への強烈でまた詳しい反対意見が印刷物になってほとんど現れなかった。有能な経済学者であるジョージ・ターボー(George Terborgh)が原稿を書いたこの書物は、停滞の見解に反対する主張に関心があるすべての人々にとっての、最も内容のある参考文献になっている。細部に立ち入らずに、ターボーのいくつかの見解を以下で簡単に述べてみる。

　ターボーは次のように思っている。停滞と成熟経済という主張は、十分な事実に基づく根拠も理論的論拠もない悪霊(a bogey)である。この停滞と成熟経済という主張は悲観的な不況期の産物である。1929年以前では、アメリカ経済には停滞と成熟の形跡はほとんどあるいはまったくなかった。つばめが1羽飛んで来たからといって夏とみなすことができないのとちょうど同じ様に、一つの不況、一つの大不況でさえ、停滞を支持する理由になるとみなすことができない。貯蓄と投資による所得分析は、それ自体中立的であり、停滞を支持するいかなる理由も与えていない。もちろん、この所得分析の誤った利用は停滞を支持する理由を与えるように思われる。例えば、19世紀のどの時期でも、私達に投資をもたらした産業の名前を挙げることは難しい、それゆえ、事実をよく調べず、貯蓄を単純に計算する人は、どの時期においても悲観的で誤った結論に至るかもしれない。

　ターボーは、具体的事実を調べることによって、次のことを認めている。人口増加が投資量決定への重要な要因になっている。しかし、このことは、もし人口が増加しないならば、必ず投資も増加しないことを示すものではない。このこと以上に、人口増加が低下するとき、

人口の内の年老いた人々、退職した人々の構成比が相対的に高まる。それゆえ、人口増加の低下は、投資を減らす動きがあるかもしれないのと同時に、貯蓄も減らす。最後に、すべての内最も重要なことであるが、人口の増加率の低下は1世紀の間続いてきた。それでは、なぜ停滞が何十年もずっと前から始まらなかったのか。

未開地の消滅についても同様である。地理上の未開地は1890年代に消滅した。なぜ停滞はその当時から発生しなかったのか。はたして、新しい土地での新たな人々は、古くから定住している土地での新たな人々よりも一層多くの投資を生じさせるのであろうか、とターボーは疑った。

ターボーは、技術革新という投資の第3の要因を調べることによって、2、3の巨大で印象の強い産業がきわめて重要であることに疑問を持ち、次のように述べた。

重要なことは、技術発展の特定の産業への集中の程度ではなく、技術発展全体の動きである。（手当たり次第にいくつかの成長産業の名を挙げてみると）航空機、冷蔵庫、空調、ラジオ、テレビ、レーヨン、プラスチック、急速冷凍、プレハブ住宅、軽金属、粉末金属、ハイオクガソリン、ガスタービン、ジェットエンジン、ガラス繊維、綿摘み機、農機具のコンバイン、電子機器のような多くの産業があり、直接投資と誘発投資の総額は巨額になっている。・・・資本節約的技術革新(capital saving innovation)の比率の増加の形跡はない[4]。

ターボーは企業の自己資金による投資(self-financed business investment)の増加という悪霊の存在も信じていない。彼は、研究によって、1930年代の世界大恐慌を企業の自己資金による投資以外の他のいくつかの観点から説明しなければならず、また近い将来の見通しも比較的望ましいと確信し、次のように述べている。

私達の判断によれば、もし・・・私達が*消費と投資の総額の慢性的不足*に苦しんでいるならば、この総額の慢性的不足は、物的および技術的意味において、投資機会が不足して、私達が消費に回さない所得を、投資が絶えず吸収できないからではない。もっと望ましい政治と経済政策の下では、同じ物的条件で実行されているはずの投資を、政治と経済政策が妨げているからである[5]。

景気循環安定化の課題は、停滞論者の予言という妨害がなくても、かなり達成が困難である。たとえ私達が"6,000万人の雇用保障"という非現実な完全主義を放棄し、相対的安定というもっと控えめな当面の目標を実現しようとしても、景気循環安定化の課題はやはり達成が難しい。しかし、この課題の達成は不可能ではない。経済的成熟という悪霊につきまとわれることがもはやなくなれば、私達は勇気と決断力をもって、この課題の達成に取りかかることができる[6]。

4) George Terborgh, *The Bogey of Economic Maturity*, pp.89, 96, Machinery and Allied Products Institute, Chicago Chicago,1945.

5) *Ibid.*, p.213, 226.

6) *Ibid.*, p.226.

私達はここでは停滞の見解についての比較的良い見解を評価しようとしていない。私達は、経済分析によって、停滞に対して必要な政策を十分に知る準備をしなければならない。同様に、経済分析によって、長期のインフレ的状況という反対の状況に対応できる準備もしなければならない。次の本章の B では停滞の状況と長期のインフレ的状況への政策のいくつかの課題を論じ、さらに私達の戦後の公債政策のいくつかの重要な特徴を示す。本章の付録ではいくつかのケースに分けた完全雇用経済の実現の問題を扱う。

長期好景気、長期黒字財政政策および公債の償還

　民間の投資需要と消費性向が戦後あまりにも上昇する傾向があるので、人的資源によって生産できるよりも高い所得で貯蓄曲線と投資曲線は交差する傾向があると想定してみよう。このとき "超完全雇用"(overfull employment)へと進むであろう。インフレーションへの十分な気配があるというよりも、実際インフレーションになるであろう。物価が急騰するにつれて、ドルの価値は低下する。人々は生産できるよりもっと多くの商品を買うことを望む。物価は上昇する、このためしばらくの間、物価の上昇は過度の商品の購入を抑えるように思われるかもしれない。しかし高い物価はいつまでも需要量と供給量を等しくさせない。高い物価は誰かの（農民の、実業家の、労働者の）所得を生み出す。再び需要が超過し、再び物価が上昇し、そして貯蓄曲線と投資曲線が完全雇用で交差しない限り、収束することのないインフレスパイラルというよく知られている状況に私達は直面するのである[7]。

　実行できる一つのことがある。政府は、購買力を減らすために、政府支出を削減しなければならない。政府は、財政の黒字を生み出すことができるように、租税の徴収を増やさなければならない。1 日あるいは 1 年、このことを行っても必ずしも十分ではない。総需要が超過している間は、政府は財政の黒字を実行し続けなければならない。

B．　公債と戦後の財政政策

　長期好景気という状況においては、1948 年に約 2,500 億ドル発行されている連邦債は、（必ずしも毎年ではないが、不況の数年を除いたすべての年に）徐々に償還されるであろう。もし "長期好景気" が今後 2、30 年間続くならば、連邦債は今後 4 分の 1 世紀の間に少なくとも半分に減少するかもしれない。このことは、予算が景気循環ごとに均衡し、連邦債が、10 年ごとに、例えば、2,000 億ドルに減少し、その後再び約 2,500 億ドルに増加して戻る純粋な景気循環緩和の政策と大いに異なる。

　連邦債を償還する経済過程を分析してみよう。政府は、支出よりも租税を大きくさせると、

---

7)　第 13 章でのインフレーションについての以前の議論を見よ。

銀行あるいは銀行以外の公衆が保有する連邦債を償還できる。銀行以外の公衆が連邦債を保有する第2のケースの方が簡単であるので、この第2のケースを最初に述べてみる。

　　銀行以外が保有する連邦債の償還　租税の徴収は人々の可処分所得を減らす。経済学者はこの租税の徴収をインフレーションの対策としてまさに要請する。政府は、政府以外の社会の人々および企業の負担によって、政府の預金と現金残高を増やすだけかもしれない。政府は、預金と現金残高を増やす以上に、租税の徴収によって得た貨幣を使って公債を償還して、公債残高を減らそうとするするかもしれない。

　　たとえ政府支出を上回る租税の超過による資金がこのように公債の償還に使われても、この純効果はデフレ効果である。このことは、徴収した租税が直接可処分所得を減らし、この可処分所得の減少が消費支出を減らすからである。さらに、租税による債券保有者への償還代金の支払いは、経常取引(a current transaction)であるよりも資本取引(a capital transaction)である。水曜日に 15,000 ドルで自分の家を売った人は、この 15,000 ドルをその日の所得とみなさないのと同様に、債券を売った人々は、この売却金額を、消費に使うことができる日常の繰り返し発生する自分の所得の一部とみなすことができず、普通みなそうとしない 8)。

　　公衆は金庫とマットレスの中の債券を手放す、そして実際公衆には、債券を保有していた証拠品の内の一つとして、受け取っていた債券への納税通知書が残る。この債券償還の経過を、映写機を戻して後で見るならば、この経過は戦時国債を（いわば、何もない所から）発行した経過とちょうど逆であるのが分かる。政府は、戦艦と銃の代金を支払うために公衆に課税する代わりに、実際にそれらの代金を政府債で支払った。より正確には、政府は、公衆が債券を買うために貯蓄していた所得によって、戦艦と銃の代金を支払ったのである。

　　銀行保有の連邦債の償還　もし政府の財政黒字を銀行保有の連邦債を償還するために使うとどうなのか。このとき、公衆保有の連邦債という資産を減らすのでなく、公衆保有の銀行預金と現金という資産を減らすであろう。このことはどのようにして生じるのか。まず初めに、私は租税を支払うために政府に現金あるいは小切手を渡す。政府は、商業銀行保有の政府債を買い戻すために、連邦準備銀行で増加した政府の銀行預金を使う。商業銀行は政府債という資産と同時に預金という負債を失う。公衆は、その後ずっと、以前より少ない銀行預金あるいは通貨を保有することで終わるからである 9)。

---

8)　比較的貧しくすぐにお金を使おうとする人による戦時国債の現金化は、もちろん、話は別である。また、政府が、支出を上回る租税の超過を、連邦債を償還するために使うことは、租税の超過を銀行預金口座で積み立てる政策と比較して、利子率にいくらか低下効果を与えるかもしれない。それゆえ、民間投資が、設備資金(capital funds)のこのような取得しやすさにただちに反応する形となる時々発生する好況期においては、財務省が連邦債を償還している間、連邦準備当局は引締的金融政策(contractionary monetary policies)を採択しなければならないであろう。

9)　財務省は、商業銀行から買った 50 億ドルのそれぞれの債券に対応させて、12 の連邦準備銀行からも 10 億ドルの債券を買わなければならないであろう。このことは、商業銀行の預金の減少に合わせて商業銀行の準備金残高を減らすためであり、さらに商業銀行に"超過準備"が発生しないようにするためである。読者は、第 15 章での中央銀行の業務についての議論を参照すると、戦時での動きとちょう

要するに、私達の戦時の公債の拡大が、私達の預金と通貨の供給量を大きく増加させた過程とちょうど逆の過程となり、政府が銀行保有の公債を償還することは、貨幣供給量のかなりの部分を減らすであろう。銀行保有以外の政府債を償還することは、公衆保有の流動性の高い政府債のかなりの部分を減らすであろう。例えば、1,250億ドルの戦時国債を、つまり戦時国債の半分を減らすことは、公衆の流動資産（通貨、預金、あるいは政府発行有価証券）も半分にするであろうと、私は見ている。

　連邦債と消費性向　実際に、人々は、保有の連邦債が長期間減少した後、最終的に貧しいと感じ始め、長期好景気を終わらせるほど消費性向を低下させるかもしれない（この状況においては、私達は政府支出を上回る租税徴収の多額の超過を支持できなくなる）。

　人々の金融資産の減少による消費低下への影響がどれほど大きいか、あるいは公債の戦時での巨額の増加が消費支出にどれほど影響があったか、を誰も知らない。この答は、いつでも支出しようとする貧しい人々が、かなりの金額の政府債を保有しているかどうかによって一部決まる。この答はまた、人々の資産よりもむしろ所得が消費に最も大きく影響を及ぼすかどうか、さらに人々が、一定額の貯蓄を貯めた後、一層多く貯蓄しようとするか、それともあまり貯蓄しようとしないかによっても決まる。戦前に赤字財政に最も批判的であった一部の経済学者が、今では政府債の戦後の個人保有が消費を増加させ、好景気を生み出すであろうという考えへの、最も熱心な支持者であることは少し皮肉である。

　連邦債の償還と利子　連邦債の償還によるもう一つの影響として、政府が現在毎年債券保有者に支払わなければならない50億ドルの利子は、かなり減少するかもしれない。1947年において、この移転支払は国民所得の3パーセントを下回る金額であったが、この利子の支払いの減少により節約される政府支出のそれぞれのドルは、他のところで、ちょうど同額の減税あるいは政府支出の増加を可能にすることは間違いない。

　たとえ連邦債が今後25年の間に半分になるとしても、連邦債への利子負担は、連邦債の残高と等しい割合の半分に必ずしも低下しないであろう。銀行、保険会社、未亡人、大学、およびその他の利子生活者の利子減少による苦しみの声は、同じ時に発生している民間投資家による活発な資金需要と一緒になり、多分利子率をいくらか上方に変化させるであろう。（政府が借入金に支払わなければならない利子率によって計測する）政府の経済的信用度が、不況のときに改善し、逆に好況のときには悪化するという通常の説とは逆の説によって、公債の平均利子率は今日の2パーセントから3ないし4パーセントに上昇するかもしれない。それゆえ、連邦債が半分になっても、利子率が2倍になることによって多分十分に相殺されてしまい、政府の利子の総負担額はそれほど大きく変化しないであろう。しかし、技術進歩と人口増加によって、私達の実質国民総生産が1世代ごとにほぼ2倍に増加し続けるならば、50億ドルの利子の支払いでさえ国民所得の2パーセント以下に低下するであろう。

　ど逆の形で記憶を蘇らすことができる。

公債とそのいくつかの問題点

　私達は公債を償還する影響を調べてきたので、公債のいくつかの経済的利益と不利益をうまく分析できる。

　公債と関係する負担を評価するさいに、1人の小規模な商人の債務について当てはまることは何でも、政府の債務についても必ず当てはまる、と最初から判断を下す非科学的行為を注意深く避けなければならない。この様にこの問題に早まった判断を下すことは、合成の誤謬という論理に危険を冒して近づくかもしれず、また私達に公債による本当の（全く真実の）負担を明確にすることを可能にせず、問題をただ曖昧にするだけかもしれない。

　外国債対内国債　合衆国以外の人々への返済の義務がある大量の*外国公債*(external public debt)は、アメリカ経済への実質的負担でありまたアメリカ経済を不利にする。なぜなら、1国として私達は、外国債(the external debt)への利子の費用を支払い、またおそらく外国債の元金の一部を返済することによって、外国に大切な財およびサービスを送らなければならないからである。もし10パーセントの国民所得をこのようにして外国に送らなければならないならば、この負担は（耐えがたいものでないにしても）やはり重い。アメリカの人々は一層一生懸命にまた一層長く働かねばならないであろう、それも報酬なしでである。

　私達の現在の公債のように、国内で保有している公債と関係する負担もある、*しかしこの内国債*(an internal debt)*の負担は、外国債の負担とは質的にも量的にも異なる*。このことは最初のまた最も重要な、知っておかなければならないことであり、このことを知っておかなければ、誰も公債の経済的意味をよく理解できない。内国債の利子は、アメリカの人々によって、アメリカの人々に支払われるのである。財とサービスを*直接*失うことはない。内国債の利子を税収によって支払うとき、可処分所得が*直接*失われることはない。ポール(Paul)はピーター(Peter)が失うものを受けとる、そしてときどき（しかしほんの時たま）ポールとピーターは全く同じ人である。

　借入れと異なる時点への経済的負担の移転　外国債と内国債の間でのさらにもう一つの違いは、しばしば聞く次の主張と関係している。つまり「私達が戦争を遂行するために課税するのではなく借入れを行うとき、本当の経済的負担は、公債の利子と元金を支払わなければならない将来世代に実際移る。」異なる時点へのこの負担の移転は、外国債に適用するときには、正しいかもしれない。この負担の将来世代への移転は内国債に関しては明らかに間違っている。なぜか。

　今戦争を遂行するためには、私達は敵に今ある砲弾を撃ち込まなければならない。ドル紙幣を撃ち込むのでもなく、将来の財とサービスを撃ち込むのでもない。もしある中立国から砲弾を借り、そして私達の子ども達と孫達が将来の財とサービスでこれらの砲弾の代金を支払うと約束するならば、外国からの借入れが現在世代と将来世代の間での経済的負担の移転を可能にする、と私達は本当に言うことができる。

　しかし、私達に財を貸す外国はないと想定してみよう。私達の直接統制が民間の資本形成をぎりぎりにまで引き下げるが、それでも、私達の政府が戦争遂行のためにもっと多くの資

源を必要としていると想定してみよう。さらに、議会は、戦争遂行のために、肥大化した予算を政府が均衡させることができるほど十分多額の租税を可決しようとしていない、つまり、物価が上がらなくなるほど、人々が、自分達の支出を減らして、資源を政府に手放す十分厳しい租税を可決しようとしていないと想定しよう。このとき政府は、赤字財政を実行し、巨額の公債を発行しようとするであろう。（政府は、価格統制と配給の法律も、議会において通過させなければならないかもしれない、しかしこのことをここでは述べる必要はない。）

「課税は戦争の負担を現在世代に押しつけるが、国内での国債発行による借入れは戦争のこの負担を将来世代に移転する」と本当に言えるのか。繰り返し何回も言うように、いいえである。現在世代は、敵にあびせる砲弾を生産するために、資源をやはり手放さなければならない。将来、私達の孫達の一部は別の孫達に財とサービスを手放すであろう。このことは問題の核心である。私達が将来世代にすべて直接負担させることができる唯一の方法は、外国債による負担を後世の人々に背負い込ませることによってか、あるいは私達の後世の人々に現在よりも少ない資本設備を渡すことによってである。

このことは、なぜイギリス国民が、きわめて多額の内国債よりも、少額の外国債に大いに不安を感じているかを説明している。外国債はイギリス諸島を直接貧しくするからである。幸運にも、合衆国は資本設備をほとんど失うことなく、また外国債にほとんど頼らずに、歴史が始まって以来最も費用のかかった戦争を乗り切ったのである。

"私達のすべては私達自身に対し内国債の返済の義務がある" 　内国債はアメリカの人々に返済の義務があり、同時にアメリカの人々によって所有されているのに、なぜ一部の人々は、2,500億ドルの政府債の戦時での発行が、公衆を一層裕福にし、公衆に一層支出させると考えるのか。私達は、もしこの国全体の連結貸借対照表を作成するならば、（内）国債が負債と資産として相殺し合う一種の架空金融資産(fictitious financial wealth)になっていることが分かる。

このような全く単なる架空金融資産であっても重要な影響力がある。政府債を所有しているすべての国民は、定期的な貸借対照表を作成するとき、他の資産に加えて政府債も資産に含めている。しかし、政府の利子支払あるいは債券償還の資金を賄うために、現実にある国民が、支払わなければならない*将来の租税の額*も、現在の負債として含めているならば、その国民はきわめて珍しい人々である。ほとんどの国民は、普通、債券に対する将来の租税の負担額を見積もらない。この結果、人々は、資産としての内国債を負債としてちょうど帳消しにしなければならないけれども、このように帳消しにするのでなく、内国債をほぼ資産として計算する傾向がある。人々は、売ることができるか、現金に換えることができる一定額の債券の蓄えがあると、一層金持ちのような気分になるか、または一層生活を保障されているような気分になり、多分現在の所得から一層高い消費性向を実現するようになる。

公債の管理と金融政策 　多額の未償還の公債の存在は、利子率にもまた景気循環と闘うための利子率の使用にも影響を及ぼすかもしれない。一部の経済学者は、投資資金を政府債

の購入に回すことが民間の借り手への利子率を引き上げることを恐れている。他方で、保守主義の連邦党(the Federalist Party)の代表者であったアレクサンダー・ハミルトン(Alexander Hamilton)は、全く反対の見解であった。公債は、適切に管理されまた適切な額である限り、実業家に所得を与え、また実業家が少額の利潤を得るために売買できる安全な優良資産になるので、"国からの恵み"(a national blessing)であると、ハミルトンは思った。

中央銀行の業務についての第15章で示したように、連邦準備当局は政府債の利子率を調整できる強い権限を持っている。それゆえ、政府債の利子率へのどのような不適切な上方あるいは下方への圧力も、公開市場での連邦準備当局による政府債の買操作あるいは売操作によって弱めることができる。しかし、このことは皮肉な矛盾を含む事実でもあり、巨額の公債の存在は、一方において連邦準備当局の権限を強めるが、同時に連邦準備銀行による効果的な貨幣政策と利子政策を実行しにくくさせている。

総需要がインフレを発生させそうなときには、利子率を引き上げ、このことにより、信用状態(credit conditions)を引き締めるように金融政策を実施する必要があるのを思い出そう。しかし銀行と公衆が保有する多額の政府債について、政府当局には（政府債の利子の支払いを低いままにするために、また政府債を保有する金融機関の財務の悪化を回避するために）政府債の販売価格を高く維持しようとする強い動機がある。だが、政府債の価格が下落することなしに、利子率を引き上げることはできない。また、人々と銀行は、政府債を消費支出あるいは投資支出に必要な現金に、いつでも換えることができる。このため、多額の政府債が発行されていることは、連邦準備に景気循環を調整するために金融政策を使うのを思いとどまらせ、財政政策にさらに一層大きな負担を負わせることになる[10]。なお、現代の多くの経済学者は、利子率の変更が消費支出と投資支出にほとんど影響を及ぼさないとみなしているので、多額の政府債の発行によって金融政策を使いにくいことが、大きな実害になっていると考えていないことは事実である。それでもやはり連邦準備が金融政策を使いにくいことは実害になっている。

利子支払の本当の間接的負担　租税が内国債の利子支払に使われるとき、貨幣はあるポケットから別のポケットに移る。内国債には外国債のような直接的負担はない。しかし、内国債にはどのような種類の負担もないと早まった結論を下すことは誤りである。きわめて重い次の間接的負担がある。

まず第1に、貨幣はただあるポケットから出て行き別のポケットに入るだけであるけれども、問題になっているズボンを、異なる人々がはくかもしれない。現在の国債はきわめて広い範囲で保有されており、それゆえほとんどすべての個人は、直接保有するかあるいは銀行預金と保険証券を仲介にして、いくらかの国債を保有している。だが、統計情報は債券

---

10)　多額の未償還の政府債の消費への影響は、問題を一層悪化させる。消費は、可処分所得にあまり反応しなくなっており、また、一層変化しやすくなっているかもしれない。このため、財政政策は景気循環を調整するために一層大きな役割を果たさなければならない。だがこの役割を果たす財政政策の力は低下している。

の利子を受け取る人々が*平均して*低所得者層でないことを示している。それゆえ、公債の利子は私達の財政制度による逆進的部分（貧しい人々のために尽くすロビン・フッド(Robin Hood)とは逆）になっている。「お金持ちの人々にお金を支払うために、貧しい人々に重税をかけること」は、購買力を低下させやすく、さらに公平という多くの現代の考え方に反している。それにもかかわらず、政府は公債による過去の債務をきちんと返済しなければならないので、もしきちんとその債務を返済しようとするならば、貧しい人に重税をかけることは必要悪になる。

しかし、私達の現在の公債によるある一つの所得階層からもう一つ別の所得階層へのこの所得移転は、多分公債のただ一つの最も重い間接的負担ではない。もっと重要なこととして、*公債の利子を支払うために、ピーターからの租税によって徴収した貨幣を同じピーターに移転することは、経済に重い間接的負担を与える*。この間接的負担は、課税が常に人々の経済行動をいくらか歪めることにある。数世紀前に政府は家屋の窓に課税した、その結果、人々は明かりの入らない家を建てた。だが政府は、残っている少数の窓への税率をただ引き上げることによって、やはり同じ税収を得た。同様に、人々の所得への課税は、人々にあまりにも少なく働くようにさせるかもしれず、逆に多くの場合に同じ生活水準を維持しようとして、人々にあまりにも一生懸命に働くようにさせるかもしれない。多分さらにもっと重要なことであるが、高い法人所得税あるいは高い個人所得税は、人々が自分達の資金を危うい企業に危険を冒して投資しようとすることに、しばしば不利な影響を与えるであろう。この結果、より少ない技術進歩とより少ない仕事になる。

公債への利子の支払いのための租税の徴収には重い間接的負担があるという点に関して、読者は、全く正しくないと異議を唱えるかもしれない。さらに、私達すべてが、租税の負担に比例して自分達の政府債を所有しており、実際自分達自身にお金を支払っているにすぎないと想定しているので、この国内の課税による所得移転に関して純租税負担はない、と読者は異議を唱えるかもしれない。だがこの異議は全く誤りである。*それぞれの個人への利子の支払いとちょうど等しくなる金額のそれぞれの個人からの租税の徴収は、現実にはそれぞれの個人に何の影響も与えないのではない*。

全体について当てはまることは、それぞれの個人については必ずしも当てはまらないので、それぞれの個人への利子の支払いとそれぞれの個人からの租税の徴収は同じ金額にならない。しかし、簡単化のために、すべてのアメリカの人々が賃金によって1年に4,500ドル稼ぐと仮定してみよう。さらに、それぞれの個人は、2パーセントの利子率で1年に500ドルの利子収入をもたらす政府債を、25,000ドル所有していると仮定してみよう。この利子を支払うために、政府は、例えば、5,000ドル(4,500ドル+500ドル)の総所得に、（現在存在する税に加えて）税を10パーセント増やすと仮定してみよう。以前に私は、少し残業して5,000ドルの総所得の最後の1ドルを稼ぐまで働くことが、ちょうど引き合っていた。しかし、今政府は総所得の1ドルからさらに10セントを徴収する。私は（そして私と同じ様なすべてのアメリカの人々も）今このように長時間働くことが引き合わないと思っているか

もしれない。私は、労働時間を例えば、3分の1少なくすると、私の総所得は今3,500ドルにすぎなくなる。税は国民の仕事への努力と国内の生産を歪めるのである。

　納得できない読者はこの点について次のように言うであろう。「あなたが行うことを、たとえあなた以外の他のすべての人々が行っても問題はないではないか。このときもし債券の利子のすべてを税によって賄おうとすれば、税率を10パーセントからほぼ15パーセントに引き上げればよい。」このことは十分に正しい。しかしこのことは税負担について正しいにすぎない。最終的状況は、労働意欲と税の負担のリスクの間の一層大きな歪みと、一層高い税率となって終わるかもしれない。これらすべてのことが発生するかもしれない。なぜなら、国は利子の支払いに等しくなるように税を引き上げざるをえない。他方、それぞれの個人は、個人つまり1人の小さな個人として何をしているかにおかまいなしに、何としてでも自分自身の少額の税負担をそのまま維持しようとし、自分の労働時間を変えることによって、自分の税額を変えることができるのを知っているからである。

　上の例は過度に単純であり、疑いなく国内の税の支払いによる所得移転の有害な影響を誇張している。さらに、税の種類が異なると有害な影響も異なる、しかし、私達の租税がすでにきわめて大きなケースにおいては、公債への利子支払によるいかなる税の一層の負担も、負担額が大きくなればなるほど、一層有害になる。

　さらに、私達は銀行、大学、未亡人、およびその他の*金利生活者*への利子支払の有益な効果を無視してきた。もし公債が存在しないならば、あるいはもし利子率がかなり下落するならば、次のようになるであろう。(1)慈善事業の施設を、寄付の無期限資産(perpetual endowments)の利子によってよりももっと、そのときどきの公的補助金および民間の寄付金によって、支援しなければならないであろう。(2) *金利生活者の利子を社会保障と年金に替*えなければならないであろう。さらに(3)銀行は、政府債の利子ではなく、手数料にますます収入を頼らなくてはならないであろう。

公債の数量的問題

　前節での公債の経済的意味を次のように要約できる。つまり、(1)私達の内国債には、外国債のような直接的負担はなく、また実質的負担を異なる世代に移転する外国債と同じ可能性もない。(2)私達のすべては内国債の債務を私達自身に返済する義務があるけれども、人々は、内国債を、それぞれの時点の所得から消費しようとする大きさを、増やす安全な流動資産とみなす傾向がある。政府当局は、政府債の価格が変動するのを見るのをいやがるので、巨額の公債残高は準備銀行に景気循環緩和のための利子率政策の実施を控えさせる。(3)内国債の利子の支払いを賄うために、政府が新たな税を徴収しなければならないときにはいつでも、内国債は重い*間接的*負担を伴う。たとえ代表的な人が自分自身の利子の受取りと同じだけの金額を課税されるとしても、この間接的負担は事実である、しかもこの間接的負担は、利子受取者が平均的納税者よりもいくらか所得が大きい事実によって一層重くなるのである。

公債の重要さを評価するためには、私達は次のいくつかの事実を調べなければならない。つまり、公債の利子の支払いにはかなりの国民所得を使っているのか。公債の利子支払の合計は、過去の年あるいは他の国々の実績と比較するとどうなのか。予測できる将来の公債の動向はどうなのか、を調べなければならない。

第7章（図1、152頁）で、私達の国債の増加の歴史を図で示した[11]。

現在の2,500億ドルの国債は、過去と、また他の国々と比較するとどうなのかを見るため

表1　国民所得と比較した国債と利子の支払い

年	国債	国債による利子の支払	国民所得	国債の国民所得に対する年ごとの比率	利子の支払いの国民所得に対する百分率 (6)＝(3)÷(4)×100
(1)	(2)	(3)	(4)	(5) = (2)÷(4)	
合衆国	（億ドル）	（億ドル）	（億ドル）		パーセント
1947*	2,570	50	2,000	1.3	2.5
1939	349	9.7	685	0.5	1.4
1932	182	6.4	467	0.4	1.4
1929	151	6.7	795	0.2	0.8
1920	235	10.6	684	0.3	1.5
1916	12	0.2	387	0.0+	0.0+
1868	26	1.3	68	3.8	2.0
イギリス	（億ポンド）	（億ポンド）	（億ポンド）		
1946*	245	5	80	3.1	6.2+
1923	77	2.71	38	2.0+	7.1
1913	6.56	0.17	23	0.3	0.7
1818	8.40	0.31	4	2.1	7.7

出所：*Economic Almanac*、商務省、合衆国財務省。*Colwyn Report*, Statistical Abstract of United Kingdom。データを四捨五入している。

* 推定値

[11]　1947年初期の総額2,570億ドルの発行残高の連邦債の主な所有者は次のとおりであった。（億ドルで）

商業銀行と相互貯蓄銀行・・・・・・・・・・・・・・・・・・・・・・・・・840億ドル
連邦準備銀行・・・・・・・・・・・・・・・・・・・・・・・・・・・・・・・・240
保険会社・・・・・・・・・・・・・・・・・・・・・・・・・・・・・・・・・・・250
個人・・・・・・・・・・・・・・・・・・・・・・・・・・・・・・・・・・・・・640
企業およびその他・・・・・・・・・・・・・・・・・・・・・・・・・・・・・230
連邦政府、州政府および地方政府・・・・・・・・・・・・・・・・・・370

発行総額の内の約510億ドルは、よく知られている合衆国貯蓄国債(United States savings bonds)であった。

に、表1を作成した。表1は、選んだ数年と2ヶ国についての、国債の発行額とその利子の支払いの大きさ、および国債の発行額と利子の支払いの大きさの国民所得に対するそれぞれの比率を示している。例えば、1947年の初期において、2,570億ドルの私達の国債は1年半の国民所得より少ない金額であり、また国債の利子の支払いは国民所得の3パーセント以下であった。イギリスでは1818年、1923年および1946年において、内国債は国民所得の2倍以上になり、またイギリスの内国債の利子支払の国民所得との比率は、私達が予想するどのような数値をもはるかに越えていたことに注目しよう。なお、第1次世界大戦以前の1世紀は、イギリスの（政治力と物的発展において）最も偉大な世紀であった。それにもかかわらず、この表1が示しているように、この期間にイギリスの国債はあまり減少しなかった。しかし、国民所得の持続的成長によって、イギリスの国債と利子支払は国民所得との比率において、ほぼゼロに低下した。

　これらの統計と入念な数量分析を見る限り、平和、原子爆弾、あるいは失業の問題と比較すると、国債はまだ最も重要な問題になっていない、と結論を下すことは多分正しい。生産性が将来も上昇し続けるかどうか、労働者と経営者が、ストライキもインフレーションも引き起こすことなく、団体交渉で協定を結べるようになるかどうか、これらのすべての問題は国債それ自体よりも重要である。

　国債に対する人々の見解に関して、今なおきわめて多くの意見がある、それゆえ、私達は国債への意見を軽く片づけてはならない。性あるいは宗教と同様に、国債は、論議をしてもほとんど望ましい結果を得られない、それにも関らず、誰も議論せずにはいられないテーマである。国債が現在の水準の100分の1、10分の1、さらに5分の1に到達したとき、多くの人々は国債増加による世界の終りをよく予測したものである。この悲惨な惨事が現れなかった年にはいつも、多くの人々は、その数年後の悲惨な惨事を新た予測した。

　国債の増加を冷静に分析するためには、次の一つの誤りを犯さないようにしなければならない。つまり、*私達は、合衆国の実質国民生産物がずっと成長し続けているのを忘れないようにしなければならない。*

　人口増加はいくらかテンポが低下してきたが、私達の国の人口数は今後も長い間増加し続けるであろう。生産性に関しては、1人1時間当たりの効率が低下し始めている徴候も、新しい技術が減り始めている徴候もまったくない。生産性についてのこの見解を、停滞論者と成長論者(exhilarationists)の両方が認めている。1790年に多額の国債であると思われた金額は、今日においては何でもない金額である。私達の子ども達が多額の国債とみなす金額を、私達のひ孫達はあまり多額でないと思うかもしれない。

　成長という要因は、イギリスとフランスが、資本主義制度と産業革命のきわめて重要な形成期間に、（何十年だけでなくほぼ何百年も、この形成期間の半分よりも少ない期間しか予算を均衡させずに）なぜ財政を運営し続けることができたかを説明している。成長というこの同じ要因は、実質国民総生産が世代ごとかその程度の期間において2倍になっている合衆国で、国民所得に対する公債の利子の負担率が増加することなく、なぜ公債を25年で

2,500億ドルにも増やすことができたかも説明している。

このように公債を増やすことができたことは、貨幣を発行するかあるいは連邦準備銀行に無利子の債券を売るような、きわめて正統でない財源調達に頼らなければならないことを考えるよりもむしろ、1年当たり平均約100億ドルの財政の赤字支出を出す政府へのきわめて熱烈な擁護者を生み出すであろう。さらに、この擁護者は、このような正統でない財源調達に頼るよりもむしろ、通常の金融緩和政策によって政府債の利子率を低下させる今日ではよく知られている政策を、連邦準備銀行に常に開始してもらおうとする。

要するに、財政の赤字支出を大いに行った一国は、私達が生きている間またそれ以上の期間にわたり、このような赤字支出政策を実行するべきでないと言うことは、財政運営において正しくない。現実の問題は、このような赤字財政政策がインフレであるかデフレである経済に悪影響を与えるかどうかだけである。民間支出と政府支出が貯蓄を吸収するだけにすぎない限り、このような赤字財政政策は問題がない。もし総消費と民間投資があまりにも大きくなった後も、国あるいは連邦議会が多額の支出と軽い課税を誤って継続するならば、インフレーションがその後発生するであろう。

有益な財政政策対無駄な財政政策

積極的財政政策(an active fiscal policy)の意義を認める経済学者は、完全主義者の目標(a perfectionist goal)を次のように定めている。つまり、大量失業という資源の未利用を阻止できるほど十分に高い水準の総有効需要の維持であり、他方で、生産可能な財の総量を越えて、インフレ的総支出の水準にならないほど十分に低い水準の総有効需要の維持である。

あるいは、この問題を技術的言葉で述べると、これらの経済学者は、経済の貯蓄曲線と投資曲線が高い（あるいは完全）雇用の領域の右でもなく左でもない所で交差するように、財政政策によって、量的ならびに質的に、租税と政府支出を決定するべきであると主張している。多くの同様に有能な経済学者は、完全主義者の目標と同じ様に重要であるかあるいはもっと重要な、次のようなその他のいくつかの目標もあると主張している。

ピラミッドを建設すること、あるいは地面に穴を掘りその後その穴を埋めることは、批判されても言い訳できない、と何回も繰り返し言わなくてもよい。実際、深刻な不況に対し何もしない政策と比較すると、このような無益な事業でも、政府支出を受け取る人々による再支出という有益な効果があるために、幾分望ましいかもしれない。しかしこのような無益な政策は、何もしないということともう一つのくだらない作業という二つの害の内の確かに小さな方の害にすぎない。適切に計画した有益な公共事業は、望ましい第2次的効果があるだけでなく、その上に人間に必要な有意義なものも満たす。

有益な公共事業によって不況と闘うことは、必ずしも必要でなくまた常に望ましいとは限らない。アメリカの人々は、もし民間消費に高い社会的優先順位を与えるべきであると思うならば、減税あるいは移転支出に頼るべきである。失業克服のために人々に手に入るこの所得の増加は、このとき民間で生産されそして購入される商品に対し使われる。

もし民間投資と民間消費が不足しているならば、政府支出かそれとも減税かという選択肢の内のどちらを選ぶべきか。この答を、単に財政赤字の小ささという財政上正統であるとみなされている見解によって、与えるべきでない [12]。この答を、アメリカの人々が何を差し迫って必要としている戦後の社会的優先事項であると考えているかによって、与えるべきである。アメリカの人々は、もし 100 億ドルの資源を投資目的から他に移すことが可能ならば、この資源の部分を食料、衣服、レジャー、等を増やすために使おうとしているとしよう。このことは選択肢が減税（あるいは移転支出の増加）であることを示唆している。

しかし、アメリカの人々は、自分達の新たに使用可能な所得の部分を、教育、公衆衛生、都市再開発プロジェクト、道路等に支出することも望んでいるかもしれない。このことは選択肢が不況期において政府支出にかなり使うことを示唆している。

アメリカの人々が自分達の所得を支出することを望むはずがない一つの項目は、非自発的失業(involuntary unemployment)解消のための全く無駄であるかあるいは非効率な支出である。非自発的失業解消のために、無駄であるかあるいは非効率な政府支出を行う必要は決してない。政府は、使う資源によって、何か有益なものを常に得るようにするべきである。もし公的な共同消費プロジェクト(collective consumption projects)が民間消費よりも低い社会的優先順位しか得ていないならば、適切な財政政策は減税と移転支出の内のどちらか一つである。

完全雇用についてのきわめて重大な問題点

財政政策の問題、それ以上に、国民所得決定の問題全体についての議論を終える前に、最後の重要ないくつかの留意事項を述べなければならない。私達は、完全雇用あるいは高い雇用が何を意味するかを、大雑把に知っている。しかしただ大雑把にすぎない。

もちろん、完全雇用は、すべての成人男性、成人女性、そして子供が、外で 1 日 24 時間のすべて、仕事に就いていることを意味しない。完全雇用は、私がニューヨークヤンキース(the New York Yankees)でピッチャーのような仕事、あるいは 1 日 100 ドルも稼げる大工のような仕事を要求できることを意味していない。そうでなく、完全雇用は、現在の（"適正な"）賃金率で働こうとする普通に能力のある労働者が、あまりにも一般的需要が少ないために、失業しなくてもよいことを意味する。家事をしたい女性は家事をできる。若者達は、もし望むならば、学校に行くことができる。そして年老いた人々あるいは体の具合の悪い人々は、仕事を離れることができる。しかしこれらの人々の誰も、仕事が少ないために仕事を離れることを強制されてはならないのである。

完全雇用の現実の問題点は、定義が大雑把であることでなく、*かなりの失業と生産の過剰能力がまだあるにもかかわらず、賃金と物価が上昇し始めるかもしれない事実*にある。民間

---

12) 読者は、数量的観点から、完全雇用への異なる四つの経路を分析している本章の付録を参照するべきである。

投資支出の増加も政府支出の増加も、意図した完全雇用を実現できず、物価上昇だけになってしまうかもしれないのである。

　もし企業家と労働組合が、生産物の需要の増加に対し、互いに自分達だけの利益になるように行動するならば、私達は、完全雇用を達成しそして維持するのを、財政政策に頼ることができない。一部の悲観主義者は、多数の"失業している人々"が、労働している人々に不当な賃金要求をさせないように期待する以外に、できることは何もないと主張する。例えば、仕事を求めて工場の門の前にいる 1,000 万人の失業中の人々である産業予備軍(a reserve army)の存在は、労働者に賃金を上げないようにさせたり、騒がないようにさせるかもしれない。さらに他の悲観論者は、完全雇用を実現しようとすると、大部分の期間、ある程度のインフレーションに直面する以外の別のジレンマからも逃れることができないと思っているかもしれない。

　さらに他の経済学者は、高い雇用水準において物価が螺旋状に上昇しないようにするためには、価格と賃金への直接統制を利用することを主張している。筆者の現在の個人的見解として、平和時での効率的な全面的価格統制は、大多数のアメリカの人々の過去の、そして多分現在の思想と相容れないほど高い程度の計画(planning)と深く結びついている。なぜなら、第 3 部でこれから見るように、社会的に適切な価格を設定する問題はきわめて複雑だからである（私達が市場の力に頼らないと決定するや否や、社会的に適切な価格を設定する問題は、私達の経済制度の性質全体が異なるものになるに違いないほど、複雑である）。

　この価格－賃金の問題は、私達の時代の最も大きな未解決の経済問題であると言ってもさほど言い過ぎでない。つまり、この問題は、*民間支出あるいは公的支出が私達を完全雇用のいくらか近くに導くときにはいつでも、企業関係者、労働者および農業関係者は、インフレーションを避けるように行動できるのかという問題*である。完全雇用を実現するための賃金および価格政策は、アメリカの最も重大な問題であり、また取り組むべき課題である。

1946 年雇用法

　明らかに誰も、将来を、特に遠い将来を見通すことができる千里眼を持っていない。長期停滞を支持する見解もこれに反論する見解も、その正しさを明確に判定できない。しかし幸運にも（強く強調する必要があるが）、連邦議会も、専門家も、適切な経済政策を遂行するために、10 年あるいはそれ以上の将来を現在必ずしも予測できる必要はない。

　きわめて重要な 1946 年雇用法(Employment Act of 1946)において、連邦議会の二大政党は、大量失業およびインフレーションと闘う政府と民間企業の責任を認めた。この法律により、毎年"雇用、生産および購買力"の状況について、連邦議会と大統領に情報を提供する経済諮問委員会(a Council of Economic Advisers)が設置された。また、役割が、大統領の年次経済報告書(the President's Annual Economic Report)の中に含まれているいくつかの政策提言を、検討しまた評価することである上下両院合同委員会(a Joint Congressional Committee)も、この法律により設置された。

生産性の上昇と経済資源の効率的利用に加えて、安定した高い雇用という健全な状態を生み出すには、財政政策単独では必ずしも十分ではない。実際、本書の第3部の八つの章では、総有効需要の問題が存在しない社会での、いくつかの異なる部門においての価格と生産量の適切な関係を論じる。もしインフレーションあるいはデフレーションが広がるという災いをいつか払いのけることができるならば、（当然であるが）すべての経済社会がエデンの園以来取り組まなければならなかった、本当に重要でありでかつ今後も変わることのない一般的経済課題が、私達の国家政策の議題の一番上に上がってくるであろう。

要約

A.　短期財政政策と長期財政政策

　1.　政府支出と課税に関する財政政策を次の2種類に分類できる。つまり、一つの財政政策はあまり議論の余地がない問題である景気循環緩和のための支出調整の短期財政政策である。この財政政策は、一つの景気循環での最悪の変動を緩和することだけを目指しており、一つの景気循環全体での支出の平均水準を変えることを目指していない。もう一つの財政政策は、インフレーションが発生することなしに高い雇用を維持できるように、平均所得水準を引き上げることあるいは引き下げることを目指している長期財政政策である。

　2.　景気循環緩和政策は次の四つの政策と関係している。(*a*)公共事業プロジェクトの慎重な策定 、(*b*)福祉関連およびその他の政府支出の適切なタイミングでの実行、(*c*)税率の変更を行わなくても所得の変化によって実現される徴税の半自動的変更、(*d*)好況期に税収を増加させ逆に不況期に税収を減らすための税率の量的（および質的）変更。

　読者は、景気循環緩和の財政政策実施のいくつかの問題点を知っておくべきであり、またこの景気循環緩和の財政政策とポンプへの呼び水の注入という特殊な理論の間の違いを見分けるべきである。

　3.　戦後の時代が過度の総需要になっている、つまり、長期好景気の時代になっているに違いないとして、私達が政府支出を上回る租税の超過および債券の償還という長期政策を主張するときには、景気循環緩和の財政政策の範囲を越えている。

　4.　もし、あまりにも多くの需要があるのではなくて、逆に、失業がありまた貯蓄を吸収する投資がわずかしかないと分かるならば、長期財政政策は政府支出の平均水準の長期の増加、あるいは租税徴収の長期の削減を意味する。この長期財政政策では、私達は予算が一つの景気循環の期間全体で必ず均衡しなければならないと主張せず、むしろこの期間において公債を経済全体の成長のために増加させるべきであると主張する。

B.　公債と戦後の政策

5.　読者は、公債削減の経済的影響とともに、内国債によって生じる次の経済的意味も理解するべきである。つまり、(*a*)直接負担についての外国債と内国債の間の違い、および負担を将来に移転する1国の能力の外国債と内国債の間の違い、(*b*)　公債の人々の金融資産と消費習慣への影響、(*c*)政府当局が公債価格を安定化させようと望むために、公債によって生じる景気循環緩和の利子率政策実施の難しさ、(*d*)たとえ公債の利子支払への義務が私達自身に対してであるとしても、公債の利子を支払うために租税を徴収することによる大きな間接的負担。

戦後の現在の連邦債の金額を評価するためには、国民所得および利子負担との関係において、過去と将来の両面から、戦後の連邦債の金額がどれほどであるかを、大まかに知ることも重要である。連邦債の増加を、経済成長と関係づけて、全体として評価しなければならない。

6.　完全雇用（あるいは高雇用）プログラムは、その目標として、あまり少額でもなくまたあまり多額でもない（それゆえ、貯蓄曲線と投資曲線が完全雇用の領域で交差する）総支出の水準の実現を目指している。1946年雇用法は、雇用機会実現への政府の責任を認め、さらにこの政策行動のための行政と議会から成る機関を設立しており、私達の国の政府の重大な変革を示している。

7.　私達の経済を（公的機関によってであろうと民間によってであろうと）完全雇用に近づけようとすることはすべて、失業が消滅するかあるいは遊休の生産能力が使われる少し前に、賃金の上昇と物価の上昇を生じさせるかもしれないというジレンマに、私達は今でも直面している。民間企業と公的な責任を負う機関(public responsibility)から成る私達の混合体制は、完全雇用の実現を目指す賃金－価格政策のこのジレンマを上手く解決しなければならない。

議論のための質問

1.　「いかなる国家も財政政策を行わなければならない。政府は、現在の経済のきわめて重要な部分になっているので、‘中立的財政政策(neutral fiscal policy)’とは何かを定義することさえ現実にはほとんど不可能である。インフレーションとデフレーションを阻止することを目指している積極的財政プログラムよりも、中立的財政政策を望むことを正しいとみなす理由を与えることはきわめて難しい。」場合によっては、非経済的理由をいくつか考えて、この主張を批評せよ。

2.　計画された景気循環緩和のプログラムの一部として、建設された大学の新築の建物と実行された大学の新たなプロジェクトについての一覧表を作成しなさい。計画された景

気循環緩和のプログラムに基づく建物の建設やプロジェクトの実行において、難しい点やうまくいかない点は何ですか。

3. あなたは今景気循環のどのような局面にいますか。どのような租税政策が適切であると思いますか。どのような支出政策が適切であると思いますか。

4. あなたは、失業あるいはインフレーションに対処するために、（所得税率と所得税控除(income tax exemptions)、売上税率、あるいは財産税のような）異なる種類の税の間での重要度を、質的にどのように変えたいですか。

5. 1870 年代の初期から 1890 年代の中頃まで、不況は深刻でかつ長引き、好況は短期でかつかなり力不足であり、物価水準は低下し続けた。この 4 分の 1 世紀の間、あなたはどのような長期財政政策を行うべきであったと思いますか。あなたの答えは、物価の上昇とかなりの好況の期間であった第 1 次世界大戦へと至る、その後の 20 年間についても同じですか。

6. 公債の戦時の増加がどのように銀行預金と公衆の流動資産を拡大させたかを、段階を追って示しなさい。公債の減少がこの過程をどのようにちょうど逆方向に進めるかも示しなさい。

7. 19 世紀のイギリスの歴史家であるマコーレー卿(Lord Macaulay)からの次の引用文について意見を述べなさい。

「公債が増加するたびに、国民は苦悩と絶望により以前と同じ様な叫び声あげた。公債が増加するたびに、賢明な人々は破産と破滅が近くにせまっていると真剣に力説した。だが、やはり公債は増加し続けた。それにもかかわらず、破産と破滅は相変わらず遠いかなたであり続けた。・・・」

「公債を有害であるとみなした預言者達は、二重の思い違いをした。これらの預言者達は、他の人に借金をしている個人のケースが、社会の一部に借金をしている社会のケースと全く同じである、と思い違いをした。・・・これらの預言者達は、すべての実験科学の絶え間ない進歩によって、またすべての人々がうまくやっていこうとする絶え間ない努力によって、生み出される効果を考慮に入れていなかった。これらの預言者達は公債が増加するのを見た。だがこれらの預言者達は、その他の物も公債とともに増加するのを見落とした。」

8. A.P. ラーナー(Lerner)教授は 次の（短くまとめた）"機能的財政"論(principles of Functional Finance)を提唱した。批評しなさい。

「完全雇用を維持できそしてインフレーションを阻止できる効果的手段が政府の手の中にあるが、その手段の使用は、強く嫌われており、抑えられている。国債の額があまり大きくなく、国債の利子が国家に重荷になっていなく、国内で保有されている国債によって、国家が"破産"になりえないと思われている間は、この国債という手段は利用可能である。すべての国債には同じ程度の信用がある。ただ外国債のみが、個人の負債と同じ様な性質があり、国家を貧しくする。課税の目的は、貨幣を徴収することでは決してなく、納税者の手元に貨幣をあまり残さないようにすることである。・・・均衡予算の*原則*(the *principle* of balancing the budget)を守る必要はない。」

9. 「いずれにしても、こつこつ一生懸命に働くことが、貨幣を流通させ、そして物を得ることができるようにさせている。」あなたはどのように思いますか。

10.　大統領への経済諮問委員会は、1946年雇用法の下での最初の報告書で、「私達は、経済システムに十分な購買力をポンプで注ぎ込むことによって、完全雇用を常に生み出すことができる」ことにも、また私達が「購買力を注ぎ込むポンプの蛇口の栓を閉め、このことにより購買力を減らし」さえすればよいという学説にも疑問を持っている。この諮問委員会の報告書によれば次のようになる。「・・・私達は、一つの特定の領域での需要不足をあるいは一つの特定の種類の商品の需要不足を、例えば減税(tax relief)によって一般購買力を増やすだけで、補えると決めてかかることができない。・・・もし労働者が賃金を高くしすぎて失業しているならば、あるいはもし製造業者と農夫が製品の価格を高くしすぎて販売できないならば、あるいは資本利子率が高くなりすぎて投資を実現できないならば、根本的救済策は、これらの特定の状況の是正であり、予想される将来のすべての失業をなくすと計算できるかなりの量の総購買力を注入することではない。」

あなたはこのことにどれだけ同意しますか。なぜですか。

第18章への付録
完全雇用への数量で示す四つの経路

　具体的数字は、抽象的議論を実例で説明するのにしばしば役立つ。本章のこの付録では、仮説に基づく完全雇用への四つの数量での経路を示す。完全雇用への経路はこれらの四つの経路だけでは決してない。しかし、それぞれの四つの経路は、きわめて単純で、明瞭なケースであるので、完全雇用実現の問題への異なる方法を具体例で示している。

　第1番目の経路は、民間企業による高い雇用の維持である。つまり、幸運あるいは政策によって、民間消費と民間純投資が完全雇用を実現するちょうど十分な大きさになる。この経路は、どう見ても、完全雇用を実現する最も簡単で、また私達の大部分にとって、最善の方法である。

　しかし民間投資があまりにも少ないとどうなのか。完全雇用を実現するその他の方法にはどのようなものがあるのか。他の三つの経路は、民間投資の一定額の不足をどのようにすれば解消できるかを、実例で示すことを意図している。つまり、財とサービスへの政府支出を増やすだけによって、純租税(net taxes)の減税だけによって、あるいは政府支出と租税を同じ金額増やすことによってである。

　後の三つのそれぞれのケースにおいて、確かな根拠はなく、ただ数量によって実例で示すために、民間純投資を 100 億ドル減少させて書いている。戦争直後の数年においてはかなり楽観的になる理由があり、また異なる財政政策が民間投資に異なる影響を及ぼすかもしれないので、この民間純投資の 100 億ドルの減少は現実の予測によるものでない。

　表 2 に目を向けよう。この表は縦が全体で 8 項目からなっている。第 1 項目はすべてのケースにおいて（1947 年市場価格での）2,000 億ドルの完全雇用*国民純生産*(a full-employment *net national product*)を示している。第 5 項目、第 6 項目および第 7 項目は、この NNP が消費、民間純資本形成つまり投資、および財とサービスへの（州と地方を含めた）政府支出の三つの部分に分かれる内訳を示している。

　最後の第 7 項目の政府支出は、生活保護、退役軍人支給金および債券の利子のような政府による移転支出のすべてを除いている。人々から貨幣を取り上げるのではなく、人々に貨幣を与えるこれらの移転支出は、負の租税(negative taxes)とちょうど同じものである。それゆえ、これらの移転支出のすべてを全租税徴収額からも差し引いており、"純"租税つまり財源の徴収(withdrawals)と呼ばれるものを得ることになり、第 3 項目に示している。このように移転支出を租税徴収の金額から引いていることは、モデル I において財とサービスへの政府支出が 300 億ドルの水準で"純"租税つまり財源の徴収にちょうど等しくなるとき、この政府支出が実際には、300 億ドルの連邦、州および地方政府の予算の合計に、120 億ドル以上の移転支出を加えた額に等しいことを意味している。

　それぞれのモデルの特徴として、投資をそれぞれのモデルにおいて任意の数であると仮

表2 完全雇用への四つの経路（1947年での億ドルで）

項目	モデルI 民間投資活況	モデルII 赤字支出	モデルIII 減税で財政赤字	モデルIV 均衡予算
1. 国民純生産（1947年市場価で）・・・・・・・・・・・・・・・・・	2,000	2,000	2,000	2,000
2. 引く純法人貯蓄・・・・・・・・・	-60	-60	-60	-60
3. 引く"純"租税（州税、地方税および連邦税の総額、足す社会保障負担、引く総政府移転支出）・・・・・・	**-300**	**-300**	**-175**	**-800**
4. 可処分所得（第1項目－第2項目－第3目）・・・・・・・・・	1,640	1,640	1,765	1,140
5. 消費支出（可処分所得が1ドル変化するごとに80セント 変化する）・・・・・・・・	1,480	1,480	1,580	1,080
6. 民間純資本形成（任意な一定数とみなしてる）・・・・・	**220**	**120**	**120**	**120**
7. 財とサービスへの政府支出（生活保護と利子のような移転支出を除く）・・・・・・・	**300**	**400**	**300**	**800**
8. 政府の財政赤字（第7項目－第3項目）・・・・・・・・・・・	0	100	125	0

定しており、また政府支出と税の徴収も任意の数であると仮定しているので、第6項目、第7項目および第3項目を太字で示している。

　どのようにして消費を得るのか。ここで最初に、人々の可処分所得がどれだけであるのか、次にこの後可処分所得に対する人々の限界消費性向と基礎消費がどれだけであるのかを知らなければならない。第4項目の可処分所得を得るためには、第1項目のNNPから純法人貯蓄（第2項目）と"純"租税つまり財源の徴収（第3項目）を常に引かなければならない。ここではずっと、純法人貯蓄（つまり再投資される未分配利潤）は、NNPによって決定されそして60億ドルに等しくなると仮定する。

　可処分所得を得たので、消費支出についてはどうなのか。1,640億ドルの可処分所得において1,480億ドルも消費がある、つまり、1ドルの可処分所得の変化につき消費が0.8ドル変化する0.8の"限界消費性向"と168億ドルの基礎消費があると、かなり楽観的仮定を行う。私達の仮定は今これですべてである[*10]。

　モデルI：*民間企業、完全雇用* 最初の経路においては、政府支出（第7項目）と"純"租税（第3項目）はともに300億ドルである。それゆえ、可処分所得（第4項目）は2,000億ドルのNNPよりも(60＋300)億ドル少ない、つまり1,640億ドルである。限界消費性向と基礎消費により、消費（第5項目）は1,480ドルである。このため、完全雇用を維持するた

めには、民間純資本形成（第6項目）は必ず220億ドル(2,000−1,480−300)でなければならない。第7項目と第3項目を比較することによって分かるように、定義によって、財政赤字はゼロである。

　もし純投資が220億ドル未満に下落するならば、例えば、100億ドルも下落するならば、どのようなことが起こるであろうか。もし立法府の行動がなければ、NNPはもちろん下落するであろう、それも、乗数によって100億ドルよりもかなり大幅に下落するであろう[13]。次の三つのモデルは、この下落が起らないようにするためには、何を行わなければならないかを示すことを意図している。

　モデルⅡ：完全雇用への財政の赤字－支出経路　このモデルにおいて、租税は変化しない。民間投資の100億ドルの減少を相殺するために、財とサービスへの政府支出だけを100億ドル拡大する。第6項目と第7項目を除いて、第2欄の数値は第1欄の数値と全く同じである。しかし今、もちろん、100億ドルの財政赤字がある。

　モデルⅢ：完全雇用への減税経路　ここでは、100億ドルの投資の減少と同じ額だけ人々の消費を増加させるために、租税を減額して（あるいは移転支出を増加させて）人々の可処分所得を増加させる。政府による資源の使用は、モデルⅠの300億ドルの水準で同じままであるとする。人々に80セント消費を増加させるためには、人々の可処分所得が1ドル増加しなければならない。人々に100億ドル消費を増加させるためには、純租税を125億ドル減額しなければならない、つまり、第3項目において純租税を300億ドルから175億ドルに減額しなければならない。このことは125億ドルの財政赤字を意味する（第8項目）。モデルⅢはモデルⅡよりも財政赤字が大きいこと、つまり減税あるいは移転支出は、（他の事情が一定であるとすれば）財とサービスへの追加的支出よりも政策効果が劣る傾向があることに注目しよう[14]。

　モデルⅣ：完全雇用への均衡予算経路　政府支出の効果が課税の効果をわずかに上回るので、理論的には、政府支出と課税の両方を一緒に増やし、最終的に民間投資の低下を埋め

---

13)　読者は何も政策を実行しないケースでの結果を示すために、モデルⅣの右横に第5欄を書き入れることによって、自分の理解度をテストできる。（ヒント：NNPの1ドルの低下ごとに純法人貯蓄が10セント低下するが、"純"租税は25セント低下すると仮定してみよう。NNPの最終的低下が100億ドルの投資の低下の100/48倍であることを示せ。）

14)　このことを確かめるもう一つの方法がある。例えば、1ドルの政府支出は、すべての第2次的乗数効果を加えると、所得に3ドルの効果があると仮定しよう。他方、租税の1ドルの変化は、（他の事情が一定であるとすると）おそらく合計で3ドルより少ない効果しかない、たぶん約2ドルだけの所得への総効果しかない。このことは、財政赤字に少しもならないように政府支出と租税の両方を1ドルずつ増やすとしても、総国民所得が1ドル増加することを意味する。政府支出の1ドルの増加は $1 + 2/3 + (2/3)^2 + \cdots = 3$ の国民所得を生じさせる。1ドルの増税は $0 − 2/3 − (2/3)^2 − \cdots = −2$ の国民所得を減少させる。効果の合計は $3 − 2 = 1$ であり、この差は、租税の効果が第1ラウンドで国民所得に加えられず、その後のラウンドにおいての再支出によって雇用と生産に影響を及ぼす、という事実によるものである。

合わせることができる。しかし100億ドルの純投資の減少を埋め合わせるためには、資源への政府支出を今500億ドルも増やさなければならない。均衡予算に固執することは、租税も大きく増やさなければならず、このため民間消費が大きく減少し、政府支出が民間部門での投資と消費の両方の需要の減少を取り戻さなければならないので、経済の公共部門(the collective sector)の途方もない拡張が必要になる。

　増税を伴う均衡財政というこのモデルⅣの財政についての正統派の取組方法は、自由でかつ個人主義の民間企業の観点からは、実際最も急進的である。だが、強固な個人主義と哲学的に最も見解が一致するモデルⅢの減税モデルは、財政についての最も異端な学説である。財政の正統派の見解と個人主義とのこのような不一致は、一部の保守主義者が財政赤字よりももっと悪いもの（例えば多額の租税）があるという見解に今なりつつある理由である。それゆえ、何らかの理由により投資が低迷しているとき、個人主義者も一部の保守主義者も多額の租税を批判するので、ただ社会主義者のみが、財政の正統派になりえ、そして『貧しいリチャードの暦』での節約の教義を説くことができるのである。

第3部
国民生産物の構成と価格決定

第19章　需要と供給による価格決定

　第2部では、需要が供給に等しくなるように、また価格が費用に等しくなるように、価格メカニズムが機能する様子について、望遠鏡から見た画像を示した。需要と供給が実際にどのように機能しているかを正確に見るためには、一つの市場を今顕微鏡でじっくりと覗かなければならない。本章の前半では、需要と供給の均衡を詳しく述べる。後半では、需要と供給のさまざまな適用を考える。

A.　市場価格の決定

需要表と需要曲線

　需要から始めよう。一つの商品に高い価格を付けるほど、売れる量が一層少なくなり、逆に、低い価格を付けるほど、人々が一層多くの単位を買おうとすることを、すべての者は観察している。例えば、どのような時点においても、小麦のような商品の価格と需要量の間には、このような一つの明確な関係がある。*価格と需要量*を関係づける次に示す表は、経済学者が"需要表(demand schedule)"と呼ぶものの例である。学生は欄(3)の空白を埋めることができるに違いない。

表1　小麦の価格と売れる量の間の関係を示す需要表

小麦 1 ブッシェルの 価格	1 ヶ月の需要量、 100 万ブッシェル	売上額、 価格×数量
(1)	(2)	(3) = (1)×(2)
A.　1.40 ドル	52	
B.　1.20	56	
C.　1.00	60	
D.　0.80	65	
E.　0.60	72	
F.　0.40	80	
G.　0.20	89	

　この需要表を、図1のように、図で描いてみよう。縦軸の目盛は価格を示しており、横軸の目盛は小麦の需要量を示している。

　あなたは、一つの都市の東西を貫く通りと南北を貫く通りを知るやいなや、町角の位置を知ることができるのとちょうど同じ様に、あなた、船の緯度と経度を知るやいなや、船の位置を知ることができる。同様に、この図1に一つの点を記入するためには、価格と数量についての座標で、二つの数値を知らなければならない。1.40ドルと5,200万ブッシェルに対応

する最初の点 A を示すためには、1 単位 20 セントで 7 単位上に動き、その後 1 単位 100 万ブッシェルで、52 単位右に動く。一つの×印は点 A を示している。次の点 B での×印を見つけるためには、1 単位 20 セントで 6 単位上に動き、その後 56 単位右に動く。最後の×印を G で示している。これらのいくつかの×印を結んでいくことによって、1 本の滑らかな曲線を描くことができる。

図1　小麦の需要曲線

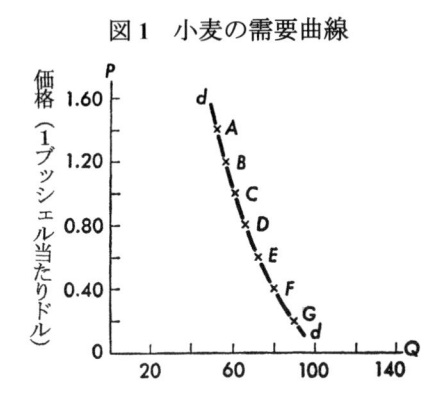

数量（1 ヶ月当たり 100 万ブッシェル）

この図は、それぞれの実現可能な価格でど
だけの小麦が購入されるかを示している。

　需要表をこのように図にしたものを、"需要曲線" と呼ぶ。価格と数量は逆の関係にあるので、この曲線は北西から南東へ右下方に傾斜している。この逆の関係は現在、価格が上がるにつれての*需要減少の法則*(the law of diminishing demand)あるいは消費財の場合には消費減少の法則(the law of diminishing consumption)という巧妙な名前を付けられている[11]。この法則はほとんどすべての商品で、例えば、小麦、電気カミソリ、綿、エチルガソリンおよびコーンフレークで成立する。もし価格が下がるならば、一層多くの商品が需要されるであろう。同じことを別の言葉で言うと、一層多くの商品が市場に持ち込まれると、この商品は一層低い価格でのみ売れるのである。

　需要減少の法則が広がるのには、次のいくつかの明白な理由を挙げることができる。つまり、(1)価格が低いほど消費者保有のドルは一層使いでがある。消費者は一層多くの商品を買うことが*できる*からである。(2)価格が低いほど、消費者は一層多く買うことを*望む*からである。小麦の価格が低くなると、人々は、ジャガイモの代わりにパンを食べて、またライ麦の黒パンの代わりに小麦の白パンを食べて、自分達のカロリーを摂取しようとする。(3)最終的に商品の価格がゼロになり、自由財として惜しげなく使われるまで、商品の価格が低下するたびに、新たな買手による、また古くからの買手による新たないくらかの利用が発生するからである。例えば、合成ゴムを生産するためのエチルアルコールへの原料としての小麦の食糧以外の第 2 の利用は、かなり低い小麦の価格でのみ実現可能である。

弾力的需要と非弾力的需要

　財の使用が価格の低下によって増加する*程度は*、財ごとに異なる。実際、小麦の消費は比較的"非弾力的"(inelastic)であるので、小麦は需要減少の法則を実例で示すには必ずしもあまり良い例ではない。少なくともフォード T 型の古き良き時代においては、自動車の需要は、"弾力的"(elastic)であったので、需要減少の法則の比較的良い実例になっていた。自動車の価格のわずかな引下げによって、自動車の販売台数の大きな増加が生じた。このことを表 2 は実例で示している。

表 2　自動車の需要表

自動車の価格	1 年の需要量 1,000 台	売上額、つまり総収入
(1)	(2)	(3) = (1) × (2)
A. 1,400 ドル	3	
B. 1,200	15	
C. 1,000	30	
D. 800	50	
E. 600	72	
F. 400	100	
G. 200	140	

　さて、目盛を注意深く定めることによって、同じ図に自動車と小麦の需要曲線を記入してみよう(図 2)。ただちに私達はこれら二つの需要曲線の違いを見つける。自動車の需要曲線の方が水平である。自動車の需要曲線については、需要量は価格の変化に対してきわめて*弾力的*である。逆に、小麦の需要曲線は急勾配であり、小麦は、価格が大きく変化するときでも、需要量が比較的*非弾力的*である。小麦が需要減少の法則を満たす数量の程度は自動車

図 2　小麦と自動車に対する需要の比較

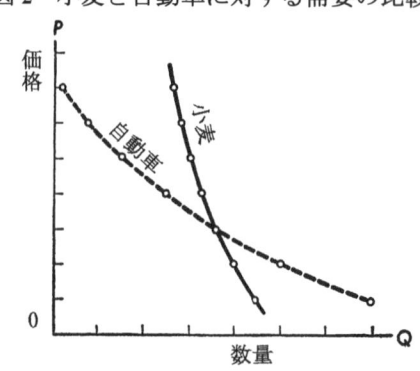

　この図は、価格変化への反応が比較的"非弾力的"である小麦の売上量よりも、自動車の販売台数の方が価格変化に一層"弾力的"であることを示している。

よりもずっと小さい。

　さて、異なる商品が(1)弾力的需要、あるいは(2)非弾力的需要、あるいは(3)いわゆる"需要の弾力性が1"になっていると、どのようにして分類するのか。需要が弾力的であり、需要曲線が比較的水平であるとき、私達は、例えば、3.5 のような、1 よりも大きな数値を持つ需要の弾力性係数(the elasticity coefficient)を定める。逆に、需要量が価格の変化にほとんど反応せず、それゆえ需要が非弾力的であるとき、弾力性係数は 1 よりも小さく、例えば、0.66 であろう。両者の中間の境界のケースは弾力性係数がちょうど1 となり、弾力性が 1 になると私達は言う。

　これら三つのケースの特性の重要な違いを示すには、空白のままである表 1 と表 2 の欄(3)に目を向けなければならない。商品の売上額、つまりドルでの総収入は需要量×価格に等しい。(例えば、価格 600 ドルでの 72,000 台の自動車は、4,320 万ドルの総収入になる。)学生は、もし表 1 と表 2 の空白の場所を埋めるならば、小麦のケースと自動車のケースの間での興味深い違いに気づくであろう。自動車の価格が下がるとき、総収入(total revenue)は少なくとも点 *E* まで*増加*する。小麦の価格が下がるとき、総収入は*減少*する。小麦の価格が下落するとき、小麦の購入量は増加する、しかし小麦の購入量が増加する比率は価格が下落する比率ほど大きくはないのである。

　この結果、小麦の総収入、つまり価格と数量の積は減少する。それゆえ、私達は小麦の需要が非弾力的であると言う。

　他方、自動車の価格の 1 パーセントの低下は売上台数の 1 パーセント以上の増加になる。この結果価格を引き下げるとき、総収入は増加する。それゆえ、私達は自動車の需要が弾力的であると言う。

　需要の弾力性が 1 である境界線のケースは、価格の 1 パーセントの低下が売上量の約 1 パーセントの増加になる、それゆえ総収入が同じままであることを意味する。逆に価格を 2 倍にすることは売上量が半分になることを意味する。

　表 3 において、映画への需要を弾力性が 1 であるとみなしている。学生は、与えた定義に

表 3　需要の弾力性が 1 である例として、映画の切符への需要曲線

切符の価格 (1)	1 週間の需要量、 総収入 ÷ 価格 (2) = (3) ÷ (1)	総収入つまり 売上額 (3)
A. 1.40 ドル	3084/7	432 ドル
B. 1.20		432
C. 1.00	432	432
D. 0.80		432
E. 0.60	720	432
F. 0.40		432
G. 0.20		432

よってすべての空白を埋めることができ、その結果得る需要曲線の図も描くことができるに違いない。（学生は、この需要曲線を図2の二つの曲線に付け足すことがでる。）

　需用が弾力的であるか、非弾力的であるか、あるいは弾力性1であるかだけを知りたいならば、次の一つの簡単なテストを利用できる。つまり、低い価格での総収入÷高い価格での総収入の比率を計算せよ。もしこの比率が1より大きいならば、需要は弾力的である。もしこの比率が1より小さいならば、需要は非弾力的である。もしこの比率がちょうど1に等しいならば、需要の弾力性が1という境界線のケースを得ることができる。学生は小麦が非弾力的であり、自動車が弾力的であり、映画が弾力性1であることを確かめてみるべきである。需要が弾力的であるか、それとも非弾力的であるかを知ることに加えて、もし一層厳密な数値係数を得ることを望むならば、次の式を使わなければならない。

需要の弾力性 ＝ 数量の増加率÷ 価格の低下率

　この式は、弾力性を計算するのに、絶対的変化よりも変化率が重要であることを私達に示している。それゆえ、以前に需要曲線が平坦であることと急勾配であることについて述べたことは、単純化しすぎである。弾力性と傾斜を決して混同してはいけない。これらの二つは異なっている。実際に、すべての所で同じ勾配になる需要直線は、価格軸の近くでは弾力的であり、中間の点では弾力性が1であり、数量軸の近くでは非弾力的である。また、すべての所で弾力性が同じ 1 となっている映画の切符に対する需要も、高い価格では急勾配の傾斜となっており、他方、数量の大きなところでは平らな傾斜となっている。弾力性を、*変化率*によって決定するので、実際、弾力性は比率 P/Q と比較した需要曲線の勾配によって決まるのである[1]。

　計算の問題はここで終える。重要なことは、公式を暗記することでなく、弾力性のよく知

---

1)　弾力性の数値を厳密にはどのようにして計測するのか。この方法は比較的簡単である。常に価格－数量の二つの異なる場所を比較する。第1の場所は高い方の価格 P_u と小さな方の数量 Q_l である。第2の場所は低い方の価格 P_l と大きい方の数量 Q_u である。例えば、私達が小麦の需要の弾力性(elasticity of demand)を点 E と点 F の間で計測することを望んでいるとしよう。ここで点 F の P_u と Q_l を 0.60 ドルと 72 によって示し、他方点 F の P_l と Q_u を 0.40 ドルと 80 によって示す。このとき、私達は常に需要の弾力性を次のように定義している。つまり、Q の増加率 ÷ P の低下率である。

　今、数量の*絶対的*増加を大きい方の数量－小さい方の数量 $Q_u - Q_l$、つまり 80 − 72 ＝8 によって示すことができる。数量の増加*率*を、二つの数量の内の大きな方の数量を分母にした分数で示す相対的増加 $\dfrac{Q_u - Q_l}{Q_u}$ によって、つまり 8/80 によって計測できる。価格の低下率を同様に大きな価格を分母にした分数で示す相対的低下 $\dfrac{P_u - P_l}{P_u}$ によって、つまり $\dfrac{0.60 - 0.40}{0.60} = \dfrac{0.20}{0.60}$ によって計測できる。

　このとき私達の弾力性の公式によれば次のようになる[*12]。

$$需要の弾力性 = \frac{(Q_u - Q_l)}{Q_u} \div \frac{(P_u - P_l)}{P_u}$$

られている意味、弾力性の原因、さらに弾力性の影響を理解することである。次の2、3の実例は役に立つかもしれない。

　一つの独占企業は、もしペニシリンのような、いくつかの特定の病気に対して大いに必要とされている商品を支配下においているならば、この商品の需要の非弾力性を利用して、この商品の価格を引き上げることによって、多額の利潤を得ることができる。他方、特許と消費者の好みが重要でないきわめて競争的業種においては、どのような一つの企業の生産物に対する需要もきわめて弾力的である。なぜなのか。ある一つの企業がこの生産物の価格をごくわずかでも上げると、買手はどこか他の所に行き、他の企業の生産物を代わりに需要しようとするからである。例えば、小麦を生産している1人の小規模な農夫は、シカゴ商品取引所(the Chicago Board of Trade)での価格にほとんど何も影響を及ぼさないので、この農夫の小麦への需要は無限に弾力的である。この農夫は価格に影響を与えることなく 100、200、300 ブッシェルあるいは1,000 ブッシェルの小麦を売ることができる。しかし、この農夫は、市場価格よりもほんの少しでも価格を引き上げれば、少しも小麦を売ることができない。それゆえ、この農夫の需要曲線は図3のようにきわめて水平である。

　第1章で私達は、個々について正しいことが、集まった全体についても正しいと考えることは誤りであると学んだ。ここで、このことが農夫達に当てはまる一つの実例を示す。競争的な個々の農夫の小麦への需要はきわめて弾力的であるけれども、小麦全体への需要がきわめて非弾力的であることを、私達はすでに知っている。この違いは小麦の需要に対するこの図3と図1の横軸の目盛の大きな違いから生じている。農夫であるブラウン(Brown)の貨車2、3台のわずかな量の小麦は、小麦生産業の需要曲線に沿って 1/1,000 インチほども移動しない。図1での価格は気づくほど変化しないであろう。ブラウンは自分の小麦への需要が弾力的であると考えても不思議ではない。もしブラウン、スミス、オマリー(O'Malley)など何百万人もの農夫がすべて、貨車2、3台の量の小麦を市場に持ってくるならばどうな

$$= \frac{8}{80} \div \frac{0.20}{0.60} = 0.3$$

小麦については需要の弾力性の数値を1未満であると予想するはずであるが、実際1未満である。学生は、自動車と映画の需要の弾力性の*正確な*数値を、点 D と点 E の間であるいはその他のどのような二つの点の間でも計算してみるとよい。

　私達は小麦が非弾力的需要であると言うけれども、実際に十分に高い価格では小麦は何も買われず、総収入はゼロになるであろう。それゆえ、ある価格水準よりも上では、価格を下げると総収入が増加し小麦さえ弾力的需要になる。同様に、自動車の価格がゼロに低下するとき、総収入は低下しゼロになるであろう。それゆえ、自動車でさえ十分に低い価格では、例えば表2の E より低いすべての価格では、非弾力的需要になる。

　このことは経験から予想できる法則である。つまり、きわめて高い価格では、すべての商品は弾力的需要になる。低い価格では、すべての商品は非弾力的需要になる。商品の通常の価格の範囲で、もし商品の需要が弾力的であるならば、私達はこの商品の需要が弾力的であると呼ぶ。非弾力的需要の定義についても同様である。

のか。このとき、小麦は小麦生産業全体の非弾力的小麦需要曲線に沿ってかなりの距離を移動する。

図3　1人の"完全"競争者の生
産物への無限に弾力的需要曲線

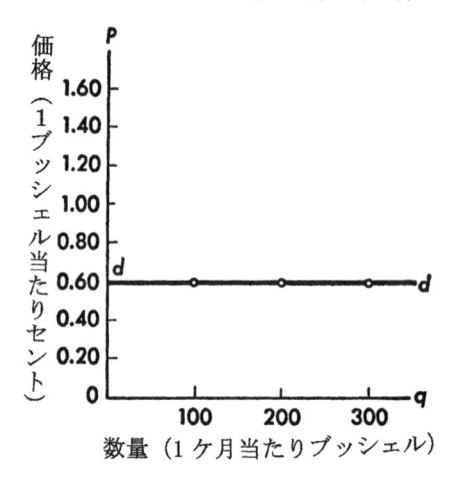

完全競争での個々の売手の1人は、一つの市場全体のきわめてわずかな部分を占めるにすぎないので、現在の価格を引き下げることなく、望むすべてを売ることができる。

　実際、すべての農夫が幸運にも豊作であるときには、すべての農夫の総収入は現実には低下するかもしれない。このことは農夫達が干ばつと昆虫による被害を祈ることを意味するのか。必ずしもそうではない。きわめて抜け目のない農夫は、自分以外の他のすべての農夫の畑での昆虫による被害を祈るけれども、自分の畑での昆虫による被害を祈らない。しかし、自分以外の他の農夫の畑だけで昆虫の被害が頻繁に発生することを期待できないので、すべての農夫にとって最善の次ぎに良いことは、すべての農夫が昆虫による被害を受けることである。

　今私達は次の二つのことを理解し始めている。(1) 農夫達は、自分達の所得を引き上げるために、なぜ作物の生産量を制限することを望むのか。(2)もし政府の権限あるいは政府による金銭の提供が実行されないとすれば、それぞれ個々の農夫が作物の生産量の制限を自分達だけで行えると、農夫達はなぜ考えることができないのか。(学生は、小麦の価格を、例えば、表1のFの水準からCの水準に引き上げることによる農家所得の増加を計算するべきである。このとき、それぞれの個々の農夫にとって、生産量の平均調整率はどれほどの大きさでなくてはならないかを、学生は計算するべきである。さらに、学生は次のことを調べるべきである。それぞれの農夫は、自分以外の他のすべての農夫達が生産量を引き下げるのを望むのに、なぜ、自分自身については生産量を引き下げようとしないのか。誰がこの生

産量調整の費用の支払いを引き受けるのであろうか。さらに、小麦に支払う代金の増加に加えて、その他の社会的損害があるのであろうか。）

最後の一つの例。労働に対する需要表、つまり、異なる賃金で企業が雇用しようとする労働者の人数を考えてみよう。もしある一つの労働組合が組合員以外の外部者を締め出すことができるならば、もしこの労働組合の組合員が企業にとってなくてはならない特殊な技能を持っているならば、もし機械を労働の代わりに使うことができないならば、そしてもし消費者がこの労働組合の組合員の使用者の生産物をとても必要としているならば、この労働組合所属の労働者への需要は*非弾力的*であろう。この労働組合は、多くの労働組合員を失業させることなく、賃金を引き上げることができる。だが、上の一つあるいはそれ以上の条件が満たされないことによって、この労働組合所属の労働者に対する需要が*弾力的*であるとき、もしこの労働組合が賃金の引上げを強く要求するならば、その結果はこの労働組合所属の多くの労働者が失業することになるであろう。

建設産業では、労働者は例えば大工、左官および配管工等の多くの異なる職能別労働組合に所属している。これら技能の内のどれか一つを持つ労働者への建設業者の賃金の支払いは、家の建築総費用の内の*わずかな*部分にすぎないので、どの一つの労働組合も、雇用にそれほど影響を及ぼすことなく、組合員の賃金を引き上げることができる。この原則はときどき "重要でないことによる重要さ(the importance of being unimportant)" と呼ばれている。それぞれの職能別労働組合には、自分達の要求を手加減する動機がないので、賃金がそれぞれの職能別労働組合ごとに決定され、結果は高賃金になる傾向となる。

しかし、すべての職能別労働組合が賃金率を引き上げるとき、住宅建築の費用は著しく高くなり、人々は住宅建築をやめる。それゆえ建設労働者*全体*への需要は*弾力的*になる傾向がある。建設産業の技術的遅れと混乱を同時に考慮すると、この賃金率引上げの結果は、私達が必要とするよりも住宅建築がかなり少なくなり、しばしば建設産業とその他の産業の両方で失業が発生することになるかもしれない。

だが、一つの重要な警告を与えなければならない。一つの職業あるいは一つの町の労働者の需要表ではなく、合衆国の労働者全体に対する需要表を、本章の方法によって分析できない。私達は需要減少の法則が一般に成立することさえ確かであると思うことができない。機械製造業の労働者に加えてその他の産業のすべての労働者の賃金の引上げは、労働から資本への*代替*を必ずしも発生させるとは限らない。また、賃金の引下げは人々の所得に影響を及ぼす。賃金の引下げは企業の生産物への需要を徐々に低下させるかもしれず、このため労働者は一層多く雇用されるとは限らない。賃金引下げの唯一の効果は、物価を引き下げることかもしれない。もしこの物価低下が賃金を一層引き下げるならば、私達は物価、賃金および所得が低下する混沌としたデフレスパイラルに陥るかもしれない。再び、このことは合成の誤謬の実例の一つである。つまり、部分について当てはまることは、全体については当てはまらないかもしれない。

供給表

　需要について、これまでたくさんのことを述べてきた。次に、売手側つまり供給表に目を向けてみよう。需要表は価格と人々が買いたい数量を関係づけていた。*供給表は、価格と人々が生産しそして売ろうとする数量の間の関係を当然示すことになる*。表4は小麦の供給表を実例で示している。

　小麦の需要曲線と異なり、図4での小麦の供給曲線は、南西から北東へ、右上に上がっている。小麦の価格が高くなると、農夫はトーモロコシの耕作面積を減らし、小麦の耕作面積を増やそうとする。また農夫は、一層多くの肥料、一層多くの機械、さらに一層やせた土地へのそれぞれの費用を負担できる。これらのすべての要因によって、価格が高くなると生産量は増加する[2]。

表4　小麦の供給表

1ブッシェルの小麦の実現可能な価格	売手が1ヶ月に供給しようとする数量　、100万ブッシェル
A. 1.40 ドル	130
B. 1.20	122
C. 1.00	115
D. 0.80	100
E. 0.60	72
F. 0.40	45
G. 0.20.	10

図4　小麦の供給曲線

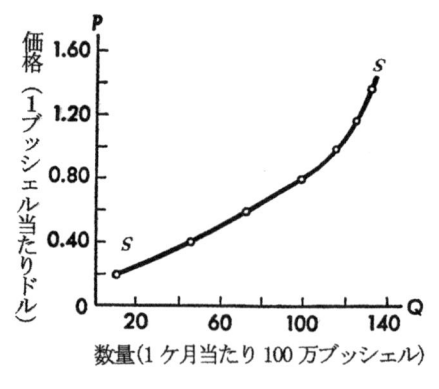

　この図は、どれだけの小麦が、それぞれの実現可能な
価格において、生産されるであろうかを示している。

---

2)　しかし、後に、本章の付録のケース4において、供給曲線が反り返っているのを、つまり賃金が上がるにつれて、労働者が*一層短い*時間働くだけでよいと思うことを示す。このようなケースにおいては、賃金が高くなると供給しようとする労働量が少なくなり、全体として、労働の供給曲線は南東から北

需要と供給の均衡

どのように競争的市場価格(competitive market price)が決定されるかを理解するために、需要の分析と供給の分析を今結合してみよう。このことを表5で行っている。

表5 小麦の需要表と供給表

1ブッシェルの実現可能な価格 (1)	1ヶ月の需要量、100万ブッシェル (2)	1ヶ月の供給量、100万ブッシェル (3)	価格への圧力 (4)
A. 1.40 ドル	52	130	↓ 下降
B. 1.20	56	122	↓ 下降
C. 1.00	60	115	↓ 下降
D. 0.80	65	100	↓ 下降
E. 0.60*	72*	72	不変*
F. 0.40	80	45	↑ 上昇
G. 0.20	89	10	↑ 上昇

*均衡価格と均衡生産量

　これまで、すべての価格が実現可能であると考えてきた。私達は「もし価格がこれこれであるならば、売上量がこれこれであろう。もし価格がしかじかであるならば、売上量がしかじかであろう、等」と言ってきた。しかし価格はまさにどのような水準へと*現実*に動いて行くのであろうか。このとき、どれだけ生産されそして消費されるのであろうか。供給表だけでは示すことができない。需要表だけでも示すことができない。しかし、需要表と供給表が一緒になると、示すことができるのである。

　競売人が行うとすることを行ってみよう、つまり、試行錯誤によって始めてみよう。小麦が1ブッシェル1.40ドルで売られている上の表での状況*A*は、どのような時でも実現されるのか。答は明らかに「いいえ」である。1.40ドルでは生産者は市場に毎月1億3,000万ブッシェル持ってこようとする[欄(3)を見よ]。しかし消費者による需要量は1ヶ月5,200万ブッシェルにすぎない[欄(2)を見よ]。小麦の在庫が積み上がり始めるにつれて、競争的売手は価格を少し引き下げようとする。それゆえ欄(4)が示すように、価格は下落することになる。しかし、価格はいつまでも下落してゼロにならないであろう。

　このことを確かめるために、価格が1ブッシェルわずか20セントに等しい点*G*を調べてみよう。この価格は維持されるのか。再び、明らかに、いいえ、である。なぜなら、欄(2)と欄(3)を比較すると、*この価格*では消費量は生産量を上回るからである。倉庫は空になり始める。小麦を手に入れることができずがっかりした需要者は、価格を競り上げようとする。

　西へと進む。同様に、もし人々が老後のために一定額を貯蓄しようとするならば、利子率（貯蓄に対し提示されている"価格"）の低下は、人々に貯蓄の供給を減らすのではなく、増やすようにさせるかもしれない。

価格へのこの上方への圧力を欄(4)での上向きの矢印によって示している。

　私達はその他の価格も試し続けることができる、しかし今では答は明らかである。*唯一の均衡価格(equilibrium price)、つまり維持できる唯一の価格は、需要量と供給量が等しい価格*である。*E* での 0.60 ドルの価格においてのみ、1 ヶ月 7,200 万ブッシェルの需要量は供給量に等しくなる。カクテルグラスの底のオリーブが平衡状態にあるのとちょうど同じ様に、この 0.6 ドルの価格は、上昇する動きも下降する動きもないので、均衡にある。もちろん、この定常価格(stationary price)にはすぐに到達しないかもしれない。価格は、最終的に落ち着き、需要量と供給量が一致する前に、適切な水準の近くで試行錯誤を行う、つまり振動する初期の期間がなければならないかもしれない。

　図 5 は図の形態で同じ結果を示している。需要曲線と供給曲線を同じ図に重ねて描いている。これらの二つの曲線は一つの交点で交差している。この交点 *E* は均衡価格と均衡量を示している。

　高い価格において、*破線*は需要量を上回る供給量の*超過*を示している。矢印は、下方を指しており、価格が*売手間*での競争によって動く方向を示している。均衡価格の 60 セントよりも低い価格において、破線は需要量が供給量を上回ることを示している。この結果、買手の間での熱いせりの行動は矢印が上方を指し示すことを命じており、この上方への矢印は、買手達が価格に影響を及ぼす圧力を示している。点 *E* においてのみ、売りと買いの力が均衡して、維持可能な定常価格(a stationary maintainable price)が存在する。

図 5　需要と供給が市場価格と数量を決定する方法

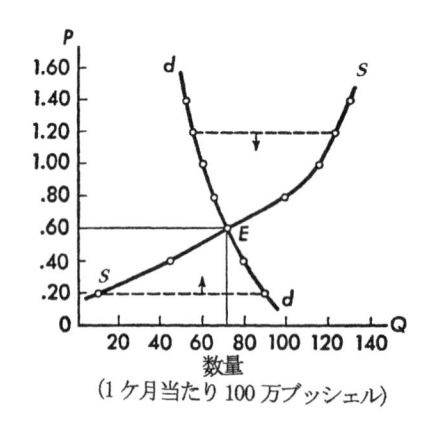

（1 ケ当たり 100 万ブッシェル）

"均衡" 価格は 2 つの曲線の交点にあり、この交点
では価格は需要量と供給量をちょうど等しくさせる。

　このことは需要と供給の理論に関して存在しているすべてのことである。今後行わなければならないすべてのことは、この理論を適用できるいくつかのケースとこの理論を適用できないいくつかのケースを示すことである。

B.　需要と供給の適用

需要あるいは供給の変化による影響

　経済学者がよく言っているように、もし他の事情が一定であるならば、どのような時点でも、ただ一つだけの需要表あるいは供給表が存在する。しかし他の事情は一定のままでないであろう。綿糸への需要量は、レーヨンの価格の低下によって、何年にもわたり減少している。技術進歩が同じ費用でガソリンを一層多く生産するのを可能にしているで、ガソリンの供給表では数量が増加している。費用と好みが変化するとき、所得が変化するとき、競合的生産物(rival products)（お茶との関係でコーヒ）あるいは補完的生産物(cooperating products)（お茶との関係で砂糖）の価格が変化するとき、私達の需要曲線と供給曲線はシフトする。これら曲線のシフトによる消費、生産および価格への影響はどのようであろうか。

　経済学の領域でのすべての入門者は、よくある誤りに気をつけなければならない。すべての入門者は、（どのような価格においても、一層多く購入される1本の需要曲線全体の右上方へのシフトを意味する）*需要量の増加*を、*同じ1本の需要曲線上*を一層低い価格へと動く結果生ずる*需要量の増加*と、混同しないように注意しなければならない。1本の需要曲線全体は"需要"を示している。1本の供給曲線全体は"供給"を示している。だが、問題になっている1本の需要曲線全体あるいは1本の供給曲線全体の右へのシフトは、需要量あるいは供給量の"増加"を示している。1本の需要曲線上の一つの点を示すとき、一つの*特定の価格*での"購入量"つまり"需要量"を示している。同じ1本の需要曲線上に*沿って*の動きは"価格変化による需要量の変化"である。この1本の需要曲線上の動きは需要曲線のいかなる変化も示していない。このようなことに注意する必要さはすぐに明らかになる。

　小麦の供給量が減少していると仮定しよう。この供給量の減少は、例えば悪天候、あるいはトーモロコシの価格が上昇した、あるいは多分生産者が小麦1ブッシェル当たり20セントの売上税を政府に支払わねばならない、等のどれかの理由によってであるかもしれない。

　1ブッシェルのそれぞれの小麦への20セントの売上税という最後の例を詳しく検討してみよう。この租税による最終的影響つまりこの最終的"負担"は、どのようであるのか。この売上税を最初に支払わなければならない生産者が、この負担を完全に引き受けるのか。それともこの負担を消費者も一部引き受けるのか。この答を私達は需要曲線と供給曲線を使うことによってのみ導き出すことができる。

　消費者の需要曲線が変化する要因は少しもない。消費者は、生産者が売上税を支払わなければならないのを知らないしまた気にもかけないので、価格60セントでやはり1ヶ月7,200万ブッシェルを買おうとする。

　しかし、供給曲線全体は左上方にシフトする。つまり、それぞれの市場価格で、生産者は今売上税の結果供給を一層少なくしようとするので、供給曲線は左へシフトする。生産者に、どのような所与の数量でも、例えば、7,200万ブッシェルを市場に持って来させるためには、

私達は生産者に以前よりもより高い市場価格（60セントでなく80セントの市場価格、つまり20セントの売上税だけ一層高い市場価格）を提示しなければならないので、供給曲線は上へシフトする。

　学生は、新たな供給欄に、数値を書き入れることができるに違いない。その供給欄は、それぞれの価格が20セント上がっているのを除いて、表5の欄(3)と同じである。図6において、需要曲線 *dd* は変化していない、しかし供給曲線 *ss* は、すべての所で20セント上昇し、新たな平行な供給曲線 *s's'* へとシフトしている。

　新たな均衡価格はどこにあるのか。この答を需要曲線と新たな供給曲線の交点、つまり *dd* と *s's'* が交わる *E'* において見つけることができる。供給が減少しているので、価格は以前よりも高い。逆に購入量と販売量は以前よりも少ない。もしこの図を注意深く見るならば、新たな均衡価格が60セントからほぼ75セントに上昇しているのを見つける。購入量と販売量が均衡している新たな均衡生産量(equilibrium output)は、7,200万ブッシェルからほぼ6,700万ブッシェルに減少しているのも見つける。

図6　従量税の競争価格と競争的生産量への影響

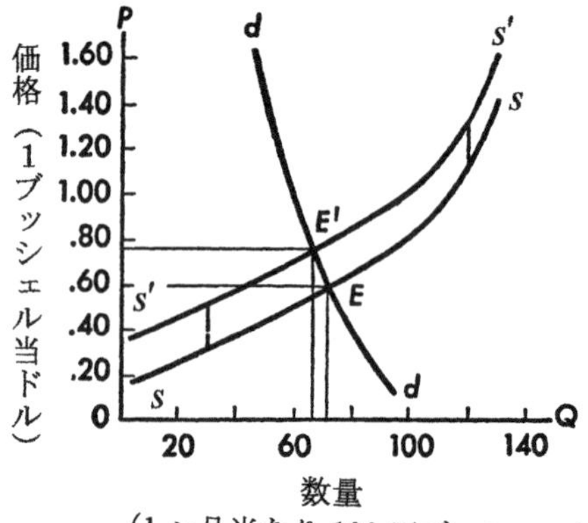

従量税(a unit tax)は供給曲線をちょうど税の額だけ上方にシフトさせ、新たな均衡価格と均衡量を生じさせる。

　誰がこの売上税を支払うのか。おそらく、小麦を生産者している農夫は、60セントでなく今55(75 − 20)セントしか受け取らないので、この税金の一部の5セントを支払う。しかし、生産者が受け取る価格がこの税金と同じ大きさだけ低下していないので、消費者もこの税金の負担を分け合っている。消費者には、小麦が55セント+20セントの税金、つまり合計で75セントの費用がかかる。消費者は、小麦をとても必要としているので、この20セントの税金の内の15(75 - 60)セント、つまり生産者の3倍の税金を支払っている。最終的負

担として、社会は、以前よりも少ない量の小麦しか消費していないので、以前よりも貧しくなっている。

　学生は、ここまでの自分の理解を確かめるために、供給での次の反対の下方へのシフトのケースを考えるべきである。つまり、政府が生産者に小麦 1 ブッシェル当たり 20 セントの課税を行うのでなく、20 セントの補助金を与えると仮定してみよう。新たな供給曲線 $s''s''$ を引きなさい。この供給曲線の需要曲線 dd との交点である E'' はどこにあるのか。新たな価格はいくらか。新たな生産量はいくらか。生産者はどれだけの利益を得るのか。消費者はどれだけの利益を得るのか。

　学生は、需要の変化をどのように扱うべきかを、多分今うまく考えることができる。需要曲線 dd は右へあるいは左へと新たな曲線 $d'd'$ にシフトする。この新たな需要曲線 $d'd'$ が古い供給曲線 ss と交差するところで、新たな価格と数量を得る。学生は需要曲線と供給曲線の二つの曲線が同時にシフトするケースも論じることができるに違いない。

　本章の付録で、読者が検討することになっている多数の例がある。これらの例によって、読者がこれまでの分析への理解を単に点検するよりも、もっと多く学ぶことを意図している。これらの例は多数の重要な経済状況と経済原理を学ぶのに役立つ。

よくある誤った主張

　今では学生は需要と供給に精通している。しかし本当に精通しているのか。売上税は消費者が支払わなければならない価格を引き上げる効果があることを、学生は知っている。しかし、学生はこのことを本当に知っているのか。しばしば新聞で見ることができalém政治家の演説で聞くことができる次のような主張について、あなたはどのように思っているか。

　商品への税の影響は、一見したところ、消費者への価格の引上げになるように思われる。しかし、価格の引上げは需要を減少させるであろう。その後、需要の減少は再び価格を低下させるであろう。それゆえ、結局、商品への税が価格を現実に引き上げるということは確かでない[3]。

　さて、あなたは上の主張についてどのように思うか。商品への売上税は価格を引き上げるのか、それとも引き上げないのか。新聞の編集者の記事と上院議員の演説によれば、答は「価格を引き上げない」ということである。明かに、私達は言葉が人をだます 1 例をここで得る。"需要" という言葉を誤った意味で使っているので、前述の新聞の記事あるいは政治家

3)　H. D. Henderson, *Supply and Demand* ,p.27, Cambridge University Press, London,1922.（H・D・ヘンダーソン著、白杉　剛訳『需要と供給』紀伊国屋書店、1968 年。）からの引用文によって示している。この原文は次のような一層とりとめのないものになっている。つまり、「価格は上昇すると需要は減少する。この需要の減少は価格を低下させ、さらにこの価格の低下は需要を増加させる。この需要の増加は価格を上昇させる。しかしこの高い価格は需要を減少させる。…」それゆえ、私達は価格の上昇から下降、下降から上昇への永続的変動に直面する。学生はこの原文の誤りを見つけるに違いない。

の演説での四つの文の内の一つは誤りである。学生には、不変の 1 本の需要曲線に沿っての移動を需要曲線のシフトと混同しないように、すでに注意してきた。

　実際に、正しい答はほぼ次のようになる。

　売上税は消費者に価格を引き上げ、他方、生産者が受け取る価格を引き下げ、そしてこの価格差は政府の収入になる。課税前よりも高い価格で、一層少ない数量を消費者は購入する。生産者も受け取る一層低い価格で一層少ない数量を供給するので、消費者の購入量が一層少なくなるのは当然である。それゆえ、購入量と販売量は需要曲線と新たな供給曲線が交差する所で均衡し、その後価格は変化しないであろう。

　経済学を受講しているどのような大学 1 年生も、上述の売上税についての新聞の記事あるいは上院議員の演説の誤りを完全に見抜くことができるに違いない。しかし銀行家、金融評論家、そして経済学の教授でさえ、きわめて重要な政府の"金融緩和"政策の効果を議論する時、同じ種類の誤りに陥る。ここでは、販売されまた購入される商品は、貸し出され（供給され）また借りられる（需要される）貨幣である。そしてこのような取引での価格は*利子率*である。

　貸付金への需要曲線は、企業と政府の長期借入れ(long-term borrowing)への必要さによって与えられる。貸付金への供給曲線は、個人、保険会社、通常の商業銀行および 12 の連邦準備銀行が、この形態の投資のために資金を供給しようとすることによって与えられる。このすべてを図 7 の *dd* と *ss* によって示している。

**図 7　"金融緩和"政策の
貯蓄と利子率への効果**

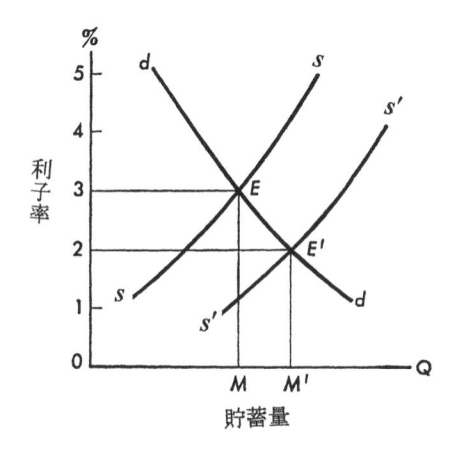

資金(capital)の供給の増加は投資資金(capital fund)を一層豊富に
することだけによって、利子率を引き下げることができる。

今政府が低金利政策(a cheap-money policy)つまり金融緩和政策を採択すると仮定してみよう。私達は、公開市場での連邦準備銀行の買いオペ政策の議論において、この政策がまさに何を意味するかをすでに理解した。しかしここでの経済学理解の目的のためには、連邦準備銀行が金融市場(the capital market)に資金の新たな供給を行うので、私達は、この買いオペ政策を資金の供給曲線の右への、s's'へのシフトであるとみなすことができる。

　この政策効果はどのようであるのか。私達が当然予想するように、新たな均衡点では利子率はほぼ2パーセントへ低下するであろう。それゆえ、今資金の価格は以前よりも低くなっている。大企業と小企業（および政府）に利用可能な資金量はかなり増加している。私達は、この金融緩和政策についての説明を、次のよく見かける引用文とどのようにつじつまを合わせることができるのか。

　政府の金融緩和政策は、まず初めに利子率を引き下げるように思われる。このことは貯蓄を少なくしまた節約を思いとどまらせる。貯蓄の*供給量*の減少は企業に利用可能な資金を少なくさせる。実際、資金があまりにも少なくなるので、企業が一層低い利子率でなく一層高い利子率を支払わなければならないと、政府は気づく。国は荒廃するであろう。草が通りで生えるであろう。

　金融緩和政策についてのこれら二つの見解の内、理論ではどちらが正しい答であるのか。現実ではどちらが正しい答であるのか。

需要と供給の法則は何にも影響を受けない法則であるのか。

　競争価格(competitive price)と競争的生産量は需要と供給によって決定される。しかし価格は、金の生産量あるいは戦争が起こるかどうかのような、その他のいくつかの要因によっても決定されるのであろうか。実際、価格はこのような多くの要因によっても影響を受ける。しかし、これらの要因を需要と供給に*付け加え*なければならないのではなく、これらの要因は、需要と供給を*介して*価格を決定するあるいは価格に*影響を及ぼす*多数の諸力の中に含められる。例えば、新たな金の生産は、もしすべての人々に一層高い所得を与えるならば、いくつもの需要曲線をシフトさせ、このことにより物価を引き上げるであろう。しかし価格が需要と供給によって決定されることはやはり正しい。

　この点について、思慮深い読者は次の様に異議を唱えたいに違いない。つまり、価格が生産費用によっても決定される、とここまではほとんど言ってこなかった。需要と供給に加えて、この生産費用を価格決定の第3の要因として挙げるべきではないのか。だが、再び私達の答は同じである。もし（州が料金を企業の原価計算による費用に基づいて設定する公益事業会社のような）完全独占企業あるいは半独占企業(semimonopolies)を除くならば、*生産費用が供給に影響を及ぼす範囲でのみ、価格は生産費用によって影響を受ける*。たとえ神が天国から費用なしで食べ物を送るとしても、その供給量が限られているならば、食べ物の価格はゼロでなく、需要曲線と供給曲線の交点によって決定されるであろう。他方において、ピ

ンの頭部に国歌を印字するのに 50,000 ドルの費用がかかり、このような商品に需要がない
ならば、このような商品は全く生産されず、たとえ生産されるとして 50,000 ドルでは売れ
ないであろう。(現実に存在しないような商品の市場価格を何と呼ぶべきかを、読者に想像
を働かせて楽しんで決めてもらってもよい。)

このことは生産費用が価格決定に対し重要でないことを意味しない。競争の下では、生産
費用は特に重要である。しかし生産費用の重要さは*生産費用が供給に影響を及ぼす範囲に*
*おいて*現れる。企業家は採算を考えずに物好きで生産していない。企業家は、もし過去の費
用を賄う十分に高い価格で売ることができないならば、供給を望まない。それにもかかわら
ず、競争の下では農業経営者は、ひとたび穀物の作付けをすると、現実にこの穀物について
行えることはあまり多くない。しかし、農業経営者は、作物を生産するために必要な*追加的*
費用を負担できない価格では、このような作物を*将来*も供給し続けようとしない。それゆえ、
供給は基本的に費用によって、特に"追加的費用"によって決定される、このため価格も費
用によって決定されるに違いない。

だが、価格が費用に等しいと言うときでも、このこと自体、費用が価格を決定する要因に
必ずしもなっているわけでない。一つの産業がその産業に必要きわめて特殊な生産要素
(例えば、野球選手、オペラ歌手、ブドウ園の土地)を使っている多くのケースでは、*費用*
が価格を決定するよりもむしろ価格が費用を決定している。穀物の価格が高いので、穀物畑
の地価が高い。アパートの家賃が低いので、アパートの建物は低い価格でしか売れない。こ
の形態の関係を、第 2 次世界大戦の間、"乳牛の価格が高いので"牛乳の価格をもっと高く
するように陳情したマサチューセッツの酪農夫達は見落としていた。たとえ農夫達の要求
が認められていたとしても、これらの酪農夫達は乳牛の価格が牛乳の価格の後を追って上
がっているのにすぐに気づいたことであろう [4]。

これらの例は私達に需要と供給が価格決定を説明する究極的なものでないことを示して
いる。需要と供給は、価格に影響を及ぼす多数の諸力、原因および要因を分析しそして示す
のに有益なあらゆるものを含むにすぎない。需要と供給は、最終的答というよりも、最初の
問いかけを意味しているにすぎない。私達の勉強は終わったのではなく、今始まったばかり
である。

需要と供給は価格に影響を及ぼす有益なものを含むにすぎないことは、市場価格決定の
原理を理解したばかりの入門者が、多くのことを知っているかのように、次のように言うこ
とが、誤りであるのを明らかにするのに役立つに違いない。つまり、「あなた方は需要と供
給の法則の作用を止めることができない。クヌート王(King Canute)でさえ、海岸で海に向か
って、引き潮になり王から下がるようにと命じることができない。同様に政府も需要と供給

---

4) これらのすべてのケースについてと同様に、生産要素の供給量が非弾力的であるケースでは、"生産
の費用が生産物の価格を決定する"のではなく、"生産の費用が生産物の価格によって決定されてい
る"、そして生産要素に支払う必要のないこの超過の収入は"経済レント(economic rent)"と呼ばれて
いる。本章の付録のケース 3 を見よ。

の作用を避けることができないし、この作用に干渉できない。」

　経済学を生半可に勉強することによってこのような間違いを犯すよりも、経済学を少しも勉強しない方が良い。もちろん、政府は価格に影響を及ぼすことができる。政府は、需要あるいは供給に、または両方に影響を及ぼすことによって、価格に影響を及ぼすことができる。前節では、政府が、貨幣供給量を拡大することによって、利子率を変える政府の金融緩和政策の例を私達は見た。農家所得を回復させようとする政府の行動についての以前のいくつかの議論において、生産量を制限しようとする政府の計画が、供給量を減らすことによって価格と所得を引き上げることができるのを、私達は見た。政府主導のカルテル(government cartels)による同じ様なプログラムは、世界中で実行されてきた。例えば、ブラジルはコーヒ豆の価格を引き上げるためにコーヒ豆を燃やした。イギリスは、1920 年代に、ゴムの価格を人為的に統制する"スティーブンソン政策(Stevenson policy)"を実施した。砂糖は今でも国際的に統制の下にある。

　これらの政府は、需要と供給の法則を無視していない。これらの政府は、需要と供給の法則によって問題を解決しようとしている。国家は経済への秘密兵器つまり秘密の政策手段を持っていない。国家に当てはまることは個人にも当てはまる。市場で投資できる貨幣を保有している限り、あるいは市場への出荷を調整できる小麦を保有している限り、誰もが小麦の価格に影響を及ぼすことができる。ロックフェラーとフォードとアスターは、もし金融緩和を強く望むならば、結託すると、金融緩和を生じさせることができるであろう。これら3人の男達が行わねばならないすべてのことは、すべての人々に低利子率で資金を十分に供給することを申し出ることである。市場へのこの新たな資金の供給によって、利子率は低下するに違いない。

　すべての労働組合は、労働の供給に影響力があることによって、賃金に影響を及ぼすか、あるいは影響を及ぼそうとする。いくらか差別化された商品を生産できるどの生産者も、宣伝をすることによって、自社の製品への需要を増やそうとするかもしれず、また供給を制限することによって、追加的生産費用つまり限界費用以上に価格を引き上げようとするかもしれない。いずれにしても、個々の生産者は、売ろうとする物の価格に影響を及ぼすことができるほど十分に大きくなるやいなや、厳密な意味で完全競争企業でなくなり、これらの生産者の行動を、独占と競争の混じり合ったものとして、つまり、第21 章で述べるような独占的競争あるいは不完全競争の観点から、分析しなければならないことを、覚えておかなければならない。

法律によって固定された価格
　私達が効果を分析しなくてはならない需要と供給への一つの重要な介入がある。政府は時々法律によって最高価格(a maximum price)、あるいは最低賃金(a minimum wage)を設定する。この前の戦争の間、政府は生活費と関係する品目には最高統制価格(ceilings)を設定した。この前の戦争前でも、ほとんどの工場労働者の 1 時間当たり賃金には、40 セントの最低賃

金(a floor)が定められていた。法律によるこれらの政府の介入は、これまでに述べた需要と供給を通じて影響を及ぼす政府の行動とは全く異なる。　　.

　例えば、私達が本章で繰り返し見てきたような、通常の需要曲線と供給曲線が存在する砂糖市場を考えてみよう。政府は、OPA（物価管理局）を通じて、砂糖を（小売価格で）1ポンド当たり7セントを超えて売ることを禁止する行政命令(an order)を出してると仮定してみよう。今、戦争による好況のために砂糖の需要がきわめて大きいけれども、輸送力が限られているために供給がきわめて小さいので、もし政府が介入しなければ、均衡価格は1ポンド20セントになっていたと想定してみよう。このような砂糖の高い価格は、砂糖産業が過度な利益を得るのに役だっていたであろうし、砂糖をほとんど買えない貧しい人々には、相当に"重い"税金と同じになっていたであろう。さらに、この高い砂糖の価格は、労働者による賃金要求などのあらゆる種類のインフレへの対応によって、生活費のインフレスパイラルに油を注ぐだけになっていたであろう。

　それゆえ、政府は連邦議会やOPAを通じて砂糖の価格を現状に維持することを決定した。連邦議会は砂糖の最高価格を1ポンド7セントの古くからの水準に定める法律を可決した。図8の線 MN はこの法定最高統制価格(the legal price ceiling)を示している。さて何が起こるであろうか。

図8　最高統制価格の砂糖への経済的影響

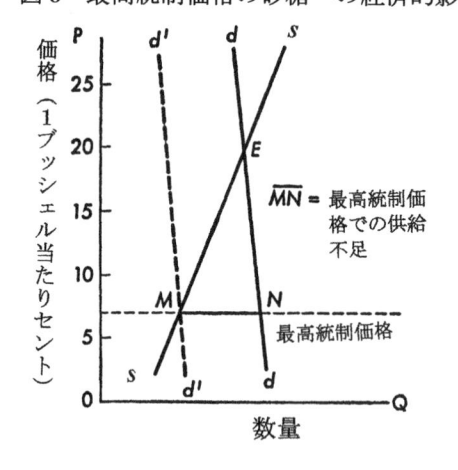

　もし法定最高統制価格がなければ、価格は E に上昇するであろう。人為的な最高統制価格では、需要量と供給量は一致せず、法律に基づいているかあるいは法律に基づいていない何らかの方法による配給(rationing)によって、不足している供給物を配給したり、有効需要を d'd' に引き下げる必要がある。

　この法定最高統制価格では需要量と供給量は一致しない。消費者は、生産者が供給しようとする量を超えて、何千ポンドもの砂糖を欲しがっている。この需要超過を M と N の間の

差によって示している。この差はきわめて大きく、食料品店の棚の上や問屋には、この差を埋め合わせることができるほど十分な在庫量は長い期間に亘りないであろう。誰かが苦いコーヒを飲んでいなければならない。もし最高統制価格の法律がないならば、砂糖の入っていない苦いコーヒを飲んでいるある人は、砂糖なしでコーヒを飲むよりむしろ、喜んで8セントか9セント、あるいはそれよりもっと高くまで、砂糖の価格を喜んで引き上げようとする。以前の（図5の）議論においてと同様に、*MN* から垂直に上を指す矢印を書き入れることによって、このことを示すことができる。この矢印は、砂糖の価格が20セントの均衡水準に上がるまで、上を指すことを止めないであろう。

　消費者が最高統制価格よりも高い価格を付けて買うことは法律に違反する。たとえ消費者が、きわめて非愛国的で、法律を破って高い価格で商品を手に入れようとしても、売手は法律によって最高統制価格よりも高い価格で販売することができない。いらいらとした砂糖不足の期間が発生する（これは、オーケストラが演奏を止めた時に、誰かが椅子に座れず立ったままになる一種の椅子取りゲームのようなものである）。砂糖という不足する供給物を、何らかの方法で配給しなければならない。まず、この配給は、それぞれの顧客に販売量を制限する場合と制限しない場合があるけれども、"最初に来た顧客に、最初に供給する"原則によって行われるかもしれない。店には行列ができ、婦人達は、食料を探し回るために、多くの時間を費やさなければならない。しかしこの方法では、砂糖が売り切れたとき、誰かが行列の後ろで何も買えないままにならなければならないので、解決策に全くならない。

　価格メカニズムは機能せず、これを利用できない。誰が幸運な買手になり、誰が不運な買手になるかを、金銭以外の次のようないくつかの原則によって決定しなければならない。つまり、砂糖が売りに出された時に店の中にたまたまいること、顧客が食料品店の店主に見せる温かいほほえみ、顧客が自分の店で以前に並んでくれたこと、さらに、顧客が砂糖と一緒に買ってくれるその他の商品の金額によってである。

　誰もがあまり満足せず、とりわけ困りきった食料品店の店主は満足しない。もし社会に公正に行動する基本的意識がなければ、状況はすぐに我慢できないものになるであろう。愛国心は、人々を熱烈な英雄的精神による短期的行動に、駆り立てるには比較的効果がある、しかし、人々を来る日も来る日もいらいらする状況に我慢させるにはあまり効果がない。それゆえ、闇市場が時々広がっても不思議でない。だが、本当に驚くべきことに、めったに闇市場は発生していないのである。

　もし、政治的あるいは社会的理由のために、需要を供給の水準にまで引き下げるほど十分に高く、市場価格を引き上げることが許されないのであれば、このような経済状況の下での唯一の解決方法は、完全な切符配給制(coupon rationing)あるいは完全な点数配給制(point rationing)である。

　政府がこの配給制を採用するやいなや、売手は人々を追い返す必要がなく、買手も限られた供給物の正当な割当量を得ることができると思うので、ほとんどの人々は、ほっと安心して胸を撫で下ろす。もちろん、知力よりも直感を備え、また問題を物不足よりむしろ配給制

度それ自体のせいにする少数の婦人や街頭演説者は、常にいる。「もし政府が配給の点数を
もっと増やしてくれさえすれば」と、これらの人々はため息をつく。配給の点数を増やすこ
とが、状況を悪化させるよりもむしろ改善するかのようにである。このような人達は、悪い
知らせを持ってきた使者をよく殺した昔の無知な王様に似ている。このような人達は人間
のばかさを目立たせる、もちろんこのような人達を、本気になって問題にする必要はない。

　配給切符は需要と供給の問題を実際どのようにして解決するのか。明らかにOPA(物価管
理局)は、*供給量と新しい需要量が最高統制価格で一致する* $d'd'$ に需要曲線を引き下げる数
しか、配給切符を発行しようとしない。もし配給切符をあまりにも多く発行するならば、需
要は右に増加し、私達は以前と同じ難しい問題に直面する、しかし、その難しさの程度は配
給制度導入前よりも小さい。もし配給切符をあまりにも少なく発行するならば、砂糖の在庫
は積み上がるであろう。このことは砂糖の配給を増やすシグナルになる。

　人々は、精神病院に行くと、正常な人間の行動の良さを知ることができる。同様に、戦時
中の価格メカニズムの崩壊によって、普通の時代の価格メカニズムの効率の良さを私達は
改めて確認できる。すべての人々に望むすべての商品を与えることができるほど、十分な量
が決してないという意味で、商品は常に不足している。価格は、不足している供給物をいつ
も次のように配分している。つまり、価格は上昇することによって、過度の消費を抑制し、
逆に生産を拡大させる。価格は下落することによって、消費を促し、逆に生産を抑制し、過
度の在庫を減らす。第2次世界大戦の間、（私達が第2部のインフレーションの分析で見た
ように）すべての物がまた完全雇用生産能力(full-employment capacity)が、需要と比較して
"不足する"時、価格メカニズムに頼ることは、不公平になり、また危機的な経済的帰結と
なる終わりのないインフレスパイラルを引き起こすので、政府は、価格メカニズムの不十分
さを、直接統制や配給によって補わなければならなかった。

　*最低*賃金の問題に、あるいは供給の拡大を促す一方で生活費を低く抑えることを目的と
する政府の補助金の問題に、上での議論を適用することを、教室の中や教室の外での練習問
題として残しておく。

要約

A.　市場価格の決定

　1.　需要表は、それぞれの異なる価格で売れる財の異なる数量を示す表を意味している。
図に点を結んでいって示す同じ関係は需要曲線である。

　2.　ごく一部の例外を除いて、価格が高くなればなるほど、売上量は少なくなるであろう。
そして逆も同様である。ほとんどすべての商品はこの需要減少の法則に従っている、しかし
売上量が少なくなる程度は商品によって異なる。

3. 需要の弾力性は、価格が低下するときに売上量が増加する程度を示している。価格の低下が総収入を増加させるか、減少させるか、それとも変化させないかによって、需要は弾力的か、非弾力的か、あるいは弾力性1である。このことは、需要量の変化率を、価格の変化率で割ることによって得る需要の弾力性の定義から生じる。

4. 供給曲線あるいは供給表は、財の価格と生産者が売ろうとする財の数量の間の関係を示している。いつもとは限らないが、普通、供給曲線は右上に上がり、価格が高ければ高いほど、一層大きな供給量を生じさせる。

5. 市場均衡は需要量と供給量が一致する所での価格においてのみ生じる。需要曲線と供給曲線が交差する均衡点よりも高いどのような価格においても、供給量は需要量を上回るであろう。この価格では、一部の売手が現行価格を引き下げようとし始めるので、価格の下方への圧力が発生する。同様に、均衡価格よりも低いどのような価格でも、なぜ価格の上方への抑えきれない圧力が発生するかを、読者は示すことができるに違いない。

B. 需要と供給の適用

6. 需要と供給による分析方法は、どちらか一つの曲線のシフト、あるいは同時に二つの曲線のシフトによる影響を分析することを私達に可能にする。経済学の入門者は、1本の需要曲線全体の外側へのシフトを意味する"需要の増加"(an increase in demand)という表現と、1本の不変の需要曲線に沿った下方への動きにすぎない価格の低下の結果生じる"需要量の増加"という表現を、混同する落とし穴にはまらないようにしなければならない。

7. たくさんの力が価格に影響を及ぼす。しかし、自由競争市場においては、これらの諸力は、需要と供給を通じて働きかけることだけによって、価格に影響を及ぼす。例えば、生産費用は、供給に影響を及ぼす場合にのみ、価格に影響を及ぼす。生産費用が供給に影響を及ぼさなければ、生産費用は少しも価格に影響を及ぼさないのである。

8. 政府は、普通需要か供給のどちらかに働きかけることによって価格に影響を及ぼすけれども、ときどき競争市場の機能に干渉する法律を議会で通過させる。一つの例は法定最高価格あるいは法定最低賃金である。このような干渉の状況においては、需要量と供給量は必ずしも等しいとは限らない。つまり、一部の生産者あるいは消費者は、法定価格で売ったり買ったりできるよりも、もっと多く売ったり買ったりすることを望むかもしれない。この不一致を法律（配給、等）によって調整しないならば、結果はしばしば最も耐え難くなり、非合法な闇市場が発生するかもしれない。

議論のための質問

1. 小麦の需要を増加させるかもしれない多数の要因を挙げなさい。小麦の供給を増加さ

せるかもしれない要因についても同様に挙げなさい。

2.　あなたは次の香水、塩、ペニシリン、紙巻タバコ、アイスクリーム、チョコアイスクリーム、シールテストチョコアイスクリーム(Sealtest chocolate ice cream)の内、どれが需要が最も非弾力的であると思いますか。あなたの答に対する理由を述べなさい。

3.　次の文にコメントを与えなさい。「価格は需要量と供給量が等しいことによって決定されない。結局、'購入量'はすべての取引において'販売量'と同じでなければならない。それゆえ一義的均衡価格(the unique equilibrium price)を除いたすべての価格でも、購入量と販売量は同じになるであろう。」

4.　科学の発達により、赤血球を作る肝臓の栄養価値の大きさが発見されるまで、腎臓と肝臓は1ポンド当たりほぼ同じ価格でよく売られていた。この発見は腎臓と肝臓の相対価格(relative prices)にまさにどのような影響を及ぼしたか、またこの相対価格の変化はどのようにして生じたか。

5.　安価な採棉機は棉糸の価格にどのような影響を及ぼしたか。また安価な採棉機は農業労働者の賃金にどのような影響を及ぼしたか。

6.　常識によって、次の（　　　　）の中の誤った言葉に線を引いて消し、あなたの見解を正しい文章にしてみなさい。ある商品の供給がきわめて（弾力的、非弾力的）であり、かつ需要がきわめて（弾力的、非弾力的）であるとき、この商品の生産者への税は大部分消費者に転嫁されるかもしれない。

7.　牛皮への需要の増加は牛肉の価格にどのような影響を及ぼすことになりますか。（ヒント：牧場経営者はいま一頭の生きている牛から一層多くの代金を受け取る。）

8.　小さな市での未熟練労働者に対する小さな競争市場を想定してみよう。もし市議会議員達がきわめて高い最低賃金を法律によって定めるならば、どうして失業が発生する恐れがあるかを示しなさい。同じ分析をなぜ一国全体の最低賃金法に適用できないのですか。（ヒント：451頁をもう一度読みなさい。）

9.　住宅への需要は弾力的であるのに、建設産業での左官への需要はどうして非弾力的になる可能性があるのですか。第2次大戦後、どのような要因によって、住宅への需要が普通の時よりも一層非弾力的になっているのですか。

10.　自動車への需要が弾力的であるのに、なぜヘンリー・フォードは自社の自動車の価格をもっと大幅に引き下げようとしなかったのですか。

11.　もし価格が10ドルから9ドルに低下し、逆に販売量が100単位から110単位に増加するならば、需要は弾力的ですか、それとも非弾力的ですか、それとも1ですか。（警告：問題は思われるほど簡単でない。448頁で与えている弾力性を分類する正確な原則と448頁－449頁の注で与えている正確な公式を調べなさい。）あなたの結果は448頁の太字で与えている公式と食い違うように思われますか。もし食い違いがあればその理由をどのように説明しますか。

第19章への付録

需要と供給についてのいくつかのケース

命題　1.　　*(a)一般に、供給が一定の下での需要の増加は、価格を引き上げるであろう。(b)あまり確かでないが、多分この需要の増加は購入量と販売量を増加させるであろう。需要の減少は反対の効果を得る。*

命題　2.　　*需要が一定の下での供給の増加は、ほとんど疑いなく価格を引き下げ、そして購入量と販売量を増加させるであろう。供給の減少の効果はちょうど反対である。*

　これらの二つの重要な命題は需要曲線と供給曲線のシフトによる量的影響をまとめている。しかし価格と数量の正確な量的変化の程度は、需要と供給の二つの曲線のそれぞれの特定の形態によって決まる。その形態を次の六つのケースに区別できる。

　ケース1　費用一定(*constant cost*)　機械、工場の敷地、工場、そして労働者をそれぞれただ数倍にすることによって、生産量を容易に拡大できる安全かみそりの刃のような工業製品を想定してみよう。1日に10万枚の安全かみそりの刃を生産するためには、100倍ということを除いて、1日に1,000枚を生産しているときと同じ様に行うことが、私達には必要である。このケースにおいて、図9の供給曲線 ss は、水平線であり、1単位の費用が一定水準である。需要量の増加は、新たな交点を右に E' へと移動させ、数量を増加させるが、価格は変化しないままである。

　安全かみそりの刃1枚当たり、例えば、5セントの売上税の、生産量と消費者が支払う価

図9　費用一定のケース

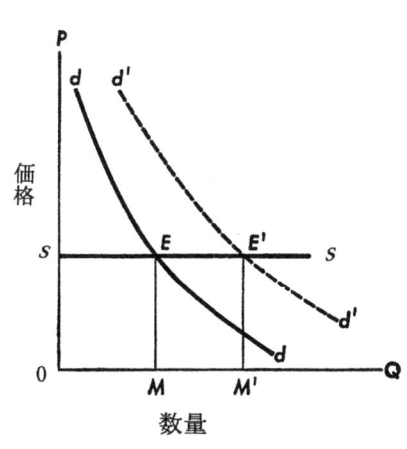

格への影響はどのようであろうか。図9に書き入れよ。

　ケース2　*費用逓増と収穫逓減* 　ブドウ栽培とブドウ酒醸造を同時に行う産業は、特定の種類の土壌と（日当たりのよい丘の中腹、等の）特定の場所の土地を必要とすると仮定してみよう。このような場所は数が限られている。1エーカー当たりの土地に一層多くの労働と肥料を投入することによって、また、現在ブドウ栽培以外に使われているけれども、ブドウ栽培に適したもっと多くの丘の土地を、お金を出して手に入れることによって、ブドウ酒の1年の生産量をある程度増やすことができる。しかし第2章で見たように、もし労働と肥料のような可変的生産要素を土地のような固定量の生産要素に加えるならば、収穫逓減の法則が作用し始める。この収穫逓減の法則はなぜ作用し始めるのか。新たに追加した可変的な労働と肥料が、それぞれ一緒になって生産に役立つことができる*一層小さな広さの土地*しか、得ることができないからである。同じ様に、固定されたそれぞれの1単位の土地は、一緒になって生産に役立つことのできる一層多くの労働と肥料を得ることになるからである。このため、土地の生産性と収穫高は一層大きくなる。だがこの結果は次のようになる。つまり、ブドウ酒の量を増やそうとすると、総費用が比例以上に増える。それゆえ、ブドウ酒1単位当たりの費用は上昇していく。ブドウ酒の市場価格が*低ければ低いほど、わずかな量のブドウ酒しか*供給されず、他方この市場価格が高ければ高いほど、一層多くの量が供給されるので、供給曲線は南西から北東に上昇する。

　図10はこの供給曲線 *ss* を示している。需要の増加の価格への影響はどうなのか。数量への影響はどうなのか。

　ブドウ酒1液量オンス当たり5セントの税が、安全かみそりの刃1枚への同じ5セントの税ほど消費者に価格を引き上げないことを、図によって示せ。なぜか。生産者が受け取る価格へのこの税の影響はどのようであろうか。もしブドウ酒と安全かみそりの刃の元の需要曲線が同じであるならば、この税による安全かみそりの刃の生産量の減少がブドウ酒の

図10　費用逓増のケース

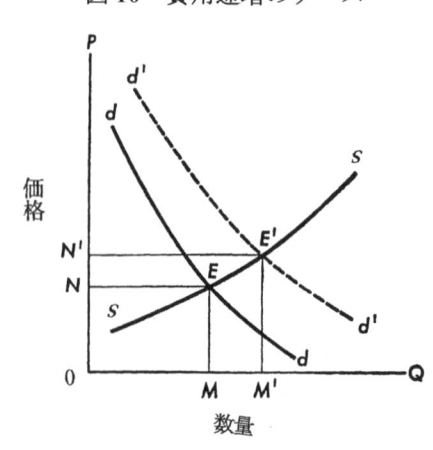

生産量の減少より大きいことを示せ。なぜか。

ケース 3　完全に非弾力的供給と経済レント　いくつかの商品あるいはいくつかの生産要素は、次の例が示すように、価格と関係なく、完全に数量が一定である。

モナリザ(Mon Lisa)の絵はただ一枚だけ存在する。"自然のままで壊れることがない"性質の土地という自然からの授かり物は、しばしば一定量であるとみなすことができる。シカゴのステート(State)通りとマディソン(Madison)通りが交差する 4 つの角の土地の価格を上げても、この土地を広げることができない。仕事好きで高い報酬を受け取っている芸術家と実業家は、たとえ給料が大きく減少しても、自分達の仕事を続けたいと思っている。一旦橋が建設されると、この橋へ過去に支払った埋没費用(sunk costs)と関係なく、この橋は"通行車両あるいは通行者が今後負担可能な料金を"受け取るに違いない。その他の多数の例を挙げることができる。

これらの例のすべてについて、供給曲線は、少なくとも問題となる領域で、垂直に上昇しまた下降している。一層価格が高くなっても、供給量は増加しない。一層低い価格においてでさえ同じ量がやはり供給され続けるので、一層高い価格は現在の供給量をもたらすために必要ない。価格が現在の供給量を決定しているのではなく、現在の供給量が価格を決定しているので、生産要素の必要な供給量をもたらすために支払う必要がない生産要素の超過収入は、*純経済レント(a pure economic rent)*あるいは*純経済余剰(a pure economic surplus)*として知られている。

もし今需要が上方にシフトするならば、影響のすべては価格が上昇することである。数量は変化しない。さらに、価格の上昇は需要曲線の上方へのシフトにちょうど等しい。

同様にもし供給量一定の商品に税を課すならば、この税の影響のすべては、ちょうど税の大きさだけ供給者が受け取る価格を引き下げることである。この税は供給者に完全に転嫁され、供給者はこの税をすべて自分の経済レントつまり経済余剰によって負担する。消費者

図 11　純経済レントのケース

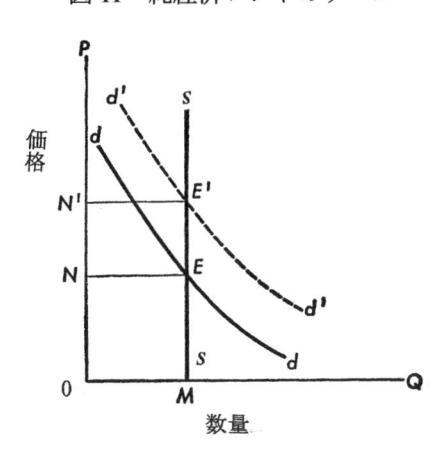

は以前とちょうど同じ量の財とサービスを買う、しかしいかなる追加的費用も負担しない。

　あなた方は、特にもし「世界のどの 1 エーカーの土地も最初にうまくただで手に入れた人が‘所有権’を得ている」と思うならば、あるいはもしあまりにも不平等な所得分配は悪いことであると思うならば、*経済余剰*(economic surplus)に課す税に大いに賛成であると言うに違いない。実際、ヘンリー・ジョージ(Henry George)は、19 世紀のアメリカでの地代がきわめて大きな金額であることを知って、労働によって得たのでない地代に社会の悪の大部分の原因があるとした。ヘンリー・ジョージは、"単一税運動(single-tax movement)"のバイブルとしての役割を果たした 1879 年出版の彼の著書 *Progress and Poverty*（山嵜義三郎訳『進歩と貧困』、1991 年）において、すべての政府収入を地代への税、つまり "土地の不労増価(unearned increment)" への税で賄うべきであると提案した。著者も含めて、大部分の経済学者は、この提案を極端な立場であるとみなしている。しかし大部分の経済学者は、余剰にできる限り多くの負担を求める税、さらに資源配分に関する個人の決定をできる限り妨げない税を重要視している。

　だが、このように経済余剰にできる限り多くの負担を求めることは、社会政策に関する重要な問題を生じさせる。たとえ社会は（シャーリー・テンプル(Shirley Temple)の映画出演料あるいは市の繁華街での巨額の地代のような）人々が稼ぐあまりにも大きな経済レントを容認しないとしても、シャーリー・テンプルの出演料あるいは繁華街での地代に、上限を定める法律をあっさりと議会で可決することは誤りである。シャーリー・テンプルは、市場で支払われる最高の出演料を請求することによって、多くの人々に自分の映画を見せることができる映画会社に、自分の女優としての仕事を獲得させる。シャーリー・テンプルは、もし出演料を小さな映画会社でも支払える水準に抑えていたならば、小さな映画会社で出演することになり、おそらく社会の総満足を減らしていたかもしれない。同様に、市の最大の繁華街での地代への上限は、この繁華街の土地を最も重要な利用にではなく、さほど重要でない利用に貸し出すようにさせたかもしれない。

　上での主張は次のようになる。たとえ有権者の過半数が「お金持ちの人々に重税をかけるのにやっきになっている」としても、最大額の経済レントをお金持ちの人々が受け取るのを容認しよう。羊にできるだけ多く羊毛を生み出すようにさせよう。その後、この羊毛を課税によって刈り取ろう。言い換えれば、需要と供給が問題になっている生産要素の報酬と最善の利用を決定した後、課税によって、この生産要素の収益を一般大衆が容認できる正当な水準の金額に減らそう。もし課税される所得が現実に純レント(a pure rent)であるならば、努力と供給への租税による影響を心配する必要はない。税をレントつまり余剰の範囲に限定するのであれば、羊は羊毛を生み出し続けるであろう。（経済学によって、お金持ちの人々に重く課税するべきであるとも、重く課税するべきでないとも、私達に示せないことに注意しよう。）

　ケース 4　*後方上昇供給曲線* 　未開地へのかなり以前の探検家は、原住民の賃金を引き上げるとき、一層多くの働き手でなく、一層わずかな働き手しか得られないことにしばしば気

づいた。原住民は、もし賃金が2倍になると、最低生活費を得るために1週間に6日働くのではなく、3日間は釣り行ったのかもしれない。同じことはいわゆる"現代の文明化された人々"の間でも観察されている。技術の改善が実質賃金を引き上げるにつれて、人々は、一層高い収入を得るだけでなく、一層多くのレジャーを得て、一層少ない労働で済ませるのがよいと思うようになっている。このことは、ここ数十年の間に工場の週平均労働時間がなぜ84時間から40時間に低下したか、また労働者の妻、子供、老齢の親が、一家が借金をしないで暮らすのを助けるために、なぜかなり長い時間の仕事を見つける必要がなくなっているかを、一部説明している[5]。

　程度は小さいが、同じ効果を貯蓄の供給に関しても観察することができる。実際、一部の人々は、利子率が上昇すると一層多くのお金を貯めようとする。しかし他の人々は利子率に関心を寄せていない。利子率に関心を寄せていない人々は、利子率を考慮しないで、生命保険契約、習慣および所得によってお金を貯める。さらに他の別の人々（後方上昇供給曲線（a backward rising supply curve）の関係において重要な人々）は、ある一定金額のお金を、"お金に困る将来のまさかの日"のために、自分達の老後のために、ヨーロッパへの旅行のために、あるいは子供達の大学教育のために、貯めようとする。もし貯蓄によって受け取る利子率が上昇するならば、これらの人々は、これらの目的を実現するために、もはやあまり多く貯蓄する必要がなくなる。逆に、低い利子率では、同じ目的を実現するために一層多くの貯蓄が必要となるので、これらの人々による貯蓄の供給は増加する。それゆえ、もしこのような人々の数が多いならば、私達は、前の段落で労働について得たのとちょうど同じ様に、貯蓄についても後方屈伸供給曲線(a backward-bending supply curve)を再び得る。

図12　後方屈伸供給のケース

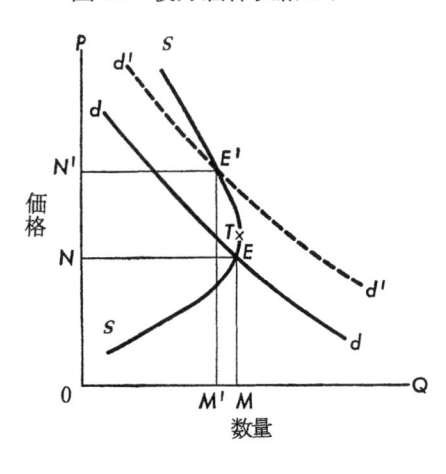

5)　このことを統計的に計測しようとする試みを Paul H. Douglas, *Theory of Wages*, The Macmillan Company, New York,1934（P・H・ダグラス著、辻村江太郎・続幸子訳『賃金の理論（上)』『賃金の理論（下）』日本労働研究機構、2000年）で見つけることができる。

図 12 はここでのケースの労働の供給曲線を示している。最初、一層高い賃金では労働者は一層多くの労働を供給しようとするので、労働の供給曲線は右上がりになる。しかし点 T を超えると、労働者は、一層高い賃金では、一層多くのレジャーを得ようとし、労働の供給を減らす。命題 1(a)に従うと、需要の増加は労働の価格を引き上げる。しかし私達は命題 1(b)で "あまり確かでないが" という言葉を付け加えていたことが何と幸運であったかに注意しよう。なぜなら、需要の増加は、労働量を増加させるのではなく、*減少させている*からである。

　このようなことが起こる可能性を、不況の間での農業生産物への需要の減少が、しばしば農夫に、自分達の所得を回復するために、一層一生懸命に働くようにさせる事実によって一部確認できる。この結果、農夫は、需要の減少に直面して、農産物を一層少なくではなく、一層多く生産することになる。

　ケース 5　起こりうる例外、費用逓減　ここまでは、私達の例は需要の増加が価格を引き上げるという命題 1(a)に一致するものであった。しかし需要の増加後、大量生産の経済と費用逓減の経済が発生するしばしば観察されるケースについてはどうなのか。良い理論はあらゆる事実を説明できなければならない。

　大量生産の経済と費用低逓減の経済の発生のために、命題 1 が成立しなくなり、例外が生じるかもしれないことを、私達は率直に認めなければならない。もちろん、需要の増加後生じる何回もの費用のきわめて大きな減少が、1 本の不変の供給曲線上での下方への動きではなく、供給曲線の*繰り返される下方へのシフト*を実際意味すると指摘することによって、命題 1 の例外に少し言い訳できるのである。

　この供給曲線のシフトを、政府がレーダー装置に対する需要を増やすケースによる実例で示そう。製作する最初の 2、3 台の装置を、試作の方法によって研究所で作らなければならない。これら最初の 2、3 台の装置は、特別の注文に応じたものであり、特別に作るので、1 台がきわめて高価になる。しかし最初の試作の過程で獲得するノウハウは、1 台当たりかなり低い費用で、何台ものこの装置の生産を可能にする。たとえ需要が以前の高い水準 $d'd'$ に再び戻るとしても、価格は以前の高い水準に戻らないであろう。均衡点は？を付けて示している矢印 EE' に沿って動いているのであり、1 本の不変の供給曲線 ss に沿って元に戻れるようには動いていない。供給曲線は、ss から $s's'$ へと下方にシフトしており、元に戻れない。このため、需要が dd に再び戻るときでさえ、価格は今 E'' にあり元の E での価格より低い。

　論じているここでのケースを、実際には命題 1 の項目に分類するのではなく、供給のシフトに関係する命題 2 の項目に分類する必要がある。最終的結果は、供給の増加が価格を引き下げ、生産量を増加させるであろうという後者の命題 2 での結果に一致している。(E と E'' を比較せよ。）しかし供給のシフトが需要のシフトによって引き起こされているので、ここでの実例のケースはやはり通常のケースでない。

　経済史の観点からは、大量消費市場の拡大によって一部生じる技術進歩の結果、時間の経過に伴い費用逓減となるこのような供給のシフトのケースは、きわめて重要である。商品

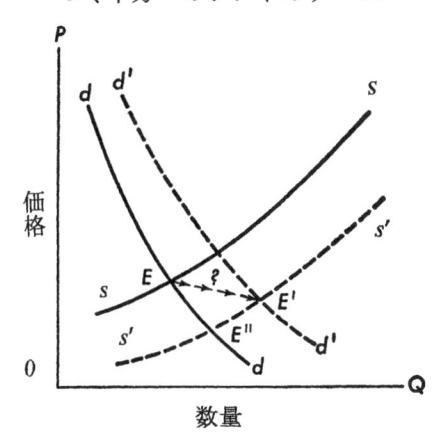

図 13 費用の歴史的事実に基づく下方へのシフトのケース

は絶えず品質が改善され、価格も低下する。経済学者が、静学的供給曲線(static-supply curves)を描くときに、この費用逓減の現象にあまり注目しないからといって、私達はこの費用逓減の現象の途方もなく大きな重要さを過少評価し続けてはいけない。

大規模生産が本当に元に*戻る*ことができる経済のケース（小規模生産に戻り、再び費用が上がるケース）についてはどうなのか。洞察力の鋭い現代の経済学者は、この経済のケースの重要さを否定しないであろう。だが、現代の経済学者は、むしろ次のように主張している。競争産業においては、それぞれの企業は、1単位の生産物を生産する*追加的*費用が上向き始める所まで、自社の生産量をすでに拡大している。この生産量の拡大による追加的費用の上昇は、それぞれの競争的生産者が、自社の市場での有利な状態を悪化させることを恐れず、費用逓減の段階を超えて生産量を拡大しようとするからである、と主張している。

観察力が鋭く批判力のある人はまだ納得しないであろう。そこで、効率的な大規模生産で生産している一つあるいは2、3の企業が、すべての需要を満たすことができるほど、一つの産業の需要が小さいと仮定してみよう。費用逓減の状況において、他のいくつかの競争相手が市場を失うことは、これらの競争相手の費用が一層上がり、これらの競争相手の競争力を弱めるので、一つあるいは2、3の企業は、生産を拡大し、他のいくつかの競争相手を市場から追い出そうとする。「このすべてのことは起こりえるのか」、とこの批判力のある人は問いかけるであろう。誠実な経済学者は「多くの産業でこのすべてのことは起こる可能性があるだけでなく、現実に起こりそうである。現代の技術は、多くの活動の分野で、多数の生産者による完全競争を疑いなく不可能にさせている。このような完全競争を不可能にさせるケースのときには、またこのようなケースが例外であるよりも通例であるときには、私達は本章での分析ではなく*独占的競争*(monopolistic competition)という一層一般的分析を行わなければならない。」と答えるであろう [6]。この独占的競争の分析を第 21 章で詳細に論ずる。

ケース6 *供給のシフト* ケース5の一部を例外として、これまでの議論のすべては、需要のシフトを扱っており、供給のシフトを扱っていなかった。命題2を分析するためには、今需要を一定にしておいて、供給をシフトさせなければならない。このことを図14で示している。

図14 供給をシフトさせるケース

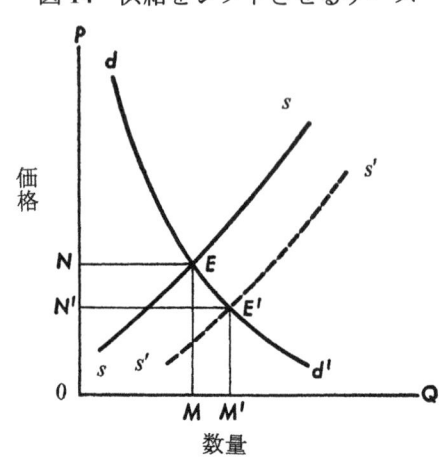

もし需要減少の法則が成立するならば、供給の増加は私達に需要曲線上を下方に進ませ、価格を引き下げまた数量を増加させるに違いない。学生は、図を描くことによってか、あるいは自動車と小麦を比較することによって、命題2の数量についての次の系(corollaries)の正しさを確認できる。

a. 需要が非弾力的であるとき供給の増加は価格をきわめて大きく引き下げるであろう、他方、需要が比較的弾力的であるとき、供給の増加は価格をわずかしか引き下げないであろう。

b. 需要が非弾力的であるとき、供給の増加は数量をわずかしか増加させないであろう、他方需要が弾力的であるとき、供給の増加は数量をきわめて大きく増加させるであろう。

これらの系が実現する理由を常識によって説明せよ。自動車と小麦を例に挙げて説明せよ。

6) 経済学の上級の教科書で議論されている下方に傾斜している供給曲線を、得る一つの可能性がある。もし一つの産業の生産物への需要の増加が、(a)一層低い賃金で一、層良く訓練された労働者が使用可能になるので、(b)一層良い情報センターと市場が利用できるようになるので、あるいは(c)他の半独占産業(quasi-monopolized industries)が、費用逓減で生産する原材料が一層低価格になるので、それぞれの企業の費用曲線を*下方に変化*させるならば、この産業は、現実に元に戻ることができる下方に傾斜している1本の競争的供給曲線を得るかもしれない。19世紀から20世紀への転換期の偉大なイギリスの経済学者であるアルフレッド・マーシャル(Alfred Marshall)は、このことを生産の"*外部経済*"(*external economies*)、つまり一つの産業でのそれぞれの企業にとって外部的になる経済(economies external)のケースと呼んだ。

最後に、次の三つのどちらかと言えば、あまり重要でない需要減少の一般法則への例外を簡単に述べてみる。

　第1に、ダイヤモンド、婦人の帽子、およびこの種のその他の商品は、商品の質によってよりも、"購入者の虚栄心への訴え"(snob appeal)と価格の高さによって評価され、価格が下がると需要が減少するかもしれない。しゃれたニューヨークの店は、ときどきこの事実を利用しており、価格を引き上げると売れ行きの悪い商品をうまく売りさばけることに気づいている[7]。「あなたは支払う代金に応じた商品を手に入れているにすぎない」ということが一般に正しいかのように、顧客は、「商品の代金がきわめて高いならば、その商品は実際良い物に違いない」と思っている。洞察力の鋭い20世紀初頭の経済学者のソースタイン・ヴェブレン(Thorstein Veblen)[8]は、商品の値札が商品のすべての価値を表すので、高い価格の商品が高く評価される現象について"誇示的消費"(conspicuous consumption)という言葉を作り出した。

　需要減少の法則について、特に短期において重要な第2の例外がある。鋼鉄の価格あるいは普通株の価格が最初下がるとき、買手は「ああ、価格は今低い。買だ」とひそかに思わないかもしれない。そうでなく、買手は「おや、価格は下がっている、多分さらにもっと下がるであろう。私は注文を減らし、価格がもっと下がるまで待つつもりだ。」と判断するかもしれない。価格が上がり始めるとき、（逆の）同じ様な反応をしばしば観察する。つまり、買手は価格が一層高くなると予測して買いに殺到する。この結果、短期においては価格が上がると、需要量は減少しないで増加するかもしれない[9]。

　第3の例外はどちらかと言えば現実には重要でない、しかし知識欲を満たすためには興味がある。貧しい人々は、ジャガイモのようないくつかの商品を、値段が低く、空腹を満たすことができるという理由だけで、大量に購入する。19世紀のアイルランドにおいて、小作農民は、あまりにも貧しかったので、かなりの所得をこのように使っていた。所得が増加する好況の　時にのみ、人々は肉とパンと多分2、3枚のレースのカーテンを買うことができた。さて、もしジャガイモの価格が上がると何が起こるのであろうか。生活がきわめて苦しい主婦にとっては、このことは夫の所得の減少とちょうど同じ様になる。家族は、今あまりにも貧しくなっているので、逆説的であるが、肉と贅沢品をすべて諦め、以前よりもっとジャガイモによって空腹を満たさなければならない。この結果、短期においては、ジャガイモの価格が高くなるほど、一層多くのジャガイモが需要されるかもしれない。

---

[7]　同様に、一軒のボストンのナイトクラブの店主は、自分の店を"ボストンで最も代金の高いナイトクラブ"であると宣伝することが、収益をもたらすことに気づいた。

[8]　T. Veblen, *The Theory of the Leisure Class*, The Macmillan Company, New York,1899.（T・ヴェブレン著、小原敬士訳『有閑階級の理論』岩波文庫、1961年。）

[9]　このことは、価格の高い水準あるいは低い水準によってではなく、価格の変化率によって決まる動学的効果である。この不安定な効果を、第25章において、株式市場での投機の議論との関連において示す。

学生はさらにその他のいくつかの例外を見つけてみることができるに違いない。しかし学生は、需要曲線のシフトを、1本の需要曲線に沿っての動きと混同するきわめて重要な誤りを犯してはいけない。学生は、第4の例外として、好況において価格が上昇する、このため需要量も増加するという事実を挙げるならば、テストにおいて厳しい評価を得るであろう。なぜか。

第 20 章　消費と需要についての理論

今、家族や個人の行動を決定する好みや要因を調べて、市場需要表(the market demand schedule)の背後にある関係を明らかにしなければならない。それぞれの消費者は、それぞれの消費財について購入しようとする数量を、それぞれの消費財の市場価格と関係づける小規模な需要曲線を持っている。ある与えられた価格での市場の需要量は、それぞれの家族がこの与えられた価格で買おうとする量の合計に他ならない。このため、まず消費者の財の需要行動を説明するのに重要ないくつかの要点を明らかにしてみる。

消費者選択の理論(theory of consumer's choice)

消費者が何を買いたいかの決定の方法を説明している比較的推測による理論は、19 世紀に発展した。この理論においては、最初に、消費者（おそらく"彼女"と言わなければならない）は、支出できる一定額の所得を所有していることから始まる。次に、消費者には、買うことができるすべての消費財について、市場価格がある。消費者には、市場価格は設定されており、普通、市場価格を自分の力で変えることはできない。

ただちに選択の問題が生じる。もし財が無料であるならば、あるいはもし消費者の所得が十分に大きく、自分の満足を満たす最後の財まですべて買うことができるならば、選択の問題は起こらない。しかし、現在の状況では、消費者は一つの財を多く買えば買うほど、その他の財を買うことができる量はその分だけ少なくなる。それゆえ、消費者は、どのような財から得る満足(the advantages)も、残りのすべての財から得る満足と比較して、調整しなければならない。財を比較する計算を行うさいに、消費者は異なる財からの満足を等しくするという基準で調整するだけでは必ずしも十分でない。1 切れの牛肉のステーキが 1 個の豚肉のスパム(Spam)缶よりも好まれるかもしれない。しかし、もし 1 切れのステーキが 1 個のスパム缶の 10 倍の値段であるならば、この消費者はスパム缶を買おうと決定するかもしれない。言い換えれば、消費者にとって重要なのは、*支払う貨幣 1 単位(unit of money)*によって得る追加的満足(extra satisfaction)つまり限界効用である。もし異なる財の価格が異なっていれば、これらの異なる財から得る追加的満足は、同じ大きさであってはいけない。異なる財から得る追加的満足は、それぞれの財の価格に最終的に*比例し*なければならないのである。

以後述べる理論では、消費者は、異なる量のいくつかの財の間での自分自身（家族）の選好(preferences)について、かなり明確な見解を持っていると仮定する。もし心理学者が消費者に財の間での選好について質問すれば、消費者はおそらく多くの質問に答えることができるであろう。しかし必ずしもすべての質問にではない。消費者は、繰り返し積んできた経験によって、ほとんど無意識に決定することが習慣になっているので、多くの選好についての見解は、ぼんやりと意識している程度にすぎないのである。実際のところ、大部分の人達は意識した決定をできるだけ少なくすることを望んでいる[1]。

それゆえ、いかなるケースにおいても、所与の所得を持ちまた財の価格を与えられている消費者は、広い範囲の最終財のいくつかの組と向き合う。習慣的にあるいは無意識に、消費者は、これら財のいくつかの組を評価したり、比較して、最終的に最善の組合せ、つまり"均衡の組合せ"(equilibrium combination)と呼ばれるものを選び出すことができる。

　この均衡状態(equilibrium position)をどのように特徴づけるべきであるのか。明らかに、この均衡状態は消費者が離れたくない状態である。この均衡状態では、消費者は、ある一つの品目のいくらかを得るために、別の一つの品目のいくらかの購入を減らそうとしない。なぜか。消費者はすでに財の最良の組合せを選択しており、いかなるその他の財の組合せも劣るからである。

　また、この均衡状態の問題をもう一つ別の観点から述べてみる。それぞれの商品のわずかな最後の 1 単位が、それぞれの商品の価格に比例する満足(satisfactions)しか消費者に生じさせなくなるまで、消費者はすべての商品を一層多くの単位買い進める。重さ 1 ポンド当たり 10 セントの最後の豆が、重さ 1 ポンド当たり 5 セントの最後の砂糖の 2 倍の満足しか生じさせなくなるとき、この消費者は、均衡点に到達していることを知って、豆を買い進めるのを止める。比較しなければならない重要な満足は、消費するそれぞれの商品の総量に関係しているのではなく、*最後の*、さらに"限界の"増分(marginal increments)とだけに関係していることに注目しなければならない。*この均衡点では、最後の 1 セント当たりあるいは最後の 5 セント当たりの追加的効用*(the extra utility)*つまり限界効用は、どの商品を買っても同じである*。このことは均衡のための必要条件である。

　なぜか。もしある消費者の最後の 1 セント当たりのあるいは最後の 5 セント当たりの追加的効用がどの商品を買っても同じでないならば（もし砂糖に支出する最後の 1 セント銅貨が豆に支出する最後の 1 セント銅貨よりも低い満足しか生じさせないならば）、1 セント銅貨を砂糖の購入からいくらか一層多くの豆の購入に切り替えることは、この消費者の満足を増加させるからである。この消費者には、豆から得る 1 セント当たりの満足の水準が、

1）　どちらかと言えば大胆な心理学者と経済学者は、消費者が所与の一組の財に直面するとき、明確な数量によって、満足(satisfaction)つまり期待できる満足(anticipated pleasure)を体験から知っていると仮定する。この明確な心理学的数量つまり知覚は"効用"(utility)という名を付けられている。もし財とサービスの第 1 番目の組 *A* が第 2 番目の組 *B* よりも高い効用の評価点(utility score)を示し、なおかつこれら二つの組の費用が同じであるならば、消費者は *A* を買いそして *B* を買わないであろう。

　どちらかと言えば慎重な心理学者と経済学者は、効用の大きさの問題に関して、不可知論者(agnostic)の立場を取ることを望んでいる。これらの慎重な心理学者と経済学者が仮定するすべてのことは、消費者が *A* と *B* を比較でき、このことにより、どちらを選好するかを区別できることだけである。消費者が、*A* と *B* の両方にある数値の評価点を与えることによって選択を行っているかどうかを、これらの慎重な心理学者と経済学者は、知ることができると主張していない。また、消費者が評価点を与えることによって選択を行っていても行っていなくても、消費者の行動の"事実"は、どちらのケースにおいても同じであるので、これらの慎重な心理学者と経済学者は、消費者が評価点を与えることによって選択を行っているかどうかに、関心も持っていない。

砂糖から得る1セント当たりの満足の水準にまで最終的に低下するので、砂糖の購入から豆の購入に切り替えることがもはや満足を増加させないとき、均衡状態に到達しており、この消費者は購入を切り替えることを止めようとする[2]。ところで、経済活動の他の領域においてと同じ様にこの領域においても、このようにして購入を切り替えることを止めることは、通常では試行錯誤の期間の後でのみ、均衡状態に近づくことができることを私達に示している。

前述の2、3頁は、消費者行動の理論に関するすべてを要約している。この理論を多くの図や表によって詳しく説明できるが、そのような説明は現実にはそれほど必要でない。経済学の入門レベルの学生は、ただ次の三つの命題だけをしっかりと心に留めておく必要がある。

(1)限られた所得しか持たない消費者は、（ゼロではない）価格に直面するとき、望むすべての物を買うことができない。消費者は、選びそして比較検討しなければならず、さらにこのようにするとき、相対価格を考慮に入れなければならない。

(2)消費者の選好がかなり明確である、それゆえ、与えられた一つの状況が他の状況と比較して良いか、悪いか、それとも無差別(indifferent)であるかを、消費者は知っていると想定する。

(3)それゆえ、消費者は、(1)により手に入れることができるすべての可能な状況の中から、(2)により決定する"最良"の状況を選択できる。この最良の状況は*均衡状態*であり、この均衡状態では、消費者が、複数の財の間で、もはやさらに一層取り替えることを望まない状況が特徴となっている。なぜならば、*それぞれの一つの商品に支出した最後の1セント硬貨が、あらゆる他の商品に支出した最後の1セント硬貨と同じ追加の満足を与えるようになるまで、消費者は支出をすでに複数の財の間で振り分けているからである*。

---

2)　数量として効用を考えない前の注1)で述べた慎重な経済学者達は、上の段落での"満足(satisfaction)"という言葉の使用には反対しようとしない。反対しようとしないのは、これらの経済学者達はこの満足という言葉の数量的水準を使っていないけれども、効用の*比較の水準*つまり*相対的水準(relative levels)*については使っているからである。さらに、この慎重な経済学者の集団の中での厳格な理論家達は、誤解のあらゆる可能性を避けるために、均衡条件を次のように再定式化することを望んでいる。つまり、厳格な理論家達は、*消費者が均衡状態にいるためには、それぞれの財の相対価格(the relative prices)（つまり消費者にとって相対的費用）が、消費者がそれぞれの財を（少額の）他の財と喜んで取り替えようとする比率の逆数にちょうど等しくなければならない、あるいは相対価格が相対的な追加的効用(relative extra utilities)と等しくなければならない*、と言うであろう。

　もちろん、この再定式化は他の定式化と事実上正確に同じことを意味している。例えば、もし豆の砂糖に対する購入の費用比率が消費者の相対的な追加的効用比率あるいは（消費者が選好により決定するような）代替率(substitution ratio)の逆数と一致しなければ、ある財の代わりに他の財で代替することは、消費者の満足の増加になる。いつ消費者はある財を減らし他の財で代替するのを止めるのであろうか。それは財の価格比率と一定水準に効用を維持する財の代替率の逆数が等しくなる均衡点においてのみである。

価格と所得の変化の需要への影響

　上述の理論は、消費者が、一組の価格と所得を与えられるや否や、それぞれの財の需要量をどのように決定するかを説明している。それゆえ、上述の理論は、ある一つの財の価格が変化するとき、あるいは所得が変化するとき、あるいは*ある他の財の価格*が変化するとき、なぜある一つの財の需要量が変化するのかも説明しているのである。

　これら三つの変化の内の 1 番目は、ある一つの財それ自体の価格が上昇するかあるいは下降するときの、この財の需要量の変化と関係しており、私達が以前に学んだ1本の需要曲線上での変化に他ならない。2 番目の変化は、所得の変化を財の需要の変化に関係づけており、貧しい人々の行動と裕福な人々の行動を比較するにおいても、また国民所得および雇用の増減による財の需要への影響との関連においても、きわめて重要である。この 2 番目の所得の変化による財の需要の変化についての多くの事実に基づく問題を、家族の予算に基づく行動の観点から、また消費性向と貯蓄性向の観点から、以前に論じた。

需要の交差関係

　ある一つの財の価格が変化するとき、他の一つの財の需要量が変化する第 3 番目のケースを議論し始めよう。需要の交差関係(cross interrelation)というこのきわめて興味深いケースは、結果が一般的経験に基づくので、このケースを簡単に扱うことができる。例えば、すべての人々は紅茶の価格を引き上げることが紅茶の需要量を減らすことを知っている。紅茶の価格を引き上げることは、他のいくつかの商品の需要量にも影響を及ぼす。例えば、紅茶の価格の上昇は砂糖のような商品の需要量を減らすであろう。つまり、紅茶の価格の上昇は砂糖の1本の需要曲線全体を下方にシフトさせるであろう。しかし、紅茶の価格の上昇はコーヒーの需要量を増加させるであろう。おそらく、紅茶の価格の上昇は塩の需要量にはほとんどあるいは少しも影響を及ぼさないであろう。

　それゆえ、紅茶とコーヒーを*競争財*(*rival* product)、あるいは*競合財*(*competing product*)、あるいは*代替財*(*substitutes*)であると言う。他方、紅茶と砂糖を*相互に補完し合う財*(*cooperating* commodities)あるいは*補完財*(*complementary* commodities あるいは *complements*)であると言う。紅茶と塩という中間の組を*独立財*(*independent* commodities)であると言う。もちろん、読者は牛肉と豚肉、七面鳥とクランベリーソース、自動車とガソリン、トラック輸送と鉄道輸送、石油と石炭のようないくつかの組を分類できるであろう。

ある財の数量の同じ財の価格への反応

　財の間の交差関係をこれで終える。今ある商品の価格とその商品自体の需要の間の関係に戻ることによって、なぜ消費減少の法則(the law of *diminishing consumption*)あるいは*需要減少の法則*(the law of *diminishing demand*)がおそらく成立するのか、つまり、ある商品の価格が低ければ低いほどなぜ買われる量が一層多くなるのか、逆にある商品の価格が高ければ高いほどなぜ買われる量が一層少なくなるのかを、私達は理解できる。

まず初めに、一層低い価格においてある財を買うことができることは、特にあなたがこの商品を大量に買っているならば、あなたの（実質）所得が増加したのとちょうど同じになるからである。実質所得が一層高くなることによって、あなたはこの財とその他のすべての財を一層多く買うことができる。そして、もし価格が低くなったこの商品がマーガリンやジャガイモのようないわゆる"下級の"(inferior)種類の商品でないならば、あなたの実質所得が増加するやいなや、あなたは普通価格が低くなったこの商品をいくぶん一層多く買うことを選ぶであろう。（このことはときどき"所得効果"(income effect)と呼ばれている。）

　需要減少を説明する第2の要因は、同様に明らかである。小麦以外の価格が下落しないけれども、もし小麦の価格が下落するならば、小麦は相対的に安くなっている。それゆえ、ある人が生活水準を最も安く維持するためには、小麦以外の財の需要を減らして、いくらかの小麦で*代替*することは、この人の満足を増加させるからである。このため、小麦は以前よりも相対的に安いカロリー源となり、一層多くの小麦が買われる、だが、ジャガイモは買われる量が一層少なくなる。同様に、演劇と比較して映画の入場料が一層安くなることは、消費者に娯楽をこの映画という一層安い方法で得るようにさせるかもしれない。一つの生産要素の価格が低下するとき、すべての企業家が、他の種類の投入物を減らして、安くなった投入物で代替するように生産方法を調整することを、消費者はここで行っているにすぎない。この代替の過程によって、企業家は一層低い総費用で同じ生産量を生産できる。（ある財の一層低い価格においてこの財の需要量が拡大するこの第 2 の要因は、ときどき"代替効果(substitution effect)"と呼ばれている。）

　もちろん、所得効果と代替効果のそれぞれの数量の大きさは、問題となっている財および消費者によって異なる。例えば、消費者がある商品にたくさん支出しており、さらにこの商品がすぐに買える代替物として手に入る状況においては、実現される需要曲線はきわめて*弾力的*である。この場合においてこの商品の所得効果と代替効果は大きい。例えば、大酒飲みのジンへの需要である。しかし、もし商品が、消費者の予算のわずかな部分のみと関係しており、また、他の品目の商品と容易に取り換えることができず、さらに、重要な品目の商品を一層良くするために、少量を必要とする塩のような商品であるならば、需要は*非弾力的*になる。この場合においてこの商品の所得効果と代替効果は小さい。

　このすべてのことは、経済についての一般的見解と合致する。つまり交換において財に価値を与えるものは、財の*稀少性(scarcity)*あるいは*珍しさ(rarity)*である。

　一部の経済学者は、ウエーバー・フェヒナーの法則(Weber-Fechner Law)と呼ばれる心理学の基礎をなす一般法則から類推することによって、経済学での価格が上がるにつれて消費が減少する消費減少の法則の正しさを"証明し"ようとする。このウエーバー・フェヒナーの法則によれば、10 ワットと 15 ワットの電球の間の明るさの違いにやっと気づくことができる人は、たとえ明るさの算数での差が同じであっても、20 ワットと 25 ワットの電球の間の明るさの違いには気づくことができないであろう。しかし、この人は 20 ワットと 30 ワットの電球の間の、あるいは 200 ワットと 300 ワットの電球の間の明るさの違いを言うこ

とができるであろう（なぜならば重要なことは明るさの比率での違いであるからである）。
この同じ作用が、つまり刺激の最小の違いを知覚しそして認める能力の低下が、音、（手の
上かあるいは手の中の）重さ、等の知覚に関しても当てはまる、と心理学者は主張する。

　明るさの知覚についての能力の低下の現象と、経済において価格が上がるにつれて消費
者が一つの商品を一層多くの単位得たい欲求の低下の現象の間には、控え目に言っても、あ
まり関係がない。この二つの関係は、確かでなく、せいぜい連想できるにすぎない。需要（消
費）減少の経済法則の正しさを、消費者の経済行動によって判定しなければならない。もし
この経済法則が成り立たないのであれば、経済学者の役割は、観察できる事実と一致するよ
うに経済理論を修正することである。

価値のパラドックス

　これまで述べた分析は、現代経済学の開始となった『諸国民の富』(1776 年)の著者である
アダム・スミスを悩ました有名な次の問題に解答を与えるのに役立つ。アダム・スミスは、
「もし存在しなければ生存が不可能であるほど大変有益である水はきわめて価格が低いの
に、生存に全く不必要であるダイヤモンドは価格がきわめて高いのは、どういうことなのか」
と問いかけた。

　今日において入門レベルの学生でさえ、この問題に一つの正しい解答を与えることがで
きる。入門レベルの学生は試験で「簡単に解答を示すことができる。水の需要曲線と供給曲
線はきわめて低い価格で交差する曲線である。他方、ダイヤモンドの需要曲線と供給曲線は
高い価格で交差する曲線である。」と書くであろう。この解答は正しくない解答ではない。
説明の手段としての需要曲線と供給曲線は、アダム・スミスが生きていた当時まだ作り出さ
れておらず、実際その後 75 年あるいはそれ以上の間作り出されなかったので、アダム・ス
ミスは正しい答を与えることができなかったのである。

　現代経済学へのこの入門レベルの学生は、中世の聖職者が問いかけた次の同じ様にきわ
めて重要な問題にも、つまり「貨幣への利子は不当に高いのではないのか。貸付金の元金が
完全に返済されるのに、どうして貨幣あるいは資本の使用に対して課す利子率が存在する
のか。」という問題にも答を与えようとするかもしれない。

　この入門レベルの学生は、経済学の教科書を読んだ後、「利子率が存在するべきか、それ
とも存在するべきでないかは、ラテン語の単語の語源を考えることによってか、あるいはア
リストテレス(Aristotle)が利子率について言わなければならなかったことを十分に検討する
ことによって、解明できる哲学的問題ではない。」と答えるかもしれない。さらに、この学
生は「この問題は、哲学的問題でなく、つまるところ、投資に対して利用可能な貨幣、つま
り投資資金(capital fund)の供給曲線が、その需要曲線と正の利子率で交差するかどうかの問
題である。もしこの供給曲線がその需要曲線と正の利子率で交差するならば、さらに歴史の
全期間にわたり正の利子率で交差してきたのであるならば、利子率が存在するであろう。」
と続けようとする。

繰り返しになるが、このような解答は正しくない説明ではない。しかし、これらの二つの解答は学期末試験で高得点を得るというよりもせいぜい合格する程度のものである。なぜなら、思慮深いアダム・スミスは、この専門用語の意味を理解した後、当然、「それではなぜ水の需要曲線と供給曲線がきわめて低い価格で交差するのか」と問いかけるであろう。

　この答を今では言うのは簡単である。この答は二つの部分からなっている。(1)ダイヤモンドはきわめて稀少である。ダイヤモンドを一層多く得る費用はきわめて大きい。水は比較的豊富にある。世界の大部分の地域で水を一層多く得る費用はきわめて低い。

　1世紀以上前のまさしく古典派経済学者達には、答へのこのような説明は正しいように思われたであろう、そしてこれらの古典派経済学者達は、多分答をこのような説明にまで推し進めた。だが、これらの古典派経済学者達は、費用についての上の事実を、世界の水が世界のダイヤモンドという供給物よりももっと*有益*であるという等しく正しい事実と、どのようにすれば調整できるかを知らなかった。（実際、アダム・スミスはこのパラドックス解決に十分な答を与えなかった。アダム・スミスは財の“使用価値”(the value in use)（経済的厚生への財の総寄与）が財の“交換価値”(value in exchange)（財が売れる総貨幣額つまり収入）と同じでないと指摘するだけにとどめたのである。）

　しかし今日では、私達は上述の(1)費用を考慮するとともに、さらに次の(2)水の総有用性(the total usefulness)（つまり総効用）が水の価格と需要を決定しないことにも考慮しなければならない。

　*最後*の小量の水の相対的有用性(the relative usefulness)と費用だけが水の価格を決定するのである。それは以下の理由による。人々がこの最後の小量の水を買うかそれとも買わないかは自由である。ある人が、もし水にその最後の追加的有用性(extra usefulness)よりも高い価格をつけるならば、この水の最後の1単位を売ることができない。それゆえ、ある人が、水の最後の1単位まで売ろうとすれば、価格は、最後の小量の有用性の水準より上でもなくまた下でもなく、ちょうどこの水準に到達するまで下落しなければならないのである。さらに、水のどの1単位も他のどの1単位とちょうど同じ物質であり、また競争市場ではただ一つの価格のみが存在するので、水の*最も低い追加的有用性の最後の1単位が売れる価格で、すべてのどの1単位の水も売れる*に違いないのである。（1人の経済学者がこの問題について述べているように、あなたは、もし尾が犬を動かすという言葉をただ思いだすならば、経済価値の理論を理解することは容易である。）

　今や私達は、（一層多くの商品を得るほど、その商品の総有用性は常に増加するけれども）商品が多ければ多いほど、その商品の最後のわずかな1単位への相対的な欲しさ(relative desirability)が小さくなることを知っている。それゆえ、なぜ大量の水が低い価格となるのかは明らかである。あるいは空気は、その途方もなく大きな有用性にもかかわらず、なぜ実際自由財であるのかさえも明らかである。売ろうとする最後の数単位がすべての単位の市場価値を低下させるからである。

　スミスの価値のパラドックス(paradox of value)の原因を明らかにするために、必要である

需要曲線と供給曲線の背後にある意味を明らかにすることへ、少しばかり遠回りすること
をここで終える。

消費者余剰

　上述の議論では次のことを強調した。"総経済価値"(the total economic value)つまり財の収入（価格×数量）を記録する計算方法は、"総厚生"(total welfare)を記録するために必要な計算方法と異なる。空気の総経済価値はゼロである。だが空気の厚生への寄与はきわめて大きい[3]。同様に、もし需要が非弾力的である小麦のような商品の生産量を増やすならば、かなりの経済価値を失うけれども、社会の厚生を明らかに増加させる。

　それゆえ、総厚生と総経済価値の間にはギャップが常に存在する。このギャップは、消費者が常に「支払うよりも多く受け取る」ので、消費者が得る*余剰(a surplus)*の状態になっている。

　消費者は売り手の犠牲によってこの余剰を得るのではない。取引によって、一方の側は相手側が得るものを失うのでない。生み出されることも、消失することもないエネルギーと異なり、すべての関係者の厚生(the well-being)は取引によって増加する。

　この余剰がどのようにして発生するかを理解することは難しくない。消費者が買う財のすべての単位は、消費者には最後の1単位の価値に等しい費用がかかるにすぎない。しかし私達の限界効用逓減の法則という基本法則によれば、*初めの多くの単位は最後の1単位よりも消費者には大きな価値がある*。このため、消費者はこれらの初めの多くのそれぞれの単位によって余剰を受けとる。消費者は、取引により利益を得るのを終え、それゆえ余剰を得るのを終えるとき、買うのを止めるのである。

　消費者が常に余剰を受け取る最後の決定的証拠として、思いやりのない売り手が消費者に次の最後通告を突きつける事実を、述べることができる。つまり「あなたは、消費している財全体に対し、その財から受け取る最後の1単位の価値に等しい価格を私に支払わなければならない、さもなければ、あなたはその財の最初から最後までのすべての単位から得る価値をなしで済まさなければならない。買うか買わないかを自由に決めて下さい。」消費者は、財から得る価値を全くなしで済ますよりも、すべての財に対し、最後の1単位の価値に等しい価格を、確かに支払おうとする。

　この消費者余剰(consumer's surplus)を計測する多くの巧妙な方法が提案されてきたが、これらの方法はとりたてて重要でない。重要なことは、現代の効率的社会での市民が実際にいかに幸運であるかを確認することである。これらの市民は、*低い価格できわめて大量の財を買うことができる恩恵を、過大に評価しすぎることはない*。

　人々は現代社会のこのような恩恵を忘れてはいけない。もしある人が*自分の経済的生産*

---

3)　あるいは、スミスがよく言ったように、空気の使用価値はきわめて大きい、だが、空気の交換価値は取るに足りない。

性と自分の実質所得の水準を誇らしげに自慢するならば、謙虚さに欠ける。この人に自慢するのを止めさせ、反省させなさい。この人は、自分の技術と活力が同じままであっても、もし未開の無人島に移されるならば、自分の貨幣所得でどれだけのものを買うことができるであろうか。また実際、資本である機械がなければ、豊富な資源がなければ、他の労働者がいなければ、とりわけそれぞれの世代が過去の社会から受け継いできた技術についての知識がなければ、この人はどれだけ生産できるであろうか。私達が自分で決して作ったのでない経済世界の恩恵を、私達のすべてが得ていることは、あまりにも明らかである。

次の引用文は、このきわめて重要な事実をうまく述べている。

独力で自分の事業を"行ってきた"と思っている製造企業の創業者は、（巨大な装置であり、また事業実現に好都合な環境であり、何百万人もの人々と数多くの世代による共同の創造物である）社会制度全体によって、熟練労働者、機械装置、市場、平和と秩序を容易に手に入れることができるのに気づいた。この社会制度を構成するもの全体を取り去りなさい、そうすれば私達は、難破し、その後知識を得て、救助を求めたロビンソー・クルソー(Robinson Crusoe)になるのではなく、草木の根、実および小動物を食べて生きる裸の未開人になる[4]。

要約

1. 所与の貨幣所得(money income)を持つ1人の消費者は、ゼロでない価格に直面するとき、買うことができるものは限られている、それゆえ、買うことができるものの間で選択し、入れ替えなければならない。この消費者は、合理的に行動している限り、満足の最も高い水準に到達するまで、意識的にあるいは無意識に、他の財を減らしてある財で代替しようとする。この均衡点において、それぞれの種類の財に支出する最後の1セント銅貨は、ちょうど同じ追加的満足をもたらす。

2. どのような財も、所得が変化するか、あるいはある財それ自体の価格が変化するか、あるいは他の財の価格が変化するとき、均衡需要量は変化するであろう。他の財の価格の変化は代替財、独立財、あるいは補完財の概念を生み出す。

3. ある一つの財の価格が高くなるとき、この財の需要量の下方への反応（つまりある一つの財の稀少性とこの財の価格の間の関係）は、*消費減少*（あるいは*需要減少*）の基本的経済法則である。この経済法則によって、商品の需要量を決定するのは費用（つまり価格）と商品の最後の1単位の効用であるという重要なことを理解できるだけでなく、アダム・スミ

4) L. T. Hobhouse, *The Elements of Social Justice*, pp.162-163, Henry Holt and Company, Incorporated, New York, 1922.

スの水とダイヤモンドに関する有名な価値のパラドックスへの解答を得るためにも役立つ。

4. 消費者余剰は、どのような財についても、総経済的厚生がその財の総経済価値よりも大きい事実を示している。このことは、取引できる一つの財のすべての単位を、この財の最後の1単位の価値（つまり限界効用）と同じ低さの価格で、消費者は買えるからである。それゆえ、消費者はこの最後の1単位より以前のすべての単位について余剰を受け取る。

議論のための質問

1. 「私は芸術についてあまり知らない、しかし私は何を好きなのかを知っている。」このことは正しい言い方ですか。人々は消費財について何を好きなのかを知っていますか。人々は普通「自分達にとって満足いくものを」好みますか。

2. 次のように言うことはなぜ正しくないのですか。

   a. 均衡においては、エンドウ豆に支出した最後の5セントからの満足が、砂糖に支出した最後の4セントからの満足に等しくなければならない。

   b. 均衡においては、すべての商品から得るそれぞれの満足は等しくなければならない。

   c. 均衡においては、すべての商品から得るそれぞれの最後のわずかな満足は等しくなければならない。

   d. 均衡においては、すべての商品に支出した数ドル当たりの満足は同じでなければならない。

   正しい第5番目の答えを書きなさい。

3. あなたの正しい均衡条件を、砂糖あるいはガソリンと同じ様ように、無数に分けられない自動車のような商品に適用するときには、なぜ修正しなければなりませんか。（ヒント：1セント銅貨または1ドルを、自動車の購入から砂糖あるいは万年筆の購入に移すことは可能ですか。）

4. 農夫達の努力が多量の収穫物、低価格、および一層低い農家所得を生じさせるにすぎないときに、農夫達はなぜ一生懸命に働くのですか。誰かがこの過程によって恩恵を受けるのですか。

5. あなたは映画館の入場料がいくらであると、映画を全く見ないのではなく、喜んで入場料金を支払いますか。あなたは1年に映画にいくらお金を使っていますか。

6. 「あなたは代金を支払うだけのものしか得ていない。」このことは正しいですか。

7. オスカー・ワイルド(Oscar Wilde)は「冷笑家(a cynic)とはどのような人か。すべての物の価格を知っているが、これらの物の価値を知らない人である」と言った。自分の注意を会計計算と統計でのドルのデータに限定する経済学者についても同じことは言えますか。

第20章への付録
消費者均衡の幾何学的分析

　消費者均衡の状態が正確にはどのように見えるかを、数で示す効用という言葉を使うのではなく、図で示すことはしばしば役に立つ。

　一定の貨幣所得を持ち、一定の定められた価格で二つの商品、例えば、食物と衣服だけを買おうとする 1 人の消費者を考えることによって始めよう。この消費者は、(1)二つの財の所与の組合せ、例えば 3 単位の食物と 2 単位の衣服を、これら二つの財の第 2 の組合せ、例えば 2 単位の食物と 3 単位の衣服よりも選好するか、それとも(2)第 1 の組合せと第 2 の組合せの間で"無差別"であるか、それとも(3)実際に財の第 2 の組合せの方を選好するか、を私達に言うことができると仮定しよう。

　この消費者には、実際二つの財の組合せが等しく良いと仮定しよう。この個人にはちょうど無差別であるこれら二つの財のその他いくつかの組合せも、表 1 に数値で記入し続けてみる。

表 1　財の等しく望ましい組合せを示している無差別表

食物·····	1	2	3	4
衣服·····	6	3	2	1.5

　この表 1 はまさにこのような等しく良い表である。もっと高い満足の水準、つまりもっと高い無差別な水準で開始し、そしてその高い満足の水準での異なるすべての組合せを記入できる。例えば、3 単位の食物と 3 単位の衣服と比較して無差別なあらゆる組合せである同じ様な無差別表の中に、数値を書き入れることができる。あるいは 1 単位の食物と 1 単位の衣服と無差別なあらゆる組合せであるさらにもう一つの無差別表の中にも、数値を書き入れることができる。

　無数のこのような無差別表のどの一つを調べても、その無差別表には上で示した表 1 と同じ次の注目すべき性質があるのを多分見つけるであろう。つまり、*効用が同じ水準になるように、一つの財を 1 単位ずつ増やし、もう一つの財を減らすとき、減らす財の相対的（代替）価値(relative(substitution)value)が大きくなり、減らす量は次第に小さくなる。*

　例えば、ここでの消費者は、表 1 において第 1 番目の 1 単位の食物に加えて第 2 番目の 1 単位の食物を得るために、(6 単位から 3 単位へ) 3 単位の衣服を手放そうとする。しかしこの消費者は、第 3 番目の 1 単位の食物を得るためには、ただ 1 単位の衣服のみを手放そうとする。さらにもう 1 単位の食物を得るためには、この消費者はただ 1/2 単位の衣服のみを手放そうとする。

　異なる商品の組合せの間での、1 人の消費者の選好あるいは無差別に関する上でのいくつかの説明を、図 1 でまとめて示す。それぞれ一つの無差別表は今 1 本の無差別曲線(a indifference curve)、つまり等しい効用の 1 本の等値線(a contour line)になっている。それぞれの凹曲線は同じ満足の水準を与える二つの財のすべての組合せの軌跡を示している。これらの曲線は今述べた稀少性の基本法則(the fundamental law of scarcity)に従い凹である。無数の無差別表があるのとちょうど同じ様に、無数のこれらの無差別曲線つまり等しい効用の等値線があり、それぞれの 1 本の無差別曲線は、効用、つまり満足の一つの水準に対応している。幾何学的にはこれらの無差別曲線は地図での等高線に似ていないことはなく、また天気図および熱力学の教科書で見られる等圧線に似ている。もちろん、図 1 には数本の考えられる無差別曲線つまり等値線のみを示しており、最も下の無差別曲線は最も低い効用水準 U_1 に対応しており、その右上の無差別曲線は効用水準 U_2 に対応している等々であり、最も上の無差別曲線は最も高い効用水準 U_4 に対応している。曲線 U_3 での明確な小さな〇印は、これまでの表 1 での数値のデータを示している。

図 1　消費者均衡

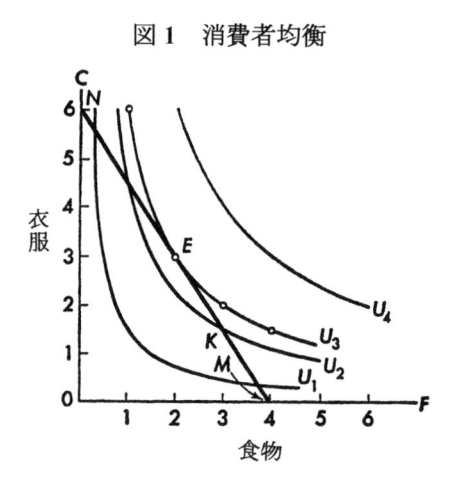

　U_1、U_2、U_3 および U_4 と記号を付けた曲線は、無差別曲線つまり等しい効用の等値線を示している。直線 NM は、この線上を消費者が自由に動くことができる消費可能性曲線(the consumption-possibility curve)である。均衡は消費可能性曲線が効用の最も高い実現可能な水準に到達する接点 E においてである。

　1 人の消費者は、所与の所得、例えば 1 日当たり 6 ドルの所得を持っており、さらに固定価格を、例えば食物について 1.50 ドルにまた衣服について 1 ドルに与えられている。そしてこの固定価格において、この消費者は貨幣をそれぞれの二つの財と交換できる、あるいはある財をもう一方の財と交換できる。消費可能性曲線は、消費者にはこの線上を動くことが制約条件となっている直線であり、ここでの図 1 において、NM によって与えられる直線であることを、幾何学的に考えることが好きな人々は分かるであろう。消費者は、たとえ自分のすべての所得を食物に支出するとしても、点 M で与えられる食物の量、つまり 4 単位の食物をせいぜい買うことができるにすぎない。たとえこの消費者がすべての所得を衣服に支出するとしても、N で与えられる衣服の量、つまり 6 単位の衣服だけを得ることができる

にすぎない。M と N の中間では、この消費者は、食物と衣服の相対価格によって決まる一定の比率で、ある財をもう一方の財と交換できる。それゆえ、この消費可能性曲線は 1.50 ドル/1 ドル、つまり 2 分の 3 の傾斜を持つ 1 本の直線でなくてはならない。

今私達は以前に述べた最終的均衡状態をどのようにして確認できるのか。明かに、消費者は、最も高い無差別曲線に到達するまで、この消費可能性曲線という直線上を動こうとする。消費者は、M、N、あるいは K のどの点から離れても、一層高い無差別曲線と交差できるので、最終的均衡状態は、M、N でありえず、K でさえありえない。明かに、均衡は、消費可能性曲線が最も高い無差別曲線と（交差するのではなく）接する接点 E においてのみ起こりえる[5]。幾何学的には、均衡点において、この消費可能性曲線という直線の傾斜は無差別曲線の傾斜とちょうど等しいのである。

あるいは、私達の以前の言葉によれば、均衡では（消費可能性曲線の傾斜によって示す）二つの財の価格比率は、（無差別曲線の傾斜によって示す）相対的な追加的効用（限界効用の比率）に、つまり、一定の満足の下で、ある財を得るために、他の財を少量手放す*代替率*にちょうど等しい。

図2　所得の変化あるいは価格の変化の均衡への影響

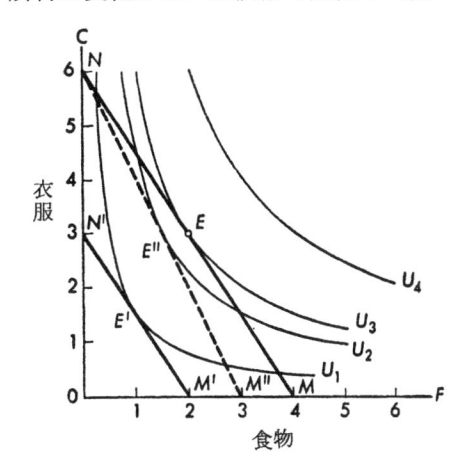

消費者は、NM に沿った選択に直面して、最良点 E を選択する。もし所得が半分になるならば、それゆえ新たな選択が $N'M'$ に沿ってであるならば、消費者は新たな最良点 E' に行く。所得の変化でなく、もし食物の価格が高くなるならば、消費者の選択線(the consumer's choice-line)は N で回転し NM'' になる。新たな最良点は、消費者の選択線が最も高い効用水準の無差別曲線と接する E'' でなくてはならない。

5)　もし限界代替率逓減の法則(the law of diminishing substitution)[*13] が成立しなければ、消費者は最も高い無差別曲線へとさらに移動するであろう。しかしこの法則が成立しないケースでは、消費者はいくつかの商品を何も消費しないかもしれない。このことが発生しても何ら驚かないであろう。

もし消費者の所得が半分になるならば、新たな均衡点は図2において（平行な形で原点から半分の遠さにシフトする）新たな直線の消費可能性曲線 $N'M'$ が1本の最も高い無差別曲線とちょうど接する E' になる。

　所得と衣服の価格が変化せず、もし食物の価格のみが、例えば 2 ドルに、上昇するならば、（やはり N によって示される）購入できる衣服の総量は変化しない。しかし手放す衣服のそれぞれの1単位と引換えに得ることができる食物の量は、もちろん少なくなる。この結果、新たな消費可能性線は、N を軸にして下方に回転し、N から M'' に進むことになる。またこの新たな点 M'' は、すべての貨幣を食物に支出するとき（わずか3単位だけの）いかに小量の食物しか購入できないかを示している。新たな均衡点は今、直線 NM'' が1本の無差別曲線と再び接する E'' である。

　もし例えば衣服の価格のみが*下方に*変化するならば、学生は何が起こるであろうかを言うことができるに違いない。

第 21 章　完全競争と不完全競争の下での企業の費用と均衡

　前章では、需要曲線の背後にある本当の意味を明らかにした。今、競争市場において、それぞれの企業の生産費用が、すべての企業の総供給曲線を実際どのように決定するのかを見ることによって、また不完全競争市場において、それぞれの企業の生産費用が、自社の価格設定に実際どのように影響を及ぼすのかを見ることによって、同様に供給曲線の背後にある本当の意味を明らかにしなければならない。本章の前半では、どのような個々の企業も、自社の利潤を最大にするためには、どのように行動しなければならないかを示す。本章の後半では、利潤最大化原理を、完全競争産業と四つの形態の独占的競争あるいは不完全競争に適用する。

A.　企業にとっての最大利潤という均衡状態

　"完全"競争が農業でのいくつかの種類の生産物の生産においてのみ存在するにすぎない今日においては、私達は完全競争の産業だけを理解することで満足できず、いくらかの独占力を持ち、自社の生産物の販売価格に影響を及ぼすことができる企業の行動も、調べなければならない。このような企業は、きわめて大規模であり、途方もなく利益を得ており、他の企業に事実上同じ生産物を生産させない特許、あるいは特別有利な立場になるものを保有しているかもしれない。企業は、独占力を持つケースにおいては、"独占企業"(monopoly)と呼ばれるかもしれない。ベル・テレホン・システム(The Bell Telephone System)あるいは戦前のアルミニウム・カンパニー・オブ・アメリカ(Aluminum Company of America)は多分この独占企業という名前の資格が十分にある。

独占的競争
　しばしば一つの企業は、価格へのいくらかの支配力を持っている、しかし、その支配力は限られている。企業は、ノウハウ、立地場所、商標(trade-marks)および評判という一定の特別有利な立場になるものを保有している。同時に企業には同じことが当てはまる数社の競争相手がいる。それゆえ、企業は、いくらかの独占力を持つだけでなく、いくらか競争にも曝されていると言うことができる。企業は、完全競争の状態にあるのでなく、完全独占(complete monopoly)の状態にあるのでもない。企業は不完全競争の状態にある。つまり、競争と独占が混じり合ったもの、つまり、簡単に言えば、*独占的競争*[1]と呼ぶことができる状

---

1)　関心のある読者は、E.H. Chamberlin, *Theory of Monopolistic Competition*, Harvard University Press,Cam-Cbridge,1946（E・.H・チェンバリン著、青山秀夫訳『独占的競争の理論』至誠堂、1966 年。）の特に第 1 章と第 4 章を参照するべきである。

態にある。

　一つの端が"純粋"競争つまり完全競争を示し、もう一つの端が完全独占を示す次の一つの表を作成できる。

純粋競争あるいは 完全競争	*独占的競争あるいは 不完全競争*	*完全独占*
1. いくつかの農業部門と関係している。	1. 大部分の企業と産業に関係している。	1. ほとんどの産業は完全独占でない。
2. 企業による価格への支配力が少しもない。	2. 価格へのいくらかの支配力（代替生産物の類似の程度および競争相手の数と立地場所、等によって決定される）。	2. 政府による規制あるいは世論への恐れによって、また代替生産物が使われる心配によって、価格の支配力は、制限さていることを除いて、かなりある。
3. 多くの企業による同一の生産物の生産。	3. 幾分似た生産物の売り手は多くいるが、同一の生産物の売り手はせいぜい2、3社である。	3. 一つの産業でただ一つの売手。
4. 通常、組織化された市場での取引あるいは競りによる販売。	4. 広告による競争。	4. "企業イメージ向上への"広告(institutional advertising) と企業の社会性理解への広告(public-relations advertising)。

　大部分の現代の産業は、独占的競争という分野に分類される。例えば、理髪店、ラジオ産業と電機産業、鉄鋼、自動車、小売店、等々である。公益事業あるいは電話のような排他的独占企業(exclusive monopolies)は、政府によって普通規制されている。これらの排他的独占企業でさえ（ガスの代わりに石油、あるいは電話の代わりに電報のような）代替生産物との潜在的競争を考慮しなければならない。このことは完全独占がどうしてあまり重要でないかを示している。

　学生は、純粋競争あるいは完全競争が今日ではどうしてあまり重要でないかを検証するためには、次の二つの簡単な問題に注意を向けてみるとよい。

　1.　いくつの企業が、お金を広告、セールスマンおよびマーケティングに使う*必要がない*と考えているのか。明かに、同じ品質の穀物を生産している農夫達を除くと、ほとんどの企業は必要がないと考えていない。

　2.　いくつの企業が、市場での現行価格で商品を売ってしまい、今後新たに商取引を行おうとしないのか。明かに、平常時においては、（同じ品質の穀物を生産している農夫達は、

穀物を市場に持ち込んでも価格が下落すると恐れていなく、望むすべての穀物をすでに市場に持ち込んでいるので）農夫達のみが商品を現行価格で売ってしまい、今後新たに商取引を行おうとしない。だが、大部分の企業は、価格の低下を恐れて一度に商品を売ってしまわず、普通新たに買い手を見つけようとする。

　これら二つの答の両方とも、ほとんどの企業が本当の完全競争の状態にないことを示している。経済分析によって、現実であってほしいと望む経済世界でなく、実際現実の経済世界そのものを解明しようとするのであるならば、これから行う経済分析は、（完全競争だけでなく）あらゆるケースに適用できるほど、明らかに十分一般的でなければならない。

完全競争と独占的競争の下での企業の需要

　簡単化のために、ただ一つの商品のみを生産している一つ企業を考えてみよう。この企業はできるだけ多くのお金を稼ぐために事業を行っている。最も良い結果を得るために、この企業は、きわめて高い価格を課し、同時にきわめて大量の生産物を売ることを望む。しかし、この企業は、価格と販売数量が互いに独立な変数でないことを知っている、そうでなければ、このことを経験からすぐに学ぶであろう。つまり、この企業は、自社の商品の価格をきわめて高く設定し、同時に、大量にうまく売ることができない。大量に売るためには、この企業は価格を引き下げなければならない。逆にこの企業は、価格を高くするためには、自社の商品の販売量を少なくしなければならない。

　言い換えれば、この企業は、需要と供給についての第19章で描いたような需要曲線を受け入れなければならない。第19章では常に産業の需要曲線にだけ言及した、だが、今一つの特定の企業の需要曲線について述べている。もしこの企業が完全競争の領域にあるなら

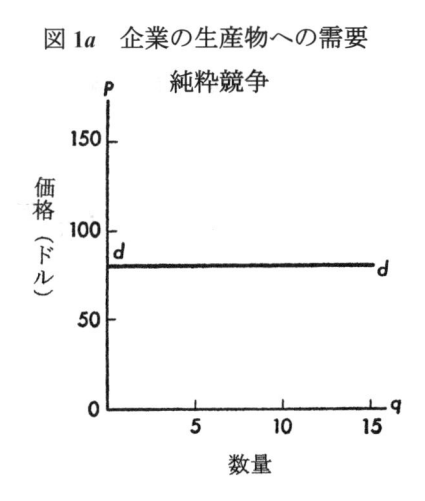

図1a　企業の生産物への需要
純粋競争

この図は"純粋"競争あるいは"完全"競争の下での企業の生産物への無限に弾力的な需要を示している。

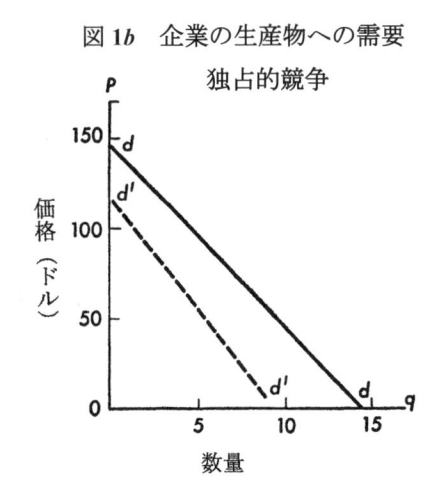

図1b　企業の生産物への需要
独占的競争

"独占的"競争の下での企業の生産物への需要。破線 $d'd'$ はライバル企業の価格の引下げによる需要曲線の下落を示している。

ば、この企業の需要曲線はきわめて平らであり、実際この需要曲線の弾力性は無限大である。他方、この企業は、もし完全独占であるならば、過度に売上量を減らすことなく価格を引き上げることができる。さらに、他のいくつかの企業の行動は、この完全独占企業の需要曲線を左下方にシフトさせない。普通、大部分の現代の営利企業の経営者は、自社が完全競争と完全独占の中間のどこかにあるのを、つまり独占的競争の下にあるのを知っている。これらの独占的競争の営利企業の需要曲線は、いくらか下方に傾斜しており、またライバル企業の行動によって下方にシフトする。これら三つのケースの内の二つを図 1 に示している。

価格、数量および総収入

　不完全競争は一つのきわめて特殊なケースとして完全競争を含んでいるので、この不完全競争という比較的一般的ケースに分析を集中できる。表 1 は独占的競争あるいは不完全競争に分類される企業の最初の需要表を示している。読者は、表 1 の総収入欄において、欠けている数字を埋めるべきである。

　明らかに、この企業は 134 ドルの実現可能な最高価格を課さないであろう。なぜ課さないのか。この価格はこの企業の利潤を最大にしないからである。このとき、この企業は、1 単位当たり実現可能な最高の（平均）収入を受け取っている、しかし 1 単位のみを売っており、134 ドルだけの総収入を受け取るにすぎない。

　この企業は、どの価格で、どれだけの量を生産しようとするのか。私達は、この企業の生産費についてかなりのことを知るまで、この質問に答えることができない。だがしばらくの間、この企業のすべての費用を無視しよう。このとき明かに、この企業にとっての最良の数量は約 7 単位であり、最良の価格は約 74 ドルである。この答を総収入の欄、$R = p \times q$、を

表 1　独占的競争に分類される 1 つの企業の需要表

数量 q (1)	価格 p (2)	総収入 $R=p \times q$ (3)
0	144 ドル以上	0 ドル
1	134	
2	124	248
3	114	
4	104	
5	94	
6	84	504
*7	*74	*518
8	64	512
9	54	—
10	44	—

調べることによって得ることができ、この欄では最高の総収入の箇所に*印を付けている。この箇所では価格は最高でなく、数量も最大でない。しかし*総収入*は最大になっている。

総費用と限界費用

　今では費用を図で示すことは簡単である。企業は、自社の需要曲線をおおまかに推定しなければならなかったのと同じ様に、異なる生産量を生産するために負担するおおまかなドルでの支出額を、計算してみなければならない。このような総費用曲線を得る計算は、きわめて難しく、またかなりの推定作業を必要とするけれども、企業の会計部と生産部は、どの費用が生産量の変化と関係がない*固定費用*(fixed cost)であり、どの費用が生産量とともに変化する*可変費用*(variable cost)であるかを、決定しなければならない。表2はある1つの企業のこのような算定値の例である。

　固定費用　欄(1)は、0単位から10単位までの、1期間の異なる生産量の水準を示している。欄(2)は、たとえこの企業が何も生産しなくても、この企業の1期間の固定費用が256ドルであることを示している。定義によって、固定費用は一定である。固定費用は生産量のあらゆる水準において256ドルのままである。固定費用は、"埋没費用"(sunk expenses)、間接費用(overhead expenses)、等への過去の支出からすでに生じている。

　可変費用　欄(3)は1期間での異なる生産水準の総可変費用の算定額を示している。定義によって、いかなる生産物も生産しないときには、可変費用はゼロである。しかし可変費用は数量 q の変化よって変化する。最初生産量が増加するにつれて、可変費用はかなり急速

表2　一つの企業の固定費用、可変費用および総費用

数量 q	固定費用 FC	可変費用 VC	総費用 $TC =$ $FC + VC$	平均費用 $AC =$ $TC \div q$	限界費用 MC
(1)	(2)	(3)	(4)	(5)	(6)
0	256 ドル	0 ドル	256 ドル	無限大	
					64 ドル
1	256	64	320	320 ドル	
					20
2	256	84	340	170	
					15
3	256	99	355	118.33	
					13
4	256	112	368	92	
					13
5	256	125	381	76.20	
					19
6	256	144	400	66.67	
					31
7	256	175	431	61.57	
					49
8	256	224	480	60	
					73
9	256	297	553	61.44	
					103
10	256	400	656	65.60	

に増加するように見える。しかし生産量がさらに増加するとき、*大量生産の経済*(economies of mass production)が働き始め、可変費用は生産量に比例して増加するようには見えない。しかし、後に収穫逓減が始まるとき、可変費用は生産量よりも一層急速に上昇し始める。

　総費用　総費用を欄(4)に示している。総費用は固定費用と可変費用の合計にほかならない。それゆえ、この総費用は、生産量がゼロであっても、256 ドルで始り、その後この 256 ドルから可変費用と同じ金額で増加しなければならない。図 2 は三種類の異なる費用を図で示している。

図2　固定費用、可変費用および総費用

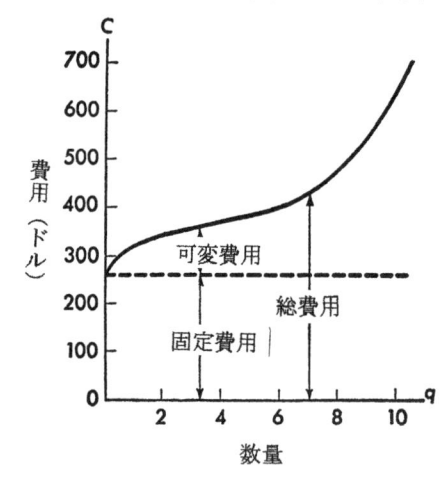

　　　水平の破線は、表 2 で与えているのと同じ固定費
　　用の水準を示している。実線は、もし q 軸から計測
　　するならば総費用を示しており、もし固定費用の破
　　線から計測するならば可変費用を示している。

　平均費用　述べた三つの費用表の内、基本となる費用表は明らかに総費用である。他の二つの費用表は、総費用表から工夫によって容易に計算できる。しかし、ときどき会計担当者は、さらに別のいくつかの費用計算を行うことが便利であると気づいている。このため表 2 の欄(5)には、*生産の平均費用*(average cost) つまり *1 単位当たり費用*(unit cost)を示している。総費用を生産物の単位数で割ることによって、平均費用を容易に導き出すことができる。（どのような企業にも関心があるのは、何と言っても、ドルでの*総利潤*と*総費用*であるので、平均費用をあまり重要視する必要はない。）

　最初、大きな固定費用をほんの数単位の生産物に負担させるので、平均費用はきわめて大きい。実際、生産量がゼロのとき、1 単位当たり費用は無限大になるに違いない。もし 1 単位のみを生産するならば、平均費用は 320 ドルである。しかし一層多くの単位数を生産するにつれて、256 ドルの固定費用はますます多くの単位の生産物に振り分けられる。このことは表 2 と図 3 の平均費用の最初の急速な低下を説明している。

間接費用を薄く多くの単位に振り分けた後、固定費用は平均費用にあまり影響を与えなくなる。可変費用は重要になり、さらに、工場の設備の大きさが限られていることと管理の難しさのために、平均可変費用(average variable costs)が上がり始めるとき、平均費用は最終的に上向きに転じる。例えば、表 2 の欄(5)において、また図 3 において、平均費用は 8 単位で最低であり、この 8 単位では平均費用は 60 ドルにすぎない。この 8 単位の点を超えて生産量を拡大すると、平均費用は上昇する。それゆえ、平均費用曲線は U の形をする。つまり、平均費用曲線は、最初間接費用が拡散することと大量生産の経済によって低下する、しかし、やがて収穫逓減のために上昇する。

図 3 U の形をした平均費用曲線

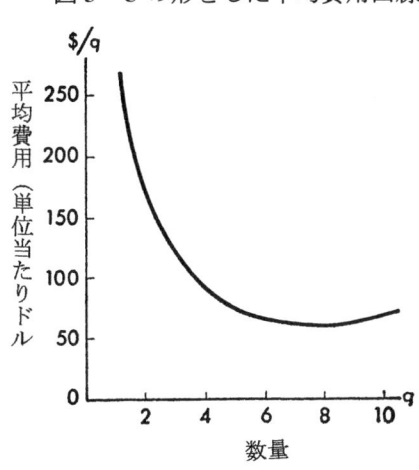

表 2 によって示していように、総費用を生産量の単位
数で割ることによって、平均費用曲線を算出できる。

限界費用 企業家は、最大利潤を得るために、どれだけ生産するべきかを決定しなければならない。それゆえ、企業家は全体的な平均費用よりもむしろ、生産量の変化による*追加的*費用に関心を持とうとする。

表 2 の欄(6)は、生産量のそれぞれの追加的 1 単位ごとの、総費用の違いを示している。このような追加的費用は、経済理論においてきわめて重要であるので、私達はこのような追加的費用に*限界費用(marginal costs)*という新しくまた他のものと区別がつく名前を付けている。例えば、生産物の 5 単位目から 6 単位目に進むことによる限界費用を、欄(4)において 6 単位の総費用から 5 単位の総費用を引くことによって、導くことができる。この限界費用は 400 ドル– 381 ドル、つまり 19 ドルになる。（8 単位目から 9 単位目に進むとき限界費用はいくらになるか。なぜか。）

限界収入と価格

　同様に、*限界収入(marginal revenue)*を追加的 1 単位の財を売ることによって得る追加的収入と定義する。限界収入を表 1 の総収入の欄から導きだせる。表 3 は、表 1 の繰返しになるが、そこには限界収入についての一つの新たな欄がある。

　最初、読者は、次のことを不思議に思うかもしれない。表 3 の欄(2)の価格と欄(4)の限界収入の間になぜいくらかの違いがあるのか。2 単位から 3 単位の生産量に進むとき、限界収入はなぜ第 3 番目の単位が売れる価格に等しくならないのか。それゆえ、なぜ限界収入が、示している数値の 94 ドルでなく 114 ドルにならないのか。

　実際、第 3 番目の単位は 114 ドルで売れている。しかしこの 3 番目の単位が売れるためには、これまでの 2 単位の生産物の価格が（124 ドルから 114 ドルへ）それぞれ 10 ドル下がらなければならなかった。限界収入を計算するときに、第 3 番目の単位による売上収入からこれまでの 2 単位についてのこの売上収入の低下を、引かなければならない。それゆえ、限界収入は 114 ドルー (2×10 ドル)、つまり 94 ドルである。一般的に言えば、次の基本式(the fundamental formula)によって示すように、限界収入は価格よりも小さい[2]。

n 番目の単位の限界収入　=　(n　−　1)単位から n 単位へ進むことによる総収入の差

= n 番目の単位の価格　−　価格低下によって生じる以前のいくつかの単位の収入の低下。

表 3　限界収入と価格

数量 q (1)	価格 p (2)	総収入 $R = p \times q$ (3)	限界収入 MR (4)
0	144 ドル以上	0 ドル	
			134 ドル
1	134	134	
			114
2	124	248	
			94
3	114	342	
			74
4	104	416	
			54
5	94	470	
			34
6	84	504	
			14
7	74	*518	
			− 6
8	64	512	
			−26
9	54	486	
			−46
10	44	440	

　2)　関心のある読者は、表 3 において、最後の 1 単位を売るために必要な価格の低下により生じる収入の低下を計算することによって、ある一つの箇所あるいはもっと多くの箇所での価格と限界収入の間の関係を調べることができるであろう。

追加的数単位の生産物の販売が少しも価格を引き下げない完全競争の下でのみ、基本式の右辺の第2項はゼロである。このときにのみ価格と限界収入は等しい。追加的単位の生産物の販売が価格の低下とならないことは、なぜ競争企業が現在の価格で売上量を増やすために決して広告を行う必要がないか、またなぜ競争企業が現在の価格で望むあらゆる販売を行うかを説明している。

　第19章で定義した需要の弾力性が1よりも低下するならば、それゆえ価格の低下率が常に売上量の増加率を上回るならば、生産量のどのような増加も現実に総収入を*減らす*。言い換えれば、限界収入は負になる。なぜか。私達の基本式の右辺の第2項（以前のいくつかの単位についての収入の低下）が第1項（最後の単位により受け取る価格）を上回るからである。個別企業の利潤の観点からは、この企業は、このような状況下では、追加的生産物の販売によって"市場において価格が下落する"よりもむしろ、この追加的生産物を焼却しようとする。

利潤の最大化

　今、すべての関連する事実を、大きな表である表4に集めることができる。もちろん、総利潤はこの表での最も関心の大きな欄である。

　どれだけの数量が、またどのような価格が総利潤を最大にするのであろうか。この問題を解く最も簡単な方法は、総収入と総費用の間の差にすぎない欄(5)の総利潤を計算することである。この欄を上から下に見ると、最適な数量は価格が84ドルである6単位であると分

表4　企業の収入、費用および利潤のデータを示している一覧表

数量 q (1)	価格 p (2)	総収入 $R = p \times q$ (3)	総費用 $TC = FC + VC$ (4)	利潤 (5)	限界収入 (6)	限界費用 (7)	限界利潤 (6)－(7) (8)
0	144 ドル 以上	0 ドル	256 ドル	－250 ドル			
					134 ドル	64 ドル	＋70 ドル
1	134	134	320	－186			
					114	20	＋94
2	124	248	340	－ 92			
					94	15	＋79
3	114	342	355	－ 13			
					74	13	＋61
4	104	416	368	＋ 48			
					54	13	＋41
5	94	470	381	＋ 89			
					34	19	＋15
*6	*84	504	400	＋*104			
					14	31	－*17
7	74	518	431	＋ 87			
					－6	49	－55
8	64	512	480	＋ 32			
					－26	73	－99
9	54	486	553	－ 67			
					－46	103	－149
10	44	440	656	－216			

かる。他のいかなる生産量も、この 6 単位の生産量が生み出す 104 ドルほども利潤を生じさせないのである。

　同じ結果に到達するもう一つの方法は、欄(6)の限界収入と欄(7)の限界費用を比較することである。生産量を増やそうとする一つの行動が、限界費用よりも大きな限界収入をもたらす限り、企業は一層多くの生産量を生産し続ける。しかし、限界費用が限界収入を上回るときにはいつでも、企業は生産量を減らす。均衡生産量はどこにあるのか。*限界費用と限界収入が一致するところである*。再び企業は最大利潤という最適状態になる。

　限界収入と限界費用を比較することによって、最適点を見つけようとするこの第 2 の方法は、総利潤をただ見つけようとするにすぎない第 1 の方法よりも良くも悪くもない。この第 2 の方法では "限界利潤" (marginal profit)と名称を付けている欄(8)によって見ることになるけれども、これら二つの方法は実際正確に同じである。この限界利潤は限界収入と限界費用の差である。同じことであるが、限界利潤はそれぞれの追加的 1 単位の生産物からの*追加的利潤*である。限界利潤が正である限り、企業は生産量を拡大し続ける。限界利潤が負であるとき、企業は生産量を縮小させる。限界費用が限界収入と等しくなるとき、あるいは、同じことになるが、欄(8)での＊印によって示しているような、限界利潤が＋から－に変化する所で、企業は最適な均衡点にいる。

企業の最適状態の図解

　図 4 の三つの曲線は前節での説明を図で示している。*総収入*は、需要が弾力的である間傾斜が上向きであり、逆に需要が非弾力的になった後傾斜が下向きになり、山の形になっている。企業は、普通、費用なしで追加的生産物を少しも得ることができないので、*総費用*は上昇していく。*総利潤*は総収入と総費用の間の差である。この図 4 では総利潤を二ヶ所で示している。つまり、直接には一番下の曲線によってであり、さらに、上にある総収入と総費用の二つの曲線の間の縦の距離によってでもある。生産量が小さな所では、総費用は総収入を上回り、企業は収入と費用を等しくできない。きわめて大きな生産量でも、価格がきわめて低く、逆に費用がきわめて高いので、企業は再び "赤字" になる。最大利潤という最適点はこれら二つの生産量の中間のどこかにある。

　最適生産量は明らかに 6 単位である。この最適生産量は総利潤が最大になる所にある。この最適生産量は総収入と総費用の二つの曲線の縦の差が最大になる所でもある[3]。

　この最適生産量では、総収入曲線の傾きと総費用曲線の傾きはちょうど平行であり、そして総利潤曲線の傾きはゼロである、それゆえ水平である。例えば 4 単位のような、最適生産量よりも小さなどのような生産量でも、総収入曲線と総費用曲線の二つの曲線の間の差は広がっている。それゆえ、これら二つの曲線の間の縦の距離は大きくなっており、企業は生

---

3)　最適価格をこの図 4 に直接示すことができない。しかし、最適量が 6 単位であると知っているので、表 4 を見ることによって、最適価格が 84 ドルであると容易に決定できる。あるいは図 1*b* で、6 単位の数量において需要曲線へと上がることによっても、この最適価格を読み取ることができる。

産量を拡大しようとする。

　最適生産量よりも大きなどのような生産量においても、総収入と総費用の二つの曲線の間の差は狭くなっている。企業は、最適生産量の方に戻ることによって、収入と費用の間の縦の距離を大きくできる。二つの曲線の傾きがちょうど平行である最適点においてのみ、右にも左にも動かないことが有利になる。この最適点は最大利潤という企業の均衡状態である。

　総費用曲線と総収入曲線のそれぞれの傾きは、限界費用[4]と限界収入という私達が近年得

図4　最大総利潤を与える生産量の図による決定

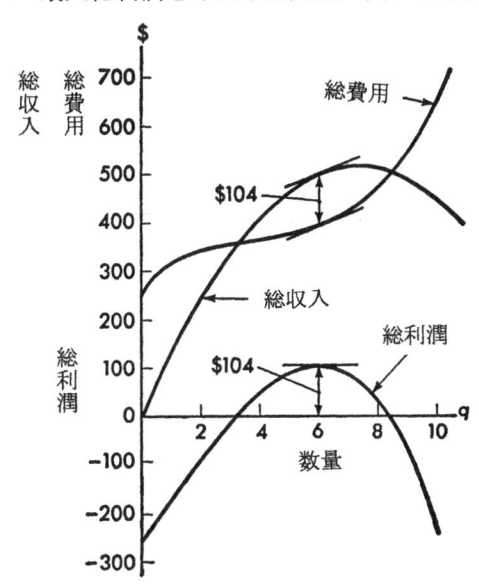

総利潤曲線は総収入曲線と総費用曲線の間の差の大きさを示している。この差が最大であるとき、つまり総費用曲線と総収入曲線の傾きがそれぞれ平行で等しい所で、総利潤は最大になる。

4)　結局、限界費用 MC は、この注に添付している図によって示しているように、総費用が生産量のわ

傾きと限界費用の間の関係

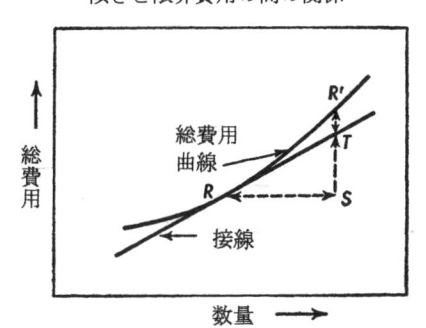

た知識にほかならない。図 5 において、最良の生産量についての同じ決定を、新しい方法で示している。（表 4 のデータからかあるいは図 4 から、費用曲線と収入曲線の傾きの数値を読み取ることによって）それぞれの生産量に対応する MC 曲線と MR 曲線を図 5 で示している。企業の最大利潤の生産量は、MC 曲線が MR 曲線とちょうど交差する 6 単位である。この同じ生産量において、限界利潤曲線 $MP = MR - MC$ は、プラスからマイナスに変化し、横軸と交差する。最良の数量が 6 単位であると知るので、6 単位で需要曲線へと上って行くと、84 ドルの企業の最良の価格(つまり平均収入)を見つけることができる。

図 5　最大利潤の生産量と価格のもう一つ別の図による決定

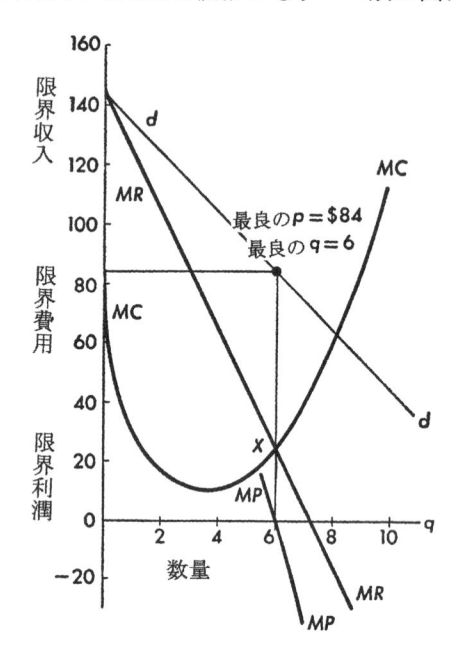

最大利潤の生産量を、限界利潤がゼロである限界収入曲線と限界費用曲線の交点で見つけることができる。この最良の生産量に課す価格を、最良の生産量から需要曲線へと上がることによって見つけることができる。

幾何学によって次の基本公式(fundamental rule)をもう一度導くことができる。つまり、

限界費用 ＝ 限界収入

ずかな増加によって上昇する比率にすぎない。

　限界費用についての少し異なる説明を、この図で示す。R から S までの距離は生産量の追加的 1 単位を示している。S から R' までの距離はこの結果発生する総費用の増加を示しており、この増加は限界費用の最も簡単な第 1 の定義である。限界費用の第 2 の定義を点 R での総費用曲線の傾きによって、あるいは数値では同じであるが、S から T までの距離によって示している。生産量の追加的単位の大きさが小さくなる極限においては、これら二つの定義の間の違い（つまり TR'）はごくわずかになる。

であるとき、利潤が最大になる。

B. 利潤最大化原理の完全競争といくつかの形態の独占的競争への適用

完全競争の下での価格と供給

これまでに述べた利潤最大化原理については理解できないことは何もない。これまでに述べた利潤最大化原理については、常識と初等の算数によって示しているにすぎない。これまで述べた利潤最大化原理を、不完全競争の領域で活動する企業には適用するべきであるけれど、競争的小麦農夫には適用するべきでないとする理由はない。

しかし、完全競争企業のケースにおいては一つの特別な特徴がある。完全競争企業の最適状態でも、もちろん、限界収入は限界費用に等しくなければならない。しかしこれまでに学んだように、純粋競争企業(the pure competitor)は、所与の価格で望むすべての商品を売ることができる。純粋競争あるいは完全競争のこの重要な特徴を繰り返し言っておこう。それぞれの小規模な、競争的売手には、市場価格は与えられている。純粋競争あるいは完全競争のケースにおいては、生産物の最後の追加的1単位を売っても、それまでのいくつかの単位の生産物の価格の低下による損失を差し引く必要はないので、限界収入と価格は同じになる。

それゆえ、ここまでのいくつかの説明を一つにまとめると、市場価格が低下する心配のない完全競争企業は、限界費用が価格を越え始める点まで常に生産しようとする、と言うことができる。つまり、完全競争企業の均衡条件として、次の式を得る。

$$価格 = 限界費用$$

今、完全競争企業が、異なる価格において、どれだけ供給しようとするかを示すことができる。もし以前の費用のデータをそのまま使うならば、図6からこの完全競争企業の価格に対応させた供給曲線を読み取ることができる。例えば、もし価格が 100 ドルであるならば、この完全競争企業は 10 単位でなく 9 単位生産することが利益になる。このことは、図6での 100 ドルの水平の価格線が 9 単位で階段の形の限界費用線と交差するからである。あるいは、戻って、表2の欄(6)の費用のデータを参照するならば、この完全競争企業には 10 番目の単位は 103 ドルの追加的費用がかかるが、100 ドルの追加的収入しかもたらさないので、この完全競争企業は、10 番目の単位の一つ前までの、すべての追加的単位を生産することによって最大の利益を得るのが、私達には分かる。

この完全競争企業の例は、1 単位の内の一部分を生産しそして売ることができないと仮定している。なぜこの 1 単位の内の一部分を除外するのか。もちろん、1 人の農夫は、1 個の卵の 3 分の 1 を売ることができないからである、しかし確かに貨車 1 台の卵の 3 分の 1 を売ることができる。たとえそれぞれ 1 個の卵が計測の単位数を示しているとしても、この農夫は、3 時間ごとに 1 個の率で卵を売ることができる、このことは 1 時間当たりでは 3 分の

1個の卵になる。図6の滑らかな曲線は、私達の単位を無数の小さなものに分割できるときの限界費用を示している。でこぼこの階段の形の限界費用線よりもこの滑らかな限界費用曲線によって、完全競争企業は異なる価格へもっと正確に数量的に対応できる。

例えば、この完全競争企業が売ることができる市場価格が1単位100ドルであるとき、生産量はAと印をつけた点に、つまり約9.4単位に拡大する。この数量においてのみ限界費用は価格に等しい。価格が100ドルであるとき、9.4単位の数量においてのみこの完全競争企業の利潤は最大である。

価格が80ドルに低下するとき、この完全競争企業は点Bで示している単位数、つまり約8.9単位のみを供給しようとする。このことは小さな丸印の付いた限界費用曲線がこの生産量で80ドルの価格線と交差するからである。

価格がわずか70ドルであると仮定しよう。この完全競争企業はどれだけ供給しようとするか。70ドルの価格線は小さな丸印の付いた MC 曲線と2度交差しているのを見つける。つまり、1度目は生産量が約8.4単位においてでありそして2度目は約0.2単位においてである。私達の公式、価格 $=MC$ はあいまいになっている。私達の公式は多くの答を与える。どれが正しい答なのか。

図6　完全競争企業は、限界費用曲線を利用して、異なる価格に対応して供給を決定する。

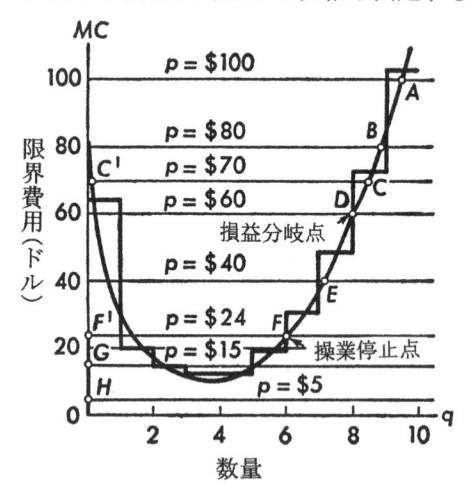

太い"階段"の形の線は、生産量の単位を細かく分割できないときの限界費用を示している。太い曲線は生産量の単位を無数に分割できるときの限界費用を示している。もし上のそれぞれの水平線によって示すような市場価格が与えられるならば、企業は限界費用曲線が上昇している部分とこの市場価格の水平線の交点まで生産しようとする。例えば40ドルの価格では、企業は約7.1単位生産しようとする。24ドル以下のどのような価格でも、企業は可変費用さえ取り戻すことができずに終わるよりもむしろ、操業を停止し、何も生産しないことを選ぼうとする。

ただ一つの最終テストだけがある。私達は、総利潤を計算し、総利潤がどちらの生産量で大きいかを確かめなければならない。この答は全く明らかである。大きい方の生産量が正しい答である。それは次の理由による。もしこの完全競争企業がただ約1単位だけを生産するならば、自社の収入は70ドル×1であり、表2で費用＝320ドルであり、それゆえこの企業の利潤は、約−250ドルである。しかし、もしこの企業が約8単位生産するならば、利潤は約(70ドル×8)−480ドル、つまり約80ドルである。それゆえ、最良の生産量はCにおいてであり、C'においてではない。

　価格＝MCの私達の公式が、再び私達を落胆させそして私達が利潤を再計算する必要がないように、この公式を改善することは難しくない。価格あるいは限界収入が限界費用に等しいとき、私達は利潤が変化しなくなっているとだけ確信できる。しかし利潤が"利潤の山の頂"で一定になっているのか、それとも"谷の底"で一定になっているのかを、私達の公式は知らせていない。それゆえ、$MR = MC$の条件に、*限界費用が限界収入よりももっと急速に上昇していなければならない*という条件を、加えなければならない。Cではこの条件は満たされていた。C'では反対の条件が成立した。簡単な計算をすると、この事実はC'が最良の場所でなく最悪の場所になっていることを明らかにする。この点C'では利潤が最小であるので、このC'の右かあるいは左のどちらかに動くことが、利潤を増やすのである。

費用逓減と完全競争の崩壊

　今後、完全競争の下での私達の公式は次の形にならなければならない。

価格 ＝ 限界費用、そして限界費用は上昇していなければならない

別の言い方をすれば、完全競争企業の供給曲線は（図6の）U字型限界費用曲線の上昇している部分のみから成っていると言うことができる。なぜなら、もし限界費用が低下しているなら、完全競争企業は、生産量を拡大すると、限界費用のそれぞれの新たな階段で、同じ一定の追加的収入を得るけれども、追加的費用がさらに低下するので、生産量を一層拡大する十分な理由があるからである。

　私達の完全競争の下での公式の第2の部分は、単なる理論の精緻化ではない。限界費用が上昇していなければならないというこの第2の部分がなければ、どのようにして、またなぜ競争がうまく機能しなくなるかを私達に示す。ある特定の産業の技術はしばしばますます複雑になり、このため、効率的生産は巨大な規模においてのみ実現可能になっている。この規模に到達するまで、平均費用と限界費用は低下する傾向がある。それゆえ、競争企業は自社の生産量を拡大する傾向がある。すべての競争企業が大きく損失を出す激烈な競争あるいは破滅的競争の期間がその後発生するかもしれない。最終的に、最大の資力を持っているかあるいは最初に事業に着手して利益を得た数社の企業は、他の企業を市場から追い出し、市場をもはや完全競争の状態のままにせず、独占的競争の状態にする。

　費用以外の他の事実も関係しているけれども、この独占的競争の状態への移行は自動車

産業で起こった。100 社余りあったアメリカの自動車製造企業の内、かなり大きな 6 社のみが存続している。さらにこれら 6 社の内、ジェネラル・モータース、クライスラー(Chrysler)、そしてフォードの "ビッグスリー" は際立って大きいのである。同じことは今後 2、30 年間において "小型飛行機" 産業において起こりそうである。だが、小麦産業においては、それぞれの小麦農家の耕作が小麦の市場価格に影響を与えるほど十分に大きな規模になるよりもずっと前に、これらの小麦農家の限界費用は上がり始めるので、自動車産業と同じことは小麦産業においては起こらない。もし 100 万エーカーの農場が最も効率的規模になる技術が発見されるならば、農業は現在のような完全競争であることを終えるであろう。

損失の最小化といつ操業を停止するかの決定

仮定した完全競争企業の供給曲線に戻ろう。もし価格が 60 ドルに下落するならば、この企業は 8 単位生産しようとし、ちょうど損益ともになしになる。(この損益なしの状態は経営者の賃金、投資した資本の正常収益(normal return)を生産費用に含めている。)

もし価格が最低平均費用の水準である 60 ドルより下に下落するならば、どうなのか。景気がきわめて悪く市場価格が 40 ドルにすぎないと仮定してみよう。もしこの完全競争企業が、$P = MC$ である点 E によって示されるような、約 7.1 単位を生産するならば、この企業の総収入は約 280 ドル(40 ドル×7)であり、他方総費用は約 431 ドルになる(表 2 を見よ)。この企業、は約 140 ドルから 150 ドルの損失を出して生産することになり、赤字になる。限界費用と価格についての私達の公式は、完全競争企業を破産に導くように思われる。

本当に、私達の公式は破産に導くのか。もしこの企業が損失を出して操業するのではなく、完全に操業を停止する(shut down)ことを選択するならば、この企業の収入はゼロであり、この企業の固定費用はそれでも 256 ドルである。明かに、この企業は操業を停止したとき、この企業の損失は、256 ドルであり、この企業が 7.1 単位生産しているときよりもはるかに大きな金額である。言い換えれば、この企業は、このように生産することによって損失は最小になるので、利潤が負であるときにさえ、限界費用を限界収入に等しくさせることは最適である。完全に合理的経営者は、固定費用をどのようなことがあっても負担しなければならないのを知っており、それゆえ、"どのような決定においても、この固定費用を除いて計算し" なければならないのを知っているので、操業をなお行うべきかどうかを決定するときに、この固定費用を完全に無視しようとする。合理的経営者には、可変費用を上回る総収入を受け取る限り、つまり、生産量の増加に伴い増加する経常可変費用(out-of-pocket-costs)を上回るいくらかの売上金額を得る限り、操業をなお続ける方が良い。

もし価格が 24 ドルにさえ低下し続けるならば、何が起こるのか。この価格で、もしこの企業が 6 単位を生産するならば、総収入は 144 ドルであり、可変費用も 144 ドルである。この企業は、生産を行っても完全に操業を停止しても、どちらのケースでも、固定費用の 256 ドルの損失を出すので、これら二つのケースの間でちょうど無差別である。

例えば 15 ドルのような 24 ドルより低いどのような価格においても、この企業は可変費

用さえ取り戻せない。それゆえ、明かに、この企業は操業を停止することを選択しようとする。限界費用と価格についての私達の公式はもはや適用できないのである [5]。

　厳密に固定されているどのような費用も、もし必要であるならば、過去の出来事として扱うべきであると言うことによって、簡単に片づけることができる。「過去の出来事を悔やんでもしかたがない。」最良の状況を作り出すためには、企業は、限界費用を価格に等しくすることによって、損失を最小にしなければならない（このとき限界費用は固定費用によって影響を受けない）[6]。何も受け取らずに固定費用を支払わなければならないよりも、固定費用の支払義務(fixed cost commitments)に当てることができる可変費用を上回るいくらかの金額を稼ぐ方が良いのである。

　これまでの分析は短期に関係する。長期においては、固定費用の支払義務は最終的になくなる。固定費用の支払契約の期間が終わる。建物は使い古される、このため建物を建て替えるべきかどうか、あるいは、固定費用の支払契約を更新するべきかどうかの決定の問題が生ずる。この問題を決定するときには、いかなる費用も（まだ）固定されていない。それゆえ、長期においては、企業は損失を出して生産する必要はない。企業は限界費用が価格に等しい生産量をやはり生産しようとする。さらに、いくつかの企業は、価格が平均費用にちょうど等しくなるまで、産業に参入しようとするかあるいは産業から退出しようとする。

　それゆえ、"自由参入(free entry)"が行われるときには、完全競争企業についての私達の長期均衡条件(long-run equilibrium condition)を次のように書くことができる。

$$価格 \ = \ 限界費用 \ = \ 平均費用 \ [7]$$

企業と産業

　私達は、一つの競争企業の短期の供給への対応を知ったので、どのようにして一つの産業

---

5)　この公式は、5単位生産することが4単位あるいは6単位生産するよりも良いと私達に知らせている。しかしこれらのすべての生産量は何も生産しないよりも悪い。

6)　表2の欄(4)において、9番目の単位と10番目の単位の両方について、同じ固定費用の数値を総費用の中に含めている。それゆえ、この固定費用をすべての限界費用の計算のさいに除いている。なぜなのか。

7)　$P = MC = AC$であるこの点は、U字型平均費用曲線(the U-shaped average cost curve)の底にあるだろう。このことについて次の二つの異なる理由を挙げることができる。第1に、たとえ典型的な企業が最小平均費用よりも高いどの平均費用で生産していても、（自由参入の下では）ある他の企業が、参入し、現行価格で製品を売ることによって利潤を得ることができるからである。第2の理由はもっと技術的である。限界費用が平均費用より低い限り、新たな1単位の生産は平均費用を引き下げるに違いない。同様に、限界費用曲線が平均費用曲線の上にある所では、平均費用曲線は上を向いているに違いないと示すことができる。それゆえ、限界費用曲線と平均費用曲線の交点では、平均費用は最低の数値で動かないに違いないからである。

　　読者はこの最小のAC（平均費用）点に最適の意味を与えないように注意しなければならない。競争企業は自由参入によって意思に反してこの最小のAC点に追いやられるのである。

の総供給曲線を描くかを正確に示すことができる。図 7 は一つの典型的な小さな企業の図を一つの産業全体の図と一緒に並べて示している。産業の横軸の数量の目盛と、企業の横軸の数量の目盛の大きな違いに注目しよう。産業の均衡点の近くでの、小さな縦の線分を千倍に拡大したものを示しているとして、企業の図を考えることができる。企業の需要曲線は産業の需要曲線 DD を大きく横に伸ばしているので、企業の需要曲線は完全に水平に、つまり dd のように見える。

図7 産業の供給曲線を得るためには、
多数の競争企業の供給曲線を加える

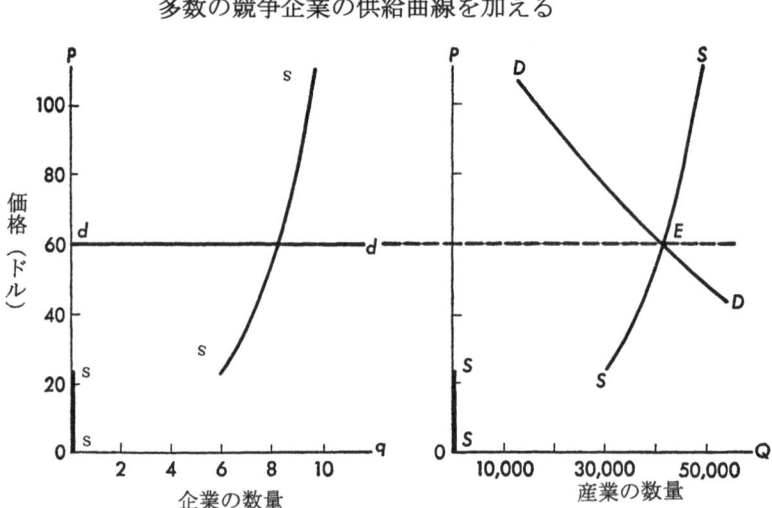

　個別企業の供給曲線 ss は、企業が操業する価格の領域と企業が操業を停止する価格の領域の二つの部分から構成されている。5,000 のすべての個別企業が同じであると仮定すると、個別企業の供給曲線を横に 5,000 回加えると、産業の供給曲線 SS を得る。一つの個別企業の生産物が価格にほとんど影響を及ぼさないので、個別企業の需要曲線は dd であり、水平な直線である。幾何学的には、dd は、点 E の近くでの DD のきわめて短い線分と同じであり、この DD の短い線分を個別企業の図の目盛の大きさに合わせて拡大したものである。

　しかし、企業の供給曲線は、水平でなく、図7に示しているような曲線である。さらに産業の供給曲線は、すべての企業がそれぞれの価格で生産しようとする量の*合計*に他ならない。もしすべての企業が正確に同じであり、またもしここでの産業に 5,000 の企業が存在するならば、この産業の供給曲線 SS はそれぞれの企業の供給曲線 ss を 5,000 倍に拡大したものになる [8]。もし産業の供給曲線の横軸の目盛が企業の供給曲線の横軸の目盛と大きく異な

---

8)　たとえそれぞれの企業が必ずしもすべて同じでなく、また同じ郡の二つの農場でさえ決して同じでないとしても、産業の供給曲線はすべての個別企業の供給への行動をやはり（横に）加えて得たものである。

らなければ、産業の供給曲線 *SS* は、企業の供給曲線よりも途方もなく水平に見えるであろう。

　以上のことは競争企業の短期の供給状況についての話のすべてである。産業の長期供給曲線は、次の三つの理由のために、産業の短期供給曲線 *SS* よりも一層水平になる傾向がある。つまり、(1)（短期においてのみ固定である費用を含めた）1 単位当たり総費用(full unit cost)以下の価格では、供給量はきわめて急速に減少する。なぜなら、結局、もし企業は損失を出しての生産を止めることができるならば、いつまでも損失を出して生産し続けようとしないからでる。さらに長期においては、企業は、自社の投資を続けること、また、固定費用の支払義務を更新することを、簡単に拒否できるからである。(2)もし高い価格が長い期間にわたりいつまでも維持されるならば、新たな企業がこの産業に参入しようとする。それゆえ、産業の長期供給曲線はそれぞれの企業の供給曲線の 5,000 倍だけであるよりも、10,000 倍あるいは 50,000 倍大きくなるかもしれないからである。(3)それぞれの企業は同じ古い工場と設備をいつまでも使い続ける必要がないので、それぞれの企業の供給曲線と限界費用曲線は長期においては一層水平になるからである。それぞれの企業には、一層少ない*追加的*費用にもかかわらず、一層大きな生産量を生産できる新たな建物と機械を増やす時間がある。

　これらすべての理由のために、産業の長期供給曲線は、産業の短期供給曲線 *SS* が均衡点を中心点にして時計回りで回転し、一層水平になった後の産業の短期供給曲線にどちらかと言えば似ている[9]。学生は、このような産業の長期供給曲線を描き入れ、この曲線に *S'S'* と記号を付けるべきである。

　過去のそれぞれの戦時期の農業の歴史は、供給が短期よりも長期において一層弾力的であることを実例で示している。食料品の価格が大きく上昇するとき、生産量は最初あまり価格に反応しない。しかし何年間かの好景気は最終的に生産量を大きく増加させる。好況が過ぎた後、下方への農業生産量の再調整が行われる前に、何年間もの苦痛を伴う農産物の低価格が必要なようである。

独占的競争の下での価格と費用

　純粋競争の現実の重要さは、今後この純粋競争をさらに議論しなければならないほど、必ずしも大きくはない。純粋競争は、企業が自社の需要曲線を知っている異例でまたまれなケースになっている。競争企業は、価格、需要および収入について知るためには、知りたいすべてのことが掲載されている新聞での商品取引所の相場欄を、見さえすればよい。

　本章の最初で詳しく説明した費用と収入についてのいくつかの概念を、不完全競争の状態にも適用できるが、その適用はかなり難しい。通常の小企業あるいは大企業にとって、利

---

9)　需要と供給についての第 19 章への付録において、ケース 1、ケース 2 およびケース 3 は、産業の供給曲線の平坦さの違いを、実例を挙げて示した。

潤を最大にする最良の価格を見つけるために、自社の生産物への需要量を推定する作業は、あまり簡単ではない。鉄道会社は、20 パーセントの料金の引下げが乗客をもっと増やせるかどうかを、せいぜい推測できるにすぎない。ラジオ製造企業には、自社の多くの製品について、需要の弾力性を正確に測定できる方法がない。

　現実には、私達は、現代の営利企業が（巨大企業でさえも）自社の限界収入と限界費用を計算できないことを、知らなければならない。現代の営利企業は最適価格と最適生産量をうまく正確に決定できない。それでも、これらの企業は、毎日の業務をどうにか行わなければならない。これらの企業は価格を自社の製品に設定しなければならない。

　1 単位当たり費用つまり平均費用を考慮に入れることは、このような価格設定の難しさと関係している。競争的産業においては、1 単位当たり費用つまり平均費用という概念はあまり役にたたない。競争的産業での企業の供給は（平均費用でなく）*追加的*費用、つまり最後の数単位の費用、つまり限界費用によってのみ決定される [10]。競争的産業以外で競争を行っている企業は、価格を平均費用の近くに設定して、*産業に参入するかあるいは産業から退出*する。しかし、競争企業は平均費用に関心を持ついかなる動機もない。実際に、需要と供給についての第 19 章で見たように、競争企業の費用の競争価格への唯一の影響は、費用の供給への影響を通してであり、間接的であるにすぎない競争市場では、競売人も株式相場表示機も、最近の重要な出来事を考慮にいれずに、価格をただ表示しているにすぎない。

　あなたは、価格を自社で自由に決定できる多くの生産物を生産している独占的競争の企業の社長の地位に、就いているとみなしなさい。あなたは会社の前年の売上高を知っている、しかしたとえあなたは価格を変えないままにしておいても、あなたの会社の次期の売上高をただおおまかに推測できるにすぎない。あなたは、自社の生産物の需要量も需要の弾力性も知らないので、限界収入を計算できないであろう。あなたはどうするつもりか。

　たぶん、あなたは会計担当者と営業部長を呼びつけるであろう。あなたは、「やあ君達、もし私達の会社が頑張り続けそして市場占有率を維持しようとするならば、私達の会社の生産量はほぼいくらになるであろうか」と言うであろう。これらの担当者が答えることができるためには、営業部は景気の予想水準、消費者のニーズ、等々を予測しなければならない。

　これらの営業部の担当者が自社の生産量を推計した後、あなたはコスト計算の専門家に、問題になっている生産物の推定生産量を生産するための 1 単位当たり費用を、見つけるように多分求めるであろう。1 単位当たり費用の計算数値を得るためには、次のような多くの厄介な問題が発生する。例えば、管理と設備の間接費用を異なる生産物の間にどのように割り当てるべきか。あるいは、もし一つの所与の生産工程が肉と皮のような結合生産物(joint

---

10)　もちろん、競争企業は、操業を停止するべきか、それとも停止すべきでないかを決定するさいに自社の総収入と総可変費用を計算しなければならない。しかし競争企業はこれらの総収入と総可変費用を 1 単位当たりの平均値で示す必要はない。同様に、競争企業は、一つの産業から永久に撤退するべきかどうか、あるいは新たな分野に参入するべきかどうかを決定するさいに、自社の*総利潤*が正になりそうであるかそれとも負になりそうであるかを慎重に検討しなければならない。

products)を同時に生産しているならば、費用をこれら二つの結合生産物の間にどのように割り当てるべきか。あるいはもし一つの建物が長年の間使用できるならば、問題になっている製品の現在の生産に対してどれだけの建物の費用を割り当てるべきか。

　厄介な問題であっても厄介な問題でなくても、1単位当たり費用について、かなりの程度の答を提出することは、会計担当者の職務である。経営者は、1単位当たり費用の数値を上回る利幅であるマークアップ(markup)をどれだけ付けて価格を設定するべきかを、今決定しなければならない。この企業は、消費者の反応と数社の競争相手の価格戦略を考慮して、5パーセントか、あるいは10パーセントか、あるいは30パーセントのマークアップを多分決定するかもしれない。

　価格競争が特に激しい不況期においては、経営者は、生産量が低い水準であろうとなかろうと固定費が必要なことを知っているので、価格を生産物1単位当たり総費用である"フルコスト(full cost)"よりも低くにさえ設定するかもしれない。しかし、もし企業が問題になっている品目の商品を、今そして将来においても、他の扱い商品の販売のために注意を引きつける"客寄せ商品"(loss leader)として利用するのでなければ、あるいはもし企業が、競争相手を破産させそして市場から完全に退出させるために、一時的な損失を受け入れようとするのでなければ、経営者は価格を生産物1単位当たりの*可変費用*(unit *variable* cost)以下に決して設定しないであろう。

　企業の価格設定の現実の方法についての多くの研究者は、企業が"総費用支出(full cost outlays)"を取り戻すだけでなく、投資により収益も得ることを期待できる"費用+マークアップ"の原則(cost and markup basis)に基づき、価格を設定するという上で述べた慣行にしばしば従っていることを、調査により明らかにしている。それゆえ、この費用+マークアップ理論は、現実に即している、しかしあまり情報を与えない。この理論は、じれったいことに、なぜ平均マークアップが一つの産業で40パーセントであるのに、もう一つ別の産業では5パーセントであるのかを、あるいは、なぜ自動車産業の一つの大企業が投下資本の帳簿価額(the book value)の30パーセントの利益を稼ぐことができるのに、ほとんど同じ規模のもう一つの企業が投下資本の帳簿価額の約0.5パーセントの利益しか稼いでいないのかを、私達に説明できるまでには至っていない。

　この費用＋マークアップの理論についての満足のいかない状況に対して、多くの重要な産業の現在の状態の特徴となっているいくつかの異なる競争と独占の形態について、明確に述べてみること以外に、できることは何もないように思われる。独占と競争が混じり合っている次の四つの重要な形態を、本章の残りの数頁で論じる。

価格についてのいくつかの産業形態別の実例

　1.　*慢性的に企業の数が過剰な低迷産業* 　多くの産業は企業の数が過度に多いことが特徴となっている。大部分のこれらの企業は、小規模事業を営み、自分達の資金がなくなるまで産業に留まるにすぎない。食料品店、居酒屋、レストラン、ナイトクラブおよびガソリン

スタンドは、小売業の内の典型的な例である。まさしくほとんど同じことは、繊維産業、婦人服業、およびほんのわずかな創業資金(initial capital)だけを必要とする多くのその他の産業についても当てはまる。

　利潤を得ることができないこのような会社は、なぜこのような産業から退出しないのか。この答は、これらの会社は退出しているのである。しかしこれらの会社が退出するのと同じ速さで、新たな多数の会社がこのような産業に参入し、このため会社の総数は同じままであるかあるいは増加さえしている。

　たいていの既存の企業が損失を出しているにもかかわらず、なぜ新たな企業がこのような産業に参入するのか。明かに、一部は実情を知らないからであり、一部は「成功するのではないかという希望が永遠に湧き出る」からである。生涯をかけての2、3千ドルの貯蓄を小さな小売食料品店に投資しようとする老夫婦は、*自分達の新たに始める事業(venture)*が他の者とは異なっているので、自分達の事業が成功するであろう（いずれにしても、小売食料品店の商売では誰も飢え死にすることはない）、と信じて投資する。しかし悲しいことに、この老夫婦は、商業について特別の才能がなく、また効率的経営のために必要な最小限の資金よりも少ない資金しかないので、自分達の創業資金がなくなるまで商売を続けるにすぎない。

　あるいは婦人服業においては、労働者はしばしば自営の会社の経営者になるためにお金を貯めようとする。労働者は、大部分の会社が費用を取り戻していないことを知っている、だが特別の"斬新なスタイル"が大当たりし、多額の利潤を得ている2、3の幸運な企業についても聞いている。新規の参入者は、成功への確率がきわめて厳しいけれども、成功に賭けようとする。

　これらの慢性的に企業の数が過剰な低迷産業(chronically overcrowded sick industries)は、（農業、あるいは"未漂白の綿製品"のケースにおいてたまたま完全競争であるけれども）経済学者が"完全競争"と呼ぶものでは必ずしもない。このような低迷産業においてあまりにも多くの企業が存在することは、実際資源の無駄使いと損失に結びついているので、まずいことである。しかし、少なくとも農業のようなケースの競争的産業では、消費者は、製品が比較的低い価格であることによって、生産者が失っているものを一部獲得している。

　不幸にも、慢性的に企業の数が過剰な大部分の低迷産業では、市場での競争は全く不完全である。小さな会社は、非効率な生産者であるので、必ずしも低い価格で販売していない。これらの小さな会社は、価格による競争を行わないで、かなり高い価格を消費者に課し、業界で売上高をただ分け合っている傾向がある。この形態の独占的競争の下で実現される経済状況は、完全独占の下での経済状況よりも悪いかもしれない。つまり、価格が高すぎるだけでなく、それぞれの企業は、使用することが少ない設備と労働力をあまりにも多く保有するので、価値ある資源が浪費されている。この状況は次の三重の意味で悪い。つまり、生産者が損失を出しており、資源が無駄に使われており、消費者に課す価格が高すぎるのである。

　復員兵援護法の下での退役軍人への寛大な資金供与の条項が、小規模経営者によるすで

に低迷した業務あるいは産業への賢明でない投資の問題を、深刻化させるかもしれないことを私達は心配しなければならない。このような小規模企業を支持できると言える唯一のことは、これらの企業が仕事を作り出すことである。しかしこれらの企業が作り出す仕事は、有益さに関する限り大部分思い違いであり、単に穴を掘りその後その穴を再び埋めるだけを目的としている公共事業プロジェクトと同様に、非難されてもしかたがなく、また不必要な種類のむだな仕事になっている。

2. 同一の生産物を生産する2、3の売り手のケース ほとんど同じ生産物を生産するただ2、3の売り手、つまりほんの少数の売り手のみが存在する産業は、もう一方の極端なケースである。このようなケースにおいては、それぞれの企業は総販売額の内の一層大きなシェアーを獲得できると期待して、他の企業よりもほんの少しだけ安く売ろうとする。

例えば、このケースは19世紀の鉄道の運賃の値下げ競争を説明している。シカゴからニューヨークに商品を送っている顧客は、ほんの2、3セント安い料金を提示する鉄道輸送会社の路線を常に選ぼうとした。それゆえ、当時、3あるいは4社のそれぞれの鉄道貨物会社は、最終的に破滅的に低い水準の料金に到達するまで、料金をときどき引き下げた。同時に、荷主が代わりとなる他の鉄道会社の路線を見つけることができなかった近距離の輸送貨物については、鉄道会社は（例えば例外的形態あるいは差別的形態の料金を設定することによって）料金をよく引き上げた。鉄道料金と鉄道会社の収入を規制することによって、このような不安定な料金の状態を避けるために、州際通商委員会は1887年に設立された。

大きな間接費用と同一の生産物によって特徴づけられる産業においては、実際政府の規制がなければ、破滅的となる競争の状況が通常発生する。「私達はすべて同じ産業に一緒にいる」の業界のテーマソングで始まる業界の正式の会議あるいは非公式の会議が、よく開催される。会議参加の企業は次の教訓を得ている。それぞれの企業が価格を引き下げている間、その他の企業は傍観しようとしない。むしろ、その他の企業も価格を引き下げようとする、この結果、最終的にすべての企業の業績が一層悪くなる。

このため、暗黙にあるいはあからさまに、それぞれの企業は、すべての企業の総利潤を最大にする価格を取り決めようとする。産業団体は、シャーマン反トラスト法を執行する司法省の法律専門家に注意しながら、密かに価格を引き下げる協定破りの産業内のどの企業にも、制裁を課すかもしれない。ときどき、新たな状況あるいはいくつかの企業が産業の*現状*をひっくり返すとき、（すべての企業が再び教訓を得て、その後産業の規律が回復するまで続く）新たな熾烈な値引き競争が発生するかもしれない。

この第2の産業の形態について述べるのを終えるに当たり、私達は、企業が過去の投資への正当な収益を得ようとすることが、消費者の厚生と相容れないかもしれないことに注意しなければならない。あまりにも過大な生産設備が過去にこの産業で建設されたかもしれない。しかし、一つの産業に過剰な設備があるので、この産業が高い価格と少ない生産量を続けることは、消費者の厚生の観点から適切でない。経営者が破滅的で、激烈で、そして破壊的であるとみなす競争は、実際過剰な生産設備を稼働させるか、あるいはこの過剰な生産

設備を保有し続けるのを思いとどまらせるただ一つの方法であるかもしれない。（少数の企業が、過剰な設備を建設する誤りを犯したとしても、社会は、これらの設備を最も有益に使わない一層の誤りを、犯すべきでない。）損失あるいは正常以下の利潤は、自由企業に過剰設備を建設させない方法である。

　鉄鋼業あるいはその他のいくつかの金属産業は、この形態の不完全競争の例である。これらの産業の経営者は、戦争の間に建設した生産設備の能力の増加が、戦後期の数年間、"秩序ある"価格構造(orderly price structure)を維持するのを難しくするかもしれない、と当然大いに恐れている。

　3.　*絶えざる研究と広告によって維持される独占*　さらにもう一つのよく知られている産業の形態は、一つの企業が、技術の良さ、特許、商標および宣伝によって、価格に対しかなりの支配力を持っている形態である。この企業の独占利潤は一層の研究と広告に再投資されるので、この企業は常に競争相手に遅れないでいるかあるいは競争相手の前を行くことができるのである。ジェネラル・モータース、デュポンおよびジェネラル・エレクトリックは、多分このような代表的会社である。このような企業は、価格設定をするさいに、計算した 1 単位当たり費用を上回る"適正な"マークアップを導入している。この形態の企業は、長期の観点から、新たな大量消費市場を開拓しようとしており、めさきにおいて"状況が許す最高の価格"を課そうとはしない。さらに、このような企業は、新たなライバルを恐れたり、また良くない評判が発生するのを恐れており、価格を設定するさいに、しばしば"欲深く"ならないようにしている。

　研究と広告は費用がかかるが、その成果が蓄積されていくので、成功は成功を生み出すことになり、利潤も一層多くの利潤を生み出すことになる。それゆえ、小企業はこのような独占企業と、現実にはいつもうまく競争できるとは限らない。独占企業への批判者達は、上述の一部の独占企業の効率の良さと発展を認めるけれども、他方で次のように主張し続ける。つまり、もし効率の良さによる大部分の恩恵が消費者に渡されるならば、あるいはその恩恵が単に利潤を目指すためにではなく、技術の改善を目指す研究のためにも再投資されるならば、もしラジオの"メロドラマ"とかコマーシャルソングへの広告費がもっとわずかしか支出されないならば、さらにもし一層の研究費が特許を取得できる機械よりも基礎科学に支出されるならば、社会はもっと良くなるであろう。明かにこのような主張は、それぞれのアメリカ国民が自分達自身で最終的判断を下さなければならない議論の的になっているテーマである。

　4.　*公的に規制されている独占企業*　最後のケースとして、州が認可を与えまた政府の規制の下にある"完全"独占企業(a perfect monopoly)を考えてみよう。このような独占企業である公益事業会社には、ガス会社および電力会社、電話およびその他通信事業、鉄道およびその他公共交通機関、等がある。地域内に二つの電話線網があることは、明らかに非経済的であるので、独占的営業権(an exclusive franchise)がただ一つの会社に与えられている。（同じことがなぜ牛乳配達には当てはまらないのか。）

州は、公益事業会社に完全独占を認めているが、最高料金(maximum rates)を設定することによって、消費者を保護するために介入している。通常この介入は、それぞれの種類のサービスに課す最高価格(the maximum prices)を定める公益事業規制委員会(public regulating commissions)によって行われている。

　公益事業規制委員会は、最高価格を設定するとき、通例、公益事業会社が公正な資本収益率を実現できるとする価格を長い間選んできた。公益事業規制委員会は、5、6あるいは7パーセントのような率が、公正な収益率を示すものであるとしてしばしば選んできた。

　"公正な収益率"を定めるにおいて、公益事業会社の*資本価値を計測する方法*(the *capital value* base)を決定する問題は、きわめて複雑である。公正な資本価値(fair capital value)について次の三つの計測方法がいろいろの機会に提案されてきた。つまり、(1)*取得原価*(*original cost*)（引く減価償却費）、つまり過去のすべての慎重な判断による投資の合計金額、(2) *現在の再取得原価*(*current reproduction cost*)（引く減価償却費）、つまり 会社の設備を、年数と保全状態を考慮して、現在の価格で再取得する費用、そして(3)公益事業会社の有価証券あるいは資産の*資本化市場価値*(*capitalized market value*)である。

　これらの方法の内、第 3 番目の方法は一般に意味がないとみなされている。利子と資本（第 3 章）およびのれん（第 6 章）についての以前の議論において示したように、所得を稼ぐどのような資産の市場価値も、この資産の 1 年の収益を利子率で割り引いて資本化することによって得ることができる。公益事業規制当局にとって、資本額を計測する基準として資本化市場価値を使うことは、収益が高くても低くても、*どのような水準の収益も公正である*とみなすことと同じである。ひとたび資本化するやいなや、はなはだしく高い収益であってもただ適度な利子収益(moderate interest return)にすぎないとみなすことになる。同じことははなはだしく低い収益についても当てはまる。資本化市場価値よる方法は、当局が答えなければならない問題に答えないままにしている。

　それゆえ、アメリカの公益事業規制委員会は*取得原価*と*再取得原価*の間で判断がぐらついている。一般物価水準が変化しない限り、これらの二つの方法はあまり異ならない。しかし、何十年もの期間にわたり、物価が大きく上昇するとき、再取得原価は取得原価よりも高い収入と高い料金になるであろう。物価が低下している期間においては、逆の違いが観察される。取得原価の使用は、公益事業会社の有価証券への非投機的投資家に、低い収入に耐える寛大さを強く必要とさせるであろう。しかし再取得原価は公共料金を大きく変動させ、また過去の費用の現在の料金への影響を小さくするであろう [11]。

---

11)　　"厚生経済学"の上級の議論の観点からは、これらの取得原価と再取得原価の二つの方法の内のどちらも理想的でない。厚生経済学の経済学者は、公益事業のサービスについて追加的費用つまり限界費用を上回らない価格設定を意味する完全主義者の方式(a perfectionist formula)を提唱している。しかし、この方式は、実際、ほとんどの経済学者が支持していない急進的学説である。もし需要が供給能力と比較して大きいならば、この方式は公益事業会社の所有者に過大な収益をもたらすであろう。しかし、この方式は公益事業会社への最初の投資家に十分な収益をもたらさないことの方がありえる。

完全競争の下での産業と企業による供給のケースに加えて、四つの異なる形態の不完全競争の産業と企業の価格設定の形態をここでは述べてきた。もし頁がもう少し多くあるならば、他のくつかの形態も同様に有益に論じることができたであろう。

要約

A.　企業の利潤最大化

　1.　本章では私達は、一つの企業が、最大利潤を生み出す価格をうまく見つけるためには、自社の収入と費用の推定値をどのように使わなければならないかを知った。一つの企業は、最大利潤を得る最適状態を、限界費用が限界収入よりももっと急速に増加しなければならない、さらに総収入が少なくとも総可変費用を上回らなければならないという状況の下で、限界費用と限界収入が等しくなければならないという条件によって知ることができる。

　2.　この分析を、いくらかの独占力を持つ企業だけでなく完全競争企業にも適用した。競争企業の供給曲線を、この企業の限界費用曲線から導き出した。そしてすべての企業の供給曲線を加え合わせて、競争的産業の供給曲線を得た。

B.　完全競争と独占的競争の形態

　3.　大部分の企業は完全競争企業でないと分かった。完全競争企業以外の大部分の企業にには、価格は所与でないので、これらの大部分の企業にとっての問題は供給曲線に沿って対応する問題でない。むしろ、これらの大部分の企業は最良の価格を設定しなければならない。典型的な企業は、自社の生産物の需用の弾力性についてあいまいにしか知らないので、限界収入と限界費用をうまく計算できない。むしろ、典型的な企業は、1単位当たり費用、つまり平均費用をある程度まで計算し、計算値にいくらかのマークアップ率(percentage markup)を上乗せした後、価格を設定することでしばしば満足している。産業の特徴となる競争の形態と消費者の需要の状態ならびに全体的な景気の状況は、マークアップが大きいかあるいは小さいか、あるいは負にさえなりそうであるかを決定するであろう。それゆえ、間接的意

　　それゆえ、州は、投資家への公正な収益(justice)を、生産量あるいは価格が望ましい水準になるように介入を行うことによって保証できない場合には、もし望むならば、補助金によって保証できるけれども、補助金によって保証することは現在の価格設定の議論から離れることになる。
　　TVA とボンネビルダムのような連邦政府による巨大電力プロジェクトは、一つの観点から見ると、このような完全主義者の価格設定の方式に部分的に近い方式である。しかし、政府が民間産業よりも大規模にまた低い費用で資金を調達できる事実、さらに、これらのダムと同じようないくつかのダムが、国防、水運、治水および灌漑といういくつかの目的を同時に達成できるという事実は、民間の事業の運営と公的な事業の運営の間で、価格設定のための簡単な基準を比較できなくしている。

味において、企業の需要曲線と限界収入のおおざっぱな推定は、企業の行動に影響を及ぼす、しかしこれらの需要曲線と限界収入の影響は間接的でおおざっぱである。

4. 最後に、次の四つの典型的な市場と価格の形態を述べた。つまり、慢性的に企業の数が過剰な低迷産業。同一の生産物を生産しそして価格設定においてときどき暗黙の共謀あるいはあからさまな共謀を行う2、3の企業のケース。科学技術の研究あるいは広告の効果によって自社の独占的地位を維持しているいくつかの企業のケース。政府の規制の下にある公益事業のケースである。

議論のための質問

1. 企業は状況が許す中で最高の価格を課すと言うことは、何を意味しますか。

2. あなたは次のいくつかの費用の項目を固定費用と可変費用の内のどちらに分けますか。従業員の給料、電気代金、租税、減価償却費、幹部役員の給料、原料、等。

3. 第19章の表3のように、需要曲線が1の弾力性であるとき、限界収入の数値はいくらになりますか。それはなぜですか。

4. 「もし競争の下では価格が限界費用に等しいにすぎないならば、どのようにすれば企業は間接費用を含めた総費用をいつか取り戻すと期待できますか。」議論しなさい。

5. もし固定費用が100ドルであり、(総可変費用が生産量に比例して増加し) 平均可変費用が1単位当たり10ドルで一定であるならば、平均費用と限界費用はどのように見えますか。限界費用、平均 (総) 費用、平均可変費用および平均固定費用を同じ図に描きなさい。

6. 「企業が操業している限り、企業への一括税(a lump-sum tax)は企業の最良の生産量と最良の価格に影響を与えないであろう。同様に、企業の利潤への10パーセントの税も、企業の最良の価格と最良の生産量を変化させいないであろう。」少なくとも短期においては、このように述べることはなぜ正しいですか。同じことを売上金額への税あるいは生産したそれぞれ1単位の財への税についても言えますか。もし言えなければ、なぜ言えないのですか。

7. 自動車産業、紙巻タバコ産業、アルミニウム産業、ねずみ捕り器産業、婦人服業、食料品小売業、理髪業は、競争と独占についてのどのような形態であるかを述べなさい。

8. (a)完全に合理的な企業家は、価格設定において固定費用を無視しようとする。(b)きわめて大きな固定費用あるいはきわめて大きな間接費用は、激烈な競争あるいは破滅的な競争をしばしば促し、このことは独占にまた競争の消滅に導く。これらの二つの見解には矛盾がないですか。

9. 「独占的競争という不幸はしばしば超過利潤と結びついていない。価格が高くても、生産量が少なくまた生産が非効率であるため、少しも利潤を得ないかもしれない。」議論し

なさい。

10. 「独占への基本的要因が大量生産による費用逓減の法則であるので、独占企業を効率的な競争を行う2、3の企業に分割することは非現実的である。また、いずれにせよ、競争を行う企業が2、3社では、完全競争と同じ様には、企業を価格に反応させることはできない。」これらの見解を二つとも議論しなさい。

第22章　企業の生産均衡と分配問題

　本章では、一つの企業を利潤が最大になる最適生産量の点に導くよく知られている原理を、もっと複雑な決定にも適用する。例えば、ただ一つの商品だけではなく多数の商品を生産する一つの企業は、それぞれの商品への追加的費用がその費用によって生み出される追加的収入にちょうど一致する点まで、それぞれの商品の生産量を拡大しようとする。

　同様に、広告にお金を使っている企業は、広告に支出する最後の1ドルが（最良の方法によって）ちょうど1ドルの追加的収入をもたらすまで、広告活動を拡大しようとする。なぜなら、それぞれの新たな1ドルの広告費が1ドル以上の追加的純収入をもたらす限り、この企業は広告費を拡大し続けようとする。逆に、それぞれの新たな1ドルの広告費が1ドルより少ない純収入しかもたらさないならば、この企業は広告への支出を減らそうとするからである。もう一つ例を挙げると、一つの企業は、自社の製品を一層耐久性があるようにして、一層魅力的にして、あるいは一層差別的にして得る追加的貨幣収入が、このように品質を変えるための追加的費用とちょうど等しくなる点まで、自社の製品の品質を変えようと決定する[1]。

　利潤最大化原理は全く形式的である。利潤最大化原理は、現実に使うよりも記述する方が容易であり、どちらかと言えば適用しにくい。この利潤最大化原理は「最初にまず、うさぎを捕まえてこい」とよく言われるうさぎという食材が用意されていない状況での、うさぎのシチューに対する現代の調理法のようなものである。利潤最大化原理は、内気な男に、魅力を高めることによって、"パーティーでの中心人物"になるように熱心に勧めるようなものである。人々は、もし利潤最大化原理を適用できる十分な情報を持っているならば、この利潤最大化原理がなくても多分うまく利潤を得ることができるであろう。

　しかし、利潤最大化原理は、企業の均衡についての複雑なケースを、かなり説明する。例

---

1)　これらの追加的収入と追加的費用の一致の原理は、互いに独立して存在する異なる市場に、まったく同じ一つの種類の生産物を売っている一つの企業が、それぞれの市場で異なる価格を設定することがなぜ有利であると分かるかを説明している。この企業は、価格の差別化(price discrimination)を費用の本当の違いによって少しも導入しておらず、価格の差別化が、自社に追加的利潤をもたらすという理由だけで、このような価格の差別化を導入している。この企業は、一つの種類の生産物全体を異なる市場の間に配分するさいに、顧客が価格に最も*弾力的*に反応する市場において、最も低い価格を設定しようとする。

　　より明確に言えば、最適均衡配分(the optimal equilibrium allocation)となり、*1単位の生産物がもたらす追加的収入がすべての市場で追加的費用と同じ*になるまで、この企業は異なる市場の間に生産物を配分し直おそうとする。もし同じにならなければ、生産物を低い限界収入を得る市場から高い限界収入を得る市場に移すことは、この企業に利益をもたらすであろう。もちろん、価格と限界収入の間の差は需要の弾力性によって市場ごとに異なるので、限界収入がすべての市場で最終的に同じであるという事実は、どの市場でも価格が等しいことを意味していない。

えば、利潤最大化原理は、企業の生産均衡を公式によって説明するのに役立つ。企業のこの生産均衡の問題を本章の最初の A で論ずる、さらに、後の B では何が生産用役の価格と所得分配を決定するのかという一層一般的な問題を論ずる。

A.　企業の生産均衡

最終的生産均衡：直接的分析法

　それでは、一つの企業は、使おうとする*投入物*の均衡量を、どのようにして決定するのかを調べてみよう。企業は、労働、土地、機械、等の市場での費用が分かると、労働、土地、機械、等に対して一定の需要量を決めようとする。企業はこれらの需要量を正確にはどのようにして決定するのか。

　この答を、企業は利潤を最大にしようとすることによって見つけだすことができる。企業*は、それぞれの投入物の最後のわずかな部分の追加的費用が、それぞれの投入物の最後のわずかな部分が生みだす追加的収入と同じ大きさになる点まで、それぞれの投入物を使おうとする*。最後の 1 人 1 時間の労働を雇用することによって得る追加的収入は、次の二つの結果である。つまり、(1)この生産要素が生み出す追加的な*物的生産物*と(2)この追加的な物的生産物がもたらす数ドルの追加的*収入*である。生産要素の追加的費用を知ることは、普通簡単である。つまり、この追加的費用は土地の用役の価格、賃金（つまり労働の価格）、機械の価格、等である [2]。

　それゆえ、追加的投入物による収入と費用の間の生産均衡(production equilibrium)についてのいくつかの条件を、次の式で書くことができる。

**　　　それぞれの投入物による追加的な物的生産物×生産物の限界収入**
**　= それぞれの投入物の価格**

異なる種類の投入物の数と同じ数のこのような式がある。

　この式は、一つの企業が、"ある投入物からの"追加的収入と追加的費用がちょうど一致するまで、この投入物の使用量を変えることによって、利潤を最大にするという基本公式の単なるもう一つ別の形での適用にすぎない。もし労働が 1 単位である 1 時間当たり 2 ドルの費用がかかり、またもしこの追加的 1 単位の労働を雇用することが、3 ドルの追加的収入を受け取る追加的生産物をこの企業にもたらすならば、この企業は、この追加的 1 時間の

---

2)　この説明は、企業があまりにも小な買手であり、投入物の価格に影響を及ぼさないと仮定している。もし、この企業が、投入物の価格を引き上げることによって、一層多くの投入物を使うことができるほど、生産要素市場で大きな部分を占めているならば、投入物の最後の 1 単位の追加的費用は、この最後の 1 単位の投入物に支払う価格よりも大きい（最後の 1 単位より以前のすべての労働者に支払わなければならない賃金という価格も上昇することによって大きい）。読者は、限界収入がなぜ生産物の価格よりも小さいかを説明した前章（498 頁）での同じ様な議論を、思い起こすことができる。

労働を雇用することを確かに決定しようとする。実際、この企業は、追加的1時間当たり2ドルの労働による"限界－収入－生産物(marginal-revenue-products)"が 2.50 ドル、2.25 ドル、あるいは 2.01 ドルであると、これらすべての追加的 1 時間の労働を雇用し続けようとする。しかし、この企業は、2 ドルの費用がかかるが 1.99 ドルあるいはそれ以下の限界収入しかもたらさない追加的1時間の労働を、雇用しようとしない。同じことは数エーカーの土地、数袋の肥料およびその他の資本財についても当てはまる。

生産均衡についての間接的分析法(the indirect approach)

前節の公式は企業の費用曲線についてだけの議論も必要としておらず、また一つの最適生産量を決定する問題も省略している。なぜなら、生産量は物的には投入物によって決定されるので、企業が、もしすべての投入物を賢明に選択しているならば、すでに暗黙の内に最良の生産量を決定しているからである。

しかし、現実には、全体の決定を次の二つの段階に分割することは、しばしば企業には都合がよい。つまり、(1) 一定の生産量において、できる限り安く総費用を抑えることができる、投入物の組合せの最良の方法を決定する、その後(2)この費用分析に加えて需要を考慮することによって、利潤を最大にする最良の生産量を決定する。

(2)の段階の問題を、前章の限界費用と限界収入によってすでに解いている。本章のこのA では、(費用曲線の背後にある本当の意味を調べ、そして総費用を最小に抑えることができるように投入物を使う均衡条件とは、どのようなものであるか示して) (1)の段階の問題を解くことを試みる。

もちろん、これら(1)と(2)の二つの段階を結合するとき、少し前に論じた直接的分析法(the direct approach)の答と同一の答を得るに違いない。私達は、生産要素による追加的収入が生産要素の追加的費用にちょうど一致するまで、生産要素を使うのを発見するに違いない。それでは、費用曲線の背後では生産がどのように行われているかの分析に進もう。

"生産関数"

ここまで、費用曲線が何を意味しているかについての問題を取り上げることなく、費用曲線を受け入れてきた。しかし、技術者あるいは技術の専門家だけでは、費用曲線に基づく何ドル何セントという金銭上の決定を行うことはできない。このような技術的専門家は、土地、労働および肥料のような生産のための異なる投入物と生産量の間に存在する*物的*関係について、明らかにできるに過ぎない。だが、経済学者は、間違いのないどのような経済理論によっても、一つの企業が生産費用の最も低い方法をどのように決定すべきかを説明できるに違いない、つまり一つの企業が、もし総ドル支出を最低にしようとするならば、異なる経済的投入物あるいは"生産要素"を組み合わせる最適比率を、どのように決定すべきかを説明できるに違いない。

私達の技術の専門家は、経済の専門家、会計の専門家、あるいは費用計算の専門家(cost

engineer)に、*生産量とさまざまな投入物の量の間の物的関係を伝えたときに*、技術の専門家としての仕事を終える。この物的関係は"生産関数"(production function)と呼ばれている。生産関数は、私達が、もしある大きさの労働量、ある大きさの資本量、ある大きさの土地、等を持っているならば、どれだけの量の生産物を得ると期待できるかを、私達に示している。

労働 L と資本 C の二つの投入物と、一つの生産物 q だけがあると仮定する最も簡単なケースにおいては、生産関数を表 1 のような 2 次元の表によって示すことができ、この表 1 は、野球のスケジュール表あるいは異なる都市間のマイル表示の都市間距離表と、とてもよく似ているように見える。左側では、1 単位から 6 単位までの異なる量の資本を示している。下側では、1 単位から 6 単位までの異なる量の労働を示している。もし 5 単位の資本と 2 単位の労働が利用可能であるときに、生産量がどれだけであるかを正確に知ることに関心があるならば、5 単位の資本を指で押さえ、その後 2 単位の労働へと指を動かす。この答は 448 単位の生産物であると分かる。同様に、3 単位の資本と 6 単位の労働によって、600 単位の生産物を生産できると分かる。それゆえ、生産関数は、労働と資本のそれぞれの組合せによって、私達が（もちろん、技術の専門家が決定する最良の方法を使うことによって）どれだけの生産物を得るかを示している。

表 1 生産量を労働と資本という投入物
の異なる組合せと関係づける生産関数

資本の単位数	6	**346**	490	600	693	775	846
	5	316	448	548	632	705	775
	4	282	400	490	564	632	693
	3	245	**346**	423	490	548	600
	2	200	282	**346**	400	448	490
	1	141	200	245	282	316	**346**
		1	2	3	4	5	6
		労働の単位数					

いま一度収穫逓減の法則

第 2 章において、ますます多くの（労働のような）可変的生産要素を（資本のような）固定的生産要素に加えることが、結局生産量をますますわずかしか増やさないことを示す収穫逓減の法則を見た。この収穫逓減の法則を、表 1 によって実にうまく実例で示すことができる。

最初に、1 単位の追加の労働から得る追加的生産物に、"労働の限界生産物"(marginal product of labor)という名前を与えよう。"追加的"(extra)よりも"限界"(marginal)という言葉を使用するのは、（1 単位の追加の生産物によって発生する追加的費用であると以前に定義した）限界費用の概念と似ているからである。表 1 のどのような点においても、（その点での生産量を示す）所与の数を、同じ行にあるこの点の右の数から引くことによって、労働の

限界生産物を導くことができる。例えば、2単位の資本と4単位の労働があるとき、追加の労働の限界生産物は48(448−400)である。

　もちろん、"資本の限界生産物"(marginal product of capital)は、労働を一定にしたとき、1単位の追加の資本から得られる追加的生産物を意味する。資本の限界生産物を、1つの所与の列での隣接する点を比較することによって得ることができる。例えば、2単位の資本と4単位の労働があるとき、資本の限界生産物は90(490−400)である。読者は、表の内部のどのような点においても、労働の限界生産物あるいは資本の限界生産物を計算できるに違いない。

　投入物の限界生産物が何を意味しているかを明らかにしたので、ここで古くから知られている収穫逓減の法則を次のように言い直すことができる。

　　　私達が固定的投入物を一定にしておいて、可変的投入物を増やすとき、可変的投入物の限界生産物は（少なくとも1つの点の後では）低下するであろう。

　このことを実例で示すために、表1において所与の一つの行に、例えば2単位に等しい資本の行にとどまることによって、資本を一定にしよう。今労働を1単位から2単位に、2単位から3単位に、等々に増加させよう。それぞれの行動ごとに生産物に何が生じるか。

　労働が1単位から2単位になるとき、生産物は200単位から282単位に、82単位増加する。しかし、次の1単位の労働の増加は64単位(346−282)だけ生産物を増加させるにすぎない。収穫逓減が働き始めている。さらに1単位の労働を増やすことは、それぞれ54単位、48単位、そして最後に42単位だけの追加的生産物を私達にもたらすにすぎない。読者は、収穫逓減の法則が他の行でも成立することを確かめるために、どこか他の行も調べるべきである。労働を一定に維持するが、資本を何回か増やすとき、読者は同じ収穫逓減の法則が成立することも確かめるべきである。（ヒント：どれか一つの*列*での生産量の変化を調べよ。）

　ここでは、収穫逓減について行った説明を思い出してもらえればよい。第2章においてこの収穫逓減は、固定的生産要素が、可変的生産要素と*比較*して、減少するという事実に原因があった。それぞれの1単位の可変的生産要素は、一緒に生産に役立つますますわずかな固定的生産要素しか得ないので、追加的生産物が下落し始めるに違いないことは当然である。

　もしこの説明が正しいならば、二つの生産要素が比例して増加するときには収穫逓減は起こりえないことになる。私達は、労働を1単位から2単位に増やし、資本も*同時*に1単位から2単位に増やすときには、これら二つの生産要素を同時に2単位から3単位に増やすときと、同じ量の生産物を増やすことができるに違いない。このことを表1によって確かめることができる[3]。最初の移動によって生産量は141単位から282単位へと増加し、そして

---

3)　現実の経済活動を分析するすべての生産関数は、これらの特定の性質を必ずしも持っているとは限らない。

第 2 番目の移動によって生産量は 282 単位から 423 単位へと増加する、つまり等しく 141 単位増加する。

　さらに、投入物の比率による収穫逓減のこの説明から、私達は、資本の増加によって、労働の限界生産物が改善すると予想するに違いない。再びこのことを私達の表によって確かめることができる。2 単位の資本のみがあるときには、5 単位目の労働は 48 単位の生産物しか増やさない。しかし、3 単位の資本があるときには、5 単位目の労働は 58 単位の生産物を増やしている。

一定量の生産物を生産するために投入物を最適に組み合わせる

　技術者は、数字で示した生産関数によって、どの一定量の生産物もどのようにして生産するべきかを、私達に明確に言うことができない。一つのことを実現するには、一つ以上の方法があるからである。つまり、どのような一定量の生産物を生産するにも、一つ以上の方法があるからである。例えば、表 1 の太字の数字は、生産量 $q = 346$ を次の表 2 での方法のどの一つによっても、生産できることを示している[4]。

表 2　生産量 $q = 346$ を生産するいくつかの異なる方法

	労働	資本
	L	C
A	1	6
B	2	3
C	3	2
D	6	1

　技術者にとっては、これらのそれぞれの組合せは 346 単位の生産量を生産できるので同じ様に良い。しかし企業の利潤を最大にし、また費用を最小にすることに関心がある会計担当者は、これらの四つの組合せの内の一つのみが最小の費用になることを知っている。もちろん、最小の費用がまさにこれら四つの内のどの組合せかは、これら二つの生産要素のそれぞれの価格によって決まる。

　労働の価格が 2 ドルでありそして資本の価格が 3 ドルと仮定してみよう。このとき、方法 A での労働費用と資本費用の合計は 20 ドル (1×2 ドル＋6×3 ドル) である。同様に、B、C および D の費用はそれぞれ 13 ドル、12 ドル、15 ドルである。投入物のこのように定められた価格では、C がこの一定の生産量を生産するための最良の方法であることは疑う余地がない。

　もし投入物のどちらの価格も変化するならば、価格が最も上がった投入物を一層少なく

---

4)　読者は、490 単位あるいはこれといくらか異なる単位数の生産量に対応する表 2 と同じ様な表を、作成できるしまた作成するべきである。

使うように、投入物の均衡比率(the equilibrium proportion)は常に変化する。例えば、労働が 1 単位当たり 2 ドルのままであるが、資本が 1 単位当たり 1 ドルに低下するならば、新たな最適な組合せは、一層多くの資本と一層少ない労働を使い、そして総費用が 7 ドルにすぎない B である。読者は、他のそれぞれの組合せの総費用を計算し、これら他の組合せの総費用が B よりも高いと知ることによって、最適な組合せが B であることを確かめるべきである。

　ちょうど同じことを、どのような他の生産量についても行うことができる。すべての投入物の価格を知るやいなや、一定の生産量に対する最良の投入物の組合せと最小の生産費用を見つけるまで、計算を試みることができる。(読者は、一定の生産量に対する最良の投入物の組合せの原理をもっと理解できるためには、労働の価格が 2 ドルであり、資本の価格が 3 ドルであるとき、490 単位に等しい生産量に対する最適な生産方法の決定と費用の算出を行ってみるべきである。)

　以上のことを次のように要約できる。今まで疑うことなく受け入れてきた総費用曲線は、実際にはそれぞれのある一定量の生産物を生産するために、投入物を組み合わせる最適な方法に関するいくつかの複雑な経済決定（技術に関する"生産関数"を知り、さらに異なる投入物の価格が明確に定められた後にのみ、行うことができる決定）の結果得たものである。

　今示した算数の例とよく知られている論証から、最適な生産決定を行うためには、私達は、次の公式に従わなければならない、と結論を下すのである[14]。

> *いくつかの生産要素を使用するとき、一定量の生産物の総費用を最低に抑えるためには、生産要素の最後の 1 ドルの限界生産物がすべての生産要素について等しくなるまで、つまり、次の関係式になるまで、生産要素を常に使わなければならない。*

$$\frac{労働の限界生産物}{労働の価格} = \frac{資本の限界生産物}{資本の価格} = \cdots = 一定 = \frac{1}{MC}$$

　これらのそれぞれの辺に等しくなる一定の数は、"使われる生産要素の最後の 1 ドルの限界生産物"(the marginal product of the last dollar spent)と呼ばれる。一層上級の議論によって、この一定の数を、私達が古くから親しんでいる（生産物の追加的 1 単位当たりの追加的費用として定義する）限界費用の逆数であると示すことができる。それゆえ、私達の基本的条件(fundamental condition)を次のもう一つ別の方法で述べることができる。つまり、*最低費用の状態においては、それぞれの投入物の価格は、それぞれの投入物の限界物的生産物(marginal physical product)に比例しており、その比例係数は限界費用である。*

　合理的企業は、投入物の限界生産物が等しくなるまで、いくつかの投入物を組み合わせていないことに注意しよう。1 人の 1 年間の労働の限界生産物が、1 キロワット時(a kilowatt-hour)の電力の限界生産物に等しくなる、あるいは一握りの肥料の限界生産物に等しくなる、と考えることは正しくない。投入物の限界生産物を投入物の価格によって割り、この限界生

産物を投入物 1 ドル当たりの状態にすることによって、いくつかの投入物の限界生産物を比較可能にした後にのみ、等式にならなければならない。

どのような投入物を使用しても、最後の 1 ドル当たりの限界生産物が等しくなければならない事実を正確に理解するためには、読者は、資本に支出する最後の1ドルが労働に支出する最後の 1 ドルよりも自分に大きな利益をもたらすならば、どうしなければならないかをじっくり考えてみるとよい。読者は、資本と労働からのそれぞれの最後の1ドルの利益が最終的に等しくなるまで、1ドルあるいはそれ以上のドルの支出を労働から資本に移すことによって、利益を得るであろう。この時においてのみ、読者の費用は最小になる。

生産量がどのようであろうとも、均衡についての基本的等価条件(fundamental equality condition)が、費用曲線上のすべての所で成立していると強調することは重要である。この基本的等価条件は企業がどれだけ最終的に生産するべきかを知らせていない。企業の需要曲線にはこれまで何も言ってなかったので、もしこの基本的等価条件がどれだけ生産するべきかを知らせているならば、驚くべきことである。この基本的等価条件は、企業に、それぞれの生産量に対し、総費用と生産物1単位当たりの費用を最小にできるように、投入物を確かに適切に選択させている。このことは基本的等価条件が示していることのすべてである。

一部の読者は、この点について、本節でのよく知られている均衡条件を図によって説明している本章の付録を参照すると良い。

最終的生産均衡：間接的分析法

前節での分析に、最高利潤を実現する最良の生産量を選択する企業の行動について、私達がすでに知っていることを今付け加えてみよう。ここで私達の二つの段階の間接的分析法を組み合わせるとき、私達の直接的分析法と同じになるに違いない。

第21章で、企業は、限界費用と限界収入がちょうど等しい点まで、生産しようとすることを知った。それぞれの投入物の価格が、その投入物の限界生産物に限界費用を掛けた金額に等しくなければならないことを、たった今示した。

なお、均衡という最終的に申し分のない点では、限界費用を限界収入によって置き換えることができる。このことにより、最終的均衡においては、それぞれの投入物の価格が投入物の限界物的生産物に生産物の限界収入を掛けた結果とちょうど等しくなる。

この間接分析法の結果は、520頁の太字で示している直接的分析法の結果とまさしく同じである[15]。このことは当然である。この関係があなたにはどのように見えるとしても、私達は常に次のように言うことができるに違いない。

> 均衡という最終点において、企業はそれぞれの生産要素の追加的費用がその追加的収入にちょうど等しくなるまで、つまり、それぞれの生産要素の価格がそれぞれの生産要素の限界物的生産物×生産物の限界収入にちょうど等しくなるまで、それぞれの生産要素を使おうとする。

B. 限界生産力説と "分配問題"[5]

　ここでは、生産についての限界生産力説(the marginal product theory)の議論を詳しく論じる。この学説の適用範囲の広さを経済学者がときどき誇張しているので、この学説に次の 2、3 の修正を加えることが適切である。

　まず第 1 に、この限界生産力説は賃金、地代、あるいは利子を説明する理論ではない。そうでなく、この限界生産力説は、企業が、生産要素の価格を知るやいなや、生産要素をどのように使うかを説明しているにすぎない。

　この事実に、約 50 年前のこの限界生産力の学説の最初の提唱者達は必ずしも十分注意を向けていなかった。大部分のこれらの提唱者達は、国民所得を労働者、土地所有者および資本家の間に何らかの方法で、分配しなければならない大量の生産物として考えようとした。大部分のこれらの提唱者達は、社会的生産物の分配を決め、さらに "公正な賃金、公正な地代および資本の公正な利子率" を決定する原理を探し求めた。

　最初に提唱されたばかげた限界生産力説は、「それぞれの投入物が生産する物を、それぞれの投入物に与えよ」と主張した。実際にこの学説を適用するにおいて、誰もそれぞれの投入物が現実にどれだけ生産しているかを決定できなかったので、この学説は説得力がなくなった。長方形の面積が高さと底辺の両方によって決定されるのとちょうど同じ様に、社会的生産物は常にすべての投入物の共同の成果である。それゆえ、この最初に提唱された原理は、しばしば次のようなくだらない結果になった。労働者の代弁者によれば、「すべての労働者をよそに移せ、そうすれば資本は何も生産できない。それゆえ、私達のすべての生産物を、'現実に' すべて生産している労働に与えるべきである」となった。

　資本家の擁護者はこの主張に対し、「人々を無人島に送り、道具なしで細々と生活させなさい、そうすれば人々は資本を持っているときに生産できる量の 1,000 分の 1 も生産できない。それゆえ、ほとんど大部分の生産物を当然資本に与えるべきである。もちろん、労働者には、馬と同じ様に、生き続け、また再生産し続けるのに十分なだけは、与えなければならない。しかし、労働者がこの生存と再生産の水準を上回って得るすべてのものは、実際、*慈善*によるものであって、正当に獲得したものでないとみなさなければならない」と主張して反論できた。

　明らかに、この議論は始まったばかりにすぎない。土地所有者の代弁者はやって来て「アルキメデス(Archimedes)でさえ、梃子を設置する場所がなければ少しも成功できなかったであろう。多分労働者がいなければ、この世では生産物を少しも得られないであろう。しかし、

---

5) 日常の商業の言葉では、流通(distribution)は工場の商品が最終的に消費者の手に入る過程を意味する。しかし、経済学者は、この言葉(distribution)を個人と生産要素の間での国民所得の分配を述べるためにしばしば使う、そしてここで使う言葉はこの分配という意味においてである。経済学原理にのみに関心がある読者は、この歴史的な議論を飛ばし、直接付録に進んでもよい。

もし土地がなければ、"この世"が存在しない。それゆえ土地はすべての生産物を受け取る価値がある。」と言う。

　もしあなたがそれぞれの生産要素の中からある生産要素をすべて取り去るならば、失う物を、取り去った生産要素に与えるべきであるという原理はばかげているので、これらの主張のどれもばかげている。このような方法は"意味をなさない"。それ以上に、このような方法は、存在する生産要素の種類の数と同じ回数、総生産物をそれぞれの生産要素に与えることになる。

地代についての古典派理論

　一つの所与の生産要素を、"無料"であるような価値の低い他の生産要素と一緒に使って生産することによって、この一つの所与の生産要素が、実際にどれだけ生産に寄与しているかを、明らかにしようとする"古典派"経済学者によるどちらかと言えば特殊な試みを、ここでは簡単に述べる。このような生産要素の組合せにおいては、無料でない所与の生産要素だけがすべての生産物の生産に寄与していると、古典派経済学者は考えた。古典派経済学者は、このような無料でない所与の生産要素が、一つの場所でどれほど生産に寄与したかを計測した後、この無料でない生産要素の生産への寄与をすべての場所で確認できると考えた。なぜなら、多くの単位の全く同じである投入物は、競争の下では、生産に役立ち続けるすべての場所で、等しく効率的であるに違いなく、同じ支払を受け取るに違いないからである。

　例えば、このような古典派経済学者は、良い土地の良い農場で働いている労働者による生産への寄与を、すべての労働者にとって耕作にとどまるには十分良いが、使っても無料であるほど良くない隣接している土地で、同じ時に働いている双子の兄弟の内の 1 人が生産する生産額によって計測できる、とよく言ってきた。

　この方法は、労働による生産への寄与を確認するのに役立つと思われただけでなく、土地による生産への寄与を確認するのにも役立った。つまり、良い土地で労働によって生産した生産額と、同じ様な労働が低い等級の無料の土地で生産した生産額の間の差だけ、良い土地の収益は悪い土地のゼロの収益を上回り、さらに、この上回る収益が良い土地という生産要素による生産への寄与であると確認できる。

　一つの生産要素の質の違いを調べることによって、生産物を分配する公式を見つけようとするこの古典派経済学者の試みを、私達はどのように判断したらよいのか。現実には、古典派経済学者のこの分析方法は、それぞれの投入物の生産への寄与を確認する原理を探し求めるのを断念することにほぼ等しい、と私達は示すことができる。むしろ、この分析方法は、生産用役への需要と供給が生産用役の価格を決定するように作用してるという事実の一つの（特殊な）局面を、ただ確認しているにすぎない。また、この分析方法では、もし土地、労働および資本に質の違いがなければ、生産物の分配を全く説明できないのである。

いわゆる"分配についての限界生産力説"

この分配問題について、経済学者が、限界生産力によって生産へのいくつかの生産要素の貢献(factor shares)を確認することによって、社会的生産物を分配する方法を誤った方法であると認め、このような方法でなく、消費財だけでなくすべての生産用役についても、需要と供給の相互作用という複雑な方法に注意を集中していたならば、分配問題についてのすべてのことはうまく解決していたであろう。

しかし経済学者は、人を惑わすこの限界生産力説によってそれでも分配問題を解決しようと続け、半世紀前に「それぞれの投入物はその最後のわずかな1単位が増やした生産物の額を支払われるべきである」という、分配についての限界生産力説を最終的に作り出した。

例えば、固定された3単位の資本に労働の1単位目、2単位目、3単位目、そして最終的に4単位目を加えることが、それぞれ、12単位、9単位、6単位および5単位の追加的生産物を生み出すと仮定しよう。この限界生産力の学説の信奉者は、「4単位のそれぞれの労働に労働者1人当たり(12 + 9 + 6 + 5)/4、つまり8単位の生産物を与えてはいけない。このことは資本に生産物を何も残さないことになる。このように生産物を与えてはいけないので、また、労働者に全く違いを見つけることができないので、これらの労働者のそれぞれの労働1単位に、労働の最後の1単位が生産した生産物だけを、つまり5単位だけを与えよ。このことは3単位の資本に12単位[32−(4×5)]の生産物を、つまり資本1単位当たり4単位の生産物を与えることになる。」と主張したのである。

ある経済学者が、規模に関して収穫一定というあまり受け入れられなくもない条件の下で、「全ての資本のそれぞれ1単位に分配するために残す生産物も、資本の最後の1単位の生産への貢献に正確に等しくなること」を正しいとする数学の公式（オイラーの定理(Euler's theorem)）が存在するのを発見したとき、限界生産力説による分配方法への信頼はきわめて大きく増加した。それゆえ、オイラーの定理によって、すべての種類の投入物が、変化していても、一定に保たれていても、これらの投入物への分配を限界生産力によって完全に同じ様に扱うことができた。

このオイラーの定理の基づく限界生産力説の一つの欠陥は、次のような方法で、労働と資本の結合の組合せ(a joint combination)によって決定されるようにしばしば見える事実にあった。つまり、労働と資本の内一方を増加させずに他方だけを増加させるとき、*いかなる追加的生産物*も生じさせない。だが労働と資本の内の一方を変えないで他方を減らすとき、結合して利用する"この減らしたわずかな量の投入物"の*生産性全体(the whole productivity)*に等しい*生産量の減少*にしばしばなる。それゆえ、この新たな限界生産力説は、労働と資本の分配について、0と100パーセントの間で変化するそれぞれ別個の極限値を定めることになる。もちろん、このような分配率の極限値は、全く利用価値のないものであり、限界生産力による分配理論を全く説得力のないものにしている[*16]。

本章においてこれまでに説明した限界生産力説は、一つの企業内での投入物の数量の決定を説明するためにのみ使われたのであり、投入物の価格を決定する理論ではないことを、

ここで繰り返して言っておく価値がある。実際、投入物の価格は企業には所与であると仮定されていた。

　もし生産がこれまでに述べた労働と資本の固定比率によって決定されるのであれば、企業にはここで説明した理論によって、いかなる問題も発生しないであろう。それどころか、このとき生産要素の価格比率がどのようであっても、ものおぼえの悪い人でさえ投入物の正確な組合せを知るので、一つの企業の決定は簡単になる[6]。

　だが、正確に述べるならば、限界生産力説は企業による生産用役への需要という一つの面からの理論にすぎない。経済全体に対して、生産要素価格の決定についての唯一の形式的に満足のいく理論は、"一般均衡"(general equilibrium)理論であり、この一般均衡理論においては、完全競争の下であっても不完全競争の下であっても、どのような経済規模においても、状況に合わせて、需要と供給が同時に相互作用する。

　不幸にも、豊かな人々と貧しい人々の間での、労働者と資産所有者の間での、さらに一つの種類の資産所有者ともう一つの種類の資産所有者の間でのそれぞれの所得分配を、理解するためにきわめて役に立つ一般均衡理論においての需要と供給の問題について、私達はまだほとんど何も言うことができていない。このことは、不幸であり、また明らかに私達の経済知識が不足していることを意味している。しかしいずれにしても、限界生産力説によって社会的生産物を分配する取組は誤った方法による取組であり、またこの限界生産力説によって分配の解決の際に生じる問題は、分配問題という主題と直接関連がない問題でもある。

労働組合は賃金を引き上げることができるのか

　労働と他の生産要素の間での国民所得の相対的分け前と絶対的分け前を決定する組織の力(institutional powers)はどのようになっているのか。この問題は、私達の年代においていくつかの最も重要な問題の内の一つである。だが私達は、このテーマを詳しく説明している満足のいく経済学原理がないことを認めなければならない（初級レベルの経済学原理では確かにほとんど何も説明しておらず、また上級レベルの経済学原理でも必ずしもあまり多く説明していない）。

　自然界の秩序への人為的干渉が賃金に影響を及ぼすことができないという古くからの見解を、私達は長い間受け入れてこなかった。労働者階級の平均所得を労働組合の闘争力と政治力だけが決定するという反対の見解も、恐らく同様に極端であり、私達は受け入れることができない。これら二つの極端な見解の中間に、団体交渉の実施は実質賃金に影響を及ぼすことができるという見解がある。しかし、誰もこれら二つの極端な見解の厳密な特徴を明確

6)　付録の図で示すと、図3の等生産量曲線(the equal-product curve)は、大文字の L に見えるほどもっと大きく凹に曲がる。さらに、最も低い等費用線(equal-cost line)は、等生産量曲線が等費用線と接するが交差しない交点によってやはり与えられる。生産要素の価格比率が極端に大きいか小さい場合には、"一般的接触"(generalized tangency)というこの均衡点は等生産量曲線のコーナーにあるだろう。

にできないけれども、これらの二つの極端な見解は現実に存在している。

　本書の頁数が限られているので、これらの二つの見解についての重要で、難しい問題の詳しい議論をここでは少しも行わない。しかし、労働組合運動による次のような経済行動は、簡単な記述と分析を行う価値がある重要な領域になっている。

　　1.　*労働者の総数を抑えること。* 　伝統的にアメリカの労働組合は、外国からの労働者の大量の移民に反対してきた。アメリカの労働組合は児童労働に反対してきた。アメリカの労働組合は労働者の早期退職を支持してきた。アメリカの労働組合は、婦人の労働市場への参入を複雑な気持ちで見てきた。アメリカの労働組合は1週間の一層少ない労働時間を支持してきた。アメリカの労働組合はしばしば"怠業"(slow-down)とむだな"水増し雇用"(featherbedding)を推し勧めてきた。

　これらの労働組合の行動のすべてを、他の生産要素と比較して労働を少なくすることによって、労働の収穫逓減の法則を回避して、労働組合の行動がない場合よりも、平均賃金を一層高く維持しようとする労働者の試みとして説明できる。合衆国では労働組合のこのような行動が、平均賃金の一層の引上げの結果になるかは少しも確かでない。この国ではあまりにも豊富に土地があり、また資本が豊富に供給されているので、この国の1人当たり生産性は、今後2億4,500万人の人々がいることになっても、現在の1億4,500万人の人々がいるのと、ほとんど同じ高さであるかもしれない（多分1人当たり生産性は今後もっと高くなるかもしれない）。

　実際、これまでのそれぞれの労働組合の行動に対し、もっともらしい次のようなもう一つ別の説明もできる。労働者は、みんなに行き渡るほど十分な仕事が今後あるとは限らない（行うことができる"仕事は一定量しかない"）、とほとんどいつも心配している、という説明である。もし一層多くの人々が労働市場に参入するならば、あるいはもし人々があまりにも一生懸命にあるいはあまりにも効率的に働くならば、その結果失業になると労働者は思っている。確かにこれら以外のいかなる見解も、1週間に30時間にすぎないほど短い労働時間への繰り返し行っている労働者の要求を説明できない。

　　2.　*特定の職業で貨幣賃金を引き上げること。* 　特定の産業で労働組合が貨幣賃金を引き上げようとする努力を、大部分の労働組合員は高く評価している。アメリカの労働者の歴史的事実を研究している誰もが、現在においても過去においても、労働組合が貨幣賃金引上げの試みに普通成功していることを、少なくとも短期においては疑っていない。

　しかし、労働組合がこのように貨幣賃金を引き上げることに成功しても、次のいくつかの理由のために、労働者階級には必ずしもすべて利益だけになるとは限らない。つまり、賃金を引き上げると、雇用される労働者数は減るかもしれず、その結果一部の労働者は、失業に追いやられるかもしれない。あるいは一部の労働者は、労働組合非加入の待遇の悪い職業に追いやられ、この待遇の悪い職業において、賃金を引き下げられるかもしれないのでる。このことは確かに理論上起こりえる。だが、見方の片寄よっていない研究者は、しばしば反対のことが真実である（労働組合加入の職業での高い貨幣賃金が、他の労働組合非加入の職業

でも同じ様に実現される傾向がある）という見解であるように思われる。

しかも、さらにもう一つおもしろくないことが起こるかもしれない。一層高い貨幣賃金を支払わされた会社は、この貨幣賃金の増加を一層高い価格の形で消費者に転嫁するかもしれない。一層高い生活費のために、労働者の実質賃金、つまり、労働者が自分のお金で買うことができるものは、自分の貨幣賃金と同じ速さで増加しないかもしれない。

疑いなく、価格の上昇が賃金の上昇の効果を少なくする傾向は、ある程度生じる。それでも、結局、団体交渉が企業の利益(the profit position)から労働者の"分け前を引き出す"団体交渉が、企業を一層効率的にする、さらに、団体交渉が、しばしば労働者に一層よい食べ物を与えることと、労働者が一層教育を受けることを可能にして、労働者を一層効率的にする（これらのすべてのことは少なくとも一部正しい）、と多くの観察者は思っているように見える。

良い意味でも悪い意味でも、アメリカの労働者は、すべての企業において、利益の一部を受け取ることができる匿名社員(silent partner)であると言ってきた。公衆と政府が容認することによって、労働者は、会社の利益の一部を要求し、普通獲得することに成功している[7]。（利己的労働者にとっての望ましい行動原理は、不正な利益をかなり得ている半独占的企業に就職し、この利益の一部を受け取ることである。）

現代の資本主義社会では、ほとんどすべての人々は、現在存在している所得の不平等に、罪の意識をあまりにも強く感じており、少し高い賃金にとどまらず、はるかに高い賃金が望ましいと思っている[8]。この結果、労働者の要求は実際満たされることはない。使用者は、どれだけ賃金を支払っても、労働者の金銭的要求を押さえることができない。使用者がお金を与えてできることは、少し時間をかせぐだけである。2、3ヶ月後、労働者は一層多くの金銭的要求の実現のためにまたやって来るであろう。

私は、以上のいくつかの見解を認めているのでもなく、また批判的に見ているのでもなく、事実として述べている。しかし、私達は次のように言わなければならない。つまり、賃金と給料に回る国民所得の3分の2の歴史的に決められてきた部分については、何もこのままでなくてはならないのではない。それ以上に、時間の経過とともに生産が増加するので、実質賃金は資産への報酬を少しも侵すことなく上昇し続けることができる。だが、貨幣賃金をあまりにも急速に引き上げようとする向こう見ずな労働組合運動は、確かに労働組合運動それ自体と全体としての経済システムを経済的に破滅させる可能性がある。

---

7) このすべてが良いことであるかそれとも悪いことであるかは、個人の倫理的判断によって決まる、しかし、このことが実際事実であるかそれとも事実でないかは、客観的問題である。

8) このことは必ずしも常にこのようであったとは限らない。19世紀初頭の保守的経済学者は、恥じることなく明らさまに、人間愛よりも財産を大いに重要視し、貧困の不可避さと望ましさを主張した。

要約

A. 企業の生産均衡

1. 最終的均衡においては、企業は、すべての投入物を、その追加的収入が追加的費用にちょうど等しくなる点まで使用する。このことを直接的分析法によって容易に理解できる。

2. 間接的分析法においては、企業は、いくつかの投入物を使用するとき、もしそれぞれの実現可能な生産量について総費用を最小にしようとするならば、それぞれの投入物の最後の1ドによる限界生産物が、すべての投入物について同じでなければならない。この総費用最小の同じ条件をいくつかの異なる方法で述べることができる。しかし、これらの異なる方法はすべて、それぞれの投入物の価格がその投入物の限界生産物に比例しており、この比例係数が限界費用であることを意味している。

3. それぞれの生産量での総費用を最小にするこの最終的条件を、第21章で述べた限界収入と限界費用の等式と結びつけるとき、この最終的条件は、間接的に、必ず、直接的分析法として述べたのと同じ最終的均衡条件になる。

B. 分配の問題

4. これまでの議論で大まかに述べた限界生産力説は、一つの企業のいくつかの所与の生産要素価格への反応の理論である。この限界生産力説は、それ自体、賃金率、地代、あるいは資本の収益率の決定の理論ではない。さらに、「いくつかの異なる生産要素の生産への確認できる貢献に従って、総社会的生産物をこれらの異なる生産要素の間に分配しよう」と決定する原理についての発想の良くない歴史的研究に、この限界生産力説を直接用いることはできない。

5. 現在、経済学者は、経済学によって、例えば労働者のいくつかの異なる集団が、自分達の実質所得をどこまで増加させることができるのか、という限度に関する広く人々が関心を持っている問題について、ほとんど何も意見を述べることができない。だが、経済学者は、経済学によって、このような限度が存在すると示すことができ、さらに団体交渉によって獲得した貨幣賃金の増加の必ずしもすべてが、労働者全体の実質所得の等しい増加になるとは限らないと示すことができる。

議論のための質問

1. あなたは、一層多くの合金を加えることによって、自社の製品を一層長持ちさせるべきかどうかを検討しているナイフ製造業者であるならば、どのように合金を加えるべきか

を理論的にはどのようにして決定しますか。

2. 労働という投入物の追加的費用は何ですか。この投入物による追加的収入は何に等しいですか。なぜですか。

3. 表1において、(a)資本が5単位に等しいとき、(b)資本が6単位に等しいとき、4単位目の労働の限界生産物はいくらですか。なぜ労働の限界生産物に違いが発生しますか。労働が4単位に等しいとき、6単位目の資本の限界生産物はいくらですか。

4. 表1の行あるいは列を使うことによって、収穫逓減の法則を実例で示しなさい。

5. $q = 490$ について、表2と同じような表を作成しなさい。

6. 所与の q を生産するために、総費用を最小にする条件を二つあるいはそれ以上の方法で述べなさい。

7. 最終的生産決定について、直接的分析法と間接的分析法の要点を述べなさい。これらの二つの分析方法は現実には同じであることを示しなさい。

8. ロビンソン・クルーソー(Robinson Crusoe)と忠実な仲間のフライデー(Friday)は、1年に100ブッシェルのトウモロコシを生産している。この100ブッシェルのトウモロコシを2人の間でどのような原則で分配するべきですか。分配を行うには2人の間でどのようなことが考えられますか。クルーソーは土地を所有しているが、働かないと仮定してみよう。この仮定により、あなたの答えは異なったものになりますか。

9. 「コネチカット州グリニッチからニューヨーク市に通勤するのに1年に300ドルの費用がかかる。それゆえ、ニューヨーク市の地代は、グリニッチのような郊外よりも、少なくともこの通勤費の分だけ高いに違いない。」議論しなさい。

10. 労働組合は、ある所まで賃金を引き上げることができるが、ある所を超えて引き上げることができない限度の問題について議論しなさい。

11. 競争市場において、生産用役の価格決定に影響力があるものについて、いくつか簡単に述べなさい。

12. 実現可能な最良の費用曲線上にいることができるように、生産要素を最適に組み合わせる過程を図によって示しなさい。

第22章への付録
生産均衡の図による説明

　一つの企業が、費用を最小にするために、投入物を組み合わせる方法についての数値によるよく知られている分析を、いくつかの図を使うことによって、一層はっきりさせることができる。表1の生産表から、一定の生産量を生産するための異なる投入物の組合せの図を描くことができる。図1は表2と正確に同じものである。この図1において、滑らかな曲線は346単位の生産量を生み出す労働と資本の異なる組合せを示している。この曲線は第20章の付録の消費者の無差別曲線と似ていることから、この曲線を"生産無差別曲線"(production-indifference curve)と呼ぶことができる。しかし、この曲線を"等生産量"曲線(equal-product curve)と呼ぶことは、もっと表現に富む名前である。(読者は、図1に小さな丸印の付いた曲線によって、490単位に等しい生産量に対応する等生産量曲線を描き入れることができるに違いない。読者は、地図あるいは天気図に無数の等高線あるいは等圧線を描き入れることができるのとちょうど同じ様に、図1に無数の等生産量曲線を描き入れることができるのを知らなければならない。)

図1　346単位の生産物に対する等生産量曲線

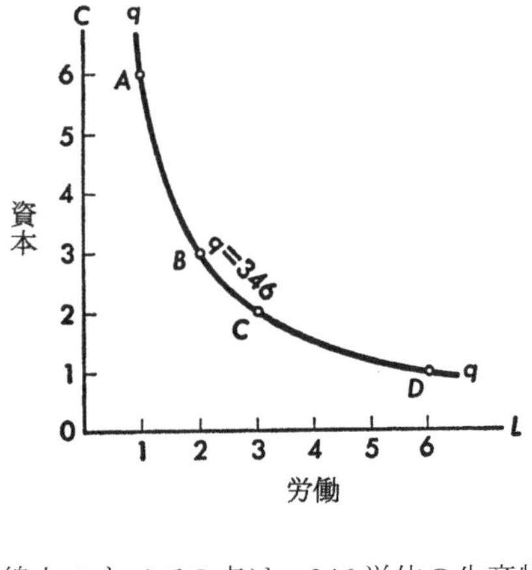

　　曲線上のすべての点は、346単位の生産物を生産するために、使わなければならない資本と労働の異なる組合せ示している。

　もし労働と資本の価格が与えられると、企業はこの等生産量曲線上の A、B、C、D の点、あるいはその他のどのような点についても、総費用の数値を求めることができる。明らかに、この企業は、この等生産量曲線上で総費用が最小である最適点を見つけるときにのみ、自社の利潤を最大にしている。この企業は、図をうまく利用して、生産要素の資本と労働の可能なすべての組合せによる異なる総費用を、ただ一度数値を求めるだけで済ませ、算数による

きわめてめんどうな計算を、しなくてもよいようにするかもしれない。図2はこのことを示しており、この図2では、いくつかの平行な直線は、労働の価格が2ドルで資本の価格が3ドルのときの、すべてのありえる等費用曲線(equal-cost curves)を示している[9]。

図2 等費用線

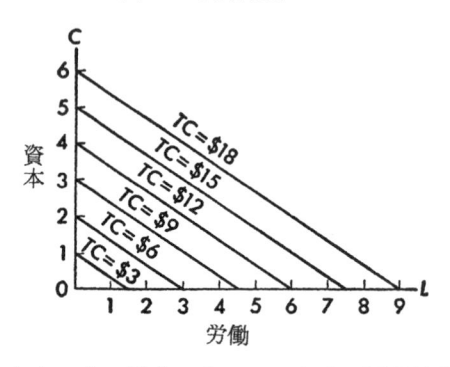

　　与えられた1本の線上のすべての点は、同じ総費用を示している。生産要素価格が一定であるために、これらの線は、直線であり、また労働の価格と資本の価格の比率に等しい傾斜となっている。

　どのような点についても、総費用を見つけるためには、その点を通る等費用線(the equal cost line)に書き添えている数値をさっと見さえすればよい。企業はどちらの投入物も一定の価格で望むすべてを買うことができると仮定しているので、等費用線はすべて直線でありまた平行である。労働の価格 P_L は資本の価格 P_C よりもいくらか低いので、等費用線は45度よりもいくらか水平である。より正確には、それぞれの等費用線の傾斜の数値は労働の価格と資本の価格の比率（このケースにおいては2/3）に等しくなければならない、と常に言うことができる。

　今、一定の生産量について、総費用が最小になる企業の最適均衡投入量の場所を知ることは容易である。1本の等生産量曲線はこの線上でいく本かの等費用線と重なっている。このことを図3で示している。図3での太い凹の等生産量曲線が一層低い等費用線と交差する間、企業はこの太い凹の等生産量曲線上を常に動き続けようとする。それゆえ、企業の均衡は A、B、あるいは D ではない。企業の均衡は、*等生産量曲線が最小の等費用線と接する（しかし交差しない） C においてである*。もちろん、この C は接点であり、この接点では等生産量曲線の傾斜は等費用線の傾斜とちょうど等しくなり、このとき、等生産量曲線と等費用線がちょうど接している。

　私達は等費用曲線の傾斜が P_L/P_C であることをすでに知っている。しかし等生産量曲線の傾斜はいくらであるか。消費者の1本の無差別曲線に沿った二つの財の間の代替率が、二つ

9)　$TC = 2L + 3C$ であるので、これらの線はすべて直線である。

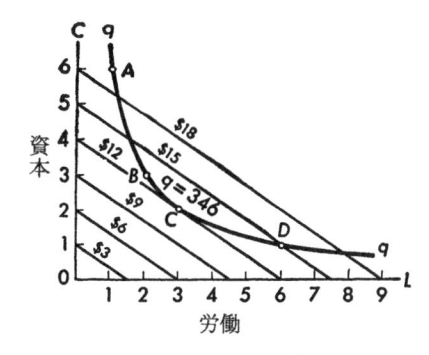

図3　生産費用を最小にする投入物の選択

等生産量曲線が最小の総費用曲線と接する(しかし交差してい
ない)所は最適な場所である。ここでは二つの生産要素の価格の
比率と二つの限界生産物の比率（つまり“代替率”）は等しい。

の限界効用つまり追加的効用の比率に等しい、と以前（第20章への付録）に示したのとちょうど同じ様に、この等生産量曲線の傾斜は、二つの生産要素の間での一種の“代替率”であり、二つの生産要素の限界生産物の*相対的大きさ*によって決まる。

　それゆえ、私達の最小総費用均衡(minimum total cost equilibrium)を次の等式の内のどれによっても定義できる。

　　a. 二つの投入物の限界生産物の比率はこれらの投入物の価格比率に等しい。
つまり、

$$代替率つまり\ \frac{労働の限界生産物}{資本の限界生産物}=\frac{労働の価格}{資本の価格}$$

　　b. いくつかの投入物を使用するとき、投入物への（最後の）1ドルの支出によって得る限界生産物は、すべての投入物について同じでなければならない。
つまり

$$\frac{労働の限界生産物}{労働の価格}=\frac{資本の限界生産物}{資本の価格}=\cdots$$

この条件は投入物の数がどのようであっても成立する。この条件は労働と資本についてだけでなく、土地等についても成立する。(b)の関係式を本章の本文において詳しく論じている。代数学によれば常に可能であるように、(a)の関係式の右辺の分子を左辺の分母と入れ換えることによって、つまり異なる辺の分母と分子を入れ換えることによって、(b)の関係式を(a)の関係式から導き出すことができる。

　しかし学生はこのようなどの理論的説明にも満足しないであろう。学生は、いくつかの投入物に支出する最後の1ドルによって、もしある一つの投入物への支出が、他の投入物への支出よりも大きな収益をもたらすならば、1つの企業が、いくつかの投入物への自社の支出

を、どのように再配分しようとするかを明らかにするよく知られている経済的説明を、常に思い起こすべきである。最後に、私達は上述の関係式を次の形で示すことができる。

 c. 投入物の価格と投入物の限界生産物は比例しており、この比例係数は限界費用である。

つまり

 生産物の限界費用 × 労働の限界生産物 ＝ 労働の価格
 生産物の限界費用 × 資本の限界生産物 ＝ 資本の価格

どの様な数の投入物についてもこのようである[10]。

 (*a*)、(*b*)および(*c*)の関係式はすべて同じことを意味している。それぞれの関係式は、*生産量*がいくらであろうと、総費用曲線上のすべての点で成立する。これらの関係式は、企業がどこまで最終的に生産するべきかを示していない。本章の本文では、最終的均衡を実現するためには、これらの関係式にさらにどのような関係式を補足しなければならないかを示している。

---

10) 議論好きの学生は比例係数が確かに *MC* であるというこれまでの論証に満足しないであろう。この論証を理解できる簡単で厳密な方法はない[*16]。この論証は、企業が労働のみを使用しようと、資本のみを使用しようと、あるいはある他の投入物を使用しようと、生産物の追加的費用は、"小さな"変化について、同じであるという事実に基づいている。

第23章　国際貿易と比較優位説

　何度も何度も、特化(specialization)がいかに生産性と生活水準を引き上げるかを示してきた。今、次のことを正確に明らかにしなければならない。つまり、この特化が、国際金融という表面の背後で動いている国際貿易あるいは地域間貿易(interregional trade)の領域で、どのように機能しているのか。なぜ合衆国は、1世紀前に農産物の生産に特化し、これらの農産物をヨーロッパの工業製品と交換したのか。なぜ、合衆国は、今日ではきわめて複雑な大量生産の商品を地球の至る所に輸出できるのか。なぜ、オーストラリアの農業は、オーストリアあるいはベルギーの農業ときわめて異なっているのか。完全自給自足(complete self-sufficiency)の費用は、現代の一国にはどれほど大きいのであろうか。すべての国々は貿易によってどれほど利益を得るのか。

　このようないくつかの問題への、さらにもっと多くの問題への正しい答に対する手がかりを、比較優位説(the theory of comparative advantage)、つまり比較生産費説(the theory of comparative cost)は与えることができる。1世紀以上前にこの比較優位説を、アダム・スミスへのイギリスの信奉者であるディビッド・リカード、ジョン・スチュアート・ミル(John Stuart Mill)、さらにその他の信奉者達は作り出した。この学説は、一定の適切な条件の下で主張するときには、論争の余地のない論理的に正しい学説である。この学説によって、輸入を制限することを目的とした保護関税支持への政治的広報活動が、ひどい誤りであることを明らかにできる。同時に、この学説は、保護支持への熱い主張において、ときどき急に現れる本当に正しそうなことを確認するのにも役立つ。

　古典派経済学者の多くの論証方法と同様に、私達は、もしほぼ完全雇用が実現している伝統的ユークリッド空間の世界(a Euclidean world)にのみ、比較優位説を適用することに前もって同意しているならば、この学説を最もよく理解でき、また支持できる。読者は、もし失業という重要な問題を考えると、この学説を支持できないと考えるならば、国際貿易の国内雇用への影響を論じ、その結果、合衆国のような国は、失業という自国の国内問題を解決するために、近隣窮乏化の国際経済政策に頼るべきでないことに私達が同意した第16章を参照するべきである。

地域間あるいは国々の間での条件の違い

　簡単化のために、一定量の天然資源、資本財、いくつかの種類の労働、および技術に関する知識つまりノウハウを賦与されている2国あるいは2大陸を想定してみよう。比較生産費説が成立する最初の前提条件は、*異なる国々の間での生産条件が異なる*ことである。具体的に言うと、この前提条件は異なる国々の間での生産の可能性がきわめて異なることを意味するのである。人々は、どのような地域でも、すべての商品の中からどの商品でも生産を試みることができるけれども、必ずしもすべて生産できない、あるいはたとえ生産できると

しても、すべての商品を生産するには途方もなく費用がかかることは明らかである。温室栽培と促成栽培によって、ワイン用の葡萄を多分スコットランドでも栽培できる。しかし経済資源によって測った費用は途方もなく大きいにもかかわらず、得られるワインはいずれにしても飲んでも少しもうまくないであろう。

たとえたまたま2国が両方とも同じいくつかの商品を生産できるとしても、普通、それぞれの2国は、生産をこれらの商品の内の特に一つに集中し、その商品を他の商品と交換するほうが利益になると気づくであろう。もし、例えば、北半球の温帯地方と南方の熱帯地方の間での貿易を考えるならば、この主張は正しいことであり、また目新しいことでもない。もちろん、赤道近くの資源はバナナの栽培に一層生産的であり、他方北方の資源はもちろん小麦の栽培に一層うまく利用できる。すべての人々は、このケースにおいて、特化と貿易が、両方の作物の世界の生産量とともに、それぞれの国の消費量も増加させることに容易に気づくことができるのである。

2国の内の1国が、もう一方の国よりもすべての商品を（すべての資源で測って）一層安価に生産できるときでさえ、つまり、一つの国はすべての商品の生産において*絶対優位(absolute advantage)*にあり、もう一方の国はすべての商品の生産において絶対劣位(absolute disadvantage)にあるときでさえ、国際貿易が相互に利益になることは、ただちに明らかにならないが、やはり正しい。さらに、2国間では異なる財を生産する*相対的効率(the relative efficiencies)*において違いがある限り、人々は、常に次のことを知ることができる。つまり、貧しい国でさえ生産が相対的に最も効率的である商品の生産において*比較優位(comparative advantage)*がある。この同じ貧しい国では、生産が平均よりも非効率である商品は*比較劣位(a comparative disadvantage)*になる。同様に、豊かで、効率的な国は、自国の絶対優位が相対的に最大である比較優位の生産の領域に特化し、他方、この効率的な国は、きわめて非効率な国の絶対劣位が最小である比較優位の商品を、輸入するように計画するのがよいと気づくであろう。

例えば、アメリカとヨーロッパの間で、たとえアメリカが食料と衣服という品目の両方に対し（あらゆる経済資源で測って）ヨーロッパよりも一層効率的に生産できるとしても、双方の間での食料と衣服の貿易は相互に利益になる。さらに、たとえ中国の労働者が、生産的なアメリカの労働者が手に入れる実質賃金のほんの一部しか受け取るにすぎないとしても、アメリカとアジアの間での貿易は私達にとりわけ利益になる。私達はこの一見誤っているように見える状況が真実であることをすぐに理解できるであろう。

比較優位というこの逆説を実例で示すためによく使ってきた例は、町で最も有能なタイピストであり、さらに最も有能な弁護士でもある男のケースである。彼は、法律に専念し、秘書にタイプ打ちを任せようとする。彼は、絶対優位にあるが、相対的優位(relative advantage)に全くなく比較劣位であるタイプ打ちの作業を行うために、自分の比較優位がきわめて大きな法律の領域での貴重な時間を、どうしても減らすことができない。さらに、秘書の観点からこのことを見てみよう。彼女は二つの仕事とも彼と比較すると劣っている。しかし彼女

の相対的劣位(relative disadvantage)はタイプ打ちにおいて最も小さい。比較の観点から言えば、彼女はタイプ打ちにおいて比較優位にある。

簡単なケース：ヨーロッパとアメリカ

国際貿易についてのこれらの基本原理を、一つの簡単な例によって示してみよう。1世紀前のアメリカとヨーロッパを考え、そして 2 商品、つまり食料と衣服のみに注目してみよう。当時、アメリカ大陸では、土地と自然資源は労働と資本と比較してきわめて豊富であった。他方、ヨーロッパ大陸では、人口と資本は土地と比較して豊富であった。

もし私達がベルギーのような国の*集約農業*に目を向けると、これら二つの大陸の違いを最も良く理解できる。ベルギーでは、最大可能な生産量を得るためには、多くの人々と大量の肥料を使って、小さな区画の土地を丹念に耕さなければならなかった。この集約農業を、1家族が何十エーカーも耕作し、それぞれの人が事実上無料の土地で"*広くおおざっぱに耕す*"ことによって、国の生産物が最大になった建国後間もない合衆国の粗放農業と比較してみよう。ベルギーの農夫はこの粗放農業の効率が悪いと思ったことであろう。しかし、アメリカでの労働あるいは資本の比較的高い費用に対し土地の低い費用を考えると、この粗放農業は効率が悪くはなかった。現実に、この粗放農業はよく考え抜かれたものであった[1]。

もちろん、もし過剰な人々がすべてベルギーから合衆国に移ることができていたならば、アメリカでの実質賃金は、ベルギーで上昇していたはずの実質賃金と等しくなるまで下落していたであろう。他方で、ベルギーでの高い地代は、アメリカで上昇していたはずの地代に等しくなるまで下落していたであろう。やせたベルギーの農場から肥沃なアメリカの農場への労働者の移動は、労働者の生産性を増加させていたので、実際、同時に、*世界の総生産量*を増加させていたであろう。このことはすべて、マルサスの人口論との関係で以前に論じた収穫逓減の基本法則から得られる。

しかし、私達は、利己的であり、また冷徹であるみなとしてみよう。私達は、アメリカで労働者を少なくして、賃金を高くするために、外国からの移民が合衆国に入らないようにすると仮定してみよう。同じ利己主義の観点から、合衆国は、外国から輸入品が入らないようにするために、保護関税も課すべきであるのか。それとも合衆国は保護関税を課すべきでないのか。この重要な社会的問題に答えるためには、(1)国際貿易が少しも行われないケースと、逆に(2)貿易がそれぞれの国の政策に従い許されているケースの二つにおいて、それぞれの国で生産されそして消費される食料と衣服の量を、私達は注意深く比較しなければならない。

---

1) この粗放農業は、過度の土地利用によって土壌の自然の肥沃さを使い果たすこと、さらに水害と土の浸食を生じさせる森林破壊に注意を払っていない。社会的観点からは、自然資源をこのように使い尽くすことは、疑いなく途方もない自然破壊を意味した。今日においても、木材と石油と農地の保全計画(conservation programs)は大いに望まれている。

アメリカは貿易を行わない

　第2章で、すべての経済には生産可能性表（あるいは変換表）があるのを見た。この生産可能性表は、もし国内のすべての資源を食料のような一つの商品の生産に向けるならば、どれだけの食料を生産できるか、逆にもし国内のすべての資源を衣服のようなもう一つの商品の生産に向けるならば、どれだけの衣服を生産できるか、さらに物理的に変換するのではなく、資源を一つの商品の生産からもう一つの商品の生産に移すことによって、ある一つの財をもう一つの財にどのように変換できるかを、それぞれ示している。

　簡単化のために、アメリカでは食料を 10：3 の一定の*比率*で数単位の衣服に常に変換できる、つまり、それぞれ 10 単位の食料を手放すことと引換えに、常に 3 単位の衣服を手に入れることができると仮定してみよう。さらに、すべての資源を食料の生産に向けるときには、アメリカは合計で 100(百万)単位の食料を得ると仮定してみよう。

表1　アメリカの生産可能性表（10：3、一定の費用比率）

	A	B	C	D	E	F	G	H	I	J	K
食料(百万)………	100	90	80	70	60	50	40	*30	20	10	0
衣服(百万)……‥	0	3	6	9	12	15	18	*21	24	27	30

　このとき、明らかにアメリカは、もし選択するならば、90(百万)単位の食料と3(百万)単位の衣服、80(百万)単位の食料と6(百万)単位の衣服、・・・、あるいは最終的に 0 単位の食料と 30 （百万）単位の衣服を得ることができる。このことを表 1 で示すことができる。

　この表を、第 2 章の図 3 において示したのとちょうど同じ様に、図 1 において線で示すことができる。実線 AK は生産可能性曲線である。しかしこの図 1 は、第 2 章の図 3 とは何かが少し異なって見える。一体何が異なっているのか。少し思い出し、さらにこれまで述べた 2、3 頁を戻ると、この新しい生産可能性曲線は直線であり、他方以前のいくつかの生産可能性曲線はすべて凸の曲線でであったのを見つけることができる。

　このように生産可能性曲線を直線にするのは、"費用逓増"(increasing cost)と呼ばれるも

図1　アメリカの生産可能性曲線

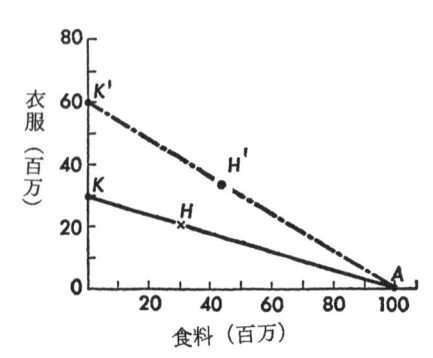

のへのどのような傾向も意図的に除き、議論を簡単にするためである。生産可能曲線が直線であると、衣服を手放し食料を得ることは、現実に即した形で相対的費用 (relative costs) 比率が上昇するのではなく、10：3 の一定の費用比率によって常に実現する。一定の費用比率を、(学生が多くの異なる費用比率を覚えておく必要がないように) 議論を簡単にするためにのみ仮定している。後で見るように、この簡単化は議論の正しさにはさほど影響を及ばさない。議論を現実に適用するためには2、3の留意事項を加える必要があるので、これらの事項を後に本章の付録で示す。

　ここまでは生産についてのみ述べてきた。いずれにしても、合衆国は、もし貿易とは全く無縁であるならば、生産するものが消費するものでもある。そこで、表1において星印を付けそして図1において×印を付けた量 H は、貿易を行わないケースにおいて、アメリカが生産しそして消費している量を示していると仮定してみよう。つまり、このとき数量に関して、アメリカは30(百万)単位の食料と21(百万)単位の衣服を生産しそして消費していると仮定してみよう。

　食料と衣服の他の可能ないくつかの組合せの内の一つでなく、なぜこの特定の組合せをアメリカは決定したのか。第3章において、競争システムでは、誰もこの組合せを"決定せず"、財とサービスに対する需要と供給によって機能する価格メカニズムが、何を、どのようにして、さらに誰のために生産するべきかを決定するのを、私達は知った。なお、表1で星印をそして図1で×印を付けた数量 H は、何をである。農業による食料の生産が、高度な形で製造する衣服の生産よりも、労働に比べて一層大きな比率の土地を必要とするという明白な見解以上には、ここでは、どのようにして、をほとんど言う必要がない。誰のためについては、私達は、合衆国での労働の不足が労働者への比較的高い賃金を生じさせ、他方、合衆国で土地がきわめて豊富であることが地主への (1 エーカー当たりの) 低い地代を生じさせる、とだけ繰り返し言う必要がある。

　ヨーロッパを考慮に入れて話を進めてみよう。なお、ヨーロッパを考慮に入れる前に、次の一つの質問を差し挟むことは後の議論を容易にするであろう。つまり、もしある1人のアメリカ人が (一例として、綿繰り機の発明者であるイーライ・ホイットニー(Eli Whitney)が行おうとしたように)、それぞれ10単位の食料を3単位の衣服にではなく、6単位の衣服に変換できる独創的発明を行うならば、何が起こるであろうか。アメリカは潜在的に裕福になるのであろうか。答えは明らかに"はい"である。生産可能性曲線は図1において右上方に移り、今新たな生産可能性曲線は破線 AK'になる。アメリカは今 H から (例えば) H'に移り、食料と衣服を両方とも一層多く得ることができることに注目しよう。(アメリカは、これからもかなりの食料を望むが、食料の生産においていかなる改善も行われていないので、以前よりも 2 倍裕福になっていると言うことは正しくない。しかし明らかにアメリカは裕福になっているのである。)

　もちろん、誰かが立ち上がり、「もし発明が人々を失業させるならばどうなのか。アメリカは裕福になるのであろうか。技術的失業(technological unemployment)がアメリカの人々を

貧しくさせる可能性はないのか」と質問するかもしれない。これらの質問はくだらない質問ではない。しかし、これらの質問は明らかにここでは適切でない。これらの質問は本書の第2部と関係している。ここでは、たまたま運の良さによるか、あるいは賢明な公的国内政策また賢明な民間の経営の結果、私達は、すべての資源を完全利用している幸運で、ユークリッド空間の、古典派の世界に移っていると明確に仮定している。疑いなく、発明は（アメリカが完全雇用を達成するかあるいは維持するのを現実に促してきたかどうかに関係なく）アメリカの*潜在生産力*(*potential* production)あるいは完全雇用国民所得を増加させてきた。

ヨーロッパは貿易を行わない

　今、アメリカについて述べたことを、同じ様にヨーロッパについても述べることができる。しかし重要な違いがある。ヨーロッパでは土地と比較して多数の労働者がいることは、ヨーロッパにおいて、食料と衣服の間でアメリカとは異なる費用比率あるいは変換比率が生じる。ヨーロッパは、食料で比較優位を得ず、衣服で比較優位を得る。ヨーロッパは、それぞれ 10 単位の食料を、約 8 単位の衣服に変換できる。ヨーロッパは、衣服の比較優位のために、10 単位の食料と引換えに合衆国よりも 5 単位多くの衣服を得る。しかし、アメリカは手放すそれぞれ 1 単位の衣服と引換えに 10/3 単位つまり 3.33 単位の食料を得るのである。他方、ヨーロッパは、食料生産での比較劣位により、手放すそれぞれ 1 単位の衣服と引換えに 10/8 単位つまり 1.25 単位の食料を得るにすぎない。*注意しなければならない重重なことは、二つの国の費用比率の違いである。つまり、アメリカについては 10：3 であるのに対し、ヨーロッパについては10：8 である。*

表2　ヨーロッパの生産可能性表（10：8の一定の費用比率）

	A	*B*	*C*	*D*
食料、百万・・・・・・・・・・・・・	―	100	*50	0
衣服、百万・・・・・・・・・・・・・	0	―	*80	―

図2　ヨーロッパの生産可能性曲線

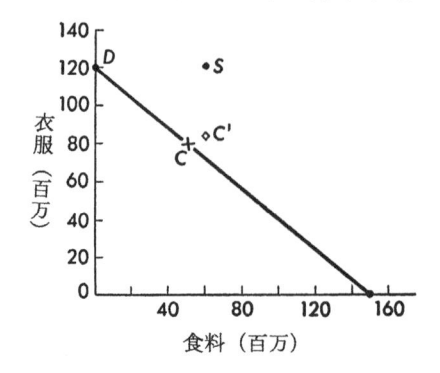

二つの大陸が今までどおり互いに孤立しているとしよう。ヨーロッパの正確な生産可能性表はどのようになっているのか。ヨーロッパの人口はきわめて多く、このためヨーロッパは、貿易前には、50（百万）単位の食料と80（百万）単位の衣服を生産しかつ消費していた地域であると仮定しよう。この事実と10：8の一定の費用比率は、表2のようなヨーロッパの完全な生産可能性表を作成するために、私達が知らなければならないすべてのことを示している。学生は表2の空白を埋めよ。学生は、これらの空白の数字を、図2で示している正確な生産可能性曲線と照らし合わせよ。

貿易の開始

　今、はじめて、2大陸の間での貿易の可能性を認めよう。食料をある*交易条件(terms of trade)*で、つまりある*価格比率*で衣服と交換できるとしよう。この交換の過程を明確に示すために、仕事が、需要量と供給量を一致させること、つまり衣服の売りと買いの申込み(offers)と食料の売りと買いの申込みをそれぞれ一致させることである冷静な競売人(auctioneer)が、大西洋の真ん中に立っていると仮定してみよう。この競売人は、これら二つの国に食料と衣服の間の交換比率、つまり価格比率を大声で告げることによって、食料と衣服のそれぞれの売りの申込みと買いの申込みを一致させようとする。それぞれの需要量と供給量が一致するまで、この競売人は異なる価格比率を言い続ける。この競売人は、*需要量と供給量が一致する均衡*価格水準を最終的にうまく言い当てるとき、小槌を3回とんとんとたたき、そして「*ありませんか、ありませんか、はい売れました*」と言う。需給が一致した時にのみ、この競売人はこのように言うのである。

　多分、この競売人は、ヨーロッパが、比較優位にある衣服製品に特化しようとしていることに、また食料の輸入品と引換えに自国の衣服製品の一部を輸出しようとしていることに、前から気づいている。しかし、この競売人は、衣服と食料の間の最終的価格比率、つまり"交易条件"がどのようになるのか（最終的な食料－衣服の価格比率が、10：3、10：8、10：5、10：6に、あるいは何かその他の比率になるかどうか）を知らない。この問題について、この競売人は、もしこの価格比率を言い当てるゲームにきわめて経験が浅いか、あるいはきわめて無知であるならば、最終的均衡交換水準(the final equilibrium exchange level)つまり最終的均衡交易条件が、10：1かあるいは10：12になるであろうと思うかもしれない。

　実際に、これら最後の10：1と10：12の二つのどちらの比率も最終的交換比率になりえない。この競売人は、このことを苦い経験を通じてすぐに知ることになる。このことを知るために、アメリカとヨーロッパが、10単位の食料に対し1単位だけの衣服の比率で食料と衣服をそれぞれ交換できる、とこの競売人に言わせてみよう。アメリカはどのように行動するのであろうか。アメリカは、自国で生産することによって、10単位の食料を手放す引換えに3単位の衣服を得ることができる。明らかに、アメリカは、この10：1の交換比率では、貿易によって衣服を得るために食料をあえて手放そうとしない。アメリカはむしろ自給自足のままでいようとする。

このことは話の半分にすぎない。どうしてアメリカはもう一つの極端へと動き、食料の輸入品と引換えに衣服を輸出しないのか。1 単位の衣服はそれぞれ、競売人を通してアメリカに 10 単位の食料をもたらす。ここアメリカでは、1 単位の衣服の国内生産を行わないと、どれだけの食料を得るのか。明らかに、表 1 と図 1 から 10/3 単位つまり 3.33 単位の食料を得るにすぎない。それゆえ、10：1 ではアメリカは確かにすべての資源を衣服の生産に移そうとする。アメリカは食料の輸入品と引換えにいくらか余剰の衣服を輸出するに違いない。

　さて、ヨーロッパについてはどうなのか。ヨーロッパは自国でそれぞれ 1 単位の衣服を手放すと 10/8 単位、つまり 1.25 単位のみの食料を得るにすぎない。10：1 では、ヨーロッパも貿易で衣服を手放して食料を得ようとする。それゆえ、私達はこの競売人がなんと経験の浅い人であるかを知るのである。この競売人は、10：1 の価格比率を大声で言うことによって、自分のせいで、衣服への過度な供給と食料への過剰な需要をもたらす。この競売人は、どちらの財についても過不足を調整する在庫品を持っていないので、今自分の価格設定を変えなければならない。この競売人は衣服の価格に比べて食料の価格を引き上げなければならない。この競売人は、価格比率を 10：2 に、あるいは多分 10：9 にさえ変えてみる方がよい。学生は今なぜこれら二つの価格比率のどちらもうまくいかないのか、つまりなぜ 10：2 がやはり衣服を大幅に生産させるのか、他方なぜ 10：9 が食料を大幅に生産させる反対の失敗になるのか、を論じることができるに違いない。

　明らかに、このとき、*最終的交換比率は二つの国の元の 10：3 と 10：8 の範囲を越えることはありえない*。これらの中間のどこかに、（アメリカは、食料の生産の比較優位に注目して食料の生産に特化し、他方ヨーロッパは、衣服の生産の比較優位に注目して衣服の生産に特化する）一つの可能性がる。

　私達は今少し振り返り、明らかにしたことを次のように要約してみる。

　1．もし自然が二つの国に同じ様に生産要素を与えていないならば、一つの商品をもう一つの商品に国内で変換する*相対的費用*は二つの国で異なるであろう。

　2．国際貿易の下では、商品は二つの国の異なる国内費用比率の*中間*のどこかの価格比率で相互に交換されるであろう。

　3．それぞれの国は、比較優位にある商品に特化し、そして外国からの輸入品と引換えにこの比較優位にある生産物の余剰品を輸出しようとする。

　4．それぞれの国は貿易と特化によって裕福になる。つまり、アメリは、もし貿易によって例えば 10 単位の食料を手放して 6 単位の衣服を得ることができるならば、国内で 10 単位の食料をわずか 3 単位の衣服に変換するときよりも、確かに裕福になる。ヨーロッパは、国内で 8 単位の衣服を 10 単位の食料に変換しなければならないときよりも、貿易によって 6 単位の衣服を手放して 10 単位の食料を得るときには、裕福になる。（現実に交易比率 (trading ratio) が 10：3 と 10：8 の範囲の間にある限り）たとえ私達が 10：6 以外のどのような交易比率を選んでも、同じことが当てはまり、裕福になる。

　5．貿易は*間接的生産*(indirect production) である。貿易は効率的生産でもある。効率的生産

は非効率的生産よりも常によい。（読者は貿易による利益が産業間の*相対的賃金率(relative wage rates)*と全く関係がないことに注目すべきである。自由貿易の下では、それぞれの国の賃金は、自国の輸出産業の高い生産性の水準へと上昇する傾向がある、だが輸入産業の低い効率の水準へと低下する傾向はないのである。）

最終的価格比率の正確な決定

　交易条件は二つの国の国内費用比率の間のちょうどどこに決まるのか。比較生産費説の提唱者であると普通みなされているイギリスの経済学者であるディビッド・リカード[2]は、この論点にちょうど辿り着いたが、この論点以上には進めなかった。彼と密接な関係があった彼の信奉者の一部は、ばかげたことに、「私達はこの均衡比率として二つの国の費用比率の間の差を 2 で割る、つまりこのケースにおいて 10 : 5.5 を選ぶ」[3]と言った。

　現実には、（スミスとリカードの後の）第 3 番目の偉大な古典派経済学者であるジョン・スチュアート・ミルがリカードの少し後に示したように、*二つの費用比率の間にある交易条件の正確な最終水準は、それぞれ二つの商品への、世界の需要と供給の強さによって決定されるであろう*。もし人々が食料と衣服の実現可能な供給量と比較して食料を強く望んでいるならば、価格比率は 10 : 8 という上方の水準の近くで決定されるであろう。もし衣服が両方の国によって多く需要されるならば、価格比率は 10 : 3 の近くで決定されるであろう[4]。

　ミルは私達の競売人が言わなければならないことを言ったのである。ミルは、*それぞれの実現可能な価格比率での需要量と供給量を示す表*[5]を作成した。つまり、それぞれの価格比率で、どれだけの食料をアメリカは輸出することを望み、どれだけの食料をヨーロッパは輸入することを望むのか、そして同時に、アメリカが輸入しようとする衣服の量と比較して、どれだけの衣服をヨーロッパは輸出しようとするかを示す表を、ミルは作成した。二つの国の費用比率の中間の一つの、しかも（普通）ただ一つの、価格比率においてのみ、輸出と輸

　2)　David Ricardo, *Principle of Political Economy and Taxation*, Chap.Ⅶ,1817.（ディビッド・リカード著、小泉信三訳『経済学及び課税の原理』岩波書店 1928 年。）

　3)　あるいはこれらの信奉者の一部は、私達に 10/3 と 10/8 の間の中間の値を、つまり 110/48[*17] あるいは 10 : 4.5⁵⁄₆ をよく言った。しかしこれら二つの答えとも同様に誤りである。

　4)　また、もしアメリカがヨーロッパと比較してきわめて小さいならば、それゆえアメリカの供給量が市場にほとんど "影響" を与えないならば、価格比率はほぼ 10 : 8 にとどまるかもしれない。アメリカは、このとき食料に特化して、衣服を輸入しているかもしれない、しかしアメリカの食料輸出品の総量はきわめて少ないので、ヨーロッパはかなりの食料をなお自国で生産しなければならないであろう。このことは 10 : 8 の価格の近くでのみ実現する。アメリカは、このケースにおいて、国際貿易によるほとんどすべての利益を得る。大きな（生産条件の異なる）隣国があることは利益になる。

　5)　この表は、例えば、食料の価格を貨幣単位(money terms)で示しているのではなく、物々交換単位(barter terms)で、つまり、衣服単位 で示している事実についてのみ、第 19 章で見た小麦、お茶、あるいは自動車に対する通常の需要表および供給表とは異なる。同様に、食料と引換えに提供されるのは、貨幣でなく衣服である。アメリカが食料を供給し、他方ヨーロッパが食料を需要すると言うことができる、あるいは全く同様に、アメリカが衣服を需要し、他方ヨーロッパが衣服を供給すると言うこともできる。

入は一致する。この均衡価格では、輸出と輸入は量的にだけでなく質的にも"ちょうど一致するのである"（つまり同じになるのである）。競売人とミルはやれやれと胸をなで下ろし、その後好みあるいは技術が変化するまで貿易はいつまでも続くであろう。

　数値に関するする問題に対し、均衡交易条件比率(the equilibrium terms-of-trade ratio)が 10：6 であると仮定する。この比率は、アメリカの貿易前の国内費用比率よりも、ヨーロッパの貿易前の国内費用比率に少し近い。アメリカの人々は自国の生産を完全に食料に集中させる。図 3 において、アメリカの生産点(production-wise)は A である。しかしアメリカは 10：6 で自由に貿易できるので、自国の古い生産可能性曲線によって限界を定められない。貿易を行うことによって、アメリカは、あたかも*有益な発明が行われた*かのように、一点鎖線 AK' 上を今動くことができる。アメリカは貿易によって潜在的に裕福になっているのか。確かにアメリカは裕福になっている。

　アメリカの新たな*消費可能性*曲線と呼ぶことができるこの一点鎖線上でのちょうどどこで、アメリカは止まるかは、アメリカの国内価格システム(internal price system)の作用によって決定される。アメリカの国内価格システムは、40(百万)単位の食料と 36(百万)単位の衣服を消費する点 H' で、アメリカに止まるようにさせると想定している。矢印を付けた破線はアメリカの輸出量(＋)と輸入量(－)を示している。

　このすべてのことを、表 3 のアメリカの横列においてまとめている。この重要な表を完全に理解すると比較生産費説を理解できるので、この表を十分注意深く見るべきである。

　特化と貿易の結果、アメリカは裕福になっている。アメリカは消費できる一層多くの食料と一層多くの衣服を得ている。同じことはヨーロッパについても当てはまる。何もないところから何かを得ているように思われる魔術は、何であるのか。アメリカとヨーロッパの横

図 3　国際貿易後のアメリカ

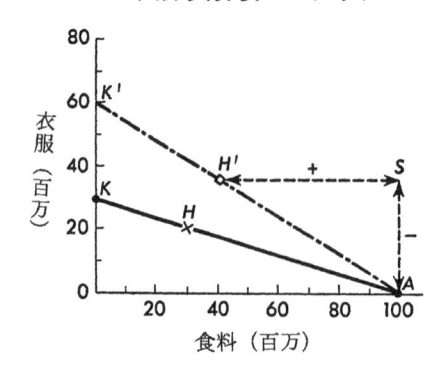

　太線 AK はアメリカの国内生産可能性曲線を示している。アメリカが 10：6 の価格比率で自由に貿易でき、この結果 (A で) 食料生産に完全に特化することを決定した時、太い一点鎖線 AK' はアメリカの新たな消費可能性曲線を示している。A から S への矢印を付けた破線と S から H' への矢印を付けた破線は、アメリカの輸入量(－)と輸出量(＋)を示している。自由貿易の結果、アメリカは以前の H においてよりも H' において最終的に 2 財とも一層多く得る。

表3 比較優位による特化と貿易の利益を示す一覧表（すべてのデータは100万単位）

	衣服と食料の価格比率	食料の生産量	食料の消費量	食料の輸出量(+)あるいは輸入量(−)	衣服の生産量	衣服の消費量	衣服の輸出量(+)あるいは輸入量(−)
			貿易前の状態				
アメリカ	10 ： 3	30	30	0	21	21	0
ヨーロッパ	10 ： 8	50	50	0	80	80	0
世界	なし	80	80	0	101	101	0
			貿易後の状態				
アメリカ	10 ： 6	100	40	+60	0	36	-36
ヨーロッパ	10 ： 6	0	60	-60	120	84	+36
世界	10 ： 6	100	100	0	120	120	0
			貿易からの利益				
アメリカ	—	—	+10	—	—	+15	—
ヨーロッパ	—	—	+10	—	—	+4	—
世界	—	+20	+20	—	+19	+19	—

列の合計を示している世界と表示している横列は、その答を与えている。*二つの商品の世界の生産量は特化と貿易によって増加しているからである。*

　実際、第2番目の世界の横列は、競売人が最も関心を持っているデータを与えている。競売人は、この第2番目の世界の横列で示している次の二つの事実によって、均衡が実現していると確信する。つまり、(1)それぞれの生産物の世界の消費量は、もし輸送によって少しも失われることがなければ、世界の生産量にちょうど等しい。また、(2)それぞれの国が輸出しようとする量はもう一つの国が輸入したい量とちょうど一致している。それゆえ、10：6の価格比率は適切な価格比率なのである[6]。

　このことは比較優位についての私達の説明を完全なものにする。読者は、図3にアメリカについてすでに描き入れたすべてのことを、図2にヨーロッパについても描き入れてみることによって、自分の理解が完全かどうかを点検できるに違いない。貿易によって可能になるヨーロッパの新しい消費可能性線は、なぜ縦軸の点Dを中心に回転するのか。図3に描き入れたのと同じ様な、輸出量(+)と輸入量(−)を示すSへの矢印の付いた線を描き入れてみよ。ヨーロッパの矢印の付いた線はアメリカの矢印の付いた線とぴったりと一致する、しか

---

6)　競売人は、それぞれの頁に異なる価格比率に対応する表があり、このような表でいっぱいの一冊の本を作ることができるであろう。しかし、ある一つの価格以外のすべての価格では、輸出量と輸入量の代数学による合計が同じにならないので、ただ一つの頁のみが適切な頁である。例えば、10：7の価格比率では、アメリカが衣服を輸入しようとする量はヨーロッパが衣服を輸出しようとする量を上回る。世界は全体として衣服を生産するよりももっと多く消費しようとする。競売人は、取り崩す在庫を持っていないので、衣服の一層高い価格の頁をめくらなければならない。適切な頁では、価格比率は均衡価格比率であり、輸出量と輸入量は一致する。

し符号は反対であることに注意しよう。輸出と輸入のこの数量の一致は均衡ではなぜ必要であるのか。

要約

1. もし二つの国の生産条件が異なり、一つの商品をもう一つの商品に変換する費用が異なるならば、これら二つの国の賃金水準が異なっているかどうかに関係なく、2 国が貿易することは、明らかにこれら二つの国のそれぞれに利益になる。それぞれの国は、生産が相対的に最も効率的である商品に特化する。一つの国において生産可能であるが比較劣位にある商品も、もちろんその国の消費者によってかなりの量必要とされる。しかし問題になっているこの国は、この比較劣位の商品の国内での*直接の*生産から資源を引き揚げ、引き揚げた資源を優位が最大である部門に投入することが、一層効率的になることに気づくであろう。優位が最大の部門に転換した資源によって作った輸出品を、問題の比較劣位の部門で必要とされている商品と、国内での生産よりももっと有利に貿易によって交換できる。この意味で、このように転換した資源は、必要とされている商品を*間接的*に作り出していると考えることができる。もし自社内でいくつかの財を外部の企業と同じ様に安価に生産できないならば、外部の企業からこれらの財を買っている利益に敏感なすべての営利企業と同じ様に、比較優位に従っている国は行動しているにすぎない。

2. 国際取引においては、一つの国はもう一つの国を犠牲にして利益を得ない。互いの国が貿易によって利益を得る。すべての国々は利益を得る。世界の総生産量が比較生産費説に基づく国際分業(international specialization)によって増加するので、すべての国々が利益を得ることは実現する。

3. これらの貿易による総利益が関係国間でどのように分配されるかは、正確には需要－供給の相互作用の状態によって決定される。最終的交易条件、つまり最終的価格比率が二つの国の異なる国内費用比率の範囲内のどこかで決定される、と確かに言うことができる。だが、この最終的交易条件が、ある一つの国の元の費用比率の近くで決定され、このため大部分の貿易の利益を二つの国の内のもう一方の国が得るかどうかを、貿易前に言うことはできない。

さらに、生産物への好みと技術が変化するとき、交易条件は特定の国に有利になるかもしれないし、不利になるかもしれない。例えば、第 1 次世界大戦後、農産物の過剰供給は、発展途上国であり、また債務国でもあった世界の農業国に対して、交易条件を不利にさせた。交易条件が不利になることは不況においての特徴を示している。逆のことは、普通景気の好況期と活況期において当てはまる。近年の戦後期においては、すべての食料品購入者が苦々しく思っていることであるけれども、交易条件は農業に強く有利になっている。

議論のための質問

1. 合衆国が輸出しているかあるいは輸入しているいくつかの生産物を挙げなさい。合衆国は他のどのような国々と大きく関係していますか。

2. 「一つの国が、もし一つの商品を自国で生産するよりも外国からその商品をもっと安く買うことができるならば、外国からこのような商品を買うことはこの国の利益になる。」このことは比較優位説に適合していますか。

3. 比較優位説が意味していることを1頁で述べなさい。

4. あなたはこの比較優位説を国内での人々の間での取引にどのように適用しますか。

5. 新たな最終的価格比率つまり最終的交易比率が、10:6ではなく10:5であり、また、アメリカが35単位の食料を最終的に消費することになると仮定して、表3を書き直しなさい。

6. ジョン・スチュアート・ミルは、デェイビッド・リカードの国際貿易の理論に、正確には何を付け加えましたか。

7. 「もし二つの商品を上回る商品があるならば、あるいは二つの国を上回る国があるならば、比較優位説全体を捨てなければならない。」議論しなさい。

8. 次の二つの主張の内のどちらが全く誤っていますか。

a.「たとえ合衆国が、チェコスロバキヤよりも少ない労働時間と資本時間(capital hours)によって、すべての生産物を生産できるとしても、やはり貿易することは両国に利益になる。」

b.「たとえ合衆国が外国から輸入するよりも少ないドルですべての生産物を生産できるとしても、(もしいくつかの商品が他の数多くの商品よりも相対的に高い輸入価格である場合にのみ)貿易することはやはり合衆国には利益になる。」

これら二つの主張はどのように異なりますか。比較生産費説との関係でアメリカと外国での実質賃金についての説得力のある主張とは、どのようなことを意味しますか。

9. 多角主義と双務主義を比較しそして評価しなさい。

10. 最も簡単な比較優位説を現実に適用するために必要ないくつかの留意事項を挙げなさい。

11. 合衆国は、自国の失業を逃れるために、なぜ国際貿易を行わないということがあってはならないのですか。

第 23 章への付録

比較優位説適用のためのいくつかの留意事項

これまでの議論において行ったいくつかの過度の単純化を取り除くとき、何が起こるかを今きわめて簡単に示さなければならない。議論の結果によれば、基本的には変わりはなく、また、細かな部分が変わっても普通あまり問題にならない。

多くの商品と多くの国々

最初に、今まで食料と衣服という二つの商品のみを考えることによって、議論を簡単にしてきたことに注意しよう。明らかに、食料は多くの異なる品目（牛肉、牛乳、等）を示しており、同じことは衣服についても当てはまる。さらに言えば、国際貿易を行うことができ、また行っているきわめて多くの商品を考えるときでも、交易の利益は同様にきわめて大きいのである。

国際貿易の上級の教科書において示しているように[7]、二つの国において生産できる多くの商品が存在するとき、これらの多くの商品を相対的優位つまり比較生産費に従って順に並べることができる。例えば、自動車、亜麻、香水、腕時計、小麦および毛織物のような商品を、次の比較優位の順に並べることができる。

アメリカ ←——┼————┼————┼——┼————┼————┼——→ ヨーロッパ
小麦　　自動車　　亜麻　腕時計　毛織物　　香水

この順番は、アメリカでは小麦の費用が他のすべての商品と比較して最低であり、他方、ヨーロッパでは、香水が最大の比較優位にあり、腕時計については比較優位があまり大きくないこと、等を意味している。

最初から、次の一つのこと、つまり、貿易の開始がアメリカに小麦を生産させ、他方ヨーロッパに香水を生産させることは確かである。しかし貿易の分割線はどこにあるのであろうか。自動車と亜麻の間であろうか。それとも、アメリカは亜麻を生産し、他方ヨーロッパは腕時計、毛織物および香水の生産に限るのであろうか。それともこの分割線をこれら二つの商品の間であるよりもむしろこれらの商品の内の一つの上で引くのであろうか、それゆえ、例えば、亜麻を同じ時に両方の国で生産するのであろうか。

読者は、この答が異なるいくつかの商品への国際的需要の相対的強さによって決定されるのを知っても、驚かないであろう。もしこれらの商品を比較優位の順に並べた数珠玉とみ

---

7) 例えば G. Haberler、*Theory of International Trade*, The Macmillan Company, New York, 1937.　（G・ハーバーラー著、松井清・岡倉伯士訳『国際貿易論』（上、下 2 巻）有斐閣、1937 年。）

なすならば、総需要と総供給の状態が、どこでアメリカによる生産とヨーロッパによる生産の間の分割線を引くべきかを、決定するであろう。このとき、例えば、自動車と小麦への需要の増加は、交易条件をアメリカに有利に変え、私達を大いに裕福にするので、私達自身で生産していた亜麻を生産し続けることは、もはや私達には利益にはならない。だが、アメリカの砂漠で亜麻を栽培することを可能にする科学技術の新たな発見は、これら異なる商品の比較優位の順位を変え、特化と貿易のパターンを変える可能性がある[8]。

8) 商品についてのこの比較優位の順位を、次の表の数値によるデータから導いている。これらのデータを上級の読者の関心を満たすためにのみ示しており、これらのデータはこれまでの議論と全く関係がない。以前と同様に、どのような商品の生産費用も、貨幣単位あるいは労働単位で計測する必要はなく、ある一つの商品の生産費用を"基準にした"それぞれの商品の相対的生産費用で計測しさえすればよい。このとき、どのような商品の生産費用も基準となる商品の生産費用との比率によって置き換えることができる。私達は二つの国でのすべての商品の生産費用を、毛織物の生産費用を基準にして計測することを選択していると仮定しよう。なお毛織物(woolens)はアルファベットでは最後の w になるので、毛織物を任意に選んでいる。このとき私達のデータを次の表の様にアルファベット順に並べることができる。

財	アメリカの毛織物の費用を基準にした、アメリカの費用比率	ヨーロッパの毛織物の費用を基準にた、ヨーロッパの費用比率	アメリカの生産費用を基準にした、ヨーロッパの比較生産費
自動車(Automobiles)·····	1,000	3,000	$\dfrac{3,000}{1,000}=3.0$
亜麻(Flax)···········	0.8	1.6	$\dfrac{1.6}{0.8}=2.0$
香水(Perfumes)········	5.0	3.0	$\dfrac{3}{5}=0.6$
腕時計(Watches)·······	50	75	$\dfrac{75}{50}=1.5$
小麦(Wheat)··········	0.2	0.8	$\dfrac{0.8}{0.2}=4.0$
毛織物(Woolens)·······	1.0	1.0	$\dfrac{1}{1}=1.0$

この表は、アメリカにおいて人々は1台の自動車を得るために 1,000 単位の毛織物の生産をやめなければならないこと、他方、ヨーロッパにおいては、1台の自動車の費用が 3,000 単位の毛織物の生産を犠牲にすることを意味している。それゆえ、ヨーロッパでの自動車の比較生産費(comparative cost)は、アメリカでの3倍であり、さらに、その他すべての商品の比較生産費についても同じ様に示すことができる。

明らかに、ヨーロッパの生産費の相対的優位は、香水において最大であり、小麦において最小であ

多くの商品を導入することによる複雑化は、ここで終える。多くの国々についてはどうなのか。ヨーロッパとアメリカは全世界ではない。しかもヨーロッパとアメリカでさえ多くの異なるご存じの独立国家あるいは州を含んでいる。

　多くの国々を含めても、私達の分析を変える必要はない。アメリカが貿易するどのような他の国々も、"世界の他の国々"として一つのグループに一まとめにすることができる。貿易による利益は国境だけと特に関係があるのではない。すでに展開した原理を、国々のいくつかのグループの間にも、また現実に、同じ国の中での地域間にも適用できる。実際、この原理を、合衆国とカナダの間での貿易よりも、私達の北部諸州と南部諸州の間での交易にもっと適用できる。

　純粋な経済的厚生の観点から、"バイ・アメリカン"(Buy American)というスローガンは、"バイ・ウイスコンシン"、あるいは"バイ・オシュコシュ"(Oshkosh)（ウイスコンシン州）、あるいは"バイ・南オシュコシュ"（ウイスコンシン州）というスローガンと同様にばかげている。合衆国の大繁栄の要因の一部は、私達の広大な 48 州内に制限的関税(restrictive custom duties)が存在せず、このため私達が世界最大の自由貿易圏を形成している幸運な事実によって生じているのである。

　さらに、多くの国々が存在することよって発生する次の一つの新しい面もある。アメリカは、ヨーロッパと間接的に貿易することがきわめて有益であることに気づくかもしれない。アメリカは、自動車のような完成商品を含めて、ヨーロッパに大量の商品を売っている。アメリカはヨーロッパからあまり商品を買っていない。しかし、アメリカは東インドからゴムおよびその他の原料を買っている。次に、東インドはアメリカから普通商品を買っていない。しかし、東インドはイギリスから衣服およびその他の商品を買っている。それゆえ、私達は、次の図で示しているような、きわめて有益な三角貿易(triangular trade)を実現している。

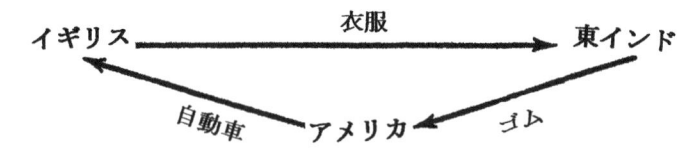

矢印を付けた線は輸出品の主な方向を示している。

　もしすべての国々が双務貿易協定(bilateral trade agreements)に互いに署名しようとするならば、それゆえ、もし東インドがアメリカの東インドからの輸入額と等しい額をアメリカから買わなければ、アメリカも東インドから買うことができないしまた買おうとしないなら

　　る。これまでの本文で示したように、中間に、いくつかの商品を順に並べることができる。最後の右の縦欄でのいくつかの数字がほとんど 1 よりも大きい事実は、ヨーロッパの効率が劣ることを示しておらず、私達が費用を表示する基準となる共通の分母として毛織物を選んだという偶然の事実から生じている。もし小麦あるいは腕時計を選んでいたならば、反対のことが事実となっている、しかし私達の結果のどれも（（インチをフィートあるいはヤードに変えるような）"尺度単位"を除いて）、少しも違ったものにならない。

ば、何が起こるであろうか。さらに、すべての2国間について同じ様であるならば、何が起こるであろうか。全く明らかなことであるが、貿易は激しく減少する。輸入額は輸出額と一致する、しかし輸入額と輸出額のどちらか一方の低い方の水準においてである。すべての国は生活が悪化するであろう。

　世界の多角貿易という有益な国際間の形態を示している図4は、双務主義がすべての国々にいかに悲惨であるかを、明らかにしている。

図4　1938年での貿易収支の輸出額と輸入額の大きな方向を示している多角貿易のシステム

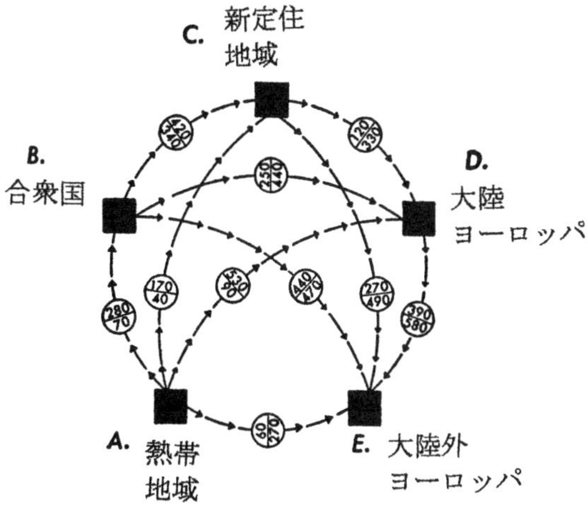

出所：国際連盟

費用逓増

　2国と2商品に再び戻って、私達は費用が一定であるという仮定を外すことに取りかからなければならない。図1、図2および図3の生産可能性曲線は、第2章において示したように、現実には凸の形に曲がっているに違いない。それぞれの国について、生産物1単位当たり費用が一定である図で示すことはもはや可能ではない。

　アメリカは、全体としてヨーロッパよりも食料生産のための良い条件を与えられているとしても、大量の食料を生産した後では、一層多くの食料のための費用はヨーロッパの費用を超え始めるであろう。ヨーロッパでは、アメリカとの競争が衣服と比較して食料の価格を激しく引き下げた後でも、わずかであるが良い土地は、食料生産においてアメリカに引けをとらない。同様に、国際貿易が均衡水準に到達した後でも、アメリカでは低い費用で生産できる最初のわずかな量の衣服生産は続くであろう。しかし、アメリカでは、衣服生産を一層拡大しようとするどのような試みも、一層高い追加的費用を生じさせ、衣服生産の競争力を失わせるであろう。

私達は、国際貿易において費用逓増によって必要となるいくつかの修正すべき点を、次のようにまとめることができる。

　　　国際貿易の結果、それぞれの国は、費用逓増を考えない以前と同様に、最大の比較優位がある商品に特化するであろう。それぞれの国は、もう一方の貿易相手国の余剰の輸出品と交換に、最大の比較優位があるかなりの量の商品を輸出する。しかし費用逓増のために、特化は必ずしも完全に行われるとは限らない。つまり、比較優位がない商品でさえ、生産量がわずかな時には、競争できる十分に低い費用の状態にあるかもしれないので、比較優位がある商品も比較優位がない商品も両方ともいくらかは、どちらの国でもやはり生産されるかもしれない[9]。

9)　大部分の学生は多分図 5 を飛ばした方がよいけれども、幾何学による分析に関心がある読者にとっては、図 5 は役にたつ。図 5 は費用逓増が始まるときの貿易前と貿易後のアメリカの状況を示している。生産可能性曲線は今凸である。国際貿易が行われる前には、アメリカは×印を付けた点 H において生産しそして消費している。国内価格比率は 10：3 である。またこの国内価格比率は、（H において）少し食料を手放すのと引換えに、もう少し多くの衣服を得ることができる二つの財の追加的費用の比率にちょうど等しい。この比率を H での AK 曲線の傾斜によって示している。
　　貿易後、二つの国での共通の価格比率が 10：6 になるとき、アメリカの生産は、衣服が一層少なくなるが、衣服の生産を全く止めるわけではない B に移る。新しい生産点 B でのこの曲線の傾斜（つまり食料の追加的費用に対する衣服の追加的費用の比率）が 10：6 であるので、つまり二つの国に共通な国際価格比率にちょうど等しいので、競争の結果アメリカの国内生産は新しい生産点 B に移る。この B でのみ、（10：6 の価格比率でウエイトを付けた）アメリカの国民生産物の金額は最大になる。

図 5　収穫逓減あるいは費用逓増の下での国際貿易

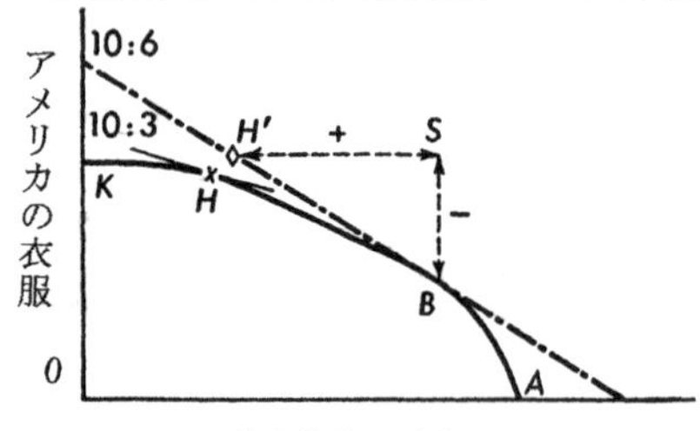

アメリカの食料

　　一点鎖線の直線はアメリカが貿易の結果得る新しい消費可能性曲線を示している。競売人は、アメリカに、10：6 の比率で食料と引換えにちょうど望む量の衣服を与える自由に貿易できる価格を付けているので、新しい消費可能性曲線は曲がっているのではなく、まっすぐである。需要と供給によって決定される消費の最終水準は点 H' によって与えられる。以前と同様に、矢印を付けた線は輸出量と輸入量を示している。
　　やはり貿易による利益が存在する。しかし、収穫逓減と費用逓増のために、以前と同じほど大きく特化は行わず、また以前と同じほど大きな利益も得られない。一層多くの貿易が行われない均衡点では、二つ国での相対的（追加的つまり“限界”）生産費用は、二つの国に共通な価格比率 10：6 に等しいことに注目しよう。

労働およびその他の生産要素の移動に一部代わるものとしての国際商品移動

第 2 章で述べた費用逓増の法則が存在するケースを明らかにしたので、二つの国の中での収穫逓減の法則の意味も調べなければならない。

国際貿易が行われると、ヨーロッパでは資源は食料生産から衣服生産へと移る。衣服は、比較的多くの労働を必要とし、土地をあまり必要としないので、ヨーロッパでは土地不足による人口の圧力は弱まる。土地は相対的にあまり大切ではなくなる。地代は賃金と比較して下落する。アメリカでは、貿易後その反対のことが起こる。つまり、労働をあまり使わずに土地を大量に使う食料生産に力を注ぐことは、賃金と比較して地代を引き上げる。

すべてのケースにおいて、商品の自由な国際移動は、生産要素の自由な国際移動によって発生する影響と部分的に同じ様な影響がある。労働のヨーロッパからアメリカへの移動は、アメリカでの労働の不足とヨーロッパでの土地の不足を軽減するのとちょうど同じ様に、衣服のヨーロッパからアメリカへの移動と食料のアメリカからヨーロッパへの移動は、それぞれの国で、過度に豊富な生産要素の豊富さを減らし、また不足している生産要素の不足を減らす。

商品貿易が現実にすべての国においてあまり豊富でない生産要素の不足を部分的に軽減する、と最も明確に強調した人物は、スウェーデンの経済学者でありまた財政の専門家でもあるオリーン(Ohlin)（ウリーンとも発音する）である[10]。彼は古典派の比較生産費説に次の重要なことを付け加えた。つまり、

> *国々の間での労働と資本の自由な移動は、賃金とその他の生産要素の価格を等しくさせる傾向がある。しかし、国境を越える生産要素の移動が少しもなくても、国際貿易による商品の自由な移動によって、いくつかの生産要素の価格は（必ずしも完全でないが）部分的に等しくなるであろう。*

それゆえ、国際貿易は、イギリスの国民生産物を増やすけれども、同時に特定のいくつかの集団の分け前をかなり減らし、これらの集団の生活が悪化することは明らかである。例えば、1 世紀前に、保守党(the Conservative party)あるいはトーリー党(the Tory party)の中枢部を構成していたイギリスの大地主は、自分達の集団の利益のために、1846 年にイギリス穀物法(the English corn law)に基づく関税の有名な撤廃に反対した。しかし、これらの大地主は、輸入穀物への保護関税を維持するための最後の必死の闘いを行い、不成功に終わったからといって、必ずしも考えないで行ったのではなかったのである。

---

10)　Bertil Ohlin, *Interregional and International Trade*, Harvard University Press, Cambridge, 1933.（B・ウリーン著、木村安重訳『貿易理論－地際および国際貿易－』ダイヤモンド社、1970 年。）

費用逓減と国際貿易

　もし大量生産の経済が大きく広がるならば、生産量が拡大するにつれて費用は減少するかもしれない。このことは商品の国際取引の支持への主張を大いに強めるであろう。実際、（比較生産費の違いに加えて）費用逓減は、なぜ特化と貿易が利益になるかを説明する第2の大きな要因である。それは次の理由による。つまり、第3章で論じたように、広大な市場が存在するときには、大規模な特化は最も有益である。現実に、2国間に比較生産費の違いがなくても、収穫逓増あるいは費用逓減の下にある二つの商品の内のそれぞれ一つを、どちらの国が生産するか硬貨を投げて決めることは、二つの国にとって利益になる。完全な特化は両方の商品の世界の生産量を増加させるからである。

　一卵双生児でよく似ていても、大量生産による効率の恩恵を受け取ることができるためには、分業することが利益になると気づく、2人のアメリカ先住民の双子についての第3章での私達の例によって、収穫逓増あるいは費用逓減の下での特化の利益を、示すことができる。

　さらに、費用逓減の下では国際貿易には現実にきわめて有益な一つの面がある。特にこのような費用逓減の状況の下では、競争は、弱くなり、独占あるいは独占的競争に代わる可能性がある。保護関税は、外国との競争を排除することによって、独占企業の立場を強くするのに役立つにすぎない。このことを、"関税はトラストの母である(The tariff is the mother of trusts)"という古くからの言葉の中で確認できるのである。自由な国際貿易は、しばしばこのような独占の地位を弱める効果的で、効率的方法である。

貿易の一つの理由としての好みあるいは需要の違い

　国際貿易を支持する次の二つの理由を、これまでに述べてきた。つまり、(1)地域間での比較生産費の違いと(2)費用逓減である。議論を完全なものにするために、明らかに貿易を支持できる第3番目の考えられる理由を述べることができる。たとえ二つの国で費用が同じでありさらに逓増しているとしても、貿易は*好みの違い*の結果行われるかもしれないのである。

　例えば、ノルウエーとスウエーデンがそれぞれほぼ同じ量の魚を獲りそして肉を生産することは、両国にとって採算が合っているかもしれない。だが、もしスウェーデンの人々が魚を大いに好み、他方ノルウエーの人々が肉を大いに好むならば、ノルウエーからは魚、他方スウエーデンからは肉という両国にとって有益な輸出が行われるであろう。

　両国の人々は貿易によって恩恵を得る。ジャック・スプラット(Jack Spratt)が脂肪の多い肉を妻の脂肪の少ない肉と交換するとき、二人の満足の合計が増加するのとちょうど同じ様に、貿易によって両国の人々の満足の合計は増加する。両国の人々は交易によってかなりの"消費者余剰"を得るのである [11]。

---

　11)　二つの財について同じ量を所有しまた好みが同じである2人でさえ、時たま取引するかもしれな

輸送費

　ここまで、私達は輸送費の問題全体を無視してきた。嵩が大きくまた腐りやすい商品を移動させる経済的費用は、地域間での特化による利益を減らす。この輸送費の影響は、人為的な制限的関税法の議会での可決によって発生する影響に似ている。次章で議論するように、これらの輸送費と関税による多くの影響は国の経済的厚生を減らす。輸送費の場合には、この悪影響を避けることができない、他方、地域間貿易への保護関税あるいは人為的障壁は、明らかに人間に責任がある。

い。0.2 ガロンのライウイスキーと 0.2 ガロンのジンをそれぞれ保有する 2 人の水夫は、硬貨を投げて、どちらが 0.4 ガロンのジンを得、どちらが 0.4 ガロンのライウイスキーを得るかを、決定するかもしれない。読者は同じことがなぜニシンとチョコレートについては当てはまるが、コーン・ビーフとキャベツについては当てはまらないかを、考えてみるべきである。この交換の第 4 番目の理由は、主として、珍しい品物(a curio)であるので、まとめて持っておくと価値があるかもしれないためである。

第24章　関税による保護と自由貿易の経済学

　神が存在するかどうかを、一方において肯定の主張の数全体と他方において否定の主張の数全体を数えることによって、（その後数の多い主張の方に）決めようとすることはばかげている。関税による保護への主張を、重要さが同じでない保護支持への主張の数と保護反対への主張の数を単純に数えることによって、判断することも同様にばかげている。

　実際、自由貿易あるいは一層自由な貿易に賛成への重要なただ一つの次の主張がある、しかしこの主張はきわめて力強い。つまり、*貿易を妨げないことが、相互に利益になる国際分業を促し、すべての国々の潜在的実質国民生産物を大いに高め、さらに地球全体での一層高い生活水準を可能にするという主張である。*この主張を前章で詳しく述べた。

　外国からの輸入品との競争に備えての強い保護支持への主張には多くの異なる形態がある。これらの主張を次の 3 種類に分けることができる。つまり、(1)経済的には明らかに誤っている主張であり、その主張の誤りの一部は、きわめて明らかであり、またよく分かるので、まじめに議論する必要がほとんどない。しかしその主張の誤りのその他の部分を、私達は緻密な経済的検証によってのみ発見できる。(2)"古典派の"静学的完全雇用の世界においては正しくないが、不完全雇用の世界と今後の経済発展を考慮した世界においては、いくらかの正しさがある保護支持への 2、3 の主張である。(3)最後に、明らかに経済的に効率的でないいくつかの活動を支援するために、経済的厚生を犠牲にすることが望ましい国家政策であるとみなすいくつかの非経済的主張である。

いくつかの非経済的目標

　保護支持への最後の(3)の主張を最も簡単に論じることができるので、この主張から始めてみよう。もしあなたがディベートチームの一員であり、保護貿易を擁護する立場を指定されるならば、最初に経済的厚生が世の中の唯一の目標でないと認めることによって、恐らく自分の立場を強くしようとする。政治的考慮も重要である。例えば、将来戦争が起こることを恐れて、大きな犠牲を払ってでもいくつかの活動部門を、一部自給自足にすることは必要であるかもしれない。

　一つの例は合成ゴムの生産である。たとえ工場の建設費用を、第 2 次大戦の軍事支出の一部であるとして帳簿から抹消できるとしても、今のところ、石油あるいはエチルアルコールから、ゴム 1 ポンドを例えば 15 セント以下で生産できるかどうかは疑わしい。戦後最初の数年間、ゴムへの世界の需要はきわめて大きく、合成ゴム生産の 1 単位当たり可変費用を上回るようにゴムの価格は維持できている、それゆえ合成ゴムと天然ゴムの両方ともゴム産業は生産し続けるであろう。しかし、もしゴムの価格が最終的に下落するならば、そのときどのようになるのか。大恐慌の間、ゴムの価格は東インドでは 1 ポンド約 2、3 セントに下落した、それでもゴムの供給品は現れていた。合成ゴムは、特有の物理的特性のために、き

わめて高い価格であってもいくつかの特定の用途に常に使われ続けるけれども、明らかに、合成ゴムが価格の低さによって天然ゴムを打ち負かすことは、まだありえない。

それゆえ、合成ゴムの生産能力が国防のために必要であると考えるのであれば、さらに、この生産能力の必要量を、自由貿易の下では確保できないならば、国家政策はこの産業への保護に反対することであると、経済学者は主張できない。しかし、経済学者は次のように主張できる。合成ゴムの国内生産への*補助金*が、合成ゴムの国内価格を消費者に国内費用まで引き上げるのではなく、国際価格へとおそらく引き下げるのであれば、さらに、この補助金が、国防の総費用がどれだけであるかを明確に示し、合成ゴム産業への補助金が価値あることであるかどうかを、公衆にうまく決定できるようにさせるのであれば、国内生産への*補助金は*関税よりも望ましい[1]。

アメリカの商船を助成しようとするこの国の政策の問題は、同じような問題である。疑いなく合衆国は、商船隊を作りそして運営することに比較優位がない。アメリカの船員が、船員組合を通じてかあるいは独力で、デトロイトの工場での労働者の生活水準と賃金に少しでも似たものを獲得することに固執するとすぐに、アメリカの商船会社は、イギリス、オランダ、日本およびノルウェーの商船会社と競争できなくなる。もし私達が（遠洋航海をして戻ってくるという）アメリカの"栄光に満ちた海運業の伝統"を重要視せず、経済的厚生だけを考えるならば、正しい政策は明らかである。もしアメリカが工場生産において比較優位があるならば、人々を実質生産性が高いデトロイトの工場に働きに行かせよう。アメリカの国際貿易は、他の国の貨物船がアメリカの商品を運んでも、支障をきたさないであろう。

しかし、もしアメリカの国防のために大規模な商船隊を必要とするならば、話は別である。郵便貨物への補助金(mail subsidies)と第2次大戦の間に建造された船の造船費の負債の帳簿からの完全な抹消は、この場合には正しいかもしれない。さらに、リバティー型貨物船(Liberty ships)の耐用年数を数年間引き延ばす改修への補助金も、同様に効果があると考えることができる。さらに戦時の労働力に関する限り、商船の船員を、水兵および陸軍兵士とちょうど同じ様に、軍隊が募集しそして訓練してはいけないという説得力のある理由はないように思われる。

特に軍拡競争が国際的不和の*原因*でもありまた結果でもあるので、平和時に国防にどれだけ支出するべきかを決定する問題は、常にやっかいな問題である。経済学者はこの問題に助言できる特別の能力を持っていないと断言できる。だが、経済学者は、民間企業の私的な経済的利益がしばしば国防という主張の背後に隠れており、また、民間企業が国防の観点から経済的に非効率なプロジェクトを正当化しようとする、と指摘できる。さほど確信してではないが、経済学者は、相互に利益になる国際貿易が国際的相互理解と国際協調を促すのに

---

1) さらに、経済学者は、長期的国防の観点から、非効率なゴムの設備を単に稼働し続けるよりも、ゴムの備蓄の維持の方が、もっと費用が低くまたもっと効果があるかどうかを、さらに、ゴムの基礎科学の研究と試験的生産設備の運転への比較的少額の政府の補助金の方が、はるかに効果があるかどうかを、問題にするかもしれない。

役立つことができたけれども、貿易への政治的干渉が過去において戦争を避けられなくした摩擦を何回か引き起こした、と指摘できる。

　最後に、検討する価値がある保護支持へのその他のいくつかの非経済的目標も、示しておくのが良い。社会は、田園生活にはかなりの特別な尊さがある、つまり、"たくましい自作農民あるいはしあわせそうな小作農民"の生活様式を、維持することにかなりの価値がある、と感じているかもしれない。（このような情景のすばらしさを熱く語っている大部分の人々は、これまでに田園で生活したことがあるのかは疑わしい。）あるいはいくつかの集団は、田舎では都市よりも出生率が高いので、田舎の生活を勧める価値があるとする点で、ソビエト連邦および教会と意見が一致するかもしれない。あるいは、人口が集中している東部の海岸地域の都市への原子爆弾搭載のロケットによる脅威のために、人口の分散が必要になる日がやってくるかもしれない。だが、このようなすべてのケースにおいて、関税よりも補助金の方が必要であるように思われる。関税は、改善を必要とする不幸そのものから目をそらす補助金の、どちらかといえば間接的なまずい一つの形態にすぎないのである。

関税支持へのはなはだしく誤った主張

　国内に貨幣を保有しておく　エブラハム・リンカーンが「私は関税についてあまり多くのことを知らない。しかし私は、イギリスからコートを買うとき、コートは私のものになり、他方イギリスはお金を得ることを知っている。だが私は、この国でコートを買うとき、コートは私のものになりさらにアメリカもお金を得ることを知っている。」という見解を最初に言った、と時々みなされている。

　エブラハム・リンカーンが現実に以前にこの見解を言った証拠はない。しかしこの見解は、アダム・スミスに先立つ 17 世紀と 18 世紀のいわゆる"重商主義の"経済学者達に特徴的な、古い時代の誤った考えを示している。貿易収支の"黒字"(!)は、輸入を上回る輸出の超過の代金が支払われて、商品を受け取るよりも多く手放す国に金が流入することを意味するので、これらの重商主義の経済学者達は、この問題となっている輸出超過の国を幸運であると考えた。

　1 人の個人が所有する貨幣額の増加は*この個人を一層裕福*にするけれども、完全雇用の経済においては、すべての人々が所有する貨幣数量を 2 倍にすることは、物価の上昇を助長するだけにすぎないという点を、今日では、詳しく論じる必要はない。1 人の個人がミダス王(King Midas)のような頭のおかしな守銭奴でないならば、貨幣は、貨幣それ自体によってではなく、他の人々から買うあるいは競り落として買うことができる物によって、この 1 人の個人を一層裕福にする。いずれにせよ、社会全体について、完全雇用が達成されるやいなや、新たな貨幣によって新たな商品を買うことができると少しも期待できないのである [2]。

---

　2)　もちろん、金を外国に代金として支払うことができるかもしれない。しかし輸入することによって厚生を引き上げるこの全く理にかなった方法は、重商主義の"重金主義者"(the mercantilist bullionists)がまさに反論していることであった。

一層高い貨幣賃金を得るための関税　今日において、もしすべての他の国々が関税によって報復しなければ、一つの国においての極端な保護は、物価を引き上げそして金をこの国に引き入れることが確認されている。関税は*貨幣*賃金を現実に引き上げるかもしれない。しかし、関税は貨幣賃金の引上げよりももっと生活費を引き上げることになり、労働の生産性が低下するにつれて*実質*賃金は低下するであろう。

　すべての思慮深い人々が分析することによってすぐに論破できる保護主義者の誤りの例を、人々はいくらでも挙げ続けることができる。このことは、保護主義者の誤りを、重要でないとして片づけてしまうことができることを意味しない。実際に、保護主義者以外のとんでもない主張は、要求に対する意思表示をただ行っているにすぎないけれども、保護主義者の誤りは、法律を制定することになるので、すべての誤りの中で最も重大である。

　特定の利益集団保護のための関税　保護関税のための法律が連邦議会で審議されているときに、連邦議会で行われている法案通過のための"議員を含めた関係者達の結託"を見てきたどのような人にも、保護関税支持への最も重要な一つの理由は明らかである。その理由はよく知られている「私達の集団に利益を与えよ」である。力の強い圧力団体と既得権益を持つ関係者は、自分達の集団の生産物への関税が、総生産と総消費への影響がたとえどのようであろうとも、自分達の集団には助けとなることをきわめてよく知っている。むかし、あからさまな賄賂が議会で保護に必要な投票数を獲得するために使われた。今日においてもワシントンでは、高級の骨董の陶器、腕時計、あるいはボタンフックのそれぞれの産業の利益ために、議員への積極的働きかけが熱心に続けられている。

いくつかのあまり明白でない誤り

　税収のための関税　まず第1に、政府が、税収入を増やすためには、関税を利用するべきであるという主張がある。実際、輸入品への関税(a custom duty)は、売上税の一つの形態にすぎず、特に嫌われている税金である。売上税それ自体は、貧しい人々への不公平でかつ"逆進的"負担のために、最も望ましくないいくつかの租税の形態の内の一つであると普通みなされている。関税は、貧しい人々への逆進的負担に加えて、経済資源の最善な利用を歪めるので、特に悪い。税収を増やすために関税を主張をする人々は、もし同じ様に税収を増やそうとするならば、国内製品に課税する売上税も支持するであろう。しかしこの売上税は国内製品への保護には少しも役立たない。

　議論を明確にするために、輸入品から私達を完全に"保護する"法外に高い関税が、現実には税金を少しも徴収しないかもしれないことだけを思い起こそう。1890 年にさかのぼると、いわゆる"10億ドルの連邦議会"(billion-dollar Congress)は、政府支出を上回る租税収入の超過があることを知った。償還しなければならない政府債がなかったので、この連邦議会は状況が厄介であると気づいた。連邦議会は、過度の関税収入の問題を、関税率を引き下げることによってではなく、徴収する関税収入の総額が減るほど高く関税率を引き上げることによって、最終的に解決した。

関税と国内市場 　主張それ自体全体として誤っているが、誤りを見つけるのが難しい関税支持への第 2 の主張は次のようなものである。つまり「工業のための関税は農民に農産物への大きな国内市場を得させるので、農民は工業のための関税を支持するべきである。」"右派の議員"でもなく"大統領"にもならなかったが、繰り返し大統領候補者となったヘンリー・クレイ(Henry Clay)は、1 世紀あるいはそれ以上前にこの主張をしばしば行った。

　この第 2 の主張の誤りを次の異なる二つの点から見つけることができる。第 1 に、工業での輸入品を減らすことによって、現実には同時に間接的に私達の農業での輸出品が減ることになる。それゆえ、農民は直接被害を受ける。クレイは「しかし、農産物に対する国内市場の拡大になるではないか」と反論したかもしれない。

　それでは、工業製品への関税は農産物に対する国内市場の拡大になるのであろうか。比較生産費説についてのいくつかの詳しい実例によって、私達は、国際貿易を行わないことによって、総国民生産物あるいは総実質所得が減ることを明らかにした。農産物に対する総国内需要は、総実質所得の高い水準においてよりも低い水準において、確かに少なくなるであろう。それゆえ、もし工業製品への関税が、後に議論する保護支持への全く異なるいくつかの主張の内の一つによって、総実質所得の拡大を強めることができなければ、"工業製品への関税が国内市場を創出する"のうたい文句は再び誤りなると思われる。

低賃金の外国の労働者との競争 　保護支持への第 3 番目の主張は、政治家が選挙で多数の労働者の票を得るためによく訴えたもので、保護支持へのすべての主張の内、アメリカの歴史の中で最もよく知られている。この主張によってよく言われたことは、「もし低賃金のきわめて貧しい外国人労働者 (1 日に数セントの値段の米で生活している低賃金の中国の肉体労働者あるいは低賃金のチェコスロバキヤの靴労働者) が生産した商品を国内に入れるならば、アメリカの労働者は高い生活水準を維持できない」ということである。この主張は、このように言っているけれども、次の分析によると説得力がない。

　たとえ、一方の国が他方の国よりもすべての商品を資源で測って一層安価に生産できるとしても、私達は貿易が相互に利益になるのを知った。重要なことは、絶対優位でなく、比較優位である。結局、貿易は 2 国間の物々交換になる。一方の国は、すべての種類の商品を、もう一方の国よりも限りなく安く売ることができないのである。

　これまでに、国内での完全雇用が長期においては外国貿易によって影響を受けない、あるいは少なくとも影響を受けないに違いないことを私達は知った。それゆえ、アメリカのすべての人々が最も自分に合う仕事に就いて完全雇用の状態にあるならば、他の国々の労働者達がほとんど仕事をしようとしないことは、*私達自身の利益*にならない。あるいはこの問題を別の点から見ると、比較生産費説は、私達自身の国の工業経済と似ているイギリスあるいはドイツのような国々とよりも、私達自身の国ときわめて異なる中国あるいは熱帯地方のような国々と貿易することによって、私達が最も大きな利益を得るのを示している[3]。ある

3) 発展途上国に対し比較生産費説を現実に適用するためには、次の留意事項を加えなければならない。

国の労働者の低賃金は、他の国々に被害を与えるという貧民労働論(the pauper-labor argument)を強く批判するためには、第23章の表3でまとめた比較優位の分析が、どちらの国の賃金率とも少しも関係がなかったという注目すべき事実が役に立つ。現実に、どちらの国の賃金率も貿易から生ずる国民所得の増加と関係がなかった。

理論的見解についてはここまでとする。もし現実の世界に目を向けると、この保護関税支持への主張は一層正しくないことが分かる。ヨーロッパと中国では、労働者は「私達自身よりもはるかに良い技術と機械を持つ高賃金で、効率的なアメリカの労働者との'不公正な競争'(unfair competition)から私達を保護せよ」と言って、関税を求める。アメリカ以外の世界の他の人々は、アメリカの大量生産の産業との競争をひどく恐れて生活している。イギリスの保護主義者は、1時間に1.50ドル支払われるコネチカット州ブリッジポート(Bridgeport)のアメリカの労働者が、1時間に60セントしか支払われないイギリスの労働者より3倍以上効率的であると主張している。このイギリスの保護主義者の主張は多分言いすぎであり、現実は、次の重要な事実に近い。つまり、アメリカの高い実質賃金は、高い効率から発生している、だが、外国の労働者との競争において私達を不利な立場に追い込んでいないのである。

ここまでは、"低賃金のきわめて貧しい外国の労働者"への対応のための関税の主張に反対だけをしてきた。本当のことを隠さず完全に誠実であろうとすると、また誠実さがないと科学でありえないので、私達は、この貧しい外国の労働者への対応のための関税の主張にも、次に示すようなごくわずかな正しさがあることを認めなければならない。第23章への付録でのオリーンの命題は、商品の自由貿易が合衆国への労働者の移民に一部代わる役割を果たすことを示した。このことは、合衆国での労働者の不足が、労働節約的生産物への私達の国際的特化によって緩和されるかもしれず、また合衆国での実質賃金が自由貿易の下で現実に下落するかもしれないことを意味している。それゆえ、商品の自由貿易は、合衆国での実質国民生産物を増加させるとしても、労働の相対的分け前と絶対的分け前を低下させるかもしれないことを意味している [4]。

大部分の経済学者は、低賃金の外国の労働者への対応のための関税支持の主張には理論的に上述のわずかばかりの正しさがあると認めるけれども、このわずかな正しさがその他のもっと現実に考慮しなければならない事柄ほど重要でない、とやはり考える傾向がある。

> つまり、あまりにも貧しくて輸入するための実質的購買力がほとんどないこれらの国々は、私達にせいぜいほんのわずか輸出できるにすぎない。今日の大部分の貿易は工業化された国々の間においてである。今後、発展途上国は、工業が発展するにつれて、工業国から一層多くの商品を買うようになり、買うのが減ることはない。しかし、発展途上国は多分工業国から経済の成長率以上に今後買わないので、発展途上国と工業国の二つの関係諸国で発生する貿易での1ドル当たり収支の不均衡は多分少なくなるであろう。

4) 上級の学生は W. Stolper and P. A. Samuelson, "Protection and Real Wages," *Review of Economic Studies*, Vol. 9, November, 1941, pp.58-74 を参照できる。

もちろん、ウォルサム(Waltham)の時計工のような特定の労働者は、関税を撤廃することによって損害を受けるかもしれない。誰もこのことを否定しない。しかし労働は、多くの代替的利用が可能であるきわめて重要でありまた適応性のある生産要素であるので、ウォルサムの時計工のような特定の労働者が損害を受けるよりも、その他の労働者がもっと多く利益を得ること、さらに、労働者全体が、貿易から得る国民生産物の増加分を分け合うことは、ありえるように思われる [5]。

報復のための関税　かなりの人々は、自由貿易の世界が関税の世界よりも望ましいと認めている。しかしこれらの人々は、他の国々があまりにもばかげているかあるいは意地悪で、制限的関税法(restrictive tariff legislation)を議会で通過させる限り、自衛のためには、他の国々に追随する以外にできることは何もないと言う。しかし、現実には、関税は輸送費の増加のようなものである。たとえ他の国々が、あまりにもばかげており、自分達の道路を破壊するとしても、私達も自分達の国の道路に穴をあけてずたずたにすることは、私達の利益になるであろうか。答は"いいえ"である。同様に、たとえ他の国々が、関税を議会で通過させて、私達とこれらの国々自体に損害を与えるとしても、私達は、関税を議会で通過させて、私達自身への損害をさらに加えるべきでない。

学生は、私達の関税が外国人だけでなく私達にも損害を与えるという要点を理解できると、ハル貿易協定プログラム(the Hull trade-agreements program)が他の国々と私達の国の双方の関税を引き下げることに成功するときには、次の四つの利益があることを知るに違いない。つまり、他の国の関税の引下げは(1)私達と(2)他の国々に利益を与える。私達の関税の引下げも(3)私達自身と(4)他の国々に利益を与える。

それゆえ、外国が関税を引き上げるときに、私達は報復するべきであるという主張について、唯一の受け入れることができる見解は、報復という私達による脅威が外国に関税の引上げを思いとどまらせるかもしれないことであり、また関税を引き下げるという私達の約束が、外国に自国の関税を引き下げるようにさせるかもしれないことである。この報復は威嚇として一時的関税を議会で通過させるのを正当化する。しかし私達の威嚇が外国人に自国の関税を引き下げさせると思われないときにはいつでも、私達はこの威嚇を止めるべきである。

政治学を実証的に勉強している大部分の学生は、歴史の勉強によって、報復的関税(retaliatory tariffs)が、普通他の国々に関税を一層高くさせており、多国間での関税引下げへの有効

---

5)　保護を*制限*することによって、一国が"交易条件"を自国に有利にできる、言ってみれば、「外国人に関税を支払わせる」ことができるという理論的に正しい主張を、初級の教科書において論じることは不適切である。読者は、このことが理論上起こりえると論じるためには、G. Haberler, *Theory of International Trade*, Hodge and Company, London, 1936, p.290（G・ハーバラー著、松井清・岡倉伯士訳『国際貿易論上・下』有斐閣 1937 年）を参照できる。関税はたとえ現実の経済活動において重要であると認めるとしても、報復を招き、すべての国が同時に利益を得るようには採択できない近隣窮乏化政策である、と私達はみなさなければならない。

な交渉の武器にほとんどなっていないと思っている。

"科学的"関税　科学的関税(the scientific tariff)は関税支持への最も始末の悪い主張の内の一つである。この関税は、しばしばもっともらしくまた穏健な印象を与えるが、この関税を本当に実行すると、すべての貿易を終わらせることを意味するからである。普通、この科学的関税の支持者の主張に従えば、この関税を議会が「国内と外国での生産費用を等しくするために」承認しなければならないのである。私達は前章で貿易からのすべての利益が、費用、あるいは優位の*違い*に基づいていることを理解した。もし輸入品の生産費用を、アメリカの最も高い生産者の費用にまで引き上げる関税を議会が承認するならば、外国商品は少しも国内に入ってこないであろう[6]。

このような関税には科学的なものは何もない。保護主義者のすべての主張の内でこの最も望ましくない科学的関税の主張は、私達の歴史の中で政治的にはとてつもなく重要であり、またときどき法律の中にさえ書き込まれてきた。このことは、アメリカの人々が、経済学の知識を十分に持っていないことを示すものであり、大いに反省しなければならない点である。

動態的状況下での保護支持への主張

とうとう、保護貿易と自由貿易のディベートにおいて関税支持への立場の人々がいくらか得点を稼ぎ始めることができる所に到達している。次の二つの重要な主張が保護支持に有利になり始めている。つまり、(1)関税が失業を減らすのに役立つかもしれないという主張と、(2)成長への潜在力がある"幼稚産業"(infant industry)への関税による一時的保護が望ましいかもしれないという主張である。

関税と失業　私達は本章では国際貿易の一つの国の潜在的所得つまり完全雇用所得への効果を評価しているので、これら上述の(1)と(2)二つの主張の内の(1)の主張をここでは議論する必要はない。このことは"失業を減らす関税の"主張が重要でないことを意味していない。現実に本書の主なテーマは完全雇用実現の問題である。私達は"技術的失業"の可能性を無視できないのと同様に、国際貿易の総購買力つまり有効需要への影響も無視できない。なぜならば、国際貿易は、科学技術の発明と同様に、多分一つの国の総生産物の*潜在的水準*を増加できるが、同時に、達成できる生産、消費および雇用の*現実の*水準を引き下げるかもしれないからである。現実の生産と潜在的生産力の間のこのようなギャップは、失業と過剰能力の形で、私達が、獲得できるはずの利益を得ないですますことを意味する。私達は、現実の生産と達成可能な完全雇用での生産の間のギャップをなくすことを目指す政策措置を考え出す課題を、解決しないままにできない。

しかし近隣窮乏化国際政策は適切な方法ではない。第16章で、輸出の雇用への望ましい

---

6)　費用が一定でないと、科学的関税の数値を決定できない。外国の費用とごく少数の最も効率的なアメリカの生産者の費用を、この科学的関税によって少しも等しくできない。どこに国内の生産費用と外国の生産費用を等しくする線を引いたらよいのであるか。

乗数効果と輸入の望ましくない"漏出"効果を論じた。さらに、報復を招きそしてすべての人々の生活を悪化させる近隣窮乏化策の近視眼的特徴も力説した。

"幼稚産業"保護のための関税　いずれにしても、"幼稚産業"保護の主張を論ずるためには今よりも良い時はない。アレクサンダー・ハミルトンは、有名な『製造業に関する報告書』(*Report on Manufactures*)において、この幼稚産業保護の主張をきわめて明確に述べた。この主張は 19 世紀のドイツの経済学者であるフリードリッヒ・リスト(Friedrich List)の名前を思い出させる。しかし、ジョン・スチュアート・ミル、アルフレッド・マーシャル、フランク・W・タウシグ、およびその他の正統派経済学者達は、この主張を注意深く慎重に評価した。

この幼稚産業保護の学説によれば、*国が最初うまく産業を開始できるようにする場合にのみ*、現実に将来比較優位を得る産業が多く存在することになる。このような幼稚産業は、もし外国との競争に直面するならば、初期の試練と資金不足を切り抜けることができない。しかしこのような幼稚産業は、一定の保護期間を与えられると、多くの現代の生産過程に特徴的な、大量生産の経済と技術面での効率を進展させることができると期待されている。さらに、保護は最初消費者に価格を引き上げるけれども、この幼稚産業は、一旦成長すると、きわめて効率的になり、生産費用と価格は現実に下落するであろうと期待されている。

このことは、少なくとも理論的には起こりえる事であるとして、幼稚産業保護の学説には確かに検討してみる価値がある。故 F・W・タウシグ教授は、丹念な歴史研究 [7]によって、確かでないが、アメリカの絹織物製造業が幼稚産業保護の主張の成功の事例を示しているとの結論を得た。つまり、絹織物製造業は最終的に比較優位を実現したのである。この産業は、最終的に、関税が撤廃されても独り立ちできるほど発展した。しかし、同じことをアメリカの毛織物産業については言うことができなかった。この産業は関税による保護によって生まれた。しかし、見たところ、この産業は、他のいくつかの産業と同じ様に、私達の"アメリカの精巧な工業製品" (Yankee mechanical ingenuity)と呼ばれる標記を使用できる点にまで、決して到達しなかった。それゆえ、この毛織物産業は成長できず赤ちゃん産業(a baby)のままになった。

不幸にも、この幼稚産業保護の主張において現実に重要なことは、まさしく見込みのある幼稚産業が、連邦議会で保護への要求を認められるほど多くの投票数を集めることができていないことである。連邦議会から保護をこれまで獲得してきたのは、このような見込みのある幼稚産業ではなく、何たることか、長年の間保護というおむつを決して脱がなかった古くから影響力がある既得権を持つ団体である [8]。

---

7)　F. W. Taussig, *Some Aspects of the Tariff Question*, rev. ed., Harvard University Press, Cambridge, 1931.

8)　多分このどちらかといえば企業の利己的状況への例外を、第 1 次世界大戦によりドイツ製品が国内に入らなくなったときに事業を開始した化学製品と光学器具用レンズのような、いくつかの軍需産業において見ることができる。第 1 次大戦後、軍需産業の基幹となるこれらの領域では、アメリカの科学の進歩はドイツの科学の進歩よりも明らか劣っていたので、これらの"軍需の赤ちゃん産業(war

“新興経済”論　多分、幼稚産業保護の主張は、アメリカについて、今日よりも 1 世紀前の方が当てはまり、さらに農業による生産様式から工業による生産様式への移行をすでに経験した国々よりも、今日の発展途上国に一層当てはまる。ある意味で、このような発展途上国はまだ経済的に不活発なままである。このような発展途上国は本当に均衡にあると言えない。世界中で、農民は工業労働者よりも少ない所得しか稼いでいないように思われる。この結果、至る所で、相対的に工業の成長と農業の低迷になっている。人口は都市へと移っている、しかしこの移動は、所得と生産性の均衡を実現するほど、十分に急速ではない。経済的に望ましい均衡への長期的動きを加速するために、適度な保護を支持する強い主張が行われるかもしれない。このような保護支持への主張を、幼稚産業論(an infant-industry argument)であるよりもむしろ“新興経済”論(young-economy argument)である、ともっと適切に呼ぶことができる。

　最後の一言。幼稚産業論あるいは新興経済論は、比較優位の原理と矛盾しないことに注目しよう。それどころか、これらの主張の論拠は、一時的保護を求める政策によって、生産可能性曲線を外側へとまた新たな比較優位の方向へと動態的に移すことができるとの確信に基づいている。

　以上において、第 2 部ですでに論じた失業に対して関税が果たす役割を除き、関税論争についての私達の論議をすべて示した。問題をじっくりと考える面倒くささを受け入れようとする公平な立場の読者には、関税による保護支持への大部分の経済的主張がいかに的外れであるかを理解できるであろう。唯一の重要な例外は幼稚産業論と新興経済論である。それゆえ、(何にもほとんど意見が一致するように思われない) 経済学者達が、30 年代初期のスムート・ホーリー関税(the Smoot-Hawley Tariff)による極端に高い関税率に全員一致で反対したこと、そして貿易障壁を引き下げることを目指しているハル互恵通商協定(the Hull Reciprocal Trade Agreements)と戦後の ITO（国際貿易機構）を圧倒的多数で支持していることは、驚くべきことではない。

要約

1.　一層自由な貿易への支持の主張は、比較優位の原理によって国際分業が可能にする生産性の増加に基づいている。自由貿易により、一層大きな世界の生産量が可能になり、すべての国々は一層高い生活水準を享受できる。生活水準が異なる国々の間での貿易は、

babies)” は保護を要求しそして獲得した。ドイツは自国の最も優秀な科学者達を追放しているので、私達はこれらの軍需産業の領域で比較優位を得ることはありえる。たとえこれらの軍需産業が実際比較優位を得ることができないとしても、軍事的安全保障の立場から、これらの軍需産業への補助金が必要であるかもしれない。

特に相互に利益になるように思われる。

2.　関税による保護支持への大部分の主張は、特定の圧力団体に特別の利益を与えるための理屈づけにすぎず、分析に基づくものではない。

3.　関税による保護支持への重要な例外を、国防上の理由のために、経済的に非効率ないくつかの活動分野を支援する必要さに対し与えることができる。多分、全面的な政府の補助はこのようなケースにおいて望ましいであろう。

4.　失業を減らすための関税支持への主張を別にすると、関税支持の主張への国防以外のいくらか現実に重要な唯一の例外を、本当の長期の比較優位を実現するために、いくらかの一時的保護を必要とする幼稚産業あるいは新興経済のケースにおいて、与えることができる。

議論のための質問

1.　関税を最も支持できる一つの主張は何であるとあなたは思いますか。

2.　誤った関税支持の主張をいくつか挙げなさい。関税支持と関税反対の数多くの議論の要点を述べなさい。

3.　合衆国の関税の歴史について簡単に述べなさい。

4.　「輸入割当は関税ときわめて似ている。」議論しなさい。

5.　幼稚産業論と新興経済論の主張について批判的に意見を述べなさい。これらの保護の主張の比較優位との関係はどのようですか。

6.　関税がいくつかの非経済的事項とどのように関係しているか、述べなさい。

第 25 章　投機とリスクの動学

　うまく組織化された競争市場では、どのような一つの時点の一つの場所においても、一つの支配的価格(prevailing price)が実現する傾向がある。このことは、市場に目を光らせ、少しでも価格の違いを知るやいなや、低い価格で買い、高い価格で売って、自分自身のために利益を得ようとする（このことは同時に価格を安定化させることになる）職業として従事する投機家、つまり *鞘取仲買人(arbitragers)* による行動によって実現する [1]。

　互いにかなり距離がある二つの市場では、異なる価格が実現する傾向にあるかもしれない。輸送と関係する運送費、保険料および利子負担のために、シカゴでは、小麦は、カンザスシティー(Kansas City)よりも、1 ブッシェル当たり 2、3 セント高く売れるかもしれない。しかし、仮にもしシカゴの価格がカンザスシティーの価格より輸送費の数セントを超えて上回るならば、投機家はカンザスシティーで買いそしてシカゴに輸送する。このことは、輸送費の負担という正常な差になるまで、カンザスシティーで価格を引き上げ、他方シカゴで価格を引き下げるであろう [2]。

投機と異時点間の価格の動き

　理論上競争市場においては、価格は、異なる場所において一つの定められた動きになる傾向があるのとちょうど同じように、*異時点間* においても、一つの定められた動きになる傾向がある。しかし将来を予測する難しさのために、異時点間の価格の動きはあまり確かでない、それゆえ、価格は、（海洋の水面に似て）絶えず乱れるが、常に再調整されて一つの安定した状態になる。

　1 年のある期間に収穫されるある一つの穀物についての、最も簡単なケースを考えてみよう。この穀物の一定期間の不足を避けようとするならば、この穀物が 1 年中なくならないようにしなければならない。誰も穀物の備蓄量を調整する法律を議会で通過させていないので、この穀物の備蓄量の望ましい状態をどのようにして実現するのか。その答は、投機家が利潤を得ようとすることによってである。この穀物について、十分に情報を得ている玄人の投機家は、もしすべての穀物が秋に市場に持ち込まれるならば、市場が供給過剰になるので、この穀物がきわめて低い価格でしか売れないことを知っている。他方で、数ヶ月後には、ほ

---

1) 　穀物の重要な市場であるシカゴ商品取引所(Chicago Board of Trade)の立会場では、"価格差で利鞘を稼ぎ、価格にかなりの影響力がある約 50 人の利鞘稼ぎ人(pit scalpers)" つまり自分の判断で売買する商品取引業者(dealers)は、毎日その日の価格変化ですべての利益を稼ぎ、夕方すべての取引を終え、そして次の日まで安らかに眠ると言われている。

2) 　シカゴの小麦は、カンザスシティーの価格まで低下するかもしれない、しかし、このときにはいかなる穀物も二つの都市間で行き来しないであろう。商品は常に "重力と逆の法則" に従っている（商品は常に価格が高い方に上り坂を上がって行き、この坂の勾配は輸送費によって決まる）。

とんど穀物が市場に入ってこないので、価格がはね上がることもこの投機家は知っている。

　もし投機家の活動がなければ、穀物についてこの価格の変動は起こる。投機家は、(1)秋の穀物の価格が低い間にいくらかの穀物を買い、(2)この穀物を倉庫に保管し、そして(3)後にこの穀物の価格が高くなったとき、この穀物を売ることによって、利益を得ることができるのを知っている。このことを投機家は行っている。さらに投機家は、このように行うことによって、穀物への秋の需要量を増加させ、秋の穀物の価格を引き上げる。逆に、投機家は、穀物の春の供給量を増やし、春の穀物の価格を引き下げる。投機家は、（当然のことであるけれども）1年を通じて穀物の価格の変動をならすと同時に、毎月市場に入って来る穀物の供給量を安定させている。さらに、投機家達の間で活発な競争がある場合には、どの投機家も（もちろん、この活動の職業に従事するために必要な賃金を含めて）かかる費用を上回る過度の利益を得ない。実際、投機家自身は、1粒の小麦にも、1梱の綿にも決して触れる必要がなく、さらに保管、倉庫、あるいは発送についても何も知る必要がない。投機家はほんの数枚の書類で売ったり買ったりするだけである、しかし、この売買による効果はまさしく上で述べたとおりである。

　ところで、利益も損失も発生しない1ヶ月ごとのただ一つだけの価格の動きがある。少し考えてみると、この価格の動きは、一定ではなく、秋に最も低く、その後新しい小麦が市場に入って来るちょうど前に最高になるまで、徐々に上昇する動きであることが明らかになる。穀物の価格は、輸送費をまかなうために、生産地から1マイル距離が長くなるごとに、上昇しなければならないのとちょうど同じように、穀物の保管を行う保管費用と利子費用をまかなうために、1ヶ月ごとに上昇しなければならないのである。図1は1年周期の価格の典型的な動きを示している。穀物の貯蔵と結びついている貨幣の複利の利子が加速度的に増加するために、1ヶ月ごとの価格の上昇は一定ではない。

　誰も、季節ごとの穀物の収穫ほど正確に、すべての動きの変化を必ずしも予測できない。誰も次の年の天候を、あるいは不況が近い将来に発生するかどうかを、確実に予測できない。しかし、投機家は、一つの商品の将来の*不足*について、現在いくらか正確に予測できる場合には、この商品を*将来引き渡す*ために今買おうとする。そしてこのように買うことによって、投機家は、(1)現在の供給量の抑制、(2)現在の価格の上昇、(3)貯蔵される量の増加、(4)将来の供給量の増加、(5)将来の価格の低下、つまり全体として、異時点間の価格と消費量の相対

図1　投機家の予測が完全であるときの典型的な価格の季節的動き

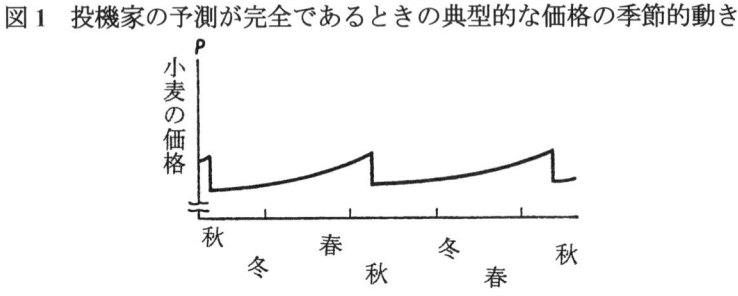

的安定を実現する。逆に、投機家が将来の穀物の異常な大豊作と将来の低い価格を正確に予測するとき、投機家が価格を安定させる前述の過程とは反対の次の一連の過程を、学生は辿るに違いない。つまり、投機家はこのとき将来商品を買って引き渡す"空売り"(sell short)[3]を開始し、このことによって、現在の価格を引き下げ、現在の消費量を増加させ、在庫品の持越しを少なくする。

投機家は、価格が安定するように影響を及ぼすことができる他に、もう一つ重要な役割を果たしている。投機家は、自分自身でリスクを負担することによって、他の人々がリスクを回避できるようにしている。例えば、製粉業者は、仕事を行っている間、穀物の大量の在庫を持たなければならない。もし穀物の価格が上がるならば、製粉業者は予想していないキャピタル・ゲイン(capital gain)を得る。もし穀物の価格が下がるならば、この製粉業者は予想していないキャピタル・ロスを被る。しかしこの製粉業者が小麦粉を挽くことによって生活費を稼ぐことに満足し、すべてのリスク負担を避けることを望んでいると仮定してみよう。この製粉業者はこのリスク負担の回避を"両賭け"(hedging)と呼ばれる一つの方法によって行うことができる。この複雑な両賭けの方法は、陸軍－海軍ゲームに勝つために陸軍に賭け、その後、海軍に等しい金額を賭けることによって、このゲームで勝ち負けがないようにする、つまり利益も損失も出さないようにしようとする男にどちらかと言えば似ている。どちらが勝っても、この男は同じ結果になり、この男の左手は右手が失うものを勝ち得る[4]。

投機家は、正確に予測する限り、確かに社会的サービスを提供している。投機家は、誤っ

---

3)　空売りには実際神秘的なことは何もない。私は仲買業者に売り注文を出し、*現在のある価格*での穀物の売上代金を得る見返りとして、（普通正確に定められているが、必ずしも常に正確に定められているとは限らない）*後のある日*に、ある量の穀物を仲買業者に引き渡すことに同意するだけである。普通この売注文をだすとき、私は手元に穀物を少しも持っていない。しかし私は後に"空売りの買戻しをすること"によって、つまり、穀物を買いそして仲買業者に引き渡すことによって、私の契約を法的に完了する。私は、今空売りをして売上代金を受け取るよりも、後に空売りの買戻しにおいて、一層高い購入代金を支払わなければならないならば、損失を出す。しかし私は、正しく予想しそして決済までの中間の期間に穀物の価格が下落するならば、空売りにより売上代金を受け取っていたよりも低い代金で穀物を"買い戻す"ことができるので、利益を得る。株式市場での空売りでは、私が、望むどのような将来の時にも、空売りの決済のために株を買い戻しそして引き渡すことを自由にできる以外は、穀物市場での空売りは株式市場の空売りと同じ様に行われる。この売りと買いの間、この空売りをした人の株を買った人はその株券を受け取っている。どのようにしてか。私の仲買人が、株券(the stock certificates)を私に喜んで貸し、その後その株を買う人に引き渡すという事実によってである。後に、私は、空売りの決済を行うときに、その銘柄の株を買い付けそして支払い義務のある仲買人にこの株券を引き渡すのである。

4)　同様に製粉業者は、原料の小麦の在庫を使ってしまうので、後にこの在庫を元の水準に戻さなければならない。このとき製粉業者は小麦を"先物契約"(future contract)で購入した後にのみ、小麦粉への現在の価格を付けようとする。もし小麦の価格が今から1ヶ月後に上昇するならば、この製粉業者は、小麦粉をあまりにも安く売っていることによって、損失をだす。しかし、この製粉業者は先物契約による将来の小麦の購入により得る利益によって、ちょうど小麦粉での損失を相殺する。このようにしてこの製粉業者はリスクを小麦の先物契約で防いで"いるのである。

て予測する場合には、価格の不安定を悪化させる。もし農務省(the Department of Agriculture)と民間機関が提供する詳しい統計情報がなかったならば、シカゴ商品取引所の 150 人余りの主な売買仲介人(traders)は、あらゆる根拠のないうわさ、希望および恐怖に振り回されていたことであろう。なぜなら、中世の村々を襲った説明のできないダンスへの熱狂、1 個の球根の価格を 1 軒の家の価格よりも高くさせたオランダ産チューリップへの熱狂、後に"事業の実態が明らかになる"にもかかわらず、会社が株を信じられない高い価格で売った南海バブル(the South Sea Bubble)と同様に、投機は本質的には大衆の間での伝染病だからである。

株式市場の大暴落

　投機は大衆の間での伝染病であることを、合衆国においては近年の"狂騒の 20 年代"という株式市場での途方もない株価高騰の期間が実例で示した。主婦、豪華なプルマン(Pull-man)列車の給仕、現役の大学生など、すべての人々は、普通株と優先株を売ったり、買ったりした（実際大部分買った）。この熱狂的強気"相場(bull market)での大部分の買いは、"委託証拠金(margin)によって"であった。つまり、10,000 ドルの金額の株の買手は、現金で 2,500 ドルあるいはそれ以下だけを差し出せばよく、その差額を新たに買った自分の株を担保に入れることによって借りた。オーバーン・モータース(Auburn Mo-tors)あるいはベスレヘム・スチールの株価が 1 日に 10 パーセント上がるときには、株の買手が仲介業者からの借入れに対し、年 5、6、あるいは 7 パーセントを支払わねばならないことは、何でもないことであった。

　強気相場の最もすばらしいことは、強気相場それ自体が強気の期待を生み出すことである。もし人々は株価が上がるであろうと判断するので株を買うならば、これらの人々の買い行動は株価を上昇させる。この株価の上昇は、これらの人々にさらに株を買わせ、もう 1 回めまぐるしく株価を上昇させる。しかもカードやさいころのゲームと違い、勝者が得るものを誰も失わない。すべての者が当たりくじを得る。もちろん、この当たりくじによる利益は、すべて帳簿上のものであり、すべての者がこの当たりくじを現金に換えようとすると、この利益は消滅する。しかし誰も、このように利益を得そうな有価証券を売ろうとしないであろう。

　世界中が気も狂わんばかりに興奮しているときには、正気でいることはばかげたことである。公益事業持株会社がボール紙の板の上の紙のピラミッドであるのに、フロリダでの夢でみるようなすばらしい不動産開発地が、松の低木の茂みと沼地の中間の地点にあるのに、あるいは南アメリカとヨーロッパへの民間の対外貸付金が、たいした所でない場所への道路にあるいは公共の水泳プールに無益に使われているのに、人々は信用するほど単純でだまされやすかった事実を思い出してみよう。このような社会的に有益でないことを、一体何が実行させたのであろうか。このようにさせたものが資産価値についての次の第 1 のルールであることに人々はすぐに気づくであろう。つまり「人々が価値あると*評価する物*に、価値があることである。」不幸なことに、この第 1 のルールに人々をうまく従わせるために

は、猫に鈴をつける、あるいは鳥のしっぽに一つまみの塩を落として鳥を捕まえるのと同様に、実際実行が難しい次の第2のルールと一緒に、この第1のルールを人々に従わせなければならない。つまり「だまされやすい人に全責任は自分にあると思わせてはいけない」という第2のルールと一緒にである。

1929年の暗黒の10月の株式市場の大暴落がやって来たとき、株の最高レベルの専門家も株の全く素人も（アンドリュー・メロン(Andrew Mellon)、ジョン・D・ロックフェラー、ホワイトハウスの手腕家、エール大学の経済学の教授も）、すべての者は急に損害を受けた。株式相場は値崩れをした。投資家は、信用買いの担保物件の価値の激減を埋め合わせる追加資金を、もはや納めることができなくなったので、仲買人は、投資家の信用取引での"委託証拠金"勘定で、担保として預けられていた株を売らなければならず[5]、このことは株式相場をさらに下落させた。株の信用買いをしなかった人々でさえ、1929年の末までに自分達の金融資産の3分の1を失い、さらに1932年までに6分の5を失った。

株式市場の強気相場は終り、弱気相場(bear market)に取って変わった。このため、前者の強気相場で夢うつつになって生活していた人ほど、後者の弱気相場では悪夢にうなされた。何十億ドルもの有価証券の時価総額が市場で毎月なくなり、この有価証券の時価総額の消滅は、投機によって利益を得るための相場師の資金を奪うだけでなく、一定の所得を得るためにおそらく投資した未亡人のごくわずかな金融資産も奪った。USスチールのような"優良株"(a blue chip)は、1929年の261ドルの高値から1932年の21ドルの安値に下落し、その間に、このように優良でない有価証券の相場は、証券取引所の機能が低下するほど、もっと激しく下落した。フーバー大統領と彼の行政府は、実業界とかつて友好関係にあり、「好況はすぐそこにやって来ている」、「株は現在の水準では絶好の買いである」と言うことによって、信頼を回復しようとしてみたが、無駄であった。

最終的に、1933年の銀行恐慌(the great banking crisis)と全国産業復興局(NRA)の設立の後、株式相場は全般的な景気回復の後を追い始めた。図2は全期間にわたる株式市場の相場の動きを示している。株は、1936年－1937年とさらに第2次大戦の期間に上がり相場になったけれども、これらの期間のどの時点でも1929年のピークの近くの水準に決して回復しなかった。

株式相場が景気に追随するのか、それとも景気が株式相場に追随するのかという古くからの問題について、簡単に答を与えることはできない。景気、国民所得および企業収益が株価を決定しているが、その逆でないことはかなり明らかである。また、この株式相場の変動による心理的影響は、国民にとって気味が悪いが、もはや重要性が低いこともかなり明らかである。しかしそれでも株式相場によって、国民所得と総購買力の変化をときどき*予測*でき

---

5) フレデリック・ルイス・アレン(Frederick Lewis Allen)による、1920年代の面白くまた興味のある記録である *Only Yesterday*（F・L・アレン著、藤久ミネ訳『オンリー・イエスタディ：1920年代・アメリカ』筑摩書房、1993年）は、株式市場での株価急騰のアメリカの人々の生活への影響を詳しく記述している。この記録は今25セントのバンタム・リプリント (Bantam reprint) の本になっている。

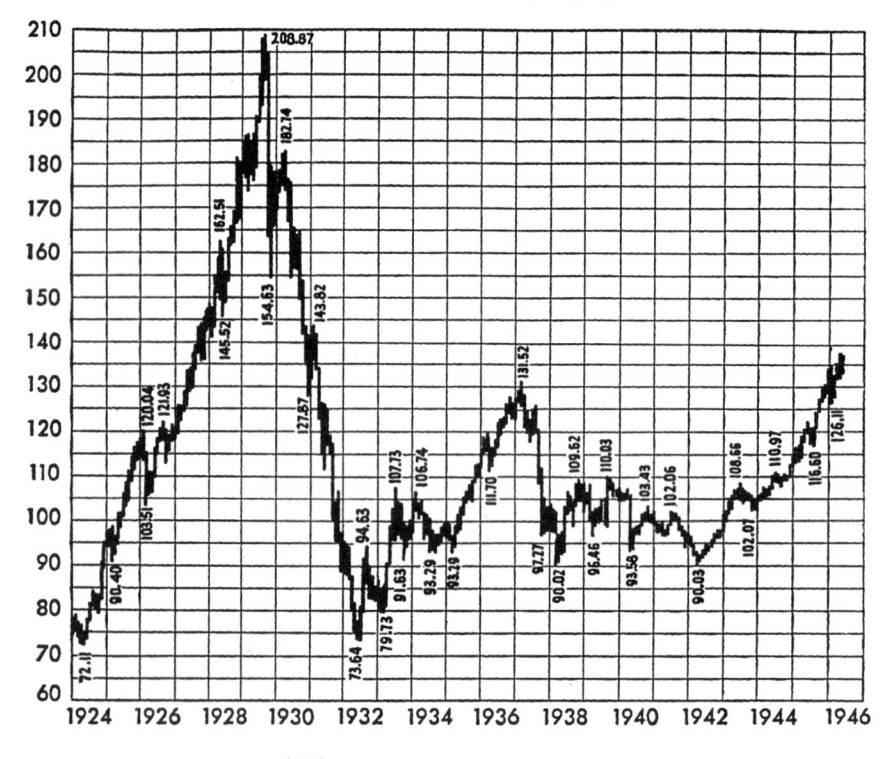

図2　100銘柄による平均総合株価

出所：*New York Herald Tribune*

る。それゆえ、国民所得と総購買力の変化の方が株式相場より後であるように思われること
が現実に発生している時には、株式相場の変化は国民所得と総購買力の変化を導いている
ように見える。

　株式相場によって、お金を稼ぐことができる簡単明瞭なルールは存在しない。景気の将来
の動きを正確に予想できる者は誰でも、うまくお金を稼ぐことができるであろう、しかし、
このような人はいない。なお、投資家と投機家を少なくとも主として次ぎの4種類に区別で
きる。

　1．ただ買って保有するだけのグループである。もし国民経済が長期にわたり上昇するな
らば、このグループは長期においてかなりうまく収益を得る。このグループは、成長の見込
のある会社に乗り換える方法について、投資助言会社(investment services)の統計データに基
づく助言に従うならば、もっとうまく収益を得ることができるかもしれない。

　このグループは、株式を塩漬にして市場での取引数を制限するので、市場を"薄商い"に
することを除いて、株価を安定にも不安定にもしない。なお、薄商いの株式市場においては、
取引がほとんどないので、2、3百株を買おうとする行動でさえ、支配的市場価格の近くで
すぐに応じる売手がいないので、2、3ポイント株価を引き上げるかもしれない。逆に、2、
3百株売ろうとする行動は2、3ポイント株価を引き下げるかもしれない。

2. 仲買人のあらゆる店の中で見られる毎時間、毎日、相場掲示板を見守っている人々は、もう一方の極端なグループである。一般的に言えば、これらの人々は買っては売り、売っては買う。これらの人々は、ほぼ自分達の仲買人のためだけにお金を稼いでいる。

このグループは、市場を薄商いにしない役割を果たしている。売ったり買ったりするこのグループの人達がいることによって、どのような投資家も、予想していた価格でもなく、必ずしも望んでいる価格でもないけれども、どのような時もある価格で、上場保有株(market holdings)を現金化できると思うことができる。さらに、この第2のグループの人達がいることによる株式のまさしく"流動性の高さ"は、仲買人の店でカウンター越に仲買人と直接売買する小さな会社の非上場の発行株(the unlisted issues)よりもずっと、組織的証券取引所(organized exchanges)で取引する有価証券の魅力を高めている。

3. 何ヶ月かあるいは何ヶ年かの中間の期間で株を売買する投機家は、上述の二つのグループの中間にいる。これらの期間での投機家の内で最も成功しない人達は、市場への参入があまりにも遅いときには、最高値を付けている市場に参入する素人である。この素人の遅い参入は"相場師が投機資金"を市場から引き揚げる信号になっている。最も成功する投機家は、大衆の熱狂の頂点を避け、判断の根底にある景気の状況をはっきりと見極めることができる投機家である。このように景気の状況をはっきりと見極めることができることは、最も成功する投機家は株が低く見えるので単に買い、逆に高く見える時に単に売ることを意味しない。そうでなく、これらの投機家は株が上昇し続けるかのように思えるときに買う。株価の下落が今にも起こりそうに思えるときに、これらの投機家は、株を空売りするか、あるいはもっと慎重であれば、現金かあるいは優良債券に実際換えるのである。一般に、このとき市場はまだ過度に楽観的であるので、空売りするには冷静さを必要とする。しかし1人の個人は、このことを賢明に行うならば、相場が下がり傾向の市場で損失を避けることに成功するであろう。（ところで、この下がり傾向の市場は多くの人々が損失を被る唯一の期間である。だが、賢明な個人は、このような損失を被るどころか現実に利益を得るのである。）

このグループの投機家の行動は、しばしば株価を不安定にさせている。このグループの投機家は株価の上昇を"強め"そして株価を一層上昇させる。このグループの投機家は同様にどのような株価の下落も*強める*のである。

4. 最後に、企業の特別の状態を深く調べる個人がいる。公的機関の関係者あるいは企業の内部関係者から、これらの個人は、うわさされる倒産、株の特別配当、株式分割(split-ups)、あるいは企業の合併、実現しそうな収益と配当の発表、等の特定の会社の経営状態の変化を前もって知ろうとする。二つの戦争時の政界の長老であったバーナード・バルーク(Bernard Baruch)のようなこの第4のグループの構成員は、上述の第3のグループの人々が成功できるのと同じ能力を持つときには、市場から最大の利益を得る。第2次世界大戦中に、2、3人の抜け目のない相場師が、1,000ドルを1,000,000ドルまでにも増やし、同時にキャピタル・ゲインにあまり重く課税されない形でこの利益を保有し続けたことは、聞いたことがない話ではなかった。

しかし、投資家はバルークの次の警告を心の中に深く留めておかなくてはならない。

もしあなたが（医学部の学生が解剖学を勉強するのと同じ様に、市場の全歴史と背後の状況、さらに株を上場しているすべての主要企業を注意深く調べるために）他のすべてのものを捨てる用意があるならば、もしあなたがこれらのすべてを行うことができるならば、さらに、もしあなたが大賭博師としての冷静さ、1種の千里眼という第6感、およびライオンのような危険を恐れない勇気を持っているならば、あなたには相場に勝つごくわずかな可能性がある。

ギャンブルと限界効用逓減

投機の擁護者は、投機が、競馬の賭あるいは宝くじの購入と同様、ギャンブルと全く同じであるという非難に腹をたてる。投機の擁護者は、不確かな世界が必ずリスクを含んでおり、このため、誰かがリスクを負担しなければならないと力説する。投機の擁護者は、投機家の知識と危険をかえりみない行動が、他の人々に対し変動とリスクを減らすことによって、社会的に有益な目的と結びついていると主張する。私達は、このことが必ずしも常に事実であるとは限らないこと、また投機が不安定を生じさせるかもしれないことも見てきた。しかし、確かに誰も、上述の投機の擁護者の主張の正しさを、必ずしもすべて否定できない。

なぜ私達はギャンブルをとても悪いことであると考えるのか。多分、最も重要なことであるが、理由の一部は、道徳、倫理および宗教の領域にある。これらの領域に対しては、経済学者は正確な判断を下す資格を与えられていない。しかし、ギャンブルを批判する次のようなかなりの経済的理由がある。

第1に、ギャンブルは、いかなる新たな価値も生み出さず、個人間での*貨幣の意味のない移転*にすぎないからである[6]。ギャンブルは、新たな価値を生み出さないだけでなく、時間と資源を奪い取る。主な目的が結局時間を"つぶす"レクリエーションの限度を超えて行われるとき、ギャンブルは国民所得を減らす。

ギャンブルへの批判の第2の経済的理由は、ギャンブルが*所得の不平等と不安定*を引き起こしやすい事実にある。同じ金額の貨幣を持ってギャンブルのテーブルにつく人達は、後に大きく異なる金額を持ってこのテーブルから離れる。賭博師（とその家族）は、ある日勝って有頂天になっていると予想できる、しかし（ギャンブルについて当然予想できることであるが）運が変わるときには、この賭博師は飢え死にする一歩手前になるかもしれない。

ところで、異時点間また個人間の所得の不平等をなぜ大変悪いことであると、私達は考えるのであろうか。その一つの答を、1,000ドルの所得の増加によって得る効用の獲得が、1,000

---

6) 実際、すべての玄人筋のギャンブルの方法では、参加者達は差し引きすると損をする。この参加者の損失は、"良心的な"賭博場でさえ、長期的に利益が出るように、賭け率を常に"賭博場"に有利になるように設定している事実から発生している。なお、全体として、参加者の費用がゼロである友達の間でのほどほどのギャンブルを、消費活動あるいはレクリエーション活動の一つの形態として考えてよい。

ドルの所得がなくなることによる効用の損失ほど大きくない、と広く受け入れられている見解の中に見つることができる。それゆえ、勝ち負け五分五分の賭は経済的損失を意味している。つまり、あなたが勝ち取りそうなお金はあなたが失うかもしれないお金と等しい金額であるとしても、あなたが勝ち取りそうな満足はあなたが失いそうな満足よりも小さいことを意味しているのである。

同様に、たとえ複数の個人がすべて"ほぼ同じ様な人であり"、また倫理観が似ていると仮定しても、裕福な人々が獲得する数ドルは、貧しい人々が失う同じ数ドルと同じ大きさの効用(welfare)を生み出さない。この主張は、ギャンブルへの批判としてだけでなく、所得分配の不平等を減らすことを目指す"累進"課税(progressive taxation)を支持する積極的主張としても行われてきた。

多くの経済学者は、マルサスの人口論の根底に収穫逓減の法則があるとみなしたのとちょうど同じ様に、玄人筋のギャンブルを批難するために、"限界（つまり追加的）効用逓減の法則"(law of diminishing marginal (or extra) utility))を使っている。この限界効用逓減の法則によれば、貨幣所得が増加するにつれて、それぞれの新たな 1 ドルはいくらかの満足を増やす、しかしその満足の増加はますます小さくなる。同様に、貨幣によって購入できるどの財のそれぞれの追加的 1 単位も、生み出す満足つまり効用がだんだん少なくなる。私達が望む限りの食べ物（例えば水）を得ているときには、さらに一層多くの単位の食べ物は私達に新たな効用を少しも増やさないので、この食べ物は"自由財"になる。

限界効用逓減の法則の一つの例として、1 週間にいくらかの砂糖を消費することによって得る効用つまり満足を考えてみよう。表 1 は、1 人の個人の 1 週間の砂糖の異なる消費量が何単位の効用と結びついているかを示している。

表 1　砂糖の効用表

1 週間の砂糖消費量 （ポンド数）	総効用の単位数	最後の 1 ポンドの追加的効用の単位数
0	0	
		4
1	4	
		3
2	7	
		2
3	9	
		1
4	10	
		0
5	10	

図 3 の左の部分(a)は、*総効用*(*total utility*)が砂糖の消費量によってどのように増加するかを示している。右の部分(b)は、新たな 1 ポンドの砂糖の消費がどれだけの*追加的効用*を生み出すかを示している。左の図の積木の柱は高くなっている、しかし、限界効用逓減の法則は右の図の積木の柱を低くさせている、つまり積木の柱の階段は下がっている。右の図でのすべての積木の合計が、左の図での 5 番目の最後の積木の柱に等しいことに注意しよう。こ

のことは、総効用が砂糖の 1 単位ごとの消費によって得る追加的効用の合計であるという事実と一致する。

図 3(a)　総効用

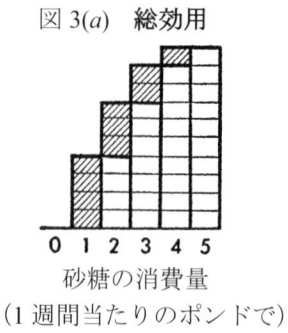

砂糖の消費量
（1 週間当たりのポンドで）

図 3(b)　追加的効用

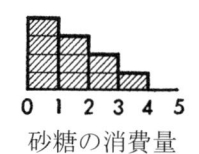

砂糖の消費量

保険の経済的意味

　私達は、ギャンブルとちょうど同じであると思う保険が、なぜ現実にギャンブルと反対の結果を得るかを今理解できる。ギャンブルが悪いのと同じ理由によって、保険は経済的に有益になるからである。

　自宅への火災保険に入るときに、所有者は保険会社を相手に自宅が全焼すると勝になる賭をしているように思われる。もし火災が発生せず、そしてもし火災が発生しない確率がきわめて大きいならば、この家の所有者は少額の保険料(premium charge)を失う。もし自宅が全焼するならば、保険会社は、賭に負け、所有者に保険証書で同意していた多額の保険金を支払わなければならない。（お金に困っている家屋の所有者の、家が燃えて消防自動車が来てほしいという衝動をなくすために、保険契約による保険支払金額は、保険を掛ける資産の貨幣価値よりも幾分小さくなりがちである。）

　火災保険について当てはまることは、生命保険、傷害保険(accident insurance)、自動車保険、あるいはその他どのような種類の保険についても同様に当てはまる。実際に会社でなく、保険業者が集まっているグループにすぎないロンドンの有名なロイド保険協会(Lloyd's of London)は、サッカーチームと雨に対し、ダンサーと小児まひに対し、保険契約を引き受けるであろう。さらに、ロイド保険協会は、ホテルの経営者と、ホテルのカクテルラウンジで酒を注文して飲んだ 1 人の男と喧嘩をして、殺されたもう 1 人の男の未亡人による損害訴訟に対し、保険契約をするであろうし、その他の多数の奇妙な保険契約も引き受けるであろう。しかし判例法(the common law)によって、クリスマスに雪が降らなくても、私は 10,000 ドルの"被保険利益"(insurable interest)を得ないので、ロイド保険協会は、私とクリスマスに雪が降らないことに対し、10,000 ドルの保険契約を結ぶことをできない。だが雪が降らないならば、この同じ金額を失いそうであるスキーのリゾート施設の所有者は、被保険利益を得るので、このような保険に加入できる。

　*個人*にとって、予測できないことまた運にまかせられていることであっても、*数の多い社*

会全体にとって、大いに予想できまた一定のことであるので、保険はギャンブルと反対のものである。20歳で健康なジョン・C・スミス(John C. Smith)が今後30年間生きているかどうかは、運の問題である。しかし、有名な大数の法則(law of large number)は、健康な100,000人余りの20歳の人々の内、一定の比率の人々のみが今後30年後に、なお生きていることを保証している。生命保険会社は決して損をしない生命保険料(a life policy premium rate)を容易に設定できる。それゆえ、確かに、保険会社はギャンブルを行っていない。生命保険の買手にとってはどうなのか。この買手はギャンブルを行っているのか。実際この反対のことが正しいと示すことは難しくない。例えば、自宅の保険契約をしない男はギャンブルを行っている、と示すことは難しくない。この保険契約をしない男は、僅かな保険料を節約するのと引替えに、自宅の全価値を危険にさらしている。もし自宅がどの年も全焼しないならば、この男は賭に勝つのである。時たま起こるに違いないことであるが、もし自宅が全焼するならば、この男は賭に負け、この結果途方もない損失をこうむるのである。

この点についてギャンブル好きの人は「それがどうしたのだ。もちろん、人は保険に入らないときにギャンブルをしている。しかし、保険に入らない賭での勝の条件は悪くない。実際、私達は保険会社がもの好きで事業をしているのではないのを知っているので、保険に入らない人の勝ちの条件は良い。保険会社は、帳簿をつけなければならず、保険のセールスマンが実際なじんできた方法で、保険のセールスマンの生活を支えなければならず、その他のことも行わなければならない。これらのすべてのことは、費用がかかり、保険料に"加え"なければならない。この結果、保険に加入する人の正確な勝ちの数学的条件は悪くなり、逆に保険に入らない人の勝ちの条件の方が少し良くなる。」と言うであろう。

保険という賭に関して、良識のある人は次のように返答するであろう。「私は、友達の中にいるときには、勝ちの確率が少し悪くても、運によって勝負が決まる気晴らしの少額のゲームをいやがらない。しかし多額の賭に加わるかどうかに関係するときには、たとえ勝ちの確率が良くても、私はこの賭には加わらない。私は、毎年保険料を支払えないことがほとんどないので、またもし保険を掛けずに自宅が焼失するならば、その損失をとてつもなく大きな金額であると感じるので、自宅に保険を掛ける。私が保険を掛けても、この保険を掛けている期間の私の生活水準と所得は常にほとんど同じままであり、何も問題はない。私が保険を掛けない時には、保険を掛けない分、しばらくの間生活水準と所得は高いかもしれない。だが、私は生活水準と所得が大幅に低下するかもしれないリスクを負っている。」

これまで言ってこなかったが、（勝ちによる満足が負けによる苦痛より小さくなる）限界効用逓減の法則は、明らかに、保険について上で述べたことを正当化する一つの方法である。*限界効用逓減の法則によれば、家が焼失しなかった幸運な人々と家が焼失した運の悪かった人々について、個人の責任に基づき自分で費用を負担するのに必要な一定額の所得よりも、保険料によって個人間で互いに同じ様に公平に費用負担するのに必要な一定額の所得の方が、経済的負担感が低いことを私達に示している*[7]。また、一つの家族が入院保険と医療保険に入るのを選ぶときには、これらの保険への加入は「将来の災難の日に備えるために、

この家族が自主的に貯蓄する」比較的負担感の低い方法であるという確信に基づいている。このように自ら進んで行う保険の強制貯蓄(compulsory saving)の側面は、保険のもう一つの有益な特徴である。

何に保険契約できるのか

それゆえ疑いなく、保険はリスクを分散できるきわめて重要な方法である。それではなぜ、私達は生活のあらゆるリスクに対して保険に加入できないのか。その答えは、保険統計から十分に正確な確率を決定する前に、一定の明確な次の二つの数学の条件を満たす必要がある明らかな事実にある。これらの数学の条件とは何なのか。

第1の条件として、私達には*事象(events)*が数多くなければならないことである。このときにのみ、リスクのプール化と"平均による相殺"(a cancellation of averages)が可能になる。モンテカルロ(Monte Carlo)の賭博場の胴元は、賭の数が多いと安全になるのを知っている。ハンガリーのふしだらな貴族の男の勝ちの運続きは、ウクライナのいかがわしい伯爵夫人の損によって、もしそうでなければこの夫人の次の夜の損によって相殺されるであろう。ごくまれに、誰かが"この賭博場の胴元に大損をさせる"かもしれない、しかし2、3ヶ月後にはこの"賭博場"は収支とんとん以上になっているであろう。

だが、数の多さだけでは必ずしも十分でない。マンハッタン島には何千もの建物があるけれども、慎重な火災保険会社は、この島だけに業務を限定しようとしない。第2の数学の条件は、*不確実な多くの事象が互いに比較的独立していなければならない*ことである。さいころを1回投げること、つまり火災による損害の1回ごとの可能性は、他の火災とは比較的独立でなければならないのである。明らかに、1871年のシカゴの大火災あるいはサンフランシスコの大地震後の大火災では、同じ地域のすべての建物は同じリスクにさらされた。火災保険会社は、何千もの独立な事象にではなく、一つの事象に賭けることになった。火災保険会社は、このように一つの事象に賭けるのではなく、自社のリスクを分散しなければならない。民間保険会社は、このような明らかな理由のために、原子爆弾への保険を引き受けることができない。このことは私達がなぜ民間保険会社では失業保険に入れないのかについても説明している。不況は、前もって少しも正確に計算できない確率によって、一度にあるいは同時に、すべての分野とすべての階級に痛手を与える大災難である。それゆえ、失業による損害に対処することが自分の役割である政府だけが、失業補償給付金を支払う責任を引き受けることができるのである。社会保障についての以前の議論において見たように、政府は、普通、失業補償積立金への労働者の負担金あるいは労働者の使用者の負担金の大きさに対応させて、失業補償給付金の支払いを増やしている。だが、政府は民間保険で適用されて

---

7) 消費者行動の議論との関係で第20章において述べたように、必ずしもすべての経済学者は"効用"についてのいくつかの仮定を定めようとしていない。第20章では、効用についていくつかの仮定を定めなくても、結果は異ならなかった、だが本章ではいくつかの仮定を定めない場合には結果は異なるかもしれない。

いる保険統計に基づく保険料と保険金支払の原則(the actuarial principles)に従っていない。最も低い賃金の労働者は、普通求められている保険料の支払いよりも多くの給付金を受け取る可能性が高い。このことは、給付金受取者の人間として必要とされる生活費を、常に強く守ろうとする社会保障あるいは社会保険の基本原則と合致している。

生活でのきわめて多くの不確実性は、保険によって減少する。生命保険、自動車保険、損害保険、火災保険と盗難保険、従業員の過失に対する使用者への保険(employee bonding insurance)、およびその他の従来の形態の保険に加えて、私達は民間の老齢年金、入院保険(hospital insurance)（例えば、ブルークロス）、医療保険(medical insurance)（例えば、ホワイトクロス(White Cross)、ブルーシールド）、等々が大きく拡大しているのを見始めている。さらに、すでに見てきたように、リスクを保険で少なくできる可能性は、私達の内の安全であることを望む人達に、生活のリスクの一部を引き受けようとする投機家へ、リスクを移すことができるようにしている。

しかし、個人の生活と企業の活動には、多数のリスクが今なお残ったままであり、また今後も多分常に残り続けるであろう。誰も新しい美容院、新たなネズミ捕り器、あるいは有望なオペラ歌手のそれぞれの成功を確約できない。これらの事業やひとびとは失敗なしに試みることができないし、試みることなしには、進歩できないのである。

公共機関と民間の機関の共同の責任

リスク負担の領域での公共機関の行動の重要な役割を示さずに、リスク負担の問題から離れることは適切でない。組織的市場と投機は、せいぜい、経済活動の小さな部分を分担するにすぎず、分担できる場合でも、主としてリスクを*共同で負担しまた移転する*役割を果たすにすぎない。最悪の場合には、株式市場との関係において見てきたように、一定の形態の個人あるいは企業による投機は、経済を不安定にし、リスクを強めるかもしれない。

独占企業のいくつかの短所を隠してはいけないけれども、独占企業のいくつかの長所の内の一つは、多数の競争企業では調整できない不確実性を避けることができる能力にある。政府も、気候変化による作物の収穫量の予測できない変動に対応するために、小麦の備蓄を常に保有する"農産物価格安定緩衝在庫"プログラム(ever-normal granary program)によって、リスクを共同で負担したり移したりするだけでなく、実際にリスクを調整したり減らしたりできるかもしれない。だが不幸なことに、この農産物価格安定緩衝在庫プログラムは、土壌保全、洪水調節および植林についての多くのきわめて望まれているプログラムとともに、現実には、穀物需要の非弾力性を利用して所得を引き上げるために、生産を制限しようとする特定の農業圧力団体の試みを、隠す隠れ蓑にしばしばなっている。

また、SEC と自主的規約により株式取引所が、市場を不正に操作する正しくない行為、いくつかの有価証券に"関する"正しくないうわさ、さらに"インサイダー"取引(insider speculation)のような悪事に対し、普通の株主と投資家を保護することは、人々の願いである。新規の有価証券を売ろうとする会社は、会社の経営状態の誤った報告を確かに行っていな

いことを、SEC に前もって届け出なければならない。株式の仲介業者は、目的がただ売るだけの助言を与えたり、情報を伝えることを、禁じられている。唯一の役割が支配下におく巨大企業連合体を"ピラミッド状に組織する"ことである持株会社は、解体されている。1946年に、"株式の信用取引の委託証拠金率"は、投機好きの向う見ずな者の熱狂とその熱狂から発生する行動を押さえるために、100 パーセントに引き上げられた。だが、1 年後にこの委託証拠金率は以前の 75 パーセントに戻った。

要約

1. 投機家と*鞘取仲買人*による知力を尽くしての利潤追求の行動は、地理的領域を越えてまた異時点間で、価格の安定へのかなり確かな動きを生みだす傾向がある。投機家は、価格と消費の不安定さを緩和する場合には、社会的に有益な目的を実現している。投機家は、市場を提供することによって、他の人々にリスクを両賭により減らすことを可能にする限り、社会的にきわめて有益な役割を果たしている。

2. しかし投機家が、価格変動を強め、さらに株価、商品量および外国為相場の大きな変動を生じさせているのであれば、投機家の行動は有害である。

3. (限界)効用逓減の経済原則は、なぜ、ギャンブルが経済的に良くないけれども、保険が経済的に良いかを示す一つの方法である。もちろん、民間保険と社会保険あるいは社会保障の間には、根本的でまた重要な違いがある。

議論のための質問

1. もしカンザスシティーとシカゴの間での小麦 1 ブッシェルの全輸送費がちょうど 2 セントであるならば、次に述べる内のただ一つのみが正しい。

a. 小麦はシカゴではカンザスシティーよりも 2 セント高く売れるに違いない。

b. 小麦はカンザスシティーではシカゴよりも 2 セント高く売れるに違いない。

c. 小麦はシカゴではカンザスシティーの価格よりも 2 セントを越えて高く売れ続けることができる。

d. シカゴとカンザスシティーでは小麦は、同じ価格でも、価格差が 1 セント以内でも決して売られない。

e. もし小麦が二つの都市間を移動するならば、価格差は 2 セント以上にも 2 セント以下にもならない傾向がある。もし小麦が二つの都市間で移動しないならば、価格差は 2 セント

よりもいくらか小さくなるかもしれない。

どれが正しいですか。

2. あなたはかなりの株取引あるいは商品取引を行っているものと想定してみよう。10,000 ドルで開始し、新聞を見て、どのようにすればうまくお金を稼げるかを見つけなさい。

3. 「もし私が保有する US スチール株を売るならば、1929 年に支払った金額と比べて大きく損をするので、今日（1937 年）この株を売ることができない。」このことは良い考え方ですか。

4. 医者の医療行為は民間保険会社の代金支払原則に基づいて行われるべきですか。

5. 「私はギャンブルのぞくぞくする気分が、つまりカードによる勝負にすべてを賭けるぞくぞくする気分がたまらない。私は、勝ちの確率つまり経済原則を、なぜ考慮に入れなければならないのですか。」経済学によって、このような人がギャンブルをするべきかそれともするべきでないかについて、判断を下すことができますか。

6. 民間保険と社会保障の間の重要な違いをいくつか挙げなさい。これらの民間保険と社会保障は競合関係にありますか。

第 26 章　社会運動と経済的厚生

A.　ファシズム、共産主義および社会主義

資本主義の危機

　第1次世界大戦後、民主主義政権はヨーロッパ中で誕生した。1927 年までは資本主義的生活様式(the capitalistic way of life)の将来は、平穏で安定したものであると思われていた。

　第2次世界大戦後、様相は劇的に変化した。イギリス、フランス、スカンジナビアのすべての国々で、イタリア、バルカンさらに東ヨーロッパのすべての国々で、社会主義政府が実現している。共産主義政権下にあるロシアは、発展しているように思われる。ファシズム(fascism)はスペインで生き残っている。私達の南北アメリカ大陸では、独裁政府がラテンアメリカの多数の国々で見られる。

　ますます拡大する全体主義と集産主義の世界の中で、合衆国のみが資本主義の一つの孤島として留まっている。ここ合衆国でも、状況は経済活動への政府の権限の強化の方向に激しく変化している。

　資本主義的生活様式は試されている。この生活様式を適切に運営しなければならないだけでない（このこと以上に、最高の形で運営することを要求されている）。ここアメリカで今後 10 年間に大量失業が発生すると、不況によって国内では政治的動揺が発生することは言うまでもなく、外国への私達の威信もきわめて低下することになるであろう。

いろいろな主義

　人々は完璧な社会に対する理想を常に思い描いてきた。プラトン(Plato)の共和制(republic)、トーマス・モア卿(Sir Thomas More)のユートピア、マルクスのプロレタリアート独裁(dictatorship of the proletariat)、およびその他多数の人々が思い描いている理想がある。今日の現実の不完全な状況を、ただぼんやりと示されているにすぎないユートピアの理想的特徴と比較することは全く容易である。だが、改革を目指すそれぞれの集団は、現在の秩序の欠陥について意見が一致しているけれども、改革についてはほとんど意見が一致していない。

　改革を目指す一つの極端な集団には、いかなる政府も信用しない無政府主義者がいる。もう一つ極端な集団には、絶大な権限を持つ集産主義的、全体主義的、共産主義的社会秩序への擁護者がおり、これらの社会秩序では、一人称単数 "私" は、ほとんど一人称複数 "私達" に置き換えられている。社会主義それ自体の領域内でも、次の多くの分派がある。つまり、キリスト教社会主義(Christian socialism)、国家社会主義(state socialism)やマルクス主義的社会主義(Marxian socialism)、ギルド社会主義(guild socialism)、フェビアン社会主義(Fabian Socialism)（つまり漸進的社会主義(evolutionary socialism)）、およびその他多くの社会主義がある。

一般に知られている印象として、社会主義者は、空のブドウ酒の瓶の中のロウソクの灯火を
たよりに地下室で会って、血なまぐさい革命を密かに計画するか、少なくとも爆弾を洗濯物
の包の中に入れて、政府の官僚と資本家に送ることを目論む人達である。あるいは"社会主
義者"という用語は、社会保障、累進課税、銀行預金への保険、ある他の社会改革、あるい
は自由な恋愛のそれぞれの意義を認めるすべての人達を、けなす非難のきまり文句として
しばしば使われている。

　外国での急進的政党の勢力はどうであろうと、1948 年以前のアメリカではいかなる第三
政党も、これまでほとんど勢力を拡大できなかった。アメリカ社会党(the America Socialist
Party)は（禁酒党(the Prohibition party)と同様に）大統領選挙ごとに大統領候補者を送り出し
ているが、投票数のほんのわずかな部分を獲得してきたにすぎない。社会党員によって二大
政党よりももっと嫌われている共産党は、連邦議員への多数の公認候補者の内の誰もまだ
選挙で当選させることができていない[1]。

　もしヨーロッパの状況を見るならば、ほとんどすべての政党の名前はその中に"社会主義"
という言葉を含んでいるのが分かる。しかしこのことにはあまり意味がない。つまり、フラ
ンス急進社会党(Frances Radical Socialists)のような政党は、少しも急進的でなくなり、極端
な保守政党の内の一つになっている。ヒットラー(Hitler)のファシスト党(fascistic party)でさ
え"国家社会主義"(National Socialism)という党名をつけていた。他方で、しばしば、ヨー
ロッパの主な"進歩的政党"(liberal parties)を"社会民主党"(social democrats)という言葉で
示すことができる。例えば、イギリスの労働党、ヒットラー以前のドイツ社会民主党(German
Social Democratic party)、スウェーデンとデンマークの現在の第 1 党（これらのすべての政
党）は、平和的で民主的方法による、社会主義の漸進的でかつ非革命的拡大を支持すると主
張している。フランス、イタリアおよびバルカン諸国では、共産主義者の活動がかなり強く
行われている。これらの活動では共産主義者は、常にロシアを支持しており、一旦政権を握
ると"反動的"政治活動を認めない、と普通はっきり宣言している。

　それゆえ、今日の世界を理解するためには、非常にたくさんの異なる"主義"の必ずしも
すべてを理解する必要がないことは明らかである。次の(1)比較的*自由放任*あるいは民間企
業(private enterprise)、(2)社会主義、(3)共産主義および(4)ファシズムについて、いくらか理解
すれば十分である。これらの主義の間には明確な境界はない。境界はまったく程度の問題で
ある。さらに、最右翼にはファシズムがあり、他方最左翼には共産主義がある形で、1 本の
線の間でこれらの主義を並べて分類することさえできない。いくつかの点で共産主義とフ
ァシズムにはかなり共通なものがある（ファシズムと共産主義の関係者のどちらもこのこ

---

1) セオドア・ルーズベルトが 1912 年に設立したブルムース党(Bull Moose Party)は、最初共和党の分派
　　であった。親のボブ・ラフォレット(Old Bob LaFollette)による 1924 年設立の進歩党(Progressive party)
　　は、明らかに最も奮闘した第三政党であるけれども、出身のウイスコンシン州でのみ大統領選挙で勝
　　つことができたにすぎない。1948 年設立のヘンリー・ウォレス(Henry Wallace)の第三政党が少数勢力
　　以上に拡大できるかどうかは、まだ分からない。

とを認めていない）。

本書の大部分で資本主義制度を述べてきたので、他の制度にも目を向けることにする。

ファシズム

ファシズムについて、経済的特徴よりも政治的特徴を示すほうが簡単である。ヒットラーのドイツ、ムッソリーニ(Mussolini)のイタリア、フランコ(Franco)のスペイン、サラザール(Salazar)のポルトガルであろうと、あるいはペロン(Peron)のアルゼンチンであろうと、ファシズムは、普通一人の男による独裁、すべての他の政党を解散させての一つの政党、さらに私達の権利章典(Bill of Rights)によって認められている形態の市民の自由の消滅によって特徴づけられている。ファシスト運動は常にきわめて国家主義的であり、はっきりとしない"支配民族"(master race)が重要視され、しばしばこの支配民族によって、すべての少数民族が食いものにされたり、しいたげられたりする。ムッソリーニの言葉によれば、ファシスト党員は（戦争と国家権力を自分達の目的であると重要視して）「危険をかえりみないで生き」なければならない。個人は国家ほど重要でないのである。

ムッソリーニのファシズムは、経済的側面について、"サンディカリストの国家"(a syndi-calist state)つまり"組合国家"(a corporate state)という概念をよく使った。それぞれの産業と労働者の集団は、"組合"(a syndicate)の形で組織化され、会合をして、どのように経済を運営するべきかを、交渉し、そして計画した。しかし、このサンディカリズム(syndicalism)はイタリア以外の他のファシト政権の特徴を特に示すものでなかった。

ほとんどすべてのファシスト政権は、労働組合の戦闘的運動に反対してきた。ほとんどすべてのファシスト政権は、経済活動のすべての領域において、中央政府に大きな調整への権限を与えてきた。いくつかのファシスト政権は宗教当局と親密な関係にあり、他のいくつかのファシスト政権は教会とは敵対関係にあった。しばしば資本家と下層の中産階級は、最初、ファシズム運動が勢力を拡大するのを手助けした。しかし、後にファシズム運動が革命的様相を帯び始めたとき（ときどきこの様相を実際帯びたとき）、資本家は、フランケインシュタインという怪物を作り出すのに手助けしたことをしばしば後悔した。資本家にとっての唯一の慰めは、ファシスト政権のいくつかの特徴の内の一つが、共産主義に反対している事実である。しばしばファシストは、共産党革命が今すぐにも起こりそうである、と誇張して言うことによって権力を獲得しようとした。そして権力を獲得した後、ファシスト政権は、共産主義による脅威を、すべての民主主義的プロセスをなくすことへの言い訳として使ってきた。

マルクス主義的共産主義とソ連

ニューヨークから東方に旅行しなさい、そうすると、あなたは、もし十分に長く旅行を続けるならば、西方からニューヨークに戻るであろう。右へ十分遠く進みなさい、そうすると、あなたは、円を一周して、極左共産主義運動に出くわすであろう。カール・マルクスとフリ

ードリッヒ・エンゲルスが 1848 年に『共産党宣言』を出版した後ほぼ 75 年間、何回も国際社会主義者会議(international socialist conferences)が開催された。しかし大英博物館の外では、あまり多くのことは成し遂げられなかった。

だが、1917 年に重大な事件が起こった。帝政ロシアは戦争によりドイツによって倒された。マルクスの信奉者であるニコライ・レーニン(Nikolai Lenin)は、封印列車でドイツからロシアに戻ってきた。一時期ニューヨークに住んでいたレオン・トロツキー(Leon Trotsky)の助けを得て、レーニンのボルシェビキ(Bolsheviks)は、君主制を転覆させた比較的穏健な政権から権力を奪った。赤いハンマーと鎌を持った追随者達は、平和を呼びかけ、小作農民には土地、そして労働者階級(the proletariat)には独裁を約束して、力によって権力を奪い、さらに海軍と陸軍の中に支持者を得た。

その後（後にクレムリンに埋葬された）ハーバード大学出身のジョン・リード(John Reed)が『世界を揺るがした十日間』(*10 days that shook the world*)と呼んだ次の事態が発生した。つまり、選ばれた代表者の 2、3 人のみが共産党支持者であった民主的な憲法制定会議は閉会となった。トロツキーは軍隊を編成し、訓練した。そして革命勢力は（しばしば水と電力の供給源を戦略的に獲得するためだけによって）町を次々と手に入れた。その後赤軍と白軍の間で大規模な内戦が発生し、後者の白軍をポーランドと西側列強が支援した。最終的に、白軍の将校達は、主としてパリに落ち延び、タクシーを運転したり、皇帝ニコライ 2 世(Czar Nicholas II)を思い出しながらウオッカを飲んだ。

世界はロシアの崩壊を予想した。ウオール街では、賭けの胴元は長年の間ずっとこのロシアの崩壊の事象に高い確率の賭けを提供した。共産主義政権は（本当に何百万人も死ぬという恐ろしい飢餓に直面したにもかかわらず）存続した。貴族とブルジョアは、容赦なく"追放"されたり、"粛正"されたりした。（これらの追放と粛清という二つの言葉は、古くから使われてきたにもかかわらず新しい言葉になった。）共産党は唯一の認められた政党であった。共産党は工場と農場から地方"ソビエト"(local soviets)の委員を選んだ。これらの地方ソビエトはさらに上級のソビエトの代表者を選んだ。ソビエトはいくつかの段階から成り、すべてで 17 の自治権がある連邦共和国のまさに頂点に、USSR（ソビエト社会主義共和国連邦）の最高会議(the Supreme Soviet)である人民委員会議(the Council of People's Commissars)がある。

ソビエト連邦の指導者達は、自分達の政策を定める具体的構想を持っていなかった。マルクスは、大部分、資本主義の欠点を述べるにとどめ、希望の国が将来どのようになるべきかについて、ほとんど何も明らかにしていなかった。封建制度から資本主義制度へとほとんど発展していなかった後進国ロシアが、主要工業諸国の破滅の前に自国の革命を経験することは、歴史の予測されていた経過という時間表に基づくものでは全くなかった。1920 年代に、レーニンは NEP（新経済政策(New Economic Policy)）において資本主義的企業と妥協した。しかし 1928 年－1929 年に、製造業の大規模工業化(industrialization)と農業の集団化を目指して、ソビエト連邦は第 1 次 5 ヶ年計画を開始した。この第 1 次 5 ヶ年計画は第 2 次 5 ヶ

年計画へと引き継がれたのである。

　資本形成を急速に進めるために、戦争への準備のために、さらにロシアの技術が遅れていたために、革命後の期間、消費財はずっと厳格に配給で支給された。労働者は、特定の店で使うことができる配給切符(ration cards)を得た、しかし貨幣も使い続けた。労働者は、余った貨幣所得で特定の財だけを、基本量の配給の価格よりも高い価格で買うことができた。実質賃金と貨幣賃金は職業間で異なり、さらに一層高い生産性の実現を目的として、労働者は、出来高払賃金と報奨金(incentive pay)によって、ますます支払われるようになった。

　多くのレーニン側近の内の1人であるヨシフ・スターリン(Joseph Stalin)は、1920年代初期のレーニン死後の権力闘争において最終的に勝った。トロッキーとその他の古くからの革命家は、ソビエト連邦と敵対する外国勢力と一緒になって陰謀を企てたと訴えられた。さらに1930年代の中頃において、将軍と官僚のおびただしい追放は、（すべての被告が、互いに競って自分の過ちを大げさに申し立て、罪を率直に認めたので、人々は驚いた）モスクワ裁判において、頂点に達した。チェンバレン(Chamberlain)とヒットラーのミュンヘン宥和協定の後、ナチスドイツとソビエトロシアは不可侵条約を締結した。この条約は、ヒットラーが（ポーランド、スカンジナビアおよびフランスに対する勝利によって勢いを得て）ロシアを攻撃するまで存続した。

　熱狂的愛国心と合衆国による武器貸与によって、ロシア国民は国内にドイツ人がほとんどいなくなるまでドイツ国民と戦った。枢軸国の敗北後、西側列強との一時的に続いた友好関係はなくなり、世界は今、影響力をヨーロッパ中に拡大しようとするロシアの原子爆弾の脅威にさらされており、イギリスと私達合衆国は、ロシアにこの影響力の拡大を止めさせるために力を注いでいる。

　ロシアの政治的経緯の簡単な歴史の記述についてはここまでとする。経済的には、共産主義制度は個人主義による利潤制度とは大きく異なっている。一般的に言えば、中央計画委員会(a central planning committee)は次の三つの基本的経済問題を決定する。つまり、何を、どのようにして、そして誰のために生産するべきかをである。しかし、消費者には好みを示すことができるいくらかの可能性はある。工場、土地および資本設備を国有企業(state enterprise)が所有している。個人には、住居と身の回り品、および限られた金額の貨幣での貯蓄(money saving)の所有は認められている。貨幣保有、資産、および相続財産の不平等は減少している。

　ロシア国民は、自分達が"産業民主主義"(industrial democracy)を実現していると主張している。この産業民主主義は、私達が知っている政治的民主主義(political democracy)とは明らかに異なっている。ソビエト連邦への支持者でさえ、政府あるいは共産党に反対する意見を言うことは許されていないことを認めている。（私達の意味においての）出版の自由は禁止されている。おそらくロシアの人々は、全体として、自分達の政府の形態を支持している。しかし民主主義と自由について、私達自身が考えているものとは大きく異なっていることに、ロシアの人々は誰も黙ったままでいるはずがない。

社会主義

　ファシズムと共産主義を明確にするために、ナチスドイツ、イタリアおよびソビエトロシアを示した。だが、社会主義をあまり簡単に述べることができない。もちろん、スウェーデンの社会主義政府あるいはイギリス労働党の綱領(program)の特徴を述べることができる。しかし、スウェーデンの政府とイギリス労働党の綱領は私達の制度とあまり際だった違いがない。これらの政府と綱領は中道を示しているのである。

　それにもかかわらず、これらの政府と綱領には、社会主義の基本的考えを特色づけているように思われる少なくとも次の数個の項目がある。

　1.　*生産資源(productive resources)の政府所有*　鉄道、石炭、さらに鉄鋼のような基幹産業を徐々に国有化するにつれて、私有財産の役割は徐々に弱くなる。地価の上昇による不労利潤(unearned profit)も減少する。

　2.　*計画*　政府は、自由放任の市場経済での利潤動機による自由な活動を認めるよりもむしろ、全体を調整する計画(coordinated planning)を導入している。ときどき政府は、"利潤のための生産計画でなく、使ってもらうための生産"計画を主張している。機械装置への広告支出はなくなる。労働者と知的専門職に従事する人々は、私達の "利潤追求社会" (acquisitive society)での動機以外の動機に導かれて、職人としての物作りへのこだわり(craftsmanship)の精神と社会的サービス供給への精神を高める。

　3.　*所得の再分配*　政府は、徴税権によって相続財産と過大な所得を減らす。公的財源によって提供する社会保障給付金と福祉サービスは、恵まれない階層の生活を向上させている。

　4.　*平和的で民主的な漸進的改革*　共産主義とは異なり、社会主義は政府所有の平和的で穏やかな拡大をしばしば主張している。武力ではなく投票による革命である。このような投票による革命は、しばしば場当たり的行動に基づくのではなく、深い哲学的思考に基づくのである。

　イギリスでは、国有化される産業での企業の所有者は、補償金を与えられている[2]。労働党政府に反対するどのような人も、(実際大部分のイギリスの新聞が自社の見解を示しているように) 自由に自分の意見を述べることができ、また政治団体を組織できる。共産主義者も 1948 年現在、十分な公民権(civil rights)と自由を与えられている。

政治的自由と経済統制

　政府による中央集権化の程度は、自由放任の社会から集産主義の共産主義制度までの範囲に亘っている特徴がある。しかし歴史を簡単に見ると、この政府による中央集権化の程度についての分類を、政治的自由および民主主義的市民の自由の程度についての分類と、混同

---

　2)　石炭、電力、イングランド銀行、英国放送協会(the British Broadcasting Company)のすべては、すでに公的に所有されている。鉄鋼とその他のいくつかの産業は、国会で審議される順番を待っている。

してはいけないことは明らかである。ファシズム政権はしばしば社会主義的政策を議会で可決してきたし、また共産主義国の当局は、個人の自由を押さえてきた。他方で、パーマー(Palmer)司法長官がはっきりとした証拠もなしに“赤”だと言い立てて、何百人もの人々を刑務所に入れ、その後釈放した1920年代の厳格な個人主義の時代の合衆国よりも、社会主義のイギリス（1948年）には、もっと大きな思想、発表、行動についての市民的自由がある。

　一つの企業に、電力料金をいくらでも徴収できると言うことは、一人の男に、何でも自由に発言できる、何でも正しいと信じることをできる、あるいはどのような神でも自由に信仰できると言うこととは、全く別なことである。これら二つのことを混同することはよくない。

B.　社会主義と資本主義の下での価格システムの全面的利用

　本書は、社会運動と比較政治制度に関する本ではなく、経済学の入門書である。それゆえ、価格メカニズムについての私達の経済分析を、資本主義以外の制度にもどのように適用できるかを見てみよう。

　計画に基づく社会主義国(a planned socialist state)での価格メカニズムの問題を分析することによって、私達は次の三つの事実を同時に知る。つまり、

　1.　私達は、資本主義での理想的価格システムの機能全体を、最もうまく考察できるいくつかの方法の内の一つを得る。

　2.　私達は、社会主義国の経済計画(socialist economic planning)においてほとんど考えられないほど複雑な問題に、取り組むことができる一つの方法を発見する。

　3.　最後に、私達は“厚生経済学”(welfare economics)の問題解明への、つまり、どのような経済制度においても何がうまく機能していないかの研究への、一つの手がかりを得る。この手がかりは、もちろん、科学的観点でなく倫理的観点に基づいている。さらに経済学者は、公平無私の観察者として、一つの経済制度が提示されているどのような倫理的*目標*も、どのようにすればうまく達成できるかを、明らかにするのに貢献できる[3]。

自由競争での価格メカニズムを簡単にもう一度見る

　本書の最初で、私達はすべての経済社会が経済組織の次の三つの基本的問題を何らかの方法で解決しなければならないことを知った。つまり、経済財について、何を、どのようにして、そして誰のために、生産するべきであるかという問題をである。私達は、自由企業に

---

3)　例えば、ある経済学者は個人的には平等な所得分配に反対している、しかしこの経済学者は、平等な所得分配に反対であるといっても、この倫理的目標達成の成功の程度を計測しないわけでない。

よる、競争的、個人主義的、利潤と損失の市場システムにおいて、無意識な価格メカニズムが、経済組織についての上述の三つの基本的問題を、ほぼ自動的に解決していることも知った。さらに、現在の経済体制は、独占的要素が競争と混じり合っており、また公的行動が民間の行動と混じり合あっている混合体制であることも、私達は知った。

たとえ自由市場システムが、支障なく、さらに、考えることができる最も完全な競争状態で完璧に機能していても、この自由市場システムによって実現される結果を、そのまま尊重しなければならないのでないことを、すぐに私達は知るであろう。あまり明らかでないけれども、社会主義国が、もし望むならば、自国の計画において価格システムの多くのメカニズムを利用できることも、私達は知るであろう。さて、本書の最初の章から得てきた経済学の知識の増加という有利な立場から、価格システムの機能を簡単に見てみよう。

豊かな現代の国家においてさえ、資源は稀少であり、技術は不完全であり、また人間が欲しいものおよび必要とするものは、日常得ているものと大きく異なっている。たとえ社会が本書の第 2 部で述べた失業と購買力についてのすべての問題をすでに解決しているとしても、このことは事実である。資源が使われずに、放置されたままであるということがなくなるとしても、どのような経済制度も、異なる商品の間で、人間が欲しがるものを満たすためには、生産要素を最適に組み合わせて、どのように資源を最もうまく利用するべきかを、やはり決定しなければならない。

本章は本書の第 3 部の結論の章になっており、この第 3 部では、高い雇用状態において経済資源の利用を決定するいくつかの経済的諸力、市場価格と消費者行動の問題、完全競争と独占的競争の下での産業と企業の費用分析、生産均衡と分配問題、国際分業と貿易、投機と異時点間での価格の動態的動きを論じている。まさしく景気循環がなくまた失業の徴候がないときには、これらの項目でのすべての経過は重要である。数年前まで、経済学の教科書はこれらの項目以外をほとんど論じてこなかった。もしいつの日か景気循環が賢明な社会的行動によって制御されるならば、これらの項目は再び経済学の主要な論題になるであろう。さらに、これから示すように、適切に調整を行うことによって、私達は同じ経済学の原理を完全な社会主義国にも適用できるであろう。

経済分析は、何を、どのようにして、そして誰のためにという問題が、相互に独立であるのではなく、きわめて複雑な形で相互に密接な関係にあることを明らかにしている。人々が好みを食物から衣服へと突然変え始めると仮定しよう。最初の影響は何を生産するべきかの領域において現れるように思われる。人々は、貨幣を衣服に一層多くそして食物に一層少なく支出する（投票する）ことによって、衣服について供給と比較して需要を増加させ、食物については逆のことを行う。第 19 章の需要と供給についての詳細な分析から、私達は、この好みの変化が衣服の価格を引き上げ、逆に食物の価格を引き下げるのを知っている。さらに、衣服の価格が十分に上昇し、この結果この衣服部門において利潤を獲得できるようになる後、新たな資源が衣服生産に急に向けられ、新たな数量の衣服が市場にやって来るであろう。だが、衣服の高い価格は衣服への支出を思いとどまらせるであろう。長期においては、

供給曲線が新たな需要曲線と交差し、一層多くの衣服と一層少ない食物が生産される所で、新たな均衡価格が実現されるであろう。（読者は、新たな均衡状態がこれら二つの市場で実現されるまで、食物の生産者がどのように損失を被るかを示すために必要な説明を、うまく行うことができるに違いない。）

　以上によって、何を生産するべきかが、人々の購買力と好みによって決定されるという結論になった。好みの変化は価格に影響を及ぼし、生産する数量を変えるのである。

　しかし、このことは話の必ずしもすべてではない。不幸にも、この過程はここでは終わらない。好みの変化は誰のために物を生産するべきかにも影響を与えるであろう。

　好みの変化は土地と労働への需要と供給に影響を与える、さらにこのことは、労働者と土地所有者の間の所得分配にも影響を与える。どのように影響を与えるのか。食物と比較して衣服の一層高い価格と一層大きな生産量は、労働への一層大きな需要と土地への一層小さな需要を意味する、それゆえ、一層高い賃金と一層低い地代を意味する。このため、好みの変化は個人所得の新たな分配を意味する。

　さらに、この一層高い賃金と一層低い地代は、どのようにして生産を行うべきかにも影響を与える。企業家には、賃金費用と土地費用の古い比率においては、土地と労働を一つの方法で組み合わせることは利益になった。労働の新たな一層高い費用においては、どのような所与の生産物を生産するにも、実現可能な所ではどこでも、労働の*代わりに*土地を*用*いることは利益になるであろう。競争の下では、賃金費用が高くなった新たな日の始まりを知らないために、もう一度最適で最も効率的な生産要素の組合せを実現できるように、生産方法を注意深く再調整していない企業家には、損害が発生する[4]。新たな生産要素の組合せにおいては、今価格の高い労働という生産要素を大量に使う衣服の生産費用は、食物の生産費用と比較して増加するであろう。このことは、新しい事実ではなく、新たな需要と供給の状況が食物と比べて衣服に一層高い価格に導くという以前に言及した事実を、生産費用から見ているもう一つ別の方法にすぎないのである。

　この過程は現実にはまだ終わっていない。もし農夫と労働者の集団には異なる支出習慣と好みがあるならば、農夫と労働者の間の所得分配の変化は、需要と何を生産するべきかについても、変化を生じさせるかもしれない。ここは私達が最初にまさしく立ち入った場所である、しかし経済の円状の回路をもう1回進む必要はない。

　私達の経済制度は、多数の相互依存の部分から構成されている“閉じた円”になっていると言っても不思議でない。現実には、私達の経済制度はこのような閉じた円よりももっと複雑である。この経済制度は、すべてのものが他のすべてのものと結びついている巨大で複雑な電話交換機にむしろ近い。学生は、この相互依存の経済制度においては、始まりを示す場所と終わりを示す場所を、どこにも見つけることができない。学生は、経済制度を理解する

---

4)　企業家は、（新たな生産要素の価格の状況において）労働と土地に支出する最後の1ドルの限界生産物が再び等しくなるまで、労働の代わりに今安価な土地を使わなければならない。第22章を見よ。

ためには、この相互に結びついた円を、何とかして、どこか都合のよい点で切らなければならない。しかし学生は、何とかして切るときには、「私は、A 章を理解するためには、最初にすでに Z 章を理解していなければならない。しかし A 章をすでに理解していないと、Z 章も必ずしも完全に理解できない。」ことを認めなければならないリスクを、必ず冒さなければならない。

　残念なことであるがこのことは正しい。この状況への唯一の解決は、競争的経済制度において問題が解決されるのとちょうど同じ様に、(連続近似によって) 行われる。市場価格が、最終的競争均衡価格の組(the final competitive equilibrium set of prices)に向かって徐々に近づくのとちょうど同じように、経済学を学んでいる学生も、常に同じ基本法則に戻るが、新たな洞察力を身につけることによって、私達の複雑な制度の一般的理解を徐々に高めることができる。

一般均衡の概念

　数学者は価格決定の過程を次のように述べるかもしれない。

　消費財と生産用役の適切な (均衡) 価格の組、生産物と投入物の市場での数量、これらのすべては"未知数"であり、これらの数値は次の条件を満たす多数の"連立方程式"によって決定される。つまり、すべての価格は生産者の"限界費用"と消費者の相対的な"追加的効用" (つまり限界効用) にそれぞれ等しくなければならない。賃金が労働の限界収入生産性に等しくなければならない、利潤が最大でなければならない、等々である。

　さらに、(1)人口、(2)技術、(3)嗜好、および(4)財産の所有権の分布のような非経済的事実がもし与えられると、一義的経済解を決定するためにちょうど十分な数の個人と市場の関係式、つまり方程式が存在する。すべての経済解は他のすべての経済解によって決定される、しかも鉢の中で静止している数個のボールは、互いにボールの位置を決定し合うのとちょうど同じ様に、すべての経済解は互いに決定し合う。

　誰が経済社会の複雑な多数の連立方程式を解くのであろうか。もちろん数学者ではない。もちろん政府の官僚でも、連邦議員でもない。(実業家であろうと、主婦であろうと、農夫であろうと、賃金稼得者であろうと) すべての人々は、ある種類の労働を使い別の種類の労働を使わないと決定するたびに、あるいはバターを買いマーガリンを買わないと決定するたびに、あるいは、トーモロコシと小麦の作付け比率を大きくしたり小さくするたびに、あるいは活字組みの仕事を得るためにガラス吹きの仕事を辞めると決定するたびに、多数の方程式を解くのに寄与している。(株式市場あるいは穀物市場の相場受信テープは、需要が増加するときなぜ価格が上がり、他方需要が減少するときなぜ価格が下がるのかを理解する必要がないのと同じ様に) 私達は、"一般均衡"(general equilibrium)解を得るのに役立てるために、計算尺を使う必要はなく、また価格システムを理解する必要もない。

価格は、私達の再調整行動の結果、変動し続ける。もし発明、戦争、あるいは嗜好のような外部要因が十分に長い期間一定のままであるならば、私達は、需要と供給、生産物の売上高と費用というそれぞれのすべての力がちょうど一致し、一層の変化へのいかなる動きもない"一般均衡価格の組(general equilibrium set of prices)"に最終的に近づくかもしれない。もちろん、現実の世界においては、外部要因は決して同じままでない、この結果、均衡は達成されつつあってもすぐにかき乱される。それにもかかわらず、（少なくとも"完全"競争体系においては）均衡は再び実現されるか、あるいは少なくとも均衡の本当の場所へと近づく均衡への動きが常にある。

　（読者は、私達の経済制度の相互依存についての自分の知識を点検するためには、新発明が、どのようにして生産するべきか以外にも、影響を与えることを説明しなければならない。つまり、新発明が、誰のために、また何を生産するべきかにも影響を与えることを、説明しなければならない。同様に、資産の分布と所得分配の変化が、誰のために生産するべきかだけでなく、何を、またどのようにして生産するべきかにも影響を与えることを、読者は説明しなければならない。）

社会主義国での価格メカニズム：消費財価格

　資本主義国での価格メカニズムをこのように簡単に見たので、私達は、生産と消費に関する何百万もの経済決定を行わなければならない中央計画当局のとてつもない負担を軽減するために、価格メカニズムを利用する問題に取り組む準備ができている。

　多くの社会主義者は次のように主張してきた。つまり、自分達の新しい社会では、消費者にはやはり*選択の自由*があるに違いなく、国家は、消費者が"享受しようとする"さまざまな商品の相対的大きさを、消費者に強制しないであろう。さらに、資本主義制度においてと同様に、それぞれの人々は、異なる商品の間で望むとおりに支出できる一定金額の貨幣、つまり抽象的購買力(abstract purchasing power)を受け取るであろう。例えば、菜食主義者は肉を食べなくてもよく、また肉をきわめて好む人々は自分達の好みを満たすことができるであろう。

　サケとスパム（豚肉缶詰の商標）の間で、あるいはその他のそれぞれの消費財の間で、社会主義国は、消費財の相対価格をどのように設定するのであろうか。一般的に言えば、これらの相対価格を、社会主義国は、資本主義社会においてと同じ次の二つの目的の実現のために設定するであろう。つまり、(1) 消費財の存在する供給物を、何も残らずまた何も不足しないように、うまく配給できるちょうどの高さに、また(2)問題の消費財を生産するために社会的に必要な追加的費用を賄うことができるちょうどの高さに（あるいは技術的観点からは、これらの相対価格が相対的"限界効用"と相対的"限界費用"に等しくなるように）設定するであろう。

所得分配

　ここまで、社会主義制度での価格メカニズムは、資本主義制度での価格メカニズムとほとんど同じように機能していると示してきた。しかし、社会主義社会は、定義によればほぼ、大部分の土地と資本財あるいはあらゆる種類の大部分の非人的資源が、人々によって個別に所有されるのではなく、集産主義に基づき社会によって所有されている社会を意味する。私達の社会においては、1区画が1年に2,000ドルの純地代を生み出すニューヨーク市の土地を、500区画所有しているアスター家の人は、1年に100万ドルの所得を受け取るであろう（この所得は1人の夜勤の警備員が稼ぐことができる所得の1,000倍であり、平均的熟練技術者が稼ぐことができる所得の200倍であるかもしれない）。もし大部分の資産が集産主義に基づき所有され、異なる個人間で大きく不平等に所有されるのでないならば、所得分配の不平等の一つの重要な要因を取り除くことができる。

　異なる個人が欲しがるものおよび必要とするものは、きわめて類似している。しかし、裕福な人々は貧しい人々よりも支払へのきわめて多くのドルという投票数を与えられているので、市場での財への需要が財の本当の社会的価値をうまく示していない。それゆえ、多くの人々は、生産の管理において、現在の市場メカニズムが不十分にしか機能していない、という倫理的ならびに哲学的見解を支持しているとはっきりと言う。比較的平等主義の考え方を持つこのような人々は、全家族の内の所得の下位90パーセントと所得の上位10パーセントの間の所得格差を、政府が大幅に減らすのを支持している。このような平等主義の人々はさらに次のように主張する。つまり、100,000ドルの所得を得る1人から1,000ドルを取り上げ、2,000ドルの所得しか得ない1人にこの1,000ドルを与えることが、社会的厚生(social well-being)を増加させる。さらに、社会の基本的（非科学的）価値判断に従って、異なる家族間での所得分配を適正に決定した後にのみ、市場に現れるドルでの需要が財とサービスの価値の適切な指標になることは正しく、またこのように所得分配を適正に決定した後にのみ、市場に現れるドルが生産を適切な方向に向けさせ、さらに財を適切な人の手に入らせるということは正しい、と主張する。

　適切で、倫理的に望ましい所得分配を、過度に大きな財産所得をなくすという所得を減らす政策の他に、どのようにして実現するべきであるのか。社会主義者は次の二つの答えを用意している。つまり、(1)一部、人々に賃金の形でいくらかの所得を得させることによってである。さらに、(2)主として、人々が一括 *社会的分配金の支給*(a lump-sum *social dividend payment*)を受け取ることができるようにして、賃金の不足を補うことによってである。このような一括社会的分配金の現金での支給は、大部分の平均的家族の間ではおそらく同じ金額であろう。しかし平等主義の社会であっても、子供の人数の違い、年齢と健康状態の違い、等々を埋め合わせようとするので、一括社会的分配金の現金での支給には違いがあるだろう。

　それぞれの個人の最終的所得がいったいどれほどの大きさであることが適切であるかは、科学の問題であるよりも、倫理の問題である。科学として、経済学は与えられた目的を達成

するための最善の方法の提示だけと関係することができる。経済学は目的それ自体を設定することができない。実際、もし誰かが、小さな黒い口ひげをはやしているすべての人々に、特に高い所得を与えるという封建的－ファシズ的種類の社会を望むと決定するならば、経済学者は、この決定者のために、この奇妙な計画を最もうまく実現するために受け入れなければならない価格設定の原則を、定めることができるであろう。さらに経済学者は、求められている最適な所得分配を実現できるように、口ひげをはやしている人々への社会的分配金の支給額を決定するように命じられるであろう。なお、この社会的分配金の支給額は、経済学者が後に市場に現れるドルを、（この奇妙な決定者の）本当の社会的価値を正しく示しているものと見なすことができる金額である。

社会的分配金は、それぞれの*個人自身の努力と関係なし*にそれぞれの個人に与えられるので、賃金とは異なる。このことは社会的分配金を"一括"分配金(lump-sum dividend)と呼ぶ理由である。生産性あるいは努力に基づくどのようなボーナスも、賃金とみなすべきである。私達はどのように賃金を決定するべきかをまだ示していない。しかしこのことを示す前に、まず次のもう一つの重要な問題に目を向けてみよう。

非人的生産資源と中間財の価格設定

理想的社会主義国では、土地およびその他の非人的生産資源を、費用としてどのように扱わなくてはならないのか。一部の人々は次のように言うであろう。このような非人的資源を費用の中に少しも含めるべきでない。人間の汗と技能のみがすべての価値の本当の源泉である。さらに、土地あるいは機械の費用によるどのような追加的料金も、資産の所有者が、生産手段の私的独占所有によって、搾取される勤労大衆から搾り取ることができた資本主義社会での剰余(capitalistic surplus)を示しているにすぎない。このような見解は、ときどき広い意味で"労働価値説"(labor theory of value)と呼ばれており、共産主義的社会主義(communistic socialism)の知力を持った父であるカール・マルクスに起源があると普通みなされている。学研的学者達は、マルクスが"労働価値説"によっていったい何を言おうとしたのか、さらにマルクスが労働価値説を社会主義経済に、短期において適用しようとしたのかそれとも長期において適用しようとしたのか、を論争している。

私達はこの論争に加わる必要はない。しかし、労働価値説は、その単純な形式のために、最も完全な社会主義社会においてさえ、労働資源と非労働資源の両方について、非適切で非効率な使用へと導くであろうということに注目することは重要である。どのような経済資源も数量が限られている（つまり無数にあるのではなく稀少である）ので、社会主義国の計画策定者は、経済資源に価格を設定しそして経済資源の使用に賃貸料(a rent)を課さなければならない。この価格あるいは賃貸料は、資本主義制度の下での大富豪のアスター家のケースにおいてと同じような、個人のいかなる所得も決定しない。この価格は市場価格ではなく、計画策定者が設定する純粋な会計上の計算価格(bookkeeping price)、あるいは計算価格(accounting price)である。実際このようなすべての資源の使用には価格を設定しなければな

らない。

　なぜ価格を設定しなければならないのか。第1に、社会が企業に財を、本当の生産可能性曲線の内部のどこかではなく、この曲線上に現実にいるように、最善の方法で確かに生産させるためには、私達は、非人的資源に価格を設定しなければならないからである。よく言われる失業による資本主義制度の非効率のために、資本主義制度を排除しようとすることも、非効率な計画によって、社会の本当の生産の潜在能力よりもはるかに下しか最終的に実現できないことも、ばかげている。

　大量の稀少な資源を使う最終財に対し、消費者に適切な価格を課そうとするならば、すべての資源にも価格を設定しなければならないのが第2の必要性であり、この第2の必要性は第1の必要性と関係している。言い換えれば、社会が生産可能性曲線上に沿ったすべての可能な場所の中で最善の場所にいるためには、計画策定者は、稀少な資源を利用する食物や衣服のような消費財の価格設定をするとき、これらの消費財の本当の相対的（追加的つまり限界）費用を反映するように、これらの消費財に価格を設定しなければならない。さもなければ、消費者がドルを支出することによって行う自由な選択は、消費者自身の最善な選好も社会の最善な選好もうまく示していないであろう。

地代の例

　前節での価格設定の必要性への二つの理由を理解することは難しい。しかし、次の一つの例を考えることによって、土地への価格設定の必要性を明らかにしてみよう。仮想の社会主義国の農業社会(a farming utopia)に2人の一卵性の双子がいると仮定してみよう。もし兄が1エーカーの肥沃な土地で1年の労働によって小麦を生産し、弟が1エーカーのやせた土地で同じ1年の労働によって一層少ない量の小麦しか生産していないならば、どうなのか。もし彼らが同じ様に一生懸命に働く一卵性の双子であるならば、私達は、彼らの賃金率が同じでなければならない、ともちろん言わなければならない。今、労働価値説に従って賃金を唯一の費用として扱うならば、二つの土地の小麦の粒は全く同じ質であっても、二つの土地は小麦の生産量が異なるため、二つの土地の小麦に同じ価格を設定することはできない。肥沃な土地の小麦は、少ない労働費用しか含んでいないので、肥沃な土地の小麦をやせた土地の小麦よりも低い価格で売らなければならない。

　もちろん、このような解決方法は実行可能でない。他人の幸福を祈る社会計画策定者(social planner)は、多分やせた土地の小麦では損失を出し、肥えた土地の小麦では利益をだすことになるけれども、2人の兄弟の小麦に同じ価格を設定することで、このジレンマを切り抜けようとするかもしれない。あるいはほとんど同じことであるが、この社会計画策定者は、「二つの土地での小麦の費用を同じにするために、やせた土地の双子の弟にはもう1人の兄よりも低い賃金を支払え、しかしその後高い賃金の方の兄に対し、貧しい方の弟に自分の賃金の一部を分け与えさせよ」と言うかもしれない。

　このような解決方法は実行可能でないことはない、しかしこの解決方法は次の二つの望

まじい最善の結果を実現できない。つまり、最大の生産量、そして同一の人間の努力に対して同一の報酬の支払いである。特に、この解決方法によっては、一層多くの労働を一層生産的な土地に移すことができない。

唯一適切な方法は、土地に使用料という計算価格を定め、肥沃な土地からは高い使用料を徴収することである。二つの土地の生産力の差を埋め合わせることができるちょうど大きさだけ、肥沃な土地の小麦の土地費用はやせた土地の小麦の土地費用より高くなるので、二つの土地からの小麦の価格は等しくなる。すべての内で最も重要なことは、社会主義国の生産管理者(the socialist production manager)は、それぞれの土地で小麦を生産する労働と土地の費用の合計を、最小にするように試みなければならないことである。この生産管理者は、もし、生産についての第22章で論じた収穫逓減の法則の下で、労働と土地の費用の合計を最小にしようとするならば、何か新しくまた重要で、さらに労働価値説の単純な信奉者が考えつかなかったことを行う必要がある。

この生産管理者は、収穫逓減の法則によって、肥沃な土地での追加的生産物が低下して、多分1.5人目の労働時間(man's time)の追加的生産物が、やせた土地での0.5人目の労働時間の追加的生産物にちょうど等しくなるまで、この肥沃な土地を1.5人時間まで一層集約的に利用することが、利益をもたらすのを発見するであろう。自ら働いて汗をかくことがない土地に使用料という価格を設定することによってのみ、私達は、土地と、汗をかき、息をしている労働を、最も生産的に利用できる。土地の価格つまり地代は、土地というこの限られた供給物を*最善*に利用できるようにしている。

ひどく気難しい人道主義者でさえ、私達の解決方法に関して何も不平を言わないことにも注目しよう。労働の限界生産性が等しくなるまで、労働を一つの区画の土地からもう一つの区画の土地に移すことによって、私達は小麦の最大可能な総生産量を得る[5]。

2人の兄弟は、同じように一生懸命働くので、同じ賃金を支払われる。しかし（会計上の）土地の使用料が小麦の費用の一部になっているので、2人の兄弟の賃金はすべての小麦を買うことができるほど高くはない。しかし、人々は政府の管理によって土地を同じ広さで所有している。土地からの地代収入はどの資産所有者の手にも直接入らず、倫理的報奨(ethical deserts)による一括分配金として再分配されて、2人の兄弟の手に入る。土地に適切な計算価格つまり計算地代(accounting rent)を設定することによって、社会は、このように計算価格を設定しないときに実現可能であるよりも、もっと多く消費できる。

もし今1種類より多い消費財の生産に目を向けると、これらの消費財の費用価格(cost prices)を、それぞれの消費財に使用する社会的に限られた土地と機械の使用量も考慮して、決定しなければならないことは明らかである。ジャガイモのような畑の作物は、トマトのよ

---

5) 以前の一つの章での限界生産性の議論で示したように、*労働を（限界性産物が小さな）やせた土地から（限界性産物が大きな）肥沃な土地に移す*ときにのみ、*総生産量は最大になる*。労働を使うことによる限界生産物が二つの土地で等しくなって、最終的に生産物のいかなる一層の増加も実現できなくなるまで、あらゆるこのような労働の移転は、私達に必ず追加的生産物を生み出すに違いない。

うな労働集約的な菜園の作物と比較して、わずかな労働と広い土地を必要とする。もしそれぞれの商品を労働費用だけに基づいて価格設定をするならば、ジャガイモはあまりにも低い価格で売られ、大量の土地はトマトの生産に使われなくなる。すべての人々は最終的に生活状態が悪化するであろう。

　最後の一つの点は一つの生産物の費用と価格の最終的決定と関係している。計画当局は、多くの工場でのすべての必要な生産要素の費用を合計して総費用を計算した後、生産物の価格を生産物の新たな単位の追加的費用つまり限界費用に等しく設定しなければならない。他方で、社会主義国の工場管理者(the socialist managers of a plant)は、完全競争企業と同じ様に行動しなければならない。つまり、社会主義国の工場管理者は、自分の工場の生産物が市場価格に与えるどのような影響も無視しなければならず、さらに、この生産物の最後のわずかな 1 単位が販売価格とちょうど同じだけの費用がかかる点まで、追加的単位を生産し続けなければならない。1 単位の費用が絶えず低下し続ける鉄道のような多くの産業については、限界費用が価格と等しくなるように生産量を決めることは、全平均費用(*full* average costs)を*賄えない*ことを意味する。非資本主義社会においては、この差は、国家により（計算による）補助金((accounting) grant)によって埋め合わされるであろう。なぜなら、もし鉄道システムを建設する価値があるならば、この鉄道システムを最大限利用することは価値があるからである [6]。

　上述のことを次のように要約できる。社会主義国での適切な計画には、人間の労働であっても人間の労働でなくても、すべての稀少な資源に少なくとも計算価格を設定しなければならない。それぞれの消費財を生産するために必要なすべての追加的費用の総額を、それぞれの消費財の最終費用に含めなければならない、つまりそれぞれの消費財の最終費用は*限界費用*に等しくなければならない。消費財への需要は、現実にはすべての生産資源への間接的需要である、つまり生産資源に適切な価格設定を行うことによってのみ適切に抑制できる間接的需要である。

　このように生産資源に適切な価格設定を行わなければ、社会の価値ある非人的（また人的）資源は、不適切に配分され、最終財への市場価格の設定は消費者の最大の満足へと導かないであろう。社会主義国においては、土地と他の非人的資源の計算価格が、誰の所得の一部とも関係がないことを、私達は強調しなければならない。理想主義に走っている民間企業への批判者の言葉によれば、次のようになる。つまり、社会主義国においては、資産所有者が資

---

6)　鉄道を建設するべきかどうかについての長期の問題は、まず第 1 に、"すべて完全に建設するか何も建設しないかの決定"と関係しており、この決定を部分ごとに区切って行うことができない。このようなケースにおいても、やはり、事業の社会への追加的（つまり限界）便益と追加的費用を一致させなければならない。しかし、このような大規模な事業については、（私達が第 20 章で見たように）人々が消費する財のすべてについて、その財に支払った金額を上回る消費者余剰の部分が常にあるので、価格はもはや総厚生の良い指標ではない。価格と総収入が低下しているときでも、厚生は増加しているかもしれない。

産から最終生産物の一部を受け取っても、誰も"搾取され"ない。誰かが搾取されるのではなく、資本と土地による生産への貢献物は、*社会的分配金*の形で人々に与えられるのである。

社会主義国での利子率の役割

本書のこれまでのいくつかの章において、次の二つの主な形態での利子率を見た。つまり、(1)所得のフローを資本化現在価値(a capitalized present value)に変えるために必要な（割引）因子(a (discount) factor)としての、あるいは債券またはその他の資本資産から人々の所得を決定する利回り要因(a yield factor)としての形態、そして(2)人々に貨幣の保蔵をあきらめさせ、その代わりに有価証券の形態で富を保有させるために必要なプレミアム(premium)としての形態である。

社会主義国では、角の 1 区画の土地もその他の資産も売ったり買ったりする機会が誰にもなく、またおそらく社会主義国の計画策定者(the socialist planners)は、貨幣を保蔵しようとする人々の望みを変えることによって、景気循環が発生するのを阻止しようとしないので、利子のこれらの機能のどれも重要な役割を果たさないであろう。

しかし、資本主義制度でも、社会主義制度でも、あるいはどのようなその他の経済制度でも、利子率には 3 番目に重要な役割があるのも見てきた。資本財は"純生産性"(net productivity)を得る。資源を現在かあるいは将来のために投資できるのであれば、私達は資本に関して次のような重要な決定を行う必要がある。つまり、現在の土地と労働を、今年のトーモロコシという穀物の生産に利用するべきか、それとも今から15年間のリンゴの生産に利用するべきか。今日グレープジュースを飲むべきか、それとも今後10年間ワインを飲むべきか。使い古した印刷機を、20年間にわたり利用できる新しい高価な印刷機に取り替えるべきか、それとも今後14年間だけ利用できる安価な印刷機を買うべきか。将来の経済価値と現在の経済価値を関係づけることができる利子率を使うことによってのみ、これらの問題のどれにも答えることができる。もしこのような利子率がなければ、固定資本も流動資本も、現在存在するストックを最善の利用へと向けることができない。また、このような利子率がなければ、社会が、国民所得の内いったいどれだけの額を、資本形成のために投資すると決定しなければならないかを、私達は最善の形で具体的に示すこともできない。

利子率は、篩、つまり選別装置としての役割を果たすのである。私達は、一定期間に5パーセントの利益しか生み出さないどれかのプロジェクトに着手する前に、6パーセントの利益を生み出すことができるすべてのプロジェクトに着手しようとする。

社会主義を研究している大部分の経済学者は、（私達の資本主義経済において、利子率がある程度、現在の消費を犠牲にして資本の成長率を決定するのと同じ様に）社会主義経済においても利子率が資本の成長率を決定するに違いないのを、理解していないことを付け加えるべきである。どれだけ貯蓄するべきかについての決定を、社会主義国では個人の"場当たり的な"思いつきによってではなく、"国民と社会が将来どれだけ物を必要としているかを考慮して"、国家が行わなければならない。さらに、国家は、社会の貯蓄と資本の成長の

水準を一旦決定すると、稀少な"資本の供給物"(capital supplies)を最適に配分するためにも、また異なるいくつかのプロジェクトの間での優先順位を決定するためにも、利子率を使わなければならない。言うまでもなく、すでに蓄積した大量の資本があり、近年資本を使う発明があまりないゆっくりと成長している豊かな国では、利子率をきわめて低くするべきである。なお、収穫逓減は、社会主義国の人民委員(the Socialist Commissars)が、国民投票によっても、流血を伴う革命によっても無力にできない一つの法則である。

賃金率と刺激的賃金設定

今ここで、社会主義国での計画策定者がどのように賃金率を決定しようとするのか、さらに、その決定後、人々がどのように行動するのかについての問題に、戻らなければならない。もしあらゆる種類とあらゆる技術について労働量が完全に固定されているならば、他のすべての生産要素とちょうど同じ様に、労働に計算価格を設定しなければならない理由はないであろう。労働者は少しも賃金を受け取らないであろう。このとき、労働者は拡張された*社会的分配金(an enlargeed social dividend)*の形ですべての所得を受け取るであろう。

しかし、人々は、もし自分達自身の職業を自由に選ぶことができるならば、またもし割増しの消費財と引き替えに、もう少しきつく働くのともう少し長く働くのとの間で選択できるならば、自分達の用役を売ることができる*事実上の市場賃金(actual market wages)*の制度を、社会主義の国家は創設する必要がある。この賃金率は仕事のやっかいさと不愉快さによって異なるかもしれない。だが、私達の資本主義制度と異なり、おもしろい仕事では比較的低い賃金が支払われるかもしれない。他方、溝掘りあるいはごみ収集のような仕事に人々を引き入れるために、これらの仕事ではもっと高い賃金が支払われるかもしれない。多くの訓練と技術を必要とする仕事では人々は高い賃金を受け取るであろう。だが、これらの技術を獲得するために必要な教育を受ける多額の費用を、国家が支払うかもしれない。社会主義の下では、出来高払賃金はしばしば利用され、10 パーセント生産性の高い労働者はこれに対応した高い賃金を受け取るかもしれない。労働者はすべてのケースにおいて限界生産性つまり追加的生産性に等しい賃金を与えられるであろう。

それゆえ、社会主義国においては、すべての人々の所得が完全に平等な水準になるということは、必ずしも正しくない。人々の所得は次の二つの異なる要因によって幾分異なるであろう。つまり、(1)異なる個人の"生活での必要さと重要さ"についての社会の評価によってであり（これらの評価は個人への一括*社会的分配金*の大きさに主として反映される）、また(2) 人々に刺激を与えるために、また追加的不効用と努力に対して人々に酬いるために、賃金が異なる必要性があることによってである。しかし、資産の所有と相続の不平等のために、所得は異ならないであろう。

社会主義国での価格メカニズムについての要約

1. 社会主義制度では次の四つの異なる種類の価格を利用できるであろう。つまり、(1)

消費財価格、(2)賃金と刺激率(incentive rates)、(3)中間財の計算価格、および(4)（正のときには補助金であり、負のときには税金である）最終的一括分配金である。

2. 人々が消費財の間で自由に選択できるようにするためには、国は消費財に対して市場価格を設定するべきである。同様に、人々に職業選択の自由を与えるためには、人々に刺激を与えるためには、さらに職業間の仕事のきつさの格差を補償するためには、国は賃金率を（限界）生産性と（限界）不効用に一致するように決定しなければならない。

3. すべての非人的生産資源について、それぞれの（相対的）限界生産性が等しくまた最大となって、最善に利用できるように配分するためには、国はすべての非人的生産資源に計算価格を設定しなければならない。同様に、現在存在しそして成長している資本ストックを、最善に利用できるように配分するためには、利子率が存在しなければならない。どのような消費財も、（すべての資源を、他の消費財の生産での利用とレジャーから、この消費財の生産に引き寄せるために必要な）生産のための全限界費用(full marginal cost)がちょうどどこの消費財の価格に等しくなる点まで、企業の管理者は生産しなければならない。

4. 最後に、（賃金のように）努力あるいは成果によって決して決定するのではなく、"必要と欲求(need and wants)"によって決定する人々への一括社会的分配金の支給によって、最終的所得分配を社会が理想的分配形態とみなすものに一致させることができる。おそらく、社会主義社会でも、人々は、消費者のドルによる投票が本当の社会的選好を示しているとみなす前に、もっとほぼ平等な所得分配が必要であると思っているであろう。しかし、このことは科学の問題ではなく、倫理の問題である。

5. 最後の第4番目の一括社会的分配金の支給を除いて、これらの価格設定のどれも中央機関による詳細な包括的計画を必要としない。膨大な数の連立方程式を解くために数学者達を呼び寄せる必要もない。その代わり、分権的計画策定者は、連続近似によって、つまり試行錯誤によって、（仮想市場(provisional market)と計算価格を設定し、そして使用可能な供給物の在庫が積み上がるかあるいは少なくなるかに基づき、計算価格を引き下げるかあるいは引き上げることによって）課題を解決しようとするであろう。

自由企業経済での厚生経済学

上述の価格メカニズムの一般原則の下では、私達の現在の制度において、何が誤っているのか、あるいはさまざまな倫理的観点から何が必ずしも適切でないのかを、確かめることができる。社会的最適からの考えられる乖離を、簡単に次のように列挙できる。

1. 資産所有、所得分配、教育および経済的機会の現状は、過去の歴史の結果であり、これらの現状は、キリスト教、仏教、その他の宗教の倫理的思想の観点からも、あるいは口とペンで表現されるアメリカ人の信条であると漠然と言われる立場からも、完全な最適に必ずしもなっていない。最適な所得分配からのこのような乖離を、ある程度、適切な租税政策によって是正できる。しかし、私達の資本主義制度においては、このような租税政策は、動機付け、リスク負担、努力および生産性に悪影響を与えることになり、このような租税政策

によって被るいくらかの費用も常にある。

2. 私達の資本主義制度では、独占的企業が大きく勢力を広げ、完全競争がほとんど実現していないので、企業が限界費用と価格が等しい最適点まで生産量を拡大することは、ほとんどないことを意味する。また私達の資本主義制度においては、不完全競争の下で需要の弾力性が無限大ではないので、企業は生産量を限界費用と限界収入が等しい点までしか拡大しない。独占的企業は"市場で利潤が出なくなるの"を恐れて、独占価格はあまりにも高くなっており、また独占での生産量はあまりにも少なくなっている。

これらだけが独占の弊害でない。無駄な宣伝合戦、必要のない無意味な製品の差別化、販売キャンペーンと宣伝活動により、消費者の好みと考え方が歪められることが挙げられる（独占的企業が、宣伝活動を"適度な"宣伝活動という有益な情報提供の役割を超えて行うときには、これらの独占の弊害のすべては、価格が高くなり、生産量が少なくなるという上述の独占の弊害をかなり上回るものになる）。一つの産業への新たないくつかの企業の参入がきわめて容易な独占的競争の下では、これら独占の弊害は、次の一層の弊害と結びつく。つまり、このとき、あまりにも多くの企業の間で、生産量を非効率に分け合うことになる。これらの企業が課す価格はあまりにも高くなるけれども、資源の非効率な利用のために、どの企業も少しも利潤を獲得できないのである[7]。

3. 最後に、もちろん、第2部で示したように、自由放任制度の下では、失業と景気循環によって大量の資源が未利用になる。公的部門の財政政策と金融政策とともに、消費者、労働者、農民および企業を、現代のこの最大の苦難（本当の原因がなく、私達の社会が複雑な貨幣社会であることだけから発生しているこの貧困）に対する終わることのない闘いに動員しなければならない。

私達はこれらの欠陥を私達のこれまでの経済制度の枠内で改善できる。いずれにしても、多くの（多分大部分の）アメリカの人々は、私達の混合－企業体制の動態的活力がこの体制の短所を上回っていると思っている。

[7] 一層上級の経済学の書物で議論しているもう一つの独占の弊害は、個々の企業が、自社の決定を行うさいに、自社の生産決定の他社へのあるいは産業への起こしうる影響を決して考慮していない事実である。パット(Pat)は、自社の油井を掘るときに、マイク(Mike)の油層に被害を与えるかもしれないことを考慮しない。そしてこのことはマイクについても同じである（最終的に得る石油が少なくなり、また一層多くの費用がかかる結果になる）。このようないわゆる"外部不経済"(external diseconomies)（あるいはときどき、"外部経済"）によって、はっきりしている"私的限界費用"は、本当の"社会的限界費用"を表していない。このため、独占企業のいくつかの活動の領域を縮小することは望ましく、逆に独占企業の他のいくつかの活動の領域を拡大することは望ましい。A. C. Pigou, *Economics of Welfare*, The Macmillan Company, New York, 1932（A・C・ピグウ著、気賀健三・千種義人・福岡正夫・大熊一郎共訳『厚生経済学Ⅰ』東洋経済新報社、1953年、『厚生経済学Ⅱ』1954年、『厚生経済学Ⅲ』1954年、『厚生経済学Ⅳ』1955年。）を参照せよ。

要約

A. ファシズム、共産主義および社会主義

1. 多数の社会運動と社会思想の内、ファシズム、共産主義および社会主義の三つは、私達の現在の体制に積極的に挑戦している。資本主義とその他のいくつかの制度の比較については、非経済的問題は多分最も重要である。利潤のための生産でなく、使ってもらうための生産を重要視する職業上のすばらしい職人としての物作りへのこだわりの精神および社会奉仕の精神のような、資本主義社会においての行動への誘因(capitalistic incentives)に取って代わる新たな精神を、社会主義社会においても人々の間で育成できるのかあるいはできないのかの領域の問題を、これまであまり言及してこなかった。さらに、異なるいくつかの経済制度においての、個人の自由と社会の管理の間の関係という重要な問題への最終的答も、示すことができないままである。

社会主義社会では個人の人権と政治的自由を守ることができるのか。経済民主主義(economic democracy)のない中での政治的民主主義の重要さとは何なのか。どのようにすれば資本主義をもっとうまく機能させることができるのか。さらにもっと多く読み進むことに関心を持っている読者のために、下に多数の文献を示しておくことにする [8]。

B. 資本主義での価格メカニズムと社会主義での価格メカニズム

2. 非混合の純粋競争社会では、何を、どのようにして、そして誰のために生産するべきかという経済問題は、利潤と損失による市場システムという非人為的機能によって、複雑な相互依存の方法で解決される。すべての経済変数は、他のすべての経済変数と相互依存にある、しかし調整と再調整を伴う連続近似の過程によって、一般均衡値で同時に決定される。

3. 社会主義経済において、もし人々が効率と節約に関心を持っているか、あるいは財と職業についての選択の自由に関心を持っているならば、社会主義経済は価格メカニズムの制度を取り入れなければならないであろう。しかし、かなりの価格は純粋な計算価格、あるいは会計上の計算価格であろう。さらに、所得分配の最終的決定は、政府と社会による明ら

8)　R. H. Tawney, *The Acquisitive Society*, Harcourt, Brace & Company, Inc., New York, 1920. F. A. Hayek, *The Road to Serfdom*, University of Chicago Press, Chicago, 1944.（フリードリッヒ・A・ハイエク著、一谷藤一郎・一谷映理子訳『隷属への道—全体主義と自由』東京創元社、1954 年。）John Ise, *Economics*, Parts VI andVII, Harper & Brothers, New York,1946. H.C. Simons, *A Positive Program for Laissez Faire*, *Public Policy Pamphlet* 15, University of Chicago Press, Chicago, 1934. A. C. Pigou, *Socialism versus Capitalism*, The Macmillan Company, New York, 1939.（A・C・ピグー著、北野熊喜男訳『社会主義対資本主義』東洋経済新報社、1952 年。）厚生経済学に関してもっと多くの知識を得るためには、J.E. Meade and C.J. Hitch, *An Introduction to Economic Analysis and Policy*, Oxford University Press, New York, 1938（J・E・ミード著、北野熊喜男・木下和夫訳『経済学入門—分析と政策—上』東洋経済新報社、1966 年、『経済学入門—分析と政策—下』1967 年。）を参照すること。

かに科学的でない倫理的決定により、すべての人々に与えられる全面的な社会的分配金によって行われるであろう。

　4.　厚生経済学の観点から、私達自身の資本主義制度は次の主な3点において社会的最適から乖離しているとみなされている。つまり、不適切な所得分配において、独占において、および失業を伴う変動においてである。これらのすべての弊害を、資本主義制度の枠内で、適切な政策によって必ず改善できることを、著者は本書で一貫して示してきた。

　既に知られている私達の制度の明らかな欠点を、まだはっきりとしない理想的な計画制度の欠点のなさと比較することはあまりにも容易である。だが、私達の混合自由企業体制には、短所があるにもかかわらず、途方もない動態的活力がる。この活力によって、現実の社会主義制度が私達の混合自由企業体制と同じ水準に追いつくことが不可能に思われるほどの1世紀の進歩を、この混合自由企業体制は世界に与えてきた。混合自由企業体制の途方もない動態的活力というこの長所について言うことも全く容易である。

議論のための質問

　1.　多数の主義についての表を作成し、それぞれの主義の特徴を書き入れ、さらにそれぞれの主義のおおまかな歴史を記述しなさい。

　2.　ユートピアについてあなた自身が思い描いていることを述べなさい。そのユートピアは現在の体制と異なりますか。

　3.　ファシズムと共産主義を比較し、その違いを述べなさい。社会主義と資本主義は、互いにどのような関係がありますか。

　4.　イギリスの労働党の発展とこの党の戦後の活動について論じなさい。

　5.　「私は全体主義の共産主義の国で裕福に生活するよりも、むしろ自由なアメリカで飢えに苦しんで生活したい。」このことはあなたが考えていることですか。なぜですか。

　6.　「ソビエトロシアは、物を利用するための計画と生産と言っているにもかかわらず、合衆国よりも資源を非効率にしか利用しておらず、私達よりも低い成長率しか実現していない。」このことについて論じなさい。

　7.　価格システムが、三つの基本的経済問題を解決するために、どのように機能しているかを簡潔に述べなさい。これらの三つの基本的経済問題の相互の関係を実例を挙げて説明しなさい。

　8.　一般均衡が何を意味しているかを述べなさい。

　9.　計画で運営されている社会主義国においての4種類の価格を述べなさい。

　10.　あなたは、現在の資本主義経済制度において、経済的短所であると考えていることを列挙しなさい。現在の資本主義経済制度の長所は何ですか。

第 27 章　結び

　1929 年に、ハーバート・フーバー大統領が招集した有名な諮問委員会は、『最近の経済変化』という報告書[1]を出版した。この報告書は、きわめて詳細な調査の後、「私達の状況は良い、私達の勢いはめざましい」という言葉で終わった。

　しかし、アメリカ経済は、"バランス"(balance)と"動態的均衡"(dynamic equilibrium)というすばらしい状態を維持し続けるであろうという委員達の確信に満ちた予想にもかかわらず、この諮問委員会は、知らないうちに、地獄の一歩手前に立っていた。6 ヶ月の内に、記録に残っている中で最大の不況、つまり、アメリカの制度とアメリカの人々の経済生活を大きく変えることになった不況が始まった。

　1939 年に、連邦議会の臨時全国経済調査委員会(the congressional Temporary National Economic Committee)はもう一つの調査を行った。この調査では、アメリカ経済への見解が完全に変わった。この委員会の意見聴取によるいく冊かの刊行物において、また多くの研究論文において、アメリカ経済の停滞(stagnation)という悲観的言葉が繰り返し現れた。

　しかし、この調査の後 2、3 年内に、合衆国は経済状況を完全に変える大規模な国防計画と戦争計画を実行した。1939 年以後、もう 1 つ別の 10 年（軍需産業への転換とその後平和産業への再転換、物不足と好況、価格統制とインフレーションの 10 年）が経過した。

　経済学への入門書である本書によって、もし読者が（今後数十年の興味深い出来事を必ずしも予想するのではなく）これまでの数十年の興味深い出来事を理解できるならば、本書は目的を達成している。本書は、もしアメリカの将来の経済発展の十分な可能性を明らかにするのに役立つならば、さらにもっと良い書物になることができる。完全雇用での生産と技術進歩を維持できる十分な総需要が存在し、さらに（農業、労働者および企業の）特定の利害関係者の強い圧力を受ける政治が、人間が必要とするものに対して、経済システムが効果的に対応するのを妨げない場合にのみ、アメリカの将来の経済発展は現実に可能になる。

　図1は、私達の経済の過去と将来を簡単にまとめている。1週間当たりの平均労働時間は、過去 1 世紀の間に、70 時間から 40 時間に低下した。総労働時間は人口の増加よって増加し続けている、しかし 20 世紀に入って、この総労働時間の増加率はきわめて低くなっている。それでも実質国民所得は、世代ごとに 2 倍になっており、将来においてもこのように 2 倍に増加し続ける見込みである。

　生産高のこの驚くべき増加は生産性の絶えざる増加の結果であり、図1でこの生産性を、"（一定の購買力のセントでの）1 人 1 時間当たりの純生産高"によって示している。

---

1) Committee on Recent Economic Changes, *Recent Economic Change in the United States*, McGraw-Hill Book Company, Inc., New York, 1929.

図1 アメリカの過去と将来

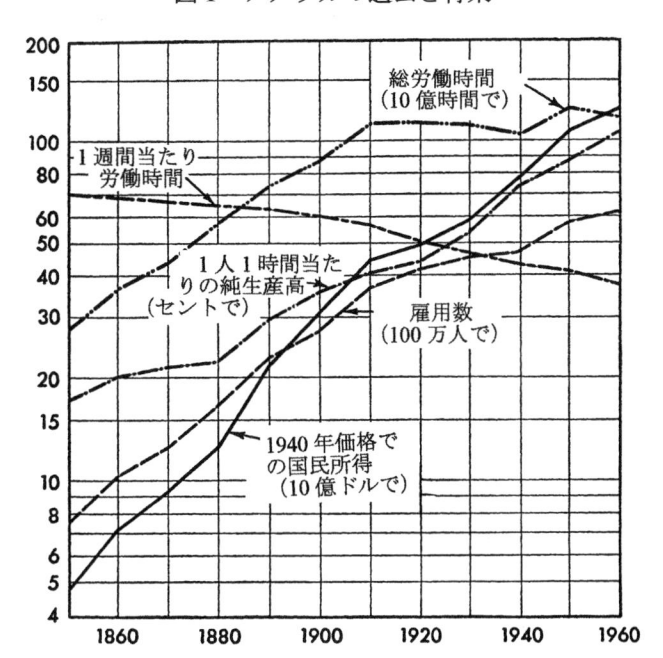

出所：J. Frederic Dewhurst, *America's Needs and Resources*, Twentieth Century Fund., 1947. New York,

　同じ様に、20世紀財団(the Twentieth Century Foundation)は、大規模な調査報告書である『アメリカの必要なものと資源』[2]での結びにおいて、次のように述べている。

　将来私達が一体どれだけ実現できるであろうかについては、過去の実績を見ると分かりやすい。つまり、労働力によって決まる生産の天井を最高に引き上げる唯一の方法は、労働者1人当たりと1人1時間当たりのそれぞれの生産高を一層増加させることよってである。生産性は将来の裕福さへの鍵である。過去1世紀の間に、私達は1人1時間当たりの純生産高についてほぼ5倍の増加を実現した。・・・人々が裕福さをこのように大きく増やしたことは、人間が働く時間を減らした。

　生産性をこのように強調する以外に、私達はもう一つ別のことをさらに加える必要がある。つまり、人々の大量失業と機械の大規模な未利用を防ぐ重要さである。
　図1で示している国民所得の増加率は、機械製品と贅沢品の増加以上のことを意味している。この国民所得の増加率は、貧困線（生活での最低の栄養摂取、最低の医療、最低の教育機会、最低の安全、最低の物品の享受についてのそれぞれの線）以下で今後生活する人々

　2)　J. Frederic Dewhurst and Associates, *America's Needs and Resources*, p.680, The Twentieth Century Fundation, Inc., New York, 1947.

がますます少なくなることを意味している。

　私達は、もし現代の経済制度を理解し、さらに、この経済制度をうまく機能させ続ける知識を獲得できるならば、上述の裕福さの増加、働く時間の軽減、貧困線以下で生活する人々の減少など、これらすべての実現を確かに楽しみにして待つことができる。

訳者注

*1（第 3 章 46 頁）

支払う地代である分割払金を I そして利子率による割引因子を $1/(1+i)$ で示すと、資本の評価額 C を次のように示すことができる。

$$C = \frac{I}{1+i} + \frac{I}{(1+i)^2} + \frac{I}{(1+i)^3} + \cdots\cdots + \frac{I}{(1+i)^\infty}$$

$$= \frac{I}{1+i} \times \frac{1}{1 - \dfrac{1}{1+i}}$$

$$= \frac{I}{i}$$

*2（第 4 章 65 頁）

所得分配についてのパレート図を説明する。x をある社会の個人あるいは家計の所得とする。$N(x)$ を x よりも大きな所得を得ている個人あるいは家計の数とする。また、x_0 を個人あるいは家計が得ている最低所得とする。

このときパレートは、x と $N(x)$ の関係を次の式で示すことができるとした。ただし、この所得 x は最低所得 x_0 よりも大きい。

$$N(x) = \beta x^{-\alpha} \quad (x \geq x_0)$$

ここで、α はパレート定数と呼ばれている。β も定数であり、$\alpha > 0$ と $\beta > 0$ である。

この式を対数で表示すると次のようになる。

$$\log N(x) = \log \beta - \alpha \log x$$

下の図のように、横軸に対数 $\log x$ をとり、縦軸に対数 $\log N(x)$ をとると、この式を右下がりの直線で示すことができる。この図はパレート図と呼ばれており、この直線の傾きは $-\alpha$ になる。岩田燒一著「経済現象における分布」『行動計量学』第 3 巻 1 号、1975 年 35 頁を参照。

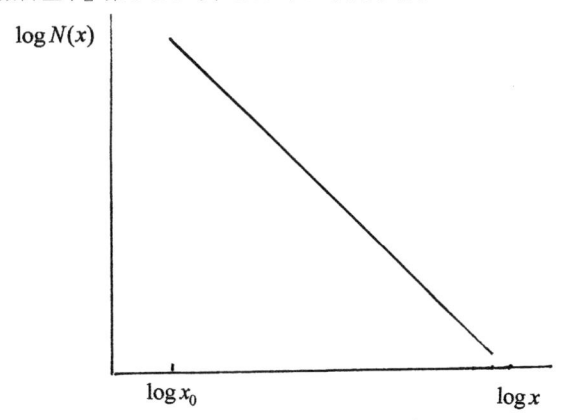

*3（第 6 章 111 頁）

partnership については合名会社、組合、パートナーシップと訳されている。この partnership は実体として日本の合名会社に類似するものであるが、合名会社が法人であるのに対し、partnership はアメリカでは法人とみなされていない。さらに、partnership を組合と訳すのにも無理がある。このため、partnership をパートナーシップと訳するのが適切である。杉本泰治著『法律の解釈－アメリカ法と日本語の危険な関係

—』勁草書房、1997 年、77 頁を参照。

*4（第 11 章 241 頁）
　対外投資については、近年においてはあまり使われていない概念であり、また本書の記述では理解しにくかったので、この対外投資を、本書第 2 版原書 245 頁を参照して書いた。なお本書第 1 版の原書 239 頁では対外投資に関する記述は次のようになっている。For national income purposes, we cancel exports of goods against imports, cancel dividends and other income received from abroad against income paid to foreigners, until finally we end up with our "net foreign investment"(which in any year might be negative instead of positive).

　この対外投資について、第 2 版では次のように記述してある。To get our net foreign investment we must calculate the surplus of all the goods and services we provide to foreigners over what they provide to us. Thus calculate A, the total of our export to them (automobiles ,shipping, etc.) plus our earnings from factors of production we own abroad (dividends and interest payable to us). Also calculate B, the total of what we import from them and must pay them for their ownership of productive factors located in this country. If A exceeds B, foreigners must be going into our debt; the surplus of A over B represents our net foreign investment. P.A. Samuelson, *Economics*, second edition, McGraw-Hill Book Company, Inc., 1951, p.245.

*5（第 12 章 259 頁）
　貯蓄曲線と投資曲線による国民所得決定、および 45 度線と消費+投資曲線による国民所得決定の間の関係を、数式によって述べてみたい。生産物市場において総供給は国民所得 Y である。総需要 D である国民総支出は消費 C と投資 I からなる。生産物市場では総供給と総需要の間には次の関係がある。ここでの投資は意図せざる在庫投資を含んでいない。

	総供給　総需要
供給超過	$Y > C + I$
均衡	$Y = C + I$
需要超過	$Y < C + I$

　この関係において生産物市場での総供給と総需要を見ているのが 45 度線と消費+投資曲線図であり、本書第 12 章の図 3 である。国民所得は生産物市場での総供給と総需要が均衡するように決定される。

　なお、総供給の国民所得は消費 C と貯蓄 S に分かれる。このことから、生産物市場での総供給と総需要の関係を次のように書くことができる。

	総供給　総需要
供給超過	$C + S > C + I$
均衡	$C + S = C + I$
需要超過	$C + S < C + I$

ここで両辺から消費 C を引くと、次のようになる。

	総供給　総需要
供給超過	$S > I$
均衡	$S = I$
需要超過	$S < I$

　国民所得は貯蓄と投資が均衡するように決定される。この関係を示しているのが本書第 12 章の図 2 である。この貯蓄と投資の間の関係は生産物市場の総供給と総需要の間の関係でもある。このことから、貯蓄曲線と投資曲線による国民所得決定と、45 度線と消費+投資曲線による国民所得の決定は同じことを示し

ている。

*6（第 12 章 265 頁）
　原書 268 頁では次のようになっている。Saving is the difference between total income and total consumption; or in terms of the pie diagram of Fig.4 in Chap. 11, saving equal ▢.Net investment or net capital formation was the difference between the capital stock at the end and the beginning of the period; or to ▢ minus ◢. 翻訳を第 2 版 297 頁に従い修正した。

*7（第 12 章 274 頁）
　注 9 において、もし政府支出が租税と同じだけ増加せず財政黒字となる場合、投資曲線 $I-I$ の下方への シフトは貯蓄曲線 $S-S$ の下方へのシフトより大きいので、新たな均衡は一層少ない国民所得を与えると述 べている。このことはどのようなことを意味しているのかを説明してみる。そこで、租税 T と政府支出 G を含めて、生産物市場の総供給と総需要の間の関係を見る。
　生産物市場の総供給は国民所得 Y であり、国民所得は消費 C、貯蓄 S および租税 T に分かれる。生産物 市場の総需要 D は、国民総支出であり、消費 C、投資 I および政府支出 G である。このとき、生産物市場 の総供給と総需要の間の均衡の関係を次のように示すことができる。
$$C+S+T=C+I+G$$
　ここで両辺から消費を除くと、生産物市場の均衡の関係は次のようになる。
$$S+T=I+G$$
さらに、租税 T を右辺に移項すると、生産物市場の均衡の関係は次のようになる。
$$S=I+(G-T)$$
右辺の $I+(G-T)$ を本文の注 9 では $I-I$ 曲線と示しているが、ここでは $I'-I'$ 曲線と示す。また、政府支出 G と投資 I は一定であるとする。財政黒字（$G-T<0$）の場合 $I'-I'$ 曲線は下方に移動する。
　一定の国民所得において、租税 T が増加すると消費と貯蓄は減少することになり、貯蓄曲線 $S-S$ は下方 にシフトする。このとき、$\Delta T+\Delta C+\Delta S=0$ であり、また $\Delta C<0$ と $\Delta S<0$ であるので、$|\Delta T|>|\Delta S|$ になる。 つまり、租税の増加は貯蓄の減少の絶対値よりも大きい。このことにより、財政黒字になるように増税を 行った場合、$I'-I'$ 曲線 $I+(G-T)$ の下方へのシフトは貯蓄曲線 $S-S$ の下方へのシフトより大きく、生産物 市場では次のような供給超過になる。
$$S>I+(G-T)$$
このため、財政黒字の場合、生産物市場で供給超過となるので、再び均衡が実現するためには、国民所得 が減少しなければならない。

*8（第 14 章 326 頁）
　最終的に第 25 ラウンドまでにとあるが、エクセルで計算すると第 39 ラウンドまでにである。

*9（第 15 章 347 頁）
　原書 350 頁において 20：1 ＝ 5×4 ＝ 1 ÷（1/5×1/4）と書かれているが、1÷(1/5×1/4)：1 ＝20：1 に修正し た。

*10（第 18 章 439 頁）
　表 2 の消費について、可処分所得 Y_d に 0.8 の限界消費性向を掛けることによって消費支出 C を導くこと ができると説明している。しかし、消費支出は 168 億ドルの基礎消費 C_0 によっても決定される。つまり、

可処分所得と消費支出の間には次の関係がある。

$$C = 0.8Y_d + C_0$$

$$C = 0.8Y_d + 168$$

このように 168 億ドルの基礎消費を含めることによって、モデル I とモデル II の消費支出 1,480 億ドル、モデル III の消費支出 1,580 億ドル、さらにモデル IV の消費支出 1,080 億ドルをそれぞれ導くことができる。

*11（第 19 章 445 頁）

需要減少の法則について、原書では消費減少の法則(the law of diminishing consumption)と記述しているが、消費減少の法則の適用は消費財に限られるので、また、第 2 版以後需要減少の法則と消費減少の法則の両方を記述しているので、第 2 版以後の記述に従って書いた。P.A. Samuelson, *Economics,* second edition, p.431.

*12（第 19 章 448-449 頁）

需要の弾力性の計測方法について述べてみる。サムエルソンは小麦の価格と需要量を図 1 と表 1 での E 点と F 点の二つの点において見ている。E 点では価格は $P_u = 0.6$（ドル）であり、需要量は $Q_l = 72$（百万ブッシェル）である。F 点では価格は $P_l = 0.4$（ドル）であり、需要量は $Q_u = 80$（百万ブッシェル）である。

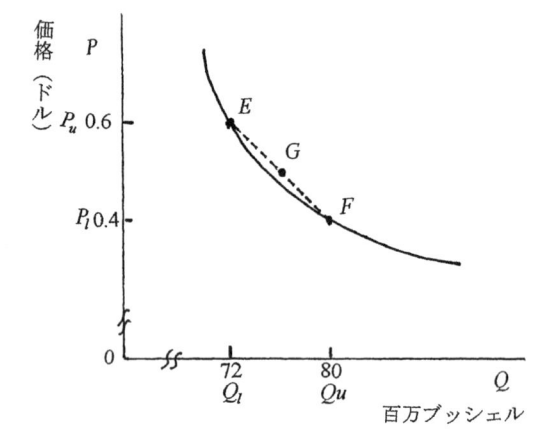

需要の弾力性を E 点で計測するのかそれとも F 点で計測するかが問題になる。E 点で計測すると需要の弾力性は次のようになる。

$$需要の弾力性 = \frac{Q_u - Q_l}{Q_l} \div \frac{P_u - P_l}{P_u}$$

$$= \frac{8}{72} \div \frac{0.2}{0.6}$$

$$= 0.33$$

F 点で計測すると需要の弾力性は次のようになる。

$$需要の弾力性 = \frac{Q_u - Q_l}{Q_u} \div \frac{P_u - P_l}{P_l}$$

$$= \frac{8}{80} \div \frac{0.2}{0.4}$$

$$= 0.2$$

E 点と F 点では需要の弾力性が異なり、この差を少なくするためには、E 点と F 点のどこか中間で弾力

性を計測する必要がある。そこで、サムエルソンは需要の弾力性を本書の注 1 では次のように定義して、計算している。

$$需要の弾力性 = \frac{Q_u - Q_l}{Q_u} \div \frac{P_u - P_l}{P_u}$$

$$= \frac{8}{80} \div \frac{0.2}{0.6}$$

$$= 0.3$$

需要の弾力性は 0.3 となり、E 点での 0.33 と F 点での 0.2 の間の数値になっている。だが、このように需要の弾力性を定義して計算した場合、価格の変化率を E 点おいて P_u を分母にして計算することになり、他方、需要量の変化率を F 点において Q_u を分母にして計算することになる。価格の変化率と需要量の変化率を計算する場所が異なり望ましくない。

サムエルソンは、この問題を避けるために、本書の第 2 版以後、需要の弾力性を価格の変化率も需要量の変化率も E 点と F 点の中点である G 点において計算している。このときサムエルソンは、需要の弾力性を次のように定義して、計算している。

$$需要の弾力性 = \frac{(Q_u - Q_l)}{(Q_u + Q_l)/2} \div \frac{(P_u - P_l)}{(P_u + P_l)/2}$$

$$= \frac{8}{76} \div \frac{0.2}{0.5}$$

$$= 0.26$$

需要の弾力性は 0.26 になり、E 点の 0.33 と F 点の 0.2 の間になるけれども、第 1 版である本書での 0.3 と異なる。P.A. Samuelson, second edition, p.434 を参照。

*13（第 20 章 489 頁）
原書での代替逓減の法則(the law of diminishing substitution)は、後に限界代替率逓減の法則(the law of diminishing marginal rate of substitution)と一般に記述されてるので、限界代替率逓減の法則と記述した。

*14（第 22 章 525 頁）
総費用曲線は一定量の生産物を生産するための最低の費用の状態を示しており、この最低の費用の状態を本書では次の条件で示している。

$$\frac{労働の限界生産物}{労働の価格} = \frac{資本の限界生産物}{資本の価格} = \cdots = 一定 = \frac{1}{MC}$$

だが、本書ではこの条件をどのようにして導くことができるかを示していないので、示してみる。資本 K の価格を p_K で示し、労働 L の価格を p_L で示し、これら二つの価格は一定であると仮定する。生産費用 C の変化は資本と労働の変化だけによって決まるとする。ここで生産費用を次の式で示すことができる。

$$C = p_K K + p_L L$$

生産関数について次のようになると仮定する。

$$Q = F(K, L)$$

$$\frac{\partial F(K,L)}{\partial K} > 0 、 \quad \frac{\partial^2 F(K,L)}{\partial K^2} < 0 、 \quad \frac{\partial F(K,L)}{\partial L} > 0 、 \quad \frac{\partial^2 F(K,L)}{\partial L^2} < 0$$

$\partial F/\partial K$ は資本の限界生産物であり、$\partial F/\partial L$ は労働の限界生産物である。

一定量の生産物 $\bar{Q}$ を生産するための費用を最小にしようとするならば、ラグランジュの未定乗数法を使うことになる。このために、まず次のラグランジュ関数を作る。

$$L^* = p_K K + p_L L + \lambda(F(K,L) - \bar{Q})$$

次にこのラグランジュ関数を変数 K と L で偏微分する。

$$\frac{\partial L^*}{\partial K} = p_K + \lambda\frac{\partial F}{\partial K} = 0$$

$$\frac{\partial L^*}{\partial L} = p_L + \lambda\frac{\partial F}{\partial L} = 0$$

上の二つの式から次の関係を得る。

$$\frac{p_K}{p_L} = \frac{\partial F/\partial K}{\partial F/\partial L}$$

この式から次の式を得ることができ、この式での比率を k で示す。

$$\frac{\partial F/\partial L}{p_L} = \frac{\partial F/\partial K}{p_K} = k$$

次に生産費用 C を資本 K と労働 L で微分すると次の式を得る。

$$dC = p_K dK + p_L dL$$

この式に 3 行上で導いた式での p_K と p_L を代入すると、次のようになる。

$$dC = \frac{1}{k}\frac{\partial F}{\partial K}dK + \frac{1}{k}\frac{\partial F}{\partial L}dL$$

また生産関数から、生産量 Q を資本 K と労働 L で微分すると次の式を得る。

$$dQ = \frac{\partial F}{\partial K}dK + \frac{\partial F}{\partial L}dL$$

限界費用 MC を次の式で示すことができる。

$$MC = \frac{dC}{dQ}$$

導いた dC と dQ のそれぞれの式を、MC の式に代入すると、MC を次のように示すことができる。

$$MC = \frac{\dfrac{1}{k}\dfrac{\partial F}{\partial K}dK + \dfrac{1}{k}\dfrac{\partial F}{\partial L}dL}{\dfrac{\partial F}{\partial K}dK + \dfrac{\partial F}{\partial L}dL}$$

$$MC = \frac{1}{k}$$

以上から労働の価格、資本の価格、労働の限界生産物、資本の限界生産物および k について次の式を得る。

$$\frac{\partial F/\partial L}{p_L} = \frac{\partial F/\partial K}{p_K} = k = \frac{1}{MC}$$

$$\frac{\text{労働の限界生産物}}{\text{労働の価格}} = \frac{\text{資本の限界生産物}}{\text{資本の価格}} = \cdot \cdot \cdot = \text{一定} = \frac{1}{MC}$$

このようにして、一定量の生産物を最低の費用で生産する総費用曲線上での前述の条件を得る。James M. Henderson and Richard E. Quandt, *Microeconomic Theory : A Mathematical Approach*, McGraw-Hill Book Co., 1958,pp.50-51（J・M・ヘンダーソンおよびR・E・クォント著、小宮隆太郎訳『現代経済学－価格分析の理論－』創文社、1961年、72－74頁）を参照。

*15（第22章526頁）

　一つの企業が投入物の使用をどのように決定するかについて、サムエルソンは直接的分析法と間接的分析法の二つの方法によって述べている。これら二つの方法の違いを、数式を使って簡単に述べてみる。

　そこでまず直接的分析法について述べると次のようになる。投入物は資本 K と労働 L であるとして、これらの価格をそれぞれ p_K と p_L で示し、所与であるとする。直接的分析法は、企業が次の式で示す利潤 π を投入物である資本 K と労働 L によって直接最大にしようとするものである。

$$\pi = R(Q) - C(K,L)$$

ここで、$R(Q)$ は生産量が Q であるときの企業の収入 R を示している。この $R(Q)$ について $dR/dQ > 0$、$d^2R/dQ^2 < 0$ が成立するものとする。

　また、生産量 Q を生産関数 $Q = F(K,L)$ で示す。さらに、$C(K,L)$ は企業の生産費用であり、この生産費用を $C = p_K K + p_L L$ で示す。このとき企業の利潤を次のように示すことができる。

$$\pi = R(F(K,L)) - (p_K K + p_L L)$$

　企業は、利潤を最大にするように投入物の量を決定するためには、まず利潤の式を資本 K によって次のように微分する。

$$\frac{\partial \pi}{\partial K} = \frac{dR}{dQ}\frac{\partial Q}{\partial K} - p_K = 0$$

$$\frac{dR}{dQ}\frac{\partial Q}{\partial K} = p_K$$

さらに、労働 L によって次ぎのように微分する。

$$\frac{\partial \pi}{\partial L} = \frac{dR}{dQ}\frac{\partial Q}{\partial L} - p_L = 0$$

$$\frac{dR}{dQ}\frac{\partial Q}{\partial L} = p_L$$

　上の式から、次の二つの式を得る。

$$\frac{\partial Q}{\partial K}\frac{dR}{dQ} = p_K 、\quad \frac{\partial Q}{\partial L}\frac{dR}{dQ} = p_L$$

つまり、直接的分析法により次の公式を得る。

　　　　それぞれの投入物による追加的な物的生産物×この生産物の限界収入

　　　　　　　　　　　　　　　　　　　　　　　　　　= それぞれの投入物の価格

　他方、間接的分析法では企業は利潤が最大となる投入物の使用の決定を次の二つの段階に分けて行う。（1）まず一定の生産量において、総費用が最小になる投入物の組み合わせを決定する。(2)その後需要を考慮して利潤が最大になる生産量を決定する。

そこでまず第 1 段階の問題を考える。一定の生産量に対して生産費用が最小となる投入物の組み合わせを示す公式は、本文 525 頁と*14 で示したように、次のようになる。

$$\frac{労働の限界生産物}{労働の価格} = \frac{資本の限界生産物}{資本の価格} = \cdot\cdot\cdot = 一定 = \frac{1}{MC}$$

次に第 2 段階の生産量の決定の問題を考える。生産費用は生産量によって決まり、$C(Q)$ で示すことができるものとする。売上収入も生産量によって決まり $R(Q)$ で示すことができるものとする。このとき利潤を次のように示すことができる。

$$\pi = R(Q) - C(Q)$$

利潤を最大にする方程式を次のように導くことができる。

$$\frac{d\pi}{dQ} = \frac{dR(Q)}{dQ} - \frac{dC(Q)}{dQ} = 0$$

$$\frac{dR(Q)}{dQ} = \frac{dC(Q)}{dQ}$$

つまり、利潤を最大にするためには、生産物の限界収入 MR が生産物の限界費用 MC に等しくなるように、生産量を決定しなければならない。

この第 2 段階で得た公式から、生産物の限界費用 MC と限界収入 MR が等しくなるので、第 1 段階で得た公式において MC の代わりに MR を使うと次の式を得る。

> 資本の限界生産物×生産物の限界収入＝資本の価格

> 労働の限界生産物×生産物の限界収入＝労働の価格

つまり、

> それぞれの投入物による追加的な物的生産物×この生産物の限界収入
>
> ＝ それぞれの投入物の価格

となり、間接的分析法によって、直接的分析法と同じ公式を得ることができる。

*16（第 22 章 529 頁）

サムエルソンは、限界生産力説による分配論であるオイラーの定理を批判している。だが、このサムエルソンのオイラーの定理へのこの批判には理解しがたい点があるので、この点を述べてみたい。

まず、オイラーの定理について説明する。生産関数を $Q = F(K,L)$ とし、資本の限界生産物を $\partial F / \partial K$ また労働の限界生産物を $\partial F / \partial L$ で示すと、オイラーの定理が成立すると次のようになる。

$$F(K,L) = \frac{\partial F}{\partial K} K + \frac{\partial F}{\partial L} L$$

つまり、生産物は限界生産力によって資本と労働に完全に分配される。

だが、サムエルソンはオイラーの定理について本書の原書で次のように述べている。One catch to this theory was the fact that often product seems to depend upon a joint combination of labor and capital in such way that increasing one without increasing the other results in no extra product.（原書 528 頁）サムエルソンは、レオンチェフ型生産関数を使ってオイラーの定理への批判を行っているように思われる。つまり、資本を固定しておいて労働 L を増やすとき、生産量は増えず $\partial F / \partial L = 0$ になるとみなしている。$\partial F / \partial L = 0$ であると、オイラーの定理は次のようになる。

$$F(K,L) = \frac{\partial F}{\partial L}K$$

生産物は資本にすべて分配され、資本の分配率は 1 となり、労働の分配率はゼロになる。

　逆に、労働を固定しておいて、資本 K を増やすとき、生産量は増加せず、資本の限界生産物はゼロとなり、$\partial F / \partial K = 0$ となる。このとき、オイラーの定理によって次のようになる。

$$F(K,L) = \frac{\partial F}{\partial K}L$$

生産物はすべて労働に分配され、労働の分配率は 1 となり資本の分配率はゼロになる。

　それゆえ、サムエルソンに従えば、オイラーの定理は、労働と資本への生産物の分配について、0 と 100 パーセントの間で変化するそれぞれ別個の極限値を定め、意味のない定理になる。（529 頁参照）

　だが、生産関数について、新古典派生産関数のコブ・ダグラス生産関数を使ってみる。コブ・ダグラス生産関数は次のような生産関数である。

$$Q = AK^\alpha L^{1-\alpha}\text{　、　}0 < \alpha < 1\text{、ただし}\alpha\text{と}A\text{は定数である。}$$

このコブ・ダグラス生産関数には次の性質がある。

$$\frac{\partial Q}{\partial K} = A\alpha K^{\alpha-1}L^{1-\alpha} > 0\text{ 、}\qquad \frac{\partial^2 Q}{\partial K^2} = A\alpha(\alpha-1)K^{\alpha-2}L^{1-\alpha} < 0$$

$$\frac{\partial Q}{\partial L} = A(1-\alpha)K^\alpha L^{-\alpha} > 0\text{ 、}\qquad \frac{\partial^2 Q}{\partial L^2} = A(1-\alpha)(-\alpha)K^\alpha L^{-\alpha-1} < 0$$

　さらに、このコブ・ダグラス生産関数において、資本と労働をそれぞれ t 倍してみる。このとき次の関係を得る。

$$A(tK)^\alpha (tL)^{1-\alpha} = At^{\alpha+(1-\alpha)}K^\alpha L^{1-\alpha}$$
$$= tAK^\alpha L^{1-\alpha}$$

生産要素 K と L を t 倍すると生産物も t 倍になり、コブ・ダグラス生産関数は 1 次同次の生産関数である。

　このコブ・ダグラス生産関数においては次の関係が成立する。

$$\frac{\partial Q}{\partial K}K + \frac{\partial Q}{\partial L}L = A\alpha K^\alpha L^{1-\alpha} + A(1-\alpha)K^\alpha L^{1-\alpha}$$
$$= AK^\alpha L^{1-\alpha}$$

限界生産力による資本の分配分と労働の分配分の合計は生産物に等しくなっている。逆に見ると、生産物が資本と労働の限界生産力によって、資本と労働に完全に分配されている。このため、コブ・ダグラス生産関数においては、オイラーの定理は成立することになる。James M. Henderson and Richard E. Quandt, *Ibid*, pp.64-65（邦訳書、91－92 頁）を参照。

*17（第 23 章 547 頁）
　10/3 と 10/8 の中間の値を原書では 110/24 と示しているが、その中間の値は 110/48 である。

事項索引

人名索引

訳者の略歴

1949 年 6 月　淡路島に生まれる。

1972 年 3 月　関西大学経済学部卒業。

1974 年 3 月　関西大学大学院経済学研究科修士課程修了。

1977 年 3 月　関西大学大学院経済学研究科博士課程所定単位取得。

1989 年 4 月　三重短期大学教授。

2015 年 4 月　三重短期大学名誉教授。

　訳者の主な著書（共著）

三重短期大学地場産業研究会編『三重県における地場産業と地域振興』、1988 年。

熊田喜三男編著『現代生活と経済学』泉文堂、1990 年。

熊田喜三男編著『情報時代の社会・経営』学文社、1995 年。

長谷川啓之編著『現代経済政策入門』学文社、2001 年。

　翻訳

アンドレア・ベルトラティ著、夏目　隆監修『経済成長と環境資産』同文舘、2001 年。

初版

サムエルソン経済学

2025年 3 月30日　　第一版第一刷発行

著者　ポール・サムエルソン

訳者　森　岡　　洋

制作者　森　岡　　洋	〒514-0083　三重県津市片田新町134
発行者　田　中　千津子	〒153-0064　東京都目黒区下目黒3-6-1
発行所　株式会社　学　文　社	電話　03(3715)1501(代)

ISBN978-4-7620-3428-2